公共经济学

主　编　李齐云
副主编　石绍宾
　　　　汤玉刚

中国财经出版传媒集团
经济科学出版社
Economic Science Press

图书在版编目（CIP）数据

公共经济学/李齐云主编．—北京：经济科学出版社，2021.6

ISBN 978－7－5218－2596－1

Ⅰ.①公…　Ⅱ.①李…　Ⅲ.①公共经济学－教材
Ⅳ.①F062.6

中国版本图书馆 CIP 数据核字（2021）第 106329 号

责任编辑：李一心
责任校对：靳玉环
责任印制：范　艳　张佳裕

公共经济学

主　编　李齐云
副主编　石绍宾　汤玉刚
经济科学出版社出版、发行　新华书店经销
社址：北京市海淀区阜成路甲 28 号　邮编：100142
总编部电话：010－88191217　发行部电话：010－88191522
网址：www.esp.com.cn
电子邮箱：esp@esp.com.cn
天猫网店：经济科学出版社旗舰店
网址：http://jjkxcbs.tmall.com
北京季蜂印刷有限公司印装
710×1000　16 开　35.75 印张　650000 字
2021 年 6 月第 1 版　2021 年 6 月第 1 次印刷
ISBN 978－7－5218－2596－1　定价：89.00 元

前　言

公共经济学是运用现代经济学的基本理论和分析方法研究公共部门及作为公共部门主体的政府行为及其规律的一门科学，也是阐释公共活动现象及政府处理公共问题的行为与公共决策的学说。作为一门相对独立的学科，公共经济学（public economics）是从财政学（public finance）的基础上和理论体系中衍生、形成和发展起来的，虽然它本质上仍属于经济学的范畴，但又不同于传统经济学，有其独特的学科特点、自身特殊的内容体系和丰富的内涵。

正如本书导论中所指出：尽管公共经济学的形成和发展只有几十年的时间，但在经济环境变化和社会变革的大背景下，其理论体系、研究范围和研究方法发生了极大的变化和拓展，公共经济学已不再局限于研究政府收支本身，而是从更广泛、更深层的经济学的角度研究公共部门（或政府）经济社会活动和公共财政问题，即运用现代经济学的基本理论和分析方法，研究公共部门如何为弥补市场缺陷从事某些经济社会活动，政府筹集和使用的公共收支对国民经济产生怎样的影响及社会经济效应如何，以及政府经济行为的目的、范围、效果和公共政策等。

当前，中国特色社会主义进入了新时代，党和国家确定了开启全面建设社会主义现代化国家新征程的目标，提出了“坚持和完善中国特色社会主义制度、推进国家治理体系和治理能力现代化”的总体要求和部署，谋划和推进“构建系统完备、科学规范、运行有效的制度体系”的改革策略。进入新时代、开启新征程、实现国家治理体系和治理能力现代化呼唤公共经济学理论创新，需要创建具有新时代中国特色的公共经济体系和制度模式，要求深入认识和把握公共经济运行的规律性，落实于指导我国经济运行和改革实践，这成为当前和今后一个时期改革和发展面临的重大理论与实践课题。因此，深入学习和把握公共经济学的相关理论和知识，就尤为重要和必要。

从学术渊源看，公共经济学源自财政学，但与财政学及公共财政学又有所不同。目前，在我国社会主义市场经济体系基本形成和在新时代对财政定位于“国家治理的基础和重要支柱”的情形下，财政已经演化为公共财政和现代财政，成为一种生产和创造性的公共活动和公共事务，使财政学尤其是公共经济理论有了突破性的发展，公共经济学就是对财政学的继承和发展，可以说是从更高、更广的视野来研究的财政学。基于此，编写《公共经济学》教材，既呼应新时代之要求，亦适应学科发展之所需。

为了便于大家学习公共经济学，我们编写这本《公共经济学》教材，它也是高等院校经济学专业本科开设的专业基础课的专用教材。与原先的《财政学》相比，本书并不仅仅是改变了书名，也不是简单地重复财政学的内容，而是在理论与实践、结构和内容、逻辑演绎和知识体系等方面都做了积极的探索，扩展了新的研究领域，并力图在一些重大理论和实践问题上有所创新和突破。

本教材的编写遵循四项“坚持”原则，也因此成为本教材的特色：(1) 坚持马克思主义的立场、观点和方法，坚持以习近平新时代中国特色社会主义思想为指导，按照“完善和发展中国特色社会主义制度、推进国家治理体系和治理能力现代化”的改革总目标和总要求，统领我国今后公共经济体系构建和制度改进的策略。(2) 坚持跟踪理论研究前沿，把握理论发展动态，吸收经济理论研究的最新成果，系统阐述公共经济学的基本原理和内容，揭示公共部门和政府的经济行为和经济活动的规律性，总结借鉴公共经济制度建设和政策制定中的成功经验，尤其是全面梳理我国改革开放40多年来公共经济发展的基本态势。(3) 坚持理论与实践结合，立足于中国实际，从理论演进和实践总结的角度凝练中国特色社会主义公共经济运行的特点，探索新时代公共经济发展趋势及运行规律，多方位多视角提出公共经济制度建设、公共经济政策改进的基本构想。(4) 坚持按照完备的公共经济体系及模式构建公共经济学的结构框架和知识体系，彰显注重公共经济学基本理论、基本知识的讲解和基本技能的训练，力求阐述全面、分析透彻、结构合理、内容充实、观点鲜明、资料翔实、简洁实用。

本教材的编写工作由山东大学李齐云教授主持，山东大学经济学院石绍宾、汤玉刚、陈东、李一花、李华、黄继雷等专业教师协助完成，最后由李齐云统稿、修改、总纂。

本教材编纂出版受新冠肺炎疫情的影响有所延迟，幸而得到中国财经出版传媒集团副总经理吕萍女士、编辑李一心女士的热情帮助和支持得以顺利出版，本教材出版还得到山东大学经济学院的大力支持，在此一并表达感谢。

本教材在编写过程中，听取和吸收了许多专家学者的意见建议，借鉴了国内外一些科研成果，参考了国内外多种版本教材，在此表示诚挚的谢意。对于书中的疏漏和缺点，恳请读者和专家批评指正。

本教材付梓出版恰逢中国共产党建党100周年，谨以此书向党的百年华诞献礼！

李齐云

2021年6月于山东大学

目录

第一章
导　论

公共经济学是研究公共部门的经济学。由于公共部门的主体是政府，公共经济学实际上是研究政府经济行为及其规律的一门科学。在本书开篇的导论中，我们先从公共部门和公共经济问题说起，随后简述公共经济学的形成与发展脉络，界定公共经济学的定义及本质，确定公共经济学的研究对象和研究内容，确立公共经济学的学科地位，并介绍公共经济学的主要研究方法等。

第一节 公共经济问题

一、现实中的公共部门和公共经济现象

现代生活中，我们每个人的生活都离不开公共部门的经济活动。从我们呱呱坠地的那一刻起，我们的生活就与公共部门的经济活动密不可分，我们中的大部分人出生在公立医院，留下了公共记录，从出生的那一刻起就成为一名中国公民，开始享受公民应有的权利和义务。作为受教育的对象，我们享有接受义务教育的权利；作为社会保障的对象，我们享有获得基本的社会保障的权利；作为法律保护的对象，我们享有法律赋予每个公民的合法权益，同时也承担着遵守法律法规的义务；等等。

如今，我们所看到和面对的公共问题和公共事务可谓无时不有、无处不在。大到国际间各个国家联手应对经济危机、联合控制大气污染、共同打击恐怖主义、医疗卫生合作和防治传染病等，以及国家层面上各国共有的国防、外交、国土整治、义务教育、经济社会协调发展规划和政策等；小到一个地方的消防、路灯、供水、下水道、垃圾处理、社区服务等，走公路（公共道路）、

坐公交（公共交通）、逛公园（公共园林）、上公厕（公共厕所），这里都有“公共”的问题。

以上所述国防、义务教育、社会保障、法律秩序等，均属于公共品和公共服务的范畴，它们都是由公共部门提供的，而公共部门的集中体现就是政府。然而，正如经济学中所说，“世上没有免费的午餐”，公共部门为公众提供的公共品和公共服务是有成本的，政府首先要获取一定的经济资源，即公共收入或财政收入（主要是税收），然后才能为公众提供各种公共品和公共服务（通过政府财政支出）。由此可见，现实中又存在着大量的公共部门和公共经济的现象。

我们不禁要问，如此之多的公共问题和公共经济现象是怎样产生和演进的？进一步地，公共问题和公共经济现象背后的逻辑和产生的机理是怎样的？更深入地，公共部门（政府）又是如何通过提供公共品和公共服务来处理大量的公共问题和公共事务的？提供的渠道、方式、制度设计以及运作机制和规律又是怎样的呢？公共经济学试图运用经济学的分析方法对这些问题做出解答。

二、公共经济问题的出现与公共经济领域的扩展

公共问题，或者说公共现象古已有之。自从人类社会有了不同于完全属于个人行为的独自活动的集体行动，就有了公共活动和公共事务，例如集体狩猎、共同劳作、兴修水利和道路、联合打仗等，产生了许多公共现象，如法律秩序、法庭、监狱、统一文字、统一度量衡等。

有了公共活动和公共事务，就需要有独立于个人的公共组织来从事和协调，必然也就需要有为它的进行和开展提供物质支撑及保障的经济资源，公共经济问题与公共活动同时产生出来。

从历史演变进程考察，人类社会最初的公共组织是原始社会的氏族公社和氏族团体，逐渐形成国家的雏形并产生出政府部门。随着社会分工细化和经济社会发展，公共活动和公共事务逐渐增多，政府职能不断扩大，国家权力日益强化，各类以政府部门和政府机构名义建立和扩展的公共部门，直接以公共利益代表的身份出现，承担某种公共事务，从事某些公共活动，其中专门为政府和公共部门履行职能而掌管、筹集及提供经济资源的部门就是政府的财政。

政府财政既是一个公共部门，同时也从事特殊的公共经济事务，属于经济范畴，置于公共经济领域内。因此，在现代社会，政府财政又被冠以公共财政

的称谓。从某种意义上说，政府的财政和税收、统一的货币，是公共经济的集中体现。

在现代社会，公共经济现象举不胜举，公共经济规模和公共经济领域扩展到空前惊人的程度。一个简单且直观的例子就是，世界主要市场经济国家公共（财政）收支占本国 GDP 的比重接近或超过 40%，比之 19 世纪末期扩大了约 5 倍，比之 20 世纪中期扩大了 2 倍多。2019 年我国一般公共预算收入达到了 19.04 万亿元，占 GDP 的比重为 19.3%；若按照广义预算收入的口径调整后，我国 2019 年公共收入总规模已达到 36.2 万亿元，占 GDP 的比重达到 36.7%。[①] 公共预算资金分配是一个极其重要的，但不是唯一的公共经济问题。

如今，公共经济涉及的领域已不仅仅局限于经济范畴本身，而是延伸至政治、经济、社会、文化、行政、军事、外交、环保等诸多领域，以及国民经济协调运行、经济可持续发展、国民收入分配调节和收入均等化等经济领域内部诸多重大问题，其涉及面广，表现形式缤纷多彩，令人眼花缭乱。用公共经济学的眼光去观察和分析，有助于我们认识和理解公共经济现象和活动的本质及精髓。

第二节 公共经济学的形成与发展

一、公共经济学的形成

作为一门相对独立的经济学科，公共经济学（public economics）或公共部门经济学（economics of the public sector），是从财政学（public finance）的基础上和理论体系中衍生、形成和发展起来的。

传统的财政学的产生可以追溯到古典经济学的开山鼻祖亚当·斯密（Adam Smith），斯密在他 1776 年出版的著作《国富论》的第五篇中专门研究财政问题，论述了君主或国家的费用（“经费论”）、一般收入或公共收入的源泉（“收入论”）和国债问题（“国债论”或“平衡论”），从而创立了财政学的理论框架。然而，斯密对于财政问题的分析，是围绕着政府收支及其管理而展开

① 资料来源：财政部网站，2020 年 2 月 11 日；《中国财政年鉴》历年数据或据此计算得出。

的，并且侧重于对公共收入（税收和公债）的分析而相对忽视有关公共支出的研究。[①] 这是与古典经济学派“廉价政府”的国家观和“自由放任”的经济观相适应的。

1892年英国经济学家巴斯塔布尔（C. F. Bastable）出版了《公共财政学》（*Public Finance*）一书，公共财政学作为经济学的一个分支首次得以单独成书。

19世纪70年代发生的“边际革命”对公共财政学产生了深远的影响，促成了公共财政学逐渐向公共经济学的演变。“边际革命”的一些经济理论及分析方法被运用到公共财政学的研究之中，对公共需求的性质与特征、公共产品的内涵与外延等问题做出了初始的探讨。

瑞典学者维克塞尔（Knut Wicksell）于1896年出版了《公共财政理论研究》，独创性地把公共财政决策过程看成是一个集体的选择过程，从政治程序的角度指出了公共产品供应的实质。同是瑞典学者的林达尔（Erik Lindahl）正是在维克塞尔理论的基础上，分析了两个政治上平等的消费者共同分担公共产品成本的问题，建立了他的关于公共产品供应的模型。

然而，由于语言上的隔阂，19世纪末期出现的新颖的公共财政理论却未能在英美等主要资本主义国家广泛流传。1924年，卢兹（H. L. Lutz）在他的《公共财政学》一书第三章分析了“公共经济与私人经济差异问题”，这是英美财政学著作首次分析公共经济与私人经济的关系。1933年，斯杜登斯基（P. Studenski）在其《公共财政学篇章》（*Chapters in Public Finance*）的“公共经济的性质与机制”一章里分析了公共集团性质、公共经济性质、公共经济发展等问题，进一步发展了“公共经济思想”。1936年，意大利学者马尔科（de Marco）的著作《公共财政学基本原理》（*First Principles of Public Finance*）在美国翻译出版，该书第一章指出：“所谓的公共经济学或公共财政经济学，研究的是国家的生产活动，它涉及的是共同需要的满足问题。”这为英美财政学的理论基点从“政府收支”转到“公共经济”上来奠定了基础。

阿伦（E. D. Allen）和布朗里（O. H. Brownlee）1947年出版的《公共财

---

① 在20世纪20年代之前，欧美经济学家都还认为“财政学”应只讲税收，公共支出不能作为经济分析的主题，因为公共支出的规模和构成纯属政治问题（Mark Blaug，1978；Musgrave and Peacock，1958）。直到1922年，曾任英国财政大臣的经济学家休·道尔顿（Dalton，1922）在其《财政学原理》一书中才明确提出，应当赋予公共支出理论与税收理论以同等重要的地位。此后，财政学教科书的内容逐渐增加了公共支出问题的分析，直到20世纪80年代才真正“迎来了公共支出分析的时代”（Hewett，1987）——引自郭庆旺、赵志耘：《公共经济学（第2版）》，高等教育出版社2010年版，第二版前言，第Ⅱ页。

政经济学》（*Economics of Public Finance*），首次采用了马尔科的财政学是经济学的观点，该书第一篇“公共经济综观”指出，随着更多的政府财政注意力被用于经济生产和就业方面，以及财政收入与支出的相互联系上，公共财政学很快变成对公共经济的研究。其后，泰勒（P. E. Taylor）1948 年的《公共财政经济学》、道格拉斯（P. H. Douglas）1952 年的《国民政府经济》（*Economy of the National Government*）、马斯格雷夫（R. A. Musgrave）1959 年的《公共财政学理论：公共经济研究》（*The Theory of Public Finance*：*A Study in Public Economy*）等，都不再将财政学局限于政府或公共收支上，而是侧重于从经济学的视角研究财政的公共性质问题。但是一直到 20 世纪 50 年代，研究财政问题的绝大部分著作皆冠之以财政学的书名，而不是称作公共经济学，因此被称为旧公共经济学。

1959 年，马斯格雷夫在他的《公共财政学理论：公共经济研究》一书中指出：“我一开始就不愿把本书看作是对财政理论的研究。从很大程度上说，问题不是财政问题，而是资源利用和收入分配问题……因此，最好把本书看成是对公共经济的考察。……虽然公共家庭（政府）的活动涉及到收入和支出的倾向流量，但基本问题不是财政问题。它们与货币、流动性和资本市场无关，而是资源分配、收入分配、充分就业以及价格水平稳定与经济增长的问题。因此我们必须把我们的经验看成是研究公共经济的原理，或者更准确地说研究的是预算管理中出现的经济政策问题。”1965 年，马斯格雷夫出版了《公共经济学》一书，直接把“公共经济学”列为书名。

1964 年，科尔姆（Kolm）出版了《公共经济学基础：国家经济作用理论概述》一书，直接用“公共经济学”的称谓代替了公共财政学。财政是公共经济的这种新思想，促生了 1965 年约翰森（L. Johansan）《公共经济学》（*Public Economics*）一书的出版。该书界定了公共部门的范围与特征，并分析了公共部门与其他部门的区别和差异，认为“公共经济”就是“公共性质”的“政府经济”。以该书为标志，公共经济的概念得以正式确定。1972 年《公共经济学学报》（*Journal of Public Economics*）创刊，可以视为“公共经济学”学科地位确立的重要标志。可以看出，至此学科名称的转变并非只是名词更新和语境更替，而是在理论深化及研究领域、研究视野、研究目标和研究方法上都发生了深刻变革。

二、公共经济学的发展

20世纪60年代以来，西方国家的公共经济学研究进入高潮，1962年美国学者布坎南（James M. Buchanan）和图洛克（Gorden Tullock）合作出版《同意的计算：立宪民主的逻辑基础》（*The Calculus of Consent*：*Logical Foundations of Constitutional Democracy*），这是公共选择理论的开山之作。1966年马斯格雷夫与皮考克（A. Peacock）合作编辑出版《公共财政经典理论》，对于公共经济的研究起到了很大的推动作用。此后，1967年哈伯尔（Hubbell）的《现代公共经济学》，1970年霍夫曼（Hoffmann）的《公共部门经济学》，1978年布朗（C. V. Brown）和杰克逊（P. M. Jackson）合作出版的《公共部门经济学》，都进一步阐述了公共经济的必要性和职能。在这波研究热潮中，许多著名财政学家如费尔德斯坦（Martin S. Feldstein）、斯蒂格利茨（J. E. Stiglitz）、阿特金森（A. B. Atkinson）等都纷纷将自己的著述改称为公共经济学或公共部门经济学。尤其值得一提的是，在整个20世纪70年代，以布坎南为代表的美国学者在公共选择理论的研究方面取得突破性的进展，他们成功运用微观经济学的分析方法研究非市场决策即政治决策过程，对隐含在公共支出和税收水平背后的政治因素进行了深刻分析，主张公共部门的公共产品供给也应引入竞争机制。

20世纪80年代之后，高水平的公共经济学著作陆续问世，如1980年阿特金森和斯蒂格利茨的《公共经济学教程》、1984年鲍德威（Boadway）和威德森（Wildasin）的《公共部门经济学》、1985年奥尔巴克（Alan J. Auervach）和费尔德斯坦的《公共经济学手册》等，在学术界享有较高的声誉。自20世纪90年代以来，随着博弈论和信息经济学的发展，经济学家们从市场非均衡、信息不完全等角度重新审视了政府与市场的关系，对公共支出制度和税收制度的有效性做了深入的研究，推出了一些新作，如1994年维克里（William Vickrey）的《公共经济学》、1995年迈利斯（G. D. Myles）的《公共经济学》、1999年科奈利（Connolly）和孟罗（Munro）合著的《公共部门经济学》等，这些著作的出版标志着公共经济学的发展更加趋于全面、系统和成熟。

从上述演化过程可以看出，尽管公共经济学的形成和发展只有几十年的时间，但在经济环境变化和社会变革的大背景下，其理论体系、研究范围和研究方法发生了极大的变化和拓展，公共经济学已不再局限于研究政府收支本身，而是从更广泛、更深层的经济学的角度研究公共部门（或政府）经济社会活动和公共财政问题，即运用现代经济学的基本理论和分析方法，研究公共部门如何为弥补市场缺陷从事某些经济社会活动，政府筹集和使用的公共收支对国民经济产生怎样的影响及社会经济效应如何，以及政府经济行为的目的、范围、效果和公共政策等。目前，公共经济学已经成为“经济学的令人激动和富于挑战性的分支……”① 基本上完成了自身学科体系的构建。

中国在改革开放之前实行的是与市场经济迥异的计划经济体制。在计划经济模式下，公共部门和公有制经济一统天下，私人部门（指除家庭之外的企业）、私有经济消失殆尽，市场经济运行亦被否定，自然也就谈不上如何通过公共部门协调政府与市场的关系及弥补市场机制失灵的问题，公共经济学也就没有产生的理论基础和制度土壤，那时专门研究政府收支活动的学说就是传统的财政学。中国从计划经济向市场经济转变的过程中，实行了公有制为主体、多种所有制经济共同发展的基本经济制度，有着独立市场主体地位的私有经济、私人部门逐步形成并不断扩大，同时也是公共部门和公共经济与私人部门和私有经济区别开来且公共部门和公共经济作用不断凸显的过程。改革开放以来的市场化改革取向，促成了社会主义市场经济体制的基本确立，也彰显了中国公共经济的地位、实力和作用，使公共经济学具备了产生和发展的条件和基础。中国公共经济学的创建，是在介绍和借鉴西方公共经济学理论的同时，又以中国的经济转型为背景，基于中国的政府主导型发展模式，廓清和明确了政府财政“公共性”的属性定位和本原，增加了关于中国公共经济问题研究的内容，丰富了公共经济学理论，初步形成了具有中国特色的公共经济学体系。

第三节 公共经济学的定义与本质属性

一、公共经济学的定义

公共经济学是用经济学的分析方法研究社会中广泛存在着的公共活动现象及政府处理公共问题的行为和公共决策的一门科学。

经济学把所有经济主体分为公共部门和私人部门两大类，其中公共部门的核心是政府部门，私人部门是指企业和家庭，它们以各自的运作方式和运动规

① 布朗、杰克逊：《公共部门经济学（第4版）》，中国人民大学出版社2000年版，第6页。

律参与和影响国民经济的运行。公共经济学就是经济学中专门研究公共部门为满足社会公共需要所从事的公共活动和行为及其特殊规律的分支学科。

从学术角度看，公共经济学又是一门综合性学科。与其说它是经济学，不如说是用经济学方法解释公共现象和解决公共问题的科学，因为其研究对象不仅限于经济问题，而更多地扩展到我们公共生活的方方面面：既包括公共部门的经济活动、非公共部门经济主体的公共活动，与这些活动相关的集体和个体行为，也同样涉及基本的经济学供给决策问题；其研究主体不仅涵盖政府及政府部门、公共经济组织如国有企业，也包括非营利组织、国际组织等组织构成，其内涵十分丰富。公共经济学要解释公共部门的存在意义和行为，回答公共部门必须做什么以及怎样做；公共经济学既有系统的理论体系，也有与经济社会发展密切相关的公共决策和公共政策实践。概言之，公共经济学是研究公共部门（政府）行为和经济关系、公共决策及其规律性的经济科学。

二、公共经济学的本质属性

公共经济学本质上仍属于经济学的范畴，它是以现代经济学的基本原理、分析框架和研究方法探究公共部门的行为（主要是经济行为），并揭示其存在依据——公共现象和公共活动以及公共利益的处置与协调机理，从中总结出一般性原理和规律的经济学分支学科。因此，公共经济学的本质属性可概括为公共部门（政府）参与公共活动和事务所体现的经济关系及其规律性。核心要义是：本质上体现的是一种经济关系；从事公共经济活动和事务的行为主体是代表公共利益的公共部门；作为一门学说或科学，探究的是公共经济运行的规律性。

第四节 公共经济学的研究对象和研究内容

一、公共经济学的研究对象

公共经济学的研究对象主要是公共部门的经济行为及经济关系。

所谓公共部门，是指政府和承担政府某些职能的衍生机构和组织，也可以理解为“由公共当局及其通过政治程序设立的机构组成，并在它的疆域内或管辖地区实施强制的垄断权力”①。公共部门的主体是政府，政府可以解释为：通过政治程序建立的，在特定区域内行使立法权、司法权和行政权的行为实体。据此也可以说，公共经济学是以政府为核心来确定其研究对象的，围绕着这个“原点”探求其内涵、扩展其外延。

就政府而言，它除了对特定区域内居民负有政治责任之外，还参与非市场性的社会生产活动和社会财富的分配。政府参与的非市场性社会生产活动是指政府为满足居民的公共消费需要，通过向社会成员征税和强制转移财富的办法来筹措资金，以不营利为目的从事生产和提供诸如国防、治安、教育、卫生、文化、社会保障等公共品和公共服务。政府所从事的社会财富分配是指为了保证特定区域内全体社会成员的公平和公正，维护社会的稳定，采取税收、补助、转移支付等手段对各社会成员的财富进行重新分配。

进一步解析公共部门或者政府，又可以划分成多个层次：

第一层次是中央政府。这是涵盖范围最狭小的公共部门，但却是公共部门的核心层次，主要包括组成中央政府的各部、委、办及其内部各厅局、附属机构。

第二层次是广义政府。包括中央政府和各级地方政府及其附属机构。

第三层次被称为统一公共部门。这个层次的公共部门在广义政府之上，又加上了非金融的公共企事业部门。也就是说除了中央政府和地方政府之外，还把政府出资兴办的各种企事业部门包括进来，如医疗卫生机构、教育机构及电信等公用事业部门。一些国家把中央政府出资兴办的企事业部门称为国有（国营）企事业部门，把地方政府出资兴办的企事业部门称为公营企事业部门。

第四层次被称为广义公共部门。这一层次的公共部门在中央和地方政府及其各自兴办的企事业部门之外又加上了政策性金融机构。这些金融机构是为了实现特定目标而由中央或地方政府出资兴办的，一般以进出口银行、开发银行、农业发展银行、简易人身保险等形式出现。把政府兴办的金融机构包括在公共部门之内，是因为金融企业的特殊性和重要性所致，金融性的政府企业具有超越个别政府机构和企事业的职能，对全社会的资源配置直接起作用，对国民经济产生极大影响。

概言之，公共经济学的研究对象是中央政府、地方政府的经济行为，以及包括官方金融机构在内的所有由政府出资兴办经营的企事业部门的存在意义、经济行为和经济关系。

---

① 国际货币基金组织：《政府财政统计手册》，中国金融出版社 1988 年版，第 3 页。

二、公共经济学的研究内容

在明确了公共经济学的研究对象主要是政府的经济行为之后，还必须对政府的经济行为做出界定，考察政府的行为对私人部门和全社会产生了什么影响，这事实上构成了公共经济学的研究内容。如果说研究对象属于静态的界定，那么研究内容呈现出动态的特征。一般而言，从政府的经济职能出发，政府的经济行为也可以划分为以下几个层次：

第一层次是研究政府的经济职能。在市场经济条件下，市场机制在资源配置中发挥决定性作用，政府的经济职能须由市场来界定，即市场机制能够有效发挥作用的领域，政府就不要介入；市场机制不能发挥作用或不能很好地发挥作用的领域，即市场失灵的领域，就是政府行使其职能和发挥作用的领域。据此确定的政府经济职能的集中体现，就是要为满足社会公共需要提供公共产品和公共服务。公共产品和公共服务的有效提供还必须解决好外部效应问题和公共选择问题等。

第二层次是研究政府（公共）收支。政府职能的正常行使须借助于政府支出来提供财力支持，政府支出又要依靠政府各项收入来保障。政府根据法律征收的税费，根据政治程序决定的预算支出是政府经济行为的核心。政府作为一个经济主体，其收支也要关注经济效益和费用成本。

第三层次是研究政府收支对国民经济的影响。随着政府的扩大和职能的扩展，并且由于受现代经济理论和政府干预经济主张的影响，政府收支的作用不仅限于维持政府机构自身的运行，而且已经成为政府调节经济社会运行的重要手段。

第四层次是研究包括政府收支在内的公共部门经济和政府经济行为的合理性与必要性。当前，公共部门连同政府收支一起成为国民经济中的一个庞大的组成部分，因此，人们不得不对如此庞大的公共经济的合理性和必要性做认真的研究，弄清楚为什么要维持如此之大的公共经济，如何使其发挥应有的作用。由此引出了对公共资源的合理获取和配置，如国有资本经营及收入、社会保障制度及基金、政府收费、公共债务等诸多问题的讨论。

第五层次是对公共部门宏观经济政策、政策工具、政策协调以及宏观经济调控的研究。政府的经济行为会对各方面的经济利益关系及国民经济的发展产生重大的影响，这就要求政府根据经济社会发展的客观要求，制定正确的经济政策，充分运用各种政策工具和手段，妥善处理政府与非政府主体之间，以及政府内部的经济利益关系，协调好公共预算平衡和社会总供求平衡的关系，对经济运行的某些方面实施必要的调控，以实现宏观经济的稳定和在此基础上的经济社会协调健康发展。

第五节 公共经济学的学科地位

公共经济学是经济学的分支学科，虽然有其独特的学科特点，但其形成和发展与经济学乃至社会科学的既有成果有密切的关联，受多种学科的影响。因此，若从学术的角度看公共经济学的地位的话，就要考察公共经济学与微观经济学、宏观经济学、福利经济学、政治学、社会学等的相互关系。了解公共经济学与其他学科的关系，能够更好地理解公共经济学的学科属性，全面认识和把握它在经济学中的地位和作用。

一、公共经济学与财政学

如前所述，公共经济学是在财政学的基础上发展而来的，它们之间有着最为直接的血缘关系，但公共经济学比财政学具有更完整和更系统的学科体系，是对财政学的扩展和创新。

二者的区别主要是：（1）在学科体系上，传统的财政学无法把市场机制和非市场机制资源配置统一到帕累托效率状态，事实上忽略甚至排斥了市场机制作为先决条件研究政府的经济行为。在公共经济学中则建立起了二者结合的理论模型。（2）传统财政学把政府决策作为既定事实予以首肯，国家的意志和政府的决策是被作为外生变量来研究的。在公共经济学中，国家（政府）则是一个组织系统，国家的意志和政府的决策是由一套政治程序决定的，并且运用新的研究方法分析政治程序的经济效应。（3）传统财政学侧重对政府财政收支形式和过程的研究，尤其对财政收入如税收予以更多的关注，更多地侧重于理解政府如何进行资金运作。公共经济学重视政府财政对国民经济的影响的研究，并特别强调政府公共支出的经济分析，因为政府公共支出是政府行为的成本，更能体现政府决策和行为以及公共选择的意图。

从研究方法上来说，公共经济学采用了比财政学更新的现代经济分析方法，既注重实证分析方法，又注重规范分析方法。实证分析方法是通过量化分析来验证命题和假设，是弄清“已经发生了什么”。规范分析方法则是从道德标准和价值观出发研究“应该怎么办”。在公共经济学中，实证分析主要用于考察公共经济活动的范围和各种经济政策的结果，规范分析则用于评价各种将要付诸实施的公共经济决策。

二、公共经济学与微观经济学

微观经济学以单个经济单位为研究对象，通过研究单个经济单位的经济行为来说明市场经济如何通过价格机制来解决社会资源的配置问题。在微观经济学看来，最基本的单个经济单位是居民和厂商，前者是经济中的消费者，后者是经济中的生产者。根据经济学关于每个经济单位的经济行为的基本目标是为了实现效用（或利益）最大化的理论，微观经济学对于居民的研究，是以居民如何将有限收入用于各种物品的消费上实现效用（也即满意程度）最大化而展开的。微观经济学对厂商的研究是从厂商如何将资源用于生产实现利润最大化而展开的。微观经济学通过对居民的效用最大化和厂商的利润最大化的研究，来探索整个社会的资源最优配置。每个经济单位都实现了最大化，整个社会的资源配置也就达到最优化了。

公共经济学与微观经济学之间有两个连接点：第一个连接点是微观经济学研究了价格管理、消费与市场调节，以及收入分配平均化等政府的直接经济行为对市场主体的影响；第二个连接点是公共经济学把政府本身也看成是一个经济单位，对其经济行为是否实现效用最大化进行分析。在公共经济学看来，政府本身既是消费者也是生产者，其本身需要解决效用最大化问题，研究政府的经济行为也是社会资源配置最优化的组成部分。除此以外，微观经济学的一些主要分析工具，如个量分析、经济变量的单项数值如何确定和变动、需求与供给及理论、成本与收益分析、均衡理论、边际效用理论等也在公共经济学中广泛运用。

三、公共经济学与宏观经济学

宏观经济学以整个国民经济为研究对象，通过研究国民经济中各有关总量的决定和变化来说明如何充分利用资源，寻找国民经济的运行方式和规律，解决国民经济整体协调与稳定问题。

公共经济学与宏观经济学之间有更深的理论和实践渊源。宏观经济学是从整个国民经济体系中寻求经济资源的优化配置，研究现有资源尚未充分利用的原因，探索被闲置资源充分利用的途径，以实现经济增长。宏观经济的政策目标是充分就业、物价稳定、经济增长和国际收支平衡。与此相关联，公共经济学要研究如何在公共事务领域界定政府与市场的关系，提高公共经济资源的利用效率，从而实现公共经济资源的优化配置。而作为公共经济学研究对象的公共部门所具有的配置、稳定和分配的职能与宏观经济学的目标是完全一致的。事实上，在宏观经济层面，宏观经济行为在很大程度上表现为政府的经济行为，即公共经济学的内容。进一步地，宏观经济学中关于经济周期、总需求与总供给、财政税收与货币政策等理论研究成果不仅对公共经济学的研究思路、方法具有总体性的指导作用，而且也是公共经济学不可或缺的理论范畴。

四、公共经济学与福利经济学

福利经济学是关于社会福利和个人分配最大化的经济学分支学科，它在20世纪早期由英国经济学家庇古（Arthur C. Pigou）创立，后来在美国、法国和北欧国家得到广泛传播和发展。

福利经济学同其他经济学科的共同点都是以研究如何增加社会财富为出发点，但福利经济学更加关注个人如何从全社会的财富增长中获得更多的满足，其理论主要围绕三个命题构建：公共利益问题、公平分配问题、社会福利问题。福利经济学认为，要增加社会福利，首先就要使资源配置得到最优化，从而实现全社会财富的增加，而政府作为分配政策的制定者，总要干预资源的分配与再分配。福利经济学的根本任务就是要评估各种资源的配置和分配方式，因此，它为考察政府等公共部门的经济行为提供了理论启示和分析方法。例如，帕累托最优原则、效用可能性曲线、契约曲线、社会福利函数等都在公共经济学中得到了广泛的应用。其中，帕累托最优原则揭示了资源分配的有效性问题：为了实现社会财富的增长和社会福利的增加，人们不得不在分配问题上不断打破现有的平衡谋求新的平衡，公共部门的经济行为要致力于全社会福利水平的提高。帕累托最优原则等内容已成为公共经济学理论的重要组成部分。

五、公共经济学与政治学、伦理学和社会学

政治的本质是人们在一定经济基础上，围绕着特定利益，借助于社会公共权力来规定和实现特定权利的一种社会关系。因此，政治学就是研究这种特定社会关系即政治关系及其发展规律的科学。政府作为一个政治组织，其每一项

政策包括经济政策的制定都要考虑到政治影响和政治约束，政治因素对政府经济行为有重要的影响。公共经济学与政治学相互影响、相互渗透，政府的许多经济行为是借助政治学的框架来完成的，或者说，现实中的公共经济行为也是政治权力反映下的政治过程。因此，为了规范政府的经济行为，公共经济学引入了政治学中的公共产品理论和公共选择理论，将政府的经济行为同人们的政治投票联系在一起，由选民用选票决定生产什么公共产品、生产多少公共产品、通过什么方式生产公共产品，来选择合理的政府经济行为、合理的公共财政收支、合理的公共企事业和合理的经济政策等，不合之者则废弃，合之者则兴存。这一系列的选择本身就是一个极其复杂的政治博弈和决策过程，毕竟“政治是经济的集中体现”。因此，公共经济学的很多问题涉及甚至基于政治学，而现代政治学也越来越重视经济分析方法的运用，公共经济学的思想越来越多地渗透到政治学中。比如以布坎南为代表的公共选择学派，强调政府干预经济的新古典综合派的观点，以及经济周期理论中的政治经济周期理论，并且提出了抉择、交换与讨价还价、调查和民意测验等观察与参与政治进程的方法，为选择合理的政府公共经济行为、合理的公共开支和税收、合理的公共企事业和合理的经济政策提供了理论根据。所有这些足以说明公共经济学与政治学已经密不可分。

公共经济学在规范政府经济行为时，以及政府在公共选择过程中，必然会涉及伦理标准和社会结构问题，比如政府在做出公共抉择时要以社会公认的伦理道德标准做出价值判断和决策，因此在以政府为核心的公共部门与它们所服务的社会之间，始终存在着一份社会契约；在公共政策的形成与执行过程中，在追求经济社会发展过程中，社会伦理道德、社会各阶层的利益诉求、社会矛盾冲突的调和等，从来都是公共经济学研究的题中应有之义。由此可见，公共经济学与伦理学和社会学之间有着紧密的联系。

六、公共经济学与公共管理学

公共管理学是从管理科学的角度研究公共领域管理的一般特点、规律、原则、方法和手段问题的学科。20 世纪 80 年代前后，许多国家由于财政危机和公共治理出现的严重问题，纷纷掀起了政府再造的新公共管理运动，并将企业管理的方法、理念推广到政府管理中去。公共管理在强调公共性的时候，往往会涉及公共利益、公共产品、公共服务、公共秩序、公共监督等一系列问题。公共管理不仅涉及效率问题，同时也涉及公平这一公众尤为关注的问题，其目的是促进社会公共利益最大化的实现。公共经济学在研究公共部门经济行为的过程中必然涉及公共经济部门中效率、公平等管理问题有关的内容。公共管理科学理论成果的应用对公共经济学研究方法的创新、公共经济运行效率的提高具有积极的意义，而公共经济运行的一般特点、规律研究又必然会为人们认识和改进公共部门的管理提供科学的理论指导。

第六节 公共经济学的内容体系和研究方法

一、公共经济学的内容体系

公共经济学是一种新的学科体系，它在继承多种学科研究传统的基础上，扩展了经济学的研究领域，从更高、更广和更新的视野来研究公共经济的各种问题。在学科体系上，公共经济学把市场机制和非市场机制（即公共部门干预机制）的资源统一配置到一个分析框架之中。在分析逻辑上，公共经济学把国家（政府）视作一个组织系统，国家的意志和政府的决策是由一套政治程序决定的，并且运用新的分析方法去研究分析政治程序的经济效应。在分析重点上，公共经济学把研究的视角扩展到整个公共部门或公共领域以及与之相关的经济利益关系，特别强调公共决策和公共政策对国民经济的影响，而且也特别关注公共财政支出的经济分析。因此，公共经济学具有自身特殊的内容体系。

本书共有十四章，依据各章阐释的内容分为五个部分。

第一部分是公共经济的基础理论部分，包括第一章至第四章。第一章“导论”是对公共经济学的导入式引读，起到提纲挈领的作用。该章从现实中存在的公共部门和公共经济现象入手，概述公共经济问题和领域扩展的事实，概括公共经济学的定义及其本质属性，确定公共经济学的研究对象和研究内容，通过分析公共经济学与其他学科的关系界定公共经济学的学科地位，介绍公共经济学的主要研究方法。第二章“公共部门及职能”基于对社会资源配置效率的评判，集中讨论了市场经济与公共经济的关系，以市场有效和市场失效作为研究问题的基点，引出了公共部门存在和干预经济社会生活的理由与合理性，阐述了公共部门的主要职能及其演变。第三章“公共产品理论”主要讨论公共产品问题。公共产品理论是公共经济学理论框架的核心内容和逻辑起点，这不仅因为公共经济活动主要体现在公共产品的提供上，而且市场经济体制下公共部门的公共支出也主要以公共产品的提供范围为依据。该章着重分析了公共产品的特征、类别、需求及有效供给条件和方式，随后围绕着公共产品提供中所产生的外部效应及其纠正，揭示了在公共产品和公共资源配置上公共部门干预及公共经济领域扩展的理由和必要性。第四章主要讨论的是公共产品提供方案的决定机制——“公共选择理论”，通过公共产品偏好显示的困境，说明需要公共选择理论的最基本的理由，介绍公共选择理论在实际的公共决策过程中的运用情况，揭示公共选择理论是一种通过集体行动和政治过程所从事的公共产品配置的非市场决策的经济分析。

第二部分是对公共支出的分析，包括第五章和第六章。第五章“公共支出总论”从总体上研究公共支出的内容及结构，公共支出规模不断增长的趋势及其成因，公共支出绩效的衡量标准及评价方法，中国公共支出改革的方向和重点等。第六章“公共支出分论”就不同用途的主要类别的公共支出，如行政管理支出、国防支出、教科文卫支出、支农支出、政府投资支出、补贴支出、社会保障支出等，分别进行分析，阐明其概念及性质、内容、适用范围及改革取向和趋势。

第三部分是对公共收入的分析，包括第七章至第十章。第七章“公共收入总论”分析介绍公共收入的概念与分类、公共收入规模与结构，从理论上对公共收入规模扩大和结构变化进行解释。第八章“税收理论与税收制度”研究了税收的属性，介绍税收制度的构成要素和税收分类，分析税收原则与税收效应，阐明税收负担及其转嫁原理，探讨税制结构的不同类别及其变化规律。在该章的“中国税收制度”里，重点介绍中国现行税制框架，分析其存在的突出问题，指出改革与完善的方向与构想。第九章“政府非税收入”介绍政府性收费和税收以外的几种重要的公共收入形式。非税收入实际上既关系到公共资源的合理获取和配置，也关系到收入分配公平等重要的公共问题。政府非税收入主要是指政府性基金、国有资本经营收入和社会保障基金收入等。第十章“公共债务”是对特殊的政府信用，也是重要的公共收入形式——“公债”的阐述，阐明公债的概念、功能，分析公债负担，探讨政府债务风险防范的对策措施，探索公债制度的改革方向和路径。

第四部分主要是对公共经济管理和运行的分析，包括第十一章和第十二章。第十一章“公共预算”阐明公共预算的概念、分类、原则等，介绍预算的编制、审批、执行、决算等环节，论述公共预算与国家治理的内在关系和必然联系。第十二章“政府间公共经济关系——财政体制”分析公共财政体制的理论基础和框架构成，阐述政府之间体现最根本性公共经济关系的财政分配关系的逻辑，分析中国财政体制的改革进程、改革方向及完善路径。

第五部分是从宏观视野考察公共预算和公共经济政策问题，包括第十三章和第十四章。第十三章“公共预算平衡与预算赤字”对公共预算平衡做出理论阐释，依据公共预算收支平衡的不同计算公式得出不同口径的预算赤字，客观分析我国公共预算执行中收支平衡与预算（财政）赤字的关系及预算平衡观的演进，谋划赤字的控制与弥补策略，揭示公共预算平衡与社会总供求平衡、与宏观经济平衡的相互制约和促进的关系。第十四章“公共经济政策”重点开展对公共经济政策类型、政策工具及运用、公共经济政策作用机理的理论分析，并总结中国公共经济政策和实行宏观经济调控的实践，谋划今后公共经济政策优化和宏观经济调控策略改进的基本方向。

二、公共经济学的研究方法

运用公共经济学的研究方法，可以使我们更好地掌握公共经济学的学科内容，有助于我们用公共经济学的思维和工具理解和解释公共经济现象，从而有助于我们对公共经济学实践作用的把握和应用。

（一）基本方法：唯物辩证法

唯物辩证法是马克思主义创立的科学研究方法，是研究自然科学和社会科学所必须遵循的科学的方法论。运用唯物辩证法的方法学习和研究公共经济学，首先，应当正确理解和掌握公共经济学中的一些基本概念、基本范畴，这是理解公共经济学一般原理的前提条件。例如，如果我们不理解“公共部门”的含义，就无法进一步理解公共经济学的内容、主要研究对象等问题。其次，学习和研究公共经济学应当理论联系实际。公共经济学作为一门新兴的应用性理论学科，同实践有着密不可分的关系，它从公共部门经济行为实践中探索公共经济活动运行规律并上升为理论，继而又将理论应用于实践，为实践活动提供科学的理论依据，指导实践活动的开展。因此，学习公共经济学应当学会运用经济学理论去分析实际问题、解决实际问题，也只有如此，才能真正牢固掌握所学到的公共经济学知识。

（二）实证分析法与规范分析法

实证分析法和规范分析法实际上是两种相互联系同时又相互区别的研究方法。一般来说，公共经济学研究方法就是这两种具体研究方法的统一。

所谓实证分析，是指按照事物的本来面目来描述事物和“实然”状态，说明研究对象究竟“是什么”（what is it），或者究竟是什么样的。实证分析方法的主要特点，是通过对客观存在物的验证（即所谓“实证”）来概括和说明已有的结论是否正确。它的主要作用或者说重点，是“说”清楚事物的来龙去脉，进而做出事物究竟是什么或者是什么样的结论。将实证分析法运用于公共经济学，就是通过对公共经济活动实际情况的分析与描述，讲清楚它实际上是一种什么样的活动，它对经济已经产生了什么样的影响以及将会产生什么样的影响，讲清楚公共部门职责、公共收入和公共支出究竟是怎样界定、划分的，会对经济、社会、公众以及公共部门本身产生了什么影响，讲清楚有关公共政策是怎样发挥作用的以及作用的结果怎样，等等。在实证分析中，计量经济分析方法被越来越广泛的运用。

而规范分析则与实证分析不同，通过规范分析所要回答的问题是“应当是什么”（what ought to be），即“应然”状态。规范分析方法的主要特点是在进行分析以前，要先确定相应的准则，然后再依据这些准则来分析判断研究对象目前所处的状态是否符合这些准则。因此，规范分析是以一定的价值判断为基础的。将规范分析方法运用于公共经济学，就是要根据一系列准则，来分析和判断现行公共经济活动是否与既定准则相符合，如果不符合，那么应当如何调整。至于如何运用规范化分析方法研究公共经济行为，则要视具体的研究对象而定。例如，如果我们将规范分析方法用于对现行税制的研究，就需要根据“效率”“公平”等税制设置原则来分析和判断现行税制是否符合这些原则，如果不符合，那么究竟在哪些方面存在偏离，今后应当如何调整税制使之与上述原则要求相一致，等等。

实际上，对所有经济科学来说，实证分析方法和规范分析方法具有同等重要的作用。作为研究方法，两者只是适用的条件、服务的目的不同而已，两种方法的运用往往是相互联系、相互补充的。规范分析要以实证分析为基础，实证分析则离不开规范分析的指导，即使是最彻底的实证分析，也不可避免地带有以某些规则或标准（比如公平与效率）为准绳的价值判断。在经济学研究当中，一方面，在运用规范分析方法研究某些问题时，常常需要运用实证分析方法论证研究对象与给定规则之间的符合程度；另一方面，在运用实证分析方法研究某类问题时，常常需要运用某些价值判断和既定准则来验证分析结果。在具体运用中，通过实证分析可能提示出公共经济学中最基本的效率、公平、福利的增加与损失等范畴与原理。而规范分析则可以给处理公平与效率的关系、公共产品供给及受益主体、公共部门在市场经济中作用的定位、社会成员的利益保护等问题给予明确的回答。

（三）博弈论方法

博弈论（game theory）又被称为对策论，它是研究决策者在某种竞争下，当成果无法由个人完全掌握，而结局须视局中人共同决策而定时，个人为了取胜应采取何种策略的一种数学理论和方法。它包括合作博弈（cooperative game）和非合作博弈（non-cooperative game）两种类型。合作博弈是假设存在一种制度，对于局中人之间的任何协议都有约束力；而在非合作博弈中则不存在这种制度，唯一有约束力的是自我实施的协议，即若给定其他局中人打算按该协议行动，局中人为追求自己的最大利益也将按该协议行动。因此，如果说合作博弈的重点在群体，探讨合作的形成过程以及合作中的成员如何分配他们的利益，那么非合作博弈的重点则在个体，揭示个体应采取的对策。

作为一种研究方法，博弈论在公共经济学中被广泛运用，成为重要的研究和分析工具。公共经济学作为主要研究以政府为主体的公共部门行为方式的科学，研究涉及人与人之间的相互影响、社会集团之间的相互合作及交易等问题，这一系列的"相互"加总就构成了经济关系、生产关系或社会关系。在一个经济社会中，每个人、每个集团、每个阶层都有自己的特殊利益，都想通过自己的某种行动谋求自身利益最大化。但作为公共经济学，其出发点是要使社会福利（利益）达到最大化，在利益最大化的同时又不影响公共产品生产和供给的效率。为此，就要处理好一定量的资源状况下的合理配置问题。公共政策制定者应该用博弈论的观点来看待这些问题，考虑解决你有政策别人有对策的情况及问题，以使自身的政策本身既恰当又符合社会福利最大化的要求，达到预期的效果。

（四）比较分析方法

比较分析方法，主要是通过对不同国家、不同经济制度下公共部门的活动及公共经济现象加以比较，进而总结出具有指导意义的结论或规律。比较方法主要运用于以下方面：

一般与个别、普遍与特殊的比较。公共经济学的一般理论的形成对各国公共经济实践进行描述、分析和解释，提炼出共同点，凝练出普遍规律。同时，这些共同的、规律性的东西是否适用于某个个别国家或地区，需要比较不同国家和地区公共经济运行的条件和制约因素，找出不同公共经济形态的特殊性，这样才能使一般与个别结合起来，正确认识普遍性与特殊性的关系。

横向与纵向的比较。所谓横向比较，主要是指在同一时期内对不同的国家公共经济各要素的比较，譬如公共经济主体、公共产品、公共支出与收入，公共预算制度等的比较。所谓纵向比较，主要是指对公共经济发展进程的比较，洞悉不同历史阶段公共经济的形态、结构、运行机制有什么不同。通过“纵横交错”的比较分析，能够较为清晰地认识在特定历史阶段上不同国家和地区公共经济的特点，从而为采取不同的公共经济模式提供借鉴。

理论与实践的比较。公共经济学作为现代经济学的分支，是与多学科交叉融合的。从理论上讲，不同国家和地区因为具有不同的学术传统和理论偏好，对公共经济要素的解释也不同。有强调市场作用的自由主义传统，也有强调政府作用的干预主义传统，两者对公共经济模式的看法存在较大差异。理论的不一致，导致了公共经济实践模式及运行方式的不同。通过对公共经济学理论基础、研究对象、研究方法、学术传统的比较，通过对公共经济实践模式的比较，可以形成较为全面完整的对公共经济的认知。

由此可见，所谓公共经济比较研究方法就是对不同的公共经济理论、不同的公共经济实践模式、不同国家的公共经济形态、不同历史时期的公共经济形态进行比较，从而把握公共经济中一般与个别、普遍与特殊、共性与个性之间的关系，推进公共经济理论建设，增强从事公共经济活动的实践能力。

（五）案例研究方法

案例研究方法是指一种对已经发生的真实事件或某种现象进行探索、描述或解释，并试图从中推导出新的假说或结论的研究分析方法。这是一种综合的研究方法，一个案例可以运用多种方法对其进行描述、解释和说明。在公共经济研究中，我们可以通过一个具体的公共经济事件，对公共经济行为、公共经济政策、公共经济制度等做出详细的描述和深入的剖析。既可以是纯粹描述，从大量的历史事实中总结出公共经济规律，也可以是用公共经济理论作为指导，检验理论在具体的公共经济活动中的适用性。通过对公共经济案例的研究可以深化对公共经济理论的认识，并在案例研究中发现理论与实践的差异，找出公共经济存在的问题；在解决问题的过程中，推进公共经济研究的深化。与其他方法相比，案例研究方法具有综合性、直接现实性、真实性、实践性的特征，但在应用中也要充分考虑到它的代表性和可靠性。

【本章小结】

1. 在现代社会里，每一位社会成员的生活都与公共部门的活动密不可分，公共产品和公共服务的种类和范围也有不断增加和扩大之势，公共活动亦可谓无时不有、无处不在，由此产生大量的公共现象和公共问题，公共经济规模和公共经济领域也已扩展到空前惊人的程度。

2. 运用现代经济学的基本理论和分析方法解释公共活动现象及政府处理公共问题的行为与公共决策的学说，即为公共经济学。公共经济学的研究对象并不仅仅局限于经济问题，而是更多地扩展到公共生活的许多方面，具有十分丰富的内涵和内容。

3. 公共经济学本质上仍属于经济学的范畴，但又不同于传统经济学，有其独特的学科特点，也具有自身特殊的内容体系。了解公共经济学与其他学科的关系，能够更好地理解它的学科属性，全面认识和把握它在经济学中的地位和作用。

4. 学习公共经济学，还要掌握和应用科学的研究分析方法，如此才有助于我们用公共经济学的思维和工具理解和解释公共经济问题，认识并把握公共经济运行的规律性。

【主要概念】

公共部门　公共事务　公共产品　公共服务　公共经济学　公共经济学本质　研究对象　学科属性　公共财政　宏观经济学　微观经济学　福利经济学　实证分析　规范分析　博弈论

【思考分析题】

1. 如何理解“公共经济问题与公共活动同时产生”？

2. 公共问题的经济分析是怎样的分析范式？

3. 公共部门指的是哪些部门和组织？公共部门与私人部门的区别是什么？

4. 试从公共经济学形成与发展的进程领会其产生的理论基础和制度土壤。

5. 如何理解公共经济学的定义与本质属性？

6. 公共经济学的研究对象和主要研究内容是什么？

7. 通过公共经济学与其他社会科学的联系与区别，如何认识公共经济学的学科地位？

8. 研究公共经济学需要运用什么方法？

9. 现实生活中有哪些问题可以用公共经济学的方法进行分析？能否举几个例子？

【阅读与思考】

阅读：传统财政学逐渐向着公共经济学演化和发展

从公共经济学的本原出发，并且依据市场经济和公共产品理论，公共部门（政府）不仅要为市场经济运行提供必要的外部条件，还要在市场经济中发挥填空补充、矫正和调节作用。公共部门（政府）成为公共经济活动的中心，为社会成员和公众提供越来越多的公共产品和公共服务。公共财政筹集收入和分配支出的活动，也不再是一般意义的分配，而是为社会提供公共产品和公共服务，承担为公共活动和公共事务筹资以及配置资源的职能，并且调节市场供求和协调经济正常运行。这就超越了亚当·斯密把财政理解为一种分配活动的范围，财政已经演化为现代公共财政，并且成为一种生产和创造性的公共活动和公共事务，使财政学尤其是公共经济理论有了突破性的发展。

思考：

（1）市场经济中公共部门存在的理由何在？公共部门应该做些什么？

（2）如今在公共产品的提供方面，政府扮演怎样的角色？

（3）传统财政学怎样演化为公共财政学，进而发展成为公共经济学的？

（4）梳理公共经济学与财政学的关系对于理解公共经济学的本质属性有何启示？

【参考文献】

1. ［英］约翰·亚当斯、阿利斯泰尔·杨：《公共经济学：理论、论据和案例研究》，科学出版社 2010 年版。

2. ［美］罗杰·勒罗伊·米勒、丹尼尔·K. 本杰明、道格拉斯·C. 诺思：《公共问题经济学》，东北财经大学出版社 2009 年版。

3. ［美］约瑟夫·E. 斯蒂格利茨：《公共部门经济学》，中国人民大学出版社 2013 年版。

4. ［美］鲍德威、威迪逊：《公共部门经济学》，中国人民大学出版社 2000 年版。

5. 杨志勇、张馨：《公共经济学》，清华大学出版社 2013 年版。

6. 李春根、廖清成：《公共经济学》（第 2 版），华中科技大学出版社 2015 年版。

7. 黄恒学、高桂芳、郭喜：《公共经济学》（第 2 版），北京大学出版社 2009 年版。

第二章
公共部门及职能

在市场经济条件下，市场与公共部门（政府）是资源配置的两种机制和两个系统，它们相互依存、相互补充，一起组成现代经济社会的基本架构。在两种机制中，市场机制在资源配置中起着决定性作用。这样，公共部门的职能就不是由它自己确定而是由市场来规定的，这就要把研究的视野拓展到政府与市场的关系这一深层次的问题上，以市场有效或市场失效作为研究问题的基点。市场经济中客观存在的市场失效，引出了政府干预经济社会生活的理由，这就从根本上决定了作为公共部门主体的政府应当承担什么样的职能。

本章的逻辑线索是：由资源配置效率的评判入手，说明市场体系的运行机制和效用，剖析市场机制为何失灵及失灵的原因，以此为根据，揭示公共部门的性质，说明公共部门弥补市场失灵和从事经济活动的必要性，界定公共部门经济活动的范围和主要职能。

第一节 资源配置效率分析

相对于人的需求而言，任何资源都可能是有限的，资源的有限性成为现代经济学的基本命题。经济学的核心问题就在于如何实现有限或稀缺的社会资源的有效配置。在经济学家看来，由于资源有限、机会有限，而人类的欲望无穷，由此就产生了如何以有限的资源来满足人类的无穷欲望的问题，即社会和个人都必须做出用有限的资源去满足何种欲望的选择。选择要解决用既定的资源生产什么、如何生产和为谁生产这三个基本问题，实质上就是如何配置和利用有限的资源问题。据此，社会资源的配置状况是否有效是最重要的。那么，应当怎样衡量全社会的资源是否实现了有效率的配置？这又涉及对配置效率概念的界定和实现条件的分析。

一、配置效率的含义：帕累托效率

对资源配置效率含义的最严谨的解释，是由意大利经济学家维尔弗雷多·帕累托（Vilfredo Pareto）做出的。按照帕累托的解释，帕累托效率（Pareto efficiency）或帕累托最优（Pareto optimality）是指社会资源配置达到这样一种状态，即在不使其他人的境况变坏的同时，任何人的境况都不会变好。从经济学的角度来说，“帕累托最优”状态意味着整个经济都已无法再通过资源的重新配置，从而在无损于其他任何社会成员的前提下，使一个或几个社会成员的处境变得更好。这事实上意味着社会资源的配置在现有技术状态下已经没有改善的余地了。如果达不到这种状态，即可以通过资源配置的重新调整而使得某人的境况变好，而同时又不使任何一人的境况变坏，那就说明资源配置的状况不是最优的，也就是缺乏效率的。

实际上，在现实生活中，帕累托最优是不可能完全实现的。大多数的经济活动都可能是以其他人境况变坏为条件而使某些人的境况变好。帕累托效率准则的意义，只不过是为实行市场经济的社会提供了一种合理配置资源的判断标准。所以，可以将帕累托效率准则的实际含义解释为：经济活动中的任何措施，都应当使“得者的所得多于失者的所失”，或者从全社会来看，“宏观上的所得要大于宏观上的所失”。如果做到了这一点，资源配置就可以说是具有效率的。

二、配置效率的实现条件：MSB = MSC

分析资源配置效率实现条件常用的方法是边际分析法。在一般的经济学课程中，都要涉及边际效益和边际成本的概念，按照覆盖范围的大小，又可以将其区分为“私人的”边际效益和边际成本与“社会的”边际效益和边际成本两类。即私人边际效益和社会边际效益、私人边际成本和社会边际成本。

那么，什么是社会边际效益和社会边际成本呢？

分析边际效益和边际成本又要从总效益和总成本说起。一种物品或服务的社会总效益（total social benefit，TSB）是指人们从消费一定量此物品或服务中所达到的总满意程度或总效用。一种物品或服务的社会边际效益（marginal social benefit，MSB）则是指人们对此物品或服务的消费量每增加一个单位所获得的满意程度的增量，它可以用人们为增加一个单位某种物品或服务的消费量所愿意付出的货币最高额来测定。例如，如果每副球拍的社会边际效益是 20 元，那么消费者为获得一副球拍将愿意放弃相当于 20 元的其他物品或服务的消费支出，同时其境况不会因此而较前变好或变坏。如果消费者可以以低于 20 元的价格获得一副球拍，其境况将会因此而较前变好。

一种物品或服务的社会边际效益，随其数量的增加而倾向于减少。

一种物品或服务的社会总成本（total social cost，TSC）是指人们为生产一定量的某种物品或服务所需消耗的全部资源的价值。一种物品或服务的社会边际成本（marginal social cost，MSC）则是指每增加一个单位该种物品或服务的生产量所需增加的资源消耗的价值，它可以通过为补偿因增加一个单位某种物品或服务的生产量所消耗资源价值而需付出的货币的最低额来测定。例如，如果每副球拍的社会边际成本是 10 元，那么，这一数额就是生产者在保证其境况不会较以前变坏的情况下，为补偿因生产该副球拍所消耗的生产要素投入而需付出的货币最低额。倘若他们出售每副球拍所获得的收入超过 10 元，其境况将会因此而较前变好；倘若他们出售每副球拍所获得的收入少于 10 元，其境况就会因此而较前变坏。

一种物品或服务的社会边际成本，随其数量的增加而倾向于增加。

某种物品或服务的最佳产量的决定条件如图 2－1 所示。图 2－1（a）表示不同的球拍生产量条件下的社会边际效益（MSB）和社会边际成本（MSC）。图 2－1（b）表示生产这些球拍的社会总效益（TSB）和社会总成本（TSC）。可以看出，社会边际效益的数额为 $\Delta TSB/\Delta Q$。其中，ΔTSB 是球拍的社会效益的变动额，ΔQ 是球拍的单位产量的变动额。因此，社会边际效益就是社会总效益曲线上的任意一点上的斜率。同理，社会边际成本，即 $\Delta TSC/\Delta Q$，就是社会总成本曲线上的任意一点上的斜率。

球拍的最佳产量可以通过比较其在不同产量水平上的社会边际效益和社会边际成本来决定。在图 2－1（a）中，$Q_1 = 10000$ 副的球拍产量不是产量的最佳点，因为在这个产量水平上，球拍的社会边际效益大于其社会边际成本，这意味着，消费者为增加消费一副球拍所愿意付出的货币最高额超过了生产者为补偿因增加市场一副球拍所消耗的生产要素而需付出的货币最低额，同时其境况又未因此而较前变坏。

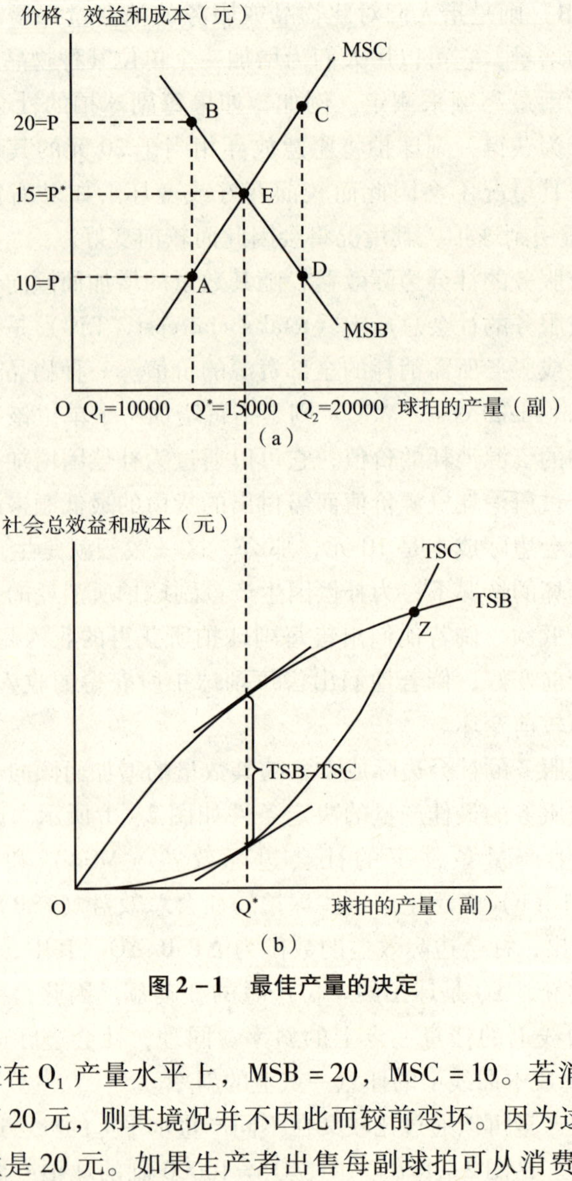

图 2－1　最佳产量的决定

例如，假定在 Q_1 产量水平上，MSB = 20，MSC = 10。若消费者为购买一副球拍而付出了 20 元，则其境况并不因此而较前变坏。因为这个消费者获得的社会边际效益是 20 元。如果生产者出售每副球拍可从消费者手中获取 20 元，其境况就会因此而较前变好，因为这个生产者的社会边际成本只是 10 元。这表明，10000 副球拍的产量不是最佳产量，生产者在这个产量水平上可以在不使任何消费者境况变坏的条件下，通过生产更多的球拍而使自己境况变好。

进而，在 10000 副球拍的产量水平上，如果消费者为获得一副球拍所付出的货币数额为 10 元，其境况就会因此而较前变好，因为他为获得一副球拍而实际付出的货币额小于其愿意付出的货币最高额。如果生产者出售一副球拍所得到的货币数额为20元，则其境况并不会因此而较前变坏，因为他的边际成本已经得到了补偿。所以，在社会边际效益大于社会边际成本的条件下，至少会有一个消费者可在不使球拍生产者境况变坏的同时，而使自己境况较前变好。

由此可见，只要某种物品或服务的社会边际效益大于其社会边际成本，就至少会有一人会随此物品或服务产量的增加而使自己的境况较前变好，同时又不会使其他任何人的境况较前变坏。可以使用净边际效益来表示一种物品或服务的社会边际效益与社会边际成本之间的差额。于是，可以得出的结论是，只要一种物品或服务的净边际效益是正数，将更多的资源配置在这种物品或服务的生产上，便会获得追加的效益。

由此推理，为了使某种物品或服务的效益最大化，此物品或服务的产量增加应当持续这样一点：其社会边际效益等于社会边际成本，或其净边际效益为零。如果此种物品或服务的产量超过了这一点，其社会边际成本就会大于社会边际效益，其净边际效益就会为负数。这表明，用于此种物品或服务生产的资源增加反而会减少此种物品或服务的效益。也就是说，如果产量的增加超过了 $Q^* = 15000$ 副球拍的水平，消费者为获得一副球拍而愿意付出的货币将不足以补偿生产者因增加一副球拍的生产而需消耗的生产要素的价值。这就意味着，当球拍的产量超过 Q^* 点之后，消费者便不能在不使生产者境况变坏的条件下而使自己的境况变好。

由此可见，实现资源配置效率最大化即帕累托效率的条件是配置在每一种物品或服务上的资源的社会边际效益均等于其社会边际成本，用公式表示即为：

$$MSB = MSC$$

仍用前面的例子来说明。在图2－1（a）中，MSB和MSC曲线的相交点E（在这一点上，MSB = MSC）决定了该种球拍的最佳产量为 $Q^* = 15000$ 副。如果产量处在E点的左边，即MSB > MSC时，就表明每多生产一副球拍所增加的效益大于生产这一副球拍所消耗的成本，这时还有潜在的效益没有获得，把更多的资源配置在该种物品或服务的生产上，肯定可得到追加的效益。ABE的面积即为生产量由 Q_1 增加到 Q^* 而可能带来的追加的净效益。如果产量处在E点的右边，即MSB < MSC时，就表明每多生产一副球拍所增加的效益小于生产这一副球拍所消耗的成本，这时因为亏损存在，维持这样的产量是不利的，而减少在该种物品或服务生产上的资源配置，至少有一人可在不使其他人境况变坏的情况下，而使自己的境况较前变好。即，$Q_2 = 20000$ 副不是该种物

品或服务的最佳产量，CED 面积即为产量由 Q_2 减少到 Q^* 而可能带来的追加的效益。

只有当 MSB = MSC 即产量为 Q^* 时，配置该种物品或服务生产上的资源的总净效益才能实现最大化，资源配置实现最优。如图 2-1（b）所示，当产量为 Q^* 时，TSC 曲线的斜率等于 TSB 曲线的斜率。这时，两条曲线的垂直距离也最长，TSB-TSC 的差就是社会总效益扣除社会总成本后的剩余，也正是该种物品或服务的总净效益。若在此基础上继续追加资源投入，从而增加该种物品或服务的生产，直至 TSB = TSC，即图 2-1（b）中的 Z 点，其结果反而会减少该种物品或服务的总净效益。因为，这时的社会总效益和社会总成本之间的差额会减少至零，即处在 TSB = TSC 的点上。

由此得出结论：一种具有效率的经济制度，可使全社会的资源配置满足这样一个条件，即每一种物品或服务的社会边际效益均等于其社会边际成本。

第二节 市场机制分析

如今我们所生活的经济制度环境叫作市场经济。市场经济在资源配置中发挥决定性作用的环境中，市场运行是有效的，但也存在市场失灵，由此引出公共部门经济活动的必要性及意义所在。因此，对公共部门经济活动的分析，显然要从市场机制的作用开始，才能得出正确的认识和结论。

一、市场有效分析

（一）市场运行及运行效率

“市场”一词的本来含义是指人们买卖商品或进行商品交换的场所。随着商品经济的发展，市场也得到了充分的发展和完善。现代社会中的“市场”被赋予了更加广泛的含义：市场是一种实现不同产权主体之间经济联系的系统空间，“是买者和卖者相互作用并共同决定商品或劳务价格和交易数量的机制”①。

① ［美］保罗·A. 萨缪尔森、威廉·D. 诺德豪斯：《经济学》（第18版），人民邮电出版社2008年版，第86~87页。

市场经济是一种历经几百年发展才逐渐形成的复杂而精巧的制度。市场经济又是一种依靠市场机制组织和调节资源配置与经济运行的经济制度。市场经济的核心是价格机制。通过价格机制，把供给与需求的诸多信息凝聚成简单的价格信号，显示产品稀缺程度，引导市场主体的行为和资源要素的流动与分配，使单个消费者和生产者（企业）在市场上相互发生作用，从而解决经济活动的三大问题：企业使用成本最低和效率最高的生产方式（如何生产），生产那些有市场需求和利润最大的商品（生产什么），并将商品提供给那些出价最高的消费者（为谁生产）。所有这些，也就是资源最优配置问题。在市场经济中，资源配置过程是一个经济行为人在极大化目标函数约束下和市场机制作用下的竞争过程。通过竞争，使资源流向符合最大化目标函数的位置，从而实现资源的最优配置。

在没有政府干预的经济中，市场是“伟大的协调者”。在市场经济中，没有人命令谁该如何生产，谁该生产什么和销售什么，谁该购买什么和消费什么。人人追求的只是自身的经济利益，每个人只是根据市场上的价格信号所反映的各种资源的稀缺程度来决定自己的行为。然而，市场机制却像一只“看不见的手”协调着千千万万人的生产和消费。

在亚当·斯密看来，最能满足人类生活需要的经济体制，就是让人们自由劳动、自由交换的市场体制。在市场经济中，人们“通常既不打算促进公共的利益。……在这场合，像在其他许多场合一样，他受着一只看不见的手的指导，去尽力达到一个并非他本意想要达到的目的。……他追求自己的利益，往往使他能比在真正出于本意的情况下更有效地促进社会的利益”。[①] 斯密的这段名言，深刻地揭示了市场经济的本质，这就是：若赋予人们追求私利的权利和自由，就会形成具有自我调节功能和作用的市场机制。

进一步说，市场机制是如何发挥调节作用的呢？换句话说，市场机制如何使资源实现最优配置状态的呢？

假定在一个完全竞争的市场上，购买者或消费者（根据其偏好、收入状况）在市场中公开他们愿意支付某种商品和服务的程度；销售者或生产者（其成本结构既定）在市场上显示出他们愿意在各种价格上提供其商品和服务的数量。这种买卖的意愿最终可以使商品和服务的需求和供应达到均衡状态，也就是说，某种商品和服务既不会提供过多，也不会供应不足（见图 2－2）。

---

① ［英］亚当·斯密：《国民财富的性质和原因的研究》（下册），商务印书馆 1974 年版，第 27 页。

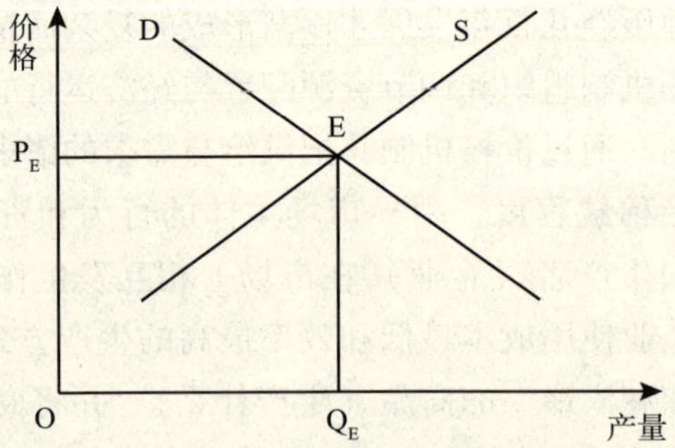

图2-2　完全竞争市场中的均衡价格和均衡数量的决定

图2-2中，横轴表示商品和劳务的产量或供应量，纵轴表示商品和劳务的价格，S代表市场供给曲线，D代表市场需求曲线。从销售者或生产者的角度看，当市场价格上涨时，其收益会随之增加，这会刺激销售量和生产量的增加。因此，供给曲线向右上方倾斜，表明价格越高，供给量越大。从购买者和消费者的角度看，只有当市场价格下降时，他们才愿意增加购买，因此，需求曲线向右下方倾斜，表明价格越低，需求量越大。在图2-2中，当供给曲线与需求曲线相交于E点时，E点就是均衡点，这一点所对应的价格 P_E 就是能使供给量与需求量恰好相等的价格，即均衡价格，这一点所对应的产量 Q_E 就是均衡产量。

假如市场上商品的价格高于均衡价格，则供给量会大于需求量，市场上会出现商品过剩，厂商不得不降价销售；反之，若商品的价格低于均衡价格，则需求量大于供给量，出现商品短缺现象，消费者为了买到自己所需要的商品，就不得不支付更高的价格。通过供求双方的自发调节，当供给曲线和需求曲线相交时，就实现了产量和价格的均衡。假设在完全竞争的市场条件下不存在外部化现象，这时私人的边际效益就是社会边际效益，私人的边际成本就是社会边际成本，所以 MSB = MSC 成立，即社会从某种商品消费中得到的边际效益与产出这种商品所付出的边际成本相等，因此能够满足帕累托最优实现的条件，最终使资源配置达到最佳的状态。

通过分析可知，在完全竞争的市场中，价格是资源配置的指示器，竞争性市场体系是社会资源的配置机制。“人类经济史创造的全部技术手段和经验，还没有提供比价格更好的指示资源相对稀缺程度的信号，因而价格在显示资源稀缺度方面具有不可取代的功能”。[①] 在市场机制这只“看不见的手”所确定的价格的情况下，追求自我利益的个人和企业在自由市场中进行买卖交易，所有参与者在竞争性市场中进行自愿交易而得益，利用社会资源所生产的产值达到最大化，从而实现了资源配置效率。

进一步说，市场经济就是一种以交换为基础的生产社会化的经济运行方式，其实质是以市场为中心去配置资源，以市场机制为基础调节社会经济的运行。在市场经济条件下，市场机制对资源配置能起到决定性作用。

市场经济最主要的优点就是对资源的高效配置。亚当·斯密曾对市场经济的优点做了这样的描述：（1）当每个人在追求他自私自利的目标时，他好像被一只看不见的手引导着去实现公共的最好福利。（2）在这个所有可能世界中最美好的世界里，[②] 资源在物品的生产上可以达到有效的配置；每个人都可以得到公平的报酬；经济的周期性波动可以被自动熨平。（3）政府对经济生活的任何干预都不会使世界变得更好，而只能使这个世界变坏。

（二）市场机制有效的条件

理论分析表明，在完全竞争的市场中，市场机制是配置社会资源的最佳方式和途径。然而，完全竞争市场虽说是一种理想的市场结构，但其作用的有效发挥却附加了种种严格的假设条件：

第一，生产资源的所有权确定与经济利益可分。在生产资源所有权都能清晰确定时，才能保证产品的经济利益明确和成本能以价格来计量。

第二，所有的交易都在市场上发生，并且每一市场上拥有众多的买者和卖者。这意味着市场是完全竞争的，每一单个买者或卖者的消费或生产行为的变化都不足以影响市场价格的形成。换言之，市场中的任何一个买者或卖者都只是价格的接受者，而不是价格的决定者或操纵者。如果少数买者控制了需求或少数卖者控制了供给，就会出现买方垄断或卖方垄断，由此而产生的价格使得资源配置迥异于充分竞争情况下的优化状态，就会造成社会福利损失。

第三，市场中的各种资源和要素可以完全和充分地流动。这意味着包括人力、物力和财力在内的各种资源能够在市场价格的引导下自由地流向任何使用者，进出一个领域不存在任何法律的或社会的障碍。这样，市场机制的作用得

---

① 卢锋：《经济学原理》，北京大学出版社 2002 年版，第 34 页。

② ［美］保罗·A. 萨缪尔森、威廉·D. 诺德豪斯：《经济学》（第 18 版），人民邮电出版社 2008 年版，第 87 页。

到了充分发挥，引导社会资源流向其社会价值最大的用途上。

第四，买卖双方拥有完全的信息。这意味着包括产品的所有用途、特征及其发展趋势的市场信息都是充分的。由此，所有想要某种产品的人的支付意愿与有供给这种产品的人的出售意愿之间的调和才能实现。而如果只是部分表露出供求，市场就不可能有效地完成这种调和功能，相应的市场价格可能会偏离在信息充分情况下的价格，导致资源配置低效。

第五，市场上的同种产品是同质的、无差别的。这意味着任何卖者的产品不会由于买者自身的消费习惯或偏好而对同种产品产生不同的偏好，导致出现某种程度垄断。

理论研究表明，在满足上述基本条件的完全竞争市场上，无数带有自身利益的理性的买卖双方，借助于价格机制、供求机制、竞争机制，以及理性人之间的利益互动机制，将各种看似杂乱无章的、缺乏秩序的经济活动予以有序化。换言之，借助于市场机制这只“看不见的手”，社会经济系统得到了有效的运作，其结果是使得社会资源的配置逐渐接近如前所述的“帕累托最优”（Pareto optimality）状态。

然而，在现实中，完全竞争市场是不存在的，也有许多原因说明帕累托最优资源配置是难以实现的，但人们仍然使用这一概念作为判断资源配置是否最优或是否具有经济效率的标准。与帕累托最优相关的一个概念是帕累托改进（Pareto improvement）。所谓帕累托改进是指资源配置的变化至少使一个人的福利提高而没有人受到损害。因此，帕累托最优也被解释为是不可能存在帕累托改进的状态。

（三）市场有效的表现

市场经济长期运行的效果，证明它在以下几个方面是有效的：[①]

1. 信息传递

传递信息是市场的一个基本功能。它是指由于商品价值和供求的变化，引起商品价格的涨落，同时为生产者和消费者提供商品稀缺状况信息的功能。因此，市场传递信息的功能也就是价格的功能，即价格“充当信号机”的功能。市场经济中信息传递的关键作用，是尽可能以较低的成本、便捷的信息传输渠道和方式给经济当事人提供尽可能全面、客观、及时的信息，节省在搜集、加工、整理和使用信息各环节的成本费用，减少盲目性和不确定性，提高经济活

① 黄泰岩、雷达：《市场的功能与失灵》，经济科学出版社1993年版，第108～119页。

动的效率和效益。

2. 利益刺激和竞争激励

这种刺激和激励，对企业（生产者和投资者）来说就是利润刺激；对作为消费者的居民来说就是选择最有效的消费方式和消费结构，实现使用价值最大化和最优组合的刺激；对劳动力供给者来说，就是自愿接受进一步的培训和教育，不断提高自身素质和竞争能力，进而在激烈竞争的劳动力市场上谋求更好的职业和报酬的刺激。其结果反映到宏观上就为经济发展提供了源源不断的足够的内在动力。

市场是鼓励竞争和价值规律起作用的场所。按照马克思主义的观点，商品的价格不是取决于企业的个别价值，而是取决于社会必要劳动量。市场上这种个别劳动和社会劳动的矛盾，迫使企业要不断地研制开发新产品、改进技术、减少成本、提高劳动生产率，把耗费在商品中的劳动降低到社会必要劳动量以下，以获取更多的利润，在竞争中立于不败之地。作为劳动力的供给者，在劳动力市场的竞争中也面临着类似的压力、动力和选择。

3. 调整、优化经济结构

这是指市场机制能对经济结构（包括产业结构、产品结构、地区结构、企业组织结构、技术结构等）起到协调、平衡和优化的作用。

首先，市场具有协调商品供求结构，使之趋于平衡的内在功能，这主要是通过价格杠杆的调节实现的。

其次，市场机制具有优化企业效率结构和企业组织结构的功能，这主要是通过市场竞争机制和风险机制发挥作用来实现的。所谓优化企业效率结构，是指在激烈的市场竞争中资源会流向那些效率高的企业，从而效率高的企业会不断发展壮大；而那些效率低的企业终将被淘汰，破产、倒闭或被效率更高的企业兼并，结果是使企业的效率结构提高到一个新的高度。所谓优化企业组织结构，是指通过市场竞争的作用使企业规模保持在一个适当的水平上。而企业规模的大小在一定程度上是由市场需求规模的大小、市场需求变化的频率以及市场风险等因素决定的。

最后，市场机制具有优化产业结构的功能，这一功能是通过价格机制（实质是利润率高低）实现的。在一般产业部门之间，价格能够明确地告诉人们“是否有必要把资源从一个生产行业转到另一个生产行业”。[①] 当资源在产业部门的流入或流出，不能再为资源所有者带来更多的利润时，就表明资源在各部

① ［美］雷诺兹：《微观经济学》，商务印书馆1982年版，第51页。

门之间的分配达到了均衡状态。这样，在价格和利润诱导下资源的自由和充分流动，就会使产业结构和部门结构趋于均衡化、合理化。

4. 促进技术进步

市场在推进技术进步方面具有其他机制（如政府机制）不可替代的功能，其原因主要出自市场竞争的外在强制力。在市场经济条件下，竞争机制迫使经济当事人要不断地、主动地在科技投入、研究开发、引进和吸收消化先进技术，积极研制和利用新技术、新材料、新工艺、新设备等方面努力进取，以便在竞争中以性能更好、质量更优、价格最廉、成本最低的商品扩大市场占有份额，获取更多的利润，从而在激烈的市场竞争中立于不败之地。同时，技术自身的商品化或市场化以及劳动力市场竞争迫使劳动者和管理者不断地自觉接受培训、学习、掌握和运用现代科技知识等，也有助于推进科技进步。

5. 促进效率提高

从理论上讲，完全竞争的市场机制能够实现帕累托最优状态，即最有经济效率的状态。尽管现实的市场达不到完全竞争市场严格假设的种种条件的要求，因而也就达不到资源配置的最有效率的状态，但是，这并不否认市场经济具有提高经济效率的客观功能。市场通过竞争机制和价格机制、供求规律和价值规律引导资源的合理流动和充分有效利用，为生产者和消费者提供及时、客观的信息和充分的利益刺激，使经济当事人能对个别情况的千变万化做出迅速的反应。市场经济国家中，所谓“市场解决效率问题，政府解决公平问题”的大致分工，在一定程度上说明市场机制具有促进经济效率不断提高的功能。

二、市场失效分析

（一）市场失效的表现

西方经济理论很严谨地论证了完全竞争的市场会形成在现有资源技术条件下的资源最优配置，即实现帕累托最优，使得社会上每一个人的经济福利都没有可能在不减少他人福利的前提下进一步提高。然而在现实经济中，完全满足完全竞争性市场所严格假设的种种条件的情况是很罕见的。因此，完全竞争市场的理论模型像是“经济学家的乌托邦”，就像物理学中没有摩擦力的理想状态，它虽然有助于我们认识市场机制的本质，但毕竟不是现实。退一步说，即使满足了这些条件从而市场机制能够实现帕累托效率，它也不能解决诸如收入和财富分配不公、自发竞争导致的经济波动等问题。与市场有效一样，市场失效（market failure，也称作市场失灵）也是一种客观存在。经济学家把现实市场中不符合完全竞争假定条件，以及市场运行结果被认为不令人满意的方面称为市场失效。

市场失效可分为两种情形。一种是市场低效，它是指现实市场中存在不符合完全竞争假定条件的方面，而由于这些方面的存在，使市场机制无法实现对资源的高效配置。换言之，虽然完全竞争市场的结果是理想的，但现实中的市场并不是完全竞争市场，致使市场机制在资源配置的某些方面是缺乏效率的。另一种是市场无效，它是指完全竞争市场运行结果本身的缺陷，意思是即使现实的市场符合完全竞争的所有条件，但其运行的结果也是不好的，是不符合整个社会要求的。

1. 市场低效

市场低效是和市场高效相对的，主要表现如下：

第一，竞争失灵或垄断。市场高效是以完全的自由竞争为前提的，但是在现实市场的某些领域中却存在着这两种情况：一种是只有一个买者或卖者的市场，这种市场称为垄断；另一种是受少数几个相互串通的大厂商控制的市场，这种市场称为寡头市场。在这两种情况下是不能通过市场竞争来实现理想目标的，因为垄断者可以凭借自身的垄断优势限制产量，抬高价格，获得额外利润。垄断限制了竞争，阻碍了生产要素的充分流动，扭曲市场机制自发调节经济的作用，造成资源配置的低效率及市场效率的丧失。

第二，不能有效提供公共产品。公共产品［public goods，含公共服务（public service）］是与私人产品相对应的一类产品，这类产品或服务是向整个社会共同提供的，具有非排他性和非竞争性。非排他性是指一些人在享用某种产品带来的利益时，无法排除其他人同时从此种产品中获得利益，或者说，在技术上没有办法将拒绝为其付款者排除在此种产品的受益范围之外；同时，任何人也不能用拒绝付款的办法，将他不喜欢的这类产品排除在其享用品范围之外。非竞争性是指任何人对某种产品的享用，不排斥、不妨碍其他人同时享用，也不会因此而减少其他人享用该种产品的数量或质量。也就是说，增加一个消费者不会减少任何一个人对该种产品的消费量，或者说，增加一个消费者，其边际成本等于零。

一般来说，以排他性和竞争性为特征的私人产品可以通过交换的方式来决定其消费的主体，并且通过供求双方的力量达成一种均衡价格，因此市场机制是实现这类产品生产的有效途径。而以非排他性和非竞争性为特征的公共产品，由于其提供者难以准确地核算他给每一个公共产品的受益人提供的利益，无法使每一个受益人公平地负担成本，因而就无法回收成本和获得经济回报，以利润最大化为目标的市场主体是不会提供这类产品的；公共产品消费极易产生“免费搭车”（free rider）现象，而对于“经济人”来说，“免费搭车”的动机是合乎理性的，这将导致市场价格无法引导资源进入公共产品的生产领域，从而使市场机制在这类产品的供应中失灵。但是，公共产品对消费者和全社会往往又是不可缺少的，例如国防是典型的公共产品，因此，由政府提供公共产品，成为政府必须行使的职责。

第三，不能有效解决外部性问题。完全竞争市场要求所有产品的成本和收益都内在化，生产者要承担其生产给社会带来的全部成本，同时生产者和产品的购买者也享有应有的收益和好处。而在市场经济中实际上许多经济行为和产品与服务具有外部效应（externality），产生外部性。所谓外部效应指的是私人费用与社会费用或私人收益与社会收益的非一致性。产生外部效应的主要原因是某人或某经济单位的行为产生了对其他人或其他经济单位的有利或有害的影响，却没有获得相应的报酬补偿或没有为之承担相应的成本费用。

当正外部效应（外部收益）发生时，产品或服务给所有者以外的其他人带来的利益和好处很难得到应有的效益补偿。前述的公共产品就是外部效益的一个特例，这类产品的内部收益很少，其所提供的绝大部分收益都外部化了。当负外部效应（外部成本）发生时，产品或服务给所有者以外的其他人带来了损害，但受损者却得不到应有的损失补偿。例如，生产过程中所排放的废气废水污染了环境，使生活在这一环境中的人们都受到损害，而受损者并未得到补偿，污染者也没有承担相应的污染治理成本。

外部性的表现形式及影响如表 2－1 所示。

表 2－1　　外部性的表现形式及影响

	名称	表现形式	公式	影响
外部性	外部收益	总收益 > 私人收益	总收益 = 私人收益 + 社会收益	福利增加
	外部成本	总成本 > 私人成本	总成本 = 私人成本 + 社会成本	福利受损

在存在外部效应的情况下，成本和收益不对称，其结果会远离帕累托效率状态。因为个人进行决策的时候，只是将其实际承担的成本和得到的收益进行比较，在无须对外部成本进行赔偿的情况下，个人实际承担的成本会小于其活动的总成本，因而会过量从事产生外部成本的活动，由其决定的产出规模会大

于社会需要的最优规模；相反，在外部收益得不到补偿的情况下，个人的选择是较少地从事该类活动，由其决定的产出规模会小于社会需要的最优规模。显然，这都不是资源的有效配置，不但降低了社会经济效率，还导致成本或报酬负担不合理，从而会妨碍社会的公平。

第四，信息不完全不充分。完全竞争市场要求所有的生产者和消费者对他们所买卖的产品和服务都有完全充分的信息，生产者了解全部生产过程和消费者的需要，消费者知道产品的品种、性能和质量等信息。而事实上，市场经济行为主体的独立性和分散性，加上信息量大且复杂，加工、处理信息的成本越来越高，就可能发生信息失灵及“信息隐瞒”的情况，信息不完全不对称成了现实中的常态。例如生产者不能准确了解消费者的需求，致使某些产品供不应求或供过于求；消费者也可能因不了解市场行情而支付了较高的价格，或购买了不完全符合自身需求的产品。在信息不完全不对称的情况下，会导致交易费用大幅上升，并带来逆向选择（adverse selection）和道德风险（moral hazard）问题，市场运行就会出现扭曲。逆向选择是由于事前信息不对称引起的，即在签订合同或从事交易之前就存在信息不对称，某些特征被隐藏，从而导致交易一方做出与另一方期望截然相反的选择。道德风险是由事后的信息不对称引起，即在合同签订后一方做出另一方不可观察的行为，从而对居于信息相对劣势的一方带来不利影响。但不管是事前还是事后的信息不对称，都会导致经济主体的行为偏离完全竞争的市场均衡结果，从而难以实现资源的高效配置。

2. 市场无效

第一，偏好不合理。个人偏好是决定需求的基本因素，其合理性又是市场竞争结果合理性的前提条件，因为市场就是按所有个人的偏好来配置资源的。在现实的市场中，某种东西可能给一个人带来较大的利益，但消费者本人却没有意识到这一点，只给予它以较低的评价（表现为在很低的价格上才愿购买）；或者相反，某种东西给人们带来的好处并不大，或者有害无益，但消费者却给予较高的评价（表现为他愿意以较高的价格购买）。我们把那些个人评价低于合理评价的商品称为优值品（merit goods），把那些个人评价高于合理评价的商品称为劣值品（dismerit goods）。尽管经济学对偏好合理性的评价尚未达成统一和精确的标准，但人们可以认同的是，在现实市场中，至少某些人的偏好在某些方面不尽合理。例如，有人低估教育带来的好处，导致一些学龄儿童弃学务工。从社会学和经济学的观点来看，教育，尤其是基础教育属于优值品。又如，吸烟有害健康人所共知，但就是有人给予香烟（甚至毒品）以很高的效用评价，愿以高价购买，这属于劣值品。

显然，在这些不合理偏好的选择中，产品和服务的市场价格并没有在多大程度上影响某些人的决策，没有起到优化资源配置的作用，这些偏好的不合理性是需要纠正的，但市场机制却难以做到。

第二，存在风险和不确定性。如果说一些市场失效状态只存在于某些领域、某些部门和某些行业的话，则风险和不确定性对于市场来说却是无所不在、无处不有的，其中的差别仅是程度的大小和范围的宽窄而已。这是因为，市场经济是以无数人的自主决策和自发活动为基础的，是通过市场机制的自发作用引导资源配置的，在充分竞争状态下，任何人都无法将自己的主观意愿凌驾于他人、凌驾于市场之上。这样，对于任何一个市场活动参与者来说，市场活动的结果均存在着风险和不确定性，因此市场经济就是风险经济。“在风险和不确定性存在的状态下，生产者和消费者只能按照不确定的价格行事”。“由于预计的风险与实际的结果总是存在着或多或少差距的，这就无法保证市场价格信号的始终正确。而一旦预期价格与市场价格发生严重背离，则意味着人们是依据错误的价格信号去配置资源的，其结果显然是不可能最佳化的”。① 因此，事业风险与各种不确定性，会造成某些类型的投资活动不能达到社会所要求的状态。

第三，收入分配不公。前面分析的市场低效的各种表现证明了光靠市场机制本身是不能实现帕累托最优的。然而，即使市场经济的运行能自行达到帕累托最优状态，也只是保证了资源配置效率的实现，并没有解决收入分配的公平问题。按照帕累托最优所揭示的原理，只要当一个人的境况得到改善而又不损及另一个人的境况，这时就存在一个福利的增进，即所谓的帕累托改进。但是，如果经济最初就处于不公平状态，那么越是接近帕累托最优状态，可能达到的收入分配结果越是不公平，也就是越高的效率，往往自发伴随着越不公平的分配结果。这是由于，收入分配根据次序的不同，可以分为初次分配、再分配以及第三次分配，市场主要介入的是初次分配领域，而初次分配是按照各经济主体的生产要素（包括劳动、资本和土地等）多少和贡献大小来分配收入的。由于各主体拥有的生产要素和体力、智力、天赋等在质和量上会有很大差别，生产要素进入市场竞争的环境条件和人们进入竞争的实力、能力也有不同，按市场规则进行分配必然会造成收入分配的差距。比如，因为资本和劳动相比更为稀缺，所以拥有较多资本的个人即使不参加劳动，也可能会获得比普通劳动者更多的收入；在不充分竞争条件下（如自然垄断），收入分配机制不

---

① 张馨：《公共财政论纲》，经济科学出版社 1999 年版，第 42 页。

健全时，某些经济主体会取得不正当的高额收入。这些初次分配中的差距如果不加以干预，又会成为收入分配差距进一步扩大的原因，不仅与公平目标相抵触，还会导致诸如贫困、富裕阶层的挥霍浪费、社会冲突等许多不好的社会后果，甚至引发尖锐的社会矛盾，最终直接威胁到市场机制本身的存在。可以说，没有分配上的公平，经济的高效率发展也就不可能长久地维持下去。

第四，宏观经济失调。社会总供给与社会总需求的平衡是市场经济正常运行的基本前提之一。但是，在自由放任的市场经济中，自发的过度竞争不可避免地会导致各个商品与要素市场的供求失衡，进而导致社会总供求的长期失衡和宏观经济波动，造成高失业、高通货膨胀和周期性的经济萧条与危机等多种问题，其结果必然是破坏价格机制，市场机制自身难以正常运行。“起始于亚当·斯密描绘的市场经济理想画卷，开始被撕裂了，思想的质疑和怀疑开始发生了。……一切在经济学教科书上经过精密论证的市场调节方式都不再管用了。这个时候，人们已经不需要用抽象思维的头脑，而仅仅凭饥饿难耐的肚子就能够知道，市场失灵了，在这个暴风雨来临的时候，市场真的失灵了”。[①]在过去300年的历史里，各个市场经济国家都出现经济周期性波动特征，并反复经历着“繁荣—衰退—萧条—复苏”的循环。这反映了市场机制的自发作用难以保证社会资源的有效配置和整个经济的协调运行。

现实市场经济中存在着的上述种种市场低效和市场无效的状况，表明需要有公共的或集体的活动介入，并且以非市场机制的方式进行干预，而现实生活中公共活动又主要是由作为社会生活组织者的公共部门（政府）来体现的，因而通过另一种资源配置系统——公共部门的力量对市场机制活动进行干预，就成为一种必然的选择。

（二）市场失效的原因

1. 市场竞争的不完全性

完全的竞争市场只是一种抽象的理论模式，现实中的市场很难实现完全竞争的条件。如生产者和消费者往往都只具有不完整的知识和不充分的信息，现实的市场都受到各种不完全的限制，进入或退出市场的条件限制，商品技术或就业的信息不充分，以及机会的不均等，等等。不仅如此，随着社会化大生产的发展，还有远离完全竞争市场的趋势。例如，随着社会化商品经济的发展和规模经济的扩大，生产的集中化和专业化越来越重要，一些产业和行业具备了

① 魏康等：《公共经济学》，经济科学出版社2010年版，第3页。

符合自然垄断的性质，这必然会产生垄断倾向，从而限制市场竞争作用的发挥。

2. 市场功能的局限性

市场功能的局限性是指即使满足了完全竞争市场的各种假设条件，在市场能够充分发挥作用的情况下，市场对一些经济活动的调节作用仍然是苍白无力。如外部效应问题、公平分配问题等。

3. 市场自身的不完善

市场自身的不完善是指市场自身不发达或者市场在运行中发生功能障碍，这也会造成市场功能不健全或遭受破坏而导致市场失灵。

4. 市场外部环境的限制

市场机制的充分发挥还必须有良好的外部环境和条件。现实中一些国家由于生产率水平低、商品经济不发达、与外界经济联系不密切、信息闭塞以及人为因素的干扰等，限制了市场正常功能的发挥。

第三节 公共部门及行为

一、公共部门的概念与分类

在经济学中，通常把社会划分为私人部门与公共部门。私人部门由个人、家庭和私人企业（厂商）所构成。公共部门则是指政府和担负政府某些职能的衍生机构和组织，公共部门的行为，集中体现和代表了政府的行为。

无论是政府还是个人、家庭和企业，都以各自的行为方式参与国民经济运行，影响着国民经济的发展方向和进程。在西方宏观经济学的核心理论，即关于国民收入决定的理论中，把政府、企业和家庭看作三个平等的主体，相互关联，而又各有自己的运行规律。如果不考虑国际市场的因素，一国国民经济就取决于这三者的经济活动。

从经济学的角度上看，私人部门和公共部门具有相同点：（1）它们都是生产或提供满足人类需要的产品（私人产品和公共产品）或服务的；（2）它们生产和提供产品或服务都要使用社会经济资源；（3）它们都要解决生产什么、怎样生产和为谁生产的决策（经营）问题。私人部门和公共部门的区别则表现在以下四个方面：（1）私人部门的生产经营活动通常是分散进行的，其经营决策也由生产者分散地做出，而公共部门的生产经营活动则需要由代表公共权力的主体集中进行；（2）支配私人部门决策者决策的是私人利益和私人意志（至少是个别企业的利益和意志），而支配公共部门决策的一般则是某种意义上的公共利益和集体意志（至少在民主制度下是如此）；（3）在市场经济中，私人部门通过经济市场上相互交换产品的价格进行价值补偿，以实现再生产循环，而公共部门则需要通过向消费公共产品的社会成员按公认的规则征收税费，实现再生产循环，而且每个社会成员贡献的份额与其消费的份额并非完全对等；（4）在市场经济中，调节私人部门生产经营活动的是市场机制，而调节公共部门生产经营活动的则是非市场的政治机制。

从一般意义上说，公共部门是以公共权力为基础的，公共权力产生于社会，又凌驾于社会，因此，公共权力具有明显的强制性。经济学家希克斯认为，公共部门是指一种提供产品和服务的部门，其所提供的产品和服务的数量及种类不是由消费者的直接愿望决定的，而是由政府机构决定的，在民主社会中则是由公民代表决定的。

公共部门存在的合法性受到公众的信任与支持，它们依法管理社会公共事务，不以市场取向或利润、营利为存在的目的，其目标是谋取社会的公共利益，对社会与公众负责，而不偏私于某个个人、群体或集团的独特利益。因此，其产出是维持社会存在与发展的公共产品、公共秩序与安全、社会价值的分配。从这样的认识出发，一般把拥有公共权力，执行国家法律、社会公共事务管理与各种纠纷裁决等职能的部门，视为公共部门。“从根本上而言，公共部门就是这样一系列机构，它们能协调以各种方式寻求公共活动的不同集团的利益”。①

公共部门有广义和狭义之分。从狭义的角度看，公共部门是指政府。经济学中所说的“政府”，并非仅仅指生活中所谈及的中央和地方的行政机关，还包括由中央和地方全部立法、司法和行政机关共同构成的国家机构的总和。从广义的角度看，公共部门包括政府、非营利性组织和公共企业部门三个部分，其中政府是公共部门的主体。非营利性组织是既非政府又非企业的社会组织，它从事社会公益性或互益互助性生产与服务，不以盈利为目的，非政府性和收益不分配是其基本特征。公共企业部门是指由政府委托经营，直接参与市场竞争，以获取利润为目标的经济组织或市场主体。实际上，公共企业部门形成

---

① ［美］简·埃里克·莱恩：《公共部门：概念、模型与途径》，经济科学出版社 2004 年版，第 24 页。

后，就基本上与私人企业一样按市场原则来运作，而与政府行为方式有很大的区别。在没有特别说明的情况下，公共部门的外延与政府相同，即狭义上界定的公共部门。

二、公共部门的性质

从以上的介绍可以看出，公共部门与私人部门相比有着明显的不同，它的性质可以概括为以下几个方面。

（一）公共部门是通过政治程序产生的

在市场经济国家中，私人部门的经营管理，有的由所有者自己来承担，有的由公司股东们指定经理人管理；而公共部门的管理人员，或是由政治选举产生，或是由政治当选人任命。正是由于公共部门是通过政治选举方式产生的，才使得它所拥有的权力具有合法性，才能获得超越私人部门的权威，并可以对私人部门的活动进行管理。

（二）公共部门具有强制力

公共部门所拥有的强制力是其他经济组织所不具备的。它可以向全体社会成员征税，并对那些不按章纳税者给予处罚；它可以制定一些基本行为规范，要求人们遵守，如交通规则。一个公司不能限制员工辞职，但公共部门在必要时能够限制个人的人身自由。一个厂商无法强迫消费者购买它的商品，但谁都无法选择公共部门提供的国防服务。公共部门的强制力是以其合法性和社会成员愿意遵守为基础的，这意味着它可以做很多私人部门做不到的事。

（三）公共部门具有普遍性

公共部门是一个面向全体社会成员、普遍性的组织。公共部门提供的产品和服务具有公共的性质，即非竞争性和非排他性，全体社会成员都有资格消费，如良好的社会治安是每个社会成员都可以从中受益的。而公共部门的强制力同样也带有普遍性，正如宪法所规定的，法律面前人人平等。这说明，法律的强制力不是针对个别人或某个群体，而是针对全体社会成员和组织的。

（四）公共部门具有唯一性

对个人和社会来说，公共部门是唯一的、垄断的。即使存在着公共部门的潜在竞争者，并且经过选举或重新任命，使公共部门人员出现了更迭的情况，但这种变化也只能是单线的，不可能是并行的。也就是说，新的公共部门出现，只能是对原公共部门的继承，不可能同时存在两套公共部门的组织体系。因此，不论是过去的还是现在的公共部门，对个人来说，只能面对一套公共部门。由于公共部门是唯一的，更增强了它的强制力和权威性，社会成员无论是否愿意，都只能接受它的管理，享用它提供的产品和服务。

（五）公共部门行为的法治化

市场经济是法治经济。在市场经济条件下，私人部门和公共部门都要处于法律的约束之下，都不能超越法律的规范来行动。公共部门行为的法治化包括：公共部门的权力由法律规定并依法授予；必须按法律规定行使权力；如果违反法律，必须承担相应责任；要接受公众、司法和立法机关的监督等。与私人部门相比，公共部门的法治化对市场体制有更为重要和特殊的意义，只有公共部门行为实现了法治化，才会清晰地界定公共部门和私人部门，即政府与市场的关系，才能将它拥有的垄断性强制力约束在合理的范围内，从而保障市场经济健康运行和发展。

三、公共部门行为及特征

公共部门行为是指公共部门为了实现预期的目的，采取各种手段调节经济社会生活的有意识的活动，是它作为国家权力执行机构所具有的全部职能和需要的具体运作，主要是最大限度地满足公共需求的行为。公共部门的行为目标，应是力求实现全社会的有限经济资源的合理配置和充分有效使用、保持经济稳定和维护社会公平，最大限度地弥补、矫正市场缺陷，同时力求把公共部门及其活动的偏向和消极影响降至最低限度。公共部门的行为方式主要是通过其主要代表的政府部门的财政税收政策、货币政策、技术贸易政策等来调节市场运行，同时通过各种法律的制定、执行和行政管理来规范并约束各个市场主体及其行为。当然，公共部门行为，尤其是政府经济行为的外延会随着经济的发展、外部条件的变化而变化，同时，还受到人们对这些行为的价值判断的影响。

公共部门在社会经济中的地位决定了其行为的一般特征。

（一）公共性

公共部门行为的公共性是指公共部门因社会公共需要而存在，并随社会公共需要的发展而发展。公共部门必须体现公共的利益，即社会公众的共同利益。公共性在市场经济中的集中体现，就是在那些企业或个人家庭无法办、无力办、办不好的领域发挥出它的作用。而企业和居民能够办，并办得好的事，公共部门就不要去包揽。公共部门行为的公共性，既是社会分工的结果，也是为了提高全社会的整体效率。

（二）强制性

从本质上说，公共部门的行为是强制的，即它行使的公共权力以法律为依据，依靠其强制力来实施。首先，公共部门是凭借公共权力建立起来的社会有组织的机构。它要维护大多数人的利益，有时就不得不损害少数人的利益，这就必然招致其反对，因此，强制必不可少。其次，公共部门要维护大多数人的利益，就必须建立良好的社会秩序。然而，要使好的社会秩序变成全体成员的行为规范，公共部门及机构就要采取法律、行政命令和道德行为规范等手段来迫使和引导居民服从，并变成其自觉行为。再次，公共部门在建立市场经济秩序的过程中，不能不涉及财产保护问题。财产保护符合大多数人的利益，但也会受到一些抵触。因此要对那些侵吞公共财产或者私人财产者给予法律强制与制裁。最后，公共部门作为社会经济主体之一，与其他经济机体一样也有生存和发展问题，这就必须有经济收入。虽然公共部门取得收入的目的是为了执行公共职能、举办公共事务，但由于具体出钱的人与公共事务的受益人事实上并不总是一致，因而靠个人自觉交款来筹措公共资金是不可能的，这就需要运用公共部门的强制力来迫使其缴纳。就是说，公共部门在获得公共收入上大都是强制的。

（三）行政性

公共部门要建立良好的社会秩序，就必须建立行政程序，按行政原则办事。行政原则是相对于经济原则而言的，具体包括属地管理、首长负责制、以公文流转为基础、部门分工等项内容。行政程序主要是指政府的办公、决策程序和公文产生、流转程序，也是指企业或个人到政府机构去办事必须经过的程序和环节。政府机构办事要有合理的行政程序，包括立法程序、执法程序、审判程序、审批程序、申述程序、处罚程序等，这是社会秩序必不可少的组成部分。一方面，行政程序是保证公共部门及政府机构正常行使职能的需要；另一方面，行政程序也是为了分清部门责任。因此，行政性是公共部门的重要特征，是区别于企业和家庭行为的一个重要标志。

（四）非营利性

一项事务是否以盈利为目的，是区分市场行为与公共部门行为的重要标志。公共部门处于政权组织和社会管理的地位，它实施管理、提供产品和服务的目标是实现公共利益，即使公共部门的成员也有经济人的动机和意识，但由于公共部门活动领域的特殊性，它的活动也就不是纯粹的市场活动，因此，公共部门是非营利性的。公共部门的非营利性包括了两层含义：一是指公共部门通常应当采取无偿方式提供公共服务；二是为了平衡受益者与非受益者的负担，减少因无偿提供而造成的某些人对公共服务资源的滥用，政府有时也要对获得公共服务的人收费，但收费的标准通常都低于或等于成本价格，并不以盈利为活动和行为的目的。

四、公共部门的优势分析

（一）市场与公共部门的再认识

在市场经济条件下，市场与公共部门（政府）是资源配置的两个系统和机制，市场在资源配置中发挥决定性作用，同时要更好地发挥政府的作用。在一个混合所有制经济体中，两者各有能够充分实现效率的领域，如纯私人产品和纯公共产品，这在理论和实践上都被充分证明是确定了的，但这还不能涵盖所有的问题。

第一，经济学的基本原理之一就是我们面对有限的资源时刻都会面临选择，而选择是有成本的，包括机会成本。同样，我们面对的是需要更多的公共产品还是更多的私人产品的选择。这两种产品的替代关系是成立的，我们需要在市场与公共部门之间做出选择。这不仅仅是让两者在各自的领域发挥作用的问题，还有如何把两者适当地结合、获得最优综合效应的问题。

第二，在经济生活中，市场和公共部门还存在更为紧密的联系，两者相互渗透、相互影响。首先，根据公共选择学派的研究，他们把市场的最基本假设——“经济人”的假定作为理论的基础，认为政府和政府官员都是理性的经济人，都以个人利益（当然不完全是经济方面的利益）最大化为行为准则，只是表现形式与市场主体有差异；其次，政府改革的基本思路之一就是把市场竞争机制引入政府机构，以实现抑制机构膨胀、提高政府运行效率的目标；再次，公共部门有大量的购买性支出，消耗社会资源和劳动，而这些支出又会形成市场需求和社会消费的一部分；最后，从规范的角度看，政府配置资源的作用应该是一种补充性、辅助性和修正性的作用，而市场发挥的才是决定性的作用，政府应让市场在能够有效发挥作用的领域充分发力，政府有所作为和更好发挥作用的应该是那些市场失灵的领域。

因此，无论从历史发展进程，还是从理论的分析，均可以得到的认识是市场与公共部门作为社会基本的资源配置和调节机制，既是相互对立的，又是对应共存的。公共部门与市场并非在所有领域都是一种简单的替代关系，在许多场合二者是有机统一、相互补充、相互协调和相互促进的关系。现实经济社会中的许多问题，都需要市场与公共部门协调和配合才能解决得好。把市场与公共部门的作用程式化、固定化，并试图寻找一个截然区分、泾渭分明的界限是不可能的，关键是寻求并努力实现二者之间的最佳结合点。据此，市场与公共部门的关系就要根据社会经济的发展和制度环境的变化而不断地调整和改进。

（二）公共部门优势的表现

在社会经济活动中，公共部门与市场以及其他组织相比，具有一定的优势。这种优势起因于市场的缺陷和公共部门在社会经济中的地位及发挥的职能。诺思曾把政府的优势归结为在暴力方面具有比其他组织更明显的权威性，它可以通过系统的合法的暴力来对付非法暴力，有利于界定和保护产权，保持社会的良好秩序。从政府是代表社会行使公共权力的组织方面考虑，这种认识揭示了凌驾于社会之上的公共部门及政府组织的最重要的特征：通过强制力量实施管理社会事务的职能。这一重要特征决定了公共部门比市场和其他组织具有以下优势：

一是有利于保持社会经济秩序的稳定。市场通过其内在要素的有机结合形成良好的经济秩序，必须具备一个重要的前提条件：人人都能自觉遵守市场规则。如果有人采取非经济手段（如暴力）无偿占有了他人的劳动成果，市场原则就遭到了破坏，而市场自身对这种行为无能为力。面对非经济的强制，必须采取与之相适应的反强制手段来加以克服，否则就不能形成稳定的秩序。私人势力或民间组织通过自己的力量实施反强制行为，不仅成本很高，而且极易造成社会经济秩序的更大混乱。而作为最大和最强的公共部门的政府由于获得了社会赋予的行使公共权力的合法地位，可以通过法律的形式规定社会成员和社会组织必须遵守统一的规则，从而有利于保证社会经济秩序的稳定。

二是有助于解决社会公共性问题。人类社会在社会经济交往中产生一系列公共性问题，其中最为典型的就是在公共产品消费过程中能使公众共同受益，而且很难做到不让某些人受益的公共产品由谁来组织供给。一般来说，由于这类产品中“免费搭乘”问题的普遍存在，由具有强制力的公共部门的权威代表——政府来提供，较为有效。

由此看来，政府的优势恰恰是市场的劣势，所以，现代经济既不是单纯依靠市场机制的经济，也不是单纯依靠计划机制的经济，而应当是一种混合经济，在这种经济中，生产什么、怎样生产和为谁生产的问题，部分由私人通过市场机制来解决，部分由政府和公共部门通过计划与协调机制来解决。而公共部门所涉及的领域，又应当是市场失灵和市场失效的领域，即通过公共部门的公共权力对市场活动进行干预，以纠正市场失灵。

五、公共部门失灵与矫正

（一）市场经济国家对政府失灵的关注

与私人部门和市场相比，公共部门和政府有自身的优势，但是这并不意味着凡是在市场失灵的领域，公共部门和政府的干预总是有效。市场经济的实践表明，现实中也存在公共部门和政府失灵。

对于“市场失灵”的认识使西方国家在20世纪30年代到60年代期间采取了一系列干预经济的措施，并取得了明显的效果。然而，到了70年代，这些措施所存在的问题日益突出，其表现是西方国家在采取赤字财政政策和膨胀性的货币政策以刺激经济时，却导致了低增长、高失业与高通货膨胀并发的“滞胀”怪病。在苏联以及其他传统的社会主义国家，政府的干预行为——准确地说是行政管制和指令性计划——几乎把国民经济推到了崩溃的边缘。这些问题的出现不仅是某个国家的政府或政府的某个决策者一时的决策失误造成的，而是政府相关机制运行的必然结果，由此引起了人们对政府决策和行为的有效性的关注，论证“政府失灵”和反对政府过分干预的理论应运而生，出现了旨在捍卫经济自由的新自由主义思潮。

在这股来势汹涌的思潮中，最为典型的是以布坎南为代表的公共选择学派的观点。布坎南对西方国家20世纪60年代以前流行的政府干预理论提出了严厉的批评："在经济学家中，普遍流行的市场失灵，以及通过与一种完全是杜撰和理想化的结构进行对比来说明市场失灵的观点，被广泛用来证明政府干预是正当合理的。他们认为，就业、产量和价格水平方面的宏观失控原因仅在于老派政治家没学过凯恩斯主义政治课"。① 公共选择学派认为，市场是实现资源有效配置的最佳途径，政府对经济干预不仅无效，而且经常是弄巧成拙，战后的市场运行效果不好，不在于市场本身，而是政府干预过度。在他们看来，自凯恩斯主义产生之后，人们有意无意地把政府的组织机构和政府行为理想化了，认为政府可以掌握充分的信息，能够通过分析手段对客观存在的问题和政策实施的后果做出周密的考虑和预测，并且认为它理所当然的是公共利益的代表，由一些遵循公共利益的官员负责管理等。其实，这是不符合实际的。为了有效地控制政府官僚阶层的滋生和蔓延，促使政府的行为真正有利于市场和公众，最重要的是全面地重新创造市场。具体讲，就是在经济领域，要尽力健全市场机制，让市场成为调节资源配置、经济运行和收入分配的重要手段。政府在经济领域的职责至多是指导经济，而且这种指导应当是长期规划性的、方向性的，而不应当如凯恩斯主张的那样，用政府干预措施来阻碍市场机制发挥作用。

即使在主张政府干预经济的经济学家中，也有人指出了政府失灵现象。美国著名经济学家斯蒂格利茨认为，政府对经济的干预是必要的，问题的关键在于必须把握好干预的力度和采取适当的方式，"可以肯定地说，某些市场失灵非常需要政府的某些合适的干预形式。问题在于政府干预并不是完美无缺的，它会（几乎是肯定的）滋生浪费和无效率，这是事实"。② 他列举了几种政府失灵现象：不完善信息和不完全市场造成了政府活动中的许多无效率；政府推行某些再分配政策，导致在收入和财富的再分配中产生资源的误置和新的不公平；政府官员的不断更迭导致某些政府合同失效，使社会为之付出了巨大的交易费用，无谓地造成资源损失；政府部门无形产权让渡的不规则和不透明导致低效率或损失，如以权谋私及腐败等；公共（政府）部门缺乏竞争会削弱人们的积极性，导致低效率。

由此看来，在西方经济学界，无论主张政府干预经济的经济学家，还是反对政府干预经济的经济学家，都认为政府失灵是一种客观存在，具有必然性，

---

① ［美］詹姆斯·M. 布坎南：《自由、市场与国家——80年代的政治经济学》（中译本），平新乔、莫扶民译，上海三联书店1989年版，第23页。

② ［美］约瑟夫·E. 斯蒂格利茨：《政府为什么干预经济——政府在市场经济中的角色》（中译本），郑秉文译，中国物资出版社1998年版，第97页。

所不同的只是对政府失灵的表现和产生的原因认识不一致。这对我们正确地认识和处理市场与政府的关系是有启发意义的。

（二）政府失灵的概念

萨缪尔森给政府失灵所下的定义是："当政府政策或集体行动所采取的手段不能改善经济效率或道德上可接受的收入分配时，政府失灵便产生了"。① 从中可以看出，萨缪尔森是从"手段"和"结果"及其比较中认识政府失灵的。据此，国内有的学者认为，"政府失灵一般是指用政府活动的最终结果判断的政府活动过程的低效性和活动结果的非理想性"，"是从政府采取某种手段干预资源配置和收入分配的前后结果的比较中得出的概念"。② 另有学者指出，参照萨缪尔森的论述，可以将政府失灵的概念界定为："它是指政府无力，或者不能达到相应公共目标，或者损害了市场效率，或者自身低效率运行的行为"。③

第一，政府无力达到，或者不能达到预定的公共目标。这也许是人们过高地估计了政府的作用，也许是政府管理不当而造成了失败。

第二，政府的低效率、高成本运行。即投入与产出比不合理。尤其是官僚主义的政府管理机构，往往是低效率运行的。这与政府机构缺乏投入产出的观念和相应的强制、僵化的管理机制有密切关系。

第三，政府活动损害了市场效率，而又没有达到相应的公平目标。在公平与效率上，政府从长远利益和社会稳定出发，往往在某些方面倾向于实行公平的政策，但如果实际结果既没有达到公平目标要求，又牺牲了效率，就出现政府失灵。

（三）政府失灵的表现

一般来说，政府是具有一定强制力的资源配置系统，所以，如果政府能够做出一个完全符合资源配置最优的计划，那么其配置资源的结果就应是最优的。但是，在现实经济生活中，政府囿于多种条件的限制，这一愿望难以实现。因此，政府失灵也就成了客观存在。

1. 政治制度失灵

由于每个国家的政治和政府组织体制都不可能是十全十美的，必然会在政

---

① ［美］保罗·A. 萨缪尔森、威廉·D. 诺德豪斯：《经济学》（第12版），中国发展出版社1992年版，第1189页。

② 卢洪友：《政府职能与财政体制研究》，中国财政经济出版社1999年版，第67页。

③ 马国贤：《中国公共支出与预算政策》，上海财经大学出版社2001年版，第89页。

治制度方面产生失灵现象，在某种程度上阻碍了经济发展和社会进步。制度经济学派的诺思（Douglass C. North）认为，“国家的存在既是经济增长的关键，然而国家又是人为经济衰退的根源”。① 可以说，这是政府最严重的失灵，这种失灵所产生的效率损失之大是任何市场失灵都无法比拟的。

2. 行为目标偏离社会公共利益

公共部门存在的必要性和政府调节经济社会活动的根本理由，是建立在这样一个基本假设基础上的，即它们作为社会公共利益的代表，其行为目标与社会公共利益是一致的，由于市场失灵的存在，通过政府作用可以更好地实现资源优化配置和社会福利最大化。从理论上讲这一假设是符合逻辑的。然而，政府并不是一个超脱于现实社会经济利益关系的万能神灵，而是由各种机构和各层官员组成的。无论是政府机构还是政府官员，都有自己的行为目标，而这些行为目标并不自然而然与社会公共利益完全吻合，换言之，政府的行为目标和社会公共利益之间是存在差异的：（1）政府官员也是经济人，也要追求自身利益，追求的结果并非符合社会利益；（2）政府机构本身也不是一个没有自身利益的超利益集团，而是将政府官员的利益内在化为政府的利益；（3）即使在西方发达市场经济国家通过“民主程序”选举出来的政府，在其执政期间往往代表的也是某些特殊利益集团的“公共利益”，政府的政策是为这些特殊利益集团服务的，这样的政府政策要想解决公众所期望解决的问题，是不可能的。因此，政府行为目标与社会公共利益偏离程度越大，政府失灵也就越严重。

3. 不完全信息和信息失灵

现代社会经济是一个非常复杂的系统，资源、产品和服务的种类多得不计其数，每一种产品和服务都存在着许多种技术可能性，在众多的消费者中，每个人的偏好各不相同，而且不论是资源、技术还是消费者的偏好都在不断变化之中。所以，即使政府的计划者精明强干，并且掌握了现代化的管理技能和工具，他仍达不到无所不知的理想境地。政府掌握的有限或者不准确的信息，不仅使政府难以制定出符合公众偏好的决策，而且政府对其活动作用于私人经济可能产生的反应也难以完全控制。

4. 决策失灵

退一步说，即使政府计划者能够得到充分信息，并且愿意根据公众的偏好

---

① ［美］道格拉斯·C. 诺思：《经济史中的结构与变迁》（中译本），陈郁、罗华平等译，上海三联书店1991年版，第20页。

来制定政策和执行计划，但是由于政府并不像一个人那样具有逻辑一贯的偏好体系，在实际过程中，政府在某些事情上根据一些人的偏好来进行决策，在另一些事情上又根据另一些人的偏好来进行决策。可以说，没有一个稳定的判断是非的标准，是公共决策程序所固有的缺陷，这一缺陷是政府在配置资源的过程中所无法避免的一种非效率因素。此外，如果再考虑到政府官僚主义产生的时滞，如认识时滞、决策时滞、执行与生效时滞等，以及公共决策的复杂性和不确定性，政府决策的有效性就更加难以保证了。

5. 干预过度和权力滥用

政府干预机制依靠的是“看得见的手”的人为力量，它与市场运行机制依靠的“看不见的手”的自然力量既可能相吻合，也可能相矛盾，当发生矛盾时就会产生政府干预失灵或过度。假如政府干预运用的是差别政策，干预的复杂性和执行成本就会很高；假如运用的是无差别政策，“一刀切”的做法则难以实现资源优化配置和社会公平。政府的干预过度实际上是对国家权力的滥用，而且政府部门和官员都有扩大权力、增加本级或本部门预算的愿望和动机，致使政府规模和机构不断膨胀，效率却不断下降。避开媒体和公众的监督，通过非法手段使决策和资金使用向部分人倾斜，进而损害广大公众的权利，是权力滥用的又一祸害。

6. 寻租活动和行为

所谓寻租，是指用较低的贿赂成本获取较高的收益或超额利润的行为。而所谓的租或租金，是指支付给掌握要素的所有者的报酬中，超过要素在任何可替代用途上所能得到的报酬的那一部分。显然，政府的寻租活动和官员的寻租行为会酿成腐败、影响政府声誉，并引致社会资源的巨大浪费：首先，寻租是运用非正当手段来获取利益，致使资源配置发生扭曲，不利于社会进步和社会福利的增进；其次，寻租是一种非生产性的资源消耗，把本可以用于生产性活动的资源浪费在对社会无益的活动上，白白耗费社会资源，造成全社会的经济效益损失；最后，如果寻租者获得了特殊利益，会引发新一轮追求权力的浪费性寻租竞争，耗费更多资源并诱导更严重的腐败行为。

7. 效率低下

由于政府决策信息的不完全性以及政府官员的“短见效应”和短期行为，加之政府机构可能缺乏竞争激励机制和民众监督，政府政策的制定和实施很容易发生偏差，从而出现政策低效率问题，即政府选择和实行的政策可能不是最好的政策。即使政府提供的政策、方案是好的，往往也因受政策产生的法定程序的影响和执行中缺乏提高效率、降低成本的动力等原因，使最终的结果难以达到最优。

（四）政府失灵的原因

政府失灵可以归结为两个基本原因：

1. 政府行为越界，干预过度

市场失灵，需要政府介入干预，但这种介入应当是有限度的。超过了界限，政府的行为同样也会像市场一样失灵。

在市场经济中，市场机制在资源配置中发挥决定性作用，政府在社会经济生活中发挥引导和调节作用。市场和政府作用的大致分工，基本反映了各自所处的地位和扮演的角色。如果发生政府行为越界、干预过度的情况，要么是对市场的作用认识不充分甚至怀疑，要么是对政府作用的期望值过高，其实都是没有摆正市场与政府的关系。在现实中，许多人总希望政府做更多的事情，一些官员也希望政府职能膨胀和手中的权力扩大，这就有可能导致政府行为越界，做了本不应该由政府做，而且也做不好的事情。其实，政府所从事的事务具有垄断性、强制性、非等价性和有限性等特点，其中，有限性是指政府不可能具有无限能力，一方面，政府能力受到财政收入的限制；另一方面，政府能力也受到它的职责范围、官员的水平、市场条件的限制。政府如果包揽过多，其结果是无法达到民众所期望的公共目标，或者即使达到，也是代价高昂，得不偿失。而从强制性方面讲，政府运用行政手段，总是以一定的强制性为前提，有一种天然的扩张趋势和不可逆性。当政府过度运用行政手段和权力时，为了维持强制性，同样要支付很高的成本。政府的越界行为，其实质是本该选择市场配置和交易方式，却选择使用了政治配置和交易方式，由此造成的价格非灵活性和非等价性，会扭曲资源的合理配置。

2. 政府能力有限

（1）有限信息。首先，由于信息的时限性，政府不可能在任何时候都能得到进行决策所需要的所有信息。其次，因为许多行为所产生的后果是不可预测的，即使政府可以获得决策所需要的所有信息，也不一定能够对所有政府行为的结果进行准确的预测。因此，政府难免出现决策失误。

（2）对私人市场反应的控制能力有限。政府采取某种政策或行动后，它对私人市场可能的反应和对策或许无能为力。例如，政府想通过提高税率增加财政收入，政府也许会知道这种行为将导致私人投资下降，从而在某种程度上减少财政收入，但却无法控制私人投资甚至财政收入减少的幅度；一些国家为了吸引外资或鼓励投资，对外来资本或国内某些领域实行税收优惠政策，却难以阻止许多不应享受优惠的投资者也钻了空子；一些国家或地区为了使收入分配更公平，对高收入者征收高额累进税，却把这些人赶到税率低的国家或地区定居，随之失去了他们的资本和智能。

（3）政治决策程序的局限性。事实表明，现代民主制度并不能很好地解决个别社会成员的偏好显示和偏好加总的问题，从而不能实现有效的决策结果。政府的决策影响到许多人，但真正做出决策的却是少数人，不管这少数人是由选举产生的还是由其他方式指定的，他们在决策时总会自觉或不自觉地倾向自己所代表的阶层或集团的偏好和利益，虽然其偏好和利益可能以损害全民或国家整体利益为代价，但一旦既得利益集团形成，这种格局就难以打破。

美国著名经济学家萨缪尔森曾把政府失灵的原因归结为：没有代表性的政府、政府官员追求私利的倾向、政治决策上的目光短浅。就政府和政客们的短视倾向而言，不难看到他们时常采用一些在短期内支付代价而长期内效果又不显著的方案。当方案能增进眼前利益而未必是长远利益时，则很容易被通过并很快被付诸实施；而长期投资如基础研究、基础教育、水土保持、环境保护等，尽管人人都懂得其重要性，但也不会被轻易地通过，即使通过后在实施中也很难得到足够的资金支持。

（4）决策时限与效率的限制。这首先体现在政府或公共部门作出一项公共决策要比私人部门作出决策慢得多，因为过程中要经过几种时滞（time lags）：

第一，认识时滞（recognition lags）。这是从问题产生到被纳入政府考虑的这一段时间。如果是中央政府决策，那么还要加上地方政府反映、报告问题的时间。

第二，决策时滞（decision lags）。这是从政府认识到某一问题到它最后拿出解决方案的一段时间，当中可能要经过反复的讨论、争论，最终作出决策并非易事。

第三，执行与生效时滞（execution & effecting lags）。这是从政府公布某项决策到付诸实施以致引起私人市场反应的时间。

任何公共决策都不可避免上述时滞，在一些时候，当针对某一问题的政策真正起作用时，情况已发生了变化，它可能已经不重要或更重要了，而解决新问题又要经过上述时滞。

除时滞问题以外，有时政策实施情况和最初政策意图可能不一致。因为政策制定者和执行者一般不是同一个政府机构。这种问题可能纯粹由于政策意图本身的模棱两可，执行机构对政策的理解不一定符合政策制定者的初衷。在更多的时候，由于政策的实施结果取决于执行人员的效率和公正廉洁，当政府官员自己的利益或偏好与社会公共利益不一致时，会使政策的执行结果大打折扣甚至事与愿违。虽然可以通过教育、纪律法律的约束和监督要求政府官员克己奉公，但事实上难以完全做到。

基于上述原因，市场经济的支持者们认为政府能够发挥的积极作用是有限的，对于一些市场在经济效率方面的失灵现象，他们更倾向于通过分权式的私人决策来解决。例如，外部效应是要求政府介入的一大理由，但是，按照著名经济学家科斯的观点，政府只需界定和保护产权，市场机制就可以克服这种现象。

这些观点未免极端，但我们必须考虑导致政府失灵的因素，不能过分夸大政府纠正市场失灵的作用。进一步考虑，政府干预本身是有成本的，税收是政府筹资的主要方式。在征税过程中会产生征收成本，还可能干扰了私人经济部门的选择带来额外的效率损失，即税收超额负担。只有在市场失灵导致的效率损失大于这些税收成本的情况下才需要政府的干预，在一些竞争性领域尤其不应出现政府投资与私人部门投资相互竞争的现象，因为在这些领域公共经营效率较低，政府难免要倚仗其行政垄断力量强行进入，这会破坏市场机制作用的发挥。

总之，单纯的市场机制和单纯的政府机制都是不可取的，两者各有优越性，但也有其自身不可避免的缺陷，只有两种机制相互配合，有效市场和有为政府更好结合，才有助于实现理想目标。选择经济体制的主要任务，就是要找到市场和政府的适宜结合方式。

第四节 公共经济中的公共部门职能

一、公共部门职能定位

市场经济中客观存在的市场失灵，引出了公共部门干预经济社会生活的“理由”，这就要求公共部门和政府组织的介入，并且必须承担起它们应尽的职责。因此，公共部门的职能是市场失灵的逻辑延伸，是客观经济规律的必然要求。

在当今世界上，不论各国政府和公共部门采用什么样的职能模式，都可以把公共部门的职能（主要是政府职能）概括为三项：政治职能、社会职能和经济职能。

政治职能是最基本的职能，它在一定意义上体现了公共部门和政府存在的必要性，主要表现在维护国家主权、领土完整、国防和公共安全方面。这种政治职能尤其在战争、内乱等特殊情况下表现得特别充分。在和平时期，则主要是实行政治统治，保障社会安定和维护公共安全。目前，人们对政治职能的认识并没有太多的分歧。

社会职能则要复杂一些。这一方面是因为此项职能是随着社会的发展而不断扩大的，另一方面则是因为各国实行的政治制度和国情不同，使社会职能的内容有一定的差别。按照马克思主义的观点，政府的社会职能是指“由于国家的一般的共同需要而必须执行的职能”①，它一般包括属于政府管辖的社会公共事务，如公共教育、消防、交通管制、医疗、社会保障、贫困救济、自然资源和环境保护等。在这些基本方面，中外学者也能达成相近的共识。

公共部门的经济职能，最早是包括在社会职能之中的。从历史发展的进程看，随着资本主义经济的发展，各国政府更多地干预经济事务，经济职能明显扩大，遂逐渐从社会职能中分化出来而成为独立职能。“二战”以来，政府已从传统观念上的政府演变成为现代政府，其重要特征之一，就是经济职能不断强化，管理性和服务性职能大大加强。但这种经济职能应强化到何种程度，近四五十年来在西方主要发达国家却引起了颇多争议，并最终导致新经济自由主义思潮的复归。此外，由于不同国家的经济制度的性质不同，也导致对政府经济职能的较多争议。

应当指出，上述三个职能的划分，并不意味着它们是截然分离的，而是相互融合的。一项职能中可以包括其他职能的某些内容，也贯彻了其他职能的目的。如社会保障、贫困救济，虽属于社会职能的范围，但从收入分配公平化角度看，体现的是经济职能的要求，从社会安定的角度看，又体现了政治职能要求；同样，提供公共产品、弥补市场失灵等，既是经济职能的表现，又反映了政治、社会职能的要求。

二、公共部门经济职能的界定

前面提到，虽然目前对公共部门和政府的经济职能还存在着争议和分歧，

① 《马克思恩格斯选集》第2卷，人民出版社1972年版，第438页。

“政府应该做什么这一问题，要比政府实际上在做什么更难回答，”① 但是，所有选择了市场经济模式的国家，对政府和公共部门经济职能的基本认识又有着较大的一致性，如制定经济规范与维持市场秩序、提供基础服务、进行收入再分配以及保持宏观经济的稳定等，大致可以归纳为以下几个方面。

（一）制定经济规范与维持市场秩序

核心是界定和保护产权（财产权和知识产权）。有效地界定和保护产权，明确市场上每一个行为主体的权、责、利关系，是产生激励、提高效率、促进经济发展的重要源泉。如果一种经济资源没有明确的产权归属，谁都可以任意使用或侵占，就不存在商品交换关系和市场经济制度。尽管依靠私人势力或民间组织在一定范围内和一定程度上也能实现对产权的界定，但这不仅社会成本很高，而且可能造成社会不公，导致弱肉强食，激化社会矛盾，最终导致市场失效。所以，对产权的有效界定和保护只能由公共部门的集中代表——政府来承担。政府只有对各种经济资源做出排他性的权利安排，才能维系市场的“生命”。为此，政府必须制定一系列旨在确定排他性产权的法律、制度规范及可转让的交易规则，并通过行政、执法和司法机构的工作保证产权规则的实施。显然，政府通过界定和保护产权，事实上就明确了市场作用的边界：市场关系只能在具有明确产权（排他性权利安排）的领域存在。

（二）保持宏观经济的稳定性

稳定的宏观经济环境是参与市场活动的主体（生产经营者、投资者、消费者）的共同要求，也是实现经济稳定增长、充分就业和市场机制正常运转的基本条件。但是市场的自发组织机制不可能消除经济的周期性波动，也很难恢复新的均衡，因此，唯有依靠政府的宏观调控才能“熨平”波谷。为此，需要公共部门的宏观经济预测和规范，指引经济发展方向；需要综合运用财政和货币政策，加强供给与需求管理，保持总供求的平衡；需要运用产业政策，促进产业结构合理化和经济结构优化，以实现物价稳定、就业充分、经济适度增长等经济目标。同时还需要将兴办公共事业作为缓解周期波动、调节宏观经济流量的一种重要手段，使公共事业成为保持社会经济稳定的一种调节阀。如当市场萧条、失业率过高时，通过增加公共支出，扩大公共事业规模，可创造更多

---

① ［美］林德尔·G. 霍尔库姆：《公共经济学——政府在国家经济中的作用》，中国人民大学出版社 2012 年版，第 3 页。

的就业机会，从而降低失业率。

（三）提供基础公共服务

市场经济的发展使社会经济联系越来越广泛，越来越密切，人们在广泛的经济联系中形成了一些共同的生产条件和生活条件，直接构成市场经济发展的基础。这些条件包括基础教育、社会保障、基础科学和新兴科学研究、交通与通信事业、公共基础设施、国土整治与水利事业、公共卫生、环境保护和公共信息业等。这些基础事业，大部分都具有公共品或准公共品的特性，项目建设耗资巨大、投资回收期长且收益回报率低。如果这些基础事业由市场做出排他性的产权制度安排或完全由民间组织兴办，或出现供给短缺，不能满足市场交易和公众消费需要；或价格不合理，社会成本太高；或服务的覆盖面太窄，不利于形成整体社会效益等。因此，由行使社会公共权力的政府来提供基础性公共服务，是其责无旁贷的责任。

（四）培育健全的市场体系

发挥市场机制在资源配置中的决定性作用，要求所有生产要素包括商品、资本、劳动力、技术、信息都进入市场，同时要创造平等竞争的环境，形成统一、开放、竞争、有序的大市场。但市场的自发作用有产生垄断的倾向，各种利益集团往往为了自己的利益搞各种形式的封锁、壁垒和保护，妨碍市场机制功能的有效发挥，损害其他社会成员的利益，从长远看阻碍了经济稳定健康发展。因此，培育和完善市场体系应当是公共部门的一项重要职责。为此，应着力于消除各种形式的保护主义，打破各种封锁、割据、壁垒和垄断，保护公平竞争，促进国内统一大市场的形成。同时，根据社会经济发展的新情况，及时建立、培育、开放新的市场，如产权市场、技术信息市场、金融市场、房地产市场和劳动力市场等，以满足市场配置资源决定性作用的要求。

（五）调节收入分配，实现社会公平目标

社会是否公平是构成市场经济发展的重要条件，而社会分配不公、贫富差距悬殊，会压抑人们潜能的发挥并激化社会矛盾，损害市场效率。实践证明，靠牺牲公平来保护效率，是不能保证市场经济的长期效率的。但是，分配不公恰恰是市场失灵的一个突出表现。这是由于，社会成员在财产的占有和使用方面实际上存在着不平等，如果完全按照市场机制的原则进行分配，必会导致社会成员之间收入差距过大，从而引起社会经济的不稳定。为此，协调社会利

益、兼顾效率与公平目标的责任就必须由具有权威性的公共组织，即政府来承担。一方面要建立合理的收入分配制度，保护法人和居民的合法收入和财产；另一方面要通过收入再分配制度（如税收、转移支付制度）、社会公共福利政策和社会保障制度等，缩小收入差距，促进社会公平。总之，在调节分配方面，公共部门的职责是依法保护合法收入，调节过高收入，取缔非法收入，同时建立健全社会保障体系。

三、公共部门经济职能的延伸——公共财政职能

财政是以政府为主体的特殊分配关系，表现为政府在社会再生产过程中，通过多种收入形式，集中一部分国民生产总值或国民收入，用于满足实现其职能需要的收支活动。因此，财政属于政府的经济行为，财政职能也就是政府经济职能的体现，属于公共经济问题。不仅如此，政府各项职能的行使都必须借助于财政职能的履行才能完成，"倘若说政府部门所从事的经济活动多种多样，可从不同的角度、基于不同的目的加以分类的话，那么，无论从哪一角度、基于哪一目的做出的分类，财政收支活动，都是政府经济活动的核心内容。相对于其他线索上的政府经济活动而言，财政收支活动，是居于'牵一发而动全身'地位的"。[①] 既然公共经济活动与公共财政活动之间具有如此密切的联系，我们在分析了市场经济中公共部门和政府的职能范围之后，便可给出公共财政的职能范围。进一步地，如果只讲政府职能而不讲财政职能，那么对政府职能的认识就是不深入、不全面的。

在市场经济国家中，财政的基本模式是公共财政。公共财政的基本职能主要有资源配置职能（the function of resources allocation）、收入分配职能（the function of income distribution）、经济稳定与发展职能（the function of economic stabilization and development）。

（一）资源配置职能

资源既包括土地、矿藏等自然资源，也包括人力、财力等经济资源。配置是指资源在不同部门、地区、产品等之间的分配。所以，资源配置就是将各种资源分配于不同的使用方向，从而形成一定的资产结构、产业结构、技术结构和地区结构，以提高资源利用效率的过程。而资源的最优配置，就是使社会各

① 高培勇：《公共经济学》（第3版），中国人民大学出版社2012年版，第10页。

种资源始终处于一种最优组合状态，产生最大的社会经济效益。众所周知，在市场经济条件下，市场机制在资源配置中起决定性作用，在没有政府介入的情况下，市场会通过价格与产量的均衡，自发地形成一种资源配置状态。但是由于存在市场失效，市场自发形成的配置状态，不可能实现最优的效率状态，因而需要政府的介入。所以，财政的资源配置职能是由政府介入或干预资源的配置所产生的，它的特点和作用就是通过财政本身的收支活动为政府提供公共产品提供财力，在一定程度上纠正外部效应，引导资源的流向，弥补市场的失效，最终实现全社会资源配置的最优效率状态。

一般来说，财政进行资源配置的范围是由国家的经济职能和财政自身的特点、能力所决定的。具体而言，市场经济中公共财政配置资源的范围应当包括：（1）保证国家履行行政、国防、外交、治安、发展文化教育、基础科技、尖端科技、社会稳定（救灾、救济、抚恤、对落后地区补助）等职能的支出。（2）基础设施建设。财政集中资金兴建公路、桥梁、码头、机场、铁路、大型水利工程、城市公用设施，等等。（3）基础工业。部分基础工业因投资多、周期长、风险大，市场调节不力，尤其在发展的初始阶段需政府出资。（4）社会公益性事业。博物馆、文化馆、展览馆、艺术馆、社会福利院等的建设和运作，仅靠市场调节往往不能满足社会的需要，或不符合社会发展的要求，需政府介入。此外，财政还可以以财政资金的配置或财政杠杆的运用影响其他社会资金由市场调节形成的配置格局。

需指出的是，财政配置资源的范围不是一成不变的，它不能不受市场机制完善状况的制约。市场发育状况越好，筹资机制越健全，微观经济主体的独立性越大，公民收入水平越高，财政直接进行资源配置的范围相对越小，例如某些基础工业投资、社会公益投资、文化教育等就可以引入市场主体参与。但这种变化不会是单方向的，往往是当着财政减少了一些项目的投入时，因经济社会发展而产生新的对政府直接投资的需求，如环境保护和公共卫生改善方面的支出需求。此外，不同的国家因其生产力发展所处的阶段、采取的经济发展战略及国情存在差异，财政直接配置资源的范围也会有所差别。例如，处于经济发展起飞阶段的国家，基础设施和基础工业建设的任务繁重；实行高新科技产业赶超发展战略的国家，政府直接投资数额巨大，因此，财政配置资源的职能就更加显著。

公共财政介入资源配置的机制和手段主要有：（1）实现资源在政府和“私人”部门之间的合理配置。从社会总资源配置的角度看，政府和私人部门各应获得合理的份额。一方面保证满足政府提供公共产品的需要；另一方面又能保证私人部门顺利发展的需要，从而实现社会总资源配置的均衡。这就要根据市场经济条件下政府的职能，确定公共财政职能的合理范围，并进而确定公共财政参与国民收入分配的适当比例。（2）优化财政支出结构。财政支出结构即财政资源内部的配置比例，主要包括生产性和非生产性支出比例、购买性支出和转移性支出的比例。前一个比例表明资本品和消费品的配置结构，而购买性支出的比例则表明财政配置功能的大小。这两个比例恰当与否，直接决定了财政资源内部的配置是否合理。（3）合理安排财政投资的规模、结构。财政投资规模表明政府对社会总投资的调节力度，财政投资结构则会直接影响国家产业结构和经济布局的调整。（4）合理运用财政收支政策，调节市场机制及社会投资方向。政府投资、税收、公债、补贴等财政手段在一定程度上能够引导社会资源在不同地区和不同部门之间的流动，对市场机制配置资源起到指导、修正和补充的作用，从而有助于提高社会总体的资源配置效率。（5）提高财政配置资源的效率。财政配置资源的目标是使社会总资源得到最有效的利用，因此，财政的资源配置也必须讲求效率。例如，通过对投资进行成本效益分析，对非生产性支出进行成本效果分析，以判明其所费资源和所获社会经济效益的对比关系，作为决定是否安排某项支出、安排顺序和安排多少数量的依据，以最大限度地做到用最少的财政支出取得最大的社会经济效益。再如，由于公共产品的提供是通过企业和个人交税、政府征税的方式实现的，所以，应对税收进行征收成本与税收收入的比较考核，争取不断提高财政配置资源的效率，等等。

（二）收入分配职能

收入分配通常是指一定时期内所创造的国民收入在国家、企业和个人等多种经济主体之间的分割，以及由此形成的收入流量的分配格局和存量的财产分配格局。收入分配的理想目标是实现公平分配。公平分配包括经济公平和社会公平两个方面。其中，经济公平是要求各经济主体获取收入的机会均等，等质等量的要素投入应获得等量的收入，因此，经济公平是在平等竞争的环境下由等价交换来实现的，是市场经济的内在要求。社会公平则要求将收入差距维持在一定阶段上社会各阶层所能接受的合理范围内，因此，社会公平不是收入的均等，其标准要受到人们的经济承受力、心理承受力、政治经济大环境等多种因素的影响。

从收入分配的逻辑顺序分析，在市场经济条件下，收入分配受市场机制调节，收入按照投入要素的数量、质量、市场价格进行分配，要素收入与要素投入相对称。因此，市场机制调节收入的结果可以较好地体现经济公平。但是，社会公平却难以通过市场机制予以完全实现。因为个人拥有原始生产要素的多少以及个人禀赋不同，市场机制分配的结果可能会造成富者越富、贫者越贫的结果，即市场经济通常不存在以社会公平为目标的再分配机制。在市场经济中，即使有一些私人慈善机构能够进行某些方面的再分配活动，但是由于能力有限和缺乏协调，也不能从根本上解决社会公平问题。既然在市场机制的框架内不能很好地解决再分配问题，客观上又要求社会进行这种再分配，那显然就要依靠外部力量，以非市场方式——公共财政手段来完成这一任务了。

财政的收入分配职能总会使一些人受益、一些人受损。依据公平与效率的原则，如果一味地追求社会公平必然会造成效率损失，影响人们的生产积极性，阻碍经济发展；而如果财政不对市场分配格局进行调节，贫富差距悬殊的分配结果又会造成社会秩序紊乱，反过来影响市场效率的实现。因此，必须把握好财政分配职能的如下准则：一是尊重市场禀赋原则，承认要素分配，鼓励勤劳致富，为整个社会制定有利公平竞争的制度规范与政策，实现公平与效率的均衡；二是抑制分配过度悬殊，在不损失或尽量少损失效率的前提下，综合运用再分配政策和手段调节收入分配，最大限度地提高社会分配的效率和公平化程度；三是以社会和谐为基础，为全体公民提供大致公平和均等的公共服务，以公共分配保证公民有尊严地生存与发展。

公共财政介入收入分配的机制和手段是：（1）运用税收调节收入，使之符合社会公平。通过间接税调节各类商品的相对价格，从而调节各经济主体的要素分配；通过企业所得税调节企业的利润水平；通过个人所得税调节个人的货币收入；通过资源税调节由于资源条件和地理条件而形成的级差收入；通过房地产税等财产类税收调节个人财产数量及分布；通过消费税调节个人的实际收入水平；等等。（2）规范政府的资产性收入。政府作为国有资产和国有资本所有权的代表，依据财产权利，以股息、红利、利息、利润等形式取得国有资产和国有资本的权益。（3）规范工资制度。主要是指规定由国家预算拨款的政府机关公务员和事业单位职工的工资构成、等级、增长等制度，并且与企业职工工资形成较合理的比例，使之符合公平原则。政府还可制定工资水平指导线或最低工资标准，并通过财政补助补贴方式保证在业者的最低收入水平。（4）完善社会保险制度。为解决信息不对称所引发的逆向选择和道德风险问题，由政府出面在社会范围内组织强制性的社会保险制度。社会保险着眼于全社会的共同利益，强制全体社会成员参加，将个体的养老、医疗、失业、工伤等风险在全社会范围内分担化解，有助于解决企业和个人难以解决好的社会保险问题。（5）完善特殊群体的社会保障制度。主要是指针对不同人群的社会救助、社会福利和社会优抚。社会救助是对那些无劳动能力和其他要素、无收入或收入甚少从而不能维持最低限度生活水平的社会成员，通过转移性支出，如救济支出、救灾支出或扶贫支出等，保证他们最基本的生活需要，使其得以维持起码的生活和福利。社会福利是针对特殊困难群体、特殊弱势群体所提供的物质帮助和服务，如儿童福利、老年福利、残疾人福利等。社会优抚是针对为国家和社会做出过特殊贡献的贡献者本人及其家属，通过抚恤、优待和安置等方式，对其提供一定资金或服务、具有褒扬性质的特殊社会保障。

（三）经济稳定与发展职能

经济稳定一般是指宏观经济运行的稳定。国际上通行的稳定标准主要包括经济增长、充分就业、物价稳定和国际收支平衡。经济稳定的核心是社会总供给与社会总需求的大致平衡。

应当指出，增长和发展是不同的概念。增长是指一个国家的产品和劳务的数量的增加，通常用国民生产总值或国内生产总值及其人均水平来衡量。发展是一个包括经济增长、民生改善、社会进步、文化繁荣和生态文明等若干内容在内的概念，它不仅意味着一国实际产出的增加，而且意味着随着产出的增加而带来的经济结构优化和效益提高、地区经济发展水平差距缩小、收入分配结构改善、文明程度和生活质量提高、生态环境改善等，例如教育、文化、卫生、社会保障、环境保护、生态建设等项事业的发展。对于处在新时代中国特色社会主义的我国来说，发展应当是一个通过物质生产的不断增长来满足人民日益增长的美好生活需要的概念，发展的目的是促进人的全面发展，实现全体人民共同富裕。

既然经济的稳定和发展是政府希望实现的目标，因此必然构成财政的重要职能之一。政府通过运用多种财政手段，有意识地影响和调控经济，在保证经济稳定的基础上，实现经济的持续协调发展。

公共财政介入经济稳定与发展的机制和手段包括：（1）运用财政政策和收支手段，逆经济风向调节，促进社会总供求的平衡。在现代国家，财政是协调总供求关系和维系均衡的重要砝码，并具有无可替代的作用。当总需求超过总供给时，财政可以实行紧缩政策，减少支出和增加税收或二者并举，由此抑制或减少总需求；而当总需求小于总供给时，财政可以实行宽松政策，增加支出和减少税收或二者兼用，由此扩大总需求。在这个过程中，财政收支发生不平衡是可能的而且是允许的。针对不断变化的经济形势而灵活地变动财政支出和税收，被称为“相机抉择”的财政政策。(2) 运用财政收支活动中的制度性因素，发挥“自动”稳定的作用。例如，通过制定累进所得税制度，当经济过热时，投资增加、国民收入增加，累进所得税会自动随之增加，从而产生一种拉力，可以适当压缩人们的购买能力，防止发生通货膨胀。当经济衰退时，投资减少、国民收入下降，累进所得税又会自动随之递减，这时产生一种推力，防止因总需求过度缩减而导致经济萧条。再如在支出方面制定失业救济金制度和领取标准，当人们的收入因经济过热而普遍增加时，领取失业救济金的人数和救济金支出减少，财政支出“自动”得到压缩；反之，当人们的收入因经济不景气而普遍下降时，有资格领取失业救济金的人数和救济金支出增加，财政支出“自动”随之增加。总之，通过财政的某些制度性安排，可以自动适应经济周期的变化，减小波动幅度。从原则上说，凡是业已规定的、当经济现象达到某一标准就必须安排的收入和支出，均具有一定的“自动稳定”作用。只是这种“自动稳定”机制的作用大小要受制于各国实际的收支制度的具体规定。(3) 通过合理安排财政收支结构，促进经济结构优化。例如，通过投资、补贴和税收等多方面安排，加快农业、能源、交通运输、邮电通信等公共设施的发展，消除经济增长中的“瓶颈”，并支持新兴产业和科技产业的兴起，加快产业结构的转换，保证国民经济稳定与高速的最优结合。同时，财政应切实保证那些非生产性的社会公共需要，为经济和社会发展提供和平与安定的环境。提高治理污染、保护生态环境以及文教、卫生支出的增长速度，同时完善社会福利和社会保障制度，使增长与发展相互促进、相互协调，避免出现某些发展中国家曾经出现的“有增长而无发展”的现象。

四、公共财政职能的总体考察

上述公共财政的三种职能之间，既有一致性，又有矛盾性。其一致性表现为互为条件、相互促进。收入分配是各职能的前提，因为一切收支活动都涉及各经济主体之间的利益关系，资源配置是通过各经济主体实现的，调整资源配置的过程也就是调整经济利益的过程。经济稳定与发展则一般表现为前两种职能的结果，反过来又成为实现前两种职能的前提条件。

其矛盾性则主要表现在以下三个方面：

第一，资源配置职能和收入分配职能的矛盾。财政收入分配职能主要是通过税收方案实现的，通常是政府通过课征累进所得税从高收入者（家庭）那里筹措资金，再通过补助金或救济金制度把资金转移给低收入者（家庭）。而资源配置职能的实现需要筹集相当数量的财政资金，如果这部分资金主要是通过税收取得，当预算规模较小时，通过累进税取之于高收入阶层即可满足需要；但当预算规模较大时，资金的很大部分就不得不取之于中等收入阶层与低收入阶层，这就妨碍了财政再分配职能的实现。总之，财政的收入分配职能侧重于“削高补低”区别对待的再分配效应，财政资源配置职能则侧重于公共性、基础性、规模性的公共产品供给，政府需根据具体国情统筹谋划。

第二，资源配置职能和经济稳定与发展职能的矛盾。前面提过，财政稳定经济的职能表现在，当经济出现萧条、失业增加时，政府扩大财政支出以增加社会总需求；而当经济过热、通货膨胀出现时，政府缩减财政开支以限制社会总需求。而配置资源的职能主要表现在政府通过财政支出的安排影响公共产品的提供。当经济萧条需要扩大财政支出时，公共产品的供给易出现相对过剩情况；而当经济过热需要紧缩开支时，往往发生公共产品供给不足的问题。因此，财政资源配置的顺周期需求与财政调节经济稳定与发展的逆周期需求之间的矛盾也是一种客观存在。

第三，收入分配职能和经济稳定与发展职能的矛盾。财政稳定经济的职能可以通过增加或削减税收来实现。在经济衰退和严重失业时期实行减税，刺激社会总需求扩大，但富人和高收入者也搭车享受了减税和扩大需求的好处；在经济过热和通货膨胀时期则实行增税，抑制社会总需求，但是低收入阶层缴税增多，却让他们比高收入者更大幅度地降低了本就很低的甚至是刚性的需求。这种做法无疑会影响财政调节分配关系职能的实现。除上述矛盾外，如果只考虑经济增长目标，分配职能也与经济增长发生冲突：较高的增长率要求较高的资本形成率，而较高的资本形成率则要求增加储蓄与投资，由于高收入者的边际储蓄倾向要高于低收入阶层，所以似乎需要一个累退所得税制，这与要求实行累进所得税制的财政再分配职能相矛盾。

总之，财政诸职能之间的矛盾是客观存在的，调节矛盾的主要途径是要根据各种财政调节手段的不同功能，并结合一定时期的政策目标相机抉择和行动，形成协调的财政运行机制。

五、公共财政新定位及其职能的新认知

当前，我国已经进入全面建设社会主义现代化强国的新时代，新时代要求和呼唤建立现代财政制度。随着理论和实践的发展，我国将现代财政制度定位在“国家治理的基础和重要支柱”，这是一个站在历史和理论的高度提出的新

论断，对于我国财政制度改革，以及更全面深入地认识新时代财政职能，具有重要的指导意义。

应当指出，以往传统定义的财政职能，虽然在某些方面和层面能够体现和发挥财政的作用，但进入新时代，在理论认知和实践操作上必须进一步凝练和提升。在习近平新时代中国特色社会主义思想体系中，一个重要的思想内容是明确提出了“全面深化改革总目标是完善和发展中国特色社会主义制度、推进国家治理体系和治理能力现代化”。公共财政作为国家治理的基础和重要支柱，在完善和发展中国特色社会主义制度，实现国家治理体系和治理能力现代化方面堪当重任，责无旁贷。进入新时代、开启新征程呼唤新型财政，需要新型财政，创新创建适应新时代要求并具有新时代特色的公共财政制度体系和模式，成为当前和今后一个时期财政改革面临的重大理论与实践问题。如今，我们对财政地位和职能的认知进一步深化：“财政在治国安邦中发挥着基础性、制度性、保障性作用”，科学的财税体制是优化资源配置、维护市场统一、促进社会公平、实现国家长治久安的制度保障。因此，财政制度改革是关系到国家治理体系和治理能力现代化的深刻变革，是完善社会主义市场经济体制、加快转变政府职能的迫切需求，是转变经济发展方式、促进经济社会持续稳定健康发展的必然要求，是建立健全现代国家治理体系、实现国家长治久安的重要保障。

我国已经进入中国特色社会主义新时代，统筹推进“五位一体”[①]总体布局和协调推进“四个全面”[②]战略布局，迫切需要充分发挥财政对于推进国家治理体系和治理能力现代化的基础和支柱作用，构建与我国综合国力和国际影响力相匹配的财政体系和财政能力。依据对财政地位和作用的新理解、新认识，我们应当重新审视和定位公共财政的职能，即必须将财政从传统以资源配置为主的经济范畴扩展至国家治理范畴，其职能也必须从单个中心的经济领域扩展至包括经济、政治、文化、社会、生态文明以及党的建设等在内的多维度、全方位、立体式的全域视野。具体而言：在经济维度上，财政应保证实现资源优化配置，维护市场统一，资源配置也不仅仅是财政资源或经济资源，还应该包括文化资源、社会资源、公共治理等多方面的资源，维护市场统一，无疑也要包括文化领域以及其他方面的市场；在政治维度上，财政要保障实现国家长治久安，它不仅要求财政要促进整个经济稳定，而且还应当保证政治、社会等所有方面和广泛领域的稳定；在文化维度上，财政要促进文化事业发展与

---

① “五位一体”：经济建设、政治建设、文化建设、社会建设、生态文明建设。

② “四个全面”：全面建成小康社会、全面深化改革、全面依法治国、全面从严治党。

繁荣，提高国家和民族文化软实力；在社会维度上，财政要确保社会公平正义与和谐包容，社会公平显然也比原先财政收入分配职能包括的内容更宽广、更深刻；在生态文明维度上，财政要保障生态环境可持续发展，强化生态文明，实现绿色发展。由此看来，公共财政职能范围更大更宽，几乎没有空白之地，它的作用也更加的突出显著。

【本章小结】

1. 在市场经济条件下，市场与公共部门（政府）是资源配置的两种机制和两个系统。在完全竞争的市场中，市场机制在资源配置中起着决定性作用，是配置社会资源的最佳方式和基本途径。

2. "帕累托效率"是衡量全社会资源是否实现有效配置的基本标准，当全社会资源实现"帕累托效率"最佳状况时的情形被称作"帕累托最优"，此时意味着社会边际效益与社会边际成本相等。现代经济学研究得出的结论是：一种具有效率的经济制度，应使全社会的资源配置满足这样一个条件，即每一种物品或服务的社会边际效益均等于其社会边际成本。

3. 现实中的市场经济很难实现"帕累托效率"和达到"帕累托最优"，因为现实中的市场不能严格符合完全竞争市场的假定条件，因此存在着种种市场低效和市场无效的状况，需要公共部门（政府）凭借其优势加以干预。这表明现代经济既不是单纯依靠市场机制的经济，也不是单纯依靠计划机制的经济，而应当是一种混合经济，其中，公共部门所涉及的领域应当是市场失效的领域。

4. 在社会经济活动中，政府与市场以及其他组织相比，具有一定的优势。这种优势起因于市场的缺陷和政府在社会经济中的地位及必须发挥的职能。然而，政府也有失灵的方面，由此可知，单纯的市场机制和单纯的政府机制都是不可取的，只有两种机制的相互配合，才有助于实现理想目标。

5. 在当今世界上，公共部门的职能可以概括为三项：政治职能、社会职能和经济职能。对于市场经济中的公共部门（政府）而言，其经济职能主要体现在制定经济规范与维持市场秩序、保持宏观经济的稳定性、提供基础公共服务、培育健全的市场体系、调节收入分配、实现社会公平目标等方面。

6. 公共财政职能是公共部门经济职能的延伸，公共部门和政府各项职能的行使都必须借助于财政职能的履行才能完成，公共财政职能是财政在经济社会体系中的地位和作用的理论概括。公共财政的基本职能可以概括为三个方面：资源配置职能、分配职能、经济稳定和发展职能。

7. 我国已经进入中国特色社会主义新时代，对公共财政的定位和要求是“充分发挥财政对于推进国家治理体系和治理能力现代化的基础和支柱作用”，其职能范围要从传统以资源配置为主的经济范畴扩展至国家治理范畴，其职能也必须从单个中心的经济领域扩展至包括经济、政治、文化、社会、生态文明以及党的建设等在内的多维度、全方位、立体式的全域视野，它的作用更加突出和显著。

【主要概念】

公共部门　资源配置　帕累托效率　帕累托最优　边际效益　边际成本　完全竞争市场　市场失灵　逆向选择　道德风险　公共产品　私人产品　混合产品　非排他性　非竞争性　外部效应　免费搭乘　政府失灵　寻租　公共部门职能　公共财政职能　资源配置　收入分配　经济稳定与发展　经济公平　社会公平　国家治理体系　治理能力

【思考分析题】

1. 如何理解市场机制在资源配置中的决定性作用？
2. 市场失效的主要表现有哪些？
3. 如何辨别公共产品与私人产品？并举例说明。
4. 如何认识公共部门及政府的优势？
5. 公共部门及政府失效的表现及其原因。
6. 公共部门及政府职能有哪些？
7. 如何认识公共财政的职能及财政实现其职能的机制和手段？
8. 国家治理体系和治理能力是公共产品吗？根据何在？
9. 如何理解公共财政职能重新定位后其职能范围的扩展？

【阅读与思考】

阅读：由美国次贷危机引发的全球金融动荡

美国次贷危机（subprime lending crisis）全称是次级抵押贷款市场危机。按照信用等级，美国房地产贷款市场分为三类：优质贷款市场、次优级贷款市场、次级贷款市场。一类贷款市场面向信用额度等级较高、收入稳定可靠的优质客户，而三类贷款市场是面向收入证明缺失、负债较重的客户，因信用要求程度不高，其贷款利率通常比一般抵押贷款高出2%～3%，并遵守更加严格的还款方式，出问题的就是三类市场，所以称为次贷危机。

一些房地产放贷公司（如房地美和房利美）在利益的驱动下，放松了对贷款人的信用条件要求，大量向次级信用者发放住房贷款；为了获取更多资金用于住房信用贷款，放贷公司将房地产贷款作为资产，通过投资银行包装成住房贷款资产抵押证券，在资本市场上进行融资，信用评估机构对此类证券给予了较高信用评价，保险公司、对冲基金大量购进此类证券。在利率较低、房地产市场价格持续上涨的情况下，资金的正常循环是没有问题的，房贷公司、投资银行、信用评估机构、投资机构都可以从中获利，但是一旦银行利率上升、房价开始下跌，次级贷款者还不起贷款，问题就出现了，资金链断裂造成连锁反应，导致次贷危机。

美国“次贷危机”是从2006年春季开始逐步显现的，2007年8月席卷美国、欧盟和日本等世界主要金融市场，特别是2008年8月以来，次贷危机影响愈演愈烈，造成全球证券市场剧烈动荡，迫使各个国家出台了一系列大规模的救市措施。金融危机进而影响到各国的实体经济，很多国家经济增速明显放缓，甚至出现了经济衰退。

美国一向标榜自由市场竞争，次贷危机所引发的金融危机再次证明了宏观经济稳定的脆弱性，也迫使经济学界重新反思政府是否应该干预市场，以及如何干预市场。

（资料来源：根据翟晨曦：《美国次贷危机引发全球金融危机的思考》，经济科学出版社2009年版编写。）

思考：

（1）美国次贷危机发生能否成为市场机制作用的反证？试说明理由。

（2）从美国次贷危机以及世界性金融危机中应当吸取哪些教训，并从中得到怎样的启示？

（3）思考公共部门和政府在调控宏观经济方面所应扮演的角色和应当发挥的作用。

（4）市场调节与政府调控怎样实现有效配合？

【参考文献】

1. 习近平：《决胜全面建成小康社会，夺取新时代中国特色社会主义伟大胜利——在中国共产党第十九次全国代表大会上的报告》，人民出版社2017年版。

2. ［英］亚当·斯密：《国民财富的性质和原因的研究》，商务印书馆1974年版。

3. 杨志勇、张馨：《公共经济学》，清华大学出版社 2013 年版。

4. ［美］约瑟夫·E. 斯蒂格利茨：《公共部门经济学》，中国人民大学出版社 2013 年版。

5. ［美］鲍德威、威迪逊：《公共部门经济学》，中国人民大学出版社 2000 年版。

6. ［美］大卫·N. 海曼：《财政学：理论在政策中的当代应用》（中译本），张进昌译，北京大学出版社 2006 年版。

7. ［美］保罗·A. 萨缪尔森、威廉·D. 诺德豪斯：《经济学》（第 18 版），人民邮电出版社 2008 年版。

8. 高培勇：《公共经济学》（第 3 版），中国人民大学出版社 2012 年版。

9. 黄泰岩、雷达：《市场的功能与失灵》，经济科学出版社 1993 年版。

10. ［美］简·埃里克·莱恩：《公共部门：概念、模型与途径》，经济科学出版社 2004 年版。

11. ［美］詹姆斯·M. 布坎南：《自由、市场与国家——80 年代的政治经济学》（中译本），平新乔、莫扶民译，上海三联书店 1989 年版。

12. ［美］约瑟夫·E. 斯蒂格利茨：《政府为什么干预经济——政府在市场经济中的角色》（中译本），郑秉文译，中国物资出版社 1998 年版。

13. ［美］林德尔·G. 霍尔库姆：《公共经济学——政府在国家经济中的作用》（中译本），顾建光译，中国人民大学出版社 2012 年版。

14. 黄恒学、高桂芳、郭喜：《公共经济学》（第 2 版），北京大学出版社 2009 年版。

15. 魏康等：《公共经济学》，经济科学出版社 2010 年版。

第三章
公共产品理论

公共产品理论是20世纪以来发展和完善起来的，是公共经济学的基础理论之一。现代经济学家们十分重视公共产品问题的研究，这不仅是因为公共产品是典型的市场失灵的领域，而且因为市场经济条件下公共部门（政府）职能所涉及的许多问题都与公共产品的提供有关。就此而言，公共产品理论是对公共部门职能认识的深化。

公共产品理论研究公共部门应提供什么产品、提供多少、由谁提供、由谁生产等问题，本章在明确公共产品基本概念的基础上，分析市场在公共产品领域失效的原因，并探讨公共产品的需求、有效供给及有效供给的实现机制。

第一节 公共产品分析

一、公共产品的界定

（一）公共产品与私人产品的区分

公共产品（亦称公共品）是与私人产品（亦称私人品）相对应的概念。人类社会需要各式各样的产品和服务，例如，吃的食品、穿的衣服、住的房屋、行的道路和交通工具，以及各种日用消费品，还要有国防以保卫国家安全和领土完整，通过公安机关维护社会秩序，通过行政机关提供行政管理服务，以及提供教育、文化和卫生保健服务，等等。从产品和服务需要的主体来看，有的是个人的需要，如食品、衣服等；有的则是集体的社会性的共同需要，如国防、社会秩序等。从产品和服务的供给渠道来看，在市场经济条件下，供给的主要渠道是市场，即凡是市场上有的东西人们可以花钱买到。但是，由于存在着市场失灵，有些产品和服务市场不能提供，或不适合由市场提供，则主要由公共部门通过特殊的机制来提供。因此，人类社会需要的各式各样的产品和服务，依据需要主体和供给渠道的不同，可以分为两大类：私人产品和公共产品。

（二）公共产品的定义

我们可以把通常由市场供给用来满足个别人需要的产品和服务称为私人产品，把通常由以政府为代表的国家机构——公共部门供给用来满足社会公共需要的产品和服务称为公共产品。“公共产品（public goods）是这样一些产品，不论每个人是否愿意购买它们，它们带来的好处不可分开地散布到整个社区里。相比之下，私人产品（private goods）是这样一些产品，它们能分割开来并可分别地提供给不同的个人，也不带给他人外部的收益或成本。公共产品的有效率的供给通常需要政府行动，而私人产品则可以通过市场有效率地加以分配”。①

“不能阻止其收益被没付钱的人享用的产品以及收益是由广大消费者分享的产品就是公共产品。公共产品通常是由政治过程提供的，即通过投票箱由人民投票而不是通过市场来决定供应的数量……。在大多数情况下，公共产品的政府供应意味着这些产品是所有人都能得到的，而不是在市场上出售的。生产公共产品的成本通常是由税收来提供资金的”。②

二、公共产品的特征

公共产品的特征是在同私人产品特征的比较中得出的。公共产品的特征主要是：

（一）效用的不可分割性（non-divisibility）

效用的不可分割性即公共产品（包括公共劳务）是向整个社会共同提供的，具有共同受益或联合消费的特点，其效用为整个社会的成员所共享，而不

---

① ［美］保罗·A. 萨缪尔森：《经济学（上）》（第14版），北京经济学院出版社1996年版，第571页。

② ［美］大卫·N. 海曼：《财政学：理论在政策中的当代应用》（中译本），张进昌译，北京大学出版社2006年版，第141页。

能将其分割为若干部分，分别归属于某些个人或厂商享用；或者，不能按谁付款、谁受益的原则，限定为之付款的个人或厂商享用。例如，国防是公共产品的一个典型事例。国防所提供的国家安全保障是对国内所有人而不是个别人提供的，任何人都无法拒绝国防所提供的安全保障，也不能通过市场把为之付款的人和拒绝为之付款的人区别开来。而私人产品（包括私人劳务）的一个重要特征就是它可以被分割为许多能够买卖的单位，而且其效用只对为其付款的人提供，即谁付款、谁受益。

（二）消费的非竞争性（non-rivalness）

消费的非竞争性即某一个人或厂商对公共产品的享用，不排斥、不妨碍其他人或厂商同时享用，也不会因此而减少其他人或厂商享用该种公共产品的数量或质量，也就是说，增加一个消费者的边际成本等于零。严格的非竞争性是指：第一，增加消费者不需要追加任何投入；第二，任何人的消费不会减少其他人的消费，不会给其他人的消费带来不悦和不便，例如拥挤。私人产品则具有消费上的竞争性，一个人对某一数量的私人产品的享用，实际上就排除了其他人同时享用。其他人（或家庭）要享用，就得另行购买，其边际成本就不为零。

（三）受益的非排他性（non-excludability）

受益的非排他性即一些人在享用某种产品带来的利益时，无法排除其他人同时从此种产品中获得利益，或者说，在技术上无法将拒绝为之付款者排除在此种产品的受益范围之外，或者即使在技术上可以排他，但排他成本太高。同时，任何人也不能用拒绝付款的办法，将其不喜欢的这类产品排除在其享用品范围之外。例如，每个公民都可以无差别地受益于国防所提供的安全保障。而私人产品则具有排他性，因为只有在受益上具有排他性的产品，人们才愿意为之付款，生产者也才会通过市场来提供。

具备以上各个特征的产品被称作纯粹的公共产品。

可以用数学公式把纯粹的私人产品与纯粹的公共产品加以区别：

对于私人产品来说，

$$X = \sum_{i=1}^{n} X_i$$

即某一产品的总量（X）等于每一个消费者所拥有或消费的该产品数量（X_i）的总和，这意味着私人产品是能在消费者之间分割的。

对于公共产品来说，

$$X = X_i$$

这就是说，对于任何一个消费者来说，他为了消费而实际可支配的公共产品的数量（X_i）就是该公共产品的总量（X），这意味着公共产品在消费者之间是不能分割的。

三、一个实例：面包与取暖

可以用一个简单的例子来说明纯粹的私人产品与纯粹的公共产品的区别。

假定一个社会是由生活在一个房间里的人们所组成的，此房间内做出的决策只会影响本房间内的人。每天房间内的居住者得到数目固定的面包和一定量的取暖燃料。很显然，面包是一种纯粹的私人产品，因为：（1）它可以分割为若干单位，并可在人们之间进行分配，满足“效用的可分割性”。（2）人们每天消费的面包量就是每天收到的量，如果某人某天分到的面包数量多一些，其他人的消费量就要少一些，满足“消费的竞争性”。（3）面包可以很容易地通过由每天供求双方的力量对比所决定的价格在市场上出售。在价格既定的条件下，这个房间的人可根据其偏好和经济状况而调整其面包的消费量，满足“受益的排他性”。

取暖则属于纯粹的公共产品，因为：（1）在这个房间所提供的热量是不可能在人们之间分割的，生活在这个房间的任何位置的人都享受同样的室内温度，满足“效用的不可分割性”。（2）假定房间的面积很大，可容纳更多的人住进来，随着居住人数增加，为该房间取暖所需要的燃料并不需要增加，同时，也没有可能使某些人所消费的热量多一些，其他人所消费的热量少一些，满足“消费的非竞争性”。（3）在技术上没有可能让生活在这个房间的不同的人消费不同数量的热量，即任何人所享受的室内温度，其他所有人同样能够享受。所以，消费者无法根据其个人偏好及经济状况来调整其所消费的热量，满足“受益的非排他性”。可以看出，这个房间的取暖水平同时具有公共产品或公共劳务的三个特征，无疑属于纯粹的公共产品。

四、辨别公共产品的步骤

第一步，看一种产品或劳务的效用是否具有不可分割性，如果有，则转入第二步分析。

第二步，看这种产品或劳务的消费是否具有非竞争性，如果有，则转入第三步分析。

第三步，看该种产品或劳务的受益是否具有非排他性，如果有，则该种产品或劳务必为纯粹的公共产品或公共劳务。

如果一种产品或劳务既不具有效用的不可分割性，又不具有消费的非竞争性和受益的非排他性，则该种产品或劳务必为纯粹的私人产品或私人劳务。

如果一种产品或劳务同时具有效用的不可分割性和消费的非竞争性，但在技术上能够排他，可进一步分析实现排他的成本是否较高。如果排他的成本很高，不容易实现排他，则该种产品或劳务应属公共产品或公共劳务，应由政府提供（如路灯要实现排他的成本很高）。如果排他的成本很低，则这种产品或劳务属于“拥挤性的”公共产品或公共劳务，如公路、桥梁、影院、公园等。这类产品或劳务可通过市场来提供，同时，政府财政给予补贴。

如果一种产品或劳务同时具有效用的不可分割性和受益的非排他性，但在消费上具有竞争性，则该种产品或劳务属于公共资源，即属于具有非排他性，但有竞争性的产品。

判断步骤可用图 3－1 表示。

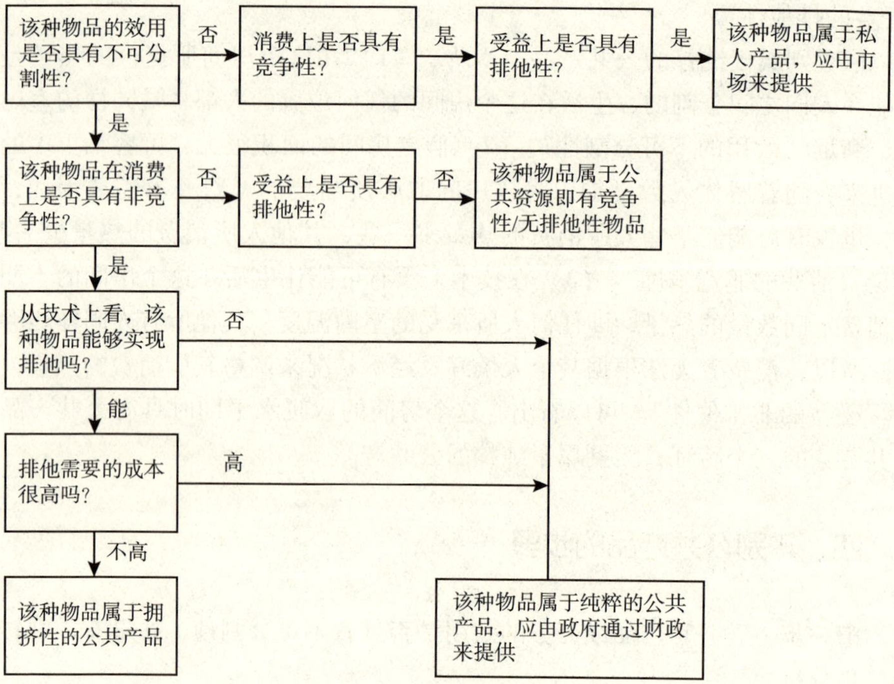

图 3－1　公共产品的判断步骤

五、混合产品

纯粹的公共产品（pure public goods）和纯粹的私人产品（pure private goods）是社会产品中典型的两极。在现实中，许多产品（劳务）往往既非纯粹的公共产品，又非纯粹的私人产品，它们兼有公共产品和私人产品某些属性，这些产品被称为“混合产品”（mixed goods）或“准公共产品”（quasi-public goods）。

混合产品依照是否具有非排他性和非竞争性的情形，又可细分为“资源类公共产品”和“俱乐部产品”。

（一）资源类公共产品

在混合产品和准公共产品中，我们把具备非排他性而不具备非竞争性的公共品称为“公共资源”（common resources）。这类产品虽然为整个社会成员所共享，不能排除任何人的消费和使用，但增加的消费和使用会产生拥挤，并且带来额外的成本，即边际成本大于零，从而减少了每个消费者可以从中获得的效益。因此，资源类公共产品在消费上就具有了一定程度的竞争性。江河湖海、公共牧场、森林、拥挤的公路、公共桥梁等都是公共资源的典型例子。当它们的消费者的人数达到拥挤点之后，消费者人数再增加，其边际拥挤成本不为零。以公共牧场为例，虽然任何放牧者都不能阻止他人的放牧行为，但牲畜对牧草的消耗却有一定的竞争性。

经济学上有一则著名的寓言——公地的悲剧。这是由美国著名生态学家哈丁在其论文《公地的悲剧》中虚构的一个故事：政府将一块茂盛的公共牧场向所有牧民免费开放，允许他们自由放牧他们希望数量的牛。随着公共草地上载畜量的增加，放牧的牛会达到饱和。此时再增加一头牛就会降低草场的质量，减少每头牛所能获得的平均草量。但因为每个牧民的收益取决于他自己饲养的牛的数量，而每增加一头牛所导致的草场质量下降的损失却由所有牧民平摊，因此，对牧民来说多养牛是划算的。如果每个牧民都抱有这样的想法，则畜牧量会不断增加，草场却不断退化，最终不能满足牛的食量，导致牛的饥饿和死亡。

“公地”是一种典型的公共资源，它不排除任何人的使用，但使用者之间存在竞争关系，一个人消费的多了，必然导致其他人消费的减少。即对于公共资源，不能采取有效手段将不付费者排除在消费之外，但消费者的消费存在此消彼长的竞争关系。所有的公共资源都存在“滥用”的危险。因为个人不需要为资源的使用付费，但个人的收益却与使用量有关，如果个人自觉地限制使用量，而他人仍在无限制地消耗资源，那么吃亏的只能是这个自觉的人。因此每个人都有增加使用量的冲动，这最终导致资源的破坏和枯竭。过度放牧导致的沙漠化，过度捕鱼导致鱼种的灭亡，都是现实中曾经发生和正在上演的“公地的悲剧”。

（二）俱乐部产品

我们把具备非竞争性而不具备非排他性的公共产品称为“俱乐部产品”（club goods），这类产品增加任何一个消费者的边际成本为零，但可以通过某种手段，按照某种标准，阻止某些人对该产品的消费和使用。这种产品的特征是：（1）它的效用名义上向全社会提供，即谁都可以享用；（2）受益上是排他的，即谁支付其价格谁才能受益。这类产品如收费公路、收费公园、有线电视、游乐场、体育场馆等。医院和学校也是这类产品，一方面，谁都可以进医院就医、进学校学习，而且就医、上学有正的外部效应；另一方面，医院、学校的收费制，又使那些不愿付费的人享受不到医疗和教育的服务。

与公共资源相反，俱乐部产品可以将不付费者排除在该产品的消费之外，但在俱乐部内增加一个使用者的边际成本为零。当然，这里的俱乐部产品也是理论意义上的定义，实际上，许多俱乐部受设施的限制，不可能无限量地接纳使用者，也就是说，俱乐部的规模是有限的，并且在达到某一点后——我们把这个点叫作拥挤点——会出现拥挤，这时俱乐部内部成员也呈现出竞争关系。在达到拥挤点以前，增加一个使用者的边际成本为零；在达到拥挤点以后，增加一个使用者的边际成本大于零。例如，进公园需要买门票，这样就可以将不付费的人排除在公园之外，当游人不多的时候，增加一个游人并不引起成本的增加，但若遇到黄金周、节假日，大量游客同时涌入，不但公园方面需要增加人力维持秩序和及时清洁卫生，游人也会因为拥挤而产生诸多不便和不悦，这时，边际成本就大于零了。美国学者埃莉诺·奥斯特罗姆（Elinor Ostrom）对物品进行了基本分类，如表 3－1 所示。

表 3－1　　奥斯特罗姆对物品的基本分类

竞争性	排他性	
	高	低
高	私人物品	公共池塘资源
低	使用者付费物品（俱乐部物品）	公共物品

图 3－2 是对各类产品的细致划分。

	排他	非排他
竞争	纯私人产品 1.排他成本较低 2.由私人公司生产 3.通过市场分配 4.通过销售收入融资 例如，面包、衣服、鞋子	混合产品 1.产品利益由集体消费但受拥挤约束 2.由私人公司或直接由公共部门生产 3.由市场分配或直接由公共预算分配 4.通过销售收入融资，如对该服务使用权的收费 例如，公共资源、拥挤性公共产品
非竞争	混合产品 1.含外部性的私人产品、俱乐部产品 2.私人企业生产 3.通过含补贴或矫正性税收的市场分配 4.通过销售收入融资 例如，准公共产品、俱乐部产品	纯公共产品 1.很高的排他成本 2.直接由政府生产或由与政府签约的私人企业生产 3.通过公共预算分配 4.通过强制性税收收入融资 例如，国防、城市路灯

图 3－2　纯公共产品、混合产品和纯私人产品的划分与提供

在从纯粹的私人产品到纯粹公共产品的排列中，存在着混合产品（准公共产品）。图 3－3 表明了根据非排他性和非竞争性的程度，产品是怎样进行分类的。

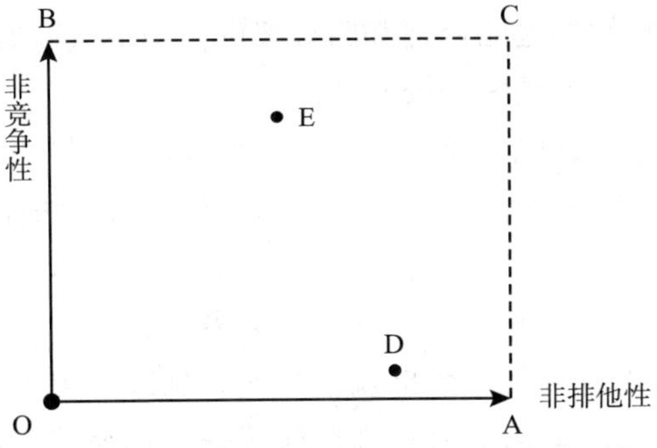

图 3－3　以非排他性和非竞争性对产品进行分类

将非排他性和非竞争性画在坐标轴上（见图 3－3），坐标轴指示的方向表示非排他性/非竞争性的增强，如横轴 OA 上，O 点表示完全排他，A 点表示完全非排他。同样，在纵轴 OB 上，O 点表示完全竞争，B 点表示完全非竞争。根据公共产品、私人产品、资源类公共品和俱乐部产品的定义。C 点具有完全的非排他性和非竞争性，是纯公共产品；O 点具有完全的排他性和竞争性，是纯私人产品；A 点具有非排他性和竞争性，属于资源类公共品；B 点具有排他性和非竞争性，属于俱乐部产品。当然，代表不同产品的点不一定都出现在直线两端，可能在直线中间，也可能在矩形内部，如 D 点和 E 点。D 点表示具有不完全的非排他性和竞争性的产品，譬如，我国一些开放的城市公园，一般不禁止人们进入，但人流如织，熙熙攘攘，节假日更是如此，颇具拥挤性。E 点则表示具有不完全的非竞争性，同时具有一定的非排他性（或者说排他性不是很强）的产品。高等教育即是 E 类的一个例子。在高等教育大众化的阶段，接受高等教育较之于精英化阶段难度有所降低，机会明显增多，即消费的非竞争性增强，但相对于普及化阶段又有较强的竞争性；高等教育的受益者不仅限于大学生本人，而且惠及家人和社会，有明显的正外部性，即受益的非排他性。

六、依据受益范围的公共产品分类

公共品的受益范围，小可以到一个社区，如小区内的保安工作，大可以到全球，如全球流行病防疫和防止气候变暖。因此按照受益范围的不同，可以将公共产品划分为以下四个层次：

一是地方公共产品，指受益范围在一国以内的一个或几个行政辖区的公共产品。例如，一个村镇的道路修建和路灯架设，一个城市的休闲广场，这都是仅仅受益于一个辖区内的居民的公共产品。

二是国家公共产品，顾名思义就是受益范围在一国以内的，覆盖本国所有领土，全体公民都可以平等受益的公共产品。如国防、法律、制度、文化道德和精神文明建设等。

三是地区公共产品，是指受益范围涵盖多个有连续边界的主权国家的公共品，如欧盟国家共同使用一套果蔬食品安全标准；上海合作组织成员国进行联合军事演习，打击恐怖势力，维护地区安全；北美自由贸易区的贸易政策；等等。

四是全球公共产品，是公共产品概念在国际范围内的延伸，原则上，它是一种惠及全球、全人类的公共产品。虽然公共产品的概念在 20 世纪 60 年代就被引入国际领域，但一直没有一个完整、清晰的全球公共产品的界定。直到1999年，英格·考尔等人才提出了一个相对完整的全球公共产品的定义。即全球公共产品是受益范围不只包含某一特定地区和某一特定人群，而是范围覆盖全球，成员扩展到全人类，甚至既包括当代人，也包括后代人，在现在和将来都不会以损害后代人的利益为代价来满足当代人需要的公共品。纯全球公共产品的数量其实是很少的，如科学知识、雨林保护、大气层保护等。准全球公共产品则包括具有非排他性和竞争性的公共资源，如渔场保护、牧场保护等，和具有排他性和非竞争性（部分竞争性）的俱乐部产品，如北大西洋公约组织等。

在这四个层次里，相对于全球公共产品，前三个层次的公共产品都可以看作是一个局部，因此可将前三个层次的公共产品视作与全球公共产品相对的一类公共产品。另外，跨地区的公共产品需要各地区的协调，跨国的公共产品需要国际协调，虽然相互间的协调总是费时费力又不易达成的事情，但相对于跨国的公共产品，一国以内的协调总有一个相对权威的上级政府控制，因此较易达成协议。而国际协调则涉及两个以上的主权国家（成员国及地区），其利益纷争、协调难度与成本同主权国家内的协调不可同日而语。

除了上述几种分类方式外，还可以按物质形态将公共产品划分为有形公共产品和无形公共产品，前者如资源、基础设施等，后者包括制度、法律、文化和社会秩序等；按消费层次，可将公共品划分为满足人们生理需求和安全需求的公共产品、满足人们社交需求和尊重需求的公共产品、满足人们自我实现需求的公共产品等。

第二节 公共产品的需求与供给

一、公共产品的需求表达机制

人们在市场中交易，购买商品的行为自然而然地传达出了对该商品的需求，需求的程度也可以从价格和购买数量中得到反映。需要什么、需要多少、心理价位都可以通过简单的买卖行为明确地表达出来，这就是私人产品的需求表达机制。而公共产品却不同。公共产品一旦被提供出来，所有人都可以免费消费，不付费者也不会被排除在公共产品的消费之外，那么理性的个人就会思考，“既然无论付费与否都能平等地享用公共产品，为什么要为公共产品付费呢?”如果所有人都这样认为，公共产品就不会被提供出来。

例如，甲和乙共同租用一间房子，现在他们需要购买一台空气加湿器，虽然两个人对加湿器的需求实际上是一样的，但甲和乙会采取什么策略呢?表3-2简单地说明了甲、乙两人的行为策略。第2、3列表示甲的选择，第2、3行表示乙的选择。假设一台加湿器的价格是200元，如果两人同时显示真实偏好，各出资100元，每人从加湿器的使用中获得的效用为150个单位，那么同时显示真实偏好时两人的效用都为50。如果两人同时隐藏偏好，那么加湿器不会被购买，也不能从其消费中得到效用，故两人的效用同时为0。如果甲隐瞒了自己的偏好，而乙真实地反映了自己的偏好，甲出资40元，而乙出资160元，那么甲、乙两人最后获得的效用分别为110和-10。反之则反是。

表3-2　　公共品供给中的囚徒困境

		甲	
		显示偏好	隐藏偏好
乙	显示偏好	(50，50)	(110，-10)
	隐藏偏好	(-10，110)	(0，0)

通过表3-2，我们发现无论甲选择显示偏好还是隐藏偏好，乙的最优选择都是隐藏偏好，因为当甲显示偏好时，乙若显示偏好所得效用为50，隐藏偏好所得效用为110，因为110>50，所以隐藏偏好是乙的最优选择。而当甲选择隐藏偏好时，运用同样的分析，乙的最优选择仍是隐藏偏好。对甲来说，情况一样。在经济学中，我们把这个过程叫作博弈，而博弈的均衡结果则是(0，0)，也就是说，所有的参与者都隐藏偏好，公共产品不会被提供。这一类博弈在经济学中非常著名，被称为“囚徒困境”。在没有外力介入的情况下，博弈双方无法达成对他们都有利的结局。

公共品是一种“我为人人，人人为我”的产品，可结果往往是人人等靠，无人提供。如何才能避免这种困境呢?一种可能是参与者彼此了解，无法相互隐瞒偏好。如上例中，共同租用一间房子的两个人，他们朝夕相处，彼此了解，谁都无法对对方隐瞒偏好，这时公共品就可以被提供出来。但这种可能性只在范围较小、人数较少，且互相了解和监督成本较低的情况下才具有可行性。试想在一国范围内，让所有公民根据自己的偏好为国防自愿提供资金，这几乎是不可能的。每个人都有动机隐藏自己的真实偏好，从而在不为公共产品付费的情况下享受公共产品带来的收益，这种行为叫作“免费搭车”。免费搭车使公共产品的供给面临尴尬的境地——我们都需要公共产品，但又都希望别人承担公共产品的成本。

克服免费搭车的有效方法之一即是借助政府的力量，由政府强制征收税收之后向公民供给公共产品。

二、公共产品有效供给的条件

从理论上说，任何一种产品的市场均衡产量和价格都由其供给曲线和需求曲线的交点决定，需求曲线应与该产品消费方的边际效用曲线相一致，供给曲线应与该产品生产方的边际成本曲线相一致，这样，社会边际收益等于社会边际成本，帕累托最优得以实现。

在循着这个思路推导公共产品有效供给的实现条件之前，有必要先来讨论一下私人产品帕累托最优供给量的决定。

（一）私人产品有效供给分析

假定社会上只有 A、B 两个人。图 3－4 中 D_A 与 D_B 线分别代表个人 A 与个人 B 对某私人产品的需求。A、B 需求曲线的差异主要是由于两人收入水平的差别造成的。对这一产品在不同价格下的市场需求量可通过加总在各个价格水平下 A、B 两人各自的需求量得到。这样，市场需求曲线 DD 就是 A、B 两人需求曲线的水平相加，即 $DD = D_A + D_B$。DD 之所以会在 G 点拐折，是因为当价格上升为 OP_1 时，A 的需求将为零，这时只有 B 有需求。在 OP_1 价格以上，$DD = D_B$。

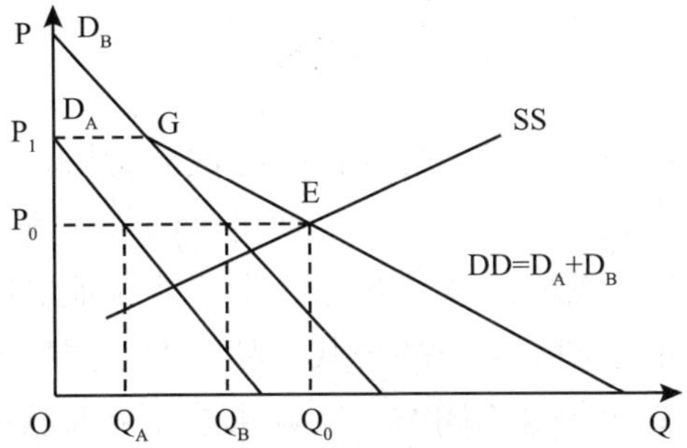

图 3－4　私人产品的有效供给

如果生产者边际成本决定的该产品的供给曲线为SS，则市场均衡点为DD线与SS线的交点E，均衡价格为OP_0，均衡产量为OQ_0。OQ_0是所有消费者消费量的总和，其中OQ_A为A的消费量，OQ_B为B的消费量，$OQ_A + OQ_B = OQ_0$。在OP_0这一价格下两个消费者的最优消费量由于收入水平的不同而有所差别，但他们的边际效用相同，都等于市场价格，在私人产品的条件下，由于没有效益外溢现象，消费者个人从某一产品消费中获得的边际效用（MR）也就是这一产品的社会边际效用，这样，在E点社会边际成本（MSC）等于社会边际收益（MSR），实现了帕累托最优。私人产品帕累托最优的实现条件可用公式表示为：

$$MSR = MR_i = MSC \qquad (i = 1, 2, \cdots, n)$$

（二）公共产品有效供给分析

在图3－5中，D_A与D_B线分别是个人A与个人B对某公共产品的需求曲线，这是与他们消费公共产品所得到的满足（边际效用）相一致的。

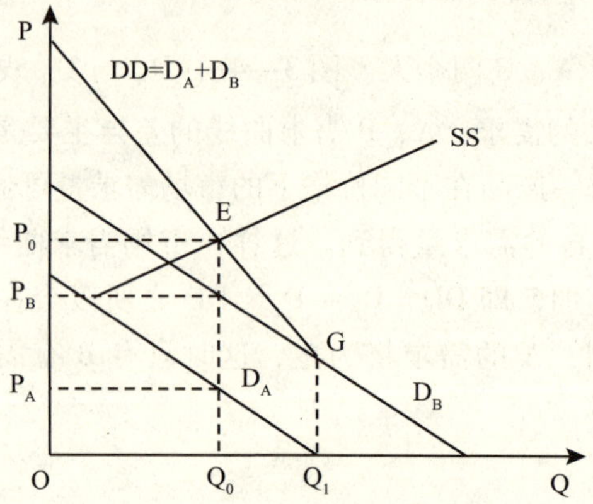

图3－5　公共产品的有效供给

在私人产品的情况下，消费者面对的是相同的价格，每个人无法单独地决定市场价格，他们只能通过调整消费量来使自己的边际效用等于既定的市场价格。而公共产品则不同，它一旦提供出来，由于非排他的原因，任何人都可以消费它，每个人面对的是同等数量的公共产品。但不同的个人从公共产品中获得的满意程度即边际效用却是不同的，这意味着每个人愿意支付的价格是不同的。全社会对一定数量的公共产品愿意支付的价格（税收）应由不同个人愿意支付的价格加总得到。这样，公共产品的市场需求曲线 DD 就应是每个人需求曲线的垂直相加，即 $DD = D_A + D_B$。DD 线之所以会在 G 点出现拐折，是因为当供给量在 OQ_1 以上时，A 不愿意付出任何价钱，只有 B 愿意出价，在 OQ_1 供给量以上，$DD = D_B$。

如果与公共产品的边际成本相一致的供给曲线为 SS，则 DD 与 SS 线的交点决定公共产品的均衡产量 OQ_0，这是任何消费者都必须接受的消费量。公共产品的均衡价格 OP_0 是所有社会成员愿意为 OQ_0 单位的公共产品所支付的价格的总和，其中 OP_A 为 A 的出价，OP_B 为 B 的出价，$OP_A + OP_B = OP_0$。

因为消费者的出价是与其消费公共产品所获得的边际效用相一致的，所以所有消费者出价的总和就是其边际效用的总和，即社会边际收益。这样，在 E 点社会边际成本等于社会边际收益，实现了帕累托最优。因此，公共产品帕累托最优的实现条件可用公式表示为：

$$MSR = \sum_{i=1}^{n} MR_i = MSC \qquad (i = 1, 2, \cdots, n)$$

公共产品的价格事实上是税收，关于公共产品有效供给的分析实际上是假定以个人缴纳的税收来负担公共产品的生产成本，税收应由个人的受益程度（边际效益）决定，实行差别的税收，这被称作税收的受益原则。

三、林达尔均衡和免费搭车

以上从理论上分析了公共产品有效供给的条件，那么公共产品有效供给的机制应是怎样的呢？对此有两种解释。第一种解释是从前述公共产品有效供给的模型引申出来的，虽然公共产品不能由市场统一定价，但如果人们都能自觉地按照自己从公共产品中获得的边际收益相应地承担公共产品成本，如图 3－5 所示，A 承担 OP_A 的税收，B 承担 OP_B 的税收，那么就自然地实现了公共产品的有效供给。但是，如果人们隐瞒自己从公共产品中获得的真实收益，或者对应当承担的公共产品成本进行讨价还价从而逃避承担责任时，又怎么能够实现公共产品的有效供给呢？瑞典经济学家林达尔（Erik Lindahl）给出了第二种解释，创建了“林达尔均衡”（Lindahl equilibrium）理论模型。

假定社会中有两个人 A 与 B，他们可分别被看作是选举时的两个政党的代表，每个政党内部人们的偏好是一致的。图 3－6 表示两人通过讨价还价来决定各自应负担公共产品成本的比例的情况。A 的行为由以 O_a 为原点的坐标系来描述，B 的行为由以 O_b 为原点的坐标系来描述。将两个坐标系合在一起，则形成了一个长方形。图中纵轴表示个人 A、B 负担的公共产品成本的比例，其长度为 1。如果 A 负担的比例为 t，则 B 负担的比例应为 1 - t。横轴代表公共产品供给的数量，也可看作公共支出的规模。AA 曲线和 BB 曲线分别代表个人 A、B 对公共产品的需求线（或对公共支出的边际支付欲望）。从 A 的角度看，BB 相当于他面对的供给曲线，因为这条线上的各点反映，如果他承担不同比例的公共产品成本，则他可以得到相应数量的公共产品；同理，B 也把 AA 看作他的供给曲线，在 AA 与 BB 的交点 E，A 和 B 两人经过讨价还价，双方愿意承担的成本的比例加起来等于 1，这时公共产品的产量为 G^*。

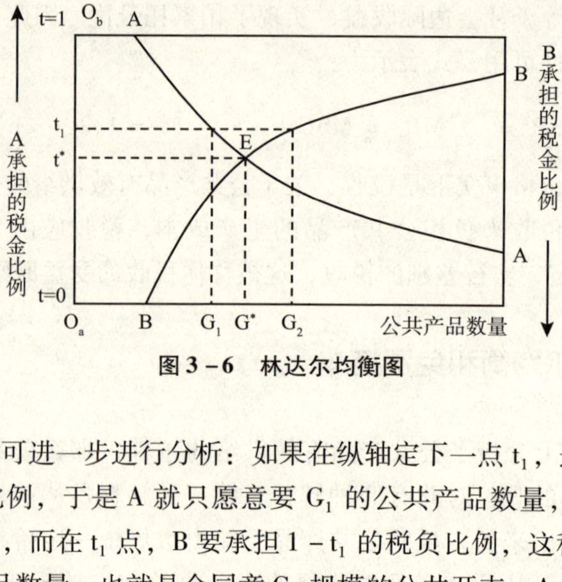

图 3-6　林达尔均衡图

对这一过程可进一步进行分析：如果在纵轴定下一点 t_1，这代表个人 A 要负担 t_1 的税收比例，于是 A 就只愿意要 G_1 的公共产品数量，即只会同意 G_1 规模的公共开支，而在 t_1 点，B 要承担 $1 - t_1$ 的税负比例，这种税负使 B 愿意要 G_2 的公共产品数量，也就是会同意 G_2 规模的公共开支，A 与 B 两人没有达成一致，这时实力较强的那个人就会获胜。为了解决这种不确定性，林达尔假定两个人势均力敌，双方会继续较量下去，直到税负分配处于 t^* 点。AA 线与 BB 线相交在 E 点，双方都会同意公共支出的规模为 G^*，AA 线、BB 线的交点 E 所决定的均衡状态就是林达尔均衡。

然而，这种均衡的实现是以下面的假设为前提的：

第一，每个社会成员都愿意准确地披露自己可从公共产品或公共劳务的消费中获得的边际效益，而不存在隐瞒或低估其边际效益从而逃避自己应承担的成本费用的动机。

第二，每一个社会成员都清楚地了解其他社会成员的爱好及收入状况，甚至清楚地掌握任何一种公共产品可给彼此带来的真实的边际效益，从而不存在隐瞒个人边际效益的可能。

可以看出，公共产品有效供给的关键在于消费者按自己从公共产品消费中获得的边际效用水平真实地表达自己对公共产品的需求和偏好，从而承担公共产品的成本。然而，这也正是公共产品有效供给的困难所在。人们不管付费与否，他所能消费的公共产品量总是相同的。如果消费者所承担的公共产品成本取决于自己申报的从公共产品中获益的情况，那么他就有隐瞒或从低申报自己真实效用水平的动机。在一个人口众多的社会里，没有人能够做到对其他所有社会成员的偏好和经济状况无所不知，因而人们便有可能隐瞒其从公共产品消费中获得的真实收益，从而在不付出代价的情况下，享受既存的公共产品的效益，于是出现了“免费搭车者”（free rider）。显然，免费搭车对任何人来说都是一个理性的选择，但是，这种免费搭车行为的结果是公共产品实际供给水平远低于最优水平。再深入分析，如果所有社会成员都采取这种行为方式，公共产品就永远无法提供出来。这就是休谟早在 1740 年就指出过的“公共的悲剧”（public tragedy）。相反，假设当要求每个人陈述他的偏好时，事先交代清楚满足这些偏好的代价与他们所陈述的需求状况无关，他们的陈述只与公共产品的数量有联系，那么就会诱发夸大需求的现象，结果导致过度供给和公共产品使用上的浪费。

通过以上分析得知，根据林达尔均衡的条件，在一个较小的地区或一个社区内，社会成员相互之间较难隐瞒各自对所需公共产品的边际效益，或者说，每个人都很容易地了解公共产品能给其他人带来的真实边际效益及各自应承担的成本，那么，采用合作式的成本分担或自愿捐献的方式，最终在社会边际效益与社会边际成本相一致的基础上实现公共产品的最佳供给，将不是一件十分困难的事情。但是，在一个由成千上万的人构成的大社会中，由于每个人存在着隐瞒从公共产品的消费中获得的真实边际效益的可能性，也都有将其真正边际支付愿望予以低估的共同契机，免费搭车的欲望不可避免，那么，林达尔均衡机制确定的公共产品供给的均衡水平将会低于最优水平，因此，必须设计出一种保证公共产品有效供给的机制和融资方式。比较一致的看法是，公共产品有效供给的机制必须借助政府力量才能建立起来，提供公共产品的融资方式主要依靠政府的强制性征税。

四、公共产品供给主体[①]

（一）政府供给

公共产品政府供给是指政府通过公民或其代表的集体选择程序，以强制征税为主要手段筹集资金，安排公共预算支出以供给公共产品的机制，主要包括以下内容：

第一，决策机制。一般是由公民或由公民选举产生的公民代表遵循集体选择的规则（通常是投票表决），决定在一定时间内以怎样的种类、规模和结构提供公共产品，并决定征收何种税收或向使用者收费以筹集资金。因为决策过程不与承担公共产品的成本直接挂钩，所以可以避免公共产品需求表达中的“免费搭车”行为。决策的集体选择规则无论是采取简单多数票还是规定比例多数票通过的规则，都只能照顾多数人的需求和偏好，而无法反映全民的需求和偏好。少数人、个性化和差异化的需求不得不被忽略。受益范围越大、受益人越多的公共产品，为了达成供给的共识，需要忽略掉的差异性也就越多；反之，在较小的区域内，居民的个性化差异小，忽略掉的差异性也少，决策结果越能够反映当地的民意。这也就是地方政府供给地方性公共产品的一个重要依据。因为相对于中央政府，地方政府在了解当地居民的需求方面具有天然的优势。如果公共产品的受益范围可以限定在一定的区域内，那么由地方政府提供就是更加有效的。

第二，使用机制。政府通过征税和收费取得收入、安排和使用公共支出的方式，由政府直接生产，或私人生产政府购买来供给公共产品。

第三，筹资机制。政府供给的筹资方式与其他供给筹资方式的最大不同在于政府可以运用强制性的税收为公共产品筹资。此外，政府也向使用者收费作为筹资的辅助手段，但政府收费是用于弥补成本，而不是营利，例如办理证件所交纳的工本费。

---

① 这里需要明确一点，即在前面公共产品分类中，我们指出公共产品可以划分为国内的和跨国的两类，且供给机制不完全相同。跨国公共品（地区公共产品和全球公共产品）的供给主要是以主权国家为单位，通过国际协商、利益博弈达成协议并供给（跨国公共品的供给中也存在如红十字国际委员会和私人捐赠等自愿供给，但市场供给鲜有涉足）。这可能涉及国家安全、国家利益等重大事项，既是一个经济学的问题，更是一个政治学的问题，本书在此暂不分析。因此，本节所介绍的公共产品供给都是指国内公共产品。

第四，激励约束机制。政府供给公共产品的决策是下层民意汇集而成，资金也主要来源于强制性征税，因此，公民（纳税人）有权监督政府的资金使用是否规范有效，提供结果是否合意。公民与公民代表、公民代表与政府本质上是一个双层委托代理关系，政府受托供给公共产品，代理人和委托人自身应履行监督制约职能。如对一项公共工程，既有审计机关的审查，又有立法机关的监督，更有新闻舆论和社会公民的广泛关注。这些约束对保证资金的规范使用和保证工程质量具有重要意义。而对于优质工程的民间"口碑"、新闻报道、上级肯定等会对公共产品的供给产生激励作用。

（二）市场供给

公共产品市场供给是指营利组织根据市场需求，以营利为目的，按照经济规律和市场原则供给公共产品（主要是准公共产品中的俱乐部产品），并以收费方式补偿成本的机制。如私立教育、私人兴办的自来水厂、污水处理厂等。

在经历了经济滞胀之后，为谋求经济复苏和提高效率，自 20 世纪 80 年代中期开始一直延续到 21 世纪初，以英美为先锋的西方发达国家兴起了私有化浪潮，公共产品供给市场化成为其中的重要组成部分。尽管现象纷繁复杂，林林总总，但可以归纳为如下几类：（1）转制企业，亦称国有企业私有化。在计划经济体制下或战争年代、政治体制下建立的国有企业，如通信、电力、水业、天然气、城市交通等，通过拍卖等形式将所有权全部或大部分转让给私人，并由其负责经营。（2）政府特许。政府对原来严格管制不得进入的行业领域放松管制，特许私人资本投资经营，如金融保险业、公路码头机场等交通基础设施、自来水厂等城市基础设施的建设与经营。（3）委托授权。这是政府将国有资产的经营权让渡给私人，由后者提供公共品的方式，通常通过合同承包、租赁经营等形式来实现。（4）建设—运营—移交（BOT）或建设—移交（BT）。前者是在机场、港口、高速公路等大型基础设施的建设和运营方面，为引入私人资本、扩大供给规模，采用的私人投入资本建设并运营一个较长周期后转交政府的方式；后者则是私人投入资本建设后即转交政府的方式。（5）公私合作（PPP）。是政府与私人合作投资经营的一种模式，北京地铁 4 号线建设运营即属于这种类型。

市场机制之所以能在公共产品提供中生效，首先在于俱乐部产品的排他性可以将不付费者排除在产品的消费之外，使私人能够通过收费的方式弥补产品成本。而技术进步既可以改变公共产品的非排他属性，使排他成本逐渐降低，又会给公共产品的供给者带来附加的私人收益，从而吸引私人投资。同时，公共产品产权制度和融资制度的创新为公共产品私人供给提供了制度保障。具体而言，公共产品市场供给机制包括以下几个。

第一，决策机制。营利组织是独立的决策主体，是否参与供给公共产品、供给的项目和规模，以及供给的具体方式完全取决于市场主体的选择。而营利组织的决策又是以提供该公共产品的成本收益分析为基础的。这是一种市场决策，其机理与营利组织提供私人产品并无二致。

第二，使用机制。营利组织供给公共产品的必要选择标准是以能够收回成本费用为前提，因而可能提供的主要是具有消费的排他性，并可以高于成本价格采用收费方式的准公共产品，如非义务教育、高档体育设施、高速公路等。

第三，筹资机制。营利组织供给公共产品是通过政府授权经营、对使用者收费（公共产品价格），加之政府补贴等，补偿其投资和保证正常运营的。

第四，激励约束机制。营利组织从自身利益出发，会设法控制供给公共产品的成本费用水平，监督使用收费。在非垄断供给的条件下，消费者则通过选择是否使用营利组织提供的公共产品及其数量表示其接受程度，由此对营利组织供给公共产品的数量和质量形成外在制约。政府则因考虑公共产品性质的特殊性和信息不对称程度高，而应对其设置一定的进入壁垒，实施质量监督，并向消费者提供有关监督的信息。在垄断供给的条件下，政府应实施价格（收费）规制，此外还有立法机关的依法监督。政府设置的公共产品供给的低水平壁垒、优惠的税收政策、宽松的社会环境、公平的评价体系等，有利于市场供给公共产品。

应当看到，市场供给公共产品利弊共存。一般而言，市场供给公共产品的积极效应主要表现为：第一，扩大供给规模；第二，提高供给效率。在公共领域引入竞争机制，引入企业管理模式，一方面激励持续的技术创新和制度创新；另一方面促进拓展市场，降低经营成本，由此提高了经济效率。市场供给公共产品易出现的弊端是：第一，提高供给价格。这是在政府价格管制不严的条件下最易出现的问题。第二，损害社会公平。私人企业为获取更多利润，往往选择服务于高收入群体和高收入地区，而忽视甚至放弃服务于低收入群体和低收入地区。第三，削弱民主参与。民主社会中，公民的民主参与意识和能力主要表现于参与公共事务之中，体现在对公共财产和财力的使用决策和执行监督上，主要是对政府行为的关注和监督，而公共产品的市场供给则减少了公众对政府的关注和依赖，对民主参与产生一定阻碍。

可见，由于市场自身的局限，市场供给公共产品难以兼顾效率与公平，实现公平、民主等社会目标，因此，政府规制和扶持往往是十分必要的。应实施健全的合同管理，对于特许经营、委托经营的企业，合同应包括对供应、价格、质量、竞争和避免外部成本发生（如垃圾发电产生的致癌物质排放、对文化遗产的破坏等）的明确约束；应制定和实施反垄断和不正当竞争法，鼓励公平的市场竞争；要实行必要的价格管制，对于水、气、电、暖等事关民生的重要公共事业产品实行政府定价，对于交通价格、电讯价格等部分重要的公共服务产品实行最高限价，以保护消费者利益；应制定重要公共产品的质量规制，在保护公众利益的同时，防止对环境的严重破坏。政府补贴是弥补私人企业供给公共产品的成本、增加其收入的来源之一，因此，各国政府往往对提供与居民生活息息相关的公共服务（如自来水供给）的私人企业提供财政补贴，以维持较低价格，增进社会公平。

（三）自愿供给

公共产品自愿供给是指公民个人、单位以自愿为基础，以社会捐赠或公益彩票等形式无偿或部分无偿地筹集资金，直接或间接地用于教育、体育、济贫、救灾等公益用途，并接受公众监督的一种机制。公共产品的自愿供给并非现代产物，在古代即有寺庙施粥、宗族设立公田的事例，但这在当时只能是一种个别行为。现代社会中，公共产品自愿供给的组织形态得到发展，各类非政府组织（NGO）更加发达，自愿供给行为也更加普遍。尽管由于自愿筹资的规模限制使得公共产品自愿供给机制作用的空间受限，但它不失为一种独立的、融经济行为与人文关怀为一体的、有社会意义的公共产品供给方式，是对政府和市场供给的有益补充。

公共产品的自愿供给机制包括：

第一，决策机制。它是以公民或单位的独立、分散、自愿决策为基础的，较充分地尊重其个人选择，既可以对指定项目和对象提供捐助，也可以对已知用途的不确定对象捐赠，还可以对特定对象提供不限用途的捐赠。

第二，使用机制。自愿供给的公共产品主要是基础教育、公共体育、社会救助、公共福利等公益事业，这些公益事业提供的大都属于准公共产品。自愿供给公共产品或通过出资人直接捐赠给受益人而实现，或以民办慈善机构等社会团体（非营利机构）、政府民政部门、社区为中介而间接实现。

第三，筹资机制。筹资形式主要有两类：一是无偿的社会捐赠（含捐赠收入，捐赠物品，或捐物变卖收入）；二是部分无偿的政府或慈善机构发行的公益彩票，如福利彩票、体育彩票等，彩票发行收入扣除奖金、费用之后的余额形成社会公益基金。

第四，激励约束机制。由于自愿出资人关心捐资使用状况，因而要求国家制订实施有关法律，中介机构定期公布捐资使用情况，通过政府审计部门予以监督。在直接捐助的情况下，出资人往往与受助人保持联系获取信息，并据以做出是否满意的表示和是否继续捐赠的选择。政府对捐助的优惠税收政策、返还或褒奖政策，以及有效的捐助管理和透明度，会对自愿供给公共产品产生激励作用。

但自愿机制供给公共产品也存在局限性，美国公民社会和非营利机构研究专家萨拉蒙称之为存在“志愿失灵”。[①] 它包括，其一，慈善不足。由于“搭便车”和“经济财富的波动”，无法产生足够、可靠的资源，满足工业社会的公共服务问题。其二，“特殊主义”（偏爱）。对某些领域的公共事务或服务有着特殊偏爱，引致了无偿捐赠、自愿供给。因此，“特殊主义”（偏爱）既是非营利组织存在和自愿供给公共产品的理由，同时也是其缺陷，造成覆盖服务缺口与服务重复浪费并存。其三，“慈善的家长式作风”。“界定社区需求的权力授予了那些控制着最重要资源的人”，即社区的富人决定社区的偏好，公共需求是强势者强加于公众的，而不是应有权利，也不反映真实需求，基于这种需求判断的服务供给也难以满足真正需求。其四，“业余主义”。即非专业的人士及其非专业的处理方式限制了自愿供给的财力能力和供给水平。

五、混合产品的供给

混合产品是同时具有公共产品和私人产品的某些属性的一类产品，如教育。受教育者学到知识和技能后，增加了获得收入和享受优越生活的能力，从这个角度看，教育具有排他性和消费上的竞争性。但是，个人受教育后，有助于增强劳动能力，为社会创造更多财富和服务，有助于提高全社会的文化水平、民主水平和文明程度，具有显著的正外部效益。

（一）资源类公共产品的供给

资源类公共产品大多是一些理论上虽然不能够排他，但现实中却会带来拥

① 参见［美］莱斯特·M. 萨拉蒙：《公共服务中的伙伴——现代福利国家中政府与非营利组织的关系》，商务印书馆2008年版，第47～48页。

挤性的公共产品（congestible public goods）。当消费者达到一定数量且达到“拥挤点”之后，资源类公共产品的消费就具有了竞争性。这就意味着，为了防止过度拥挤，通过收取费用，也可以在技术上实现排他。既然如此，市场提供或政府提供都是可以选择的方式。至于哪个更好，则可视其具体情况而定。对于一些难以完全排他的公路、桥梁、公共设施等的建设，通常以政府的税收为资金来源，并由公共部门经营，但同时，这些公共品的使用者、受益者则要向政府或经营的部门交纳一定的费用作为使用的代价。而影剧院、体育场馆等，通常是由私人部门出面提供，但其建设和经营的资金，一方面来源于向使用者收取的费用；另一方面也应由政府给予补贴，否则就会因正外部效应的外溢而出现供给不足。所以这类产品或劳务的供给中，市场因素与政府的财政因素兼而有之。

（二）“俱乐部产品”的供给

“俱乐部产品”是一种在技术上可以实现价格排他的公共产品（price-excludable public goods）。但因为它又具有公共产品的某些属性和特征，其生产和消费会产生一些外部效应，而且是正的外部效应。如果它由私人部门通过市场提供，由此而带来的外部效应，必须由政府财政给予补贴，否则很可能会出现供给不足。如果由政府部门直接出资经营，往往也要利用市场的价格机制，通过市场的销售渠道提供出来。无偿（免费）供给的情况是不多见的。

分析混合产品的供给在实践中有一定的政策含义：一是混合产品由市场提供时，适当收费可使消费者在使用这项产品或服务时认真地对其效益和成本进行权衡，从而防止过度消费而造成资源浪费。二是可以减轻完全由政府提供给政府带来的增加税收的压力，并把税收成本和因征税而引起的效率损失（如对再生产造成的不利影响，对纳税人劳动热情的挫伤）限制在一个较低的水平上。因此，合理评价公共产品及混合产品的正外部效应大小，并由此决定由政府提供还是由市场提供，以及在由市场提供时政府应给予多少补贴才是合适的，才符合效率最大化准则，是制定政府（财政）政策时必须考虑的因素。可以确定的是，政府提供公共产品及混合产品的份额应当建立在成本—效益分析的基础之上，从而既能较好地避免市场提供可能造成的消费不足的效率损失，又能有效地防止政府提供可能造成的消费过度的效率损失。

第三节 公共产品提供的外部性及外部性矫正

一、外部效应的含义

公共产品与外部效应（externality）有着密切的联系，上节所述的准公共产品现象事实上是收益外部化的表现，也称为正外部效应（positive externalities）或外部效益（external benefits）。在另外的某些场合某种产品的生产或消费会使生产者或消费者以外的社会成员遭受损失，而受损者却没有得到相应的补偿，这就是成本的外部化，或称负外部效应（negative externalities）或外部成本（external costs）。负外部效应也往往与公共产品有关，如污染之所以常常被称作外部成本，就是因为清洁的空气和水源也是公共产品。

可见，外部效应就是指某些个人或厂商的行为影响了其他人或厂商，却没有为之承担应有的成本费用或没有获得应有的报酬的现象。换言之，外部效应就是未在价格中得到反映的经济交易成本或效益。当外部效应存在时，人们在进行经济活动决策中所依据的价格，既不能精确地反映其全部的社会边际效益，也不能精确地反映其全部的社会边际成本，这导致价格信号失真。据此所做出的经济活动决策，会使社会资源配置发生错误，不能实现帕累托效率准则要求的最佳状态。

外部效应是市场失灵的主要表现之一，也是政府运用公共支出等手段对经济运行进行干预的一个重要领域。按照布坎南（J. M. Buchanan）与斯塔布尔宾（W. C. Stubblebine）的定义，只要某一个人的效用函数（或某一厂商的生产函数）所包含的度量在一个人（或厂商）的控制之下，则有外部效应存在。设 U_A 表示个人 A 的效用，如果：

$$U_A = U_A(X_1, X_2, \cdots, X_n, Y_1)$$

则一项外部效应存在。其中 X_1，X_2，…，X_n 表示个人 A 所控制的活动，Y_1 为由个人 B 控制的活动，此处活动的定义包括“任何可以计量的人类行为”。可见，只要私人利益与社会利益发生不一致，就存在着某种外部效应。因此，广义的外部效应的范围非常广泛，甚至可以包括一切的市场失灵。从某种意义上说，公共产品不过是带来正外部效应的产品的一种极端情况，其外部效益的受益人遍及所有社会成员。

二、外部效应的分类

在现实生活中，外部效应的表现形式是多种多样的。一方面，外部效应可能是生产行为或消费行为引起的；另一方面，外部效应有正外部效应（即外部收益、外部经济）和负外部效应（即外部成本、外部不经济）之分。这样，就可将外部效应现象做以下分类：

（一）生产的正外部效应（生产的外部效益）

如养蜂场接近果园，蜜蜂传播花粉提高了果树产量，养蜂者的活动使果园主受益。同样，养蜂场也因果园的存在得到增加蜂蜜产量的好处。这里，养蜂场和果园双方都给对方带来了外部收益而不能得到对方支付的报酬。

（二）消费的正外部效应（消费的外部效益）

如人们注射预防传染病的疫苗，可使他人因此减少了传染上疾病的可能，或者消费者的某些消费偏好和习惯增加了对某些产品的需求，使厂商增加了收益，这些都是消费的外部效益。

（三）生产的负外部效应（生产的外部成本）

工厂排放废气、废水或废物，会严重污染环境，危害居民身体健康，或损害他人的生产活动，如水受到污染不能再用来养鱼或灌溉，这些是被最经常引用的典型的外部成本的例子。

（四）消费的负外部效应（消费的外部成本）

吸烟者给同一场合的不吸烟者身体健康造成损害，高层住宅里的人们把垃圾扔在一楼住户的庭院里，都是消费的外部成本。甚至交通堵塞中也存在外部成本，如果某些人在高峰时间驾车外出，就会使道路更加拥挤，其他车辆也不得不放慢速度。

对外部效应虽然可以做上述不同分类，但从外部效应同经济效率的关系看，最基本的还是依靠外部效应的结果分类，即分为正外部效应和负外部效应。

三、外部效应的经济影响——效率损失

当外部效应存在时，实际上是社会边际效益（marginal society benefit，MSB）或社会边际成本（marginal society cost，MSC）与私人边际效益（marginal private benefit，MPB）或私人边际成本（marginal private cost，MPC）之间存在着非一致性。当某种产品或劳务的社会边际效益大于私人边际效益时，即为正外部效应，会导致产品或劳务供给不足；反之，当某种产品或劳务的社会边际成本大于私人边际成本时，即为负外部效应，会导致产品或劳务供给过多。无论哪种情况，都意味着资源配置不合理，出现效率损失现象，而这种效率损失又是完全竞争的市场机制所不能克服的。

（一）正外部效应下的效率损失

某种产品的正外部效应导致这种产品的私人收益小于社会收益，私人企业的供给不足，从而带来效率（福利）损失。如图 3－7 所示。

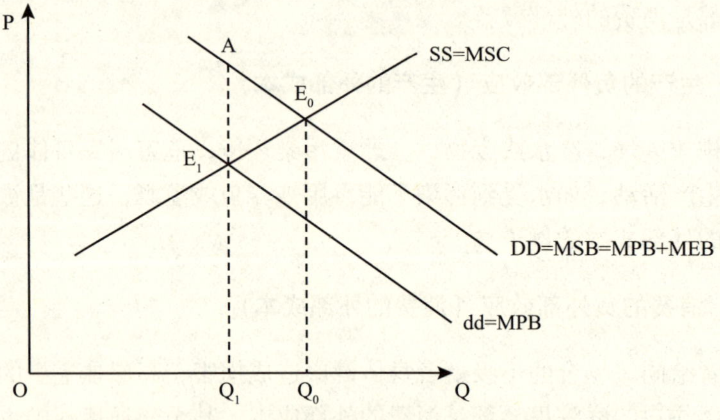

图 3－7　正外部效应下产品供给中的效率损失

在图 3－7 中，dd 线为产品购买者的边际效用曲线（需求曲线），DD 线为社会边际收益曲线，它们之间的垂直距离表示该产品外部边际收益 MEB（marginal external benefits；外部边际收益往往是递减的，为了讨论的方便，这里假定它是常数），供给曲线（边际成本线）为 SS。该产品符合效率准则的产出水平为 DD 线和 SS 线的交点 E_0 所决定的 Q_0。但在市场机制下，人们按照本

人获得的私人边际效益决定购买量，使该产品的产出水平只能达到 dd 线和 SS 线的交点 E_1 所决定的 Q_1。这就是因为未考虑到外部边际效益的存在所导致的产品供给不足的情况，使社会效率（福利）损失了三角形 E_0AE_1 的面积。

（二）负外部效应下的效率损失

当存在负外部效应时，生产商忽视产品的外部成本将会造成产品的实际供应量大于帕累托最优的供给量，这也会导致社会福利的损失。如图 3－8 所示。

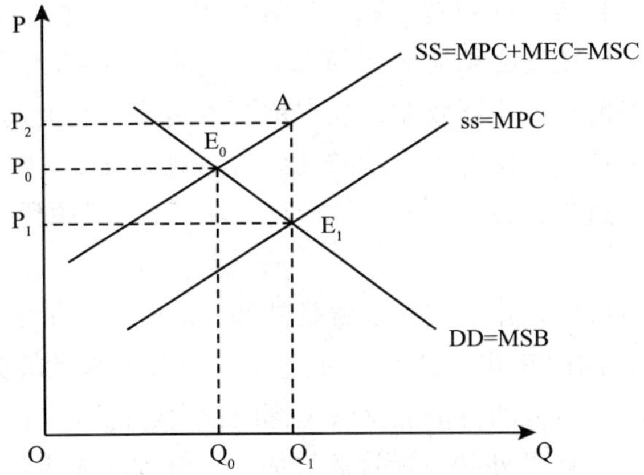

图 3－8　负外部效应下产品供给中的效率损失

在图 3－8 中，DD 线为某产品的需求曲线，它与消费者的边际效用曲线相一致，ss 线为生产者的供给曲线，它由生产者边际成本决定，市场均衡价格和产量分别为 P_1、Q_1。如果该产品在生产的同时向工厂外面排放污染物，从而给附近居民造成一定的危害，那么就存在着外部成本，从整个社会来说，边际成本应为厂商的私人边际成本加上外部成本，SS 线代表真实的供给曲线，SS 线与 ss 线之间的垂直距离为外部边际成本。为了实现帕累托最优，实际价格和产量应是由 SS 线和 DD 线的交点 E_0 决定的 P_0、Q_0，在价格 P_0 中，P_1 应用于补偿厂商的内部成本，（P_0-P_1）应用于补偿附近居民的损失。但当厂商没有考虑外部成本时所形成的产量 Q_1、价格 P_2 的情况下，意味着外部成本会造成该产品的供给过度和给社会带来相当于三角形 E_0AE_1 面积的效率损失，它反映的是社会边际收益不足以补偿社会边际成本。

负外部效应存在情况下的产品供给过度，实际上是表明了在私人市场机制下对公共资源的过度利用和效率损失。

四、对外部效应的矫正

（一）矫正外部效应的含义

如前所述，当存在外部效应时，无论是正外部效应，还是负外部效应，都意味着资源配置不合理和效率损失，因此，必须对外部效应加以矫正。

造成带有外部效应的产品或劳务的市场供给不是过多就是不足的原因，在于私人边际效益与社会边际效益、私人边际成本与社会边际成本的非一致性。因而，对外部效应的矫正必须着眼于对私人边际效益或私人边际成本的调整。当某种产品或劳务的私人边际效益或成本被调整到足以使个人或厂商的决策考虑其所产生的外部效应，即考虑实际的社会边际效益或成本时，就被称作外部效应内在化。这个过程，也就是外部效应得以矫正，资源配置由不具有效率到具有效率的过程。

可见，外部效应内在化，实际上就是外部效应的边际价值被定价。负外部效应（外部成本）的内在化，就是外部边际成本被加入计算到私人边际成本之上，从而使产品、劳务的价格能反映全部的社会边际成本；正外部效应（外部效益）的内在化，就是外部边际效益被加入计算到私人边际效益上，从而使产品、劳务的价格能反映全部的社会边际效益。

（二）政府矫正外部效应的措施

由市场机制的自发作用调节资源配置，不能达到帕累托最优状况，也不能实现外部效应内在化。因此，矫正外部效应的责任责无旁贷地落在政府身上。政府矫正外部效应又可采用多种措施，但执行不同措施的难易程度和效果有所不同。

1. 政府管制（government administration）

政府管制又称公共管制（public regulation）。即对生产消费行为作出某些限制。这种措施主要适合对负外部效应的矫正。限制的形式可根据具体情况来制定。例如，为了控制污染，政府可规定排出的污染物限制在一个可接受的水平。但是，通过管制矫正外部效应应当具备以下条件：（1）了解生产者的供给曲线，即私人边际成本；（2）了解消费者的需求曲线及社会边际效益；（3）还要对外部边际成本进行衡量和测定，并推算出社会边际成本。这样，政府就可根据社会边际效益与社会边际成本的交点来决定一个有效率的产出水平，并规定这类产品的产出量不得超过这一水平。

显然，这种管制存在许多困难：第一，它要求政府掌握大量信息，并且这些信息必须是准确的，这却是非常困难的。因此会出现对成本或效益的估价要么过高、要么过低，实行的管制要么过严、要么过松，产品的提供量要么过多、要么过少的现象。第二，社会的供给和需求状况经常发生变化，原先政府在既定的供给与需求情况下实施管制所规定的产出水平就可能不再具有效率。第三，政府不但要规定（污染）产品的总量，而且还要为每一企业规定个别的限量，这样才能在总量超过规定水平时找到具体的责任者实行限产管制。这就要求政府具体地了解各个企业、厂商的生产状况，并根据各厂商之间的相对变化情况来调整各自的管制限制，这无疑又是相当困难的。第四，管制和限量本身没有使产生污染的厂商来承担这种外部成本，即在限量之内的产品的外部成本并没有内在化。有些厂商会在限量的范围内获得超额利润，在有违效益的同时出现收入分配不均。

2. 法律手段（legal method）

立法可以看作另一意义上的管制。对于因权益界限不明确而造成的外部效应问题，可通过立法以明确生产者和消费者权益的方法来解决。例如，制定知识产权保护法规，确认专利权、著作权、商标权的归属。消费者（使用者）只有按法律规定向这些知识产品、精神产品的提供者（生产者）购买才能享受这些产品的好处，违背者将视同偷窃或抢劫而受到法律制裁，这样就可以使这些产品的外部效应内在化。这种通过法律手段的管制可使产权得以明确。在产权明确界定的情况下，正如科斯定理所指出的那样，在相关交易方之间将既定的权力自由交换为现金支付就是有效率的，政府仅仅通过设定资源使用的权力就可以使外部效应内在化。这其实是在通过法律确定产权归属的情况下，借助市场机制的作用来矫正外部效应。

3. 实行一体化（unitization）

养蜂和果园可互为对方带来外部效益，如果果园的主人同时经营养蜂生意，外部效益就内在化了。不过，只有在果园的规模足够大，使所有的蜜蜂只能在这一个果园采蜜的情况下，才能完全矫正外部效应带来的效率损失。

从整个社会看，实行一体化意味着全面地实行集中计划的公共生产，这就要求政府作为社会总代表，以社会利益和社会成本为决策依据，通过统一计划来安排生产，组织一个足够大的经济实体来将全部外部效应内在化，然而，这既需要条件，又有很大难度。就所需条件讲，它要求制定全社会统一计划的政府具有充分的信息，要了解现有资源的所有情况，了解每一种产品所有可能的生产技术，了解每一个消费者的偏好。就难度讲，因为现实生活中资源、产品的种类、数量繁多，技术复杂，个人偏好各异，因此，政府要掌握从生产到消费的所有信息是不可能的，也是做不到的。可见，一体化生产对实行市场经济制度的社会是不适宜的，因此也就不能较好地解决千千万万个独立的生产经营主体的行为带来的外部效应问题。

4. 政府税收（taxation）

政府征税主要是用来矫正负外部效应。矫正性的税收着眼于私人边际成本的调整。其操作办法是：对带有负外部效应的产品或劳务征收相当于其外部边际成本大小的税收，以此将征税产品或劳务的私人边际成本提高到同社会边际成本相一致的水平，即可实现负外部效应内在化。所以，征税额与外部效应相等是这种矫正性措施的基本特征。

如图 3 -9 所示，如果对排放污染物的厂商就其每单位产品征税 T，T 等于最佳产量 Q_0 下的外部成本，则厂商的供给曲线上升到 ss + T，市场均衡达到帕累托最优的 E_0 点。可以看出，在征税之前，由私人边际成本曲线 ss 与社会边际效益曲线 DD 相交形成的均衡点 E_1 所决定的产量 Q_1 和价格 P_1 是不符合帕累托效率的，征税之后由均衡点 E_0 所决定的产量 Q_0 比 Q_1 减少了，价格 P_0 比 P_1 上升了。

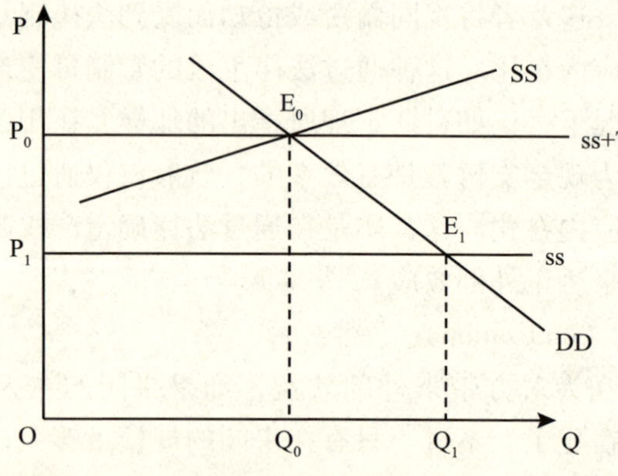

图 3 -9　对外部成本效率损失的矫正——征税

归纳矫正性税收的作用：（1）将外部边际成本加到私人边际成本之上，以此增加产品的生产成本和售价，进而将产品的产量减少至社会边际效益同社会边际成本相等的最佳水平。（2）将部分收入从产品生产者手中转移给遭受负外部效应之害的个人或厂商以及需要享受政府提供服务的个人或厂商。（3）将负外部效应减少至可以容忍的水平，但不能减少至零。

5. 政府补贴（subsidy）

政府提供补贴主要是用来矫正正外部效应。矫正性的补贴着眼于私人边际效益的调整。其操作办法是，对带有正外部效应的产品或劳务，按照该种产品或劳务的外部边际效益的大小发放补贴，以此将补贴产品或劳务的私人边际效益提高到同社会边际效益相一致的水平，即可实现正外部效应内在化。所以，补贴额与外部效应相当是这种矫正性措施的基本特征。

如图 3－10 所示，政府可以对厂商每生产一个单位的该产品补贴 F，F 为最优产量下的外部边际效益，这样，厂商的供给曲线将由 SS 下移至 SS－F，于是，市场均衡产量达到帕累托最优的 Q_0 点；或者，政府也可以对消费者每消费一个单位的该产品补贴 F，这样，消费者的消费曲线将由 dd 上移至 DD，同样可以达到帕累托最优的均衡产量 Q_0 点。可以看出，政府补贴之后产量增加了，产品的生产价格由 P_1 降至 P_2，消费价格由 P_1 提高到 P_0，P_0 与 P_2 的差额即为政府补贴额。

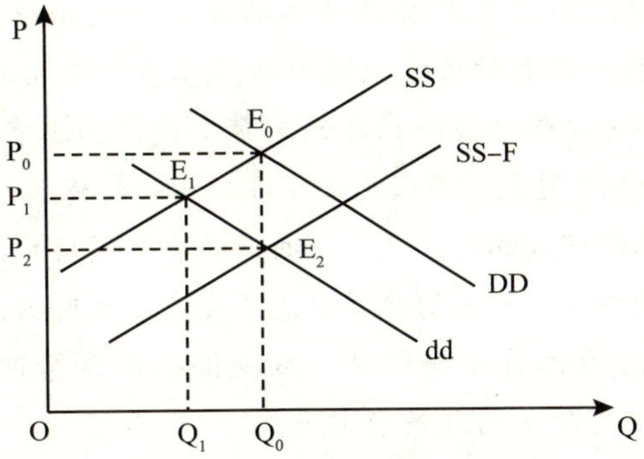

图 3－10　对外部收益效率损失的矫正——补贴

归纳矫正性补贴的作用：（1）把外部边际效益加入计算到私人边际效益之上，可以增加对带有正外部效应的产品或劳务的需求与供给，并降低消费者为其支付的净价格，进而将其产量调整到社会边际效益同社会边际成本相等的最佳水平。（2）增加带有正外部效应的产品或劳务的消费者和生产者所获得的效益，从而鼓励这类产品或劳务的消费和生产。（3）外部边际效益是可以递减并最终趋于零的，即通过政府补贴之后社会边际效益与私人边际效益可以达成一致，由它与社会边际成本达成的均衡产量也是符合效率的，这时就无须政府再给予补贴，生产和消费均成了市场行为。所以，政府补贴的作用并不是无限的。

政府给予矫正性补贴的例子并不少见，如卫生防疫、教育、医疗、公共服务设施、农业技术和良种、整治污染、改良环境等。教育带来的正外部效应表现在：良好的社会风气和生活环境、较高的国民素质、经济得以较快发展等。对学生发放助学金、奖学金，可以鼓励人们接受教育并勤奋学习，是把正外部效应内在化的一项措施。

【本章小结】

1. 公共产品是与私人产品相对应的概念。我们把通常由市场供给用来满足个别人需要的产品和服务称为私人产品，把通常由以政府为代表的国家机构——公共部门供给用来满足社会公共需要的产品和服务称为公共产品。公共产品的特征可归纳为：效用的不可分割性、消费的非竞争性、受益的非排他性。在现实中，有些产品是兼有公共产品与私人产品的特征，因而可称之为混合产品或准公共产品。

2. 公共产品有效供给的关键在于消费者按自己从公共产品消费中获得的边际效用水平真实地表示自己对公共产品的需求，从而承担公共产品的成本。然而，这也正是公共产品有效供给的困难所在。在一个由成千上万的人构成的大社会中，由于存在着隐瞒从公共产品的消费中获得的真实边际效益的可能性，"免费搭车"的欲望不可避免，那么就必须设计出一种保证公共产品有效供给的机制和融资方式。比较一致的看法是，公共产品有效供给的机制必须借助政府力量才能建立起来，提供公共产品的融资方式主要依靠政府的强制性征税。

3. 公共产品供给主体有政府供给、市场供给和自愿供给等。对混合产品供给的分析在实践中有特殊的政策含义。

4. 公共产品与外部效应有着密切的联系，它们都属于典型的市场失灵的领域。市场经济条件下政府职能所涉及的许多问题，都与公共产品和外部效应有关，就此而言，公共产品和外部效应理论是对政府职能认识的深化。

5. 外部效应既是市场失灵的主要表现之一，也是政府运用公共支出等手段对其进行干预的重要原因和理由。当外部效应存在时，实际上是社会边际效益或社会边际成本，与私人边际效益或私人边际成本之间存在着非一致性。无论是正外部效应，还是负外部效应，都意味着资源配置不合理和效率损失，因此，需要对外部效应加以矫正。

6. 对外部效应的矫正必须着眼于对私人边际效益或私人边际成本的调整，即外部效应内在化。矫正外部效应的主要责任落在政府身上，其措施包括政府管制、法律手段、实行一体化、政府税收、政府补贴等。

【主要概念】

公共产品　私人产品　混合产品　资源类公共产品　俱乐部产品　效用的不可分割性　消费的非竞争性　受益的非排他性　免费搭车　林达尔均衡　外部效应　帕累托最优　社会边际效益　私人边际效益　社会边际成本　私人边际成本　外部效应内在化　公共管制　一体化生产　供给曲线　消费曲线　均衡产量　政府税收　政府补贴

【思考分析题】

1. 公共产品的含义和特征是什么？
2. 公共产品的需求表达机制是怎样的？为什么会出现隐藏个人真实偏好的“免费搭车”动机？
3. 公共产品有效供给的基本条件是什么？
4. 林达尔均衡所揭示的实现公共产品有效供给的均衡条件是什么？
5. 混合产品有哪些提供方式？
6. 外部效应是怎样产生的？外部效应有哪些种类？
7. 外部效应内在化的含义是什么？
8. 政府矫正外部效应应当采取哪些措施？

【阅读与思考】

阅读：经济学中的灯塔

美国著名经济学家罗纳德·科斯（Ronald H. Coase）于1974年出版的《经济学中的灯塔》一书，是公共产品私人提供理论研究的开端之作。他指出：“灯塔出现在经济学家的著作中，是因为它可能有助于理解政府的经济功能问题。它常被作为必须由政府提供而不是私人企业提供的物品的一个例子。经济学家们通常认为，由于不可能向受益于灯塔的船只的所有者收取可靠的费用，任何私人或企业建造和维修灯塔就不可能赢利。……早期的历史表明，与许多经济学家的信念相反，灯塔的服务可以由私人提供。那时，船主和货运主可以向国王申请允许私人建造灯塔并向受益的船只收取（规定的）使用费。灯塔由私人建造、管理、筹资和所有。他们可以立遗嘱出卖和处置灯塔。政府的作用局限于灯塔的产权的确定与行使方面。……”

然而，美国另一位著名经济学家保罗·萨缪尔森却认为，在灯塔的例子中，应该注意一件事，灯塔管理者不能很容易地以销售价格的形式向受惠者收费这一事实使灯塔成为某种社会或公有物品。但即使灯塔管理者——假定通过雷达跟踪——能向每一个附近的使用者收费，这一事实本身并不能保证灯塔服务能像根据市场价格而提供的私有物品那样，以社会最优的方式提供出来。为什么？因为容许更多的船只使用灯塔的社会成本是零附加成本。因此，由于避免付费而远离灯塔水域的任何船只代表着社会的经济损失——即使向一切船只收费，其价格的总和也并不会大于灯塔的长期开支。如果灯塔从社会的观点上看来是值得建造和维修的——它不一定是应该的——较为高深的著作能够说明为什么这种社会的物品应该以最优的方式给予一切人。

（资料来源：［美］丹尼尔·F. 史普博编：《经济学的著名寓言：市场失灵的神话》，余晖等译，上海人民出版社2004年版，第7~35页。）

思考：

（1）灯塔属于公共产品还是私人产品？它具有怎样的特点？

（2）你赞成科斯，还是萨缪尔森的观点？两者争端的焦点是什么？

（3）灯塔的生产、提供和经营是否可以分离？

（4）如果灯塔由私人提供和经营，向受益的船只收取使用费是合理并且可行的吗？

（5）如果灯塔由公共部门（政府）提供，采取强制征税方式是否可行？能否完全实现外部效应内在化？如果不能，原因是什么？

（6）现实生活中还有哪些公共产品是私人提供的？

【参考文献】

1. ［美］大卫·N. 海曼：《财政学：理论在政策中的当代应用》（中译本），张进昌译，北京大学出版社2006年版。

2. 张馨：《公共财政论纲》，经济科学出版社1999年版。

3. 平新乔：《财政原理与比较财政制度》，上海三联书店1992年版。

4. ［美］詹姆斯·M. 布坎南：《公共财政》（中译本），赵锡军等译，中国财政经济出版社1991年版。

5. ［美］约瑟夫·E. 斯蒂格利茨：《公共部门经济学》，中国人民大学出版社2013年版。

6. 王传伦、高培勇：《当代西方财政经济理论》，商务印书馆1995年版。

7. ［英］C.V. 布朗、P.M. 杰克逊：《公共部门经济学》（第4版），张馨主译，中国人民大学出版社2000年版。

8. 樊勇明、杜莉：《公共经济学》，复旦大学出版社2001年版。

第四章 公共选择理论

公共选择（public choice）可以定义为运用经济学的分析方法对非市场决策的经济学研究，或者说是对政府决策过程的经济分析。公共选择理论是经济学的逻辑体系在政治学科中的运用，它作为政府行为研究的一种流行的理论工具，第一次把政府这一政治实体纳入了经济分析的对象范围之内并进行系统的分析，既拓宽了经济学的研究领域，也为政治科学的研究方法开辟了道路，因而具有特殊的意义。

第一节 公共选择理论概述

一、公共选择理论的产生与发展

公共选择理论是作为政治经济学的一个分支出现的，它的产生与古典经济学下的“看不见的手”（市场机制的自发调节作用）的失灵和凯恩斯经济学下的“看得见的手”（政府干预的调节作用）也失灵的历史背景有着密切联系。

20世纪30年代以前，以亚当·斯密为代表的古典经济学派一直坚持在自由竞争的市场经济条件下，价值规律的自发调节作用就能有效地调节社会资源的配置。但是20世纪30年代的世界性经济危机暴露了市场自发调节的缺陷，如总供求关系失衡、大量失业、收入分配不均等和企业外部不经济等问题。1934年，凯恩斯从有效需求理论出发，否定了供给自动创造需求、价值规律自动实现社会资源最优化配置的理论依据和基本命题，指出政府必须运用必要的政策手段干预市场经济，以弥补价值规律自发调节所带来的弊端。凯恩斯的理论对缓解世界经济危机起到了“强心剂”的作用。但是，随着政府开支越来越多地落入特殊利益集团的私囊，政府的社会福利计划相继失败，以及遭遇棘手的“滞涨”困局。正是政府存在着失灵，人们对凯恩斯理论产生了质疑——政府能否代表社会利益去合理地纠正价值规律自发调节的缺陷呢？对这些疑问研究的结果便产生了公共选择理论。

公共选择理论产生于20世纪40年代末，在60~70年代基本建立起了它的理论框架。英国北威尔士大学的经济学教授邓肯·布莱克（Duncan Black）被尊为“公共选择理论之父”，他于1948年发表的《论集体决策原理》（The Principle of Collective Decision）一文为公共选择理论奠定了基础，他在1958年出版的《委员会和选举理论》（*The Theory of Committees and Elections*）被认为是公共选择理论的代表作。

著名经济学家肯尼斯·约瑟夫·阿罗（Kenneth J. Arrow）和公共行政学家安东尼·唐斯（Anthony Downs）等也为公共选择理论的建立和发展做出了重要贡献。阿罗1951年发表的《社会选择与个人价值》（*Social Choice and Individual Values*）一书与唐斯1957年发表的《民主的经济理论》（*An Economic Theory of Democracy*）都影响了公共选择理论的发展。

公共选择理论的领袖人物当推美国著名经济学家詹姆斯·布坎南（James M. Buchanan），他发表的第一篇专门研究公共选择的文章是登载在《政治经济学杂志》1954年4月号上的《社会选择、民主政治与自由市场》（*Social Choice, Democratic Polity and Free Market*），他与戈登·图洛克（Gorden Tullock）合著的《同意的计算：立宪民主的逻辑基础》（*The Calculus of Consent: Logical Foundations of Constitutional Democracy*）被认为是公共选择理论的经典著作，也被视为创立公共选择学派的里程碑式的作品。布坎南因在公共选择理论方面的建树，尤其是提出并论证了经济学和政治决策理论的契约和宪法基础而获得1986年度诺贝尔经济学奖。瑞典皇家科学院在该年度的颁奖公告中指出：布坎南的贡献在于他将人们从相互交易中各自获益的概念应用于政治决策领域，他提出的公共选择理论弥补了传统经济理论缺乏独立的政治决策分析的缺陷，有助于解释政府预算赤字为何难以消除的原因。布坎南获得诺贝尔奖，标志着公共选择理论得到了学术界的普遍认可，并且跨入了最高学术殿堂。

此后，经济学家引入布坎南以选择为基础构架研究模型的技巧，政治学家则引入他的不同政治体制的知识以及对于政府体制和政治互动之间的研究。其他许多领域的学者，包括哲学、公共行政学以及社会学家也都参与了公共选择理论的发展。

1969 年，布坎南和图洛克在弗吉尼亚理工学院办起“公共选择研究中心”，该中心侧重于对政治过程的理解，以此加强对市场过程的理解。此时他们更加确信，公共选择理论就是经济分析工具在政治领域的应用和延伸，这种经济分析工具的应用为经济学的研究开辟了更加广阔的领域。在整个 20 世纪 70 年代，公共选择理论开始了其国际化的进程，它作为“新政治经济学”出现在世界许多国家。

按照布坎南的观点，所谓公共选择理论，就是以现代经济学的基本假设（即所有个人都追求自身利益的最大化）为前提，依据自由的市场交换能使双方都获利的经济学原理来分析政府的决策行为、民众的公共选择行为及两者关系的一种理论。其突出特点是，将政治过程看作某种特殊的“经济活动”，在这个“经济活动”中，政府是“生产者”、选民是“消费者”、选票是“货币”，而选举制度则可等同于“市场制度”。正如布坎南所说：“公共选择理论的宗旨是把人类行为的两个方面（经济决定与政治决定）重新纳入统一的模式，该模式注意且认为承担政治决定结果的人就是选择决策的人。”① 此理论研究的特色在于，它运用现代经济学的逻辑和方法来研究政治问题，第一次将政府这一政治实体纳入经济分析的对象范围之内，并进行了系统的分析，从而开创了政治经济研究的新视角。

二、公共选择理论的基本观点

公共选择理论认为，人类社会由两个市场组成，一个是经济市场，另一个是政治市场。在经济市场上活动的主体是消费者（需求者）和厂商（供给者），在政治市场上活动的主体是选民、利益集团（需求者）和政治家、官员（供给者）。在经济市场上，人们通过货币来选择能给他带来最大满足的私人品；在政治市场上，人们通过民主选票来选择能给其带来最大利益的政治家、政策法案和法律制度。前一类行为是经济决策，后一类行为是政治决策，即公共选择。

所谓公共选择理论（public choice theory）又称公共选择经济学（economics of public choice）或政治的经济学（economics of politics）等，它是指通过

① ［美］詹姆斯·M. 布坎南：《自由、市场与国家——80 年代的政治经济学》（中译本），平新乔、莫扶民译，上海三联书店 1989 年版，第 35 页。

集体行动和政治过程来进行非市场决策的经济分析。布坎南认为，“公共选择是政治上的观点，它以经济学的工具和方法大量应用于集体或非市场决策而产生。”美国马里兰大学教授丹尼斯·缪勒在《公共选择》一书的开篇中便指出，“公共选择可以被定义为对非市场决策的经济研究，或者简单地说是经济学在政治学中的应用。公共选择问题与政治科学的主题是相似的，它涉及国家理论、投票者行为、党派政治、官僚体制等。然而，公共选择的方法却是经济学方法。”由此可见，公共选择理论是介于经济学和政治学之间的交叉理论，公共选择学派就是运用经济学的理论来研究非市场决策，分析政府如何依据政治程序来进行公共产品决策。也可以说，公共选择的过程就是通过政治过程或集体行动来决定公共产品的需求、供给和产量的过程，是对资源配置的非市场决策，即政治决策。

三、需要公共选择理论的理由

概括地说，公共产品、外部性和再分配的存在为公共选择提供了理由，特别是对公共产品偏好的显示是需要公共选择理论最主要的理由。

对于私人产品来说，个人在市场上只需要用“买”或“不买”这两种简单的方式来显示自己的偏好，他在现行的市场价格下对某种产品的购买量显示了他对这种产品的偏好强度。在私人产品市场上，追求效用最大化的消费者总是力图把自己的需求量调整到价格等于边际效用的那一点。因为他不付费就不能享受消费利益，他为最后一单位产品所付出的价格正好等于他从这一单位产品所得到的效用。

对于公共产品来说，不存在一种激励机制来诱使个人真实地显示其偏好。由于公共产品的特性，个人无论付费与否，付费多少，他能享用的公共产品总是相同的。这种“免费搭车”的可能性诱使追求效用最大化的个人隐瞒或扭曲自己的偏好，坐享由其他人的付费所形成的供给，由此造成公共产品的实际供给偏离帕累托最优水平。当“免费搭车”人数众多时，“公共悲剧”便会发生，资源配置就更加无效率。

在私人产品市场上，价格体系在信息传递方面起着极为重要的作用。私人产品的市场均衡在供求曲线的交点达到。当某种原因使得对某种产品的需求量增加，则需求曲线上移，价格上升；价格变动向生产者传递了个人偏好或需求变化的信息，从而刺激生产者扩大这种产品的产量。如果由于某种原因使产品的生产成本下降，引起这种产品的供给曲线下移，价格降低；这种价格变动向消费者传递了生产技术变化或成本变动的信息，从而刺激消费者购买这种更便宜的产品和购买更多的这种产品。

对于公共产品来说，由于个人不愿意真实显示自己的偏好，并且不存在一个公共产品的价格体系，因此不存在一种从消费者到生产者，以及从生产者到消费者的信息传递机制。政府或社会计划者不可能知道个人消费者对公共产品的偏好函数，因而就难以正确地估计社会对公共产品的实际需求量。由于不能获得有关公共产品支付愿望的信息，公共产品的供给者就无法了解因公共产品的增加而增加的成本能否通过增加收费（征税）来得到补偿，由此会导致公共产品供给不足。如果供给者从有些受益者现在愿意支付的数额推论他们以后也愿意照样支付，可能会导致公共产品供给过剩。

既然人们对公共产品的需求不能够真实地显示出来，并且在公共产品的消费者和生产者之间缺少信息传递的市场机制，那么，公共产品的供给受什么支配呢？它的供给量根据什么来决定呢？由于公共产品不能像私人产品那样通过市场过程有效率地提供出来，因此就需要通过公共选择来决定公共产品方面的生产什么、如何生产和生产多少的问题，以及决定每个社会成员为公共产品的供给所必须承担的份额即税收多少的问题。

四、公共选择理论研究的主题

公共选择理论所研究的主题是在国家或社会中，社会成员对公共产品的偏好与政府做出的公共选择之间的关系。

在个人与政府机构的公共选择之间的关系上，存在着许多种可能性：(1) 习惯或宗教法典，即依靠共同接受的习惯或宗教法典做出有关共同事务的决定，我们可以在原始部落中发现这种集体选择的方式。(2) 独裁，即由一个人或一个小集团决定社会全体成员的共同事务。(3) 计划，即由中央制定一个涉及经济和其他社会事务的具有命令性质的计划，并用强制手段加以贯彻。(4) 投票，即由全体成员通过投票方式直接或间接地共同决定与他们有关的集体事务，一般用于政治决策。(5) 市场，即供求。通过个别生产者之间或个别生产者与消费者之间的自愿契约安排社会的生产和交换，一般用于经济决策。在现代社会经济生活中，经济上一般通过市场决策，政治上一般通过投票来进行公共选择。以布坎南为代表的公共选择学派主要有两方面的研究成果：一是把国家的预算决策过程看成是类似市场的由公共产品的供求双方相互决定的过程，其中心是对投票制度的分析。二是对财政制度中官僚主义行为的分析，即政府机构和政府官员行为的分析。

五、公共选择学派研究公共选择问题的基本方法

对于研究公共选择问题的基本方法，公共选择学派与传统的政治学方法不同。传统的政治学运用的是公共利益分析方法，把群体行为看成是公共利益中的基本行为。公共选择学派的基本研究方法是私人利益方法。

西方主流经济学主要研究经济市场上的供求行为及其相应的经济决策，而把政治决策视作经济决策的外生因素或既定因素。西方主流经济学的传统是以完全不同的假定来讨论个人在经济市场和政治市场中的活动以及相应的决策过程。它认为，在经济市场上，个人受利己心支配追求自身利益最大化；而在政治市场上，个人的动机和目标是利他主义的、超个人利益的。

公共选择理论认为，在经济市场和政治市场上活动的是同一个人，没有理由认为同一个人会根据两种完全不同的行为动机进行活动；同一个人在两种场合受不同的动机支配并追求不同的目标，是不可理解的，在逻辑上是自相矛盾的。

公共选择学派的主要代表人物布坎南、安东尼·唐斯、戈登·图洛克与麦肯（Mckean）都认为，不应该对私营经济和公共经济采用两套分析方法，好像在私营经济中是由利己主义和狭隘个人利益所驱使的个人，而在公共经济中是超凡至圣的国家或政府，它是集体利益的反映，官吏们所追求的肯定是公共利益。公共选择学派主张，必须从上述虚构中摆脱出来，在公共选择领域，私人利益方法与在分析私人经济时一样，可以解释许多政治行为。他们认为，国家不是神的创造物，它并没有无所不在和正确无误的天赋。国家是一种人类组织，在这里做出决定的人和其他人没有差别，既不更好，也不更坏；这些人一样会犯错误，国家的行动本身也要受到一些规则与约束的影响。这些规则与约束是人类创造的，它们不一定比其他任何社会组织的规则与约束更加正确无误。由此出发，公共选择学派的方法就是把市场经济决策与政治决策这两个人类行为的基本方面重新纳入单一的私人利益分析模式。并在此基础上，运用经济学的方法解释个人偏好与政府的公共选择之间的关系，研究作为投票者的消费者，如何对公共产品的供给等公共决策表达意愿。

第二节 公共选择中的投票机制

一、偏好表达与投票

（一）偏好表达

在现实中，个人的偏好是千差万别的。然而，公共选择的目的就是让政府决策能够按照大多数社会成员的意愿来提供公共产品和公共服务，因此，个人偏好显示和表达，成为公共选择和政府决策的起点和必要条件。

所谓偏好，是指个体对两个或两个以上选择对象之间关系的一种主观感觉。一般来说，无论是对私人产品还是公共产品，人们都有一定的偏好。

偏好需要表达，个人偏好的表达又是集体决策的前提。但是，由于私人产品和公共产品的性质不同，使得社会公众在私人产品面前会真实地显示自己的偏好，而在公共产品面前则不一定会真实地显示其偏好。对公共产品而言，人们显示其偏好主要有以下四种途径：

一是通过投票表达，包括直接投票和间接投票两种方式。前者是投票人（选民）亲自对公共产品供给方案进行投票；后者是先选出代表或议员，然后由代表或议员进行投票。

二是通过发言表达，包括书面表达和口头表达两种方式。前者如投稿给媒体或上书有关部门；后者如游说议员或官员、游行请愿等。

三是通过进退表达，即“用脚投票”。例如，当人们认为某一社区的公共产品和公共服务符合自己的偏好时，他就会迁入该社区；反之，他就会迁出该社区。

四是通过反叛表达。当民众不愿接受政府提供的公共产品或决定，上述表达方式又不奏效时，在一定条件下就可能采取反抗甚至发动政变或革命以更替现政权。

（二）投票

现实生活中，人们显示公共产品偏好的基本途径就是投票。投票不仅是公民权的体现，更是个人偏好的显示。民众通过投票行为表达自己的偏好，投票行为的作用就是将个人偏好转化为社会偏好。但即使如此，投票行为也存在着问题。

首先，投票行为所显示的个人偏好信息是不完全的。如果一位投票人支持某项方案，只能由此判定他认为他本人从这项方案中获得的收益大于其需支付的成本。而如果要知道收益究竟比成本大多少则是非常困难的。同样，如果大多数人投票支持某项方案，由此只能判断对于大多数人而言，收益大于成本，但是对于这项方案总体的收益和成本的比较关系却是无法做出判断的，很有可能剩下的少数人遭受的损失会非常严重，甚至超过大多数人的收益，以至于这项方案的总成本大于总收益。

其次，人们在投票过程中，往往不是真实地反映他们的偏好，可能出现以下情况：

隐瞒偏好。如果人们将要承担的公共产品成本取决于自己所显示的对公共产品的评价，人们可能会隐瞒或者从低申报自己的偏好。

策略性投票。有时采取策略性的投票方式会取得更有利于自己的结果，此时，人们也不会显示自己的真实偏好。

无意参与投票。例如在民主选举制度中，对于个人而言，投票与否往往对最后选举结果影响不大，但是却为投票付出了一些成本，这使得人们参与投票的积极性很低，不愿意显示自己的偏好。

偏好强度差异。即使人们有机会充分显示他们的偏好，但不同个人或者集团偏好的强度不同，这样决策程序的结果很可能不是反映大多数社会成员的利益，而是更多反映特殊利益集团或强权把控者的利益。

因此，要保证投票行为能够实现人们的偏好，必须在投票行为发生之前采取有效措施鼓励投票人表现其真实偏好。投票行为是一种选择行为，这意味着在个人进行选择的时候，会面对多个备选项。将备选项排列出个人的偏好顺序是将个人偏好加总为社会偏好的前提。

二、投票规则

投票行为必须依据一定规则。投票规则是把个人偏好总合成社会偏好、将个人选择汇总为集体决策的方法。在现代民主制度下，投票规则主要有一致同意规则和多数票规则。

（一）一致同意规则

一致同意规则是指一项决策或议案，须经全体投票人一致赞同或没有任何一个人反对，才能获得通过的一种投票规则。在这种规则下，每一个人都拥有否决权。联合国安理会常任理事国会议对决议进行表决和欧盟对财政预算议案、修改有关欧洲中央银行体制的协议进行表决时都使用一致同意规则。一致同意规则实行的是一票否决制，根据这个规则做出的集体决策，可以满足所有投票人的偏好；如果一项决策使其中的任何一个人的利益受到损害，它便不能获得通过。因此，一致同意规则可以达到帕累托最优状态。经济市场上的完全竞争对应着政治市场上的一致同意。一致同意规则肯定能实现资源配置的帕累托效率，首先由瑞典经济学家克努特·维克赛尔（Knut Wicksell）在他1896年发表的《公平赋税的新原理》（*A New Principle of Just Taxation*）一文加以论述，后来被布坎南和戈登·图洛克在《同意的计算：立宪民主的逻辑基础》中加以发挥。但在实际生活中，一致同意规则不利于决策效率，因此它只在特定的条件下采用。

（二）多数票规则

多数票规则是指一项议案或决策须经1/2以上投票人赞成才能通过或采用的一种投票规则。这也就是我们通常所说的“少数服从多数”。多数票规则又分为简单多数票规则和比例多数票规则。按照简单多数票规则，只要赞成票超过半数，议案或决策就可以通过。按照比例多数票规则，赞成票必须以高于半数以上的相当大的比例，议案才能获得通过。这种比例多数票规则又可以分为2/3多数制、3/5多数制，4/5多数制等。在美国，大多数立法和惯例都是根据多数票规则制定的。

与一致同意规则相比，多数票规则具有节约决策成本的优点，因为顾及大多数人的偏好总比满足全体投票人的偏好要容易得多。在实行多数票规则时，如果只存在两种备选方案，它就是非常有效的。而存在多个备选方案时，多数决策有效性的问题会变得复杂，或许暴露出一些缺点。

第一，部分人利益受损。投票的结果，可能使多数人的福利得到改善，但是少数人的福利可能受损，其结果是非帕累托改善。这种投票的结果甚至可能是多数人不喜欢的方案当选。例如，有三个方案，对其进行一次性简单多数投票，每一个方案获得的票数都没有超过半数，但其中有一个所获的票数最多而当选了，实际上这个方案并不是多数人喜欢的方案。

第二，导致“多数人强制”。多数票同意得出的集体决策其实代表的是多数人的意愿，结果却是要全体成员服从，这就是“多数人强制”。在这种情况下，资源配置及公共产品的享用就会出现分配不公的现象：或者是支付相同的成本却享受不到相同的收益，或者是支付不同的成本却享受到了相同的收益。

第三，存在投票交易。在多种选择中，投票人之间可能通过相互交易谋求增加各自的利益，但却损害了其他人的利益。

第四，出现“投票悖论”。多数票规则可能导致议案相互循环、最终结果不存在的情况，即出现循环投票的“投票悖论”。

三、公共选择规则的准则

现代公共选择理论发端于美国经济学家肯尼斯·阿罗 1951 年出版的经典著作《社会选择与个人价值》。阿罗在考虑社会选择的基础时，首先就想到要以一些起码的必要条件为前提。尽管这些起码的、人类在道德伦理上可以接受的必要条件未必能够完全避免投票规则的缺陷，但对于公共选择规则的制定而言，却是必须要考虑的准则。

（一）个人理性假定

对于任何一组给定的个人偏好来说，社会选择规则必须产生一个社会秩序，这些社会秩序具有完全性与传递性。这里的完全性是指：对于任何两个不同的可供选择的社会状态 x 与 y，任何人或者认为 x 比 y 好，或者认为 y 比 x 好，或者认为 x 与 y 之间无差异，除此之外别无选择。所谓传递性是指：如果某人认为社会状态 x 比社会状态 y 好，社会状态 y 比社会状态 z 好，则他一定认为 x 比 z 好。

（二）与选择方案无关的独立性假定

在一组可供选择的社会状态之间进行社会选择，只取决于各个个人对于这些状态的偏好顺序，而与别的因素无关。这样，如果选择只是在 x 与 y 之间做出，这时如 x 与 w 之间的关系变化了，则该变化和 x 与 y 之间的顺序无关。同样，如果 w 与 z 之间关系变化了，则该变化也不会影响 x 与 y 之间的顺序。由该假定，阿罗非常强调社会顺序产生于个人的偏好顺序，即如果一组可供选择的社会状态保持不变，如果社会在这组状态之间所做出的选择改变了，则该变化必定来自一些个人的偏好的改变。

（三）帕累托原则

如果社会中所有人都认为 x 比 y 好，则社会顺序必定表示为 x 比 y 好。如果至少有一个社会成员认为 x 比 y 好，而所有的别的社会成员认为 x 与 y 之间无差别，则社会顺序必然显示为 x 比 y 好。

（四）定义域的非限制性假定

社会顺序必须按下列方式产生，即社会选择赖以产生的定义域必须包括所有可能的个人偏好顺序。这就是说，我们不能通过限制个人偏好顺序的定义域来产生某一个社会顺序。例如，全民公决与少数几个评委投票决定在是否限制个人偏好顺序的定义域上就存在差异。

（五）非个人独裁决定

非个人独裁决定即不存在一个独裁的个人对于可供选择的 x 与 y，坚持认为 x 比 y 好，则社会就必须严格地认为 x 比 y 好，他的选择就是社会选择，而不用考虑别的个人的偏好。

以上五条定义了任何一种从个人偏好导出社会或集体偏好，从而决定社会或集体选择的规则所必须满足的准则要求，而且这些条件是确保制度内部的逻辑一致性的必要条件。这五个条件是以个人偏好顺序为基础的，也就是说，社会选择机制应该合乎逻辑，应该尊重个人偏好。上述准则看上去是相当合理的，不幸的是，阿罗分析的结论却是令人惊讶的。

四、投票悖论与阿罗不可能定理

在以民主方式进行社会选择或公共选择的过程中，最常用的方式是多数投票法。多数规则要求：一项提案在付诸执行以前必须拥有 n/2 以上的拥护者（n 是投票者的数目）。在政府的财政决策过程中有两种不同的多数决策形式：一是直接民主制，社会选择直接取决于选民的投票；二是代表民主制，有一些公民被选出来代表各部分公众的利益，然后由这些代表进行社会选择。

问题在于，多数决策规则能够符合上述阿罗提出的五个必要条件吗？让我们以下例来进行考察。假定有三个人 1、2、3，每人共同面临 A、B、C 三种选择，A 代表政府高水平的预算，B 代表中等水平的预算，C 代表低水平的预算。每个人的偏好顺序以他对于这三个选择方案的排列顺序表示出来。表 4－1 代表这三个人的偏好顺序。

表 4-1　　个人的偏好顺序

投票人	选择顺序		
	第一选择	第二选择	第三选择
个人 1	A	B	C
个人 2	B	C	A
个人 3	C	A	B

现在，让我们按多数投票规则来考察一下，当我们企图让这些个人的偏好转化为群体投票决策时会遇上什么问题。为了找出哪一个选择是多数结果，我们要对 A、B、C 三种选择方案进行比较。(1) 比较 A 与 B。由于个人 1 与个人 3 都认为 A 比 B 好，只有个人 2 认为 B 比 A 好，投票结果为 2∶1，A 将胜于 B。(2) 再比较 A 与 C。个人 2 与个人 3 都认为 C 比 A 好，因此 C 将胜于 A。

这样看来，如果偏好是可传递的，C 将获胜。但是，如果对 C 与 B 相比，个人 1 与个人 2 都认为 B 比 C 好，因此 B 将胜于 C。换言之，上例投票过程的结果是循环的，不具有个人理性假定中的传递性，该结果就不具有稳定性。因此，上例多数决策规则就不符合所有的阿罗条件。

这样的投票悖论（voting paradox）早在 18 世纪 80 年代就被法国社会学家孔多塞和数学家博尔塔观察到。投票悖论或孔多塞悖论是指多数票规则的一个重要特性，它不能在多个备选方案中达成均衡而在各种选择之间循环。投票悖论说明，当各个人的偏好不同时，任意加总或总合这些偏好时，其结果可能是不相容的。

需要指出的是，投票悖论只在备选方案超过两个时才会发生，在只有一个或两个备选方案时，多数票规则可以获得一个均衡的结果。

既然多数票规则会导致投票循环，那么，是否存在一种政治机制或社会决策规则，能够消除这种投票悖论现象呢？美国经济学家阿罗对此进行了研究，他得出的结论是，如果我们排除效用人际比较的可能性，各种各样的个人偏好次序都有定义，那么把个人偏好总合成为表达社会偏好的最理想的方法，要么是强加的，要么是独裁性的。阿罗的意思是说，不可能存在一种能够把个人对 N 种备选方案的偏好次序转换成社会偏好次序，并且准确表达社会全体成员的各种各样的个人偏好的社会选择机制。阿罗的这个结论后来被称为“阿罗不可能定理”（Arrow's Impossibility Theorem），又称作“阿罗悖论”（Arrow Paradox）。

阿罗的贡献在于证明，不存在一个社会选择规则能够满足他提出的所有条件。这就是阿罗表述的不可能定理。如果我们排斥个人之间效用比较的可能性，那么，从个人偏好推导出社会偏好的唯一办法就是实行独裁统治。然而，对于非市场决策或者政府决策来说，阿罗所揭示的重要内容在于：独裁是违反社会选择的必要条件的，而所有五个基于人类理性与道德原则的必要条件在逻辑上又是不能同时满足的。对于福利经济学来说，阿罗不可能定理无疑是致命的一击。因为，福利经济学认为，政府的存在是为了提供"社会公共需要的产品"，而现在根据阿罗的这个结论，"社会公共需要什么"尚不可知，这就从根本上否定了社会福利函数存在的依据。由于阿罗不可能定理与他提出的五个条件关系密切，由此，后人为了解决投票悖论，总是试图修正这五个条件中的某一个。

阿罗不可能定律之所以被引入西方财政学，就是由于它促使人们对于国家干预的合理性进行思考：第一，国家干预是否可能产生更有效或更好的结果？第二，所谓"更有效"和"更好"究竟指什么？后一个问题属于对国家干预的规范的考察，前一个问题属于对国家干预的实证的考察。因此，后人在两条不同的路线上继续阿罗的工作，其中一条路线侧重于对国家干预的实证的、行为的分析，这就是以 1986 年诺贝尔经济学奖得主布坎南为代表的"公共选择"学派所做的工作；另一条路线偏重于逻辑的、数字的分析，属于规范的、形式的研究，这方面的代表人物是 1998 年诺贝尔经济学奖得主，英国剑桥大学印度籍教授阿玛蒂亚·森（Amartya Sen）。

五、单峰偏好定理

单峰偏好（single-peaked preference）定理是由邓肯·布莱克在 1958 年出版的《委员会与选举理论》一书中提出的。他认为，通过对个人的偏好进行适当限制，使其适合于某一种类型，则多数决策结果就满足可传递性假定。布莱克对个人偏好提出的特殊类型就是具有单峰形状，这种单峰形状的个人偏好类型被说明如下（见表 4－2）。

表 4－2　　单峰形状的个人偏好

投票人	选择顺序		
	第一选择	第二选择	第三选择
个人 1	A	B	C
个人 2	C	B	A
个人 3	B	C	A

我们可以对A、B、C三种选择目标进行比较：当A与B相比较时，B将胜于A；当B与C比较时，B仍将胜于C；当A与C比较时，C将胜于A。这样，在以上例子中，给定一个特殊的个人偏好结构，多数决策的结果满足可传递性，社会选择的偏好顺序将是BpCpAp［这里p表示“偏好”（prefer），即前者比后者更可取］。为什么称表4－2所示的个人偏好类型为单峰型呢？下面可以用图4－2与图4－1的对照加以说明。

图4－1表示表4－1中的个人偏好结构，而图4－2表示表4－2中的个人偏好结构。图4－1与图4－2的区别在于，在图4－2中，三个人的偏好线都是单峰形状的。单峰偏好意味着人们最理想的结果只有一个，对于这个唯一的最理想目标的偏离，无论是正的方向，还是负的方向，都是坏事情，都将使他们的福利水平降低。例如，对于个人1来讲，如果选择方案依照A、B、C的顺序排列，他会认为境况逐渐变坏；对于个人2来讲，如果选择方案依照A、

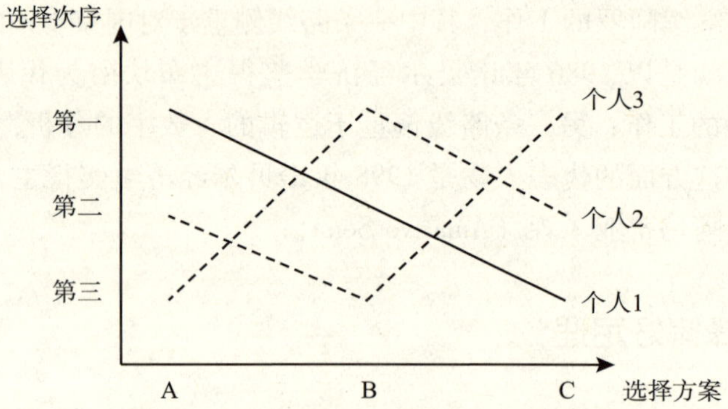

图4－1　根据表4－1得出的个人偏好

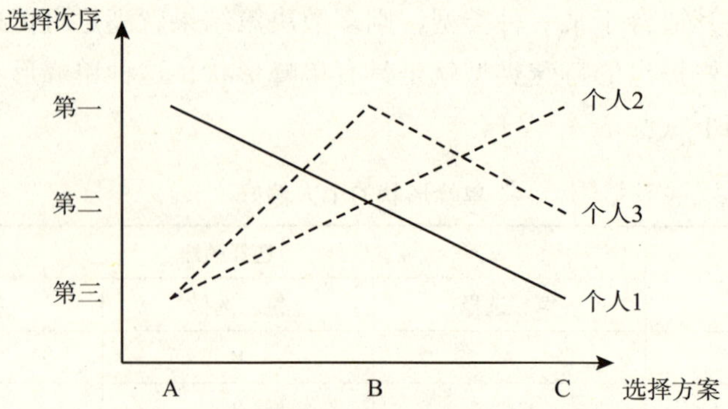

图4－2　根据表4－2得出的个人偏好

B、C 的顺序排列，他会认为境况逐渐变好；对于个人 3 来讲，只要偏离了 B 方案，不论是向哪个方向偏离，他都认为境况变坏。而在图 4－1 中，个人 3 的偏好线是双峰形的（多峰偏好，multiple-peaked preference），该线先是从某一峰顶上往下降，然后又往另一峰顶上升。多峰偏好则意味着人们最理想的结果不止一个。最初，当人们偏离其最偏好的选择目标时，境况会因此变坏，若继续沿着这个方向运动，其境况则会最终变好。

在现实中，多峰偏好可能是在许多问题上所出现的共同现象。例如，一位对公立学校预算计划进行投票表决的投票人就有可能具有多峰偏好。假定投票人既可以将孩子送到私立学校就学，也可以送到公立学校就学，并假定决定投票人送孩子到哪种学校就学的因素是公立学校的质量，而公立学校的质量又与其预算规模正相关。

我们的考察先从该投票人可能将他的孩子送到私立学校就学的选择开始。如果他这样做，尽量压缩公立学校的预算开支就会符合他的利益，这是因为他虽然为公立学校缴纳税款，但是并没有从中获得直接利益。因此，他的第一选择就是制定一个仅够维持最低质量的公立学校的预算。如果再假定为维持中等质量的公立学校的预算征收的税收，使得该投票人缴纳税收之后的收入在支付孩子就读私立学校的学费上发生困难，或者认为送孩子到私立学校就学不再划算，他就会转而支持一个可以维持高质量的公立学校的预算，把孩子送到公立学校就学。所以，他的第二选择是一个尽可能提高公立学校教学质量的预算方案，而维持中等质量的公立学校的预算对他来说是一种最差的选择。从这个例子中发现，投票人最偏好的结果是两个极端，即要么是尽可能压缩预算的规模，要么是尽可能扩大预算的规模，而不会依低、中、高预算规模的次序来排列。这时，他对公立学校预算规模的偏好线就会呈双峰形状。

一些国家的公民在对待战争问题上，有时也会出现多峰偏好的倾向。例如在越南战争时期，许多美国公众更倾向于完全投入战争（包括使用核武器）或完全不参与战争，而对进行一场有限战争和局部战争不太感兴趣。可以看出，这些公民对于极端性解决方案，而不是折中性解决方案表示出更大的偏好。也正是由于多峰偏好的存在才使得在多数票规则下有可能无法达成政治均衡。

对比多峰偏好，单峰型的个人偏好结构可以有以下评论：（1）在单峰型的个人偏好结构中，多数决策的结果具有稳定性。在前面表 4－1 中，社会偏好不具有传递性，是循环的，于是，投票结果是不确定的。现在，在单峰偏好下，循环被打破了，从而产生了一个稳定的结果。(2) 单峰偏好虽然克服了投票悖论，但它违反了阿罗关于“无限制的定义域”的假定，即单峰偏好是依靠把个人偏好限制在单峰状态为前提的。(3) 单峰状态究竟在实际中是否存在？布莱克认为，在大多数场合，个人的偏好结构会呈现出单峰形。为什么呢？由于A代表低水平的预算，B代表中等水平的预算，C代表高水平的预算，在概率上说，CpApBp的个人偏好顺序出现的可能性很小，因为绝大多数人不会既认为高额预算比低额预算好，又认为低额预算比中等规模的预算好。1970年，图洛克与坎贝尔（Campbell）在《小型投票体系的计算机模拟》（*Computer Simulation of A Small Voting System*）中指出，在现实世界中，投票者的人数总是大大超过供投票选择的社会状态的个数的。这时，出现投票悖论的概率是如此的小，以至于在实际中可以不考虑它。这时，出现一致的概率就很高，而再提出或拥护另一个选择方案的成本会高于该方案能带来的利益。如果实际的多数投票结果确实靠近中间状态，则该结果将被大家所接受。虽然图洛克的分析是否有效有待于经验证明，但可以肯定的是，图洛克这一段话是非常有助于说明直接民主投票制与间接选举投票制之间的差异的。(1) 在直接民主投票制下，参加投票的人数总是大大超过被投票表决的方案个数的，这时出现投票悖论概率很小；(2) 在间接选举投票制（代表制投票方式）下，如在英国，投票者总是限于保守党、工党与别的大党之间，由于投票者数目减少了，就使投票难以达到一致的结果。这说明，在一个社会可供选择的状态的个数已定的前提下，决策程序越是不民主，则投票结果就越是不确定、不稳定，政府政策就越是易变，于是，也会越是依赖于专制型决策。

六、公共选择的策略选择：“投票悖论”的消除

针对上述投票悖论和多峰偏好带来的难题，公共选择学派提出了多种解决的办法。

（一）中间投票人定理

实际上，前面在介绍单峰定理时，已经涉及了中间投票人定理（median voter rule）。单峰定理假定每一个投票人不会以为中间状态太差，即他只能走一个极端，不可能同时走两个极端。这实际上就隐喻了大多数选票会投在中间方案上。

正式提出中间投票人定理的是唐斯（A. Downs）。他在1957年出版的《民主的经济理论》（*An Economic Theory of Democracy*）中指出：在一个多数决策模型中，如果个人偏好都是单峰型的，则反映中间投票人意愿的那种政策会最终获胜，因为选择该政策会使一个团体的福利损失最小。

中间投票人定理可以被说明如下（见图4－3）：假定有3个人，他们对于公共品警察保护的需求曲线如D1、D2与D3所示。每个人都面临OP的公共产品价格，在既定的价格水平OP上，个人1最偏好的公共品产出量为Q1，个人2最偏好的公共品产出量为Q2，个人3最偏好的公共品产出量为Q3。为了决定多高水平的警察保护程度由政府提供，让以上3个人在Q1、Q2与Q3之间选择一个。个人2与个人3所偏好的产出量均在Q1的右端，这意味着产出量Q2与Q3将胜过Q1；而个人1与个人2所偏好的产出量均在Q3的左端，这说明Q2与Q1将胜过Q3，将以上两个方面结合起来，显而易见，中间投票人即个人2所偏好的产出量Q2将取胜。西方经济学家将此称为“中间投票人定理”。

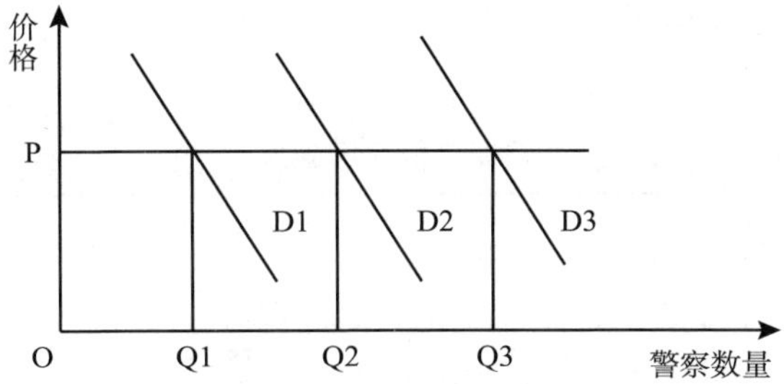

图4－3　警察保护的数量

根据中间投票人定理，简单多数规则下的反映中间投票人意愿的那个提案会最终获胜。因为，选择该提案会使整个社会的效益损失最小，或者说，会使整个社会获得的效益最大。换句话说，中间投票人最偏好的结果就是简单多数规则下的均衡状态。

中间投票人定理是解决投票循环的重要方法，因此它在公共选择理论中占有重要地位。任何一个政党或政治家，要想赢得极大量的选票，必须使自己的竞选方案与纲领符合中间投票人的意愿，尽量保持中庸。同理，政府预算案要想获得通过，其制定应符合中间投票人的意愿，即符合中间投票人定理。

但是，中间投票人定理也可能无法产生最优结果，因为它没有考虑到偏好的强度。例如，在一个城镇上有1001名居民，某次投票决定是否建一座剧院，此剧院的花费预计为40万元。其中有500名居民认为此剧院对于每个人的价值是1000元，有501名居民认为剧院不必建。根据多数裁定原则，结果是不建此剧院。然而，此剧院被认定的价值是50万元（1000元×500人），是非常值得修建的。

（二）打分投票制

在前面的分析中，简单多数决策模型没有考虑个人表示他的偏好的强度。我们只是假定一人一票，将这一票投在某一个他认为是最理想的方案上。而在市场上，消费者是可以表示自己的偏好强度的，即其可以对自己中意的商品支付较高的价格。这较高的价格就显示了消费者的偏好强度。模仿市场价格机制，我们可以设计出另一种多数投票程序，这叫作“打分投票制”(point voting system)。

假定有3个投票者，每人被给予100分，允许每人将100分分别打在A、B、C三个不同的方案上，对每个方案打多少分就显示了投票者的偏好强度。其结果可以用表4－3说明。

表4－3　投票者的偏好强度

投票人	政策方案		
	政策A	政策B	政策C
个人1	70	15	15
个人2	10	50	40
个人3	45	45	10
合计	125	110	65

投票结果是：政策A得了125分，是三个方案中得分最多的一个，A因此是获胜者。打分投票制的好处是，投票结果不会出现循环，因此可以保证传递性。但是，使用该方法容易出现不分胜负，即可能两个方案得分相同。打分投票制可以避免投票悖论，但它违反了阿罗定理的基础，因为它是以偏好可以被衡量与比较为前提的，个人偏好在这一方法中是以基数效用而非序数来考虑的。尽管如此，打分投票制不失为解决投票悖论的一种思路。

（三）加权投票规则

在多数票制中，一人一票制虽然强调了各参与主体之间的平等权利，但结果却不一定很好。由于各参与主体对即将做出的决策的利害关系不同，甚至差别很大，此时再实行一人一票制就有失公平了。加权投票规则对一人一票的投票原则做了适当的修改，是为了满足各参与者之间的利益差别而提出的一种投票规则。

加权投票规则的基本特征是，根据利益差别对参与成员进行“重要性”程度的分类，然后按照这种分类分配选票，相对重要者拥有的票数较多，反之，则较少。在此基础上对投票方案实行多数票决，其选票是实际赞成票数的多少，而不是实际参与人数的多少。

加权投票规则承认了不同参与者之间的利益差别，它在一些特殊的场合，特别是在某个投票方案是否通过对某些“重要的”参与者（可能是少数人）影响很大时，可以维护他们的权益。比如，世界银行是根据各国提供财政援助份额的不同来分配不同比例的选票的，一些发达国家提供的援助多，在世界银行中的发言权和表决权就比较大。

（四）投票交易

在公共选择学派看来，政治过程中的投票行为相当于经济市场上的交易活动，在这个过程中，互投赞成票一样也存在着交易活动。因为在现实生活中存在着这样的情形：由多数人同意产生的结果所带来的好处是小于少数不同意该方案的人为此所付出的代价的。人们发现，在这样的场合下按自己的选择顺序进行投票还不如采取策略性行为能获得更大的利益。投票交易就是以追求利益最大化的投票人在投票过程中采取的一种策略性行为，也是存在于多数规则选举制度中的合作行为。现实考察可以看到，当一个投票人在投票赞成自己最偏好的方案的同时，也会赞成与自己利益关系不大，甚至稍有损害但对另一投票人至关重要的方案，以换取他人对自己强烈偏好方案的支持。例如，议会中有一部分议员代表一部分选民 X 的利益，他们主张增加政府预算支出，以减少失业；议会中另一部分议员代表一部分选民 Y 的利益，他们主张增加政府预算中的教育支出。如果前一部分人的偏好对于教育经费是否增加是无差异的，后一部分人的偏好对于减少失业所支出的经费也是无差异的，则这两部分选民所赖以代表的议员们之间就存在着投票交易的余地，即相互投赞成票。

在西方国家的预算决算审议过程中，投票交易是屡见不鲜的。布坎南与图洛克论证道，这种投票交易无论从提高资源配置效率还是从福利分配的角度看，都使多数投票制更加有效了，因为某个更易于被通过的结果就因此可以确立了。就此而言，实际生活中的投票交易也是摆脱投票悖论的一条出路。但是，在另一些情况下，互投赞成票又会促使政府预算过大、过度使用资源，从而造成资源配置效率低下。

（五）“用脚投票”

“用脚投票”（voting with their feet）最早由美国经济学家查尔斯·蒂布特（Charles Tiebout）提出，是指在人口流动不受限制、存在着充分的辖区政府选择范围、辖区间无利益外溢、信息完备等假设条件下，由于各辖区政府提供的公共产品和税负组合不尽相同，所以各地居民可以根据各地方政府提供的公共产品和税负的组合情况，来自由选择那些最能满足自己偏好的地方定居。也就是说，居民可以“用脚”（指迁入或迁出某地）来给当地政府投票。如果以生活在同一个社区内的公民对公共产品的消费或公共决策作出决定为例，为达到帕累托最优，最简单的解决方式就是“用脚投票”。

与传统控制理论比较，“用脚投票”的主要优点在于：（1）巧妙地将不可控的政府控制变为实际的、平时的控制，省略了若干不必要的组织环节；（2）将公众控制由借助代表机构和政治行政的间接控制，变成公众直接的生存控制，这比权力控制的效果更为直接；（3）引入竞争机制，有助于克服政府本身的弊病，提高政府部门和行政人员的积极性和创造性；（4）提高了公众的主人翁地位和政府服务的质量，有利于提高政府威信；（5）“用脚投票”的控制方式虽然没有明确提出政府部门和机构服务于公众的要求，但是在谋求自身的生存中，政府部门将比它真正促进社会利益时所得到的效果要大得多，即实际上产生了激励效果，并且提高了行政效率。

但是，以“用脚投票”来解决公共选择的问题也是有条件的：第一，“用脚投票”是通过将个人聚集在各个偏好或趣味相同的政治组织里来实现帕累托最优的，即通过强加一个悄无声息的一致性规则，使得所有个人都具有相同的无差异曲线；第二，当相对于全体人口的数量，公共产品的数量不多，或者对公共产品组合有截然不同的偏好的数量不多时，就可以在实际上假定它基本上满足了这一目标。鉴于公共选择的任务是显示不同的个人对公共产品的偏好，而“用脚投票”缩小了公共选择的范围，因而部分地解决了公共选择的问题和投票悖论的难题。

第三节 公共选择对公共决策的制约和政府失灵的纠正

公共决策的真正实施者实际是政党（政治家）、政府部门（官员）、选民、利益集团，他们是政治市场上活动的主体，即政治市场上的供给者和需求者。在公共选择理论中，政党是指通过合法的方式在大选中获得政权、统治政府的人的联合体，政治家是其所在的那个政党的领袖或代表（议员、总统和首相等），政治家的动机和行为与他所代表的那个政党的动机和行为是一致的；政府部门（官员）是公共决策的直接执行者，具体负责公共产品和公共服务的生产与供给；选民是指从政党的政治纲领和政府的政策实施过程中获得利益的人，利益集团是指那些有某种共同的目标并试图对公共政策施加影响的个人的有组织的实体。由于政治家和政府部门在公共决策中起着特别重大的作用，因此，本节主要介绍公共选择理论对在政治市场上活动的政治家、政府及官员的决策动机和行为的分析。

一、唐斯基本假定及其模型

1957 年，安东尼·唐斯在《民主的经济理论》一书中提出两个基本假定：(1) 投票者所追求的是效用最大化；(2) 政党、政治家和官僚所追求的是选票最大化和权力极大化。

他在该书中指出：“在我们的模型中，政党所感兴趣的并不是社会资源的有效配置，相反，每个政党所追求的只是通过获得最多的选票从而再次被选上。因此，如果政府确有能力使社会资源配置向帕累托最优移动，这也只有通过别的政党的竞争才能达到……所以，关键在于政党之间的竞争是否总是迫使政府向一种帕累托最佳状态努力。”①

这样，在唐斯的模型中：(1) 政治家是追求自己的利益的，而不是追求某种意识形态的目标或者公共利益的；(2) 政治家是凭选票的极大化才能实现自我利益的；(3) 政治家是以自己提出的社会改革方案或政策来争取选票的；(4) 政治家提出的改革方案，只有符合中间投票人的效用偏好，才能实现选票极大化，也才符合投票者所追求的效用最大化。

---

① A. Downs. An Economic Theory of Democracy. New York：Harper & Row，1957.

以上四条，把政治家的追求目标与投票人的效用偏好联系了起来，这便是唐斯的政治家效用函数的基本思想。

二、商业循环的政治理论

商业循环的政治理论是上述唐斯的选票最大化模型的一个应用。

在选票最大化模型中，政党、政治家、官僚们的行为是与投票人的效用偏好一起发生作用的，因此，追求选票最大化的政治家和权力极大化的政府在商业循环中，就不再是一个被动的外生变量，而是一个内生变量，它的行为影响着价格、产量与就业量的周期。

追求权力极大化的政府是通过三个渠道来影响商业循环的：（1）影响政策目标的确定，例如，是压低通货膨胀还是减少失业，或者促进经济增长，或者实现某个收入分配目标；（2）影响政策的搭配，如在通货膨胀与失业之间进行替代；（3）影响政策手段的选择，因为不同的政策手段具有不同的分配后果。

一个追求权力极大化的政府如果发现失业对公众的危害大于通货膨胀对公众的危害，那么，这个政府在选举以前，就会力求降低失业率，而放松对通货膨胀的控制，使通货膨胀率上升。于是，失业与通货膨胀将随着选举的定期举行而呈现出周期性特征。这种周期性如图 4－4 所示，当选举结束后，政府就要采取紧缩政策，以求降低通货膨胀率，使得失业率上升。

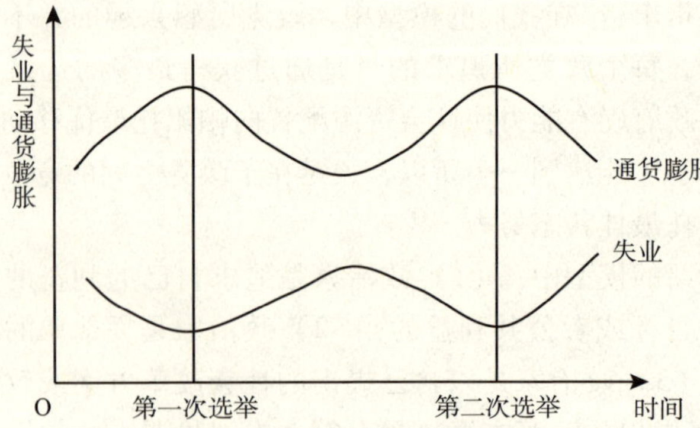

图 4－4　政治经济周期示意

三、布坎南对官僚机构特点的分析

布坎南认为，由政府部门或官僚机构提供公共产品或服务与由私人部门提供商品与劳务之间，存在着以下三大差别：

第一，在政府官僚机构中，并不存在提供同种公共产品或服务的竞争。缺少竞争意味着缺少刺激，从而降低公共部门服务的效率。

第二，政府部门的官僚们并不以追求利润最大化作为自己的目标。由于追求利润必然要降低成本，不以营利为目标的政府部门生产或提供公共产品或服务往往伴随着相对较高的成本。当某个公共机构压缩了支出后，余留资金不是转入下一年，就是上缴国库，这不利于鼓励官僚们节省开支。

第三，公共产品或服务通常不是以价格形式出售的，因此，社会成员对公共机构的评价不能像市场价格那样敏感。

政府部门和官僚们不追求营利和利润最大化，那么，他们追求什么呢？公共选择学派认为，官僚们同样也有追求自身利益最大化的动机，只不过他们追求的这些自身利益的表现形式是权力、特权、声望、高薪和恩惠等，而这些都与政府预算的规模正相关，其结果也就不言自明：追求权力和声望极大化必然带来政府预算规模的极大化，也必然造成公共服务的供给量超过需求量，造成公共权力运用的过度和浪费，以及公众负担的增加。

基于官员利益的公共服务均衡如图 4－5 所示，在图 4－5（a）中，横轴 OX 代表公共服务的数量，纵轴 OTU，OTC 代表公共服务的总效用和总成本；在图 4－5（b）中，横轴 OX 仍代表公共服务的数量，纵轴 OMU，OMC 代表公共服务的边际效用和边际成本。当公共服务的需求与供给在 X_0 点上达到均衡时，意味着实现了帕累托最优状态。但官僚们出于自己的利益，会尽最大可能地多提供甚至超量提供公共服务，力图使总成本和总效用相一致，使成本支出与收益相等，直到没有任何收益出现为止，这时公共服务供给水平就达到 X_1。这种情况在纯粹的市场行为中既不可能，也无法做到，但由于政府部门和官僚们掌握公共权力、多种信息和特殊资源，加上具体负责起草政策及规章和执行政策等便利，他们的愿望比较容易实现。

如果官僚们的最大利益得到实现，其实际后果是，失去的是图 4－5（b）中阴影显示的消费者剩余 ECD 这一部分，以及预算规模不断扩大、政府部门和机构不断膨胀。

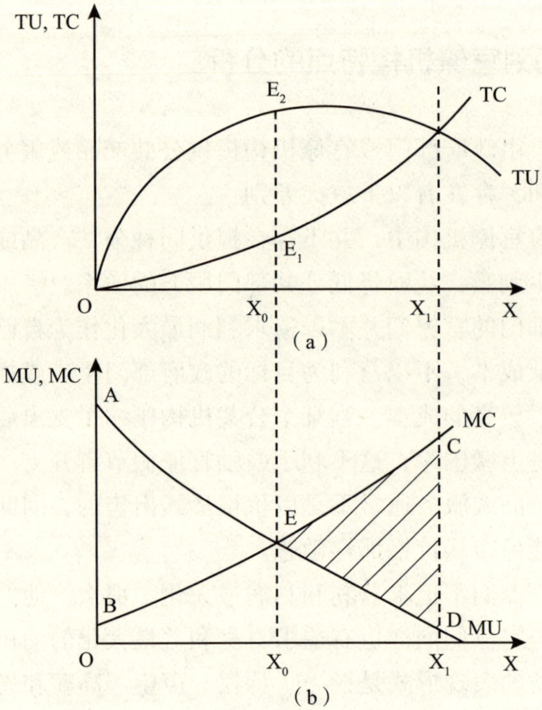

图 4-5 基于官员利益的公共服务均衡

不仅如此，布坎南还认为，现行的官员政治不仅会导致政府预算规模的不断膨胀，而且必然会造成持久性的预算赤字。他分析说，由于政治家和官员的主要动机和目标是为了再次当选，因此，为了迎合选民的要求和争取更多的选票，政治家在竞选时总是向选民许诺增加就业、扩大福利，他们当选后就通过扩大政府开支来兑现自己的承诺，从而为再次当选铺平道路。但是，增加税收是不受选民欢迎的，因此，政治家为了保持自己的得票率和已经获得的“宝座”，一般不敢轻易提出增加税收的动议。当选的政治家乐于将公众的钱花在能给他们的选民带来明显利益的项目上，但却不愿意向这些选民征税。其结果必然是，庞大的政府开支伴随着巨额的政府财政赤字。

四、政府失灵

（一）公共选择学派的政府失灵概念

与主流经济学市场失灵相对应，公共选择学派通过分析提出了“政府失灵”（government failure）的概念：政府行为不能再增进效率或政府把收入再分配给那些不应当获得这种收入的人。

根据福利经济学的市场失灵分析，在市场失灵的领域需要政府介入，以便提高资源配置效率；在市场经济社会，实行的是按（要素）贡献分配原则，但是由于各个要素所有者的起点和机会不同，做出同样的努力未必有同样的贡献和同样的收入，这样分配的结果必然是收入和财富分配悬殊、贫富两极分化，为了实现公平目标和保持社会稳定，政府有必要干预收入分配。现在，公共选择理论认为，政府干预的结果未必能矫正市场失灵，政府行动本身也不灵，甚至有可能把事情弄得更糟。

西方传统的经济学和政治学认为，政府是由一些追求社会福利或公共利益最大化的政治家统治的，这些政治家或者如同慈善家一样，是乐善好施的，或者是超个人主义的，一心为公众谋福利，政府失灵和失败只是偶尔的操作失误，可以由政府自身加以纠正。公共选择理论打破了这一幻想。公共选择理论认为，面对社会成员不同的偏好和不同利益集团的压力，政府不可能计算出社会福利函数的最优解。政府机构的组成人员和其他社会机构的组成人员一样，都是由具有个人动机和个人利益的个人所组成的，由这些个人组成的政府自然要把个人利益带进政府部门和政府决策中。于是，政府失灵就是必然的了。

（二）公共选择学派揭示的政府失灵表现

公共选择理论认为，政府失灵的主要表现有：

1. 没有代表性的政府

在现代西方民主社会，民主应当是“一人一票”。但事实上却是金钱赢得选举。政治家需要金钱来资助选举，因而能够在政治上说话的是金钱而不是选民的偏好。因此，在西方民主制度下，通过政治程序做出的公共选择，如立法、政策方案，往往体现的是财力雄厚的极少数人的利益和偏好，并不能代表广大选民的利益和愿望。

2. 政府目光短浅和行为短期化

在西方民主制度下，当选的政治领袖们经常面临着每隔几年进行一次的选举，而且他们是在竞争十分激烈的选区争取再度当选的。还有，政治竞争与市场竞争不同。市场竞争是延续的，私人厂商只要没有关门或退出这个市场，他在市场竞争中就会存续下去，他在这一轮竞争中失败，在下一轮竞争中可能会反败为胜。但是，政治竞争是间断的，某种政策只适用于某个政治家当政的那个时期，台上的主角换了，所唱的内容也就随之改变；政治家即便可以连选连任，其也不可以终身当政，其要受法律规定的最高连任次数的限制。竞选的压力和政治竞争的间断性必然导致政治决策上的近视眼，政治家往往重视的是眼前的地位和未来的选票，很少看重国民的未来利益。这种政治上目光短浅的趋势必然导致政府采用那些在短期内见效的政策方案，回避那些现在投资而在未来获益的政策方案。政治家往往不愿干那种"前人栽树，后人乘凉"的事。前面提到的政治家为了下届选举而产生的"政治的经济周期"就是一个例证。目光短浅的倾向还会导致政府施政方案中的超前消费偏向。就是说，那些促进现在消费而不是未来消费的方案将获得拥护，而那些长期投资（基础研究、水土保持、环境保护）在临近政治选举的阶段常会经历磨难。因此，政府的政策方案往往只体现当今公民的要求，而无视未来公民的需要。

3. *政府活动的低效率*

政府介入经济活动的理由是市场失灵，但是事实说明，政府干预往往并不能完全矫正市场失灵。例如，失业、经济波动、通货膨胀、环境污染、生态破坏、收入和财富分配不平等，市场不能很好解决，政府也未必能很好解决；有些问题虽然政府可以解决，但是要么成本很高，要么副作用很大。20 世纪七八十年代西方经济中的滞胀就是一例。政治家为了扩大其权力范围和政府开支，往往有意夸大市场失灵，甚至创造市场不完全，这就使得"看不见的手"的作用和政府规模呈此消彼长的变化，其结果是政府干预愈多，效率损失愈大。

公共选择理论通过对政府行为和政府失灵的分析旨在说明，政治民主制度中的公共选择在很多场合是短视的、受金钱支配的和违反社会利益的。在这种民主制度下，政治竞争的结果有可能是无效率，甚至是有害的。

五、政府失灵的矫正

正如主流经济学对市场失灵的分析旨在寻找矫正市场制度缺陷的方法一样，公共选择理论对政府失灵的分析也合乎逻辑地促使他们去寻找矫正政府失灵的方法。

为了将政府失灵降低到最低程度，公共选择的参与者所应做的是尽量完善决策过程，加强对决策者的监督，加大约束力度。

公共选择理论中的芝加哥学派把他们提出矫正政府失灵的方法概括为"重新创造市场"。弗吉尼亚学派则认为，解决政府失灵的关键是要发明一种新的政治技术和新的表现民主的方式，来对政府权力施加制度约束或宪法约束，以便控制官员机构的蔓延滋长和政府权力的日益膨胀，这正是被布坎南称为公共选择理论发展的高级阶段的宪法经济学研究的主题。

（一）重新创造市场

为抑制官员机构的过度膨胀，提高政治市场的运行效率，美国学者尼斯卡兰（Willian A. Niskanen）在1971年出版的《官僚机构与代议制政府》（*Bureaucracy and Representative Government*）一书中运用官员供给理论、官员预算及官员效用最大化模型，提出了以下三大对策：

1. 在行政机构之间引入竞争

尼斯卡兰认为，对行政管理部门进行改组和调整这样传统的行政改革是毫无用处的。因为这种改革最终还是维持了由一个官方行政当局领导、服务于一种特殊需要的上层机构的格局，因而还是不能消除最大化本部门预算的动力。解决这个问题的最好办法，是在官僚体制内部引入竞争，进行真正的行政改革。应该承认预算主管部门的确不大可能准确评估各官僚部门提出的预算方案，但它却可以向几个官僚部门就某项公共服务进行招标，由它们提出相互竞争的预算方案，虽然不能保证这样做一定能实现最优，但起码可以由主管部门选择一个报价最低的或最接近真实费用的部门来进行公共生产。尼斯卡兰注意到，这样做可能会因重复而造成一定的浪费，但他相信，这种浪费肯定会由于竞争节省了生产费用而得到加倍的补偿。他预言，竞争的引入，无疑能够打破某些机构对某些公共服务的供给以及他们对这些服务的成本信息的垄断，以此来限制官僚机构和预算规模扩大，而且，社会将会更有效地进行公共生产。

2. 重构公共部门的激励机制

尼斯卡兰建议，允许办事机构的负责人把他们在生产中节省的成本以奖金的形式发给官员或用作预算外投资。他认为，这种体制安排会进一步加强各公共部门之间的竞争，使官员具有最有效率地提供更多公共服务的动力。其结果是激励政府部门的官员像私人部门的经理们那样行事，用最小化成本的策略（效率逻辑）取代最大化本部门预算规模的策略（扩张逻辑）。为了避免官员制造虚假节省的可能性，除了建立机构之间的竞争以外，还需要合理确定产出水平与初始的预算规模，区别能够做出明细的财务账目的部门和不能如此的部门。对于前者，可根据相对于其投标时所提出的费用的节约程度给予奖励；对于后者，就需要采取某种办法来评定其工作成绩，并据此进行奖惩。虽然这种评估难免主观，但从长期看，还是存在公认的客观标准的。为了实现上述主张，有三种途径可供选择：直接分享成本节余；对表现好的官员给予奖励；对预算盈余实行有限度的自由支配权。

3. 将私人市场办法运用并扩大到公共服务中去

尼斯卡兰认为，许多由公共部门提供的服务如清除垃圾、消防、医院、邮政、公共运输等，如果改由私人部门提供，效率会提高。也就是说，这些公共产品和服务完全可以更广泛地依靠私人投资制度。就公共部门的改革建议而言，大概没有比这个更激进的了，它使问题又回到了有关公共部门必要性的基础性讨论上来。不过，尼斯卡兰这一建议并不是毫无道理，从实践来看，已有一些这方面的有益尝试，比如通过私人部门从事垃圾清除、进行道路管理等。

尼斯卡兰的上述建议可行与否另当别论，不可否认的是，他的思路正切中政府失灵的要害。

（二）宪法经济学

20 世纪 70 年代兴起，80 年代定名的宪法经济学（constitutional economics），又称“宪法政治经济学”，是公共选择理论发展的逻辑结果。布坎南视之为公共选择理论发展的高级阶段。

以布坎南、图洛克为代表的公共选择理论的弗吉尼亚学派认为，政府失灵的根源是宪法约束失灵。这是因为政治活动和经济活动都是在一定的规则下进行的，政治腐败、效率低下和不平等都能从制度规则上找到原因。因此，要改善政治和经济，必须改革规则。宪法经济学认为，改革的努力应当放在那些约束决策或政策制定的规则上，而不是放在通过对行为人的行为施加影响来改变预期结果上。由于宪法是根本性的规则，因此改革的最高阶段是宪法改革，是制定政策的宪法而不是政策本身成为改革的对象。宪法的目的是制约政府与个人，防止各种形式的掠夺行为。宪法约束可以形成一种宪法秩序，出现有秩序的社会、组织和活动，从而为自由交易和个人自由提供保证。这正如博弈规则的改革与博弈策略的改革其结果是不同的：博弈规则的改革可能符合所有当事人的潜在利益，而博弈策略的改变只是在既定的或现行的规则范围内有利于某些当事人。为此布坎南提出了宪法改革的宪法民主模式。

布坎南认为，宪法制度是影响政治决策的方式和行为的根本制度。因此，只有通过改革宪法制度才能有效约束政府的权力和政府活动的无效率扩张。他在《自由、市场和国家》一书中写道：“只有政治、集体、政府或国家活动的范围受到可强制执行宪法的约束，方可阻止此种过分的扩展。……除非对政治可能超越运用的活动范围施加限制，否则人们对民主选择程序本身的支持看来不会很积极”。[①] 他主张要用一种宪法民主（constitutional democracy）政治来取代美国等西方发达国家现行的民主政治。之所以要在“民主”前面加上“宪法”一词，是因为“民主”一词可以用来描述结构、目的和作用十分不同的政治，而“宪法民主”是在一些特定的环境中，作为独一无二合乎理想的人们相互交易的政治秩序而出现的。具体地说，他的观点是：“只有在个人自由本身具有价值，同时在有效的政治平等（这是民主发挥作用的原则）得到保证的前提下，‘民主’才能具有评价的重大意义，而只有宪法的条文规定能约束或限制集体政治行动的规模和程度，政治平等才能得到保证。”

为了实现他的宪法民主，布坎南提出的宪法设计的基本思路是：在维持秩序（保护国家）方面，政府的行动是合法的；在规定和控制纯私人的行为和私人选择方面，政府的行动是非法的；而介于二者之间的活动，由于市场的作用不能理想地处理它们，政府必须介入，但这方面的政府行动必须根据其预期成本和预期收益来加以慎重选择。

那么，宪法能够约束政府或者政府会受宪法约束吗？布坎南的回答是肯定的。布坎南认为，从美国建国以来两个多世纪的历史事实来看，政府是可以受宪法控制的。布坎南的理由是，公共选择理论的核心观点是把人看作一个理性的效用最大化者。这个核心观点不是要得出所有的集体行动、所有的政府行动都是必然不合意的。相反，它是要得出这样的结论：“人们要最大化他们自己的效用，因此，制度必须被设计出来，使得个人行为增进集团利益。……我们面临的挑战是尽可能按照亚当·斯密描述的经济秩序的方式来建立或重新建立一种把个人的自利行为引向共同利益的政治秩序。”

布坎南承认，这种宪法民主模式并不是他的发明，这不过是18世纪古典经济学家的思想。他指出：“宪法民主作为一种共同遵守的政治形式出现在启蒙时期以后，同时在18世纪市场经济自发调节特性的发现中得到理论上的支持。……自发调节的原理表明，这种经济运行时能允许分散的个人利益和平地协调，在配置资源、选择物品和分配物品中不需要任何政治决策。”

由此可见，布坎南的宪法民主思想是古典经济学的方法论上的个人主义和市场自愿交易原理的发挥、推广和应用。他把市场自愿交易原理发展成为经济和政治活动中的相互主义，把个人主义扩大成为政治生活中的民主主义。但他又特别强调不能把宪法民主看作一种无政府主义，他虽然反对和激烈抨击凯恩

---

① ［美］詹姆斯·M. 布坎南：《自由、市场与国家——80年代的政治经济学》（中译本），平新乔、莫扶民译，上海三联书店1989年版，第58页。

斯主义的国家干预政策，主张尽可能缩小政府活动的范围，但是，他不是一概反对政府行动，他反对的是过多的和不恰当的政府干预，反对的是超出宪法允许范围的或不受宪法约束的政府干预。

第四节 公共选择理论的启示——公共决策的民主化与法制化

公共选择学派对政治过程和政府行为模式的分析，最终所关注的仍是对经济的影响；或者说公共选择理论研究的目的，乃是为政府的政策制定，尤其是经济政策的制定过程提供一个理论参考。与传统的经济政策注重政策的具体内容相比，公共选择理论更关注经济政策的制定过程，也即经济决策，并试图从中探索关于经济问题的深层次原因。公共选择理论还认为，应该制定一系列约束经济政策制定过程的规则，制定经济政策应依规行事，而不得随意改变。这种重视政策制定过程和规则的主张，既体现了公共选择学派的独到之处，也启发了政府治理及公共管理改进的方向。

一、公共选择理论对我国的借鉴意义

如前所述，公共选择理论研究的主题是，在国家或社会中，社会成员对公共产品的偏好与政府做出的公共选择之间的关系。因而，公共选择理论主要探讨了西方社会特殊的政治制度下的投票理论，以及政党、官僚机构及其人员的行为和活动对公共决策的影响。尽管，由于我国特有的经济、政治环境决定了我国的政党制度和政治制度都不同于西方国家，但是，公共选择理论的基本原理对我国仍有着重要的借鉴意义。

公共选择理论应用于政府对公共经济领域的决策，主要是通过投票来审批政府预算和决算，这里主要包括三方面的内容：一是合理界定公共支出的范围，即确定公共支出项目；二是确定公共支出项目成本的分摊方式，即确定公共收入的来源和形式，例如拿税收来说，要规定征收的税种、纳税人、课税对象、税率等事项；三是确定政府预算规模和预算管理的法规与制度，以实现政府预算效益最大化。要将以上政府公共决策做好，单有抽象的理论是不够的，还必须要有一种民主化和法制化的决策制度。这也正是公共选择理论的真谛所在。

公共选择机制本质上是一种把社会成员的个人偏好转换成社会公共决策依据的机制，这种机制在多大程度上显示个人的真实偏好直接影响着决策的效果和资源配置的效率。在西方国家的普选制、议会制、两党或多党竞争和三权分立的政治制度下，政府重要事务的抉择必须经由全民公决或通过议会投票的程序，从而具有社会直接决定的形式。政府预算的确定和执行作为重大的政府事务之一，各利益集团必然为此发生激烈的冲突，展开激烈的较量，并最终以投票方式来产生结果。

二、推进公共决策民主化

为了推进民主理财、依法理财，加强预算监督，针对我国在政府预算编制和执行中缺乏必要的透明度、预算管理范围不够全面统一、财政行为不够规范、违反财经法纪的现象仍时有发生等问题，我们除了采取进一步规范政府收支行为，强化预算约束，加强对预算的管理和监督，建立健全全面规范、公开透明的预算制度等改革外，还应特别强调在政府预算决策过程的改革中做好以下方面的工作：

第一，要让广大人民群众完整、准确、及时、具体地了解政府的财政收支状况，政府也有责任定期公布财政收支及资产负债情况。这是因为，从目前政府财政收支信息披露情况来看，公共财政的透明度和公开程度仍有欠缺。其主要原因在于，一是管理不力，财政收支及资产和负债没有完整的记录；二是不愿把财政收支账目公开摆在明处。前者属于失职，后者则是违法，而且往往是滥用公共资金的先兆。根据我国2014年8月通过的《中华人民共和国预算法》修订意见，各级地方政府需要在人大批准后二十日内，公布包括公共财政预算、政府性基金预算、国有资本经营预算、社会保险基金预算在内的全口径预决算报告和报表，并对本级政府举借债务的情况等重要事项做出说明。依照“健全人民当家作主制度体系，发展社会主义民主政治”和“加快建立现代财政制度”的要求，要积极推进“建立全面规范透明、标准科学、约束有力的预算制度”的改革，真正落实“推进社会主义民主政治制度化、规范化、程序化，保证人民依法通过各种途径和形式管理国家事务，管理经济文化事业，管理社会事务”。[①]

① 习近平：《决胜全面建成小康社会，夺取新时代中国特色社会主义伟大胜利——在中国共产党第十九次全国代表大会上的报告》，2017年10月18日。

第二，不仅要让广大人民群众知情，而且要让他们广泛的议论，特别是一些重大的支出项目，在议论中听取公众的意见和建议。近年来一些地方建立的预算听证制度，就是一种很好的方式。要使预算听证取得预期的效果，必须首先让公众对所听证的公共支出项目有充分的了解，对该项目的成本、预期的效益、可靠性和可行性做到心中有数。达到这一目的的方式是多种多样的，最为有效的方式是通过各种媒体，如书刊、报纸、广播、电视等介绍和解释所提出的项目，并让公众进行广泛的讨论。人民群众对某些项目有不同的看法是正常的，应注意发表各种不同意见和看法，特别是相反的意见和看法，这是社会统一认识的过程，同时也是防止可能失误的必要手段。在这一基础上，预算听证制度才能起到更积极的作用，政府财政决策的民主化也才能真正体现。

第三，要让广大人民群众拥有决策权。公众不能仅仅是知情和议论，知情和议论都是为了保证决策的正确性。当然，不可能所有的人都直接参与决策，他们只能通过自己的代表来行使决策权。人民代表大会就是这种决策权的具体体现。人民群众对政府财政状况的了解以及对公共支出项目具体情况的知情和广泛的议论是人民代表大会做出适当决策的基础。在这些条件不具备的情况下，很难保证决策符合广大人民群众的利益。政府要完整、准确、及时地向公众披露信息，这是人民代表发挥积极作用的一个必要条件。在此必要条件下，应进一步完善和强化人民代表大会制度。

三、实现公共决策法制化

根据我国《宪法》，中华人民共和国是工人阶级领导的、以工农联盟为基础的人民民主专政的社会主义国家，共和国的一切权力属于人民。这一国体决定了我国特殊的政治体制和选举制度，也决定了我国的公共决策程序。在我国，人民行使国家权力的机关是全国人民代表大会和地方各级人民代表大会。全国人民代表大会和地方各级人民代表大会都由民主选举产生，依照宪法和法律赋予本级人民代表大会的各项职权，参加行使国家权力，对人民负责，受人民监督。国家行政机关、监察机关、审判机关、检察机关都由人民代表大会产生，对它负责，受它监督。全国人民代表大会通过宪法和法律确定各类国家机关之间的职权划分，而把最具决定性的职权掌握在自己手中。中央和地方的国家机构职权的划分，遵循在中央的统一领导下，充分发挥地方的主动性、积极性的原则。我国《宪法》明确规定：审查和批准国民经济和社会发展计划和计划执行情况的报告、审查和批准国家的预算和预算执行情况的报告的权力属于人民代表大会；在全国人民代表大会闭会期间，由全国人民代表大会常务委员会行使审查和批准国民经济和社会发展计划、国家预算在执行过程中所必须做的部分调整方案的职权。中华人民共和国国务院作为最高国家权力机关的执行机关和最高国家行政机关，行使编制和执行国民经济和社会发展计划和国家预算的职权。这些规定充分体现了国家权力属于人民的实质。

我国于2015年1月1日起施行经第十二届全国人民代表大会常务委员会第十次会议通过的新修订的《中华人民共和国预算法》（以下简称《预算法》），《预算法》依据宪法的原则具体规定了国家各级立法机关、政府机关、各级财政部门以及各预算具体执行部门和单位在预算管理中的权限。《预算法》规定，各级人民代表大会的预算职权有：预算、决算的审查权、批准权和监督权；对预算、决算的不适当的决议的改变或者撤销权。各级人民代表大会常务委员会的预算职权有：预算执行的监督权，预算调整方案的审查权和批准权；根据授权，审查和批准本级决算；对预算、决算的不适当的决定、命令和决议的撤销权。各级预算一经法律程序批准，即具有严格的法律效力，非经法定程序，不得调整和擅自修改。各级政府、各部门、各单位的支出必须以经批准的预算为依据，未列入预算的不得支出。

这些规定的基本精神在于体现和强化政府预算的民主化和法律约束力，使政府预算真正成为反映人民偏好、体现人民意愿的法令性文件。

【本章小结】

1. 公共选择理论是指通过集体行动和政治过程来进行非市场决策的经济分析。该理论的领袖人物为布坎南。公共产品、外部性和再分配的存在为需要公共选择理论提供了理由。公共选择理论研究的主题是社会成员的偏好与政府公共选择之间的关系。公共选择学派研究公共选择问题的假设前提是政治市场上的参与者和决策者都是“理性的经济人”，其使用的基本方法是“私人利益方法”。

2. 公共选择理论研究消费者作为投票者如何对公共产品的决定等公共决策表达意愿，它以很大的篇幅探讨投票理论。投票规则主要有一致同意规则和多数票规则，最常用的是后者。投票悖论的存在引出了修正的单峰偏好定理、打分投票制、投票交易和中间投票人定理等。公共财政预算案要想获得通过，其制定应反映中间投票人的意愿，符合中间投票人定理。

3. 公共选择学派认为，在公共选择的政治舞台上，政治家和官僚们有自己的动机和愿望，他们所追求的往往是高薪、特权、权力、恩惠等，而这些都与公共预算的规模正相关。有关政治家效用函数的基本思想就是把政治家的追求目标——选票最大化与投票人的效用偏好联系起来。商业循环的政治理论则是选票最大化模型的一个应用。公共选择学派还提出了“政府失灵”的概念。政府失灵的重要表现有：（1）没有代表性的政府；（2）政府目光短浅和行为短期化；（3）政府活动的低效率等。为矫正政府失灵，公共选择理论中的芝加哥学派提出“重新创造市场”；弗吉尼亚学派则认为，解决政府失灵的关键是要发明一种新的政治技术和新的表现民主的方式，来对政府权力施加制度约束或宪法约束，这正是被布坎南称为公共选择理论发展的高级阶段的宪法经济学的研究主题。

4. 公共选择理论应用于公共经济决策领域，主要是通过投票来审批政府预算和决算，这里主要包括三方面的内容：一是合理界定公共支出的范围，即确定公共支出项目；二是确定公共支出项目成本的分摊方式，即确定公共收入的来源和形式，如确定征收税收的税种、纳税人、课税对象、税率等事项；三是确定政府预算规模和预算管理的法规与制度，以实现政府预算效益最大化。要将以上公共经济决策落到实处，单有抽象的理论是不够的，还必须要有一种民主化和法制化的决策制度。这既是公共选择理论的真谛所在，也是推进我国社会主义民主政治制度化、规范化、程序化的客观必然要求。

【主要概念】

公共选择　政治市场　经济人假设　个人理性假定　偏好表达　投票规则　多数票规则　投票悖论　阿罗不可能定理　单峰偏好定理　多峰偏好　打分投票制　中间投票人定理　加权投票规则　投票交易　政府失灵　公共决策　宪法经济学　公共决策民主化　公共决策法制化

【思考分析题】

1. 试述需要公共选择的理由。

2. 简述公共选择理论研究的主题和方法。

3. “投票悖论”是怎样产生的？并分析投票决策中的单峰偏好、多峰偏好对投票结果的影响。

4. 简述中间投票人定理。

5. 将“理性经济人假设”运用于政治市场的决策依据是什么？

6. 政治市场中的公共选择与经济市场上的私人选择有何不同？

7. 唐斯提出的政治家效用函数的基本思想是什么？

8. 布坎南分析的官僚机构的特点是什么？

9. 政府失灵的表现有哪些？试述公共选择理论矫正政府失灵的方法。

10. 思考公共选择理论应用于政府预算的特殊意义。

11. 思考公共选择理论与公共经济决策的民主化和法制化。

【阅读与思考】

阅读：美国城市中的公共选择：政治制度起作用吗？

在美国，市政府采取了两种基本形式。一种形式主要依赖于专业的城市管理者，该管理者与其下属的工作人员就如何使该城市正常运转制定各种日常决策。此外，它还扮演着一个重要角色，这就是向当选的市政官员建议扩大公共设施规模。这种城市管理者类型的政府在选举市长及市政委员会成员的过程中往往不带有任何政党色彩。而在第二种形式中，市长、副市长以及其他市政官员通常是经过党派选举（在这类选举中，候选人通常是某一党派成员）直接产生的。在这种类型的市政当局中，市长及市政委员会成员比前一种（即城市管理者形式的政府）中的同职官员具有更大的权力。

市政府的形式会影响到在城市中所进行的公共选择吗？一些学者认为，在具有党派色彩的政府中，政治家们行事的动机明显与城市管理者类型的政府官员有所不同。城市管理者就像一位技师一样，将城市中的资本和劳动仅仅看作是用来生产城市服务的投入品。然而，代表某一党派的市长，则将这些投入品看作能够影响其权力基础和再次当选的能力的政治资产。

为了验证上述关于不同的城市政府类型将导致不同的公共选择这一假设，凯文·杜费和道格拉斯·德伦勃格搜集了随机选取的美国 26 个大城市的数据，两种类型的政府各占一半。运用对每个城市资本存量的估测，研究者们试图解释不同城市之间人均城市资本存量及资本劳动比例之间存在的差异。城市资本包括警察与消防设施、公园、娱乐中心、高速公路、给排水系统以及健康和福利设施。被用来解释上述差异的变量有：每个样本城市的市区中拥有上述设施的数目、城市人口密集度、城市中的制造业公司的数目、城市人均收入、私人住宅拥有率、城市居民的平均年龄、城市的区域面积、过去五年中的城市人口变动、1950 年以前建造的住宅比例以及城市提供的公共服务的数量。

在计算了上述所有变量的影响之后，研究者们发现，在由经过党派选举产生的市长所管理的城市中，人均拥有的资本存量比由城市管理者类型的政府管理的同类指标高出 12.5%。资本劳动比例这一指标也是由经过党派选举产生的市长所管理的城市超过了城市管理者类型的政府所管理的城市。尽管城市政府的类型看起来并不影响城市的总支出，但它似乎的确会影响服务的生产方式。在那些由经过党派选举产生的市长所管理的城市中，公共选择往往会导致资本密集度更高的生产方式以及相对于人口而言更大规模的资本存量。因此，当对美国城市中的公共服务的投入品组合进行选择时，公共选择的规则确实是很重要的。

（资料来源：［美］大卫·N. 海曼：《财政学：理论在政策中的当代应用》，北京大学出版社2006年版，第170～171页。）

思考：

（1）上述案例是否证明了公共选择的理论假说？

（2）通过党派选举产生的市长所管理的城市的资本劳动比例高反映的是政府官员们怎样的动机和行为？

（3）官僚们为什么总是试图使其预算规模最大化？

（4）从上述案例的解读中，做出你认为恰当的公共选择方式的判断。

【参考文献】

1. ［美］詹姆斯·M. 布坎南：《公共财政》（中译本），赵锡军等译，北京：中国财政经济出版社1991年版。

2. ［美］詹姆斯·M. 布坎南：《自由、市场与国家——80年代的政治经济学》（中译本），平新乔、莫扶民译，上海三联书店1989年版。

3. ［美］詹姆斯·M. 布坎南、理查德·A. 马斯格雷夫：《公共财政与公共选择：两种截然不同的国家观》（中译本），类承曜译，中国财政经济出版社2000年版。

4. ［美］詹姆斯·M. 布坎南：《民主财政论：财政制度和个人选择》（中译本），穆怀明译，商务印书馆1993年版。

5. ［美］埃莉诺·奥斯特罗姆：《公共事物的治理之道：集体行动制度的演进》（中译本），余逊达、陈旭东译，上海译文出版社2012年版。

6. ［美］大卫·N. 海曼：《财政学：理论在政策中的当代应用》（中译本），张进昌译，北京大学出版社2006年版。

7. 方福前：《公共选择理论——政治的经济学》，中国人民大学出版社2000年版。

8. 高培勇：《公共经济学》（第3版），中国人民大学出版社2012年版。

第五章 公共支出总论

公共支出是一种公共经济行为，是国家（政府）把筹集起来的公共资金用于社会生产和生活各个方面的分配活动，所要解决的是由国家支配的那部分社会财富的价值如何安排使用的问题。公共支出又是政府政策选择的反映，体现了政府政策的意图，代表着政府活动的方向和范围。公共支出在社会分配关系中具有特别重要的意义，涉及公众以及社会各个阶层、各方面的切身利益，为社会各界所关注。在安排公共支出过程中，政府需要处理政治、经济、社会等各类错综复杂的利益关系。

第一节 公共支出概述

一、公共支出的概念

公共支出（public expenditures），亦称财政支出或政府支出。具体地讲，公共支出是以政府为主体，以公共部门的职能和政府事权为依据进行的一种货币资金的支出活动，是政府履行经济社会管理职能的直接体现和配置社会资源的重要手段。

公共支出可从静态和动态两个方面来理解。从静态来看，公共支出通常是指政府通过预算形式安排、支配的资金量，这个资金量是指一个预算年度终了时政府所累积支出的一切费用的总和。从动态来看，公共支出是政府在一个预算年度内持续分配预算资金的活动过程。政府安排财政资金的根本目的是为了满足其履行公共职能的需要，因此，公共支出又是政府履行职能所支付的成本。一旦政府在以多少数量、以什么质量向社会公众提供公共产品或服务方面做出了决策，公共支出实际上就是执行这些决策所必须付出的成本。

公共支出规模是否适度、支出结构安排合理与否，直接关系到政府能否充分、有效地履行其公共职能。换句话说，政府在一定时期内各项公共政策目标能否实现及实际效果如何，在很大程度上取决于公共支出的规模、结构和绩效。这不仅是因为政府制定的公共政策对经济社会的影响作用主要表现在公共支出上，而且政府干预、调节经济的职能也主要是通过公共支出来实现的。因此，公共支出的规模和结构不仅反映政府介入经济社会生活的深度和广度，而且也是反映政府实施公共职能和宏观调控意图的具体表现。

公共支出的规模应当适度、结构应当合理，而提高支出效益是加强公共支出管理的基本要求。政府执行的公共职能决定着公共支出的规模、结构以及使用方向，如果政府职能发生变化，公共支出也要相应发生变化。据此，合理确定政府职能就成为公共支出改革最为关键的制度性条件。

二、公共支出的分类

公共支出分类，是按照一定的划分标准或采取不同的方法对各种支出项目进行归类。公共支出分类的目的是要知晓支出的去向，分析支出的变化规律，从而加强支出管理，使公共支出的结构更加优化，提高公共资源配置效率。

公共支出有多种形式的分类。

（一）按预算分类

公共支出按预算分类，是根据公共预算所编列的支出项目来进行的。预算支出反映的是政府的职能，因此，预算支出项目编制通常与政府部门的职能或机构设置相结合，即有多少职能、有多少机构就设置多少支出项目。这样，依据政府职能成为预算比较常用且重要的分类方法，它提供关于某项公共支出的目的信息。

国际货币基金组织（IMF）出版的《2014 年政府财政统计手册》将公共支出按职能划分为 10 个类别，分别是一般公共服务、国防、公共秩序和安全、经济事务、环境保护、住房和社区服务设施、医疗卫生、娱乐、文化和宗教、教育，以及社会保障（见表 5 - 1）。

表 5－1　　国际货币基金组织按照政府职能类别做的公共支出分类

分类	内容
一、一般公共服务	包括行政和立法机关、金融和财政事务、对外事务，对外经济援助，一般服务，基础研究，一般公共服务“研究和发展”，未另分类的一般公共服务，公共债务交易，各级政府间的一般性转移等
二、国防	包括军事防御，民防，对外军事援助，国防“研究和发展”，未另分类的国防等
三、公共秩序和安全	包括警察服务，消防服务，法庭，监狱，公共秩序和安全“研究和发展”，未另分类的公共秩序和安全等
四、经济事务	包括一般经济、商业和劳工事务，农业、林业、渔业和狩猎业，燃料和能源，采矿业、制造业和建筑业，交通，通信，其他行业，经济事务“研究和发展”，未另分类的经济事务等
五、环境保护	包括废物管理，废水管理，减轻污染，保护生物多样性和自然景观，环境保护“研究和发展”，未另分类的环境保护等
六、住房和社区服务设施	包括住房开发，社区发展，供水，街道照明，住房和社区服务设施“研究和发展”，未另分类的住房和社会福利设施等
七、医疗卫生	包括医疗产品、器械和设备，门诊服务，医院服务，公共卫生服务，医疗卫生“研究和发展”，未另分类的医疗卫生等
八、娱乐、文化和宗教	包括娱乐和体育服务，文化服务，广播和出版服务，宗教和其他社区服务，娱乐、文化和宗教“研究和发展”，未另分类的娱乐、文化和宗教等
九、教育	包括学前和初等教育，中等教育，中等教育后的非高等教育，高等教育，无法定级的教育，教育的辅助服务，教育“研究和发展”，未另分类的教育等
十、社会保障	包括伤病和残疾，老龄，遗属，家庭和儿童，失业，住房，未另分类的社会排斥，社会保障“研究和发展”，未另分类的社会保障等

资料来源：国际货币基金组织：《2014 年政府财政统计手册》（*Government Finance Statistics Manual 2014*），第 137 页。

2007 年之前我国财政支出按职能分为五大类，分别为经济建设支出、社会文教支出、行政管理费支出、国防支出和其他支出五大类。2007 年 1 月 1 日，在参考国外支出的职能分类办法的基础上，同时结合我国政府职能构成和财政管理的实际需要，我国开始实施新的财政支出分类，这一分类在按职能设置的基础上同时考虑了政府活动、行业以及资金用途等，将全部财政支出分为

17 大类。此后财政部几乎每年都会同中国人民银行以及国家税务总局等部门，根据财政改革的需要，对政府收支分类科目不断进行修改、补充和完善。以《2020 年政府收支分类科目》中的“一般公共预算支出功能分类科目”为例，支出科目如表 5－2 所示分为了 27 类。

表 5－2　　我国 2020 年一般公共预算支出功能分类科目

类名称	类名称
1. 一般公共服务支出	15. 商业服务业等支出
2. 外交支出	16. 金融支出
3. 国防支出	17. 援助其他地区支出
4. 公共安全支出	18. 自然资源海洋气象等支出
5. 教育支出	19. 住房保障支出
6. 科学技术支出	20. 粮油物资储备支出
7. 文化旅游体育与传媒支出	21. 灾害防治及应急管理支出
8. 社会保障和就业支出	22. 预备费
9. 卫生健康支出	23. 其他支出
10. 节能环保支出	24. 转移性支出
11. 城乡社区支出	25. 债务还本支出
12. 农林水支出	26. 债务付息支出
13. 交通运输支出	27. 债券发行费用支出
14. 资源勘探工业信息等支出	

资料来源：中华人民共和国财政部网站：《2020 年政府收支分类科目》。

公共支出预算分类方法是目前我国编制执行公共财政预算、进行预算拨款采用的分类方法。这种分类法可以较为明确、具体地体现公共支出在政府各项职能或事业间的分配格局和各项职能的实现程度，并反映各项职能在不同时期的变动情况，以这种方法研究公共支出结构可以反映一国政府在某一时期的工作重点。

（二）按经济性质分类

按照对经济的影响程度不同，可将公共支出分为消耗性支出（exhaustive expenditure）和转移性支出（transferring expenditure）。消耗性支出，也称购买性支出，它是政府为开展政务活动的需要，按照等价交换原则，从市场上购买商品和服务而发生的支付活动。具体包括政府部门的消费支出和投资支出，前者诸如国防支出、行政管理支出，后者如各级政府公共投资支出。政府在付出这类支出的同时，获得了相应的商品和服务的所有权和使用权。政府只有购买这些商品和服务，才能生产和提供出公众所需的公共产品和服务。它是政府对社会资源的一种消耗，由公共部门运用了这部分资源，就排除了私人部门运用这部分资源的可能性，故被称为消耗性支出。

转移性支出是指政府按照一定的方式单方面地、无偿地支付给其他经济主体的财政资金，具体包括各种财政补贴支出、社会保障支出和税式支出等。政府在付出资金时，不能从中获得相等的代价，也没有相应地获得任何回报。这时，政府所扮演的是一个“中间人”的角色，将一部分人的收入转移给支出的接受者。所以，这类支出并不反映公共部门占用社会资源的要求，相反，转移只是在社会成员之间的资源再分配，它体现的是政府在收入分配方面的职能和作用。其中，财政补贴支出是指通过影响相对价格结构，从而可以改变资源配置结构、供给结构和需求结构的政府无偿支出，主要有物价补贴、企业亏损补贴、专项补贴、财政贴息等；社会保障支出是指政府通过财政向由于各种原因而导致暂时或永久性丧失劳动能力、失去工作机会或生活面临困难的社会成员提供基本生活保障的支出；税式支出是以特殊的法律条款规定的、给予特定类型的活动或纳税人以各种税收优惠待遇而形成的收入损失或放弃的收入。

消耗性支出和转移性支出在社会经济结构中所起的作用是不同的，对社会经济的影响也有差异。消耗性支出对于社会的生产和就业以及社会总需求有直接的影响，但对分配的影响是间接的。转移性支出对社会的生产和就业以及社会总需求的影响是间接的，但对分配有直接的影响。如果联系公共财政职能来看，由于消耗性支出的影响集中在社会资源配置状况、社会总供给与总需求的平衡上，因此，消耗性支出成为政府履行其资源配置职能和经济稳定发展职能的工具，若是消耗性支出占公共支出的比重大，说明财政履行资源配置的职能较强；而转移性支出的影响集中在分配领域，因此，转移性支出成为财政履行收入再分配职能的重要工具，若是转移性支出占公共支出的比重大，则说明财政履行调节收入分配的职能较强。

近几十年来，在许多国家，随着政府收入规模扩大，这两类支出都迅速增长，但转移性支出增长速度更快，表明政府执行收入分配的功能相对扩大。

（三）按支出用途分类

在发达的市场经济国家，公共支出按直接用途的不同可分为以下几项：

（1）公共部门的消费性支出。即各级政府按现市场价格购买商品和劳务的支出。包括公共部门雇员的工资、薪金、医疗费用、行政管理费等。

（2）公共部门投资。指各级政府用于土地、建筑物、车辆、工厂及设备等固定资产的支出。

（3）补贴支出。主要包括各级政府无偿给予公共和私营企业的补助性支出，这种支出一般通过弥补亏损，提供补助的方式进行，以实现某种政策目的。

（4）经常性拨款。指政府给予个人的款项的拨付。主要包括养老金、失业救济金和贫困救助等社会保险及社会福利性支出，有的国家把给予外国的开发性援助也包括在其中。

（5）政府债务利息支出。

（6）资本转移支出。指中央和地方政府给予国内或国外私营部门的无偿投资性支出。

（7）政府贷款。指由本国政府对国内私营部门、外国各种机构的商业性贷款。

按用途进行分类，使公共支出成为一个由诸多内容构成的整体。公共部门的消费性支出和投资性支出，表明政府财政对社会资源的占用和消耗；而补贴、经常性拨款、债务利息和资本转移支出等，表明了政府的转移性资金支付；政府贷款则反映了政府的金融中介作用。

我国2007年以前的公共支出是按照用途分类，其理论依据是马克思的社会总产品价值构成理论，是与物质产品平衡表体系（system of material product balances，MPS）相适应的分类方法。主要支出项目有基本建设支出、流动资金、挖潜改造资金和科技三项费用、地质勘探费、工交商部门事业费、支援农村生产支出和各项农业事业费、文教科学卫生事业费、抚恤和社会救济费、国防费、行政管理费、价格补贴支出、债务支出等。其中，企业挖潜改造资金属于补偿性支出；基本建设支出、增拨企业流动资金、支援农村生产支出以及科技三项费用、地质勘探费、工交商部门事业费、各项农业事业费、文教科学卫生事业费等支出中增加固定资产的部分，属于积累性支出；抚恤和社会救济费、国防费、行政管理费、价格补贴支出以及科技三项费用、地质勘探费、工交商部门事业费、各项农业事业费、文教科学卫生事业费等支出中非增加固定资产的部分，则属于消费性支出。

从2007年起，我国正式实施政府收支分类改革，为了便于经济分析和国际比较，支出分类不再按照基本建设费、行政费、事业费等用途设置支出科目，而是根据政府管理和部门预算的要求，统一按职能设置科目，以便综合反映政府职能活动，如一般公共服务，外交、国防、公共安全、教育、科学技术等。同时建立了支出的经济性质分类体系，包括工资福利支出、商品和服务支出、对个人和家庭的补助、转移性支出、债务利息支出、债务还本支出、基本建设支出等。

（四）按目的性分类

按照公共支出期望达到的目的分类，可以分为预防性支出（precautionary expenditure）和创造性支出（creative expenditure）。预防性支出指的是用于维持社会秩序和保卫国家安全，不使其受到国内外敌对力量的破坏和侵犯，以保障人民生命财产安全与生活稳定的支出。这类支出的特点是它属于任何政府的最基本的职能支出，如国家安全、外交、公安、法庭、行政管理等方面的支出。创造性支出是指用于社会发展和社会福利创造，以增进社会公共利益和改善人民生活为目的的支出，如文教、医疗卫生、社会福利等项支出。

对公共支出做这样的区分，可以揭示公共支出的去向及其在经济生活中的作用。

（五）按政府的控制能力分类

按照政府的控制能力，可以分为不可控制性支出（uncontrollable expenditure）和可控制性支出（controllable expenditure）。这里所说的控制能力，是指政府可根据经济形势的变化和公共收入的可能而对公共支出进行调整的能力。不可控制性支出可以解释为根据现行法律法规和契约必须予以安排的支出，也就是说，在法律或契约的有效期内必须按照规定准时如数支付，不得任意停付或逾期支付，也不得随意削减其数额。这类支出主要包括两大项：一项是国家法律已有明文规定的个人所享受的义务教育、最低收入保障和社会保障，如失业救济、食品券补贴等，这项支出往往与基本国策有密切联系，如我国关于义务教育的财政支出占 GDP 的比重不得低于 4% 的规定，就是由科教兴国的基本国策决定的；另一项是政府遗留义务和以前年度设置的固定支出项目，如公债还本付息、对地方政府的补助等。可控制性支出是指法律和契约无明确规定或硬性约束，由政府部门根据经济社会发展和每个预算年度的需要进行选择性安排加以增减的支出。

对公共支出做这样的区分，可以表明政府对支出项目的可控制性能力，哪些支出是固定不变的，哪些支出有伸缩的空间和余地。

（六）按受益范围分类

按受益范围分类，可以分为普遍利益支出（general interest expenditure）和特殊利益支出（special interest expenditure）。这种分类的标准是支出产生的效用是否具有普遍受益性。普遍利益支出是指全体公众都能受益的支出，如国防支出、司法支出、行政管理支出、环境保护支出等，从该类支出产生的公共产品的特征来看，它属于纯公共产品，具有共同消费和联合受益的特点，所提供给各个社会成员的效益不能分别测算。特殊利益支出是指使特定对象受益的支出，如教育支出、医疗支出、居民补助支出、企业补助支出、债务利息支出等，该类支出所提供的效益只涉及一部分社会成员，其中每个社会成员所获效益的大小可以分别测算。

按照这种标准分类，可以说明公共支出所体现的分配关系，进而分析不同阶层或不同利益集团的投票者在公共支出决策过程中可能采取的态度。

（七）按行政级次分类

这种分类的标准是政府间的事权分工，目的是通过这种支出划分使各级政府的支出责任与其承担的事权相匹配，履行好各级政府应承担的公共职能。一般而言，按照行政级次可将公共支出分为中央财政支出和地方财政支出。例如，我国有五级政府，根据预算法“一级政府一级预算”的原则，财政支出也分为五级，分别为中央财政支出，省、自治区、直辖市财政支出，设区的市、自治州财政支出，县、自治县、不设区的市、市辖区财政支出，以及乡镇财政支出，后四项支出通常统称为“地方财政支出”。再如，美国是联邦制国家，其政府由联邦政府、州政府和地方政府组成，与之相适应，财政支出也分别由联邦、州和地方三个级次所组成。

支出的行政分类反映了中央与地方在资源配置中的地位和相互关系，而问题的焦点在于中央与地方各级政府在支出安排和资源配置上是否与其职能定位和权责划分相适应。

第二节 公共支出规模

一、公共支出规模及其变化趋势

（一）公共支出规模的含义

公共支出规模是指在一定时期（预算年度）内，政府根据国民经济发展状况和政府职能实现的要求等因素，安排和使用的公共财政资金的绝对量与相对量。

从概念上讲，公共支出规模有预算支出规模和决算支出规模两种形式。前者是指在编制年度预算时，根据支出的预算要素测算出的年度支出数；后者则是指预算年度内实际完成的支出总量。预算支出和决算支出往往不完全相等。但由于决算支出是实际政府活动的反映，所以进行公共支出规模比较时，一般都选用决算支出。公共支出规模反映了政府对国民生产总值的实际占有规模和程度，体现了政府职能和活动范围，是研究和确定公共部门分配规模的重要指标。

（二）公共支出规模的衡量指标

衡量公共支出规模通常有绝对量指标和相对量指标两类。

绝对量指标即公共支出的绝对规模，是指以一国货币单位表示的、预算年度内政府实际安排和使用的财政资金的数量总额。它直观地反映某一预算年度内政府实际支配的社会资源总量，但难以反映政府支配的社会资源在社会资源总量中所占的比重，因而不能充分反映政府在整个社会经济发展中的地位。绝对量指标都以本国货币为单位，所以不便于以国际通行的口径进行横向的国际比较；另外，它是以现价反映的名义支出规模，与以前年度特别是物价水平变化较大年度的支出绝对额缺乏可比性，也就不便于进行纵向比较分析。因而，通常是以支出的相对量指标来衡量和考察支出的规模，既可以进行不同国家的横向比较，也可以用于一国不同时期的纵向分析。

公共支出规模的相对指标是指在预算年度内政府实际安排和使用的财政资金金额占相关经济总量指标（一般指国内生产总值）的比率。其公式为：

$$\text{公共支出相对规模} = \frac{\text{公共支出规模}}{\text{GDP}} \times 100\%$$

相对量指标体现了社会财力的集中程度，既反映了一定时期内全社会创造的财富中由政府直接支配和使用的数额，也反映了公共支出与宏观经济运行以及国民收入分配相互关联、相互制约的关系。通过它可以全面衡量政府经济活动在整个国民经济活动中的地位及重要性。

一般地讲，在经济发展水平、产业结构等大致相同的条件下，公共支出相对量指标越大，说明公共部门（政府）参与国民生产总值分配的比例越高，社会财力越集中，政府对经济运行的介入或干预程度也就越高；反之则相反。运用相对量指标研究支出规模，可以综合全面地反映政府安排的公共支出水平。

（三）公共支出增长的衡量指标

由公共支出规模的绝对量指标和相对量指标可以衍生出反映支出增减变化情况的三个指标。

1. 公共支出增长率

公共支出增长率表示当年公共支出比上年同期公共支出增长的百分比，即所谓“同比”增长率，用 $\Delta G(\%)$ 表示。其计算公式为：

$$\Delta G(\%) = \frac{\Delta G}{G_{n-1}} = \frac{G_n - G_{n-1}}{G_{n-1}}$$

式中，ΔG 表示当年支出比上年支出的增（减）额；G_n 表示当年的支出；G_{n-1} 表示上年的支出。

公共支出增长率不仅考虑到了经济增长因素，而且在一定程度上消除了物价变动的影响，因而可以全面说明支出的增长趋势。

2. 公共支出增长弹性系数

公共支出增长弹性系数是指公共支出增长率与国内生产总值增长率之比，以 E_g 表示。弹性系数大于 1，表明公共支出增长速度快于国内生产总值增长速度。其计算公式为：

$$E_g = \frac{\Delta G(\%)}{\Delta GDP(\%)}$$

其中，$\Delta GDP(\%) = \frac{\Delta GDP}{GDP_{n-1}} = \frac{GDP_n - GDP_{n-1}}{GDP_{n-1}}$

式中，$\Delta G(\%)$ 代表公共支出增长率；$\Delta GDP(\%)$ 代表国内生产总值增长率；ΔGDP 代表当年国内生产总值比上年国内生产总值的增（减）额。

3. 公共支出增长的边际倾向

支出增长的边际倾向表明支出增长额与国内生产总值增长额之间的关系，即国内生产总值每增加一个单位的同时公共支出增加多少，或公共支出增长额占国内生产总值增长额的比例，以 MGP 表示。其计算公式为：

$$MGP = \frac{\Delta G}{\Delta GDP}$$

（四）公共支出规模变化趋势

无论从发达国家还是发展中国家来看，公共支出规模都呈现出一定的上涨趋势。表 5－3 列示了 2007～2017 年 OECD 部分国家公共支出相对量情况，整体而言，这些国家的公共支出呈现出稳中有升的态势，但受经济衰退影响，多数国家从 2010 年开始呈现出下降趋势。以美国为例，尽管政府支出绝对量一直保持上升态势，从 2011 年的 6.06 万亿美元增加到 2015 年的 6.46 万亿美元，增长了 6.6%。[①] 但从相对量上看却呈现先升后降的趋势，于 2009 年达到

① 经济合作与发展组织网站。

最高点41.6%后就逐年在下降。

表5-3　　2007～2018年OECD部分国家一般公共支出占GDP比重　　单位：%

国家	2007年	2008年	2009年	2010年	2011年	2012年	2013年	2014年	2015年	2016年	2017年	2018年
澳大利亚	34.4	35.1	37.8	37.0	36.3	36.6	36.5	36.8	37.4	37.4	36.4	36.8
加拿大	38.5	38.8	43.4	43.1	41.6	40.9	40.0	38.4	40.0	40.6	40.3	40.6
法国	52.6	53.3	57.2	56.9	56.3	57.1	57.2	57.2	56.8	56.6	56.5	56.2
德国	42.8	43.6	47.6	47.3	44.7	44.3	44.7	44.0	43.7	43.9	43.9	43.9
希腊	47.1	50.8	54.1	52.5	54.1	52.8	51.6	50.2	50.6	48.9	47.3	48.6
意大利	46.8	47.8	51.2	49.9	49.4	50.8	51.1	50.9	50.3	49.0	48.9	48.5
日本	34.0	35.0	39.5	38.5	39.4	39.4	39.5	38.9	38.0	37.9	37.4	37.1
韩国	20.5	20.8	21.3	19.5	19.9	20.6	20.9	20.8	20.9	20.7	20.8	21.5
西班牙	39.0	41.2	45.8	45.6	45.8	48.1	45.6	44.8	43.7	42.2	41.0	41.4
瑞典	48.3	49.0	51.7	49.7	49.2	50.2	50.9	50.1	48.7	48.8	48.4	48.7
英国	38.0	40.5	44.1	44.5	43.2	43.3	41.4	40.5	39.7	38.9	38.4	38.3
美国	34.3	37.0	41.1	39.6	38.6	37.0	35.5	35.0	34.6	35.0	34.8	35.1

注：阴影部分表示IMF预测值。

资料来源：国际货币基金组织网站。

再以我国为例，公共预算支出占GDP的比重自改革开放以来经历了一个从逐渐降低到逐渐升高的翻转。究其原因主要在于改革开放之初我国经济还带有一定的计划色彩，表现在预算管理上，政府集中度要高一些；随着改革开放和市场经济体制改革的深入，政府的职能逐渐转向市场失灵的领域，因此公共预算集中度开始下降；但随着社会主义市场经济体制的逐步推进以及国民经济的不断发展壮大，公共支出规模又呈现出上涨的趋势，如表5-4所示。

表5-4　　1978～2019年我国公共预算支出及占GDP比重情况

年份	公共预算支出（亿元）	GDP（亿元）	公共预算支出占GDP比重（%）
1978	1122.1	3678.7	30.5
1991	3386.6	22005.6	15.4
1992	3742.2	27194.5	13.8
1993	4642.3	35673.2	13.0

续表

年份	公共预算支出（亿元）	GDP（亿元）	公共预算支出占 GDP 比重（%）
1994	5792.6	48637.5	11.9
1995	6823.7	61339.9	11.1
1996	7937.6	71813.6	11.1
1997	9233.6	79715.0	11.6
1998	10798.2	85195.5	12.7
1999	13187.7	90564.4	14.6
2000	15886.5	100280.1	15.8
2001	18902.6	110863.1	17.1
2002	22053.2	121717.4	18.1
2003	24650.0	137422.0	17.9
2004	28486.9	161840.2	17.6
2005	33930.3	187318.9	18.1
2006	40422.7	219438.5	18.4
2007	49781.4	270232.3	18.4
2008	62592.7	319515.5	19.6
2009	76299.9	349081.4	21.9
2010	89874.2	413030.3	21.8
2011	109247.8	489300.6	22.3
2012	125953.0	540367.4	23.3
2013	140212.1	595244.4	23.6
2014	151785.6	643974.0	23.6
2015	175877.8	689052.1	25.5
2016	187755.2	743585.5	25.3
2017	203085.5	827121.7	24.6
2018	220904.1	900309.0	24.5
2019	238858.4	986515.0	24.2

注：“公共预算支出”所列数字，2005 年及之前为公共预算总支出数，2006 年之后为一般公共预算支出数。

资料来源：国家统计局网站；财政部网站：历年全国一般公共预算支出决算表。

同时，国际经验表明，发达国家公共支出的规模普遍要高于发展中国家。

我国一般公共预算支出占 GDP 的比重较低，主要原因是：一是总量上，我国预算管理总体实行以收定支、收支平衡原则，收入规模在一定程度上制约着支出规模。二是结构上，发达国家已经建立起比较完善的社会保障体系和社会福利制度，预算收入中社会保障收入较高，相应的支出中的社会保险和福利支出较多，而我国社会保障体系目前还处于逐步健全和完善阶段，没有单独的社会保险税，社会保障支出也相对较少。

二、公共支出规模变化的理论分析

对于公共支出规模不断扩大的现象，经济学界有多种理论的解释，其中主要有瓦格纳的政府活动扩张理论，凯恩斯的国家干预理论，皮考克和威斯曼的梯度渐进增长理论，马斯格雷夫和罗斯托的经济发展阶段理论，鲍莫尔的非均衡增长理论，福利经济学派的多因素影响理论，以及公共选择机制引致理论等。

（一）政府活动扩张理论

19 世纪 80 年代，德国经济学家阿道夫·瓦格纳（Adolf Wagner）考察了英国产业革命和当时的美、法、德、日等国的工业化状况之后认为，一国工业化经济的发展与本国政府财政支出之间存在着一种函数关系，即随着现代工业社会的发展，“对社会进步的政治压力”增大以及在工业经营方面因“社会考虑”而要求增加政府支出。后人将其称为“瓦格纳法则”。瓦格纳法则可以表述为：随着人均国内生产总值（GNP）的提高，政府财政支出占 GNP 的比重相应提高，如图 5－1 所示。

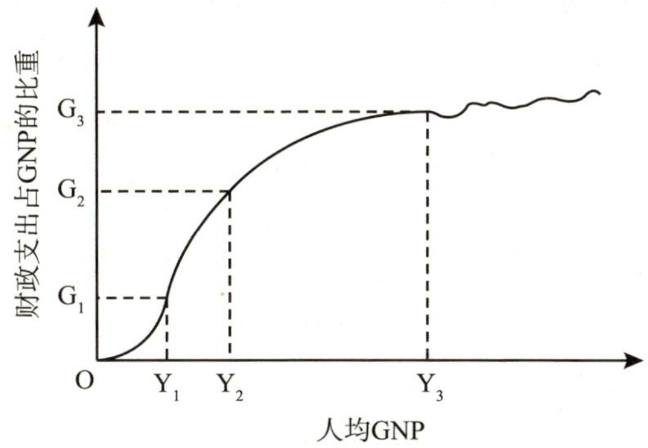

图 5－1　瓦格纳法则

瓦格纳认为，形成财政支出规模上升趋势的基本原因是工业化。从政治因素看，随着经济的工业化，不断扩张的市场与这些市场中的行为主体之间的关系更加复杂化，这需要建立司法体系和管理制度，以规范行为主体的社会经济活动。从经济因素看，政府对经济活动的干预以及从事的生产性活动，也会随着经济的工业化而不断扩大。因为随着工业化经济的发展，不完全竞争市场结构更加突出，市场机制不可能完全有效地配置整个社会资源，需要政府对资源进行再配置，实现资源配置的高效率。另外，城市化以及高居住密度会导致外部性和拥挤现象，这些都需要政府出面进行干预和管制。同时，教育、娱乐、文化、保健以及福利服务的需求收入弹性较大。也就是说，随着人均收入的增加，人们对上述服务的需求增加更快，要求政府为此增加支出。

瓦格纳把政府看作一种经济组织，主张政府为完成其职能必须直接获得财力物力的手段，认为政府支出具有生产性。这种观点，为政府支出不断扩张的事实和发展趋势，一方面提供了理论解释；另一方面也提供了理论依据。瓦格纳法则的支持者进一步发展了政府职能和公共支出不断增长的理论，认为公共支出增长快于经济增长是由多种原因造成的：（1）政府对经济的干预和管理职能大大强化，管理机构及人员增加，用于管理方面的支出必然增加。（2）人口增加要求社会现代化和城市化所要求的公共设施和公共福利总量不断扩大，这对公共品需求总量具有推动作用。（3）生活水准的提高要求人均支出标准有所提高，成为政府支出不断增长的又一重要因素。（4）社会发展和社会福利水平提高，对政府转移支付提出了更高的要求，由此也就扩大了政府支出规模。

经济发达国家自18世纪末到如今200多年经济发展的实践，证明了瓦格纳法则符合公共支出发展变化的一般趋势。尽管各个发达国家的国情有所不同，但表现出的共同趋势是：公共支出占国内生产总值的比重随着人均国内生产总值的增长而逐渐上升。同时，历史数据也说明，公共支出占国内生产总值比重的上升不可能是无止境的，当经济发展到发达阶段，则呈相对稳定的趋势，即稳定在一定的水平上，上下略有波动，目前的经济发达国家已经达到这个阶段。但是，瓦格纳并没有很好地解释为什么公共支出增长的现象会如此普遍的存在，也没有在不断提高的人均收入和公共支出份额增加之间建立起明确的函数关系，也忽略了政治制度、文化背景以及时间形态对一国公共支出的影响。

（二）国家干预理论

国家干预理论的主要代表是约翰·梅纳德·凯恩斯（John Maynard Keynes）。凯恩斯在其《就业、利息和货币通论》一书中，全面地论述了其经济理论和政策主张，认为“萨伊定律”并不成立，供给不能自动创造需求，资本主义经济也不能自动地达到均衡。因为，在边际消费倾向比较稳定的情况下，人们总是把所增加收入的大部分用于储蓄，而不是消费，这使得整个社会的有效需求不足，社会总供给和社会总需求难以自动实现均衡。所以，为了解决有效需求不足的问题，凯恩斯主张放弃经济自由主义，代之以国家干预的方针和政策。国家干预的最直接的表现，就是实现赤字财政政策，增加政府支出，以公共投资和公共消费的增量来弥补私人投资和私人消费的不足。凯恩斯认为，采取扩张性的财政政策，这是国家干预经济的有效方法，由此而产生的财政赤字不仅无害，而且有助于把经济运行中的“漏出”或“呆滞”的财富重新用于生产和消费，从而可以实现供求关系的平衡，促进经济增长。

凯恩斯认为，政府通过扩大支出，除了可以改善有效需求不足状况、减少失业和促进经济增长之外，还能产生一种大于原始支出数额的连锁效应，即一笔政府支出可以获得数倍于原始支出额的收入水平，这种现象被称为“乘数效应”。“我们称 K 为投资乘数，这个乘数告诉我们，当总投资量增加时，所得之增量将 K 倍于投资增量”。[①] 所以，$K = 1/(1-b)$。其中，b 为边际消费倾向，$b = \Delta c/\Delta Y$，Δc 为消费增量，ΔY 为国民收入增量。可见，边际消费倾向越大，支出的乘数效应也越大。也就是说，在乘数原理的作用下，政府每增加一笔支出 ΔG，经济就相应增加了 K 倍于 ΔG 的国民收入，即 $K \cdot \Delta G$。为了达到增加国民收入，促进经济增长的目的，政府实行扩张性的财政政策，就一定会不断扩大公共支出规模。

（三）梯度渐进增长理论

英国经济学家皮考克（A. T. Peacock）和威斯曼（J. Wiseman）在 20 世纪 60 年代初对英国 1890 年以后的政府财政支出历史数据进行了经验分析，他们认为，在正常年份政府支出呈现一种渐进的上升趋势，但当社会经历激变和遇到危急时（如战争、经济大萧条或其他严重灾害），支出会急剧上升；当这种激变时期过后，支出会减少，但不会减少到激变和危急之前的水平。这就意味着，政府的支出不是以均衡、同一速度增长的，而是不时出现跳跃式的非均衡增长，呈现出梯度渐进增长的态势，如图 5－2 所示。因这一理论实质上揭示了公共支出增长的两类原因，即内在因素和外在因素，故也称之为内外因素论。

---

① ［美］凯恩斯：《就业、利息和货币通论》，商务印书馆 1981 年版，第 9 页。

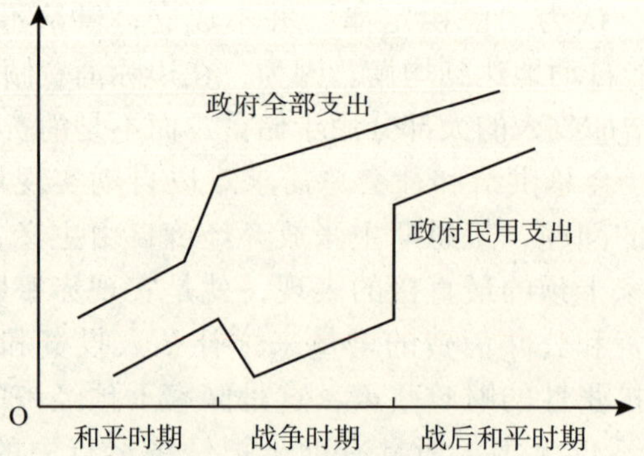

图 5-2 梯度渐进增长理论

公共支出增长的内在因素是指公民可以忍受的税收水平的提高。一般来说，政府的意愿总是支出越多越好，这样可以使政府的权力不断扩大；民众的意愿则是税收负担越低越好。政府征税水平一旦超过了公众的忍受限度，他们就会通过手中的选票行使否决权。因此，政府支出水平在一定程度上要受到税收水平的制约。但是，随着经济的发展和人均收入水平的提高，即使税率保持不变，税收收入也会随之增加，政府支出会跟经济总量同步增长。

公共支出增长的外在因素，是指社会动荡对政府造成压力。在危急时期，私人部门无法解决战争、饥荒和经济危机等所造成的社会经济问题，只有政府采取行动才能缓解这些灾难带来的消极影响。因此，此时政府开支必然呈阶梯式上升。皮考克和威斯曼利用三个相互联系的概念，即置换效应、审视效应和集中效应，分析了非常时期的政府支出增长过程。

1. 置换效应（displacement effect）

置换效应包括对以前政府支出水平的置换和对私人部门支出的置换。前者是指在危急时期，新的、较高水平的支出（税收）替代了以前的、较低的支出（税收）水平，而在危急时期过后，这种新的支出水平因公众的税收容忍程度提高而不会逆转，即使支出水平有所下降，也不会低于原来的水平；后者是指在社会总资源的配置中，私人部门的份额因公共部门的份额增加而减少。也就是说，在危急时期，公共支出在一定程度上会取代私人支出，呈现阶梯状的增长。

2. 审视效应（inspection effect）

社会动荡暴露出许多社会问题，迫使政府和公众重新审视公共部门和私人部门各自的职责，认识到有些社会经济活动应当纳入公共部门的活动范围，并由公共部门提供一些新的公共产品。与此同时，随着公众觉悟水平的提高，可容忍的征税水平在危急时期过后明显提高。这样，公共支出规模增长的趋势不可避免。

3. 集中效应（concentration effect）

在非常时期，中央政府显然要集中较多的财力，甚至会发行大量国债以满足财力增长的需求。即使在正常时期，为了促进经济增长，中央政府的经济活动在整个公共部门的经济活动中所占比重也具有明显提高的倾向。

皮考克和威斯曼将公共支出增长归因于内在因素和外在因素，前者是指经济发展，后者是指社会动荡，他们观察到诸如战争、饥荒之类的社会动荡对公共支出增长的影响。但随着全球进入相对和平时期，社会动荡并非常态，仅用这一观点来解释公共支出的持续增长显然不够全面。就他们提出的审视效应而言，也并未对为什么公众可容忍的征税限度比政府的支出增长愿望更有可能影响公共支出规模作更深入的阐述。

（四）发展阶段增长理论

马斯格雷夫（Richard A. Musgrave）和罗斯托（Walt W. Rostow）用经济发展阶段理论解释公共支出长期增长的原因，认为公共支出增长是经济发展的函数，在不同的经济发展阶段，公共支出都在增长，但支出的重点有所不同。这一理论在罗斯托的《经济成长的过程》《经济成长的阶段》等著作中得到了集中体现。

马斯格雷夫和罗斯托认为，在经济发展的早期阶段，由于公共产品尤其是经济发展所必需的社会基础设施（如公路、铁路、桥梁、法律和秩序、电力、环境卫生、供水系统、通信、教育等）供给不足，政府公共投资占社会总投资之比往往较高，这会促使公共支出的增长。这些公共投资对于帮助早期阶段的经济“起飞”，以及进入经济发展的中期阶段来说是必不可少的前提条件。

当经济发展进入中期阶段后，社会基础设施供求趋于均衡，公共投资在社会总投资中的比重有可能降低，但公共支出总规模并不一定下降甚至有可能继续上升。原因在于，当进入中期阶段后，由于市场失灵问题日益突出，这就要求政府加强对经济的干预，以矫正、补充市场机制的不足。但是政府对经济干预范围的扩大和干预力度的加大恰恰是以公共支出增加为前提的，此时政府用于教育、卫生、公共安全、社会福利、调节分配的转移性支出等项公共支出因此而增加。

随着经济发展由中期阶段进入成熟阶段，公共支出结构会发生很大变化，即从以社会基础设施投资支出为主的结构，转向以教育、保健和社会福利为主的支出结构，消耗性支出相对下降，转移性支出相对上升（见表5－5）。从长期来看，支出结构的这种变化趋势导致了支出规模的不断扩大，所以，发展阶段增长理论实际上是关于公共支出结构长期变化的理论。

表 5-5 经济发展阶段与公共支出重点

经济发展阶段	早期阶段	中期阶段	成熟阶段
公共支出重点	以社会基础设施投资为主	以教育等福利服务和再分配转移支出为主	以福利和各类高质量公共服务为主

（五）非均衡增长理论

美国经济学家威廉·鲍莫尔（William Baumol）认为，公共支出增长也可以从私人部门与公共部门平均劳动生产率的增长差别（非均衡增长）的角度得到解释。他把国民经济区分为劳动生产率提高迅速的私人部门和劳动生产率提高缓慢的公共部门，并且假定这两部门的工资水平相同，并且随着劳动生产率的提高而相应提高。在对两部门的有关数据进行测算的基础上，他得出如下结论：（1）生产率提高缓慢的部门，其产品的单位成本不断上涨；生产率不断提高的部门，其产品的单位成本或是维持不变，或是不断下降。（2）如果消费者对生产率提高缓慢部门的产品需求富有弹性，该部门的产品产量将越来越少，甚至可能停产。（3）如果要维持生产率较低部门的产品在整个国民经济中的比重，必须使生产力不断进入该部门。（4）如果要维持这两个部门的均衡增长，政府部门的支出只能增加，同时也会导致整个经济增长率的不断降低。

根据以上结论，鲍莫尔认为生产率偏低的政府公共部门必然越来越大，其支出水平也越来越高。

非均衡增长理论从私人部门与公共部门平均劳动生产率差别这一角度解释了公共支出增长，认为公共部门生产率较低，为维持两部门均衡增长，必须不断增加政府部门的开支，公共支出不断增长，而整个经济增长率会因全社会的支出负担加重而不断降低。但这一理论无法解释在很长的一段时间内，全球出现的公共支出增加的同时经济增长率不断提高的现实，因此不可避免地也带有一定的片面性。

（六）多因素影响理论

福利经济学派认为，影响公共支出的因素有多种，其中主要的是：

1. 社会需求变化的影响

对公共产品和公共服务需求的变化情况，是影响公共支出的最基本的因素。事实上，如果没有对公共产品和服务的需求，也就不会有公共支出。一般地讲，随着社会的进步和经济的发展，公众对公共产品提供具有量上增加和质上提高的要求，这就需要不断增加公共支出。

2. 公共产品生产组织的影响

这里所说的公共产品生产组织是一个广义的概念，它包括生产公共产品的资源消耗及其生产过程的组织和管理，以及生产的技术能力等。从公共品的生产组织看，为保持公共服务水平，就要在不断变化的环境下，组织资源或调整资源配置；从公共产品的提供能力看，公共部门保质保量地提供公共产品并非易事，更多更好的公共产品和服务要耗费更高的成本和投入更多的资金才能提供出来，比如高素质的公务员和优质的行政服务等。

3. 公共产品质量的影响

公共产品的质量实际上既有个体质量又有相对质量和整体质量。个体质量如国家公务员的自身素质；相对质量或整体质量是指对公共产品匹配造成的效率上的差异。无可争辩的是，管理工作中纸加笔的手工作业与使用电脑、电信设备等现代办公手段所产生的效率差异是显而易见的。可是，提供高质量的公共产品和完善的公共服务是以增加资金支出作为物质保证的，这时支付的代价必然更高。

4. 人口因素的影响

国家机构的设置、人员的安排、管理能力的范围、国家防卫、警察和消防，以及医疗卫生、教育提供和各种社会保障支出无不与人口数量产生直接的联系。虽然，纯粹的公共产品对享受人数来说其边际成本为零，但大多数公共产品的受益范围是有限的。在一定的公共产品规模下，人口增加必然带来“拥挤效应”，人均享有的公共产品和福利标准下降，这就会产生对增加公共产品提供的要求。并且，“拥挤效应”导致了“拥挤成本”增加，所以，如果要求人均享有的公共产品水平和质量不变，人口增加将导致公共产品提供水平的提高，需要有更大规模的公共支出予以保证。此外，人口结构的变化也影响公共支出，处于不同年龄阶段的人口结构，具有不同的公共需求。例如，和平时期的生育高潮导致在校学生人数的激增，对教育提出了更高的需求；年龄结构的年轻化会对工作岗位和住宅设施提出更多的需求；老龄化则使政府面临严峻的老年人的赡养问题；城镇化和城市人口增加，产生对新增市政设施的要求，等等。

除了上述因素外，实际上还有许多其他方面的因素也会影响公共支出的规模，如国土面积、交通便利程度、自然条件、经济基础和政府的管理水平，等等。因此，多因素影响说的观点为进行公共支出增长及其原因的分析扩宽了思路。

（七）公共选择机制引致理论

公共选择学派运用对制度、政治决策过程的分析，来刻画西方国家公共支出不断增长的形成机制。

一是政府作为公共产品的提供者导致公共支出增长。因为随着公众对公共产品和服务需求的不断增加，加上公共产品成本难以精确计量，势必会导致政府预算扩大，公共支出增长。

二是政府作为收入再分配政策的制定和执行者导致公共支出增长。政府为了实现收入和财富分配的公平化，就要增加社会福利及补贴项目，加强教育培训以增加就业，这势必使政府职能扩大、公共部门扩张、公共支出增长。

三是利益集团的存在导致公共支出增长。公共选择学派认为，在各自谋求自身利益最大化的前提下，利益集团、官僚、政治家会结成利益联盟，力争增进某一方面的预算开支，势必导致政府支出规模扩大。

四是官僚的存在导致公共支出增长。公共选择学派认为，对于官僚来说，类似于私人企业中所具有的增加收入的机会是很小的，因此他们更关心的是权力、声望、荣誉及额外的津贴等。然而所有这些目标都是与预算规模正相关的，如果官僚们的预算最大化愿望和个人目标能够实现，必然造成公共支出不断增加。

五是“财政幻觉”的存在导致公共支出增长。所谓财政幻觉（fiscal illusion），是指在复杂的财税制度下，投票者即纳税人在心理上产生了一种他们认为缴纳的税收低于他们的负担的认知偏差，或使公共产品的受益者认为政府所提供的公共产品的价值高于实际价值，因此弱化了纳税人对税负痛苦的主观心理感受。换句话说，它是政府支出给人们带来了好处，但人们却因此忽略了自己付出的代价。在公共选择学派看来，以下几种情况会诱发增加政府收入、扩大公共支出的财政幻觉：隐瞒公共支出中个人机会成本的份额；在纳税人认为可能有利的时期或活动中征税；在重大的或令人欢愉的活动时征收直接的名义服务费；利用威吓式的战术制造影响个人反应的财政幻觉；将个人的总税负分解为几部分，使纳税人面对多个小额征收而不是少数大额征收制造财政幻觉；在个人不能真正明白谁最终支付的情况下征税；利用公众对社会问题态度的转移作为征税的基础。此外，政府还可能从另外两个方面制造财政幻觉以扩大支出规模：一是隐瞒预算项目的规模及其真实性；二是使预算条款显示出把较大的数额用在更为大众化的项目上。总之，正是由于财政幻觉的存在，促使公共支出超过公众意愿而不断增长。

公共选择学派关于政治决策过程具有引致公共支出增长的机制的理论，道出了在西方式的所谓民主政体下，西方国家滋生出大量利益集团，对政府公共支出决策施加各种影响，导致公共支出不断扩大的事实。这也引发出了须对公共支出增长加以适当控制的政策主张，包括对公共支出的总量、比重、结构和过程的控制，相应地也应对公共收入（主要是税收）规模和增速进行控制。

上述理论分别从不同的视角分析了公共支出增长的原因，但探究公共支出增长的原因，不能囿于一个层面，应该用唯物辩证法的观点和全面、发展的眼光来分析，充分考虑不同国家不同发展阶段的特点和具体国情，综合考虑政府职能的变化、公共部门的效率以及偶然因素的影响等，才能找到影响一国公共支出状况的真正原因，从而评判其增长及规模是否合理。

第三节 公共支出结构

一、公共支出结构类型

公共支出结构，是指在一定的经济体制和公共预算体制下，公共资金（资源）用于公共部门、国民经济和社会生活各方面的数量、比例及其相互关系。它是按照不同的要求和分类标准对公共支出进行科学的归纳、综合所形成的公共支出类别构成及其比例关系。

公共支出结构建立在支出分类之上，只有在一定的支出分类基础上，才能对因此而形成的各项支出数额及其所形成的关系做出分析研究。公共支出结构的实质是公共支出的分类组合和配置比例，其目标是确定科学合理的和优化的公共支出结构。

根据本章第一节中关于公共支出的分类，公共支出结构类型主要包括以下几种：

（一）公共支出职能结构

即按政府职能分类的公共支出所呈现出的结构状态，各项支出占全部公共支出的比重恰恰能够反映政府职能的侧重点。

如前所述，按照国际货币基金组织（IMF）的功能分类，公共支出分为一般公共服务，国防，公共秩序和安全，经济事务，环境保护，住房和社区服务设施，医疗卫生，娱乐、文化和宗教，教育，社会保障10大类。依据IMF网站公开的2015年度的数据，我们对其中的32个发达经济体和25个转轨或发展中经济体进行了平均值分析，并选择了7个典型的发达经济体和包括中国在内的6个转轨或发展中经济体进行比较，如表5－6所示。

表5－6　　2015年按功能分类公共支出结构国际比较　　单位：%

国家或地区	一般公共服务	国防	公共秩序和安全	经济事务	环境保护	住房和社区服务设施	医疗卫生	娱乐、文化和宗教	教育	社会保障
澳大利亚	13.0	4.5	4.6	11.8	1.9	2.1	18.5	2.1	14.2	27.3
中国香港	15.1	0.0	9.4	14.8	3.4	7.3	15.9	2.9	16.8	14.4
丹麦	13.5	2.0	1.8	6.7	0.8	0.4	15.6	3.2	12.8	43.0
日本	10.3	2.3	3.2	9.3	2.9	1.8	19.7	0.9	8.4	41.2
美国	13.8	8.8	5.4	8.6	0.0	1.4	24.3	0.7	16.3	20.8
新加坡	6.0	18.4	5.5	21.5	1.3	4.6	12.1	3.7	16.4	10.6
英国	10.6	5.0	4.7	7.1	1.8	1.1	17.8	1.5	12.0	38.4
发达经济体平均水平（32个）	13.8	3.4	4.4	11.0	1.8	1.6	14.7	2.7	12.8	33.8
中国	8.6	4.2	4.3	27.7	2.3	8.2	8.9	1.5	12.3	22.0
印度尼西亚	47.7	5.2	3.3	12.0	1.2	7.0	4.8	0.7	16.7	1.5
南非	44.3	2.2	6.4	10.3	0.6	5.0	7.7	1.9	12.9	8.7
波兰	47.7	5.2	3.3	12.0	1.2	7.0	4.8	0.7	16.7	1.5
俄罗斯联邦	38.6	5.3	5.9	6.6	0.1	2.0	6.9	0.9	2.2	31.4
乌克兰	13.0	6.1	6.5	4.5	0.7	1.9	8.4	1.9	13.5	43.5
转轨或发展中经济体平均水平（25个）	21.9	5.4	7.4	14.9	1.1	3.4	9.9	2.2	13.6	20.3

注：发达经济体平均水平为国际货币基金组织网站上公布的32个国家或地区的平均水平，转轨或发展中经济体平均水平为IMF网站上公布的25个国家的平均水平，中国的数据不含港、澳、台地区。

资料来源：根据国际货币基金组织网站数据整理。

从各项支出占总支出的比重看，无论是发达经济体还是转轨或发展中经济体，排在前五位的支出均为一般公共服务、经济事务、医疗卫生、教育、社会保障。但这两类国家中，前五位支出的排序却不相同，对于发达经济体，排序分别为社会保障、医疗卫生、一般公共服务、教育、经济事务；而对于转轨或发展中经济体，排序分别为一般公共服务、社会保障、经济事务、教育、医疗卫生。对于后者而言，一般公共服务和经济事务支出明显排位更靠前。

我国同年各项功能支出从高到低排列分别为：经济事务（27.7%），社会保障（22.0%），教育（12.3%），医疗卫生（8.9%），一般公共服务（8.6%），住房和社区服务设施（8.2%），公共秩序和安全（4.3%），国防（4.2%），环境保护（2.3%），娱乐、文化和宗教（1.5%）。

无论是与发达经济体相比，还是与转轨或发展中经济体相比，我国经济事务支出占比都较高，社会保障、医疗卫生支出占比较低。我国的经济事务支出在2015年占全部财政支出的27.7%，明显高于转轨或发展中经济体14.9%的平均水平以及发达经济体11.0%的平均水平。经济事务支出占总支出的比重较高，这主要是因为我国在全面建成小康社会和现代化强国的进程中，政府仍承担着较多的经济发展职能，但同时也反映出在利用公共资金引导社会资本投入经济建设的能力方面尚有不足。我国医疗卫生支出与发达经济体的平均水平相比还有不小的差距，与转轨或发展中经济体相比也有差距。社会保障支出水平占22.0%，比转轨或发展中经济体平均水平20.3%高1.7个百分点，但低于发达经济体33.8%的平均水平。我国医疗卫生和社会保障支出占总支出和GDP的比重较低，反映了我国医疗卫生和社会保障体系仍处于建立和完善的阶段性特征。随着全球人口老龄化进程加快，加之类似2020年新冠肺炎疫情暴发等突发公共卫生事件发生概率的增加，各国用于社会保障和医疗卫生等方面的支出还会继续扩大，将成为公共开支中最重要的部分。

（二）公共支出经济性质结构

按照经济性质的不同，把公共支出分为消耗性支出和转移性支出，从二者在全部公共支出中的占比能够看出公共支出的方式，对分析公共支出效率具有重要意义。表5-7显示了2008~2016年部分国家按经济性质划分的两类支出结构情况。

表5-7　部分国家公共财政主要支出项目比重　单位：%

国家	项目	2008年	2009年	2010年	2011年	2012年	2013年	2014年	2015年	2016年
澳大利亚	商品和服务支出	10.8	9.9	10.0	10.1	10.3	10.0	10.1	10.2	10.2
	利息支付支出	1.5	1.4	2.0	2.7	3.3	3.3	3.3	3.5	3.6
	补贴和其他转移	69.3	71.3	69.4	69.1	67.4	67.3	67.8	67.7	67.4
	军事支出	7.7	7.3	7.3	7.0	6.5	6.5	6.8	7.4	7.4
	其他支出	8.0	7.5	8.4	7.5	8.4	7.9	8.3	8.2	8.1

续表

国家	项目	2008年	2009年	2010年	2011年	2012年	2013年	2014年	2015年	2016年
加拿大	商品和服务支出	7.5	7.1	7.3	7.8	7.6	6.9	7.0	7.1	7.1
	利息支付支出	10.8	9.4	8.9	9.1	8.5	8.4	7.7	7.0	6.3
	补贴和其他转移	65.0	66.3	67.4	66.1	67.2	67.9	69.0	70.3	71.4
	军事支出	7.3	7.3	6.3	6.7	6.4	5.9	6.0	5.7	5.7
	其他支出	5.3	5.5	5.2	5.2	5.1	4.8	4.7	4.6	4.5
法国	商品和服务支出	5.8	5.9	5.7	5.7	5.7	5.7	5.6	5.7	—
	利息支付支出	5.6	4.6	4.5	5.1	5.0	4.4	4.2	3.9	—
	补贴和其他转移	50.7	51.6	50.4	51.8	52.3	53.0	54.0	54.9	—
	军事支出	5.0	5.1	4.7	4.7	4.6	4.6	4.6	4.7	—
	其他支出	3.4	3.3	3.2	3.4	3.4	3.4	3.3	3.2	—
德国	商品和服务支出	4.0	4.1	4.0	4.5	4.8	4.9	4.8	4.7	—
	利息支付支出	5.7	5.2	4.6	5.3	4.8	4.1	3.8	3.4	—
	补贴和其他转移	79.3	80.1	77.5	80.1	80.1	80.6	81.0	82.0	—
	军事支出	4.5	4.5	4.3	4.4	4.6	4.3	4.2	4.2	—
	其他支出	5.1	4.8	8.2	4.3	4.3	4.3	4.4	4.0	—
日本	商品和服务支出	5.3	5.2	4.9	4.6	4.8	5.4	5.6	5.5	—
	利息支付支出	10.9	9.3	9.7	9.2	9.3	9.3	9.4	9.5	—
	补贴和其他转移	61.1	66.3	67.8	68.5	68.7	68.7	68.8	68.7	—
	军事支出	6.0	5.3	5.5	5.2	5.3	5.2	5.4	5.4	—
	其他支出	15.9	13.2	11.5	11.9	11.4	11.1	10.1	10.2	—
韩国	商品和服务支出	6.8	10.8	11.1	10.9	12.0	13.2	13.4	14.8	—
	利息支付支出	6.8	5.0	5.7	5.8	5.7	5.6	5.7	5.3	—
	补贴和其他转移	60.2	56.9	58.1	58.6	59.1	62.5	62.3	61.8	—
	军事支出	13.6	13.5	14.0	13.6	10.1	10.4	10.6	10.6	—
	其他支出	15.4	17.2	14.8	14.6	13.4	8.6	8.3	7.7	—
英国	商品和服务支出	13.2	13.8	13.3	13.2	13.0	14.0	14.0	14.3	—
	利息支付支出	5.4	4.3	6.6	7.5	6.7	7.0	6.7	6.0	—
	补贴和其他转移	55.2	57.6	57.6	57.7	57.8	57.9	58.1	58.2	—

续表

国家	项目	2008年	2009年	2010年	2011年	2012年	2013年	2014年	2015年	2016年
英国	军事支出	5.7	5.7	5.5	5.5	5.2	5.2	5.0	4.9	—
	其他支出	12.5	10.4	8.7	7.7	8.5	6.9	6.6	6.6	—
美国	商品和服务支出	9.8	9.4	9.8	9.4	9.3	8.3	7.8	7.5	7.2
	利息支付支出	11.5	9.6	9.7	10.8	10.9	10.8	11.0	10.7	11.2
	补贴和其他转移	59.5	61.1	62.7	62.1	62.3	63.9	64.5	65.6	65.6
	军事支出	18.4	18.1	17.8	18.0	17.6	16.5	15.3	14.5	14.4
	其他支出	9.1	10.0	7.8	7.6	7.4	7.0	6.8	6.5	6.3

资料来源：世界银行网站。

可以看出，消耗性支出和转移性支出占总支出的比重，各个国家有所不同。在经济发达的高收入和中等收入国家，由于政府较少直接参与生产活动，政府职能侧重于收入分配和经济稳定，因而转移性支出占总支出的比重较大。在低收入水平的发展中国家，由于政府较多地直接参与生产活动，消耗性支出占总支出的比重较大。早在20世纪90年代初，就有国外的一项研究展示了这种情况，见表5－8。

表5－8　　发达国家和发展中国家两类支出所占比重（1992年）　　单位：%

类别	发达国家	发展中国家
消耗性支出	45.2	61.5
其中：经常性支出	34.9	50.1
资本支出	10.3	11.4
转移性支出	41.0	22.5
其中：公债利息支出	5.6	5.5
补助金	35.4	17.0
其他	13.8	16.0
合计	100.0	100.0

资料来源：根据A. B. 普莱斯特：《发展中国家的公共财政》计算而得。

（三）公共支出行政级次结构

从公共支出行政级次结构中能够看出各级政府在公共支出中的责任，对分析中央与地方政府之间以及各级地方政府之间的事权和财力划分具有重要意义。表5－9显示了OECD主要国家中央和地方财政支出占比情况，不难发现，多数国家地方财政支出均占全国财政支出的50%以上。

表5－9　　OECD主要国家中央和地方财政支出结构　　单位：%

国家	指标	2014年	2015年	2016年
奥地利	中央财政支出比重	—	61.9	—
	地方财政支出比重	—	38.1	—
法国	中央财政支出比重	34.0	34.4	34.9
	地方财政支出比重	66	65.6	65.1
德国	中央财政支出比重	17.5	17.3	16.9
	地方财政支出比重	82.5	82.7	83.1
希腊	中央财政支出比重	58.1	59.6	55.9
	地方财政支出比重	41.2	40.4	44.1
意大利	中央财政支出比重	33	32.9	33.1
	地方财政支出比重	67	67.1	66.9
日本	中央财政支出比重	—	16.3	—
	地方财政支出比重	—	83.7	—
瑞典	中央财政支出比重	37.8	37.8	36.4
	地方财政支出比重	62.2	62.2	63.6
英国	中央财政支出比重	75.4	71.5	75.5
	地方财政支出比重	24.6	28.5	24.5
美国	中央财政支出比重	—	51.5	—
	地方财政支出比重	—	48.5	—

资料来源：经济合作与发展组织网站。

二、公共支出结构变化趋势

从全球近几十年来的公共支出结构变化考察，呈现出了基本相同的趋势，即在公共支出中用于经济建设以及行政管理方面的消耗性支出下降，而用于医疗卫生、教育、社会保障方面的转移性支出上升。

（一）按职能（预算编制）分类的支出结构变化

从职能分类看，无论是发达国家还是发展中国家，公共支出中用于教育、医疗卫生、社会保障等方面的支出持续增加，而用于经济事务等方面的支出下降。以美国为例，表5－10显示了2007～2016年美国财政支出按政府职能分类的情况。其中，社会福利性支出如医疗卫生、社会保障、教育的比重较高，支出比例最高的支出项目始终是“医疗卫生”，历年都保持在20%以上，并呈现出显著上升趋势；排在第二位的是“社会保障”，从2009年开始达到20%以上，也表现出上升的趋势；排在第三位的是“教育”，基本保持在16%以上，近些年相对比较稳定；“国防”呈现了下降的趋势，2013年首次下降到10%以下；“经济事务”支出平均不足10%，从2009年开始呈现明显下降趋势。

表5－10　2007～2016年美国按政府职能分类的财政支出结构　单位：%

项目	2007年	2008年	2009年	2010年	2011年	2012年	2013年	2014年	2015年	2016年
一般公共服务	15.2	14.0	13.8	13.8	14.4	14.5	14.3	14.1	13.8	14.2
国防	10.7	11.0	10.8	11.0	10.9	10.6	9.8	9.2	8.8	8.5
公共秩序和安全	5.8	5.7	5.5	5.4	5.4	5.4	5.4	5.4	5.4	5.4
经济事务	9.8	10.3	9.8	9.3	9.1	9.1	9.1	9.0	8.6	8.8
环境保护	0.0	0.0	0.0	0.0	0.0	0.0	0.0	0.0	0.0	0.0
住房和社区服务设施	1.8	1.7	3.0	2.3	2.1	1.7	1.4	1.4	1.4	1.3
医疗卫生	20.7	20.2	20.3	20.5	20.9	21.6	22.3	23.4	24.3	24.4
娱乐、文化和宗教	0.8	0.8	0.8	0.7	0.7	0.7	0.7	0.7	0.7	0.7
教育	17.1	16.6	16.0	16.0	15.9	16.0	16.2	16.2	16.3	16.1
社会保障	18.2	19.6	20.1	21.0	20.7	20.5	20.9	20.6	20.8	20.6

资料来源：经济合作与发展组织网站。

我国自2007年以来，一些事关民生、事关基本公共服务均等化的支出呈现明显上升趋势。如“教育支出”“农林水事务支出”“城乡社区事务支出”“交通运输支出”“医疗卫生支出”等，如表5－11所示。与此同时，部分项目支出呈现明显下降趋势。随着政府职能的转变、政府预算公开的推进，以及中央八项规定的贯彻落实，政府“一般公共服务支出”呈现明显的下降趋势，由2007年的17.1%下降到2017年的8.1%；“公共安全支出”“国防支出”在绝对额增加的同时，相对量也呈现出小幅下降趋势；随着城镇化的不断推进，“城乡社区事务支出”由2007年的6.5%上升至2017年的10.1%；与人民生活密切相关的“医疗卫生支出”也呈现出明显的上升趋势。

表5-11　2007~2017年我国公共财政主要支出项目比重　单位：%

项目	2007年	2008年	2009年	2010年	2011年	2012年	2013年	2014年	2015年	2016年	2017年
一般公共服务支出	17.1	15.7	12.0	10.4	10.1	10.1	10.0	8.7	7.7	7.9	8.1
外交支出	0.4	0.4	0.3	0.3	0.3	0.3	0.3	0.2	0.3	0.3	0.3
对外援助支出	0.2	0.2	0.2	0.2	0.1	0.0	0.1	—	—	0.2	—
国防支出	7.1	6.7	6.5	5.9	5.5	5.3	5.4	5.5	5.2	5.2	5.1
公共安全支出	7.0	6.5	6.2	6.1	5.8	5.7	5.7	5.5	5.3	5.9	6.1
武装警察支出	1.2	1.1	1.1	1.0	1.0	0.0	0.3	—	—	—	—
教育支出	14.3	14.4	13.7	14.0	15.1	16.9	15.9	15.2	14.9	15.0	14.8
科学技术支出	3.6	3.4	3.6	3.6	3.5	3.5	3.9	3.5	3.3	3.5	3.6
文化体育与传媒支出	1.8	1.8	1.8	1.7	1.7	1.8	1.8	1.8	1.7	1.7	1.7
社会保障和就业支出	10.9	10.9	10.0	10.2	10.2	10.0	10.2	10.5	10.8	11.5	12.1
医疗卫生支出	4.0	4.4	5.2	5.3	5.9	5.8	5.9	6.7	6.8	7.0	7.1
环境保护支出	2.0	2.3	2.5	2.7	2.4	2.4	2.4	2.5	2.7	2.5	2.8
城乡社区事务支出	6.5	6.7	6.7	6.7	7.0	7.2	7.4	8.5	9.0	9.8	10.1
农林水事务支出	6.8	7.3	8.8	9.0	9.1	9.5	9.4	9.3	9.9	9.9	9.4
交通运输支出	3.8	3.8	6.1	6.1	6.9	6.5	6.7	6.9	7.0	5.6	5.3
资源勘探信息等支出	—	—	—	—	—	—	—	3.3	3.4	3.1	2.5
国土海洋气象等支出	—	—	—	—	—	—	—	1.4	1.2	1.0	1.1
住房保障支出	—	—	—	—	—	—	—	3.3	3.3	3.6	3.2
车辆购置税支出	1.7	1.6	1.4	1.7	2.1	0.0	0.7	—	—	—	—
地震灾后恢复重建支出	0.0	1.3	1.5	1.3	0.2	0.1	0.1	—	—	—	—
其他支出	5.9	4.7	4.2	3.0	2.7	2.0	2.3	2.1	2.1	1.0	0.9

资料来源：《中国统计年鉴2018》，国家统计局网站。

（二）按经济性质分类的支出结构变化

从2008～2016年部分国家购买性支出和转移性支出结构变化看，消耗性支出总体呈现下降趋势，而转移性支出则呈现出明显的上升趋势。

表5－12显示了我国2000～2016年财政支出经济性质结构变化。2000年以来，直至2008年，我国消耗性支出占全部财政支出的比重呈现出下降趋势，但2009年以来则呈现出上升趋势，这一变化在很大程度上是为了应对2008年以来的经济危机，国家实行积极的财政政策，扩大消耗性支出的结果；2013年与2012年相比又有上涨，也是应对2012年经济危机财政政策再次发力的表现。2016年消耗性支出比重相比上年稍有下降。

表5－12　　2000～2016年我国公共财政支出经济性质结构变化　　单位：%

年份	消耗性支出比重	转移性支出比重
2000	67. 32	32. 68
2001	68. 04	31. 96
2002	66. 41	33. 59
2003	65. 90	34. 10
2004	58. 11	41. 89
2005	60. 80	39. 20
2006	61. 35	38. 65
2007	52. 62	47. 38
2008	52. 39	47. 61
2009	52. 59	47. 41
2010	53. 86	46. 14
2011	53. 29	46. 71
2012	53. 99	46. 01
2013	55. 42	44. 58
2014	55. 49	44. 51
2015	57. 86	42. 14
2016	56. 87	43. 13

资料来源：根据2000～2017年《中国财政年鉴》数据整理、计算得出。

（三）按行政级次分类的支出结构变化

从中央政府和地方政府支出结构变化看，各国中央和地方支出比例相对稳定，变化幅度不是很大。表5－13列示了我国1995～2019年中央和地方支出结构情况，从中看出，我国财政支出行政级次结构中，自1995年以来中央的支出占比总体上呈现出下滑趋势。

表5－13　　我国1995～2019年中央和地方财政支出结构

年份	全国财政支出（亿元）	中央财政支出（亿元）	地方财政支出（亿元）	中央财政支出比重（%）	地方财政支出比重（%）
1995	6823.7	1995.39	4828.33	29.2	70.8
1996	7937.6	2151.27	5786.28	27.1	72.9
1997	9233.6	2532.5	6701.06	27.4	72.6
1998	10798.2	3125.6	7672.58	28.9	71.1
1999	13187.7	4152.33	9035.34	31.5	68.5
2000	15886.5	5519.85	10366.65	34.7	65.3
2001	18902.6	5768.02	13134.56	30.5	69.5
2002	22053.2	6771.70	15281.45	30.7	69.3
2003	24650.0	7420.10	17229.85	30.1	69.9
2004	28486.9	7894.08	20592.81	27.7	72.3
2005	33930.3	8775.97	25154.31	25.9	74.1
2006	40422.7	9991.40	30431.33	24.7	75.3
2007	49781.4	11442.06	38339.29	23.0	77.0
2008	62592.7	13344.17	49248.49	21.3	78.7
2009	76299.9	15255.79	61044.14	20.0	80.0
2010	89874.2	15989.73	73884.43	17.8	82.2
2011	109247.8	16514.11	92733.68	15.1	84.9
2012	125953.0	18764.63	107188.34	14.9	85.1
2013	140212.1	20471.76	119740.30	14.6	85.4
2014	151785.6	22570.07	129215.59	14.9	85.1
2015	175877.8	25542.15	150335.62	14.5	85.5
2016	187755.2	27403.9	160351.4	14.6	85.4

续表

年份	全国财政支出（亿元）	中央财政支出（亿元）	地方财政支出（亿元）	中央财政支出比重（%）	地方财政支出比重（%）
2017	203085.5	29857.2	173228.3	14.7	85.3
2018	220906.0	32708.0	188198.0	14.8	85.2
2019	238858.4	35115.2	203743.2	14.7	85.3

资料来源：中华人民共和国财政部网站。

三、公共支出结构变化的理论分析

理论上说，公共支出结构变化主要与经济发展水平、政府职能变化密切相关。

（一）经济发展水平与公共支出结构

经济发展水平会影响公共支出职能结构和经济性质结构。

如果一国的经济发展水平较低，生产技术落后，那么该国政府追求的政策目标就是经济快速增长，相应地，在支出的安排中，用于经济建设方面的支出占比通常较高；反过来，如果一国经济发展水平较高，生产技术水平先进，经济保持了较高的增长速度，那么，该国政府追求的政策目标就转向以提高生活质量为主，相应地，教育、医疗、卫生、住房保障等方面的支出就增加，比重也会较高。“经济发展阶段论”在解释公共支出增长的同时，其实也从经济发展阶段的视角解释了支出结构的变化。在这一背景下，公共支出职能结构会从经济建设为主转向社会管理为主，同时支出经济性质也从消耗性支出为主转向转移性支出为主。

我国自改革开放以来，经济总量连上新台阶，GDP 总量已居世界第二位，成功实现了由低收入国家向中等收入国家的跨越，与此同时，我国的公共支出结构也从偏重经济建设支出，转向以向全社会提供包括教育、社会保障与就业、医疗卫生等公共服务方面的支出为主，转移性支出的比重显著提高。

（二）政府职能与公共支出结构

政府职能直接决定了公共支出的职能结构、行政级次结构，同时也会影响支出经济性质结构。

公共支出是履行政府职能的财力保证。因此，政府职能及政府活动范围决定了一定时期内公共支出的项目、方向和比例，也就决定了支出的规模和结构。一般来说，实行计划经济体制的国家，资源配置方式以政府集中配置为主，政府既承担了“社会公共需要”方面的事务，也承担了大量竞争性、经营性等方面的事务，因此，公共支出中经济建设支出所占的比重高，用于社会公益和社会保障的开支占比较低。而实行市场经济体制的国家，资源配置以市场配置方式为主，政府的职能主要集中于社会管理领域，因此，公共支出中经济建设支出所占比重较低，而用于社会公益和社会保障等方面的开支比例明显较高。

政府职能除了涉及政府和市场的定位外，还涉及不同层级的政府间职能的划分，从而影响公共支出的层级机构，如果政府职能主要由中央政府承担，则一般中央政府的支出所占比重较高，反之则较低。

同时，政府职能的侧重点不同也会对公共支出经济结构产生影响。同样是实行市场经济体制且经济发展水平较高的国家，由于实行不同的福利政策，会直接影响社会保障支出占全部公共支出的比重。众所周知，北欧国家普遍实行高福利政策，因此，在全部公共支出中，用于社会保障方面支出的比重高于其他发达国家。例如，2015 年，丹麦“社会保障”支出占全部公共支出的 43.0%，同期美国为 20.8%（见表 5－6）。

自新中国成立一直到“五五”时期，在我国公共支出中，消耗性支出所占比重都在 90% 以上，而转移性支出仅占很小的比重，这种支出结构具有发展中国家的典型特征（见表 5－14）。自改革开放以来，随着市场机制在资源配置中的决定性作用不断加强，政府逐步从包揽各种资源配置的繁重事务中解脱出来，政府职能的重点逐渐转变到强化宏观调控、弥补市场失灵的公共服务领域。因此，这种职能转变直接影响到公共支出职能结构。特别是近年来，转变政府职能、打造服务型政府，已成为全面深化改革的重要任务，公共支出职能结构的重心也逐渐向为社会提供优质公共服务转移。同时，中央政府将更多的职责、事权及财力下放给地方政府，地方政府承担的公共支出份额逐渐增加。随着政府职能转变，消耗性支出在全部支出中的比重呈下降趋势，转移性支出则呈现出上升趋势。

表 5－14　　中国消耗性支出和转移性支出所占比重　　单位：%

时期	消耗性支出			转移性支出			总计
	合计	经常性支出	资本支出	合计	政策性补贴支出	抚恤和社会福利救济费	
经济恢复时期	98.80	62.83	36.15	1.02	—	1.02	100
“一五”时期	97.90	43.26	54.64	2.10	—	2.10	100

续表

时期	消耗性支出			转移性支出			总计
	合计	经常性支出	资本支出	合计	政策性补贴支出	抚恤和社会福利救济费	
“二五”时期	98.43	27.47	70.96	1.57	—	1.57	100
1963～1965年	96.52	38.98	57.54	3.48	—	3.48	100
“三五”时期	98.41	39.30	59.11	1.59	—	1.59	100
“四五”时期	98.66	36.11	62.55	1.34	—	1.34	100
“五五”时期	93.70	34.34	59.36	6.30	4.20	2.10	100
“六五”时期	83.35	37.86	45.49	16.65	14.83	1.82	100
“七五”时期	83.53	42.40	41.13	16.47	14.51	1.96	100
“八五”时期	89.43	52.64	36.79	10.57	8.45	2.12	100
“九五”时期	89.82	53.27	36.55	10.18	8.20	1.98	100
“十一五”时期	90.08	58.08	32.00	9.92	6.05	2.87	100

注：转移性支出不包括国内外债务及利息支出，也未将社会保障支出计算在内；政策性补贴支出视同价格补贴支出。

资料来源：根据历年《中国财政年鉴》有关资料计算。

第四节 公共支出的经济效应

公共支出作为政府满足其职能需要、最终满足社会公共需要的一项重要活动，必然对经济运行产生重要影响，我们将这种影响称为公共支出的经济效应。具体而言，通过对公共支出规模、结构以及具体支出形式的调整，可以产生不同的经济效应。

一、公共支出的收入效应

公共支出的收入效应是指公共支出会增加企业或者居民的收入。这种效应主要通过转移性支出实现，如对企业的补贴支出或者税式支出，对居民的补贴支出或社会保障支出等。这些支出对于企业或居民而言会直接增加其利润或收入。利润、收入水平提高后，企业可以用来投资更多的项目，居民可以用来消费更多的物品和服务。基于公共支出的收入效应，政府可以通过增加支出的数量，从而对生产具有正外部性产品、服务的企业或者一些特殊企业给予补贴，促进企业发展；对居民给予生活困难补助或者基本的生活保障，从而促进其生活水平的提高。

例如，我国的企业所得税法规定，企业从事农、林、牧、渔业项目的所得、从事国家重点扶持的公共基础设施项目投资经营的所得、从事符合条件的环境保护和节能节水项目的所得以及符合条件的技术转让所得可以免征、减征企业所得税；对符合条件的小型微利企业，减按20%的税率征收企业所得税；对国家需要重点扶持的高新技术企业，减按15%的税率征收企业所得税。这些税收优惠属于税式支出，是转移性支出的一种，通过对企业的减税免税，实际上增加了企业的利润收入。

再如，我国实行的最低生活保障制度，也就是国家对家庭人均收入低于当地政府制定的最低生活标准的居民给予一定现金资助，增加了居民的收入，从而保证了居民的基本生活需要。

二、公共支出的替代效应

公共支出的替代效应是指公共支出会相对降低产品或者服务的价格，消费者就可以花更少的钱用于该产品或者服务的购买，进而增加对其他产品或者服务的购买，也就是通过价格的相对变化，将公共支出的影响传导到其他商品和劳务上，通过增加对其他商品和劳务的消费替代了对受补贴产品或者劳务的消费。例如，如果政府直接对企业给予价格补贴，促使产品或者服务维持在较低的价格水平上，那么消费者有可能花更少的钱用于该产品或者服务的消费，而将节省的资金用于其他消费；如果政府直接给消费者价格补贴，那么消费者可能将补贴资金的一部分用于该产品或者服务的消费，同样可以将节省的资金用于其他消费。也就是说，把补贴资金给予企业或者消费者，都有可能发生替代效应。

结合收入效应的论述，当政府给予企业财政补贴时，可能会同时产生收入效应和替代效应。例如，假设消费者只消费 A 和 B 两种产品，如果政府对产品 A 给予价格补贴，对企业而言，产生了收入效应，并且会降低产品 A 的价格，由于价格下降，相当于变相提高了消费者的收入，消费者在同样的收入水平下，会增加对产品 A 的消费，因而对消费者而言，也发生了收入效应。但同时，消费者还会用“节省的资金”增加对 B 的消费，这发生了替代效应。其结果是，由于政府给予企业补贴，在收入效应和替代效应的双重作用下，消费者会同时增加对 A 和 B 的消费量，但对 A 的消费增加量通常大于对 B 的消费增加量。

收入效应和替代效应合起来也被称为激励效应，由于一项公共支出可能既有收入效应又有替代效应，所以应深入比较两类效应的大小，才能评判这项支出政策产生的激励效应。

三、公共支出的经济增长效应

公共支出的经济增长效应是指公共支出能够促进经济增长，而且是成倍增长，这主要通过乘数效应来实现。其原理在于，公共支出增加后，企业或者居民即获得相应的利润或者收入，从而引致企业的投资需求或者消费者的消费需求增加，进而带动经济发展。而供给这些企业或者居民生产、消费的其他企业会开展新一轮的扩大再生产，又产生了新的需求，带动经济的进一步发展。如此持续进行下去，一项公共支出的增加就会带动经济的倍数增长，即产生乘数效应。按照公共支出经济性质的不同分为消耗性支出乘数和转移性支出乘数。

由于消耗（购买）性支出直接形成第一轮（初始）需求，而转移性支出在转移给企业或者居民后，它们会根据自己的使用意愿拿出其中的一部分进行投资或者消费，此时，公共支出中只有一部分会形成第一轮的需求，因此，消耗性支出乘数要大于转移性支出乘数，而且因其发挥作用的时效性也强，当经济处于下行区间时，政府可以通过增加消耗性支出促进经济较快恢复。

四、公共支出的挤出效应

公共支出的挤出效应指支出增加所引起的私人消费或投资降低的效果。挤出效应表现在两个方面：一是公共支出会通过税收机制减少私人部门可支配的收入，也就是说，公共支出的资金是通过税收筹集的，这些税收会直接减少私人部门可支配的收入，从而使私人消费的支出被“挤”掉了；二是公共支出的增加通过借债会使债券市场上的资金利率提高，也就是说，由于政府借债使得市场上对资金的需求增加，抬高了资金的成本，从而导致私人部门的投资减少甚至退出。

五、公共支出的收入分配效应

公共支出的收入分配效应是指公共支出可能会导致利益转移的现象，从而使公共支出带来的利益产生再分配。也就是说，一项公共支出可能不会使目标群体受益，而使非目标群体受益了。如住房补贴支出的目的在于补助穷人，但其在短期内会造成住房需求的增加从而引致房价的上涨，以致真正获益的并不是穷人。再如对老人的医疗保健支出，相应减轻了家庭的医疗费用负担，很可能使其子女受益。

可见，要评估一项公共支出的总效应，要综合多个方面的效应来分析，才能真实评价其是否达到预定的政策目标。

第五节 公共支出效益分析及控制

一、公共支出效益的内涵

无论是社会经济组织的支出还是公共部门安排的公共支出，其实质都是社会资源的一个组成部分。由于资源的有限性，不管是社会经济组织还是公共部门，都必须重视资源的利用效率。要提高资源利用效率，一是要实现资源的优化配置，使所有的资源都得到充分利用，避免资源的浪费；二是在资源的使用过程中，尽可能地提高每一个单位资源的利用效率，即任何支出都要考虑投入产出问题，这实际上就是效益衡量问题。

公共收支过程，是把资源集中于公共部门手中并由公共部门支配使用。公共部门集中资源时应当考虑：将有限的资源集中由公共部门支配或交给微观经济主体支配，哪个更能促进经济的发展和社会财富的增加？这就产生了一个效益评价的问题。显然，只有当资源集中在公共部门手中能够发挥更大效益时，公共部门占有资源才是对社会有益的。通常说，公共支出规模应当适度，结构应当合理，根本的目的就是要提高公共支出效益。从这个意义上说，提高支出效益是支出的核心问题。

所谓效益，是指人们在有目的实践活动中“所费”与“所得”的对比关系，或者说，是一个组织或个人在一定时期内的投入产出情况。投入指的是人力、物力、财力等各种有形和无形资源，产出指的是工作任务在效率及效果方面的完成情况。从价值形态上看，“效益”意味着通过各种资源投入的合理组合，实现既定产出的成本最小化。所谓提高经济效益，就是“少花钱、多办事、办好事”。对于公共支出效益而言，主要是从公共部门的角度来分析支出安排过程中投入的人力、物力、财力以及产出或者公共服务提供方面的效率及效果情况。

对于社会经济组织来说，提高效益有着十分明确且易于把握的标准，通过直接成本（所费或投入）和直接效益（所得或产出）的比较来判定有无效益及效益高低。从原则上说，公共支出效益与社会经济组织的支出效益是相似的。但是，由于作为公共部门集中代表的政府处于公共职能行驶者和宏观调控主体的地位上，公共支出项目的性质特殊，同社会经济组织的支出在效益评价上有一些差别：（1）两者计算的所费与所得的范围不同。社会经济组织只需分析发生在自身范围内的直接的和有形的所费与所得；政府则不仅要分析直接的和有形的所费与所得，还需分析间接的和无形的所费与所得，必须把外部性计算在内。（2）两者的选优标准不同。社会经济组织的目标一般是追求利润和经济效益；政府追求的则是整个社会的公共利益，为达此目的，有些支出项目并不直接产生经济效益，有些支出项目局部的亏损是可能的，也是必要的。（3）与社会经济组织的收支活动相比，政府的收支活动要付出征收成本、行政成本和更多的决策成本，因此，在一般竞争性领域如果由政府安排支出进行投资，其支出的经济效益往往低于私人投资。所以，政府的支出应主要或重点安排于私人投资不能或不愿涉足的基础性、公益性领域，才会获得好的社会综合效益。由此看来，在提高公共支出使用效益的过程中，政府需要处理诸多复杂的问题。

在许多场合，人们对支出进行评估时，必须进行一些定量的分析，必须判断某一特定支出项目或支出计划是否可以实施，其收益是否超过成本。而对于一些效益不易衡量的支出项目，则在实现既定目标的同时，尽量节省其成本费用开支。因此，针对不同的公共支出项目，需选用多种衡量支出效益的方法。

二、公共支出效益的评价方法

由于公共支出效益所包含内容的复杂性和多样性，对公共支出效益的评价方法也有多种。以下重点介绍成本效益分析法和最低成本法。

（一）成本效益分析法

1. 成本效益分析的含义和步骤

成本效益分析，是一种经济决策方法，它是通过比较各种备选方案（投资项目）的全部预期收益和全部预期成本的现值来评价这些方案，以评价绩效目标实现的程度并作为决策参考或依据的一种方法。运用这种方法评价一个项目时，其成本和效益是经济的、有形的，可以用货币计量。

对于公共部门和私人经济部门来说，进行成本效益分析的程序一般包括四个步骤：（1）确定一系列可供选择的方案；（2）确定每种方案的最终结果，也就是每种方案所需要的投入量和将会实现的产出量；（3）对每一种投入和产出进行估价，得出成本和收益；（4）加总每个项目的所有成本和收益，以估计项目总的获利能力。

2. 成本效益分析法的衡量方式

成本效益分析要求把支出项目中一切可能发生的成本与效益归纳起来，利用数量分析方法来计算成本和效益的比值，从而判断该项目是否可行。在计算成本和效益比值时，主要采用三种方式：

（1）净现值。净现值（net present value，NPV）是指在选定项目的寿命期内，将所有的成本（“成本流”）和所有的效益（“效益流”）按照一定的贴现率折算为成本现值和效益现值，据此加以对比，公式为：

$$NPV = \sum_{t=0}^{n} \frac{B_t}{(1+r)^t} - \sum_{t=0}^{n} \frac{C_t}{(1+r)^t}$$
$$= \sum_{t=0}^{n} \frac{B_t - C_t}{(1+r)^t} \qquad (t = 0, 1, \cdots, n)$$

其中：NPV 为净现值；n 为项目的寿命期；t 为项目建造和发挥效用的第 t 年；B_t 为项目在第 t 年所产生的收益；C_t 为项目在第 t 年所花费的成本；r 为贴现率；$1/(1+r)^t$ 为贴现系数。

净现值等于 0，说明收益现值总额恰好等于成本现值总额，该项目的获利水平刚好合格；

净现值大于 0，说明获得收益大于投入成本，正数的数额越大，说明此项目的获利水平越高；

净现值小于 0，说明收益回收数额不足以抵偿投入的成本，则项目不宜采用。

（2）收益成本比率。收益成本比率（benefit cost rate，BCR）是指在项目的寿命期内，计算所有的收益现值与成本现值之比。在只考虑一个项目时，这一指标与 NPV 的实质是相同的，仅仅表达式不同而已。其公式为：

$$BCR = \sum_{t=0}^{n} \frac{B_t}{(1+r)^t} \Big/ \sum_{t=0}^{n} \frac{C_t}{(1+r)^t}$$

收益成本比率大于或等于 1，该项目可取，比率越高，增加投入就越有利；收益成本比率小于 1，则项目不可取。

（3）内部收益率。内部收益率（internal revenue rate，IRR）是指收益现值与成本现值相等时，即让一个项目的 NPV = 0、BCR = 1 时的贴现率。随着贴现率的提高，净收益的现值降低，终究会在某一点上恰好等于成本的现值，这时的贴现率称为内部收益率，用 r 表示。假定 B_t 是项目在 t 期的收益，C_t 是项目在 t 期的成本，如果存在 $r>0$，使得 $\sum_{t=0}^{n}\frac{B_t-C_t}{(1+r)^t}=0$，内部收益率解决了在支出方案的收益与成本相等时，项目的收益率多少的问题。公共支出项目是否可行，常用的标准是：内部收益率比要求的贴现率为高，或者，内部收益率 r 大于该资金的机会成本。

这三种方式各有各的特点，具有不同的适用性。一般而言，如果项目是不可分割的，可采用净现值衡量其效益；如果项目是可分割的，则应采用收益成本比率衡量其效益；如果项目的收益可以用于再投资时，则可采用内部收益率。

3. 成本和收益的确定

对支出项目进行评估要考虑的成本和收益是多方面的，归纳起来有以下一些类型：

（1）实质的和金融的。实质的收益是指项目的最终消费者获得的收益，它反映了社会财富和福利的增加。实质的成本则是项目所利用资源的实际成本。金融的收益与成本则是受到市场上相对价格的变化影响的收益或成本，价格的变化可能使一部分人的收益或损失增加，又为其他人的损失或收益所抵销，所以，从整体上看，它无法反映社会的净收益或净损失，因此又被称作虚假的收益和成本。

（2）直接的和间接的。直接的成本和收益是与项目主要目标密切相关的成本和收益。如直接成本包括为建设、管理和维护某个项目而投入的人力和物力的价值；直接效益则指该项目直接增加的商品量和劳务量，以及使社会成本得以降低的价值。而间接的成本和收益则是属于项目的副产品，与项目支出非直接相关。如间接成本主要指由于进行某项目而附带产生的，以及通过连锁效应而引起相关部门产生的人力和物力的耗费；间接效益主要包括与该项目相关联部门的产量的增加以及得到的其他社会福利。

（3）有形的和无形的。有形的成本和收益是能够以市场价格计量的且按惯例应记入会计账目的成本和收益。无形的成本和收益是指不能用市场价格直接估价的，因而也不能入账的成本和收益。

（4）中间的与最终的。中间的成本与效益，系指在项目成为最终产品之前加入的其他经济活动所产生的一切成本与效益。最终的成本与效益则指项目作为最终产品所产生的一切成本与效益。

（5）内部的与外部的。内部的成本和效益主要指项目所在辖区范围内发生的成本和收益，而外部的成本和收益是指项目范围外发生的成本和收益。

可以看出，与微观经济主体的支出相比较，公共支出的成本与效益包含了更多的内容。

4. 成本和收益的衡量

（1）社会收益价值的评估。原则上，某一产品的社会收益应当用消费者剩余（consumer surplus）来衡量，消费者剩余反映的是该产品最终消费者的净收益。现代经济理论表明，某一产品的需求曲线上的点代表消费者对一定数量的该产品愿意支付的最高价格，该价格必然与消费者消费该产品的边际效用一致。由于边际效用递减规律的作用，需求曲线是向下倾斜的，即对于第一单位的该产品，消费者愿意支付的价格最高，随着产品购买量的增加，消费者的边际效用递减，对以后各单位产品愿意支付的价格随之递减。但是，产品的最终市场均衡价格一旦确定，消费者购买的各单位产品都只需支付这一统一的价格，第一个单位并不比最后一个单位支付的价格更高。于是，除最后一个单位产品外，消费者消费该产品所获得的效用均高于产品的价格，这其中的差额就是消费者未支付任何代价而获得的净收益，称为消费者剩余。

从图5-3中看，消费者剩余就是消费者需求曲线和价格线之间部分的面积。因为政府提供的一些公共产品是免费的，所以消费者剩余就应为这一产品需求曲线以下的部分。如图5-3所示，DD线为某消费者一座桥梁的需求曲线，坐标系中横轴代表桥的通过次数，纵轴代表对于每一特定的通过量消费者愿意支付的价格，相当于他最后一次通过这座桥所获得的效用。当这座桥由人们免费使用时，DD线以下的部分就是这个消费者所获得的消费者剩余。桥的总收益是所有消费者的剩余之和，如果总收益大于建设这座桥的总成本，则造桥的计划就是可行的。

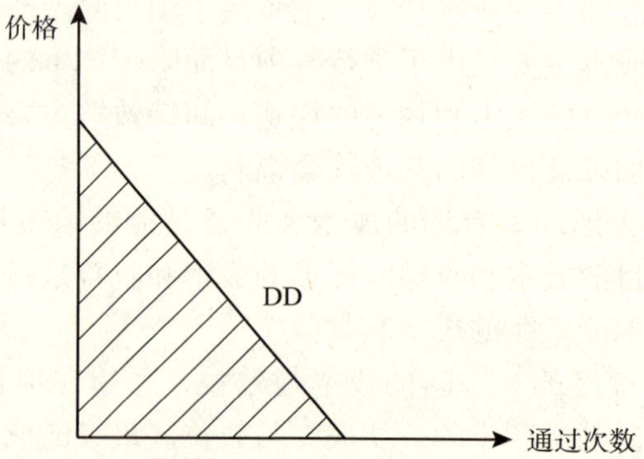

图5-3　消费者剩余

在大部分场合，消费者剩余难以直接观察到，这时就需要采用一些变通的方法，根据可以观察到的数据来推导出人们从某一公共支出项目中获得收益。

（2）影子价格（shadow price）。在计算某些项目的成本和收益时，经常会遇到这样的问题，即许多成本和效益没有市场价格，是无形的或非市场化的。另外，由于存在着市场失效，虽然政府提供的某些产品如水、电等有着非常确定的市场价格，这些价格却不能完全反映出它们的边际社会成本或收益。而对公共支出项目进行成本效益分析应以真实的社会成本及收益为基础。为此，经济学家们引入“影子价格”这一分析工具。所谓“影子价格”，即针对无价可循或有价不当的商品或劳务所规定的较合理的替代价格。理想的影子价格应为不存在市场失灵时的帕累托效率均衡价格，它是一种真正的社会价格，反映了社会成本的大小。

当没有市场价格可以利用时，“影子价格”的确定可以通过有效的市场价格资料计算，这些资料可以从其他途径获得，如通过发出调查表的方式获得。当市场价格存在但与真正的社会成本有一定差距时，可以通过调整市场价格，使之成为符合社会成本的影子价格。

（3）贴现率的选择。在现实中，许多支出（投资）项目的建设周期或使用周期都不会限于一个年份。这样一来，任何一个项目的成本和收益都会形成一系列的数值，即形成由若干年的成本和收益所构成的“成本流”和“收益流”。不同时间发生的成本和收益不能直接相加或相减来比较，因此，必须把“货币的时间价值”这一因素考虑在内，即把未来的成本和效益按一定的折现办法变为现在的价值，这个折现率就称为贴现率。

折现的公式为：

$$P = A/(1+r)n$$

其中，A 为终值，P 为现值，r 是年利率，n 为年数。公式的含义：按年利率 r 计算，n 年底的 A 元钱相当于现在的 P 元钱，这个把未来金额换算成现值的过程称为贴现。

对公共支出进行成本收益分析所采用的贴现率，与私人经济部门有所不同。主要是因为考虑到资源在公共部门和私人部门进行分配，有一个机会成本的问题。某些社会资源由公共部门支配，其机会成本就是这些资源没有投入私人部门的损失，相当于如果由私人部门支配这些资源可能会带来的收益。现代经济学对社会贴现率的选择主要有三种：

第一，社会贴现率等于私人投资的资本边际生产率。因为私人投资的风险较大，所以这种贴现率会较高。

第二，社会贴现率等于社会时间偏好率，即为诱导消费者抑制现时消费而需付给的补偿。然而社会时间偏好率难以准确衡量，实践中较难操作。

第三，以政府的借款利息率作为社会贴现率，即政府向金融机构借款时必须支付的利率。

贴现率的选择对项目的取舍有很大的关系。在实际操作中各国一般采用公债利息率作为社会的或公共支出的贴现率，因为公债利息率反映了政府筹资所发生的直接成本。但选择公债利息率作为公共支出贴现率时应把握好贴现率的高低。过高的贴现率会使一些有效率的项目被否决；过低的贴现率会使某些支出（投资）项目受到过分的鼓励，从而使过多的资源用于公共部门，其结果是扭曲了资源合理配置。

5. 预算规模对成本效益分析法应用的约束

在项目选择的过程中，一般的原则是选择支出既定情况下的净社会效益最大的项目。在实践中，一般以“效益—成本”比率作为衡量指标，比率小于1的项目不予考虑，一般选择比率大于1的项目。但是，如果在预算约束较宽松的情况下，就应考虑备选项目净效益的绝对额大小，“效益—成本”比率最高的项目就不一定是最优的项目。例如，有两个备选的支出项目，项目A的估计效益是100万元，估计成本是50万元，“效益—成本”比率是2.0。项目B的估计效率是200万元，估计成本是125万元，比率是1.6。尽管项目B的“效益—成本”比率低于项目A，但其净效益的绝对额较大。如果这两个项目属于同类项目，但规模不同（如A是小型水坝，B是大型水坝），那么，只要有足够的财政资金，选择B是正确的。当然，如果两个项目的规模相同，选择“效益—成本”比率最高的项目无疑是最佳方案。

6. 对成本效益分析法的评价

成本效益分析作为公共支出的一种分析决策的工具，其目标是保证公共部门把稀缺资源有效地配置到存在一定竞争关系的公共支出项目上。尽管这种方法不可能绝对精确地预测成本和利益，因为以货币为尺度对那些像国防、太空研究、社会秩序安定、环境保护、公安和司法裁决等公共支出项目的效益进行衡量是很困难的，但它确实为公共支出的决策者提供了很大的启示。它不仅为决策者提供了丰富的资料和信息，增强了其决策水平，而且还扩展了公共支出的选择性，改善了公共预算决策的效益水平。决策人员通过对各种相关信息的搜集、处理、分析，使决策具有了相当程度的科学依据。

一般认为，在经济性的公共支出上，运用这一分析方法可以获得较好的效果。特别是，它在纠正两种会带来不良后果的倾向方面作用明显：一是它有助于纠正那些只顾需要，不管成本如何的倾向。在某些情况下，有些公共支出的项目确实是需要的，但是考虑到其成本情况，却必须予以放弃。因为预算资金有限，要在一些项目或方案之间进行稳妥的选择，过分强调需要则无助于使公共支出的效益达到最优。二是它也有助于纠正那种只考虑成本，而不管效益如何的倾向。在某些情况下，即使有些公共支出项目的成本相当庞大，但是其效益更大，在经济上这种项目就是可行的，不应该因为成本很大就将其放弃。

必须指出，由于种种外部效应的干扰和决策人员自身的影响，成本效益分析并不是一种完美无缺的分析方法，因而它的适用范围会受到局限。一方面，它受成本效益的度量方法、社会贴现率的高低以及公共支出方案中资源配置和分配效果的内部相互作用的影响，所以，根据成本效益分析而定的支出方案并不一定是最佳选择。另一方面，政治家在进行成本效益分析时，往往有着自己的利益追求。如果某一项目为官员们所青睐的话，他们的偏好将影响分析，从而可能做出不利于公共利益的选择。此外，值得注意的是，一些公共支出项目，是服从于分配目标而不是达到效率目的的，例如，政府安排支出用来补贴一些经济效率并不高，但能提供较多就业岗位的企业，就不适合用成本效益方法来评价该项目。

（二）最低成本法

对于不能运用成本效益分析法的公共支出项目，可以运用最低成本法进行分析。最低成本法是指根据某项公共支出的目标，制定若干支出方案，通过比较不同方案成本开支的大小，选择其中成本开支最低的方案作为拨付资金依据的方法。这种方法适用于那些没有直接的经济效益但有社会效益，而且其产品也不能进入市场的公共支出项目的效益分析。例如国防支出，就适合使用这种绩效评价方法。运用该方法只需就某项支出制订不同的方案，然后对各个方案的成本开支进行比较，成本支出最小的方案即为最优方案。该方法简便易行，但其问题在于如何能够使成本开支最小的支出方案达到与成本开支大的方案相同的效果。

最低成本法与成本效益分析法的区别在于，最低成本法省略了使用货币单位计量公共支出项目的效益和无形成本，只需要计算每个项目的有形成本，并以成本最低为择优的标准，故简单得多。

运用最低成本法的步骤大体是：首先，根据政府确定的目标，提出多种备选方案。其次，以货币单位为统一尺度，分别计算出各备选方案的各种有形费用并予以加总。在计算成本的过程中，如果遇到需要多年安排支出的项目，也要用贴现法折算出现值，以保证备选方案的可比性。最后，按照成本的高低排出顺序，以供决策者选择。在目标既定的情况下，成本最低的备选方案为最优方案。

最低成本法多被用于军事、政治、文化、卫生等公共支出项目上。运用此分析方法确定最佳方案，在技术上并不困难，困难之处在于备选方案的确定。因为，提出的备选方案应能无差别地实现同一个既定目标，据此再选择成本最低的方案，而要做到这一点是比较困难的。

公共支出效益评价除了上面两种主要方法之外，还有比较法、因素分析法、公众评判法等。比较法是指通过对绩效目标与实施效果、历史与当期情况、不同部门和地区同类支出的比较，综合分析效益目标实现程度；因素分析法是指通过综合分析影响绩效目标实现、实施效果的内外因素，评价效益目标实现程度；公众评判法是指通过专家评估、公众问卷及抽样调查等对公共支出效果进行评判，评价效益目标实现程度。

三、政府采购制度：公共支出效益提升与管控的制度优化

政府采购制度是以公开招标、投标为主要方式选择供应商（厂商），从国内外市场上为公共部门或团体购买商品或服务的一种制度。它具有公开性、公正性、竞争性的特征，其中公开竞争是政府采购制度的基石。通过公开竞争，公共部门能买到最佳价格和性能的物品及最优的服务，并可节省费用开支，使公众缴纳的税收产生更大的效益。

政府采购制度的程序一般分为三个阶段：确定采购要求；签订采购合同；管理、执行采购合同。

政府采购制度可从三个层次上提高公共支出的效益：（1）从公共部门自身角度来看，政府采购制度有利于公共部门强化支出管理，硬化预算约束，在公开、公平、公正的竞争环境下，降低支出费用，提高资金使用效率。（2）从公共部门的代理人角度看，通过招标竞价方式，优中选优，具体的采购实体将尽可能地节约资金，提高所购货物、工程和服务的质量，提高政府采购制度的实施效率。（3）从公共部门代理人与供应商之间的关系角度看，由于政府采购制度引入了招标、投标的竞争机制，大大减少了采购实体与供应商之间的共谋和腐败现象，在很大程度上避免了供应商和采购实体是最大利益者而公共部门是最大损失者的问题。

政府采购制度与“供给制”不同。在供给制度下，政府的财政部门是选购商品和服务的主体，商品和服务的使用者只能被动地接受某种商品和服务。而在政府采购制度下，政府财政部门只是监督商品和服务的采购过程，商品和服务的使用者不仅参与采购过程，而且是采购商品和服务的主体，其责任心和效益观点更强。

政府采购制度与“控购制”也不同。首先，从目的来看，我国曾实行的控购制的主要目的是在短缺经济条件下，控制集团需求，平衡供求矛盾；政府采购制度的主要目的是细化预算，节省开支，提高资金使用效益。其次，从管理手段来看，控购的管理主要是通过直接的行政手段实现的，即分指标和审批；政府采购制度的管理主要是通过间接地规范采购方式和预算监督来实现的。最后，从管理的范围来看，控购针对的是某些具体的商品和服务，而政府

采购则没有品目限制。

第六节 中国公共支出改革

公共支出作为公共经济的制度安排，在国家治理、经济发展和公共政策执行中具有显著地位，发挥重要的作用。没有完善健全的公共支出制度、正确的公共支出政策及高效的公共支出管理，公共资源的配置效率就难以提高，其良性运行也得不到保障。从某种意义上讲，改革公共支出制度和加强公共支出管理，确保公共资金运行的安全、准确、高效，乃是提高国家治理能力和经济管理水平及质量的关键环节。一国公共支出的规模、结构、模式等又是随着经济社会的发展不断变化的。中国从传统计划经济向市场经济体制转轨的过程中，公共支出也相应地发生了一系列适应市场经济的变化，并呈现出更加科学化、制度化的趋势。但不可忽视的是，在公共支出上还存在一些问题，如制度建设不尽完善和不健全、预算约束不严、支出渠道混杂、管理模式不当及管理松弛、监督不力、公共资金使用效率低下、存在损失浪费现象等。如何适应中国特色社会主义新时代和实现国家治理体系与治理能力现代化的要求，通过改革公共支出制度，确立现代公共支出模式，既是一项重要课题和任务，也是一项具有战略性意义的制度创新和政策改进。

针对我国目前公共支出执行中还存在的问题和今后完善公共支出制度的设计，公共支出改革的重点在以下方面：

一、厘清公共支出边界

公共支出的实质，说到底是进行公共活动的成本。就此而言，公共部门职能是公共支出的依据，对公共部门职能的合理界定既是保持适当公共支出规模所必需，又是保证公共支出结构合理的前提。市场经济条件下公共部门（以政府为集中代表）的主要职能——资源配置、收入分配和经济稳定，以及现代财政制度承担的实现国家治理体系和治理能力现代化的职能，决定了公共支出的内容。改革开放以来，中国政府经历了从计划经济条件下的“全能型政府”向市场经济条件下的“有限政府”的深刻转变，政府职能也由生产建设型向公共服务型转变，公共支出的范围随之发生了明显的变化。新时期，中国公共支出改革应以充分发挥市场机制在资源配置中的决定性作用为基点，以政府职能的合理定位为前提，推动政府从全能型政府向有限政府、服务型政府和法治政府的转变，强化政府的社会管理和公共服务职能，满足社会公共需要，科学界定公共支出责任的范围与层次。

（一）厘清市场与公共部门间资源配置的职责边界

在完全竞争市场条件下，通过市场的自发调节，各种社会资源可以得到有效合理的利用，资源配置可以自动达到帕累托最优。但完全竞争市场是一种理想的市场状态，在现实情况中，完全竞争市场存在的前提条件可能得不到完全满足，会存在市场失灵，这为公共部门的介入和干预提供了空间。但介入和干预必须严格限定在出现市场缺陷的领域，避免过多介入和过度干预对市场有效运行造成损害，即“越位”。同时，也要避免对市场失灵领域的调控范围介入及干预力度不足，即“缺位”。此外，还要尽量避免干预的领域和方式选择失当，不能弥补市场失灵和维持市场机制正常运行的合理需求，即“错位”。

（二）厘清公共部门与社会的职责边界

按照政事分开、事企分开、管办分开、营利性与非营利性分开的要求，要积极稳妥推进科技、教育、文化、卫生、体育等事业单位分类改革；调整和规范公共管理事项，深化行政审批制度改革，减少对微观经济活动的行政干预；优化行政层级和职能责任，深入推进公共部门大部制改革，着力解决机构重叠、职责交叉、政出多门等问题；同时政府应该灵活运用监督、融资和生产三种角色，充分发掘社会其他主体的潜力，以最小的成本和最能发挥微观主体积极性的方式实现公共产品和服务的有效供应。《国务院关于第六批取消和调整行政审批项目的决定》对于“政社分开”做了明确的诠释：“凡公民、法人或者其他组织能够自主决定，市场竞争机制能够有效调节，行业组织或者中介机构能够自律管理的事项，政府都要退出。凡可以采用事后监管和间接管理方式的事项，一律不设前置审批”；“没有法律法规依据，任何地方和部门不得以规章、文件等形式设定或变相设定行政审批项目”。

（三）厘清中央与地方的支出责任边界

在公共支出制度改革的过程中，还必须充分考虑公共事务的受益范围（外部性）、信息的复杂性和不对称性以及激励相容性，合理划分中央与地方的事权和支出责任①，适度加强中央政府的事权和支出责任，保障地方履行应承担的事权，减少并归并中央与地方共同事权，建立政府事权和公共事务划分的动

① 这里所说的事权是指一级政府应承担的运用公共资源和资金提供基本公共服务的任务和职责，支出责任是指一级政府履行事权的支出义务和保障。

态调整机制，完善中央和地方的支出责任划分。要逐步将国防、外交、国家安全、出入境管理、国防公路、国界河湖治理、全国性重大传染病防治、全国性大通道、全国性战略性自然资源使用和保护等基本公共服务确定或上划为中央政府的事权；逐步将社会治安、市政交通、农村公路、城乡社区事务等受益范围地域性强、信息较为复杂且主要与当地居民密切相关的基本公共服务确定为地方政府的事权；逐步将义务教育、学生资助、基本就业服务、基本养老保险、基本医疗保障、基本生活救助、基本住房保障、高等教育、科技研发、公共文化、粮食安全、跨省（区、市）重大基础设施项目建设和环境保护与治理等体现中央战略意图、跨省（区、市）且具有地域管理信息优势的基本公共服务确定为中央与地方的共同事权，并明确各承担主体的职责。

在明晰事权的基础上，进一步明确相应的支出责任。义务教育、学生资助、基本就业服务、基本养老保险、基本医疗保障等涉及人民群众基本生活和发展需要的基本公共服务领域，应制定全国统一标准，实行中央与地方按比例分担支出责任；跨省（区、市）重大基础设施项目建设、环境保护与治理、公共文化等，由中央和地方按比例或中央给予适当补助方式承担支出责任；科技研发、高等教育等，中央和地方各自承担相应支出责任；对中央承担监督管理、出台规划、制定标准等职责，地方承担具体执行职责的事权，中央与地方各自承担相应的支出责任。

二、优化公共支出结构

优化公共支出结构的重要性在于：其一，支出结构合理前提下和基础上的规模就是恰当、合理的规模，而任何扭曲或失衡的支出结构都意味着规模失当，要么过多（政府越位）、要么不足（政府缺位）。当然，支出规模也制约支出结构，当支出规模大且宽松时，支出的安排“游刃有余”，支出结构容易优化；当支出规模小且窘迫时，支出的安排“左支右绌”，结构就难以优化。其二，不合理的结构绝对不可能实现公共支出效益的合理化和最大化。

现实中，公共支出各组成部分随经济、政治等多种因素而发生变化，因而各项支出之间的相对比重是动态变化的。长期以来，我国公共支出结构的特点是经济建设投入偏大而社会事业和公共服务投入偏小，投资性支出偏大而消费性支出偏小，消耗性支出偏大而转移性支出偏小，行政经费支出偏大而民生改善和社会福利性支出偏小，说明科学的支出结构尚未形成。未来应该按照新时代政府职能转型和满足公共需要的要求，调整和优化支出结构。

(一) 合理安排投资性支出与消费性支出

在处理投资性支出与消费性支出的关系时，一方面要控制并调减投资性支出的规模；另一方面要注意投资性支出有保有压。严格控制公共资本流向一般竞争性领域，集中有限财力强化国民经济的要害领域和重要产业的投资，保证社会对基本公共设施的投入需求。在消费性支出上，从严控制行政性公共消费，尤其是“三公消费”①，“政府要过紧日子”，使有限的资金用于教育、医疗、社会保障、就业、“三农”、自主创新、环境保护等社会发展的薄弱环节和与民生有关的支出，做到“节用裕民”。

(二) 加大和规范各项民生支出②

鉴于长期以来及目前我国公共支出中的经济事务支出仍然较大，不利于民生事业改善，因此有必要进一步优化支出结构。一是公共部门要适当缩减竞争性领域的投资，大力支持民生事业的发展。二是深化行政管理体制改革，精简机构，裁减行政冗员；推进事业单位分类改革，将具有经营性质的事业单位逐步推向市场；制定完善的公共服务支出开支标准，推进服务型、节约型政府建设。三是在优化支出结构的过程中，把压缩下来的支出和减少竞争性领域投资后腾出的资金的一定比例用于民生领域。

1. 文化教育支出

加大对文化教育的投入力度，实现提高全民整体素质的要求。在安排公共预算时，应据实增加对文化教育的支出，同时还要拓宽经费来源，建立多元化的筹资机制。要进一步优化文化教育支出的结构，针对我国文化教育资源在区域间、城乡间配置不尽合理的现状，一方面，中央政府可考虑采用有条件非配套拨款的转移支付方式，支持欠发达地区文化教育事业发展，缩小区域间文化教育资源的差距。另一方面，加大对农村义务教育的支持力度，实行城乡统一的公用经费标准，消除义务教育阶段生均教育经费的城乡差异，改善农村义务教育条件，提高农村义务教育质量。此外，还要及时调整文化教育支出的内部结构，加大对文化教育“软实力”的投入力度。

2. 医疗卫生支出

在继续加大对医疗卫生投入的力度、提高公共医疗卫生支出比重的同时，优化该项支出的结构，尤其是合理规划新增医疗卫生投入的流向，将公共资源

---

① 三公消费指政府部门人员因公出国（境）经费、公务车购置及运行费、公务招待费产生的消费。

② 民生支出主要涉及教育、医药卫生体制改革、保障性安居工程、覆盖城乡居民的社会保障体系的建立、农业农村基础设施建设、支持节能减排和科技创新等。

更多地投入到市场作用微弱或市场失灵的领域，主要是广大农村地区的医疗服务体系建设和基本医疗保障体系建设，重点支持县、乡两级医疗卫生机构，改变基层医疗卫生机构设备老化、缺医少药的格局，并不断完善新型农村合作医疗制度，提高新型合作医疗和社会医疗保险的报销比例，发挥公共支出在促进公共服务均等化上的积极作用。

3. 社会保障支出

进入全面建成小康社会决胜阶段的新时期，党中央提出“建立更加公平可持续的社会保障制度”的要求，规划了“实现基础养老金全国统筹，整合城乡居民基本养老保险制度、基本医疗保险制度”，“推进城乡最低生活保障制度统筹发展”，“建立健全合理兼顾各类人员的社会保障待遇确定和正常调整机制”的改革构想，做出了“健全社会保障财政投入制度，完善社会保障预算制度”的部署。基于此，在公共支出中要增加对社会保障的投入金额，适当提高社会保障支出所占比重，并建立固定增长的投入机制；与此同时，纠正以往社会保障支出过于偏向城市的做法，从向城市倾斜改为向城乡平衡过渡，加大对农村社会保障的支持力度，逐步缩小城乡社会保障支出差距，促进城乡社会保障事业的协调发展。

（三）增加支农支出

增加对农业和农村的公共资金投入，着力优化农村经济结构，改善农村的基础设施和生态环境，促进农业的绿色发展和产业化、现代化进程。

（四）压缩行政经费支出

行政管理是政府的一项基本职能，因此，行政管理费的存在以及绝对规模的增长也有其必然性。但是，行政管理费支出占公共支出的比重却是应当逐渐下降的，这种下降的趋势，一方面体现了市场机制作用的强化和政府职能重新界定的要求；另一方面体现了行政管理效率提高的要求。马克思在谈到和生产没有直接关系的一般管理费用时曾指出：“和现代社会比起来，这一部分将会立即极为显著地缩减，并将随着新社会的发展而日益减少。”① 改革开放之初，我国公共支出中的行政经费支出占比约为5%左右，到2004年最高时已上升到19.38%。这其中固然有事业发展、机构和人员扩充的需要，但政府机构和行政部门重叠、冗员过多、效率欠佳也是事实。行政管理费支出所占比重过大，必然挤占执行其他公共职能的财力，相对减少了投资性和民生性支出的财

① 《马克思恩格斯全集》（第19卷），人民出版社1971年版，第20页。

力，削弱了公共财政资源配置职能和收入分配职能的作用。由此看来，经济体制改革不断深化，迫切要求加快政治体制、行政管理体制改革与之相适应，转变政府职能、精简机构、压缩人员编制、强化行政管理费的管理和约束，提高经费使用效率，将行政经费开支占比控制住并降下来。

三、优化公共支出方式

公共支出方式的选择直接影响到支出的绩效，是提高资金使用效率应当着重思考的问题，同时也是优化公共支出结构的重要内容。

（一）分类甄选支出方式

支出方式的选择应以支出的特点和目标为主要依据，以提高支出效率，改善支出效果为主要目标。结合我国的具体情况，针对公共支出的不同职能，在探索新的支出方式的基础上，应当区分不同的支出领域选择不同的支出方式。

对于一般公共服务、国防、立法和司法、治安、环境保护、基础科学研究、尖端前沿技术研究、义务教育、计划生育、公共卫生防疫等纯公共产品，应采用足额、无偿的支出方式。

对属于公共基础设施中的农村道路、城市道路，一般选择足额支出的方式；对于高速公路等存在收费可能的道路，可选择有偿或部分的支出方式。对于供水、供电、管道煤气等垄断性的基础设施应选择有偿支出的方式，由政府和公共经济部门对其进行直接投资经营。对于港口、机场、流域治理等具有外部性的基础设施，适宜选择部分支出的方式，并提倡采用政府与社会资本合作（public-private partnership）的方式，即PPP模式。

对于教育支出方式的选择，要根据不同阶段教育产品的公共属性差异而有所区分：义务教育的费用开支应选择无偿、足额的支出方式；非义务教育费用开支采取基本部分由私人支出、公共支出给予部分补助的方式；对于一些根据市场需求提供的职业教育，则可以根据需要选择有偿支出的方式进行激励和扶持。

对于具有正外溢性的文化、科技、卫生等准公共产品和服务，应根据其外溢程度的高低，选择合适的支出方式。外溢程度较高的准公共产品，可选择或全部公共支出，或部分公共支出的方式，这要根据公共产品的重要性程度和公共资金实力等情况而定。而外溢程度较低的准公共产品，政府应在控制其经营性收费价格并保证供给质量的基础上，通过补贴和税式支出等方式进行扶持。

对于具有稳定收入来源的经营性事业单位，如地方一般性剧团、非学术性杂志社、专业技术学校、地方性医院、康复中心，应适度采取有偿支出的方式给予支持。

（二）推进补贴支出改革

公共支出中的补贴是指国家为了实现特定的政治、经济和社会目标，在一定时期内向生产者或消费者提供一定的补助或津贴，它不要求接受者支付对等的代价，因此属于政府转移性支出的范畴。补贴是一种能够影响相对价格结构，从而可以改变资源配置结构、供给结构和需求结构的政府无偿支出。合理的补贴有利于改善价格体系构成，协调社会收入分配，刺激社会需求，保护特殊产业和民族工业，维护社会稳定。但也应看到，如果补贴使用过度，项目过多、数额过大，又会产生不良的后果。补贴与价格体系密切相关，从某种程度上说，它会改变或扭曲价格，甚至可能完全排斥市场价格，干扰资源配置的市场机制，这既不利于促进生产供给增长，又会刺激不合理消费。过度的补贴也不利于企业成长和发展，企业将在补贴保护下缺乏竞争力，滋生惰性。因此，运用补贴必须把握好“度”。经过经济体制改革，尤其是价格体系和财政制度改革，我国公共支出中的补贴支出逐渐减少，但从补贴项目和数额来看仍需加以调整和改进。

第一，清理整顿现行补贴项目，合理确定补贴范围。应明确公共支出的补贴范围：一是农副产品生产和流通领域，旨在通过补贴的介入，改善农业在市场竞争中的弱势地位，保护农民利益和保证主要农副产品生产和供应的稳定；二是固定资产投资领域，政府要贯彻国家产业政策，除直接投资外，还需要利用贴息，以及对某些需要发展的产业、企业、产品实行减免税等间接的补贴形式来鼓励投资并引导投资方向；三是重要的公共经济部门，如军工、航天、铁路、邮政等国有企业，承担着某些特殊的公共职能和社会责任而发生了亏损，需要给予补贴；四是为公众提供必需的公共服务，但又是非营利的社会公益事业。

第二，制定科学合理的补贴标准。即使是必要的补贴项目，也要有科学合理的补贴标准，尽量控制补贴的规模，制止补贴形式的滥用。

第三，改进补贴方式。一是尽量采取“明补”而不是“暗补”方式，以增加补贴的透明度；二是变全民福利性补贴为目标补贴，实行“补贫不补富、补急不补难”；三是变刚性补贴为弹性补贴，使补贴适时、适度；四是变事前补贴为事前事后相结合的补贴方式，在科技经费支出中引入后补助机制，实行“先实施，后拨款”，使经费投入与科研产出相挂钩，形成一个从重过程转变为重结果、以结果为导向的激励研发的补贴模式，从而创新经费支持方式，助推企业成为科技投入和科技创新的主体。

（三）改善贴息资金的实施效果

贴息要以产业政策为依据，以市场为导向，以优化产品产业结构为目标。要突出重点，兼顾一般，对重点骨干企业的技术改造和技术引进项目给予优先扶持，充分发挥贴息资金的扶持、引导和带动作用。要有利于优化企业的资本结构，提高经济效益及增加社会就业。

加强贴息的选项可行性论证和科学决策，坚持政策性与效益性相统一，可考虑将贴息率按项目盈利能力和回收期限的不同加以区别对待。建立严密的可行性研究、集体决策制度和内部监督机制。加强审计，以抑制与利率双轨制和政策性金融相关的寻租现象。

（四）以税式支出助推创新驱动战略

科学界定税式支出的范围。税收的主要职能是取得公共收入，保证公共部门提供公共产品的物质需要。所以，税式支出的范围应限制在市场机制作用不大或者失灵的领域。现阶段特别要运用税式支出政策，贯彻国家的产业政策、区域发展政策和社会政策，如农业、能源、交通、基础设施建设、高新技术产业、社会保障、收入分配等。

明确税式支出的政策目标。具体地说，现阶段我国税式支出政策目标的排列顺序依次为科技创新、产业结构调整、吸引和利用外资。将税式支出政策的着力点确定为：积极配合国家宏观经济调控目标，鼓励企业技术进步，激励出口产业，提高企业市场竞争能力；鼓励各类企业和个人投资，鼓励发展多种类型经济，扩大就业、促进再就业；鼓励特定产业和部门的投资，激励产业结构调整，促进市场主体的公平竞争；鼓励对落后地区的投资，激励外商投资，促进中西部经济快速发展，从而实现科技兴国战略、就业优先战略、西部大开发战略和走新型工业化道路、全面建设小康社会的总体目标。

优化税式支出的方式。从税种来说，应当以所得税与财产税等直接税作为税式支出的主要手段，尽可能少地选择增值税等流转税作为税式支出的手段。从税收要素来说，应主要运用由税基和纳税时间构成的间接税收优惠的手段，尽可能少地采用由税率和税额构成的直接税收优惠的手段。

【本章小结】

1. 公共支出，亦称财政支出或政府支出。公共支出是一种公共经济行为，是政府把筹集起来的公共资金用于社会生产和生活各个方面的分配活动，所要解决的是由国家支配的那部分社会财富的价值如何安排使用的问题。公共支出分析的主题大致可分为三个方面，即结构、规模和效益。

2. 依据不同的目的和标准，可对公共支出做出不同种类的划分。不同种类支出之间的数量关系，形成了公共支出的结构。

3. 公共支出按预算分类，提供了关于某项公共支出的目的信息，反映了政府的职能，是目前我国编制执行公共预算和进行预算拨款采用的分类方法。按照对经济的影响程度不同，公共支出可分为消耗性支出和转移性支出，反映出它们在社会经济结构中起的作用及对社会经济的影响不同。按支出用途进行分类，使公共支出成为一个由诸多内容构成的整体。按照公共支出期望达到的目的，区分为预防性支出和创造性支出，揭示了支出的去向及其在经济生活中的作用。不可控制性支出和可控制性支出的区分，反映了政府对支出项目的控制能力状况。按受益范围分成的普遍利益支出和特殊利益支出，可以用来说明公共支出所体现的分配关系。按照行政级次把公共支出分为中央财政支出和地方财政支出，反映了中央与地方在资源配置中的地位和相互关系。

4. 公共支出规模反映的是政府对国民生产总值的实际占有规模和程度。衡量公共支出规模通常使用绝对量和相对量两种指标。世界各国和我国的公共支出都经历了一个逐步上升的过程，公共支出不断增长、规模不断扩大已成为一种趋势，对此已有多种理论予以解释和说明。

5. 公共支出结构是在一定的经济体制和公共预算体制下，公共资金（资源）用于公共部门、国民经济和社会生活各方面的数量、比例及其相互关系。它又是按照不同的要求和分类标准对公共支出进行归纳、综合所形成的支出类别构成及其比例关系。分析公共支出结构的目的，是实现支出结构的优化。

6. 公共支出对经济运行会产生重要的影响作用，这种影响被称为公共支出的经济效应，主要有：收入效应、替代效应、经济增长效应、挤出效应和收入分配效应等。

7. 对公共支出效益进行评价的主要方法是成本效益分析法，它的特殊意义在于公共支出项目要以实现社会福利最大化为目标。运用成本效益分析法评估支出项目的效益需要附加多项严格的假定。

8. 改革公共支出制度和加强公共支出管理，是提高国家治理能力和经济管理水平及质量的关键环节。我国在改革和完善公共支出方面，还须明确改革重点，改进制度设计，确立起现代公共支出模式。

【主要概念】

公共支出　公共支出结构　公共支出规模　消耗性支出　转移性支出　补贴支出　社会文教费　瓦格纳法则　梯度渐进增长理论　发展阶段增长理论　非均衡增长理论　公共支出经济效应　成本效益分析法　净现值　内部收益率

影子价格　消费者剩余　贴现率　最低成本法　政府采购制度　税式支出　财政贴息　民生支出

【思考分析题】

1. 分析公共支出不断增长的原因。

2. 公共支出规模增长趋势与个人支出规模增长趋势有何异同之处?

3. 怎样正确认识公共支出规模和结构之间的关系?

4. 自2007年以来我国公共支出规模和结构变化的趋势如何?

5. 公共支出会产生什么样的经济效应?

6. 为什么说对公共支出效益进行评价具有特殊的意义?举例说明如何进行公共支出效益评价。

7. 如何认识新时代中国的公共支出改革?

8. 你认为中国公共支出制度改进是控制规模为主还是优化结构为主?请说明理由。

【阅读与思考】

阅读:中国公共支出分类改革的演进过程

20世纪80年代以来,我国的国民经济核算体系已由原来的物质产品平衡表体系(system of material product balances, MPS)或国民经济平衡表体系(system of balances of the national economy),转变为国民账户体系或国民经济核算体系(system of national accounts, SNA)。但在政府收支统计核算上,政府财政支出仍沿用与物质产品平衡表体系相适应的方法,主要按用途进行分类,这样既不能完整反映政府职能活动,又不能准确反映政府收支全貌。一是与市场经济体系下的政府职能转变不相适应。如基本建设支出、企业挖潜改造支出、科技三项费用、流动资金等仍然是按照政府代替市场配置资源的思路设计,这既不能体现政府职能转变和公共财政的实际,也带来一些不必要的误解。二是不能清晰地反映政府职能活动。原支出划分的行政费、事业费等类别使政府究竟办了什么事情在科目上看不出来,很多重点支出如农业、教育、科技等又分散在各类科目中,形不成一个完整的概念。三是管理的科学化和信息化受到制约。按照国际通行做法,公共支出分类体系应包括功能分类和经济分类,而我国原有支出科目的涵盖范围偏窄,大多数资本性项目支出,以及用于转移支付和债务等方面的支出都没有在经济分类科目反映。四是财政预算管理和监督职能弱化。原政府预算收支科目只反映预算内收支,不包括应纳入收支范围的预算外收支和社会保险基金收支等,不能全面反映公共收支活动,不利于综合预算体系的建立。五是与国民经济核算体系和国际通行做法不相适应,既不利于宏观经济分析与决策，也不利于国际比较和交流。

为了完整、准确地反映政府收支活动，进一步规范预算管理、强化预算监督，并与国际通行的分类方法接轨，自 2007 年 1 月 1 日起，我国全面实施了政府收支分类改革，按照市场经济和公共财政的要求，对政府支出项目进行了类别和层次的重新划分。此次改革遵循的基本原则是：第一，有利于公共财政体系的建立；第二，有利于预算的公正、公开、细化、透明；第三，有利于加强财政经济分析与决策；第四，有利于国际比较与交流。①

改革之后新的预算科目涵盖了政府预算内外、社会保险基金等所有政府支出，能够清晰地反映政府职能活动的支出总量、结构与方向（见表 5－15）。改革后的功能分类，一方面列举了“一般公共服务”“外交”“国防”“公共安全”“教育”“科学技术”“文化体育与传媒”“社会保障和就业”“医疗卫生”“节能环保”等科目设置，明确界定了政府支出的职责和供给范围，剔除了那些市场能够提供的支出，增加了应由政府负责支出的项目；另一方面，按照政府职能设置，将政府部门为了完成某项政府职能所进行的某一方面的工作，集中在同一科目全面反映，改变了原来按经费性质和用途进行分类的缺点，形成了一个完整的支出概念，如“教育”类下反映的不仅仅是原来教育事业费支出，而且还反映出在基本建设支出、科技三项费用、行政管理费、教育附加费以及各项基金支出等支出项目中的教育支出，使支出预算更加透明、更加清晰，有利于解决“外行看不懂、内行说不清”的问题。

表 5－15　　2019 年全国一般公共预算支出决算表

项目	预算数（亿元）	决算数（亿元）	决算数/预算数的占比（%）
一、一般公共服务支出	18971.28	20344.66	107.2
二、外交支出	645.42	617.50	95.7
三、国防支出	12114.06	12122.10	100.1
四、公共安全支出	13778.79	13901.93	100.9
五、教育支出	34800.38	34796.94	100.0
六、科学技术支出	9133.61	9470.79	103.7
七、文化旅游体育与传媒支出	4151.01	4086.31	98.4

① 财政部预算司：《政府收支分类改革方案》，http://www.mof.gov.cn/zhengwuxinxi/caizhengwengao/caizhengbuwengao2006/caizhengbuwengao20062/200805/t20080519_23693.html。

续表

项目	预算数（亿元）	决算数（亿元）	决算数/预算数的占比（%）
八、社会保障和就业支出	29042.42	29379.08	101.2
九、卫生健康支出	16562.18	16665.34	100.6
十、节能环保支出	6785.51	7390.20	108.9
十一、城乡社区支出	23870.90	24895.24	104.3
十二、农林水支出	22246.16	22862.80	102.8
十三、交通运输支出	11752.08	11817.55	100.6
十四、资源勘探信息等支出	4592.35	4914.40	107.0
十五、商业服务业等支出	1231.12	1239.70	100.7
十六、金融支出	1488.23	1615.36	108.5
十七、援助其他地区支出	461.88	471.31	102.0
十八、自然资源海洋气象等支出	2138.58	2182.70	102.1
十九、住房保障支出	6834.83	6401.19	93.7
二十、粮油物资储备支出	1887.49	1897.11	100.5
二十一、灾害防治及应急管理支出	1508.93	1529.20	101.3
二十二、其他支出	2455.27	1748.79	71.2
二十三、债务付息支出	8224.98	8442.53	102.6
二十四、债务发行费用支出	66.54	65.64	98.6
二十五、预备费	500.00		
全国一般公共预算支出	235244.00	238858.37	101.5
补充中央预算稳定调节基金		1328.46	

注：本表中全国一般公共预算支出预算数为中央本级支出、中央预备费、中央代编的地方财政支出预算数三项之和。

资料来源：根据中华人民共和国财政部2019年全国一般公共预算支出决算表整理得到。http://yss.mof.gov.cn/2019qgczjs/202007/t20200731_3559718.htm。

（资料来源：根据财政部网站相关资料整理、编写。）

思考：

（1）中国公共支出分类改革进程反映了怎样的理念改变？

（2）从中国公共支出分类改革的进程中你能发现政府职能发生了怎样的转变？

（3）从中国公共支出分类改革的进程中你看到了支出结构优化的变化吗？请指出支出结构优化的表现。

（4）你认为中国公共支出制度还应该如何进一步改进？

【参考文献】

1. 习近平：《决胜全面建成小康社会，夺取新时代中国特色社会主义伟大胜利——在中国共产党第十九次全国代表大会上的报告》，人民出版社 2017 年版。

2. 高培勇：《公共经济学》（第 3 版），中国人民大学出版社 2012 年版。

3. 苏明：《财政支出政策研究》，中国财政经济出版社 1999 年版。

4. 王雍君：《中国公共支出实证分析》，经济科学出版社 2000 年版。

5. 丛树海：《公共支出分析》，上海财经大学出版社 1999 年版。

6. ［美］大卫·N. 海曼：《财政学：理论在政策中的当代应用》（中译本），张进昌译，北京大学出版社 2006 年版。

7. 阎坤、王进杰：《公共支出理论前沿》，中国人民大学出版社 2004 年版。

8. 世界经济合作与发展组织：《中国公共支出面临的挑战：通往更有效和公平之路》，清华大学出版社 2006 年版。

第六章
公共支出分论

如前面各章所述，按照不同的分类方法，公共支出有不同的类型，具有不同的特点并分别执行特定的公共职能。本章主要讲解几种有代表性的公共支出，包括同属于消耗性（购买性）支出的行政管理支出、国防支出、教科文卫支出（这三项归于社会消费支出）和政府投资支出等；属于转移性支出的社会保障支出和补贴支出等。

第一节 行政管理支出

一、行政管理支出的含义与性质

（一）行政管理支出的含义

行政管理支出，是政府为履行社会管理的公共职能所安排的开支，是政府为维持自身机构运转、提供一般公共服务、维护公共秩序与安全所消耗的成本，概言之，即政府机构运作的成本。具体而言，行政管理支出是公共资金用于国家各级权力机关、行政管理机关、司法检察机关和外事机构行使其职能所需的费用。根据马克思主义的国家（政府）观，“政治统治到处都是以执行某种社会职能为基础，而且政治统治只有在它执行某种社会职能时才能继续下去。”[①] 因此，政府一经建立就必须设立权力机关及各类行政管理机构，因而行政管理支出就成了维持国家政权存在、保证国家管理机构正常运转所必需的支出，又是公众为政府向社会提供公共服务而必须支付的成本。

---

① 《马克思恩格斯全集》（第20卷），人民出版社1971年版，第195页。

（二）行政管理支出的性质

作为一项社会消费性支出，行政管理支出用于一般公共服务，接近于纯公共产品，是政府最基本的支出项目，这就决定了它们应采取公共提供的方式，在现实中采取的是由政府财政无偿拨款的方式。行政管理支出的性质主要体现在：

1. 公共性

政府的行政管理属于典型的公共产品，具有较强的非竞争性和非排他性。如前所述，纯公共产品的非排他性，是指一些人在消费这一产品并享用它的效益时，不排斥其他人同时消费并从中受益。行政管理也是如此。例如立法支出作为我国重要的行政支出项目，主要用于各级人民代表大会。人民代表大会负有立法的任务，它所制定的法律是从全体居民的利益出发，用于规范行政辖区内所有居民的行为。一项法律一旦形成，则对辖区内所有人都有约束力，你既不能抗拒，也难以拒绝享受因此而获得的利益，因而立法也就具有了非排他性。同样，其他的政府行政管理，包括治安、外交、民政、交通管理、工商行政管理等制度也都是政府从全体居民的利益出发制定和实施的，我们无法通过某种途径，将社会的任何一个成员排斥在行政服务的受益之外。

纯公共产品的非竞争性是指在增加消费者时，其边际成本为零，因而不具有市场竞争性。在政府的服务体系建成后，通常其成本并不因辖区居民的人数增加而增加。或者说，多增加一些社会成员，并不会因此而使原有社会成员的利益受到损失。因此，这类产品或服务的边际成本为零，或者接近于零。正是由于行政管理具有这一特点，因而，政府的行政管理支出一般与居民人数的多少关系不大，而与政府机构的大小和承担职责的多少密切相关。

根据萨缪尔森的公共产品有效供给理论，最优的行政管理支出应满足如下条件，即每个公民对最后一单位行政管理支出的边际评价之和刚好与其边际成本相等。由于行政管理支出的公共性，其资金来源于公共财政，财政资金又主要通过税收形式取得，这就要求政府的行政管理机构在行为上要有别于市场中的一般经济单位。

2. 非生产性

从直接生产与消费社会财富的角度看，行政管理支出属于非生产性的社会消费性支出，也就是说，行政管理支出不能直接创造出物质财富，对政府各行政部门提供的经费一经使用，就会引起对社会物质产品的消耗及价值的丧失。然而，这并不因此而否定它在保证政府机构的正常运转、提高资源配置效率、提供公共服务、促进宏观经济平稳运行等方面的作用。随着社会经济的发展，公众对改善和提高公共服务的要求会越来越高，因此，在经济发展的基础上维持行政管理支出的稳定增长是完全必要的。但是，在经济资源一定的条件下，如果政府用于行政管理的费用过多，的确会增加全社会的税收负担，从而削弱微观经济主体的投资能力或消费能力，使公共产品与私人产品的资源配置发生扭曲。在公共收入一定的条件下，如果用在行政管理上的费用过多，政府就不得不压缩用于教育、卫生、社会保障、公共投资等方面的支出，从而影响整个社会资源的配置效率。所以，行政管理支出的安排必须以经济发展为基础，与政府的财力保持恰当的比例，决不能超越现实的经济能力。在保证国家管理机构和政府部门正常运转的条件下，要本着尽量减少经济效率损失的原则，对行政管理支出实行必要的规模控制。

从各国普遍情况看，政府职责在一定时期的稳定性和行政管理效率的强化决定了行政管理支出的绝对数量虽然仍在不断增长，但是行政管理支出占公共财政支出总额的比重却呈现下降趋势。即各国政府均十分注意控制行政管理支出相对规模的增长，该指标越低，往往说明政府机构行政效率越高。

二、行政管理支出的内容与分类

行政管理支出由多个项目类型构成，不同国家政府机构和公共管理部门的职能不同，自然对应着不同类型的行政管理支出，或者有不同的称谓。但只要属于行政管理支出，它所对应的支出内容都是相近的。国际货币基金组织（IMF）为了规范各国的政府财政统计，特别发布了《2001 年政府财政统计手册》。在这本手册中并未确定“行政管理支出”这类支出，而是将与之相对应的支出类别分成了“一般公共服务”和“公共秩序和安全”两大类。其中，“一般公共服务”又细分为八个小类，分别是“行政和立法机关、金融和财政事务、对外事务”“对外经济援助”“一般服务”“基础研究”“一般公共服务研究和发展”“未另分类的一般公共服务”“公共债务交易”“各级政府间的一般性转移”。“公共秩序和安全”则包括六个小类，分别是“警察服务”“消防服务”“法院”“监狱”“公共秩序和安全研究和发展”“未另分类的公共秩序和安全”。

行政管理支出按使用单位划分，有权力机关支出、公共安全和国家安全支出、司法检察和监察支出、外交外事支出和国际组织支出。其中，权力机关支出，是指财政用于国家权力机关，如各级人民代表大会或国会、议会的各项经费支出；公共安全和国家安全支出，是指财政用于公共安全机关、国家安全机关、警察学校、边防检查和拘押收教场所的各项费用支出；司法检察和监察支出，是指财政用于各级法院、检察院、监察委员会以及司法机关的各项经费支出；外交外事支出，是指财政用于驻外使领馆、常驻联合国及其专门机构的代表团、出访团体、接待外宾等各种外事活动的经费支出；国际组织支出，是指财政用于缴纳国际组织会费、国际组织捐赠支出、维和摊款和国际组织认捐款及基金等方面的支出。

行政管理支出按其用途划分，可分为人员经费和公用经费开支两类。人员经费是指用于保证行政公务人员正常行使其职责的费用支出，包括人员工资、津贴、补助、福利费、离退休人员费及其他费用；办公经费是指用于保证政府机关正常开展公务的支出，也包括公务费、修缮费、业务费和设备购置费等。

行政管理支出按性质分为经常性支出和专项支出。经常性支出是指行政单位用来维持正常运转和完成日常工作任务所发生的支出；专项支出是指行政单位为完成专项或特定工作任务发生的支出。

三、中国的行政管理支出状况与改革

（一）行政管理支出基本状况

从我国的实践看，新中国成立之初，以及“一五”至“四五”期间，行政管理支出占公共财政支出的比重呈现持续下降的趋势。但自改革开放以来，该比重开始以较快的速度不断上升，直至“十一五”之后，这一比重才转而呈现下降之势。鉴于2007年以后我国财政支出统计口径有了巨大变化，导致新旧数据可比性不大，因而下面主要对2007年以来的行政管理支出情况进行分析。

我国从2007年起，各级政府财政统计开始执行新的科目体系。具体到行政管理支出，在旧体系下（2007年以前），与之相对应的主要有六个支出科目，分别为“行政管理费”“公检法支出”“武警支出”“外交外事支出”“对外援助支出”“国内外债务利息支出”。而在新体系下（2007年以来）与之相对应的科目则包括三大类，分别为“一般公共服务”（含国内外债务付息）、“外交”（含对外援助）和“公共安全”（含武装警察）。表6－1给出了2007～2019年的相关统计数据。

表6－1　2007～2019年中国行政管理支出

年份	GDP（亿元）	财政支出（亿元）	行政管理支出（亿元）	行政管理支出占财政支出的比重（%）	行政管理支出占GDP的比重（%）
2007	270232.3	49781.4	12215.7	24.5	4.5
2008	319515.5	62592.7	14096.4	22.5	4.4

续表

年份	GDP（亿元）	财政支出（亿元）	行政管理支出（亿元）	行政管理支出占财政支出的比重（%）	行政管理支出占 GDP 的比重（%）
2009	349081.4	76299.9	14159.2	18.6	4.1
2010	413030.3	89874.2	15124.1	16.8	3.7
2011	489300.6	109247.8	17601.6	16.1	3.6
2012	540367.4	125953.0	20145.9	16.0	3.7
2013	595244.4	140212.1	21897.7	15.6	3.7
2014	643974.0	151785.6	21986.3	14.5	3.4
2015	689052.1	175877.8	23408.1	13.3	3.4
2016	743585.5	187755.2	26304.5	14.0	3.5
2017	827121.7	203085.5	29493.4	14.5	3.6
2018	900309.0	220904.1	32742.5	14.8	3.6
2019	986515.0	238858.4	34864.1	14.6	3.5

注：行政管理支出为“一般公共服务”“外交”“公共安全”三项支出金额之和。

资料来源：2008～2019 年《中国统计年鉴》，国家统计局网站；财政部网站，http：//yss.mof.gov.cn/2019qgczjs/index.htm。

如表 6－1 所示，2007～2015 年“一般公共服务”“外交”“公共安全”三类支出合计占财政支出和 GDP 的比重均呈现下降态势，2016 年以后略有回升。这说明近年来，一方面，我国经济的较快增长带动了财政收支的稳步上升，为行政管理支出占比的适度回落打下了基础；另一方面，党的十八大以后大力加强党风廉政建设，政府通过逐层推进机构改革和提高包括“三公经费”在内的预算透明度，明确政府职责，严格控制办公经费和人员经费，在一定程度上抑制了行政管理支出的膨胀，使得行政管理支出规模和增速得到有效控制。

应当注意的是，新旧体系科目设置毕竟出入较大，使得新旧数据可比性降低。在 2007 年以来的新科目体系下，一些专业职能部门（如教育、科技、医疗卫生、社保、环保等）的行政运行支出从原行政管理费中分离出来，列入与其各自职能相对应的支出类别中，所以近年来行政管理费占比的下降，一定程度上又是统计方法改变带来的。

（二）行政管理支出规模扩张的原因

行政管理支出一方面是政府提供一般公共服务的支出，另一方面也是政府机构维持自身运转的支出。中外各国的历史经验都表明，机构膨胀、政府雇员数量不断增加、雇员工资支出的增长，很大程度上可归因于官员追求预算最大化的动机，这是导致行政管理支出快速扩张的政治经济学原因。

行政管理支出的规模是受多种因素影响形成的，而且具有历史延续性；直接的影响因素主要有政府职能范围、机构和人员设置、行政效率、管理水平以及法治化程度等。行政管理费由人员经费和公用经费两大部分组成，政府职能范围的大小，机构设置的多少，以及由此而决定的机关工作人员的多少，再加上行政效率、管理水平和制度环境，自然是决定行政管理费规模的关键因素。改革开放以来的前半时期，我国行政管理支出占财政支出的比重不断上升，由1980年的6.5%上升到2007年最高值的24.5%，在各类财政支出中的增长速度是最快的，大多数年份都超过了财政总收支的增长速度。近年来，行政管理支出膨胀的势头虽有所抑制，但支出规模仍居高不下，主要原因在于：

1. 政府职能范围调整不到位

中国市场经济改革的目标之一，就是要转变政府职能，削减政府机构。然而现实情况是，虽然与市场经济运行有关的若干机构在扩大或者增设，但一些与新体制运行不协调的机构却得不到有效的压缩，新旧叠加的结果自然是行政支出的增加。140多年前，马克思根据圣西门的以社会自治为中心的“小政府”理想，并在总结巴黎公社革命经验的基础上，提出了“小政府—大社会”的政府管理模式，因此，以精简、强干、厉行节俭为特征的“廉价”政府应成为社会主义国家政府设置和改革的目标模式与价值取向。虽然我国先后进行了多次机构改革，力图精简机构，但“精简—膨胀—再精简—再膨胀”的循环怪圈没能彻底打破。最近十年的大部制改革对政府直属部门进行了大幅度的合并重组，取得了一定效果，但一些政府机构在合并以后仍然存在职能交叉、重叠乃至矛盾之处，打通职能和实现职能转变仍是实现国家治理现代化的重要课题。

2. 机构和人员的膨胀

机构改革的目的是精兵简政，但我国在较长时间内政府机构和人员过分膨胀是不争的事实。由于机构设置的上下对口，中央每设一个机构，全国县以上就要设3000多个机构。在机构改革和机构削减的同时，各种仍然和政府机构尚未完全脱钩的事业单位、学会、协会和基金会等却有增无减。据有关统计资料显示，我国财政供养人口2014年与1978年相比增长了2倍多，相当于中国总人口同期增幅的3倍。① 财政供养人口增大，无疑增大了公共支出压力和社会的税费负担。

① 根据《中国统计年鉴2017》计算得出。

3. 行政效率低下

行政效率指的是行政效果与所消耗的人力、物力、财力和时间之间的比率，即在单位时间和空间内开展行政活动所获得的效果与所付出的物质和精神代价的比率。现阶段我国在行政体制改革方面取得了明显成就，但是政府行政效率总体上仍然偏低，表现在：（1）有职无责。一些行政部门和人员推脱应尽的职责而片面强调政策性，本来属于自己权责范围内的事情，为了出问题后自己置身事外而以“集体”名义来承担责任，经常议而不决，决而不断，因拖沓延迟而贻误工作。（2）责权不分。一些部门及人员往往划分不清职责且缺乏协作精神，对于涉及多部门共同处理的事务，则经常推诿扯皮。（3）责任虚化。由于政府机构和公共部门具有目标多元性且难以量化的特点，加之公众监督困难，因此就造成了行政职能和责任虚化的现象。（4）程序繁杂。行政机构庞大重叠，加之职能交叉、环节繁多，致使手续烦琐、程序繁杂，效率低下。上述行政效率低下的根源在于行政垄断，缺乏有效监督和竞争激励。

4. 管理水平和法治化程度低

行政管理支出虽然列入公共预算，但在实际预算执行过程中，如若缺乏健全的法律法规和财务预算约束机制，则往往会出现违规使用和普遍超标的情况。而且，由于缺乏信息透明度和成本收益评价，行政部门和人员也缺乏自觉节约费用的意识和自律行为，往往导致资金使用效果不佳，有时甚至会发生拨付的资金越多，行政机构履行职能的效能反而越下降的情况。

（三）中国行政管理支出改革

近年来，通过严肃党纪国法和实行政府预算制度改革，在很大程度上有效抑制了行政管理支出规模的非常规膨胀。但如何才能有效控制和削减依然过大的行政管理支出，仍是有待破解的难题。要从根本上保证行政管理支出改革真正取得成效，尚需多策并举、综合治理。

1. 转变和改进政府职能

行政管理支出是政府机构行使职能时所发生的费用开支，因此政府职能范围界定十分重要，它将直接影响行政管理支出的规模与结构。市场取向的改革要求政府由包办者转变为市场的服务者、管理者、监督者，党的十九大报告也明确将“简政放权”“服务型政府建设”“提高政府公信力和执行力”等作为当前政府职能转变的主要任务。与服务型政府的职能定位相适应，政府职能转变必须顺应市场经济体制的要求，顺应企业发展和广大人民群众的需求，提供更加高效、廉洁的公共服务。

2. 整合机构，简政放权

我国历次政府机构改革往往主要对政府直属部门进行合并重组，而很少触及内设机构，这使各个政府机构的内设机构千篇一律，并很难适应经济社会发展的需求。以过去大部门制改革为例，各级政府合并的大部门仅对其综合管理的内设机构进行合并，如办公室、财务、信息、人事等，而很少针对职能职责加强重组，结果导致一些政府机构在合并以后仍然是“两张皮”，其内设机构间的职能交叉重叠、效率低下的问题依然严重。因此，新一轮行政体制和政府机构改革要想避免重蹈覆辙，必须以政府职能转变和政府管理创新为目标，深化简政放权，创新监管方式，增强政府公信力和执行力，建设人民满意的服务型政府。

第一，大力精简不适应市场经济运行机制的机构、法规和审批环节，以减少政府对经济的过分干预，最大限度地发挥市场在资源配置和收入分配中的决定性作用。继续削减行政审批事项，全面清理各类职业资格、生产许可、经营许可等准入门槛，提升简政放权的含金量；创新审批方式，推动审批事项纳入全国统一的在线审批监管平台，实现行政审批标准化、法治化。

第二，合并、调整原有的职能交叉或工作性质相近的党政机构，建立统一规范的互联网+政务服务各类资源交易平台，下大力气破解信息孤岛、部门壁垒、条块分割等历史性难题，真正做到“信息多跑路、群众少跑腿”。

第三，行政管理支出应该向维持经济秩序的工商、税务、司法、公安、安全等部门倾斜。因为要培育一个完善的市场，要保证经济的有序运行，这方面的行政管理支出的增长也是必不可少的。

3. 建立行政经费供给调控机制

一般而言，行政经费供给是经费需求的函数，行政经费的需求则是社会经济变量的函数。因此，行政经费供给调控机制须从政府机构履行职能所应需要的财力和当前经济发展水平所能提供的财力两个方面加以考察，精细预测行政经费增长的合理区间，树立行政经费增长的控制目标。据此，必须建立一种行政管理支出合理增长和自我调节的机制，即应在明确政府职能的基础上，构造行政经费合理增长预测模型，确立界定行政管理支出规模及其合理区间的量化标准，以此为目标对行政管理支出实施控制。

4. 加强行政法治建设

为了确保行政经费供给调控目标的实现，首先，应将行政经费供给调控目标纳入有关行政、预算的法律规范中，切实加大对行政经费管理的执法力度，严格贯彻实施《预算法》等法规制度，以便在法律框架内保证行政经费的合理、高效使用。其次，应建立健全行政管理支出监督与管理制度，要改变目前行政管理支出中政策、拨款、监督不分家的管理模式，向“政策与拨款分离”“拨款与监督分离”的模式转换，以便为行政经费供给调控目标的确定和实现提供一种约束机制。再次，要在重大决策公开、权力责任清单公开、预算信息公开、开放政府数据、政务诚信建设等方面实现突破，向全社会塑造和传递一个更加负责、更具回应性、更好自我控制的政府形象。最后，要实行绩效预算，特别是在事后对预算执行效果进行评价的体制，配合以官员问责制度，强化部门领导的责任，可以在较大程度上约束官员的预算规模最大化动机。

第二节 国防支出

一、国防支出的性质与必要性

与行政管理相似，国防也是一国政府的基本职责，因为政府一经产生，就必须防御外敌侵犯，保卫国家安全，为此就需要建立军队和军事设施。国防也同样属于纯公共产品范畴，在性质上具有非排他性和非竞争性。一方面，国防作为保障一国安全的屏障，国界疆域之内的所有居民不管身处何方，不管是否情愿，都会受益，而且人们也无法拒绝或阻止政府提供的国防服务；另一方面，国防一旦被提供，通常其成本并不因该国居民的人数增加而增加，即新增加享用者，并不会因此而使原有享用者的利益受到损失。正是由于国防具有较强的非竞争性，因而，一国的国防支出与居民人数的多少并非呈正比关系，而与政府机构的大小和承担职责的多少，以及外部环境密切相关。

在当今世界还存在着战争因素和战争威胁的情况下，最基本的社会需求莫过于生存和安全的需求。正是这种需求对科学技术的研究和发展不断地提出新的课题，因此，许多尖端技术首先诞生并应用于军事领域，然后转向民用，这已成为一种普遍的现象，从而既极大地提高了国防能力，又有力地促进了社会生产力的发展。由此可以确定，国防支出在一定范围内和一定程度上具有满足军事和经济双重目标的作用，它对于整个国民经济有着深远的影响。从这种意义上说，国防支出随着经济的增长而增长是必然和必要的。当然，国防支出毕竟不是生产性支出，而是社会消费性支出，它在消耗物质财富的同时，并不直接为社会带来资本和利润，对社会的生产和财富的创造没有直接的贡献，所以对国防支出应适当地加以约束。

二、国防的提供与国防支出的分类

（一）国防的提供与生产

国防的基本任务是防止外敌侵犯，保卫国家安全，它具有纯公共产品性质，因而都采取公共提供方式，并且是由中央政府无偿提供。而就国防的生产而言，主要由政府生产，但其中某些消耗性物品，如武器装备、通信工具、军需给养等，既可以公共生产，也可以私人生产，然后政府通过采购方式，转化为军事用途。

在许多国家，政府为降低军用品生产成本，加速军事技术向民用部门的转移，对军用品往往采用私人生产、政府订货的方式。此外，在军事科研上也采取私人研究与军事研究机构合作，或者政府通过对私人研究机构的招标、委托的方式共同参与研究。这些研究成果不仅用于本国军事上，经过政府批准，也可以对外出口。通过军用品的生产和出口而形成的军事工业产业，在一些国家已经成为支柱产业之一。

上述分析表明，国防的生产和提供可以有三种方式：第一种是政府生产、政府提供方式；第二种是私人生产、政府提供方式；第三种是整体上政府生产，但部分产品由私人生产、政府通过军事采购获得产品的政府提供方式。

一般来说，军用品采取政府生产的优点，一是它可以将最新的科研成果和装备灵敏、快速地转移至部队，二是保密性强。但这种方式也有其缺点：一是政府生产是一种垄断生产，由于生产者和消费者都是唯一的，缺乏竞争机制，因而新武器和新装备的研制、开发水平有很大的限制。二是通常要建立庞大的军事工业体系，生产成本很高。三是不利于军事技术向民事用途的转移。

正是由于这些原因，在第二次世界大战后，许多国家改革了军事产品的生产方式，具体措施是：第一，大部分军用品由私营民营企业生产，政府采购，只有那些关系到国家重大利益的军品，才由政府的军工企业生产。第二，采用政府与民间机构合作的方式进行新武器、新装备的研制和开发，将一些军事研究机构转化为民用机构，在此基础上，政府通过项目招标方式委托其进行项目研究。第三，实行常备军和后备军相结合的制度。在平时，国防的任务由常备军负责，但后备军事人员要定期参加各种军事训练，以具备基本的军事理论和军事素养，一旦发生战争，国家就通过征召后备役部队和民兵，迅速形成强大的军事实力。

（二）国防支出的内容和分类

根据瑞典斯德哥尔摩国际和平研究所（SIPRI）给出的权威定义，国防支出，也称为军费，反映了军事活动中的全部成本。《国防经济学手册》则将军费定义为一国在一定时期内（通常为一年），对军人和与军队有关的其他人员的全部支付，包括军队购买的商品和公民提供的服务。①

---

① Brzoska，Michael：World Military Expenditures，*Handbook of Defense Economics*，Amsterdam：Elsevier，1995（1）：45－67.

然而，各国政府在界定本国国防支出的内容时会做出取舍，这就导致各国统计的国防支出之间不存在可比性。为了便于国际比较，国际货币基金组织（IMF）在其《2001 年政府财政统计手册》中，对国防支出的范围进行了统一，具体包括五个小类，分别为"军事防御""民防""对外军事援助""国防研究与发展""未另分类的国防"。

国防支出按用途可分为维持费和投资费两大部分。其中，维持费主要用于维持军队的稳定和日常活动，提高军队的战备程度，是国防建设的重要物质基础，它包括军事人员经费、军事活动维持费、武器装备维修保养费和教育训练费等。投资费主要用于提高军队的武器装备水平，是增强军队战斗力的重要条件，它主要包括武器装备的研制费、武器装备的采购费、军事工程建设和国土防空费等。

国防支出按军兵种划分，分为国防部支出、战略部队支出、陆海空军支出、武装警察部队支出和预备役支出等。

按支出项目划分，中国的国防支出包括人员生活费，主要用于军官、士兵、文职干部和职工的工资、伙食、服装等；活动维持费，主要用于部队训练、工程设施建设和维护及日常消费性支出；装备费，主要用于武器装备的科研、试验、采购、维修和储备等。

三、最优国防支出结构的理论分析

一国的资源有限，而人们的潜在需求无限，经济学的首要任务就是要回答如何利用有限的资源去最大限度地满足人们无限的需求。我们将一国生产出来的全部商品分为两大类，"黄油"（代表民用品）和"大炮"（代表军用品）。给定资源约束和不变的生产技术，我们就可以得到一条生产可能性曲线，也就是著名的"大炮—黄油转换线"（guns-butter transformation curve）。根据大炮—黄油转换线和社会无差异曲线的切点，理论上可以确定最优国防支出，如图 6 - 1 所示。

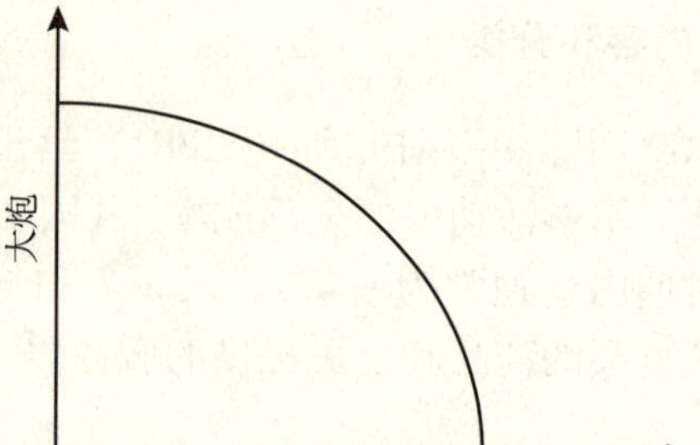

图 6 - 1　大炮—黄油转换线

为了与国家安全需要和公共财政能力相适应，国防支出不仅要与非国防支出保持合理的比例，国防部门内部的支出结构也要合理。这需要综合考虑国防支出的各种因素和国防支出的效果，使国防支出的边际收益与边际成本相等，从而实现国防产品的最佳供给。但是关于国防产品的边际收益和边际成本很难较为精确地评估。在实际中，合理的国防支出结构的确定通常要处理好以下几个主要问题。

（一）人力投入和技术装备投入的合理比例

一个世纪以来，由于科技的进步，技术装备因素在战争中的作用越来越明显，因此，国防支出中军事装备费用越来越高，相应的人员费用所占比重下降，军队的装备有机构成呈现不断提高的趋势。但在另一个方面，未来高技术战争也是一种技术与智力密集型的战争，高素质的军事指挥人员和技术化的士兵仍然是决定战争胜负不可或缺的因素，在这种情况下，必须保持人员训练费用与技术装备采购费用的平衡关系。

（二）国防科研投入和生产投入的合理比例

应该说，国防科研投入和国防生产投入在根本目的上是一致的，都是为了增强国防力量，但由于两者所产生效果的时限不同，在国防经费有限的情况下，要加强军事科研的力度就势必会减少军事装备生产的投入；而要多生产一些军事装备，又势必会引起军事科研经费的减少。实际上，两者之间的矛盾反映了国防远期利益和近期利益之间的矛盾，处理好两者的比例关系，是提升现有国防力量和保持国防体系发展后劲的正确选择。

（三）作战系统投入和后勤保障系统投入的合理比例

现代战争的高技术性和复杂性，对于后勤保障系统的要求越来越高，后勤保障系统的运作往往对于军事行动的结果起到决定性的作用。例如，美国在20世纪90年代以来的两次海湾战争中，如果没有完备、可靠、快速的后勤保障机制，想在远离本土上万公里的战场上获胜是难以想象的。因此，在国防投入中必须予以作战系统建设和后勤保障系统建设同样的重视，妥善协调两者的比例关系。

四、中国的国防支出

新中国建立初期，国防支出占国家财政支出的比重较大，1950 年为

41.1%，1952年为33.61%，这主要是由于新中国建立之初，解放战争和抗美援朝战争正在进行中，导致巨额的战争经费开支。抗美援朝战争结束后，国防支出占财政支出比重的变化虽有起伏，但总的趋势是逐步回落，所占比重也逐步稳定。进入20世纪80年代以后，和平与发展逐渐成为国际政治经济的两大趋势，中国国内则开始改革开放，将经济建设作为工作中心，特别是1985年，在“百万大裁军”的背景下，国防支出的比重出现了稳步下降的趋势，从1980年的15.8%下降到1990年的9.4%。1991年冷战结束，东西方两大阵营长期紧张对峙的局面有所缓和，中国国防支出的比重整体上也在下降，2000年降为7.6%，2010年进一步下降为5.9%，2012年、2013年降至5%左右的低位上，2014年才略有回升，比重为5.46%，如图6－2所示。2016年国防支出占财政支出的比重为5.2%，占GDP的比重为1.31%；2017年中国国防支出首次突破1万亿元，达到10432.37亿元，比上年增长7.1%，占财政支出的比重为5.14%，占GDP的比重为1.26%；2018年国防支出11280.46亿元，比上年增长8.1%，占GDP的比重为1.25%；2019年国防支出11896.56亿元，比上年增长5.5%，占GDP的比重为1.21%。虽然我国的国防支出数量每年都有增长，但在连续10多年里占GDP的比重均维持在1.3%左右，远低于世界军费开支占全球GDP 2.4%的平均水平。增加的国防支出主要用于加大武器装备建设投入、改善训练条件、保障军队改革和官兵福利待遇需要，可为实现在新时代的强军目标提供有力支撑。而国防支出比重的下降，使得政府有更多财力用于提供一般公共服务和经济建设，全国人民都享受到和平环境带来的红利。

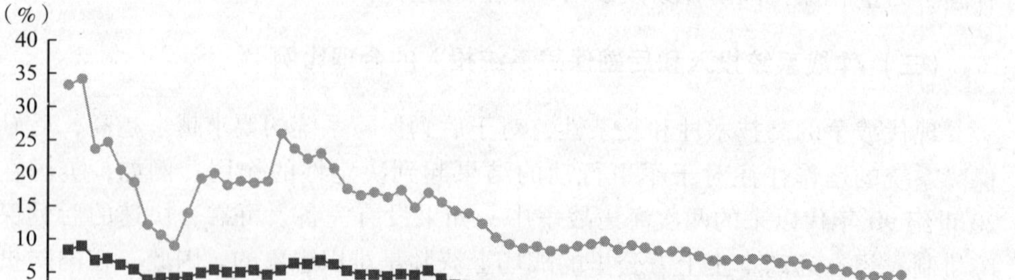

图6－2　中国国防支出占财政支出和占GDP的比重变化趋势

资料来源：各年度《中国统计年鉴》，国家统计局网站。

第三节 教科文卫支出

教科文卫支出是财政资金用于教育、科学研究、文化以及医疗卫生等方面的经费支出。在我国，代表政府承担全社会的文化教育、科学研究、技术进步、医疗保健、文化娱乐等多方面任务的单位被称为“事业单位”。事业单位是我国重要的公共部门，我国高级人才的70% ~80%集中于这一部门，其拨款约占全部财政支出的一半。典型的事业单位具有三个特点：一是提供公共服务，即具有公共性；二是执行某些政府职能，是政府职能的延伸和具体化；三是属于非权力机关，这一点与行政单位不同。事业单位提供的服务从性质上来说大多属于准公共产品，在消费中具有一定的外部效应。在科技日新月异、人民生活水平不断提高的今天，教科文卫事业在社会经济生活中所发挥的作用日益突出，已成为各国政府优先发展的支出项目。

一、教科文卫支出的内容与分类

（一）教科文卫支出的主要内容

教育支出，也被称为公共教育支出，是指政府用于维持和发展各类教育事业的经费支出，包括一般公共预算教育支出，各级政府征收用于教育的税费，企业办学教育支出，校办产业、勤工助学、社会服务收入中用于教育的支出以及其他属于财政性的教育经费。

科技支出是指财政资金用于科学技术活动的支出总量。所谓科学技术活动，泛指人类在自然科学、农业科学、医药科学、工程与技术、人文与社会科学领域（统称为科学技术领域）中与科技知识的产生、发展、传播和应用密切相关的有组织的活动。根据联合国教科文组织的分类，科技活动可分为研究与试验开发、研究开发成果应用及相关的科技服务三类活动。

医疗卫生支出是指财政预算中用于防治各种疾病，保障人民身体健康的经费支出，包含了公共卫生支出和医疗服务支出两个方面的内容。公共卫生是为了满足社会公众的公共卫生需求，实现健康安全的公共环境而提供的各项卫生服务，主要包括计划免疫、传染病控制、妇幼保健、饮用水安全、环境卫生和健康教育等内容；医疗服务则特指医院或诊所为治疗病人各种疾病所提供的诊疗服务。

公共文化支出是指财政预算用于发展文化艺术活动，传播科学知识，丰富人们精神生活的经费支出，包括政府对图书馆、博物馆、美术馆、纪念馆和艺术表演团体等的经费支出。

（二）教科文卫支出的分类

1. 按支出部门划分

教科文卫事业涉及事权范围较为广泛，各级政府的不同职能部门对此有不同的分工。根据财政资金预算安排单位划分，教科文卫支出划分如表 6－2 所示。

表 6－2　　教科文卫支出按支出部门划分

编号	类别	具体内容
1	文化事业费	包括艺术表演团体经费、图书馆经费、群众文化经费等
2	教育事业费	包括教育部门举办的各类中小学及幼儿教育经费、中等或职业技术教育经费、成人高等教育以及广播电视教育、特殊教育经费和经国家批准设立的全日制普通高等院校（包括研究生）经费及留学生经费等
3	科学事业费	包括自然科学事业费、科协事业费、社会科学事业费、高技术研究专项经费等
4	卫生事业费	包括医院经费、卫生院补助费、防治防疫事业费、妇幼保健经费、合作医疗补助费、中医事业费等
5	体育事业费	包括体育竞赛费、优秀运动队经费、业余训练费、体育场馆补助费等
6	通信事业费	指新华社及专业通讯社的事业费
7	广播电影电视事业费	包括广播电台经费、电视台经费、县广播站经费等

此外，教科文卫支出还包括出版、文物、档案、地震、海洋、计划生育等的事业费支出。

2. 按支出用途划分

按照资金支出的具体用途，主要包括人员经费支出和公用经费支出。前者主要用于教科文卫等事业单位的工资、补助工资、职工福利费、离退休人员费用、奖学金等的开支项目，其中工资是最主要的内容；后者主要用于解决教科文卫等事业单位为完成事业计划所需要的各项费用开支，主要包括公务费、设备购置费、修缮费、业务费等。

二、公共部门介入教科文卫支出的理论基础

（一）公共部门介入教育领域的原因

在现代市场经济社会里，几乎所有国家的教育事业都主要是由公共部门参与并且主导的，由公共财政为教育事业提供基本的经费来源，如提供免费教育、教育补贴、教育贷款等，所有这些都与教育本身的特性有关。

1. 教育是具有较强效益外溢性的混合产品

一方面，教育具有私人产品的性质，因为受教育者学到知识和技能以后，增强了竞争能力，在以后的职业生涯中能够获得相对较高的收入，在生活中可以获得更多的精神享受，从这一角度看，个人或家庭可以通过市场来获得教育利益；但另一方面，有相当大的一部分教育利益通过受教育者外溢给了社会，如提高了劳动生产率和促进了经济发展，提高了文化水平道德素养和促进了社会和谐，因而又具有公共产品的性质。教育产品消费中产生的社会效益大于个人收益的简单加总，这就使得市场对该产品的资源配置往往不足，因此，教育不能完全依靠市场来配置，教育支出应该有公共资金的投入，并应根据不同层次教育的边际社会效益与边际社会成本的对比关系来决定投入的份额和数量。

2. 教育是社会价值容易被低估的优值品

教育为优值品①，往往因私人评价低于社会对其应有的评价而供给或需求不足，此时公共部门和政府有理由从家长主义的立场出发来介入教育的生产和提供，比如强制推行一定年限的义务教育制度。

3. 教育具有公平社会分配的功能

政府积极发展教育事业，尤其是发展基础教育，有助于公平社会的收入分配。研究表明，教育公平与收入公平之间存在高度正相关性。公共教育支出占国民生产总值的比重、初等教育入学率、学校义务教育年数等指标均与个人收

① 优值品（merit goods），亦称为“优效品”或“有益品”，与“劣值品”（dismerit goods）含义相反，是指那些带来的实际效用高于个体主观评价效用的产品和服务。由于个体主观评价偏低就可能造成对该产品的消费不足，于是政府一般采取低价提供或免费提供的政策，以促进消费；甚至采取强制消费措施，如社会保险，不管愿意与否都必须消费。

入的不公平程度成反比，教育的平等主要体现在为公民的发展创造一种起点公平的可能。一系列研究也认为，相比于高等教育，初等教育与中等教育更有利于贫困阶层。为此，世界上大部分国家都将一定年限的初等和中等教育作为义务教育，由财政免费供给，或者仅仅收取少量补偿费用。

4. 教育支出是重要的人力资本投资

从宏观角度看，当今社会已进入知识经济时代，科技进步成为经济增长的主要动力，而科技进步又以教育为源泉。从家庭角度来说，用于教育的支出是一种人力资本投资，如果低收入家庭暂时无力支付学费，照理可以向金融部门申请贷款。问题是人力资本市场是一个不完全的资本市场，在这个市场中，金融部门与借款者之间的信息不对称，人力资本投资究竟有没有回报或者回报率有多高，事先是难以确定的，因而金融部门不愿轻易发放贷款，由政府为主兴办教育并为教育贷款提供担保，则有助于弥补教育资本市场的不足。

（二）公共财政资金投入科技领域的原因

公共部门在推动科技进步中发挥着至关重要的作用，这与科技领域的特性密切相关。现实的市场并不像传统经济理论认为的那样以完全竞争为前提，而垄断、政府管制和专利保护必定会带来不完全竞争的结果。在知识经济条件下，不完全竞争其实已经成为经济的内在特性。

1. 基础性科学研究成果具有公共产品的特性

一些基础性科学研究成果具有公共产品非竞争性和非排他性两个显著的特征，对于消费者来说，可以免费使用，而且可以毫无代价地传播这些研究成果。而对于创造者来说，研究成果通常并不给其带来直接的经济回报，由该成果产生的收益主要为社会所获得。由于基础研究的成本与收益不易通过市场交换对等起来，创造该成果的人得不到应得的经济补偿，依靠市场机制就难以激励人们从事基础性科学研究，于是，激励和支持基础性科学研究就成为公共部门不可推辞的职责。同理，应用性研究中的社会公益性研究（如气象服务、灾害研究等），以及服务于基础研究和公益性应用研究，同时具有广泛社会公益性的科技服务（如图书馆、科技博物馆、动植物园等），同样具有公共产品的性质，也不应完全市场化。

2. 应用研究与技术开发具有正外部性

应用研究与技术开发不同于基础性科学研究，具有直接的经济应用价值，一旦获得成功，能够给它的研发者和提供者带来较大的收益，但是，他们同样只能获得成果的一部分收益而不是全部，因而具有正外部性。解决这种外部性的行之有效的办法，就是建立保护知识产权的法律，或者进行适当的财政补贴。

3. 风险贷款市场的不完善

科技成果的研究与开发一般具有风险高、投资大、周期长的特点，从而给那些处于创办阶段的中小企业带来了技术开发资金上的“瓶颈”，因为这些中小企业由于其支付能力、资信评估的限制，要想在贷款市场上获得资金是非常困难的。鉴于风险贷款市场上的这种不完善性，作为对企业科技创业、创新努力的一种补充与激励，提供财政担保和建立风险投资信贷资金以及制定税收等方面的优惠政策显然是必要的。

（三）公共部门介入医疗卫生领域的原因

医疗卫生是人力资本的重要基础之一。随着经济的发展，人们越来越认识到医疗卫生作为人力资本投资的重要性。在市场存在缺陷的情况下，人力资本投资的效率与公平会受到很大的影响，这正是各国政府在医疗卫生领域发挥作用的原因所在。

1. 医疗卫生领域的信息不对称性

医疗卫生领域的信息不对称问题集中体现为作为医疗卫生产品需求方的患者，对其所购产品的有关信息了解不多，甚至一无所知。在接受医疗卫生服务之前，患者无法全面地比较有关医院和医生的情况，在接受医疗卫生服务过程中，患者无法准确地知道医生的服务质量，以及其应支付的价格。

2. 医疗卫生领域的竞争有限性

在医疗卫生领域，信息不对称问题的存在使得“消费者主权”演变成了“生产者主权”，供求双方很难形成相互制约的机制，竞争的有效程度大大降低。有鉴于此，公共部门对医疗卫生领域采取一些合理的干预措施非常必要，如政府或管理部门给医生颁发营业许可证、进行药物监督检查与管理、普及卫生知识等。

3. 医疗卫生领域的效益外溢性

医疗卫生是一种混合产品，其中的卫生服务在性质上接近或等同于纯公共产品。个人在接受医疗卫生服务的过程中，预防和减少了疾病，提高了健康水平，为增强获取收入能力和提高生活质量奠定了基础。但是，医疗卫生服务通过个人消费，会有很大一部分外溢给社会，社会成员可以无差别地从中获取利益。医疗卫生产品消费过程中的效益外溢决定了这种产品的边际个人效益必定小于边际社会效益，若是完全由市场来提供，必然会导致这些外部效益较大的产品配置不足。因此，对于预防性、基础性的医疗卫生服务，尤其是卫生服务，应该由公共部门承担起主要的责任。

4. 医疗卫生领域的公平性

对公平的关注是公共部门提供医疗卫生服务的又一重要理由。一个低收入家庭的子女，在享有政府提供的基本生活条件、教育条件、医疗条件的情况下，有可能在未来获得较高的收入，并为社会做出较大的贡献。但是，如果没有这些基本的医疗保障，疾病的打击可能使低收入者陷入贫困的深渊，显然，这对于公平与效率都是有害无益的。因此，世界上大多数国家把“人人享有基本的卫生保健”视为公民的基本权利，为穷人提供的医疗补助和为老人提供的医疗照顾正是保障人的基本生存权利的一种反映。

（四）公共经济扶持文化产业的原因

作为朝阳产业，文化产业具有巨大的发展潜力，已经成为新的经济增长点和社会和谐的润滑剂。随着经济社会的不断发展，全社会对文化产业发展的需求日益迫切，公共经济在促进文化产业发展过程中，正发挥着越来越重要的作用。

1. 文化产业具有明显的效益外溢性

从生产角度看，文化产业与很多产业密切关联，其发展壮大能够带动上下游产业的发展。近年来，由于文化所具有的高附加值特质，加上文化与移动互联技术、大数据、新媒体的融合，文化产业和旅游业、观光农业、手工制造业、信息产业和其他相关新兴产业相互促进，既增强了传统产业的附加价值，又延伸了原有产业的产业链，进而文化产业与其他产业一起形成环环相扣的产业网络生态。从消费角度看，文化产品或服务能够给公众带来美好的精神享受，满足人民的精神需求，对构建社会主义和谐社会具有极其重要的意义。综合来看，正是由于文化产业具有生产和消费的效益外溢性，文化产品或服务的供给与需求难以实现完全有效的均衡，因此公共经济的介入和扶持就显得极为必要。

2. 大多数文化产品或服务具有纯公共产品或准公共产品特征

具有纯公共产品性质的文化产品或服务很多，包括免费的文化主题公园、图书馆、博物馆、文化馆、展览馆、广电网络等；准公共产品的例子也较多，例如收费相对低廉的博物馆、广播电视、文化图书、音像制品、慰问性文艺表演，大多不以营利为目的。

3. 部分文化产品或服务虽带有较强的私人产品特征，但往往具有弱质性

一方面，该类文化产品或服务具有一定的营收能力；但另一方面，单纯依靠市场仍难以有效解决市场失灵和供给不足的问题。这就决定了这类文化产品如果完全由市场提供会导致供给不足，因此，需要公共部门采取行动和必要的手段进行干预。

然而，对于公共文化产品和服务是否应纳入以及在多大程度上纳入公共财政扶持的范围，还存在较大分歧。一部分学者认为公共文化产品和服务理应由政府或政府资助的公益性文化事业单位来提供；也有部分学者认为政府在提供公共文化产品和服务时，无法应对差异化的需求，且供给效率低下，公共文化产品和服务供给应该走市场化道路，而不能将其简单地纳入财政保障范围内；一种折中的观点是选择供给主体多元化的保障模式，强调政府的保障责任，提倡公共文化产品的公共提供、私人生产，并通过建立和完善公共文化的需求反馈机制解决低效供给问题。

公共支出扶持文化产业的形式有直接和间接两种：（1）各级政府直接出资兴办文化产业，这是推行政府主导型国家文化产业发展战略的最主要途径。这种方式有三个特征：一是以社会效益为先，同时兼顾经济效益；二是公共支出扶持国有文化产业具有无偿性；三是国有文化产业资产也要实现保值增值。（2）发挥公共支出引导社会资金的杠杆作用，这是针对具有一定营收能力的文化产业普遍实施的策略。公共支出杠杆主要包括财政贴息、基金扶持、以奖代投、转移支付、购股投入、政策性贷款等，以此达到吸收更多社会资金、培育文化市场产业主体、增加文化产品和服务供给、拉动文化消费、推动文化产业参与国际竞争等目的。

三、中国的教科文卫支出

（一）教科文卫支出的总体情况

20 世纪 80 年代以前，我国教科文卫支出呈现“马鞍形”，在 1970 年达到最低点，这主要与当时国内政治、经济的大环境有关。从 1965 年开始，我国教科文卫支出和财政支出的绝对值随着经济的下滑也随之降低，到 1970 年教科文卫支出占财政支出比重和占 GDP 的比重双双降至谷底，之后才逐步回升，如表 6－3 所示。

表 6-3　改革开放之前我国教科文卫支出情况

年份	GDP（亿元）	财政支出（亿元）	教科文卫支出（亿元）	教科文卫支出占财政支出的比重（%）	教科文卫支出占 GDP 的比重（%）
1950	—	68.1	5.0	7.3	—
1955	911.6	262.7	19.8	7.5	2.2
1960	1470.1	643.7	50.5	7.8	3.4
1965	1734.0	460.0	45.6	9.9	2.6
1970	2279.7	649.4	43.7	6.7	1.9
1975	3039.5	820.9	81.3	9.9	2.7
1977	3250.0	843.5	90.2	10.7	2.8
1978	3678.7	1122.1	112.7	10.0	3.1

资料来源：国家统计局网站。

改革开放以来，我国教科文卫支出总量绝对数上升迅速。在 1979～2006 年间，预算内教科文卫支出总量由 132.1 亿元上升到 7426.0 亿元，绝对数增加了约 55.2 倍。就相对指标而言，教科文卫支出占 GDP 比重呈现凹形结构，1995 年达到低点（2.39%），之后呈现上升趋势，2006 年为 3.38%，相比 1995 年上升了接近 1 个百分点。但与此同时，教科文卫支出占财政支出的比重则呈现凸形结构，1980～1995 年上升了约 8.8 个百分点，1995 年达到高点，为 21.50%，之后略有下降，2000～2006 年基本保持稳定，在 18% 左右徘徊，如表 6-4 所示。

表 6-4　1979～2006 年我国教科文卫支出情况

年份	GDP（亿元）	财政支出（亿元）	教科文卫支出（亿元）	教科文卫支出占财政支出的比重（%）	教科文卫支出占 GDP 的比重（%）
1979	4100.5	1281.8	132.1	10.31	3.22
1980	4587.6	1228.8	156.3	12.72	3.41
1985	9098.9	2004.3	316.7	15.80	3.48
1990	18872.9	3083.6	617.3	20.02	3.27
1995	61339.9	6823.7	1467.1	21.50	2.39
1999	90564.4	13187.7	2408.1	18.26	2.66
2000	100280.1	15886.5	2736.9	17.23	2.73

续表

年份	GDP（亿元）	财政支出（亿元）	教科文卫支出（亿元）	教科文卫支出占财政支出的比重（%）	教科文卫支出占 GDP 的比重（%）
2001	110863.1	18902.6	3361.0	17.78	3.03
2002	121717.4	22053.2	3979.1	18.04	3.27
2003	137422.0	24650.0	4505.5	18.28	3.28
2004	161840.2	28486.9	5143.7	18.06	3.18
2005	187318.9	33930.3	6104.2	17.99	3.26
2006	219438.5	40422.7	7426.0	18.37	3.38

资料来源：各年度《中国统计年鉴》，国家统计局网站。

在 2007～2019 年间，预算内教科文卫支出总量继续呈现高速增长态势。由于预算支出科目调整带来的统计口径变化，2007 年，预算内教科文卫支出占财政支出的比重上升到 24.40%，显然与 2006 年不具有可比性。2007～2017 年间，预算内教科文卫支出总量增长 3.55 倍，同期财政支出增长 3.08 倍，呈现前者略快于后者的增长态势。2012 年，教科文卫支出占财政支出的比重达到 27.95% 的历史最高位，2016 年教科文卫支出突破 5 万亿元，占 GDP 的比重达到 6.85% 的历史最高位（见表 6－5），是改革开放初期的两倍多，是 1995 年最低点时的近 3 倍。2017 年、2018 年、2019 年教科文卫支出分别为 5.53 万亿元、5.97 万亿元、6.50 万亿元，占 GDP 的比重分别为 6.68%、6.63%、6.59%。

表 6－5　　2007～2019 年我国教科文卫支出情况

年份	GDP（亿元）	财政支出（亿元）	教科文卫支出（亿元）	教科文卫支出占财政支出的比重（%）	教科文卫支出占 GDP 的比重（%）
2007	270232.3	49781.4	12146.6	24.40	4.49
2008	319515.5	62592.7	15474.0	24.72	4.84
2009	349081.4	76299.9	19101.6	25.03	5.47
2010	413030.3	89874.2	23093.6	25.70	5.59
2011	489300.6	109247.8	29617.2	27.11	6.05
2012	540367.4	125953.0	35208.2	27.95	6.52
2013	595244.4	140212.1	37910.4	27.04	6.37
2014	643974.0	151785.6	41224.5	27.16	6.40
2015	689052.1	175877.8	47164.3	26.82	6.84

续表

年份	GDP（亿元）	财政支出（亿元）	教科文卫支出（亿元）	教科文卫支出占财政支出的比重（%）	教科文卫支出占GDP的比重（%）
2016	743585.5	187755.2	50958.6	27.14	6.85
2017	827121.7	203085.5	55262.7	27.21	6.68
2018	900309.0	220904.1	59657.5	27.01	6.63
2019	986515.0	238858.4	65019.4	27.22	6.59

资料来源：各年度《中国统计年鉴》，国家统计局网站。其中，教科文卫支出为“教育”“科学技术”“文化体育与传媒”“医疗卫生与计划生育”四项支出金额之和。

（二）教育支出状况分析

教育乃立国之本，兴邦之基。在科教兴国战略引领下，我国教育支出无论是从总量上还是从结构上都在不断改善，但仍有继续改进的空间。

1. 财政性教育投入不足的局面显著改观

改革开放以来，我国教育事业有了快速发展，财政性教育经费①自20世纪80年代以来逐年稳定增长，但相对于财政支出占比却不尽如人意，即使2012年达到了16.87%的高位（见表6－6），在发展中国家也属于平均偏低水平②；而我国一般公共预算支出中的教育经费支出占GDP比重长期在2%～3%的水平上，远低于经济发达国家平均水平（5.3%）和世界平均水平（5.1%），甚至低于发展中国家的平均水平（4.1%）。直至2012年达到3.93%的最高水平，也才接近实现1993年《中国教育改革和发展规划》确定的在20世纪末财政性教育经费占GDP比重要达到4%的目标。

表6－6　1980～2019年我国一般公共预算支出中的教育经费支出与有关指标的比重

年份	教育经费*支出（亿元）	一般公共预算支出（亿元）	GDP（亿元）	教育经费支出占一般公共预算支出的比重（%）	教育经费占GDP的比重（%）
1980	114.2	1228.8	4587.6	9.29	2.49
1985	226.8	2004.3	9098.9	11.32	2.49

① 2012年之前，财政性教育经费包括教育事业费、基建经费、教育费附加、科研经费和其他经费。从2012年起，财政性教育经费包括教育事业费、基建经费和教育费附加。

② 泰国教育支出占财政支出比例早在2000年就达到22.44%。

续表

年份	教育经费*支出（亿元）	一般公共预算支出（亿元）	GDP（亿元）	教育经费支出占一般公共预算支出的比重（%）	教育经费占GDP的比重（%）
1990	462.5	3083.6	18872.9	15.00	2.45
1995	1196.7	6823.7	61339.9	17.51	1.95
2000	2562.6	15886.5	100280.1	16.13	2.56
2001	3057.0	18902.6	110863.1	16.17	2.76
2002	3573.4	22053.2	121717.4	16.20	2.94
2003	3850.6	24650.0	137422.0	15.62	2.80
2004	3365.9	28486.9	161840.2	11.82	2.08
2005	3974.8	33930.3	187318.9	11.71	2.12
2006	4780.4	40422.7	219438.5	11.83	2.18
2007	7122.3	49781.4	270232.3	14.31	2.64
2008	9010.2	62592.7	319515.5	14.39	2.82
2009	10437.5	76299.9	349081.4	13.68	2.99
2010	12550.0	89874.2	413030.3	13.96	3.04
2011	16497.3	109247.8	489300.6	15.10	3.37
2012	21242.1	125953.0	540367.4	16.87	3.93
2013	22001.8	140212.1	595244.4	15.69	3.70
2014	23041.7	151785.6	643974.0	15.18	3.58
2015	26271.9	175877.8	689052.1	14.94	3.81
2016	28072.8	187755.2	743585.5	14.95	3.78
2017	30153.2	203085.5	827121.7	14.85	3.65
2018	32169.5	220904.1	900309.0	14.56	3.57
2019	34796.9	238858.4	986515.0	14.57	3.53

注：*仅包括一般公共预算安排的教育经费，不含政府性基金预算安排的教育经费、国有及国有控股企业办学中的企业拨款、校办产业和社会服务收入用于教育的经费。

资料来源：各年度《中国统计年鉴》，国家统计局网站。

2. 教育投入结构和教育质量仍有改进提升空间

随着我国教育投入的继续增长，今后面临的课题将是如何更有效地使用教育经费，教育投入长效保障机制如何建立并完善。我国目前教育支出中仍然存在着投入结构不尽合理的问题，主要表现在：三级教育投入结构不合理，高等教育持续扩张，初等教育却相对萎缩；普通教育投入与职业教育投入比例不协调，职业教育发展迟缓滞后；不同地区之间教育投入上的差距日益明显；投入经费多侧重于教学设施等硬件的建设和规模扩张，对师资队伍建设和教育质量等软件的投入不足；等等。这就需要我国教育部门合理安排经费投入结构，关注教育投入的公平性，提高经费使用绩效，使有限的教育投入获得最大的产出。

（三）科技支出状况分析

改革开放以后，我国政府作出了发展高新技术及其产业的战略决策，建立了学科齐全的独立发展的科技体系，造就了一支庞大的科技队伍，拥有了一定的科学技术攻坚能力，在某些领域已达到了世界先进水平。但是，同发达国家相比，我国的总体科技水平仍然不高，对经济增长也未发挥出应有的作用，其原因之一便在于科技投入严重不足。从绝对额看，我国的科技支出虽然在不断增长，但是科技支出占财政支出、GDP 的比重却不高（见表 6－7），占财政支出的比重从 1980 年的 5.26% 下降到 2015 年的 3.33%，同期占 GDP 的比重则从 1.41% 下降到 0.85%，2016 年以后两个比重略有回升，但多年来科技支出的平均增长率均低于财政支出的增长率和 GDP 的增长率，这种状况显然与世界科技支出的增长趋势不相符合。

表 6－7　　我国财政科技支出占相关指标的比例

年份	科技支出（亿元）	财政支出（亿元）	GDP（亿元）	科技支出占财政支出的比重（%）	科技支出占 GDP 的比重（%）
1980	64.6	1228.8	4587.6	5.26	1.41
1985	102.6	2004.3	9098.9	5.12	1.13
1990	139.1	3083.6	18872.9	4.51	0.74
1995	302.4	6823.7	61339.9	4.43	0.49
2000	575.6	15886.5	100280.1	3.62	0.57
2001	703.3	18902.6	110863.1	3.72	0.63
2002	816.2	22053.2	121717.4	3.70	0.67
2003	975.5	24650.0	137422.0	3.96	0.71
2004	1095.3	28486.9	161840.2	3.84	0.68
2005	1334.9	33930.3	187318.9	3.93	0.71
2006	1688.5	40422.7	219438.5	4.18	0.77

续表

年份	科技支出（亿元）	财政支出（亿元）	GDP（亿元）	科技支出占财政支出的比重（%）	科技支出占GDP的比重（%）
2007	1783.0	49781.4	270232.3	3.58	0.66
2008	2611.0	62592.7	319515.5	4.17	0.82
2009	3276.8	76299.9	349081.4	4.29	0.94
2010	4196.7	89874.2	413030.3	4.67	1.02
2011	4797.0	109247.8	489300.6	4.39	0.98
2012	4452.6	125953.0	540367.4	3.54	0.82
2013	5084.3	140212.1	595244.4	3.63	0.85
2014	5314.5	151785.6	643974.0	3.50	0.83
2015	5862.6	175877.8	689052.1	3.33	0.85
2016	6564.0	187755.2	743585.5	3.50	0.88
2017	7267.0	203085.5	827121.7	3.58	0.88
2018	8326.7	220904.1	900309.0	3.77	0.92
2019	9470.8	238858.4	986515.0	3.97	0.96

资料来源：各年度《中国统计年鉴》，国家统计局网站。

此外，长期以来我国科技支出结构也不甚合理，没有正确处理好科学研究与技术开发的关系，忽视了对应用研究与技术开发的支持。有限的科技投资倾向于高精尖项目的研发，而没有注重相关项目之间的配套，也没有发挥和利用政府投资聚集社会资金的作用，导致高科技成果的转化率较低。

必须看到，科技支出是一个国家科技实力的重要指标，增加科技支出是提高科技水平、增强综合国力的一项战略性措施，而科技支出的规模、结构和效益予科学技术水平和国际竞争力的提高以极大的影响，更关系到经济发展和社会进步的进程，必须给予高度关注。针对上述我国科技支出中存在的问题，应采取以下改进政策：

1. 加大科技投入力度，引导企业科技创新

政府的科技投入作为一种“诱导性投资”，可将企业资金吸引到高新技术产业上来，并使国民收入的创造达到一个较高的水平，从而带来高新技术产业中政府投资的“乘数效应”。

2. 扶持科技风险投资，促进科技成果转化

由于我国的风险投资机制与市场机制尚不健全，使得高新技术产业很难从

资本市场上获取充足的资金投入，这就需要政府的政策扶持。例如，应逐步增加对高新技术产业的扶持资金投入，这其中包括增加专项拨款，保证专款专用，也包括设立专门基金，投入重点项目；提供贷款担保，即由政府组织建立高新技术产业投资公司，或者设立贷款担保基金，为高新技术产业的银行贷款提供担保；等等。

3. 制定税收优惠政策，赋予创新激励机制

可以考虑进一步降低高新技术产业的所得税税率，同时实行延长免税期限，增加抵扣基数和税收抵免等。通过多种税收优惠，鼓励企业增加科技投入，鼓励科技人员创办高新技术产业，诱导、激励企业自主进行高新技术的研究与开发，促进高新技术产业的发展步入良性循环的状态。

4. 健全科技法规体系，加速科技市场进程

高新技术产业化涉及众多投资者的切身利益，因此必须要有一整套有效规范风险投资企业行为的法律和行政法规以及严格的政府监管程序，才会划清风险投资业与“乱集资”等活动的界限，创造其健康成长的环境。

（四）医疗卫生支出状况分析

1960~1980年，我国政府通过公费医疗和劳保医疗以及农村合作医疗等形式为社会成员提供了广泛的医疗卫生服务，尤其是以预防性为主的公共卫生服务得到了充分的重视，医疗卫生几乎覆盖了所有的城市人口和85%的农村人口，使得我国人口的健康状况有了极大的改善。正因为如此，与处于同一发展阶段的其他国家相比，我国用于医疗卫生的GDP虽然低了约1个百分点，但是预期寿命几乎要比那些国家高出10岁。[①] 这个结果表明，我国的公共卫生服务和基本医疗服务在保护公民健康方面发挥了重要作用。

然而，自从20世纪80年代初企业放开搞活以及农村实行家庭联产承包责任制之后，公共卫生和基本的医疗服务，尤其是农村医疗卫生服务有所削弱。从医疗卫生投入来看，大多数年份，我国医疗卫生总费用占GDP的比重波动于4%左右，不仅低于世界上工业化国家，而且低于世界卫生组织对发展中国家提出的5%的建议指标。直至2012年以来，该比重才终于稳定在5%以上的水平，2017年达6.36%，如表6-8所示。考虑到政府卫生支出在卫生总费用构成中约占30%这种情况，我国政府卫生支出占GDP的比重至今仍不到2%，甚至远低于低收入国家的平均水平。

① 世界银行：《1993年世界发展报告：投资于健康》，中国财政经济出版社1993年版，第54页。

表6-8　　全国卫生总费用及其构成

年份	卫生总费用（亿元）				卫生总费用构成（%）			卫生总费用占GDP的比重（%）	政府卫生支出占财政支出的比重（%）
	合计	政府卫生支出	社会卫生支出	个人卫生支出	政府卫生支出	社会卫生支出	个人卫生支出		
1978	110.21	35.44	52.25	22.52	32.2	47.4	20.4	3.00	3.16
1980	143.23	51.91	60.97	30.35	36.2	42.6	21.2	3.12	4.22
1985	279.00	107.65	91.96	79.39	38.6	33.0	28.5	3.07	5.37
1990	747.39	187.28	293.10	267.01	25.1	39.2	35.7	3.96	6.07
1995	2155.13	387.34	767.81	999.98	18.0	35.6	46.4	3.51	5.68
2000	4586.63	709.52	1171.94	2705.17	15.5	25.6	59.0	4.57	4.47
2001	5025.93	800.61	1211.43	3013.89	15.9	24.1	60.0	4.53	4.24
2002	5790.03	908.51	1539.38	3342.14	15.7	26.6	57.7	4.76	4.12
2003	6584.10	1116.94	1788.50	3678.66	17.0	27.2	55.9	4.79	4.53
2004	7590.28	1293.58	2225.35	4071.35	17.0	29.3	53.6	4.69	4.54
2005	8659.92	1552.53	2586.41	4520.98	17.9	29.9	52.2	4.62	4.58
2006	9843.34	1778.86	3210.92	4853.56	18.1	32.6	49.3	4.49	4.40
2007	11573.96	2581.58	3893.72	5098.66	22.3	33.6	44.1	4.28	5.19
2008	14535.40	3593.94	5065.60	5875.86	24.7	34.9	40.4	4.55	5.74
2009	17541.91	4816.26	6154.49	6571.16	27.5	35.1	37.5	5.03	6.31
2010	19980.39	5732.49	7196.61	7051.29	28.7	36.0	35.3	4.84	6.38
2011	24345.91	7464.18	8416.45	8465.28	30.7	34.6	34.8	4.98	6.83
2012	28119.00	8431.98	10030.70	9656.32	30.0	35.7	34.3	5.20	6.69
2013	31668.94	9545.81	11393.79	10729.34	30.1	36.0	33.9	5.32	6.81
2014	35312.39	10579.23	13437.75	11295.41	30.0	38.1	32.0	5.48	6.97
2015	40974.64	12475.28	16506.71	11992.65	30.4	40.3	29.3	5.98	7.09
2016	46344.88	13910.31	19096.68	13337.90	30.0	41.2	28.8	6.23	7.41
2017	52598.28	15205.87	22258.81	15133.60	28.9	42.3	28.8	6.36	7.49

资料来源：《中国统计年鉴2017》，国家统计局网站。

从医疗卫生结构来看，十几年来我国政府医疗卫生投入增长很快，2017年，政府卫生支出为15205.87亿元，占整个卫生总费用的28.9%。多年来存在的主要问题是政府医疗卫生投入被集中、重复地用于城市医院建设和部分人群的医疗消费，造成部分城镇职工超越现阶段经济发展水平的过度医疗消费和医疗费用快速上涨，致使城乡基本医疗服务水平差距加大，公共卫生服务被削弱。目前，我国一些百万人口的大城市所拥有的医生数、医院床位数和大型医疗设备数已经达到或超过经济发达国家的水平。而那些具有更大社会效益的公共卫生和基本医疗服务，尤其是涉及大多数人口的农村医疗卫生服务，则因医疗卫生资源有限和社会筹资困难而发展缓慢。1990 年，城镇居民和农村居民人均卫生费用之比是 4. 09∶1，2000 年这一比例缩小为 3. 79∶1，但 2008 年又回升至 4. 09∶1。尽管近年来各级政府连年加大针对农村地区和农村居民的卫生投入，2014 年这一比例已大幅下降至 2. 52∶1①，但城乡人均卫生费用的差距依然不小。

针对医疗卫生领域存在的问题，从 1999 年开始，我国初步建立起城镇职工基本医疗保险制度，实行社会统筹与个人账户相结合的筹资模式，覆盖城镇全体劳动者，逐步形成包括基本医疗保险、商业医疗保险、社会医疗救助等多层次的医疗保障体系。从 2003 年起，新型农村合作医疗制度②在全国部分县（市）试点，到 2010 年逐步实现全国农村居民全覆盖，2012 年起建立了城乡居民大病保险制度。这些改革改变了以往医疗服务完全由政府包下来的状况，政府不需再支付公费医疗经费，改为主要由公民缴纳保险金，这使得政府能够腾出一些医疗服务开支从高级专科医院转移到提供基本医疗服务的初级社区医院，把更多的公共医疗卫生资源投入到社会效益更大的、能显著改善穷人健康状况的公共卫生服务以及基本医疗服务和大病重病救助，为公民广泛地提供预防、保健、医疗、康复、健康教育和计划生育等方面的服务，从而使公共财政资金发挥更大的作用，进而逐步改变原来“重城市、轻乡村，重治疗、轻预防”的医疗卫生投资格局。

（五）文化支出状况分析

文化产业的财政投入，主要采用“文化事业费”③ 和“中央补贴地方专项

① 以上数据根据卫生部网站公布的各年度《中国卫生统计年鉴》计算得到。

② 新型农村合作医疗是指由政府组织、引导、支持，农民自愿参加，个人、集体和政府多方筹资，以大病统筹为主的农民医疗互助共济制度，采取个人缴费、集体扶持和政府资助的方式筹集资金。2014 年后山东等部分省市统一实行了城乡居民基本医保制度。

③ 文化事业费是指区域内各级财政对文化系统主办单位的经费投入总和。一般包括艺术表演团体、公共图书馆、文化馆（站）等文化事业单位的财政拨款（不含基建拨款）及文化部门所属企业的财政补贴。根据现行统计口径，文化事业费不包括各级文化行政管理部门的行政运行经费。

资金”① 两项指标来衡量。改革开放以来，中国文化产业飞速发展，成就显著，很大程度上得益于财政支出的大力扶持。

1. 文化事业费较快增长，总量和人均指标增加明显

文化事业费是文化产业财政投入的主要部分。如表6－9所示，1978年我国文化事业费仅为4.44亿元，2000年达到63.16亿元，2015年达到682.97亿元，2019年达到1065.02亿元。

在文化事业费总量实现稳步较快增长的同时，人均指标也稳步较快增长，呈现出每五年翻一番的趋势。1990年我国人均文化事业费只有1.33元，1995年为2.75元，2000年为5.11元，2005年为10.23元，2010年为24.11元，2019年达到76.07元（见表6－9）。

表6－9　我国文化事业费财政投入情况

年份	文化事业费（亿元）	人均文化事业费（元）	财政总支出（亿元）	文化事业费占财政支出的比重（%）
1978	4.44	—	1122.1	0.40
1980	5.61	—	1228.8	0.46
1985	9.32	—	2004.3	0.47
1990	15.19	1.33	3083.6	0.49
1995	33.39	2.75	6823.7	0.49
2000	63.16	5.11	15886.5	0.40
2005	133.82	10.23	33930.3	0.39
2006	158.03	11.91	40422.7	0.39
2007	198.96	15.06	49781.4	0.40
2008	248.04	18.68	62592.7	0.40
2009	292.31	21.90	76299.9	0.38
2010	323.06	24.11	89874.2	0.36
2011	392.62	29.14	109247.8	0.36

① 根据2012年财政部印发的《文化产业发展专项资金管理暂行办法》的解释，专项资金由中央财政安排，专项用于提高文化产业整体实力，促进经济发展方式转变和结构战略性调整，推动文化产业跨越式发展。专项资金支持项目分为重大项目和一般项目，支持方式包括项目补助、贷款贴息、保费补贴和绩效奖励等。

续表

年份	文化事业费（亿元）	人均文化事业费（元）	财政总支出（亿元）	文化事业费占财政支出的比重（%）
2012	480.10	35.46	125953.0	0.38
2013	530.49	38.99	140212.1	0.38
2014	583.44	42.65	151785.6	0.38
2015	682.97	49.68	175877.8	0.39
2016	770.69	55.74	187755.2	0.41
2017	850.80	61.57	203085.5	0.42
2018	928.33	66.53	220904.1	0.42
2019	1065.02	76.07	238858.4	0.45

资料来源：各年度《文化发展统计公报》，文化和旅游部网站。

2. 中央补贴地方专项资金快速增长，补贴领域更加合理

中央补贴地方专项资金是文化产业财政投入的重要组成部分。2006 年，我国文化产业中央补贴地方专项资金仅为 2.49 亿元，2009 年迅速增加到 30.59 亿元，2013 年达到 46.19 亿元，2016 年增加到 61.03 亿元。2016 年与 2006 年相比，11 年增加了 23.5 倍。① 在文化产业中央补贴地方专项资金快速增长的同时，补贴领域更加合理，2013 年以来，中央财政补贴地方文化项目主要体现在美术馆、公共图书馆、文化馆（站）免费开放，非物质文化遗产保护，公共数字文化建设，地市级公共文化设施建设等方面。

3. 公共财政投入向下倾斜，县及县以下文化事业费比重稳步增加

我国文化产业财政投入在保持总量快速增长的同时，城乡投入结构向下倾斜明显。以占比超过 90% 的文化事业费为例，2000 年我国县及县以下文化事业费为 16.87 亿元，占比仅为 1/4 多一点（26.7%），到 2016 年，县及县以下文化事业费达到 399.68 亿元，占比 51.9%，首次超过了县以上文化事业费，2018 年这一占比提高至 54.2%，如表 6-10 所示。可见，公共财政投入向基层和乡村倾斜的趋势已非常显著。

① 资料来源：各年度《文化发展统计公报》，文化和旅游部网站。

表 6－10　　全国文化事业费按城乡和区域分布情况

项目		1995 年	2000 年	2005 年	2010 年	2015 年	2016 年	2017 年	2018 年	2019 年
总量（亿元）	全国	33.39	63.16	133.82	323.06	682.97	770.69	855.80	928.33	1065.02
	县以上	24.44	46.33	98.12	206.65	352.84	371.00	398.35	424.96	516.91
	县及县以下	8.95	16.87	35.70	116.41	330.13	399.68	457.45	503.37	548.11
	东部地区	13.43	28.85	64.37	143.35	287.87	333.62	381.71	416.24	478.15
	中部地区	9.54	15.05	30.58	78.65	164.27	184.80	213.30	232.71	265.31
	西部地区	8.30	13.70	27.56	85.78	193.87	218.17	230.70	242.93	277.97
所占比重（%）	全国	100.0	100.0	100.0	100.0	100.0	100.0	100.0	100.0	100.0
	县以上	73.2	73.3	73.3	64.0	51.7	48.1	46.5	45.8	48.5
	县及县以下	26.8	26.7	26.7	36.0	48.3	51.9	53.5	54.2	51.5
	东部地区	40.2	45.7	48.1	44.4	42.1	43.3	44.6	44.8	44.9
	中部地区	28.6	23.8	22.9	24.3	24.1	24.0	24.9	25.1	24.9
	西部地区	24.9	21.7	20.6	26.6	28.4	28.3	27.0	26.2	26.1

注：东部地区包括北京、天津、辽宁、上海、江苏、浙江、福建、山东、广东；中部地区包括河北、山西、吉林、黑龙江、安徽、江西、河南、湖北、湖南、海南；西部地区包括内蒙古、广西、重庆、四川、贵州、云南、西藏、陕西、甘肃、青海、宁夏、新疆。由于文化事业费除了投向东中西部地区以外，还会投向国家级文化团体和军队等系统，所以东中西部所占比重之和小于100%。

资料来源：各年度《文化发展统计公报》，文化和旅游部网站，https://www.mct.gov.cn/whzx/ggtz/202006/t20200620_872735.htm。

4. 财政投入注重区域均衡，西部文化事业费比重稳步增加

近年来，我国公共财政投入在保持总量快速增长的同时，地区投入结构向中西部地区倾斜的趋势明显。如表 6－10 所示，东部地区文化事业费投入比重从 2005 年的 48.1%，到 2018 年下降到 44.8%；同期中部地区的投入比重从 22.9% 上升到 25.1%；西部地区的投入比重从 20.6% 上升到 26.2%。

但是也要看到，无论就我国文化产业发展整体而言，还是从财政投入规模、领域而言，还存在一些有待改进的方面。第一，资金投入总量仍然不足。虽然近年来文化事业费的数量呈现出增长的趋势，但是与财政支出的总体增长趋势相比，仍然相对较慢，这集中体现在文化事业费支出在财政支出中的比重较低且连续多年下降。从表 6－9 可以看出，这一比重在 1990 年和 1995 年达到 0.49%，1980 年开始到 2000 年以前还能维持在 0.45% 以上；2000 年开始这一比重有所下降，2010 年和 2011 年下降到 0.36%，此后直至 2016 年回升至 0.4% 以上。第二，投入结构不尽合理。虽然近年来文化事业费支出的项目

结构、地区结构和城乡结构在逐渐优化，但仍然存在一些突出问题：地区结构仍不尽合理，地区间文化事业发展不平衡的现象依然严重；城乡结构也不尽合理，尤其对于落后地区农村文化的扶持仍然明显落后于城市。第三，投入模式有待完善。我国财政扶持文化产业发展的投入方式以文化事业费、专项资金和重大项目资金等直接投入为主，而具有市场化运作方式的投入模式占比很小，投入效率有待提高，在注重社会效益的同时尚需兼顾经济效益的提高。

第四节 政府投资支出①

一、政府投资概述

在任何社会中，社会总投资都可以分为政府（公共部门）投资和非政府（私人部门）投资两大部分。由于各国国情和经济发展阶段的不同，两大部分投资在各国社会总投资中所占的比重存在相当大的差异。影响这个比重的因素主要有两个：一是经济运行模式的差异。一般来说，实行市场经济的国家，非政府投资在社会投资总额中所占的比重较大；在实行计划经济的国家，政府投资所占比重较大。二是经济发展阶段的差异。一般来说，发达国家中政府投资占社会总投资的比重较小；欠发达国家和中等发达国家的政府投资占社会总投资的比重较大。

（一）政府投资的含义

政府投资也称为公共投资，它是政府为了实现预期的社会效益和宏观经济效益，将一部分财政资金转化为公共性的实物或无形资产以满足社会公共需要的经济行为。政府投资的直接表现形式是财政的投资支出，从支出属性看，它属于消耗性支出。但是跟同属于消耗性支出的社会消费支出，如行政管理支出、教科文卫支出等相比，区别是明显的，即“公共投资”与“公共消费”之别。

政府投资这一概念可以从以下几个方面把握：

第一，投资的主体是国家或政府，包括中央政府和地方政府。这是政府投

① 本节所关注的政府投资支出是一个狭义范畴，重点分析政府对基础设施和基础产业的投资支出，教育、科技等社会性投资支出在前文中已经给予介绍。

资与企业和居民投资最大的不同。

第二，投资的目标主要是获得社会效益和宏观经济效益。社会效益是指政府的投资活动对社会生态环境、公共福利以及精神文化素质等方面做出的贡献，区别于单纯的经济效益。宏观经济效益是指政府投资活动在促进经济增长、维护物价稳定、提高就业率、缩小收入差距，并使经济总量趋向平衡，经济结构趋向协调等方面产生的效应，不同于仅仅反映投资项目盈利能力的微观效益。

第三，投资的资金来源是财政资金。除了一般公共预算资金以外，还有政府性基金、预算外资金以及地方投融资平台等兼具财政性和金融性的各类资金。其中，一般公共预算安排的投资支出，在2007年新实行的“支出经济分类科目”中分为基本建设支出和其他资本性支出两个类级科目。基本建设支出科目反映各级政府部门集中安排的一般预算财政拨款用于购置固定资产、战略性和应急性储备、土地和无形资产，以及购建基础设施、大型修缮所发生的支出；其他资本性支出科目反映非政府部门，主要是国有经济及事业单位安排的用于上述项目的支出。

第四，投资的领域一般不介入市场竞争性领域，而主要是市场失灵和市场机制难以充分发挥作用的领域，基本集中于基础设施和基础产业、支柱产业等关键领域和重点行业。

第五，投资的结果是形成大量公共资产。数量巨大和作用非凡的公共资产为公有制地位的巩固提供了雄厚的经济基础，为经济社会稳定协调发展做出了重要贡献。

（二）政府投资的特征

与企业和居民等私人部门的投资相比，政府投资具有下列特征：

1. 投资对象的公共性、基础性

为了弥补市场失灵，政府投资应着眼于为全体公民和各类社会经济主体提供生产和生活必要的基础性的公共条件，例如基础设施等。同时，对某些新兴产业的开发，对高科技、高风险项目的研究开发，对落后地区的开发等，都具有耗资大、耗时长、风险高等特征，致使私人部门望而却步，市场机制无能为力，也需要政府投资。这是政府职能的内在要求，反映了经济社会发展对政府配置资源的客观需要。在这里，政府投资发挥的是“社会先行资本”（social overhead capital）的作用，即政府投资为企业生产和居民生活提供了良好的外部环境，客观上起到了降低企业交易成本和提高居民福利水平的作用。

2. 投资目标的社会性

与非政府投资在利己动因下追求经济效益最大化的目标不同，政府投资受非经济动因的支配，通常追求的是社会效益、生态环境效益和宏观经济效益的最大化，必要的时候甚至会牺牲经济效益。需要说明的是，政府投资追求社会综合效益并不意味着它可以不计成本、不讲效率。从政府投资项目本身来看，当然要衡量其成本和效益，并借此评价政府配置资源的效率；而从总体上对其实现的客观效果，则要超越项目本身，从社会综合效益方面来衡量。

3. 投资决策的复杂性

政府投资决策往往由多目标决策系统组成，包括经济、政治、社会、生态环境等因素，由于社会综合效益难以用统一的标准来衡量，并且政治、社会和生态环境等因素也很难进行指标量化，因而投资项目的确定往往要经过复杂的行政甚至法律程序，并通过层层审批才能完成。即便如此，也不一定能确保投资项目决策的科学、合理和高效。

4. 投资在不同的经济发展阶段具有不同的侧重

根据发展经济学的理论，一般在经济起飞阶段，政府在社会基础设施等基础性项目方面的投资具有较强的拉动作用。随着经济发展走向成熟，私人部门力量增强，私人投资逐渐增加，这时政府投资更多地转向能够提高社会整体福利水平的教育、科学和文化体育等事业方面。

总之，由于政府在国民经济中居于特殊地位，它主要将自己的投资集中于基础设施以及农业、能源、通信、交通等有关国计民生和国民经济命脉的领域内。换言之，在投资主体多元化的经济社会中，如果政府不承担社会基础设施投资的责任或者这方面的投资不足，该社会的基础设施的供应就可能短缺，经济发展就会遇到瓶颈。

（三）政府投资的原则

在进行政府投资领域的最优选择时，应遵循以下两方面原则。

第一，政府投资尽量不要对市场的资源配置造成扭曲或障碍。政府投资的目的是弥补市场投资的不足，克服私人投资的局限性，因此，在选择投资项目时，最重要的原则是不能替代市场，尽量不对市场的资源配置造成扭曲或障碍，凡是能由市场解决的问题，政府就不应参与，已经涉足的，也应该逐渐退出，把有限的资金集中用到应该由政府投资的地方。只有在私人投资不愿进入、不能进入、不宜进入的领域，才是政府投资发挥作用的舞台。

第二，政府投资不宜干扰和影响民间投资的合理偏好和选择。市场经济的特征是投资主体多元化、投资来源多渠道、投资决策分散化。政府投资的选择，一方面，要为众多的民间投资创造必要的、与经济增长相适应的外部环境和基础条件；另一方面，又要充分考虑其给民间投资对市场竞争格局可能带来的种种影响，尤其要避免因政府不适当地介入竞争性投资领域或采取不当的投资调节政策而干扰和影响了民间投资的正常偏好和选择。

（四）政府投资的类型选择

一般来说，在市场经济条件下，政府投资项目大致可以分为以下四类：

（1）公益性项目，是指不从事生产经营的国防、政府行政机构、司法部门，科研、文化、教育、卫生等事业，环保和其他城市公用设施以及社会团体的投资项目。

（2）基础性项目，是指具有自然垄断性、投资额大、建设周期长且收益较低的基础设施和基础工业、农业、能源、交通、电信以及需要政府重点扶持的高技术产业和部分支柱产业等。

（3）战略性项目，是指那些关系国家安全、国民经济命脉的重要行业和关键领域，以及承担国家重大专项任务的投资项目，如航空航天、基础电子、核工业等，这些要么是战略支柱产业，要么是高技术产业。

（4）竞争性项目，是指那些经济效益较好、对市场信号反应比较灵敏、具有竞争能力的一般性项目。它多为投资较少、建设周期较短、投资完全能够回收并能实现价值增值的加工行业和服务行业，主要包括制造业、建筑业、流通仓储业、金融保险业（商业性部分）等。

从产业分类的角度看，上述四类项目又区分为公益类和商业类两大类，其中商业类包括了后三项。

这四类投资项目的划分，虽然在总体上较为清楚，但如做具体分析，就会发现各类项目之间有时互有交叉和重叠，操作起来比较困难，这是因为在一个国家或地区经济发展的不同时期，四类项目的内容具有阶段性的特征。例如铁路在美国已经是竞争性产业了，而在发展中国家大都还作为基础性项目。这就要求在涉及具体项目的时候，应该用发展的眼光对具体问题进行具体分析。

根据上述原则，政府投资支出应首先保证公益性项目的投资，优化其服务功能；重点保证战略性项目的投资，确保国家核心利益和国有资本安全；部分地参与基础性项目的投资，优化投资资本布局；对于竞争性项目，政府原则上不参与或少参与。对于因历史原因仍处于竞争性领域的那些国有企业和国有资本，要理顺公共职能与企业发展的关系，既防止政府对资源的市场配置进行不必要的干预，又利于政府把有限的资金集中用于必不可少的领域。

二、基础设施投资

基础设施是指为社会生产和消费活动提供基础性、大众性服务的工程和公共设施，主要包括交通运输、机场、港口、桥梁、通信、水利和城市供排水、供气、供电等设施，为整个生产过程提供共同生产条件。根据世界银行报告的划分，基础设施包括三部分①：一是公共设施，如电力、电信、自来水、卫生设施与排污、固体废弃物的收集与处理及管道煤气；二是公共工程，如公路、大坝、灌溉及排水用的渠道工程；三是其他交通设施，如铁路、城市交通港口和水路以及机场。

（一）政府介入基础设施领域的理论依据

基础设施是国民经济运行的基础，直接制约着经济各领域资源配置的效率水平。在市场经济条件下，政府投资的一个基本方面就是基础设施，这与该投资领域中存在着市场缺陷有着密切的关系。

1. 基础设施消费中存在外部效益

由于基础设施普遍具有外部效益，且这种外部效益具有非排他性，因而不可能完全由市场来提供。要想纠正资源配置的不足，就必须使外部效益内在化，使基础设施产品的价格得以反映产品的全部效益。政府用于实现基础设施产品外部效益内在化的可能措施之一是补贴，即通过对基础设施产品的外部效益进行相应的补贴，以诱使市场将供给量调整到社会边际效益等于社会边际成本的水平，从而实现资源的最优配置。这正是基础设施历来被认为是政府职责范畴，并促使各国政府广泛介入该领域的一个主要原因。

2. 基础设施的生产与消费有着与其他产品不同的特点

基础设施作为一个特定的概念，有着不同于其他产业的特征：第一，基础设施的生产大都投资大、周期长、回收慢、风险高，因而便决定了理性假设下的私人资本不愿意进行这方面的投资，或投资很少。在这种情况下，只有政府才有能力集中社会资源来投资这些大型的长期的项目，并且使投资的风险由社会来分担，从而推动经济的增长。第二，基础设施作为“先行资本”，是一种基础性产品，对整个国民经济的发展具有很强的促进作用。在私人资本不愿或无力投资的情况下，政府应有充足的投入，否则会直接影响各类经济活动的有效进行，形成国民经济发展的瓶颈。第三，基础设施具有地域性。这种产品往往固着于一地，为某一或大或小的地域服务，因此它们所提供的服务不可能从外地引进或国外进口，极易形成垄断。这是各国政府对基础设施投资或对基础设施经营进行管制的一个重要理由。

---

① 世界银行：《1994 年世界发展报告——为发展提供基础设施》，毛晓威等译，中国财政经济出版社 1994 年版，第 13 页。

3. 基础设施配置存在着地区公平问题

政府介入基础设施，有时也是出于社会财富再分配的考虑。例如，政府帮助落后地区修建公路、铁路等基础设施，就是为了吸引私人资本流入这些地区，促进这些地区与其他地区尤其是经济发达地区的交流，以带动落后地区的经济发展，从而既提高了资源在地区之间的配置效率，又改善了地区之间的收入分配状况。

以上分析表明，为了弥补基础设施产品的外部效益、促进地区公平、推动经济增长，基础设施的投资应有政府的参与。

（二）基础设施投资的资金来源

尽管基础设施的地位和作用非常重要，但并不意味着对它们的投资所需资金全部由政府来“埋单”。在市场经济条件下，基础设施建设的投资来源，除了涉及国家经济安全的某些项目主要靠财政资金外，大部分项目都可采取多样化的筹资渠道，财政资金要充分发挥引导示范作用和杠杆作用，“四两拨千斤”，以少量的财政资金带动庞大的社会资金，以求取得一马当先引来万马奔腾的效果。

1. 政府财政资金

计划经济时，基础设施投资最主要的资金来源是政府财政资金，随着经济体制转变，政府逐步从一般竞争性和营利性行业中退出，基础设施建设资金来源变得多元化，政府财政对基础建设的投资比重也逐渐变少。但不可否认的是，通过公共预算安排的财政资金仍然是基础设施投资的极为重要的资金来源。

2. 银行贷款

21 世纪初，银行贷款就成为我国市政公用基础设施建设资金的第二大来源，而且其贷款速度也逐年稳步增长。但是，随着银行经营体制改革和经营的商业化，银行业要求从贷款中获取更大的利润。基础设施项目一般都经历较长的建设周期，同时动用的资金较大但是从中获取的利润却不高，这就使得银行贷款的借贷双方都要承担更大的还贷风险，因此，银行对基础设施建设的贷款项目往往持谨慎态度，进行精细的论证。

3. 地方自筹资金

我国城市基础设施建设的自筹资金主要来自土地批租收益，但越来越少的可开发土地和不断上升的开发成本，加上国家严格的土地保护和利用制度，削弱了这一来源的贡献。除土地批租收益外，自筹资金还包括城市养护、市政设施、汽车牌照、给排水设备等所收取的使用费用，但这些资金对于解决基础设施建设的巨大需求来说作用有限，它们虽然构成了基础设施投资的一项资金来源，但却不是主要的。

4. 资本市场筹资

利用国内外资本市场，采用直接融资方式，发行债券和股票，将社会闲置和零散资金直接转化为基础性项目投资资金，无疑是解决基础设施建设所需巨额资金缺口的有效途径。从世界各国看，基础设施类项目通过股票债券融资不乏其例。

5. 吸引外资

随着我国改革开放的推进，引进外资逐渐成为填补基础设施建设巨大资金缺口的有力方式之一。进入 21 世纪以来，我国通过多种金融贸易方式充分引进和利用外资，在利用外资的结构方式上也经历了从信用贷款为主，逐渐转向以直接投资和融资为主的改进。

6. 私人资本

引入私人资本参与基础设施投资越来越受人们关注。一方面，中国民营经济的发展积聚了雄厚的民营和私人资本，这为基础设施投资提供了充裕的资本来源。另一方面，政府采取一些扶持措施来激励民营资本进入基础设施建设市场。比如不断改善和优化基础设施建设环境，改革投融资体制，建立健全创新的产权结构，让民营资本施展其投资方式灵活的特长并施以必要的投资引导等，广泛吸纳基础设施投资，扩大建设资金来源。

（三）政府参与基础设施投资的方式

从产品属性看，基础设施类型多样，既有公共产品性质的基础设施，又有私人产品性质的基础设施，而更多的基础设施是介于二者之间的混合产品。如图 6－3 所示，从左到右，基础设施产品的排他性是递减的，同时，外部性逐渐递增；从上到下，产品的竞争性逐渐递减。政府在确定基础设施投资之后，通常要具体分析基础设施项目的特点，例如，是否关系到国计民生，是否关系到国家安全和国民经济命脉，是否具有自然垄断性质，外部性的强弱等。像农村公路、城市街道清扫等具有很强效益外溢性，难以通过收费弥补成本，私人部门通常不会投资于这类基础设施，一般要由政府承担。但像电信业中的长话服务，具有明显的排他性，也不存在外溢性，可以通过收费弥补成本。因此，基础设施种类的多样性，决定了其供给和生产方式也必然是多样的，这为政府与市场在基础设施供给与生产上的分工和合作提供了广阔空间。

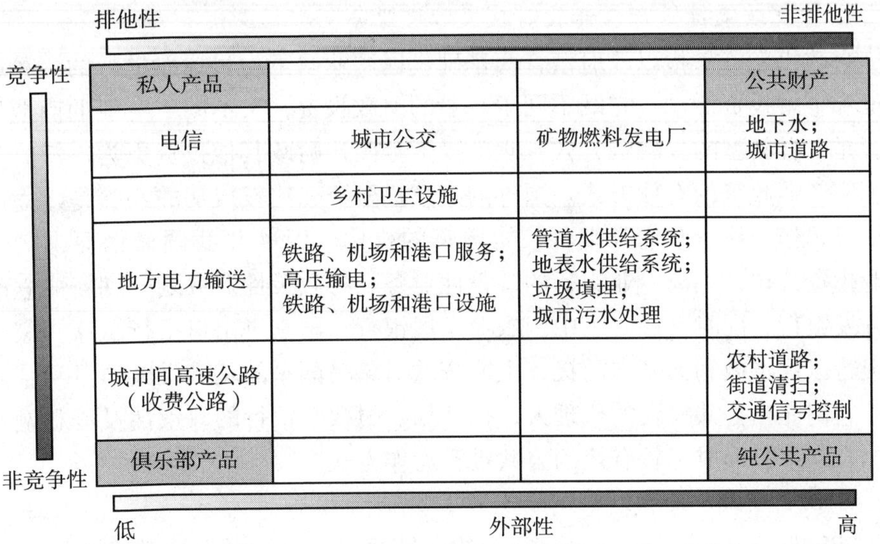

图 6－3　基础设施的产品属性

资料来源：世界银行：《1994 年世界发展报告——为发展提供基础设施》，毛晓威等译，中国财政经济出版社 1994 年版，第 25 页。

1. 政府投资，免费提供

这是政府投资于基础设施的一种最常见的方式。由政府独资或集资建设的项目主要出于三种考虑：一是关系国计民生的重大项目，诸如长江三峡工程、青藏铁路、南水北调工程等，只能由政府采取多种渠道集资来提供；二是维护国家安全的需要，如航空航天、核电站等；三是一些具有明显的效益外溢或排他成本很高的基础设施，诸如农村道路、上下水道等，单项投资不大，数量众多，也适于作为公共产品由政府投资提供。

2. 政府投资，商业经营

这种方式是指由政府委托的法人组织按商业原则经营基础设施，自负盈亏，基础设施投资资金除了来自政府直接投资外，法人组织还可以以政府为担保者在金融市场上直接融资，政府作为唯一股东，享受投资的最终成果。这种提供方式有几个优点：一是政府既拥有最终的决策权，又可以使政府从具体的经营活动中解脱出来；二是法人组织拥有经营自主权，责任明确，可以提高成本效益的透明度，提高服务质量。在政府财力有限的情况下，政府投资、商业经营的投资方式对于某些具有排他性又较适宜于市场经营的基础设施（如道路、港口甚至中小型机场等）来说不失为一种较好的方式。

3. 建立政策性银行，开展财政投融资业务

财政投融资是指以政府信誉为基础、以产业政策为目标而进行的一种财政融资和金融投资活动。它既不同于一般的财政投资，又不同于一般的商业性投资，是一种新型的投融资方式，它的投资范围比财政其他投资更为广泛，是贯彻国家产业政策的有效方式。国外的财政投融资，比较成功的经验是建立政策性银行，作为执行政府长期性投资政策的机构。1994 年我国撤销原来的六家专业投资公司，剥离专业银行的政策性业务，将政策性业务划归到新成立的国家开发银行，同时又成立了中国农业发展银行、国家进出口银行。这三家政策性银行以保本微利为基本前提，主要贷款对象是国家的基础设施项目和基础产业，它们充当公共投资的代理人，把计划、财政、银行的政策性投资和融资业务捏合起来，形成了较有效的公共投资运作方式。

4. PPP 模式

PPP 即 public-private partnership 的字母缩写，通常译为“政府与社会资本合作”，是在公共基础设施建设中发展起来的一种以各参与方的“双赢”或“多赢”为合作理念的现代融资模式。它是指政府与私人组织之间，为了合作建设某些基础设施项目，或是为了提供某种公共产品和服务，以特许协议为基础，彼此之间形成的一种伙伴式的合作关系，并通过签署合同来明确双方的权利和义务，以确保合作的顺利完成。积极探索并推广使用 PPP 模式，允许社会资本通过特许经营等方式参与基础设施投资，有助于大幅度减少政府对资源的直接配置，建立透明规范的投融资机制，其最大的优点就在于将市场机制引入到基础设施的投资领域。

PPP 本身是一个意义非常宽泛的概念，它不是一种固定的模式，而是包含了多种操作形式：（1）BOT（build-operate-transfer），意即“建设—经营—转让”，是指政府将一些拟建的基础设施项目通过招商转让给某一财团或公司，由其组建一个项目经营公司进行建设经营，并在双方协定的一定时期内，由该项目公司通过经营该项目偿还债务，收回投资，协议期满后该项目产权转让给政府。（2）TOT（transfer-operate-transfer），即“转让—经营—转让”，是指委托方（政府）与被委托方（外商或私人企业）签订协议，规定委托方将已经建成投产运营的基础设施项目转让给被委托方在一定期限内进行经营，委托方凭借所转让的基础设施项目的未来若干年的收益，一次性地从被委托方那里融通到一笔资金，再将这笔资金用于新的基础设施项目的建设。（3）ABS（asset-backed securitization），即以资产为支持的证券化，是指以项目所属的资产为基础，以该项目资产所能带来的预期收益为保证，通过在资本市场上发行高

级证券[①]来募集资金的一种融资方式。（4）BOT模式的变异。近年来，由于基础设施种类、投融资回报方式、项目财产权利形态的不同，BOT模式出现了不同的变异模式，如BOOT（建设—拥有—经营—转让）模式、BTO（建设—转让—经营）模式、BOO（建设—拥有—经营）模式、DBOT（设计—建设—经营—转让）模式、BLT（建设—租赁—转让）模式等。

5. 民间机构投资和经营，政府监管

基础设施除了上述几种投资形式之外，其余的部分，政府可让民间机构投资经营。对于民间机构投资经营的基础设施，大部分必须接受政府的监督管理。

（四）中国基础设施投资分析

参照世界银行报告给出的基础设施范围，结合历年《中国统计年鉴》和《中国固定资产投资统计年鉴》的可得数据，可以将中国1981～2002年期间基础设施投资的统计范围界定为经济中用于“电力、煤气及水的生产和供应业”“地质勘查业、水利管理业”“交通运输、仓储及邮电通信业”三个科目的固定资产投资。从2003年开始，因统计口径发生了变化，基础设施投资的统计范围界定为经济中用于“电力、燃气及水的生产和供应业”“交通运输、仓储和邮政业”“信息传输、计算机服务与软件业”“水利、环境和公共设施管理业”四个科目的固定资产投资。

基于上述统计范围，1981～2019年期间基础设施投资与全社会固定资产投资的统计数据如表6－11所示。

表6－11　1981～2019年中国的基础设施投资与全社会固定资产投资

年份	基础设施投资额（亿元）	全社会固定资产投资总额（亿元）	全社会固定资产投资政府预算内资金（亿元）	GDP（亿元）	基础设施投资占全社会固定资产投资总额的比重（%）	基础设施投资占GDP的比重（%）
1981	130.1	667.5	269.8	4935.8	19.49	2.64
1985	404.5	1680.5	407.8	9098.9	24.07	4.45

① 高级证券是指投资本金风险性较小，而收益性较确实的证券，诸如铁路公司、公用事业、持股公司、确实的工业公司及商务公司、连锁商店、矿业公司、土地银行的金融公司等发行的普通股、优先股或公司债，大多属于这类。高级证券的股票及公司债的发行除特殊情况外，一般都采取通过中介机构的“间接公募发行”方法，高级证券的分销一般都由投资银行承办。

续表

年份	基础设施投资额（亿元）	全社会固定资产投资总额（亿元）	全社会固定资产投资政府预算内资金（亿元）	GDP（亿元）	基础设施投资占全社会固定资产投资总额的比重（%）	基础设施投资占GDP的比重（%）
1990	798.5	2986.3	393.0	18872.9	26.74	4.23
1995	3693.6	20524.9	621.1	61339.9	18.00	6.02
2002	10871.5	45046.9	3161.0	121717.4	24.13	8.93
2003	16278.3	58616.3	2687.8	137422.0	27.77	11.85
2004	20170.8	74564.9	3254.9	161840.2	27.05	12.46
2005	25024.5	94590.8	4154.3	187318.9	26.46	13.36
2006	30752.4	118957.0	4672.0	219438.5	25.85	14.01
2007	35624.0	150803.6	5857.1	270232.3	23.62	13.18
2008	43718.5	182915.3	7954.8	319515.5	23.90	13.68
2009	61872.5	250229.7	12685.7	349081.4	24.73	17.72
2010	73036.3	285779.2	13012.8	413030.3	25.56	17.68
2011	69649.0	345984.2	14843.3	489300.6	20.13	14.23
2012	80431.1	409675.7	18958.7	540367.4	19.63	14.88
2013	97173.6	491612.5	22305.3	595244.4	19.77	16.32
2014	119380.4	502005.0	26745.4	643974.0	23.78	18.54
2015	101271.0	551590.0	30924.3	689052.1	18.36	14.70
2016	118878.0	596501.0	36211.7	743585.5	19.93	15.99
2017	140005.0	631684.0	38741.7	827121.7	22.16	16.93
2018	145325.2	635636.0	—	900309.0	22.86	16.14
2019	150847.6	669960.3	—	986515.0	22.52	15.29

注：（1）基础设施投资包括交通运输、邮政业，电信、广播电视和卫星传输服务业，互联网和相关服务业，水利、环境和公共设施管理业投资。

（2）全社会固定资产投资总额中不含农户的投资。

（3）因统计口径变化，对2014年以来的基础设施投资额、全社会固定资产投资总额按照同口径做了相关调整。

资料来源：各年度《中国统计年鉴》，国家统计局网站。

根据表6-11可知，改革开放以来，中国基础设施投资出现了迅猛增长，从名义价格来看，2019年的基础设施投资额相比1981年的水平增长了1158

倍，是一个非常惊人的数字。基础设施投资的增长速度超过了 GDP 的增长速度，占 GDP 的比重从不足 3% 持续上升到 15% 上下。同时，全国固定资产投资总额也整体上保持了快速增长，基础设施投资占全社会固定资产投资总额的比重大致维持在 20% 左右，这也反映了基础设施投资对经济增长的拉动作用显著。

与此同时，全社会固定资产投资的来源结构也发生了显著变化。在计划经济时期，政府投入一直是中国基础设施发展的主要资金来源。尽管借助政府强制手段可以在短期内为基础设施筹集巨额资金，在一定程度上保证事关国民经济全局和具有长远意义的重点项目建设，但是这一筹资模式由于受政府财力约束，严重制约了基础设施发展，使得基础设施成为经济发展的瓶颈。

随着改革开放和市场经济体制的逐步建立和完善，基础设施的多元化筹资格局逐步形成。如图 6－4 所示，政府预算内资金占全社会固定资产投资的比例大幅度下降，从 1981 年的 28.1% 下降到 2016 年的 5.9%。这也说明已有越来越多的社会资金进入到基础设施投资领域。

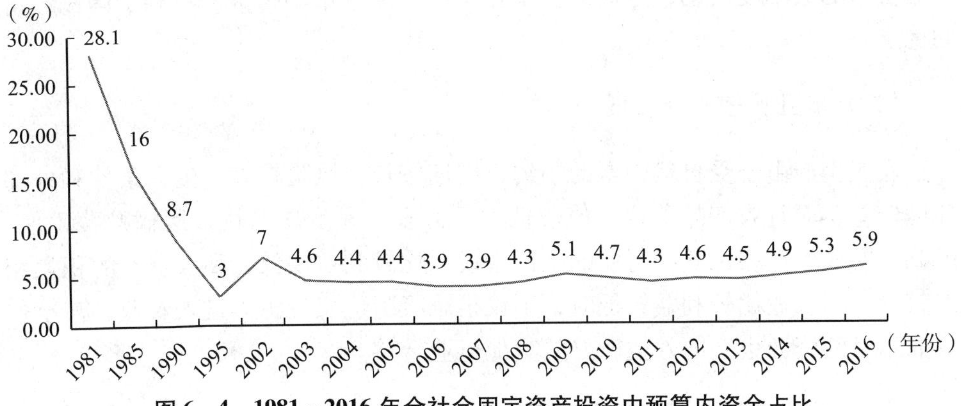

图 6－4　1981～2016 年全社会固定资产投资中预算内资金占比

资料来源：各年度《中国统计年鉴》，国家统计局网站。

第五节　支农支出

从产品性质上来说，农产品属于典型的私人产品。但是，各国政府财政几乎无一例外地承担着对农业的大量投资。各国之所以如此普遍重视农业，与农业生产所固有的特点和它在国民经济中的重要地位有着必然的联系。

一、政府介入农业领域的理论依据

（一）农产品的供给弹性与需求弹性具有不对称性

农业以有生命的动植物为主要劳动对象，以具有肥力为特征的土地为基本生产资料，它的根本特点是经济再生产与自然再生产交织在一起。农业生产周期较长，受自然条件影响较大，生产具有强烈的季节性和地区性，人工控制较为困难。因此，在农产品市场上，农产品的供给由于受自然条件的约束和供给者决策的相应变化而经常出现波动。但是，农产品的需求却由于它的“必需品”性质而呈现出相对稳定的特点。可以说，农产品是社会消费与社会生产的“必需品”，农业是国民经济的基础，农业的稳定与发展直接制约着国民经济的稳定与发展。农产品市场上这种供给弹性与需求弹性的不对称，经常引起农产品价格的大幅度波动，进而影响工业生产，波及市场物价，不利于国民经济的稳定。

（二）农业比较利益较低

农业生产由于受自然因素的制约，周期较长，风险较大，生产条件和外部环境较差，而且农产品单位价值较低，且大多容易变质腐烂，运输贮藏不便。因此，农业生产相比其他行业的生产来说，比较利益偏低，私人资本的积累相对较少。当农业比较利益较低时，不仅很难吸引优质资源等进入农业，甚至连农业本身的资源也会向效益较好的其他行业转移。

（三）农业经济中存在外部效益

农业基础设施、农业科技、农业教育与培训、农业生态环境的保护等是农业生产要素的重要组成部分，也是农业可持续发展不可或缺的因素，但这些产品在消费过程中存在着外部效益，因此不可能完全通过市场来提供，而只能由政府通过税收的方式来弥补。可以说，农业经济中的外部效益是各国政府无一例外地对某些生产要素进行大量投资的关键原因所在。

（四）地区之间农业资源禀赋存在较大差异

对农业资源配置中地区公平的关注是政府介入农业领域的又一重要原因。政府如果能够为农村贫困地区提供基本的基础设施、技术、人才、资金等资源，就能够促进农村贫困地区的经济发展，保证农村贫困地区的贫困人口最基本的生存权利和发展权利，从而既能改善地区之间的收入分配状况，又能提高农村贫困地区发展经济的能力。

基于上述理由得出基本结论是，农业仅仅依靠市场的力量很难得到快速、协调和可持续的发展，因此必须依靠政府的扶持。政府发展农业的政策，重点应放在市场存在缺陷的领域内，如农业基础设施、农业生态环境保护、农业科技、农业教育与培训、农产品价格维持等方面，以辅助市场增进农业资源配置的效率与公平。

二、中国财政支农支出的状况分析

2007 年之前，我国政府用于农业的支出项目主要有四个："支援农村生产支出和农林水利气象等部门事业费"（简称"支农支出"）、"农业基本建设支出"、"农业科技三项费用"和"农村救济费"。其中"支农支出"数额最高，每年约占全部支农资金总额的 50% ~75%；"农业基本建设支出"排在第二位；"农村救济费"和"农业科技三项费用"数额相对较少，如表 6 – 12 所示。

表 6 – 12　　1978 ~2006 年财政用于农业的支出情况

年份	用于农业的财政支出合计（亿元）	支农支出（亿元）	农业基本建设支出（亿元）	农业科技三项费用（亿元）	农村救济费（亿元）	其他（亿元）	用于农业的支出占财政支出的比重（%）
1978	150.66	76.95	51.14	1.06	6.88	14.63	13.43
1980	149.95	82.12	48.59	1.31	7.26	10.67	12.20
1985	153.62	101.04	37.73	1.95	12.90	—	7.66
1990	307.84	221.76	66.71	3.11	16.26	—	9.98
1995	574.93	430.22	110.00	3.00	31.71	—	8.43
1996	700.43	510.07	141.51	4.94	43.91	—	8.82
1997	766.39	560.77	159.78	5.48	40.36	—	8.30
1998	1154.76	626.02	460.70	9.14	58.90	—	10.69
1999	1085.76	677.46	357.00	9.13	42.17	—	8.23
2000	1231.54	766.89	414.46	9.78	40.41	—	7.75

续表

年份	用于农业的财政支出合计（亿元）	支农支出（亿元）	农业基本建设支出（亿元）	农业科技三项费用（亿元）	农村救济费（亿元）	其他（亿元）	用于农业的支出占财政支出的比重（%）
2001	1456.73	917.96	480.81	10.28	47.68	—	7.71
2002	1580.76	1102.70	423.80	9.88	44.38	—	7.17
2003	1754.45	1134.86	527.36	12.43	79.80	—	7.12
2004	2337.63	1693.79	542.36	15.61	85.87	—	9.67
2005	2450.31	1792.40	512.63	19.90	125.38	—	7.22
2006	3172.97	2161.35	504.28	21.42	182.04	303.88	7.85

资料来源：《中国统计年鉴2007》，国家统计局网站。

从2007年开始，因采用新的支出分类方法，财政支农的“类”级科目统一为“农林水事务”，用以反映政府财政用于农林水事务的支出，具体包括农业支出、林业和草原支出、水利支出、南水北调支出、扶贫支出、农业综合开发支出和农村综合改革支出等款级科目（见表6－13）。2007年之前统计口径中农业基本建设支出项下的农林水支出和科技三项费用项下的农林水支出统一纳入新统计口径中的农林水事务类。所以，改革前的各支农支出之和与改革后的“农林水事务”类支出总额口径基本相同。也就是说，2007年以后，“农林水事务”可以充分体现政府财政对农业的支出。

表6－13　　　　财政用于农林水事务各项支出

年份	农林水事务支出（亿元）	农业支出（亿元）	林业和草原支出（亿元）	水利支出（亿元）	南水北调支出（亿元）	扶贫支出（亿元）	农业综合开发支出（亿元）	农村综合改革支出（亿元）	农林水事务占财政支出（%）
2007	3404.7	—	—	—	—	—	—	—	6.8
2008	4544.0	2278.9	424.0	1122.7	—	320.4	251.6	—	7.3
2009	6720.4	3836.9	532.1	1519.6	—	374.8	286.8	—	8.8
2010	8129.6	3949.4	667.3	1856.5	78.4	423.5	337.8	607.9	9.0
2011	9937.6	4291.2	876.5	2602.8	68.9	545.3	386.5	887.6	9.1
2012	11973.9	5077.4	1019.2	3271.2	45.9	690.8	462.5	987.3	9.5
2013	13349.6	5561.6	1204.3	3338.9	95.6	841.0	521.1	1148.0	9.5

续表

年份	农林水事务支出（亿元）	农业支出（亿元）	林业和草原支出（亿元）	水利支出（亿元）	南水北调支出（亿元）	扶贫支出（亿元）	农业综合开发支出（亿元）	农村综合改革支出（亿元）	农林水事务占财政支出（%）
2014	14173.8	5816.6	1348.8	3478.7	69.6	949.0	560.7	1265.7	9.3
2015	17380.5	6436.2	1613.4	4807.9	81.8	1227.2	600.1	1418.8	9.9
2016	18441.7	6458.6	1696.9	4433.7	65.7	2852.9	616.6	1508.8	9.8
2017	19089.0	6194.6	1724.9	4424.8	116.2	3249.6	571.2	1486.9	9.4
2018	21085.6	6156.1	1931.3	4523.0	130.5	4863.8	575.6	1530.3	9.5
2019	22862.8	6554.7	2007.7	4584.4	88.6	5561.5	288.8	1644.3	9.6

资料来源：《中国农村统计年鉴2019》。

综合表6－12和表6－13可以看出，中国改革开放40多年来，财政用于农业支出的绝对额增长迅速，但相对额（即农业支出占比）没有明显增长。农业总支出占财政支出的比重，1978年和1980年分别为13.43%和12.20%，1980年以后至今很少超过10%。1998年采取积极财政政策，以增发国债的方式大幅度增加农业基本建设支出，使得该比重提高到10.69%。此后几年，农业总支出占财政支出的比重又有所回落。不过，随着2004年以来各种农村新政策[①]的不断出台，财政支农的力度大大加强。2010年以来，尤其是党的十八大、十九大以来，支农支出占比始终保持在9%以上、接近10%的较高水平上，扶贫支出和农村综合改革支出增长显著，体现了国家对农业问题的重视和支持。

如果将视野放宽，综合考察财政对“三农”（农业、农村和农民）的支持力度，会发现中央和地方财政对“三农”的投入同样不断加大且增长迅速。2012年，全国财政用于“三农”的投入首次突破3万亿元，其中，中央财政的投入超过1.2万亿元。2015年，中央财政用于“三农”的投入高达17242亿元，相比2003年的2144亿元，年均增长率在20%左右（见图6－5）。“三农”投入力度的加大，有力地促进了农业生产、农民增收和农村经济社会事业全面发展。

① 2004年以来出台的农村新政策包括取消农业税、实施新型农村合作医疗、开展新农村建设、建立九年义务教育保障机制、允许流转土地承包权、建立农村信贷担保机制等。

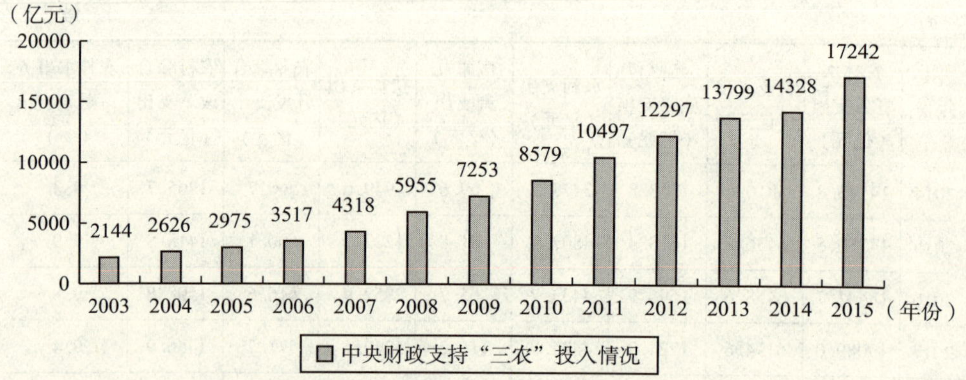

图6-5 近年来中央财政支持“三农”投入情况

资料来源：2011年之前数据来自财政部网站，之后数据来自《农村绿皮书：中国农村经济形势分析与预测（2015~2016）》，社会科学文献出版社2016年版。

三、中国支农支出政策改进

近年来，随着我国工业化城镇化的迅猛发展和国际经济形势的剧烈波动，农业发展中出现了一些新的问题：农业成本高，效益低；集体化耕作率不足，竞争力和抵御风险能力差；农业立体式污染严重，农产品安全受到威胁；来自国外廉价农产品的冲击与竞争等。这些问题严重制约了我国农业的进一步发展。

可喜的是，党的十九大报告再次将“三农”问题列为关系国计民生的根本性问题和全党工作的重中之重，并首次提出了“乡村振兴战略”，包括坚持农业农村优先发展，巩固和完善农村基本经营制度，保持土地承包关系稳定并长久不变，深化农村集体产权制度改革，确保国家粮食安全，构建现代农业产业体系、生产体系、经营体系等各个方面和层次的部署。其中，为保持土地承包关系稳定并长久不变，第二轮土地承包到期后再延长30年，这体现了保护农民土地权益的决心。在此基础上，当前应着力做好三项工作：一是健全完善土地流转法规，在保障农民利益的同时，鼓励农民土地流转，促进成规模的农业生产经营；二是加快推进我国农业供给侧改革，协调好“稳粮”与“增收”的关系，保障粮食供给和质量的提升；三是坚持科技兴农、科技强农战略，提高农业效益和农产品国际竞争力。此外，还要通过大数据、云计算、互联网等科技手段，为农业生产做好前瞻和后延工作，合理划分农业生产规模，适时调整农业生产计划，从而整体提高我国农业发展水平。

就支农支出政策的改进而言，仍然需要继续加大公共财政对“三农”的投入力度，建立健全“三农”投入稳定增长机制和强农惠农政策支持体系，大力促进农业生产、农民增收和农村经济社会事业全面发展。重要的政策包括：（1）增加对农业基础设施的投入。一方面，进一步加强对大江大河大湖综合治理的投入，集中力量兴建一批具有综合效益的大中型水利工程；另一方面，应加强运输能力和支持性基础设施的投资，以保证农产品的有效销售和分配。（2）资助农业科技及其推广，实现农业经济增长方式由粗放型向集约型转变。一是扶持农业科研单位开展农业科学研究，尤其是基础性研究和攻关项目；二是增加对农业科技推广的扶持，特别注重对粮棉油等大宗农作物的良种应用、科学栽培、节水灌溉等技术的推广进行扶持；三是增加对农业教育和技术培训的经费投入。（3）加强对农业生态环境保护的投入。农业发展与生态环境之间具有相互制约、相互促进的关系。为了使农业和生态环境之间形成良性循环并协调发展，公共财政应增加对绿化、治污、水土保持、生态恢复和防护林建设等方面的投入，加大改善农业生态环境的力度。

另外，由于农业发展是一个系统工程，“三农”问题又有其复杂性和历史性，绝非单纯依靠财政扶持就能解决得好，只有将政府支农纳入整个农业公共政策体系之中，通过发挥市场的力量和政府的引导作用，才能更好地解决农业问题。农业公共政策体系的主要内容是土地产权政策、农业人力资本政策、农业产业结构调整政策、农业税费政策、财政支农政策和农产品流通政策等。

第六节 社会保障支出

如果把社会保障看作国家通过社会保险、社会救助、社会福利、社会优抚和社会互助等制度编织成的一张社会安全网，那么社会保障支出则是政府依据一定的法律和政策规定，通过国民收入再分配对社会成员的基本生活权利予以保障的一种转移性支出，它是公共经济政策体系中的重要组成部分，是维持劳动力再生产、稳定社会发展、促进社会公平分配和调节经济运行的重要手段。

一、社会保障概述

（一）社会保障的概念及概念要素

社会保障（social security）一词，最初出现在 1935 年美国的《社会保障法》中。在1942年国际劳工组织出版的文献中，社会保障被定义为："社会通过一系列公共组织，为其成员提供保护，以防止因疾病、产期、工伤、失业、年老和死亡致使停止或大量减少收入造成的经济和社会困难；提供医疗和为有子女的家庭提供补助金"。根据国际劳工组织批准的社会保障公约，社会保障包括9个方面的内容：医疗、疾病、失业、老龄、工伤、家庭、生育、残疾和遗属津贴，几乎涉及了一个人"从摇篮到坟墓"的全过程。

从我国国情出发，可以对社会保障的概念做如下定义：社会保障是与社会主义市场经济体制基础相适应，国家和社会依法对社会成员基本生活予以保障的社会安全制度。

上述定义涵盖了四个方面的概念要素：（1）社会保障的责任主体是国家和社会。国家和社会在社会保障的规划、管理、监督和资金运营等方面负有重要责任，而社会化管理也是社会保障制度发展的必然趋向。（2）社会保障的实施以法律法规为支点。通过制定有关的社会保障法律法规，规定社会保障的实施范围、对象、资金来源、享受条件、待遇标准、管理办法，有助于规范社会保障中各方的责任、权利和义务。（3）社会保障的最终目的是稳定社会。作为一项基本的社会经济制度，社会保障可以为遭遇疾病、生育、工伤、失业、年老、伤残、收入锐减和意外灾害等风险的公民提供保护，保障他们的基本生活，以避免社会动荡。（4）社会保障的目标是满足公民的基本生活需要。因此，社会保障要与现行社会主义市场经济体制相适应，坚持兼顾公平和效率的原则，待遇标准以保障基本生活需要为宜。

社会保障是发展的、动态的概念，随着社会保障事业的发展、变化及人们认识的深化，社会保障概念的内涵也会不断变化和丰富。

（二）社会保障的内容

在国务院2004年9月发布的《中国的社会保障状况和政策》白皮书中，我国的社会保障体系包括了社会保险、社会救助、社会福利、社会优抚、社会互助等内容。

1. 社会保险

社会保险是政府参照保险市场原则为社会成员提供的生活保证，是社会保障制度的核心组成部分。社会成员的生活困境并不完全来自残疾、收入低等原因，有时还可能来自选择不当等一些原因。对于这些原因造成的贫困，政府可采用社会保险的方式来解决。

各个国家社会保险项目的基本组成部分大致是相同的，主要包括：（1）养老保险，又称老年保险，是劳动者在达到法定退休年龄，按规定退出工作岗位时，由养老保险基金支付养老金的一种社会保险项目。（2）医疗保险，是劳动者及其直系亲属患病时，由医疗保险基金按规定支付一定医疗费用的一种社会保险项目。（3）失业保险，是劳动者在失去工作、中断生活来源时，由失业保险基金按规定支付失业保险金的一种社会保险项目。（4）工伤保险，是劳动者因工负伤时，由该保险按规定支付工伤津贴的一种社会保险项目，其待遇标准高于非因工负伤的情况。（5）伤残保险，是劳动者在未达到退休年龄但却丧失了劳动能力时，由该保险按规定支付伤残补助金的一种社会保险项目。（6）疾病、生育保险，是劳动者休病假、产假时，由该保险发放病、产假工资的一种社会保险项目。（7）丧葬补助，是劳动者过世时，由该保险向其家属支付一次性丧葬补助金的一种社会保险项目。

2. 社会救助

社会救助是政府通过财政拨款，为贫困的社会成员提供的生活保证。社会救助与社会保险同属于社会保障，在性质上显然具有相通之处，主要体现为两者都具有强制性，且都是为了保障社会成员最基本的生活需要的目的服务的。但是，两者也有不同：一是社会救助具有无偿性，贫困者不用为接受政府的救助而支付任何费用，而在社会保险方式下，受保人先得缴纳一定的费用才能获得相应的生活保证；二是社会救助的对象是贫困者，因而是一种事后补救，而社会保险的对象是所有的劳动者，因而是一种防患于未然的预防性措施。因此，社会救助实际上是保障社会成员基本生活需要的最后一道“安全网”，属于最低层次的社会保障。在西方国家，社会救助项目主要包括贫困补助、赡养补助、住房补助、医疗补助等。

3. 社会福利

社会福利有广义和狭义之分。广义的社会福利与社会保障是同义语；狭义的社会福利是社会保障的组成部分。这里用的是狭义的概念。社会福利可以划分为三个层次：公共福利、专项福利、区域性福利。公共福利是指国家和社会团体兴办的以全体公民为对象的公益性事业，包括文化教育、公共卫生、公共娱乐、市政建设、环境保护、住房补贴等。专项福利是指国家和社会为特殊人群的特别需要举办的福利项目，如老人福利、妇女儿童福利、残疾人福利等。区域性福利是指国家和社会为改善一定范围内公民的生活状况设置的福利项目，如我国为淮河以北地区设立的冬季取暖补贴制度等。

社会福利计划旨在改善生活质量，保证公民享有一定水平的物质和精神生活，其所需资金主要来自公共财政，部分来自社会各界的善款。作为社会保障体系的最高层次，社会福利的发展与国民收入水平密切相关，规模、水平随国力的强大不断提高。

4. 社会优抚

社会优抚是指国家和社会为确保军人等从事特殊工作的人员及其家属的一定生活水平，给予的优待、抚恤和妥善安置措施的总和。我国的优抚措施包括向烈属、军属、复员退伍军人、伤残军人提供抚恤金、优待金、补助金，设立荣誉军人疗养院、光荣院，安置复员退伍军人等。社会优抚是面向特殊对象的带有褒扬性的社会保障措施，所需资金来自政府财政。

5. 社会互助

我国在社会保障制度框架中增加了社会互助。社会互助是指在政府引导和支持下，社会团体和社会成员自愿组织和参与的扶危济困活动。它包括群众团体组织的互助互济、民间团体组织的慈善救助、群众自发的互助等。社会互助在社会保障体系中属于软性内容，是对主要社会保障项目的补充。社会互助资金来自参与活动的成员自愿交费和捐赠，国家通过经济政策给予支持。

（三）政府介入社会保障的理由

社会保障是一项由政府引导的强制性的制度，它需要政府依法予以推动，社会保障体系也都是在政府的主导下逐步建立起来的，当代各国都毫无例外地把提供社会保障纳入政府的职能范围。

1. 保护公民基本生活权利

基本生活权利是公民的一项经济权利，意味着人们具有摆脱贫困、拥有生活所需的基本物质财富的权利。在市场经济条件下，单靠市场的资源配置无法实现这一权利。例如，当社会成员在遭遇无法预料或人力无法抗拒的灾难（如严重疾病、自然灾害等）而导致生活困难时，只有通过政府提供的无偿援助，才能真正使这部分社会成员摆脱困境。然而，在早期市场经济体制下，政府和法律并不保障这一基本经济权利。在亚当·斯密《国富论》关于政府义务的经典论述中，也没有提到政府有保障公民不受物质匮乏困扰的义务，人们只能靠自己或家庭去摆脱贫困，获得基本的生活权利。直到20世纪，人们才逐步认识到人类免于贫困的基本生活权利是一项基本人权，政府有责任去保护公民的这一权利。1948年，联合国大会通过并颁布了《世界人权宣言》，其中第25条明确宣称，“人人有权享受为维持他本人和家属的健康和福利所需的生活水准，包括食物、衣着、住房、医疗和必要的社会服务；在遭到失业、疾病、残废、守寡、衰老或在其他不能控制的情况下丧失谋生能力时，有权享受保障。”

至此，公民的基本生活权利终于成为全人类所共同认可和追求的基本价值，保障公民的这一权利也逐渐成为世界各国政府义不容辞的责任。

2. 提供个体评价低于社会评价的优值品

社会保险是一种优值品，政府的介入体现了家长主义（paternalism）的观点。按照这个观点，由于个人缺乏远见，所以既不能在年轻时安排足够的储蓄，也不愿意为预防未来可能的风险而购买商业保险，因此，政府作为“家长”有必要强制地要求社会成员将现在的一部分收入存入其个人账户或存入政府的社会保险账户，并为其管理这笔资金以供未来使用。

3. 消除保险市场上的逆向选择

逆向选择是信息不对称导致的一种后果。在保险市场上，逆向选择是指保险公司面临的索赔概率大于平均概率的现象。在保险费给定的条件下，当风险较小的投保人认为自己的付出会比可能得到的利益大时，就不愿意投保，而当愿意投保的是风险较大的个人时，保险公司必然亏损。这时，理性的保险公司将会选择退出这一险种的市场，保险的作用就会完全丧失。政府为了应对逆向选择问题，一个最简单的办法就是实行强制性的全民保险。如果所有人都购买了保险，那么索赔概率必然等于平均概率，逆向选择现象也就自然消失了。

4. 调节收入分配，缩小贫富差距

市场经济向效率倾斜，在激烈的市场竞争中强者愈强、弱者愈弱，如果不加以干预，强弱两极分化会引发社会不公平感，导致社会矛盾激化。政府通过社会保障计划实现国民收入的再分配，保障基本生活，为弱者继续参与竞争创造条件，缩小贫富差距，有利于维持社会公平。同时，社会福利计划为公民提供了减费或免费的公共服务和各类福利措施、福利津贴，方便了生活，提高了生活质量。

5. 维护宏观经济稳定，平抑经济周期波动

健全完善的社会保障体系不仅是“社会安全网”和“社会减震器”，还能够在一定程度上帮助政府调节经济、平抑经济周期波动。由于社会保障体系中的扶贫、救助和失业保险等支出，在经济过热时大幅度减少，经济过冷时大幅度增加，从而促进经济稳定或抑制经济衰退，因而具有自动稳定功能。

（四）中国的社会保障和社会保障支出

20 世纪 90 年代以前，中国城乡社会保障呈现相互独立且分治的制度格局。城镇企事业单位的职工主要依靠建立在城市工业和劳动保险（或企业保险）基础上的单位保障。而农村则依托集体土地制度，建立了面向乡村孤老残

幼的“五保”制度和面向农民的农村合作医疗制度。自20世纪90年代中期以来，随着市场经济体制目标的明确，社会保障制度进行了一系列的重要改革，并取得了一定的进展。不仅初步建立了以养老、失业保险为主的，包括医疗、工伤、生育等保险项目及社会救助、抚恤等在内的社会保障总体框架，而且确定了多渠道、多层次兴办社会保障的方针，提出了社会保障费用要由国家、集体（用人单位）和个人多方共同负担的社会保障原则，探索出了社会保障实行社会统筹与个人账户相结合的基金筹集和运行模式。这些改革思路、措施及其成果，标志着我国社会保障体系建设进入了一个新阶段。

党的十九大深刻阐述了进入新时代我国社会保障体系建设的指导方针：“按照兜底线、织密网、建机制的要求，全面建成覆盖全民、城乡统筹、权责清晰、保障适度、可持续的多层次社会保障体系”。提出“全面实施全民参保计划。完善城镇职工基本养老保险和城乡居民基本养老保险制度，尽快实现养老保险全国统筹”，“完善统一的城乡居民基本医疗保险制度和大病保险制度”，“完善失业、工伤保险制度”，“统筹城乡社会救助体系，完善最低生活保障制度”等多项改革要求和改革任务。

应当看到，在社保体系构建过程中，由于我国的养老、医疗和失业等社会保险政策各地差别大，统筹层次低，且保险收支不列入预算内，因而直接由一般公共预算（即小口径政府预算）安排的社会保障支出仍然不多。表6－14列示了政府预算中直接用于社会保障方面的支出项目，包括社会保障基金补助支出、就业补助支出、行政事业单位离退休支出、自然灾害生活救助支出、城市和农村居民最低生活保障支出等。预算支出扣除对社保基金补助后的余额，实际上就是政府预算用于非缴费型社会保障项目的支出。可以看出，我国社会保障支出主要用于社会保障基金补助支出和行政事业单位离退休支出，用于就业补助和城乡居民最低生活保障的支出逐渐增加，但数量有限。

表6－14　中国政府预算的社会保障支出结构　单位：亿元

年份	预算支出中社会保障支出	其中：					
		基本养老保险基金补助支出	就业补助支出	行政事业单位离退休支出	自然灾害生活救助支出	城市居民最低生活保障支出	农村居民最低生活保障支出
1998	595.63	—	6.48	274.36	52.56	8.86	—
1999	1197.44	169.66	4.12	393.92	32.31	17.95	—

续表

年份	预算支出中社会保障支出	其中：					
		基本养老保险基金补助支出	就业补助支出	行政事业单位离退休支出	自然灾害生活救助支出	城市居民最低生活保障支出	农村居民最低生活保障支出
2000	1517.57	298.65	6.35	478.57	31.16	26.48	—
2001	1987.40	342.97	6.81	624.72	35.86	45.74	—
2002	2636.22	517.29	11.38	788.83	38.62	101.63	—
2003	2655.91	493.90	99.24	894.97	56.95	160.63	—
2004	3116.06	519.77	130.12	1028.11	49.04	178.83	—
2005	3698.86	577.23	160.91	1164.83	62.97	198.21	—
2006	4394.11	888.95	345.37	1330.20	70.99	241.01	—
2007	5447.16	1275.00	370.90	1566.90	91.57	296.04	109.10
2008	6804.29	1630.88	414.55	1812.49	356.92	411.70	228.70
2009	7606.68	1776.73	511.31	2092.95	122.82	517.85	363.00
2010	9130.62	2309.80	624.94	2353.55	333.72	539.53	446.59
2011	11109.40	3152.19	670.39	2737.75	231.65	675.06	665.48
2012	12585.52	3828.29	736.53	2848.84	272.02	666.36	698.71
2013	14490.54	4403.14	822.56	3208.43	240.91	763.38	861.04
2014	15968.85	5042.83	870.78	3668.01	210.47	737.47	869.00
2015	19018.69	6596.19	870.93	4360.95	195.52	753.81	911.36
2016	21591.45	7633.54	784.98	5234.64	273.15	643.10	1014.50
2017	24611.68	7448.66	817.37	7578.95	192.38	572.24	903.59
2018	27012.09	8271.39	845.19	8529.86	126.49	525.68	936.81
2019	29379.08	8633.04	916.17	9687.59	—	461.70	991.43

资料来源：各年度《中国财政年鉴》，财政部网站。

就相对指标而言，社会保障支出占一般公共预算支出的比重，在 1998～2017 年期间年平均为 10% 以上（见图 6－6），2017 年、2018 年和 2019 年分别为 12.12%、12.23% 和 12.30%，呈小幅增长态势。近年来，尽管列入一般公共预算的社会保障支出总额每年都有所增加，占 GDP 的比重也呈上升势头，但该比重并不高，2017 年、2018 年和 2019 年分别为 2.98%、3.00% 和 2.98%。如果把未列入一般公共预算的社会保险基金支出合并进来计算，占

GDP 的比重超过了 10%。从国际比较来看，欧盟各国的社会保障支出占 GDP 的比重自 20 世纪 80 年代以来就已超过 16%，我国的指标低于欧盟国家，高于发展中国家的平均水平。

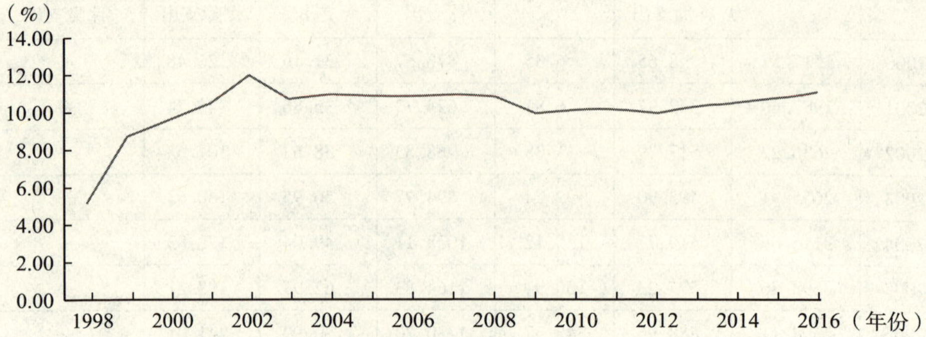

图 6－6　社会保障支出占一般公共预算支出的比重

资料来源：根据各年度《中国统计年鉴》、国家统计局网站数据计算。

二、社会保险支出

社会保险支出是与社会保险制度联系在一起的。如前所述，社会保险制度是政府为了预防和应对年老、失业、疾病以及死亡等引起的社会风险，强制社会多数成员参加的，具有收入再分配功能的非营利性的社会安全制度。社会保险的需要是随着生产的社会化而产生和发展的。在自给自足的自然经济中，人们在一家一户的土地上劳动，劳动时间没有严格的规定，劳动的组织不严密，人们尚未组织成相互密切联系的社会，因而也没有实行社会保险的需要。随着生产力的发展，劳动者之间形成了分工，虽然分工更细效率也更高，但人们对社会的依赖性也更强，“社会”作为一个现实的实体出现并制约着人们的活动，这时便有了实行社会保险的需要。

（一）社会保险的特征

1. *覆盖广泛性*

社会保险旨在保障参与者在一定条件下的基本生活需要。为有效应对风险，社会保险遵循大数法则，即参与人数越多，社会保险应对风险的能力就越强。完善的社会保险制度犹如一张安全网，社会保险的受益范围广，形式多样，能确保社会成员享受从“摇篮”到“坟墓”的各个层次、各个方面的保障。

2. 参与强制性

作为保障民生的重要社会政策，社会保险旨在为社会劳动者提供基本的生活保障。为避免社会成员在短期利益和长期利益选择中的“短视”问题，政府通常以立法的形式确定强制性的参保责任，并依法规范国家、企业（雇主）、个人（雇员）在社会保险实施中的责任和权利。参与的强制性不仅有利于保障劳动者被覆盖到社会保险安全网内，而且能更好地提升社会保险的保障能力。

3. 受益适度性

社会保险制度的定位在于保障参保人的基本生活需要，而非追求较高生活质量的福利享受。社会保险项目过多或受益水平过高会对社会成员的劳动积极性产生抑制性的影响，降低劳动供给意愿，从而降低市场运行效率，还会阻碍社会保险制度的可持续发展。因此，社会保险待遇水平需要与经济社会发展水平、社会保险筹资状况及社会成员心理预期等相适应。

（二）社会保险基金

社会保险基金，亦称社会保障基金，是指为实施社会保险制度而通过各种渠道建立起来的专款专用的法定经费，具有强制性、非营利性和储备性的特点。社会保险基金的筹集、运用及规模，决定着社会保险制度实施的广度和深度。筹集社会保险基金应遵循“收支平衡”的基本原则，使筹集的基金与按规定支付的费用保持大体平衡的关系，从而在经济上确保各社会保险项目的正常实行。

社会保险基金的筹集模式主要有三种，即现收现付制、完全基金制和部分基金制。

1. 现收现付制

现收现付制（pay-as-you-go）是指当期的缴费收入全部用于支付当期的社会保险开支，不留或只留很少的储备基金。其做法为：首先，对当年或近期内各项社会保险所需支付的费用进行测算；然后，按照需要分摊到参保的单位和个人，按统一比例提取，当年支付，不为以后年份提供储备基金。这种模式体现了社会保险互助互济的调剂职能，简便易行，也可规避因为物价上涨导致的基金贬值风险。但因该模式只以现实收支平衡为基础，因此缺乏长期规划，时间与空间上的调剂能力也较差，当保险费用逐年增加、提取比例不断上升时，还会导致在职职工、企业的负担过重。以养老保险的现收现付制为例，它是一种靠当代在职职工养上代老人的保险模式，上一代人的养老金全部需要下一代人的缴费筹资，这是一种代际的收入转移。

2. 完全基金制

完全基金制（fully funded）又称完全积累制，是指当期缴费收入全部用于为当期缴费的受保人建立储备基金，储备基金的目标是满足未来向全部受保人支付保险金的资金需要。该模式要求劳动者在整个就业或投保期间，采取储蓄积累方式筹集社会保险基金。其办法为：首先，对社会经济发展水平、人口状况、失业率、退休比率、指数化工资率、预期平均寿命、利息率等相关指标进行预测，综合测算出参加社会保险的成员在整个投保或退休期间应享受的各种社会保险待遇所需的基金总额；然后，采取“先提后用”的办法，将其按一定的提取比例分摊到整个投保期间，向投保人按期支付；与此同时对已提取而尚未支付的保险基金进行有计划的管理和运营。这种模式体现了社会保险的储备职能，使社会保险能有一个较为稳定的经济保证，但关键是，需要精准地确定一个长期的收支平衡的总平均收费率，因此，在长期预测和科学管理中要求其有较强的专业性。这种筹资模式由于时间跨度大，储备基金易受通货膨胀的影响，基金保值与增值的压力大。

3. 部分基金制

部分基金制（partially funded）亦称部分积累制，是介于现收现付制和完全基金制之间的一种筹资模式，即期的缴费一部分用于应付当期的社会保险开支，一部分用于为受保人建立储备基金。实行这种模式一方面可避免收费率的频繁调整，使企业和财政的社会保险支出负担均衡，另一方面由于储备数量与完全基金制相比较少，受通货膨胀的威胁就小，因此它能较好地保证社会保险基金受益者的生活水平不下降。由于兼容了以上两种筹资模式的优点，部分基金制为越来越多国家所采用。按照世界银行的标准，当一个非完全基金制的养老保险的储备基金可以满足2年以上的养老金支出需要时，则属于部分基金制。

一国政府在考虑采用什么社会保险筹资模式时，必须考虑以下几个主要因素。（1）不同社会保险项目的支出特点。如果是短期支付项目，由于其发生支付的时期和支出规模变化有较大的随机性，因此，一般适宜采用现收现付制，如疾病和生育保险；而长期支付项目作为一种较长时期内的定期支付，则适宜采用部分基金制或完全基金制，如养老保险。（2）人口年龄结构的变化趋势。面对世界人口老龄化的趋势与挑战，许多过去采用现收现付制养老模式的国家转而实行部分基金制，并将其视作由现收现付制向完全基金制转变的一种过渡形式来谋划和设计。（3）社会保险基金筹集方式对投资和储蓄的影响。从宏观调控与微观影响的角度考虑，当社会保险基金的提取率过高、积累过多时，就会加重微观主体的负担，降低投资和储蓄率及消费水平，抑制经济增长，并引起人们对某些社会保险项目的怀疑与抵触。

（三）中国的社会保险项目和社会保险支出

1. 社会保险项目

（1）养老保险。主要包括城镇职工养老保险和城乡居民养老保险。

1997 年，国务院发布了《关于建立统一的企业职工基本养老保险制度的决定》，规定实施统一的企业和个人的缴费比例、基本养老保险的计发办法等重要内容，标志着我国社会统筹与个人账户相结合的企业职工养老保险模式正式确定。经过 20 多年的不断完善，我国城镇企业职工养老保险覆盖范围不断扩大，筹资规模增长迅速。

2009 年和 2011 年，我国相继开展新型农村社会养老保险制度和城镇居民社会养老保险制度的全国试点，实现了农民养老保障“从无到有”的转变和全国养老保障制度全覆盖。依据《中华人民共和国社会保险法》的有关规定，2014 年国务院出台《关于建立统一的城乡居民基本养老保险制度的意见》，将新型农村养老保险和城镇居民养老保险两项制度合并，建立了统一的城乡居民基本养老保险制度。

（2）医疗保险。包括城镇职工医疗保险和城乡居民医疗保险。

1998 年，国务院颁布并实施了《关于建立城镇职工基本医疗保险制度的决定》，标志着我国社会医疗保险正式取代原有的公费医疗和劳动医疗制度。现行社会医疗保险制度的定位是为劳动者提供基本医疗水平的保障，医疗费用由单位和个人共同负担，实行社会统筹和个人账户相结合的方式。其中，社会统筹基金用以支付住院和大病医疗费用，个人账户主要用于支付门诊或小病医疗费用。

2003 年和 2007 年，我国针对农村人口、城镇非就业人口分别建立了新型农村合作医疗和城镇居民基本医疗两项保险制度。但两项制度实施多年的结果却逐渐显示出它的城乡分割的负面作用，以致出现了重复参保、重复投入、待遇不公等问题。2016 年 1 月，国务院印发《关于整合城乡居民基本医疗保险制度的意见》，决定建立统一的城乡居民基本医疗保险制度。这意味着城乡居民不再受城乡身份的限制，按照统一的政策参保缴费和享受待遇，城乡居民能够更加公平地享有基本医疗保障权益。统一后的保险制度实行个人缴费与政府补助相结合的筹资方式，由各地在考虑城乡居民医保与大病保险保障需求的基础上，按照基金收支平衡的原则确定筹资标准，同时鼓励集体、单位或其他社会经济组织给予扶持或资助。

（3）失业保险。失业保险与其他保险不同，它针对劳动者就业过程中的失业风险及其劳动收入降低的情况，一般追求短期财务平衡、略有节余的基金运行原则。1986 年，国务院颁布了《国营企业职工待业保险暂行规定》。1993 年，国务院发布《国有企业职工待业保险规定》，但真正意义上的失业保险制度始于 1999 年颁布实施的《失业保险条例》。这是中国政府首次以法规形式确立的失业保险制度。《失业保险条例》实施以来，覆盖范围持续扩大，失业保险基金规模日益扩大，其在保障失业人员基本生活方面发挥了日益突出的作用。

（4）工伤保险。也称职业伤害保险，具有强制性、个人不缴费、无过失补偿以及补偿与预防、康复相结合等特点。工伤预防、工伤赔偿和工伤康复是工伤保险的三大支柱。工伤保险基金的筹资主要来自雇主缴费，但政府也承担补贴的责任。1996 年，劳动部颁布的《企业职工工伤保险试行办法》不仅确立了社会化原则，而且将工伤保险的覆盖范围扩大到所有企业和劳动者。2004 年，更高立法层次的《工伤保险条例》颁布实施。2010 年国务院对其进了较大幅度的修订并于 2011 年开始实施。工伤保险待遇主要包括医疗给付、工伤津贴、残疾补助金及遗属津贴等内容。

（5）生育保险。生育保险制度是指国家和企业为怀孕、分娩、哺乳和节育的妇女提供医疗服务、生育津贴、产假和休假，以保障因生育、节育、抚养孩子而造成收入中断的妇女及其孩子的基本生活的一项社会保险制度。生育津贴一般相当于生育女职工的原工资水平。2016 年 3 月 17 日，我国“十三五”规划全文正式发布，明确提出“将生育保险和基本医疗保险合并实施”。

2. 社会保险支出

社会保险支出是我国社会保障支出的主体，采取部分基金制运转。社会保险基金并不体现在一般公共预算中，2014 年以前一直作为预算外收支项目，由各地自收自支。直到 2014 年以后，才在独立的社会保险基金预算中反映。表 6－15 给出了 1989～2019 年期间社会保险基金支出情况。

表 6－15　　中国一般公共预算的社会保险基金支出结构　　单位：亿元

年份	社会保险基金支出	基本养老保险基金支出	失业保险基金支出	医疗保险基金支出	工伤保险基金支出	生育保险基金支出
1989	120.9	118.8	2.0	0	0	0
1990	151.9	149.3	2.5	0	0	0
1991	176.1	173.1	3.0	0	0	0
1992	327.1	321.9	5.1	0	0	0

续表

年份	社会保险基金支出	基本养老保险基金支出	失业保险基金支出	医疗保险基金支出	工伤保险基金支出	生育保险基金支出
1993	482. 2	470. 6	9. 3	1. 3	0. 4	0. 5
1994	680. 0	661. 1	14. 2	2. 9	0. 9	0. 8
1995	877. 1	847. 6	18. 9	7. 3	1. 8	1. 6
1996	1082. 4	1031. 9	27. 3	16. 2	3. 7	3. 3
1997	1339. 2	1251. 3	36. 3	40. 5	6. 1	4. 9
1998	1632. 6	1511. 6	51. 9	53. 3	9. 0	6. 8
1999	2108. 1	1924. 9	91. 6	69. 1	15. 4	7. 1
2000	2385. 6	2115. 5	123. 4	124. 5	13. 8	8. 3
2001	2748. 0	2321. 3	156. 6	244. 1	16. 5	9. 6
2002	3467. 6	2842. 9	182. 6	409. 4	19. 9	12. 8
2003	4016. 4	3122. 1	199. 8	653. 9	27. 1	13. 5
2004	4627. 4	3502. 1	211. 3	862. 2	33. 3	18. 8
2005	5400. 8	4040. 3	206. 9	1078. 7	47. 5	27. 4
2006	6477. 4	4896. 7	198. 0	1276. 7	68. 5	37. 5
2007	7887. 8	5964. 9	217. 7	1561. 8	87. 9	55. 6
2008	9925. 1	7389. 6	253. 5	2083. 6	126. 9	71. 5
2009	12302. 6	8894. 4	366. 8	2797. 4	155. 7	88. 3
2010	14818. 6	10554. 9	423. 3	3538. 1	192. 4	109. 9
2011	18054. 7	12764. 9	432. 8	4431. 4	286. 4	139. 2
2012	22181. 6	15561. 8	450. 6	5543. 6	406. 3	219. 3
2013	26567. 9	18470. 4	531. 6	6801. 0	482. 1	282. 8
2014	33002. 7	23325. 8	614. 7	8133. 6	560. 5	368. 1
2015	38988. 1	27929. 4	736. 4	9312. 1	598. 7	411. 5
2016	46888. 4	34004. 3	976. 1	10761. 1	610. 3	530. 6
2017	57145. 0	40423. 8	893. 8	14421. 7	662. 3	743. 5
2018	67380. 7	47186. 6	915. 3	17794. 0	725. 0	759. 8
2019	74740. 8	51895. 0	1284. 3	20760. 8	800. 7	—

注：由于计算过程中存在四舍五入，总项不是百分之百等于分项和。

资料来源：各年度《中国统计年鉴》，国家统计局网站。

如表6－15所示，1989年以来，社会保险基金呈指数形态增长，始终保持了迅速的增长趋势。2019年基金支出是1989年的618倍，是2000年的31倍。其中，基本养老保险基金是最重要的社保基金，其支出额占总基金支出的比例超过70%。

（四）中国社会保险制度改革和完善

目前，我国已按照逐步推进、城乡分开并最终走向法治化、系统化和城乡一体化的基本原则与思路，在构建城乡社会保险体系方面取得了重要进展。其中，城镇社会保险体系由养老保险、医疗保险、失业保险、工伤保险、生育保险[①]等内容构成；而农村社会保险体系则以已经全面推开的新型农村合作医疗制度、大病医疗保险和新型农村社会养老保险制度为主要内容。一些经济较发达的地区，如北京、上海和浙江等，已经基本实现了养老、医疗等制度的城乡统一。但是，与发展社会主义市场经济的内在要求相比，我国的社会保险制度改革仍有待深化，对社会保险支出的管理也需要进一步完善。

1. 现行社会保险制度存在的主要问题

（1）缺乏科学的顶层制度设计和协同推进。我国的社会保险制度改革，是伴随经济领域的渐进改革而采取自下而上、局部试验的方式来推进的，尽管这种策略激发了地方的改革创新积极性，但缺乏统筹考虑与顶层设计的改革必定陷入理念摇摆不定、方案五花八门、利益固化分割的格局，进而会对制度整合形成巨大的阻力。比如，就改革理念而言，期望政府包办一切的“泛福利化”思潮和主张个人自我负责的“反福利”主张都很有市场。前者表现为对社会保险制度的期望越来越高，不仅要求持续提高养老金、医保等社会保险待遇，而且要求免费医疗、普遍性福利，一些地方亦将福利项目作为短期政绩工程看待；后者则不是正视中国社会保险水平总体依然偏低、保障权益结构依然失衡等客观事实，而是渲染所谓“福利国家病”“福利陷阱”和社会保险财政崩溃论调，主张基本养老保险采取大账户制、社会医疗保险实行商业保险化、限制和削减公共福利等。这些极端性思潮必然直接影响人们对社会保险制度的认识与评价，也会对制度变革产生复杂的影响。就改革方案而言，社保方案的制订是按地区和部门分开进行的，条块之间缺少统一的管理机构和规范的管理办法，养老保险、医疗保险等重要保险项目普遍采取各地试行、渐次推进的策略，产生出责任失衡、层次不清、与相关制度之间缺乏协同等缺陷。

（2）公平性不足与效率不高并存。一方面，尽管近年来国家已将城乡统

---

① 按照“十三五”规划纲要的设计思路，生育保险和基本医疗保险将合并实施，以便于统一管理、降低成本，并改变生育保险参保率过低（历年都不足50%）的局面。

筹和普惠全民作为改革的终极目标，但公平性不足仍然是各项社会保险制度的共性。养老金待遇在机关事业单位与企业退休人员之间的差距依然过大，医疗保险的城乡分割、群体分割背后实质上是待遇差异。在承担义务方面也存在不公平性，如养老保险，经济发达地区基金结余多，保险待遇高，缴费负担轻；而不发达地区基金结余少，保险待遇低，缴费负担反而重。这种差异是由于制度的地区分割及统筹层次低导致的结果。另一方面，社会保险实践中的浪费与低效现象严重，如在医疗保险中，职工基本医疗保险因个人账户的存在导致45%以上的资源处于低效状态，严重损害了这一制度的互助共济功能，也造成了统筹基金负担日益沉重。由于医院的营利性与医药供应失范，导致医疗服务中的过度诊疗、过度用药，甚至出现医患合谋侵蚀医保基金的现象，致使医疗资源与医保基金浪费惊人。养老保险制度地区分割及低统筹层次的原因，造成不同地区养老保险基金结余与短缺并存、贬值与欠账并存的局面，损失同样惊人。因制度规范不严密、监管不到位、技术手段不完善，也使保险基金的漏损和浪费严重。

（3）社会保险资金来源单一，企业和国家负担重。我国的社会保险基金来源主要是企业支付，少量部分由国家补充，个人缴纳较少。在现行制度的责任分担中，养老保险的单位缴费率为20%、个人为8%，医疗保险的单位缴费率为6%、个人为2%，反映的是单位责任大于个人责任；在医疗保险中，政府补贴相当于个人缴费的3倍以上，反映的是政府责任大于个人责任。这种责任分担失衡的格局，一方面造成国家尤其是企业的负担过重；另一方面也造成受保人自我保障意识缺乏，容易产生依赖思想，同时很容易产生压缩福利与扩张福利的极端取向。

（4）现行社保体系受到人口老龄化和大规模人口流动的严重冲击。我国是世界上人口老龄化速度最快、规模最大且家庭保障功能持续弱化的国家。老龄化对社会保险的影响最为直接，它不仅需要适时调整制度结构与财力投入结构，而且需要更多类型的专业人才和更具人文关怀的各种公共服务，还会导致养老保险缴费人数下降和待遇领取人数上升，增加养老保险的支付压力。与此同时，流动人口规模不断扩大，数以亿计的人口处在保障待遇差别大、缺乏归属感、流动频繁的不稳定状态，对社会保险制度构成了又一重大挑战，无疑也与地区间协同和均衡发展的目标相悖。

（5）福利支出刚性增长与政府财力增长减缓的矛盾日益凸显。我国“十二五”期间社会保险公共投入规模急剧放大，年均增长在15%以上，有的项目投入增长在20%以上，直接带来了各项社会保险制度待遇的显著提升，而城乡居民还在期盼着养老金继续提高、个人疾病医疗负担持续减轻、各项社会福利事业能够持续发展。然而，伴随经济发展进入新常态，国民经济已从以往的高速增长转向中高速增长，公共财政收入增速也在放开搞活、减税降费的背景下有所减缓，从而与国民福利快速增长形成现实矛盾。在这样的情形下，如何优化社会保险制度安排，如何调动市场力量和社会力量参与，以便确保社会保险制度的物质基础不断壮大和可持续健康发展，无疑是一个巨大的挑战。

2. 进一步完善我国社会保险制度的思路

根据共享和包容发展的理念，未来我国社会保险改革与发展的目标任务，是构建和完善更加公平、更可持续的现代社会保险制度。这一制度应当具有先进的建制理念、明确的发展目标、完整的体系结构、合理的责任分担机制，并且更加适应我国国情。

（1）以公平为首要建制理念，并将效率融入公平之中。社会保险制度与生俱来的使命，就是创造起点公平、维护过程公平、缩小结果不公平。没有公平就没有现代社会保障制度。在近年来各项社保制度已经初步实现城乡并举、普惠全民的条件下，促使其更加公平应当成为未来的首要任务。当前应当尽快消除因制度分割带来的养老、医疗保险权益不平等与身份标志，并同步发展养老服务、儿童福利、残疾人事业等，使不同群体的社会保险权益走向相对公平。

（2）贯彻适度原则，逐步扩大社会保险范围。社会保险的终极目标是保障全体公民。为了实现这一目标，我国社会保险应在统一管理机构、统一征缴办法、统一法律法规的基础上，实行“三低”的适度原则。一是低起点：范围上从城镇起步，项目上从养老、医疗、失业等保险入手，保持与经济发展水平相应的适度水平并逐步扩大。二是低成本：改变过去管理分散、浪费严重的状况，建立集中统一的社会保险机构，降低管理成本与社会成本。三是低标准：收取社会保险费用的标准与发放社会保险金的标准均不能过高，要与现阶段生产力发展水平，以及企业与个人的承受能力相适应。只有这样，才能保证改革中有充足的福利增量和足够的利益补偿来化解随时可能出现的社会摩擦和冲突，避免走西方“福利国家”福利水平过高而滋生懒惰、养“懒汉”的老路。

（3）树立责任共担意识，健全责任分担机制，确保可持续发展。国民福利的发展呈刚性增长态势，而政府财力却不能无限扩张，这一矛盾决定了必须树立责任共担的意识，在政府、企业、社会、个人之间构建合理的责任分担机制，尽可能调动社会力量与市场资源，不断壮大社会保险的物质基础。为此，应彻底改变居民个人只享受社会保险权益而不承担任何义务的状况，将个人缴费作为社会保险筹资方式的一个重要渠道。从社会保险改革趋势来看，应建立个人缴费与企业缴费合理共担的筹资机制，扩展资金来源，扩大资金规模，实现社会保险可持续发展。

（4）实现基本保险制度全覆盖，让全民共享发展成果。一方面，医疗保险与养老保险作为面向全民的制度安排理应覆盖全民，今后医疗保险、养老保险发展的方向，就是将那些制度尚未覆盖的人群全部纳入进来。另一方面，那些面向特定群体的保险制度安排，如工伤保险、失业保险、生育保险等，需要真正覆盖到该群体成员身上。

（5）大力发展补充保险，全面建成多层次和多支柱的社会保险体系。构建多层次和多支柱的社会保险体系是各国社会保险改革的共同取向，它的实质是通过多层次体系的构架来进一步合理划分不同主体的责任分担，更加合理地配置社会保障资源。以养老保险为例，基本养老保险由用人单位或雇主、劳动者与政府三方分担责任，职业年金、企业年金通常由用人单位或雇主与劳动者分担缴费责任，而商业性的人寿保险则纯粹是参保者个人自负缴费责任。在老龄社会背景下，单一层次的养老保险难以持续发展，发展第二、三层次的养老保险就具有了必要性和重要性。再以医疗保险为例，要全面解决疾病医疗的后顾之忧，要想获得更为便捷、高效的医疗服务，仅有基本医疗保险制度是不够的，还需要有补充性的医疗保险或者商业性健康保险形成第二层次的医疗保险，它既不损害第一层次参保人的权益，又能满足有需要、有条件者的更高医疗服务要求。

（6）统一社保管理体制，实现征缴、管理、使用三分离。统一管理体制，应包含三个方面的内容：其一，从上至下建立统一的社会保险管理机构，负责社会保险各方面的政策业务；其二，从上至下建立相对独立的社会保险基金经办机构，不依附于行政主管部门，独立经营、统一负责各项基金的具体运营活动；其三，建立专门的社会保险监督组织，专司社会监督职能。在过渡时期，要坚持基础征缴、管理、使用分离的原则，使三方各司其职，做到征缴有度、管理有方、使用有效。同时，应加强三方间的相互监督，提高社保基金的社会效益与经济效益。

三、社会救助支出

（一）社会救助制度的演变

社会救助是指国家对因自然灾害或其他经济原因、社会原因而无法维持最低生活水平的社会成员给予帮助，以保障其最低生活水平的制度设计。与社会保险不同，社会救助不是根据受益者负担的原则，而是单方面的受益。它通常被视为政府的当然责任或义务，采取的也是非缴费制与无偿救助的模式，是收入再分配的重要手段。其目的是帮助社会弱势群体摆脱生存危机，以维护社会秩序稳定。社会救助常被称为社会成员生活保障的最后一道防线。作为社会保障的原始形式，社会救助是历史最悠久的社会保障项目。

我国社会救助起步于早期的临时性紧急生活救助，逐步发展为以农村为主、城乡分置的定量救助，再到改革开放以后以城乡最低生活保障制度为核心的新型社会救助体系。20世纪90年代初，上海、北京等地在全国率先建立居民最低生活保障制度，现已成为我国城乡社会救助体系的核心组成部分。最低生活保障制度建立的初衷是为了解决大规模国有企业改革所导致的下岗职工的生计问题，成为国有企业改革的重要配套措施。而最低生活保障制度步入正规化、制度化的标志是1999年9月国务院颁布的《城市居民最低生活保障条例》。进入21世纪以来，全国各地相继建立了城乡居民最低生活保障标准调整机制，对最低生活保障待遇标准进行了规范化调整，并将部分特殊人群纳入最低生活保障救助范围。为进一步加强城乡最低生活保障资金管理，财政部、民政部于2012年出台了《城乡最低生活保障资金管理办法》。

2014年，国务院颁布并实施了《社会救助暂行办法》，第一次以行政法规形式明确构建了一个分工负责、相互衔接、协调实施，政府救助和社会力量参与相结合的中国特色社会救助制度体系，标志着我国已初步建成覆盖城乡、项目完整、层次多样的现代社会救助体系，社会救助事业进入到制度定型和规范发展的新阶段。该办法具有如下几个鲜明的特色：

一是构建了社会救助制度体系。主要包括最低生活保障、特困人员供养、受灾人员救助、医疗救助、教育救助、住房救助、就业救助、临时救助八项制度以及社会力量参与办法。

二是加强了社会救助统筹协调。规定由国务院民政部门统筹全国社会救助体系建设，各部门按照各自职责做好相应的社会救助管理工作，并要求建立健全政府领导、民政部门牵头、有关部门配合、社会力量参与的社会救助工作协调机制。

三是坚持了社会救助城乡统筹发展理念。这有助于确保社会救助广泛惠及城乡所有困难居民。

四是强化了社会救助家庭经济状况查询核对机制。要求建立信息核对平台，根据救助申请及获得救助家庭的请求、委托，由县级以上民政部门代为查核其收入状况、财产状况。这为今后科学、准确认定社会救助对象并完善退出机制，确保社会救助公平、公正实施奠定了基础。

（二）社会救助支出的规模和结构

近年来，随着我国社会救助制度覆盖面不断扩大，社会救助支出水平也迅速提高。社会救助已经成为保障我国城乡贫困群体和因各种原因陷入生活困境的不幸者不可或缺的安全保障网。从社会救助制度覆盖情况着，我国城乡最低生活保障对象合计超过8000万人，其中农村最低生活保障对象规模最人，最多时接近6000万人。不过，随着近年来政府扶贫工作的深入推进和对社会救助对象识别能力的提升，社会救助对象规模呈逐年下降趋势（见表6-16）。

表6-16　　2007~2019年中国城乡社会救助对象人数　　单位：万人

年份	城市低保	农村低保	农村特困人员救助供养			传统救济	临时救助*
			合计	集中供养	分散供养		
2007	2272.1	3566.3	531.3	138.0	393.3	75.0	646.0**
2008	2334.8	4305.5	548.6	155.6	393.0	72.2	831.0**
2009	2345..6	4760.0	553.4	171.8	381.6	62.2	546.4**
2010	2310.5	5214.0	556.3	177.4	378.9	59.5	613.7
2011	2276.8	5305.7	551.0	184.5	366.5	68.7	596.8
2012	2143.5	5344.5	545.6	185.3	360.3	79.6	639.8
2013	2064.2	5388.0	537.3	183.5	353.8	73.0	698.1
2014	1877.0	5207.2	529.1	174.3	354.8	74.5	650.7
2015	1701.0	4903.6	561.7	162.3	354.4	63.8	655.4
2016	1480.2	4586.5	496.9	—	—	—	850.7
2017	1261.0	4045.2	466.9	—	—	—	970.3
2018	1007.0	3519.1	455.0	—	—	—	1108.0
2019	860.9	3455.4	439.1	—	—	—	993.2

注：*为临时救助的单位为万人次。**为2007~2009年临时救助只包括农村临时救助人口。

资料来源：各年度《民政事业发展统计公报》，民政部网站。

从社会救助支出情况看，城乡社会救助各项支出总体呈现持续提高的趋势，尤其农村低保支出总额增长迅速。2010年之前，由财政资金安排的低保支出数额，农村尚低于城市，但自2011年至今，局面显著改变，农村超过了城市。不过，就保障对象而言，虽然城市最低生活保障对象只是农村的1/3左右，但在大多数年份里人均低保支出额却是农村的2倍多，城乡差距仍然较为明显（见表6-17）。在城乡最低生活保障支出总额中，约有50%的资金来自中央财政的转移支付，其中，超过70%的医疗救助支出、超过2/3的自然灾害生活救助支出来自中央转移支付。

表 6 – 17　　2008～2019 年中国城乡社会救助支出情况

年份	城市低保（亿元）	农村低保（亿元）	医疗救助（亿元）	自然灾害生活救助（亿元）	城市低保支出（元/人·月）	农村低保支出（元/人·月）	农村五保集中供养支出（元/人·月）	农村五保分散供养支出（元/人·月）
2008	393.4	228.7	86.5	609.8	143.7	50.4	171.3	93.4
2009	482.1	363.0	128.1	199.2	172.0	68.0	193.0	107.0
2010	524.7	445.0	157.8	237.2	189.0	74.0	205.0	118.0
2011	659.9	667.7	216.3	128.7	240.3	106.1	256.8	147.9
2012	674.3	718.0	230.6	163.4	239.1	104.0	291.4	186.4
2013	756.7	866.9	257.4	178.7	264.2	116.1	339.9	227.0
2014	721.7	870.3	284.0	124.4	285.6	129.4	389.7	269.1
2015	719.3	931.5	333.1	148.5	316.6	147.2	425.7	298.9
2016	687.9	1014.5	332.7	156.1	494.6	312.0	—	—
2017	640.5	1051.8	376.2	128.0	540.6	358.4	—	—
2018	575.2	1056.9	399.7	126.5	579.7	402.8	—	—
2019	519.5	1127.2	502.2	—	624.0	444.6	—	—

资料来源：各年度《中国民政统计年鉴》，中国统计出版社。

第七节 补贴支出

一、补贴支出的概念及分类

补贴支出是由公共财政安排的一类支出，所以也被称作财政补贴。它是政府为了某些特定的需要支付给企业和居民个人的，能够影响、改变产品和生产要素的相对价格结构，从而可以改变资源配置结构、供给结构和需求结构的政府无偿支出。简单地说，财政补贴就是政府在既定的价格结构条件下，通过无偿支付，使某些符合特定条件的价格受损者得到一定的补偿，从而使现行价格得以保持。因此，财政补贴通常离不开一定的价格结构。

财政补贴的分类有不同的划分标准。从政府是否明确地安排支出来分，可以分为明补和暗补；从补贴资金的接受主体来分，可分为企业补贴和居民补贴；从补贴对经济活动的影响来分，可以分为对生产的补贴、对流通的补贴和对消费的补贴；从补贴是否与具体的购买活动相联系来分，可以分为实物补贴和现金补贴，等等。在我国的财政统计中，财政补贴主要有价格补贴和企业亏损补贴两大类，其中前者列为支出科目，后者则以冲减收入的方式记入收入科目。另外，还有一类比较隐蔽的补贴，如财政贴息、税前还贷以及税收支出等，既可作为税式支出，又可放在政府补贴之中加以研究。

二、财政补贴的原因

从世界各国的情况来看，财政补贴普遍存在，不管是发达国家还是发展中国家，政府运用补贴的手段来弥补一定的价格结构所产生的缺陷。政府运用补贴手段的主要原因是：

（一）克服外部经济的低效率，促进社会资源的优化配置

在市场机制作用的引导下，生产者的经营目标是实现经济利益最大化。如此一来，那些具有正外部效应的部门，尽管可能带来很好的社会效益，但由于效益外溢，往往被投资者和生产者所忽略，其结果致使全社会配置于具有外部效益的部门的资源量低于优化水平，而配置于具有外部不经济的部门的资源量高于优化水平，从而降低社会资源配置的效率。政府通过对具有外部效益的活动给予一定的财政补贴，就可以弥补其效益损失，鼓励更多的生产经营者从事这些经济活动，引导社会资金流向，以实现全社会资源的优化配置，并满足社会的合理需求。

（二）存在某些需要鼓励生产，但容易导致生产企业亏损的产品

生产这类产品的企业一般是一些公共基础产业，如环保、煤气、水电等。这些产品与公众的生活息息相关，具有外部效益，单靠市场价格引导很难公平有效地配置，企业经营起来往往又导致亏损，为了鼓励这些产业和产品的生产，需要政府一方面采取价格管制，通过低价向公众尤其是中低阶层提供社会福利；另一方面给予企业适当的补贴，以弥补其执行限价政策造成的利润损失和维持此类产品的供给，从而影响和优化社会供给总量和结构。

（三）维系某些非市场价格的存在，保障人民基本生活和增进社会福利

市场价格机制是配置市场资源的有效机制，但市场价格机制并不能解决所有的问题，比如一些自然垄断领域，如城市供水、供电、供气、公共交通等，其产品和劳务既与人们的生产和生活密切相关，又是市场价格所无法有效公平

配置的，因此不宜引入市场价格机制。由于这些非市场价格的存在，就需要政府给予补贴，以增进社会福利。在社会收入分配机制不够完善的情况下，财政补贴还是政府参与社会再分配的重要手段，可以起到保障人民基本生活、缩小社会贫富差距、维护社会稳定、刺激有效需求、保持经济稳定发展的积极作用。

（四）配合国家产业政策的贯彻实施

任何国家在不同的发展阶段都有一定的产业政策与导向，处在发展阶段的国家更是这样。为了配合产业政策的实施，政府往往需要对优先发展的产业予以扶持，其中补贴就是一种重要的手段。当经济发生周期性波动时，更需要政府运用产业政策，推动产业结构调整以实现物价稳定、充分就业和经济增长。政府通过运用包括财政补贴等财政支出政策，对经济波动进行有效干预，贯彻好国家的产业政策，保持宏观经济的稳定性。

从某种程度上说，财政补贴总是和相对价格体系及结构存在一定的内在联系，要么是补贴引起价格变动，要么是价格变动导致财政补贴。换言之，补贴的存在皆因现实中的价格体系存在某种程度的扭曲。

三、补贴的影响因素

影响补贴的因素主要包括以下几点：

（一）农产品与工业品的相对价格结构

对农产品的补贴一直是补贴的重头戏，其主要原因在于农产品与工业品的相对价格结构不均衡，表现为农产品的价格一般要按低于均衡市场价格的价格出售而工业品则可以完全直接进入市场。由此产生的这种相对价格结构的不均衡越严重，则需要的补贴就越多；反之，若不均衡情况缓和，则补贴就相应减少。

（二）国有企业的规模与经营状况——政策性亏损补贴、经营性亏损补贴

在西方发达国家，国有企业的经营状况一般都不太理想，亏损较多，所以政府都要支付大量的补贴来弥补其亏损。国有企业亏损的原因，一是因为国有企业经营的行业本来就属于亏损的行业，盈利性行业一般是由私人来经营的；二是因为国有企业的经营管理效率比私有企业低下。不过，西方国家的国有企业规模都不算大，数目也不多，政府还通过实行对国有企业的私有化来调整国有企业的规模，因此对国有企业的补贴一般都控制在可承受的范围内。

我国由于历史与制度的原因，国有经济和国有企业的规模和数量较大，由于国有企业历史包袱重、转轨成本高，加之管理体制及经营机制转换和现代企业制度建立尚需过程，一些企业还存在着经营效益低、亏损难以靠自身弥补的情况，因此还需要给予财政补贴。

（三）国家特殊政策的执行

国家某些特殊政策的执行与实施也需要运用补贴手段。例如，当政府鼓励出口时，相应就要增加对出口企业的补贴；由于执行国家的特殊政策导致的企业亏损，即政策性亏损，也需要政府予以补贴，如对农业生产资料的补贴等。另外，政府出于刺激消费、扩大需求的考虑，也会使用财政补贴的手段，如对于以旧换新方式购买家用电器的补贴等。

四、财政补贴的效应分析

（一）财政补贴的经济效应

财政补贴的经济效应，是指补贴的领受者因财政补贴而在其经济选择或经济行为方面做出的反应，即财政补贴对消费者的选择以及对生产者决策影响。

由于财政补贴的对象具有选择性，补贴数额的确定又具有一定的政策性，因此，补贴在补与不补、补多补少的决策中，必然会影响到要素的相对价格，由此产生出收入效应和替代效应两种经济效应。补贴的收入效应是指因财政补贴支出改变了国民收入原有的分配结构，使得一部分企业或个人的收入相对增加，从而有能力购买更多的商品和劳务，以保持一定收入和消费水平。补贴的替代效应，是指因财政补贴的存在改变了相对价格体系，在补贴品可以替代的情况下，人们倾向于购买更多的补贴品，相对减少对其他商品和劳务的购买量；或者生产者倾向于生产和提供更多的补贴商品和劳务，相对减少其他商品和劳务的生产和提供数量。

将财政补贴的收入效应和替代效应加以延伸分析，可以总结出以下财政补贴对国民经济运行产生的多种影响。

（二）财政补贴对资源配置的影响

在市场经济条件下，市场机制在资源配置中的决定性作用是通过价值规律自发调节实现的。在财政补贴介入市场后，原有的相对价格体系的改变，以及财政补贴替代效应的发挥，都将对社会资源配置产生一定的调节作用。例如，对一些特定产品的补贴会改变产品的供求结构；以税收上的投资抵免、加速折旧等方式对一些行业或部门实行的投资补贴，会通过降低被补贴投资活动的相对成本或提高被补贴投资活动的相对收益，引导社会资金更多地投入到被补贴的投资领域，其结果是导致投资结构的变化，进而导致产业结构的变化。

应当指出，财政补贴手段在调节经济运行、优化资源配置的过程中并不是孤立地被运用的，而是与经济运行机制相适应相协调的。一般来说，由于社会经济形态及运行模式不同，作为既定的社会经济运行条件的相对价格结构的状况也就不同。因此，财政补贴作用的方向是不同的。在计划经济体制和计划价格体系下，价格补贴的基本作用是矫正价格结构的扭曲，从而弥补计划价格的不足。以我国的粮食价格补贴为例，此类补贴是由提高粮食收购价格引起的。其目的一方面在于逐步消除工农产品剪刀差，使农产品价格比较接近它的价值，保护农民利益；另一方面在于通过补贴降低粮食销售价格，保护城镇职工在低工资情况下的正常生活，切断由于价格提高所引发的反应链条。但也因此造成了计划价格体系下粮食购销价格的倒挂，扭曲了价格结构，妨碍了价值规律引导生产及消费行为和调节供求关系的作用正常发挥。而在市场价格体制下，面对价值规律可以按其本能正常发挥作用的社会环境，财政补贴作用主要是纠正市场缺陷，通过有目的地改变既有的价值结构，克服自由价格的自发性带来的消极作用，以实现自由价格机制所不能实现的社会目标。同样以粮食为例，在以市场价格引导下实现了粮食购销顺价销售之后，财政补贴即可大为减少，只是当粮食生产出现剧烈波动或者供求结构存在问题时，由政府要么通过财政补贴的方式实行保护价格收购粮食，以维护农民利益和种粮积极性，要么通过调整补贴政策引导农业产业结构调整和优化，引导合理的消费行为。

由此可见，财政补贴经济效应的存在，为政府运用这一手段调节经济结构和优化资源配置提供了可能。当财政补贴范围适度、补贴标准适当、补贴对象和环节合理，则补贴就能产生积极效应和作用；反之，如果不遵循价值规律，不适当地扩大补贴范围和提高补贴标准，就会产生扭曲效应和作用，在社会资源配置中就会出现财政补贴取代市场价格机制引导资源流动的主导性作用的情况，从而造成资源的误置和浪费。

（三）财政补贴对社会需求和社会供给总量与结构的影响

1. 财政补贴对社会需求总量与结构的直接影响

先从财政对居民提供的消费补贴来看，其补贴方式主要是两种：一是暗补或实物补贴方式，如补贴商品的低价格、补贴住房的低房租、公费医疗服务的个人低费用等；二是明补或现金补贴方式。无论现实中采取哪一种补贴方式，都会对居民产生收入效应，如暗补下的居民实际收入的增加，明补下居民名义与实际收入俱增，从而进一步产生扩张消费需求的效应。但在不同补贴方式下，替代效应及由此带来的消费需求结构的变化则不尽相同。在暗补方式下，由于补贴商品的价格相对于非补贴商品的价格更为低廉，这就对消费者的消费抉择产生了替代效应，使消费者对补贴商品的需求相对增加，对非补贴商品的需求相对减少，从而导致了消费需求结构的变化，其中有一些甚至可能是扭曲性的变化；而在单一的明补方式下，由于不存在补贴商品与非补贴商品的价格差异，同时居民得到的现金补贴额也与购买何种商品无关，因而居民能够根据自己的消费偏好去安排适宜自身需求的消费支出结构，不容易发生消费需求结构的扭曲。

再从财政对企业的生产和投资补贴来看，一方面，它将直接形成企业的投资需求，并通过补贴的增减变化对企业投资需求产生扩张或收缩效应；另一方面，这类补贴结构的调整会影响补贴产业与非补贴产业之间的投资需求结构。这是由于财政补贴使受补贴产业投入品的价格较之非补贴产业投入品的价格更为便宜，从而对企业的投资决策产生替代效应，使企业对补贴产业的投资需求相对增加，而对非补贴产业的投资需求相对减少。

2. 财政补贴对社会供给总量与结构的间接影响

根据经济生活中需求对生产与供给的决定作用推论，财政补贴对社会需求总量与结构的影响最终会间接、迂回地反映到社会供给总量与结构的变化上来。首先，财政补贴对居民消费需求总量与结构的调节为企业供给总量与结构的调节提出了要求或提供了依据；其次，财政补贴对企业投资需求总量与结构的调节决定着企业的生产能力和生产结构，从而为社会供给总量与结构的调节提供了可能性或物质基础。例如，在经济萧条时期，政府扩大对企业和家庭的补贴支出，不仅会起到维持或相对扩大企业的投资需求和居民的消费需求的作用，还为企业维持原有的生产规模，甚至扩大供给、促进复苏提供了激励和有利条件。

五、财政补贴运用的局限性

应当指出，财政补贴作为财政的政策工具之一，只是一种辅助性的调节手段，因此就不能在经济运行中扮演主要角色，它必须与其他政策工具和经济杠杆配合起来使用才能发挥积极作用，如果不恰当地夸大补贴的地位和作用，任意扩大补贴的范围和数量，积极作用就会趋弱，甚至出现消极作用，对国民经济造成诸多不良影响。

（一）增加财政负担，加剧财政收支矛盾

财政补贴反映在财政上，不是增加财政支出，如价格补贴，就是冲减财政收入，如企业亏损补贴。因此，过多过滥的财政补贴，不仅会加重财政负担，使财政收支矛盾加剧，而且还有可能挤占其他的财政支出项目，使财政支出结构恶化，既影响财政宏观调控能力的有效行使，又妨碍政府职能的全面实现。

（二）造成价格与价值的背离，削弱价格的杠杆作用

由于财政补贴是在价格之外对商品价格低于价值的部分进行补偿，这样就掩盖了补贴商品的真实成本、价值及其相关商品的比价关系。如果长期过度地补贴，就会造成不合理的价格体系的进一步扭曲，使价格信号失真，既不能真实地反映价值规律，又不能正确地反映供求关系，造成整个价格体系的紊乱和商品供求的结构性矛盾。

（三）对资源合理配置产生错误引导

财政补贴是政府对市场价格机制的干预，这种干预如果运用不当，就会扭曲生产者和消费者的相对价格，由此造成对资源合理配置的错误引导。如对某些消费品的补贴，既可能导致生产者错误的生产组合，过多地生产有补贴的产品而不愿生产无补贴的产品，又可能导致错误的价格成本幻觉而造成错误的消费组合，进行过度消费或无效消费；对生产资料的补贴，会造成对生产投入物的相对价格的扭曲，进而导致生产投入物的错误组合；贴息（对利率的补贴）会扭曲利率作用，对资金的使用产生误导；对企业的亏损补贴，可能使企业产生一种错误的“效益”信息和依赖思想，使企业失去降低生产经营成本、提高资源配置效率和竞争效率的积极性。

（四）不利于真实反映企业的生产经营成果

长期和大量的对企业的补贴致使企业的预算约束软化和经济核算意识淡化，往往在“政策性亏损”下面掩盖了经营不善引起的经营亏损，使经营管理不善合法化、长期化，这显然不利于准确考核企业的经营效益，不利于改善企业经营管理，也不利于市场条件下公平竞争机制和优胜劣汰机制作用的发挥。

六、我国财政补贴改革

（一）我国财政补贴的基本情况和存在的问题

我国财政补贴始于1953年，当时仅有对絮棉的价格补贴一项，补贴金额仅为5000万元，自1958年开始对大批“五小企业”[①] 给予亏损补贴，到20世纪60年代初国民经济困难时期补贴项目逐渐增加。改革开放以来，随着价格体系的调整改革，财政补贴作为政府倚重的政策工具和调控手段大加运用，财政补贴一度暴涨，1978～1989年的12年间，财政补贴增长速度超过20%的年份有1979年、1980年、1982年、1985年、1989年，最高增长速度达到47.94%，远远超过同期财政收支的增长速度。到20世纪80年代末期，在财政支出中列支的价格补贴和按照冲减财政收入处理的企业亏损补贴的总量相当于财政支出规模的1/3左右，成为国家财政的沉重负担。自20世纪90年代以来，随着价格体系逐步理顺和企业经营状况的改善，财政补贴的相对规模逐步下降并日趋稳定，财政补贴占财政支出的比重从1990年最高时的31.12%，逐年下降并稳定在目前的5%以下，有效缓解了财政困难。补贴的总量在经历了一段下降期后，从20世纪90年代中期起由于通货膨胀、实施新税制和加大对“三农”投入等原因虽然又有所上升，但总体规模得到控制。

综合全面考察，改革开放初期，我国财政补贴的主要问题是补贴的总体规模过大、范围过宽、渠道过多，补贴福利化、刚性化，对补贴的控制和监督不力等。自20世纪90年代以后，我国政府曾采取多项措施规范财政补贴，包括：大力削减对城市居民的有关福利性补贴，如取消福利分房等；农业补贴由过去的流通环节和消费环节逐渐转移到生产环节，逐步建立起有利于促进农产品供给增长的农业补贴政策；对一些特殊行业，如属于社会公共事业的水电、城市交通、环保等，其价格和收费仍由政府进行管理，而一般国有企业的亏损补贴随着企业改革的推进予以减少或者取消。

经过多年的改革，财政补贴开始由干预价格体系、干预市场调节向着体现产业政策、体现促进社会协调发展转化。但是随着经济体制改革的逐步深化，财政补贴作为推进改革的辅助性和协调性政策工具毕竟难以代替机制的重造，财政补贴自身也要进行改革和整顿。就目前而言，我国财政补贴还存在以下主要问题：

---

① 指地、县办的小钢铁、小机械、小化肥、小煤窑、小水泥等工业企业。

1. 补贴范围宽、项目多、规模偏大

我国长期以来习惯用补贴缓解改革的矛盾和压力，形成了“三多”，即种类多，最多时多达160多种，单就政策性补贴支出来分析，就包括粮棉油价格补贴、平抑物价补贴、肉食价格补贴、其他价格补贴等；环节多，工业、农业、城市公用企业等生产环节，商业、粮食等流通环节，职工或居民的消费环节几乎所有环节都有补贴；形式多，包括直接补贴和间接补贴、明补和暗补、价格补贴和亏损补贴、生活补贴和利息补贴、实物补贴和货币补贴等。同时，很多补贴长期化，造成补贴规模偏大，形成财政包袱，影响了财政支出的合理安排。

2. 补贴的标准设计不合理，缺乏弹性

财政补贴作为贯彻政府政策目标，调节经济发展的有力杠杆，应该根据不同时期的经济形势，适时调整补贴标准，发挥它的政策性、灵活性和时效性，防止补贴的“刚性”。长久以来，由于我国财政补贴制度设计不够健全加之政出多门，许多补贴项目常年保持有增无减的状态，从而演化成了长期财政支出项目，有违补贴政策的弹性原则。此外，补贴标准的确定、补贴项目绩效的评价等制度不完善，也直接影响到财政补贴的有效安排和综合效应的提高。

3. 政策性亏损补贴和经营性亏损补贴界定模糊

国家对企业的亏损补贴应限定于政策性的亏损，但在缺乏合理透明的定价机制和有效补贴机制的情况下，企业补贴存在严重多报、虚报现象，常常出现以政策性亏损名义弥补经营性亏损的情况，既形成预算约束软化，不利于加强经济核算，也弱化了市场机制引导资源合理配置的作用，干扰了市场经济的有效运行，还会造成补贴在不同企业间苦乐不均，不利于形成公平的竞争环境。

4. 补贴方式不合理，缺乏效益

随着我国社会经济发展和改革深入，原来一些补贴政策越来越不适应新的经济社会环境的要求，其积极效应逐步减弱，消极效应日渐增强。我国的补贴很多是价格补贴且多采取“暗补”形式，在计划经济时期，它对于稳定物价、保障居民生活水平发挥了重要作用。然而，随着市场价格体系的形成和价格关系的理顺，这种与市场循环不匹配和与利益分配链条不衔接的补贴应当清理或者取消，但却继续存在并保留下来。再者，许多价格补贴具有普遍性和非排他性，由此产生了“包含性”的错误，使得很多无须享受补贴的消费者也因这项补贴而获益，这也就造成了公共资源的极大浪费，补贴的社会效益不高，违背了它增进整体社会福利的目的。

（二）我国财政补贴的改革策略

必须指出，财政补贴大多具有明显的制度性特征，因此，在进行财政补贴政策决策和改进时，应使财政补贴与特定的经济制度和经济运行状况相适应。在国民经济运行的制度性基础和调节手段之间，调节手段只是辅助性的，也就是说，如果国民经济的运行对财政补贴的依赖过大，以至于没有它便很难有效地组织生产、流通和消费，那就说明现行的经济体制及其运行机制已经难以实现经济社会的基本目标，对之进行改革已成当务之急。

与我国经济体制改革的要求相适应，财政补贴改革应遵循的基本宗旨，是要围绕着财政的资源配置、公平分配、稳定经济职能和完善国家治理体系来设计和构筑财政补贴机制，从宏观及整体上发挥补贴的以下积极作用：有效调节社会总供求平衡，维护宏观经济稳定；促进社会资源优化配置；配合自然垄断领域的管制价格，提供社会福利；促进产业结构调整和优化，促进经济持续协调发展。改革的基本原则是：以不影响市场机制在全社会资源配置中发挥决定性作用为功能限度；以不影响财政收支平衡、不加剧财政困难为数量限度；以不挤占其他必要的财政支出、不取代其他财政政策工具、不妨碍财政整体职能的发挥为效用限度。改革的总体思路是：清理和减少补贴项目、压缩补贴规模、规范补贴方式、提高补贴效益。具体改革措施如下。

1. 合理界定补贴范围，控制补贴规模，改进补贴方式

必须认识到，财政补贴的作用不是无限的、万能的，因此财政补贴的范围也就是有限的，应当逐步加以规范。随着市场经济的不断完善，要取消一些不合理的补贴项目，确立和聚焦重点补贴对象。考虑到我国实际情况，我国财政补贴范围应该限定在以下领域：农产品生产与流通领域、公共基础设施和固定资产投资领域、关系国家安全和国民经济命脉的重要领域和国有企业、社会公益事业、重要的科技研发等。在补贴数量确定上，要明确财政补贴支出主要方向，坚持有保有压方针，尽可能缩小补贴规模。在补贴项目甄别上，要贯彻国家产业政策优先原则，把补贴主要集中在关系到国计民生的重要领域。在补贴方式选择上，减少“暗补”、实物补贴和间接补贴，更多采用“明补”、货币补贴和直接补贴。

2. 调整补贴标准，提高补贴效益

财政补贴作为政府的转移性支出，从公共支出项目选择来看，财政补贴支出应投向具有明显的外部性特征、受益群体广泛的项目。从社会经济效益来看，财政补贴作为以增进社会福利为目的的一种公共支出，产出价值在大多数情况下很难像企业那样能够通过财务方法计算出来，往往只能采用一定考核指标进行定性的绩效评价。结合当前我国财政绩效评价的实践，在规范财政补贴项目的前提下，改进项目补贴方式，强化对财政补贴项目绩效评估，进而确定适当的补贴标准，建立各种补贴项目补贴标准的测算指标体系，评价和考核补贴支出的绩效，使之更加公平合理。

3. 完善相关法律法规，加强财政补贴的管理

世界上许多国家都把财政补贴制度的主要内容以法律形式进行规定，使其在执行中具有很高的权威性、规范性、可操作性和透明性。我国要实现财政补贴的规范、公平、透明，必须强化有关的法律法规制度建设，将其逐步纳入法治化管理的轨道，使补贴能够落实于最能达到政府财政补贴目的项目和对应于切实应接受补贴的居民。针对我国长期以来存在的财政补贴决策权分散、管理不够规范、项目杂和数量大等问题，尝试设立补贴基金制度，将全部补贴列为公共支出，由补贴基金统一管理，严格控制补贴项目及规模，防止骗补与扭曲现象。改革企业的亏损补贴管理制度，完善国有资本经营预算机制，采用合理补贴方式，防止企业把经营性亏损和政策性亏损混淆而获得超额补贴，注重补贴的综合效益和效应。

【本章小结】

1. 行政管理支出是政府为履行社会管理的公共职能所安排的开支，用于维持政府机构运转、提供一般公共服务、维护公共秩序与安全，在现实中一般采取由政府财政无偿拨款的方式。安排行政管理支出要兼顾政府职能的实现和政府机构的行政效率。近些年来，我国行政管理支出规模和增速得到控制，但要保证行政管理支出改革取得成效，尚需通过转变和改进政府职能、整合机构及简政放权、建立行政经费供给调控机制、加强行政法治建设等多策并举，综合治理。

2. 国防属于纯公共产品，国防支出是一种社会消费性支出，因而大多采取公共提供方式。国防支出在一定范围内和一定程度上具有满足军事和经济双重目标的作用。国防支出按用途可分为维持费和投资费两部分。合理安排国防支出的关键是优化国防支出结构，实现国防产品的最佳供给和新时代的强军目标。

3. 教科文卫支出是财政资金用于教育、科学研究、文化以及医疗卫生等方面的经费支出。教科文卫事业大多属于混合产品，具有很强的外部效益，这类支出成为各国优先发展的支出项目。

4. 我国公共财政教育支出改革面临的课题是调整教育投入结构，建立和完善教育投入长效保障机制，有效使用教育经费，提高总体教育质量。基础科学研究因为其成果的价值补偿困难，必须由政府财政投入予以支持。应用科学研究虽然可以通过科研成果的市场交换来弥补成本，但一般具有风险高、投资大、周期长的特点，也需要政府财政的支持。改进我国科技支出的重点是继续加大科技投入力度，健全科技创新激励机制，促进科技成果转化。

5. 人人享有基本的卫生保健和医疗服务是公民的基本权利，但是由于医

疗卫生市场存在市场失灵，必须有政府的医疗卫生支出介入和干预，以为公民广泛地提供预防、保健、医疗、康复、健康教育和计划生育等方面的服务。近年来，我国文化事业财政投入的总量在快速增长，资金投向呈现向基层、乡村和偏远地区倾斜的趋势，今后应注重完善投入结构、改进投入模式和提高投入效率，兼顾社会效益和经济效益。

6. 政府投资直接表现形式是财政的投资支出，从支出属性看，它属于消耗性支出，但与同属于消耗性支出的社会消费支出相比，有“公共投资”与“公共消费”之别。政府投资主要集中于社会基础设施以及农业、能源、通信、交通等关系国计民生的领域。为了弥补基础设施产品的外部效益，促进地区公平和发挥好基础设施作为“先行资本”促进经济增长的作用，政府必须积极参与基础设施投资，通过选择不同的投资方式，尽可能地满足投资需求。

7. 农业作为弱势产业，仅仅依靠市场力量很难持续发展，必须依靠政府的扶持。政府发展农业的政策，重点应放在市场存在缺陷的领域内，持续加大公共财政对“三农”投入的力度，建立健全“三农”投入稳定增长机制和强农惠农政策支持体系，促进农业生产、农民增收和农村经济社会事业全面发展。

8. 社会保障支出分为社会保险、社会救助、社会福利、社会优抚等支出，属于转移性支出，是维持劳动力再生产、稳定社会发展、促进社会公平分配和调节经济运行的重要手段。社会保险支出是我国社会保障支出的主体，采取部分基金制运转，保险基金在独立的社会保险基金预算中反映。我国现代社会保障制度还处在初创阶段，制度改革有待深化，支出管理也需进一步完善。

9. 财政补贴作为一种无偿性财政支出，用途甚广，可以弥补市场价格结构所产生的缺陷。对我国而言，按照市场经济的要求，围绕财政职能和完善国家治理体系设计和构筑财政补贴机制，调整补贴的方向、方式和标准，是摆脱财政补贴包袱的关键。

【主要概念】

行政管理支出　社会消费性支出　国防支出　维持费　投资费　教科文卫支出　教育支出　科技支出　医疗卫生支出　公共文化支出　政府投资支出　基础设施　财政投融资　PPP 模式　BOT　TOT　ABS　农业投资　转移性支出　社会保障　社会保险　社会救助　社会福利　社会优抚　完全基金制　现收现付制　部分基金制　社会救助支出　财政补贴　“暗补”　“明补”　间接补贴　直接补贴

【思考分析题】

1. 谈谈行政管理支出的基本内容与改革措施。

2. 决定国防支出规模的因素有哪些？谈谈近年来国防支出的发展趋势。

3. 为什么说教育是混合产品又是“优值品”？简要分析目前我国教育支出的规模、结构和提供方式。

4. 说说政府参与科技支出的理由。简述我国财政科技投入现状、问题以及完善的思路。

5. 公共部门介入医疗卫生领域的原因有哪些？

6. 政府投资相比于非政府投资有哪些特征？政府介入基础设施投资的理由何在？联系实际说明我国基础设施投资资金来源的变化。

7. 从产品性质上说，农产品属于典型的私人产品，但各国政府都承担了对农业的大量投资，这是为什么？

8. 思考如何建设对“三农”的投入稳定增长机制和强农惠农政策支持体系。

9. 有人说社会救济是纯公共产品，社会保险是准公共产品，你同意这种认识吗？

10. 分析社会保险基金的筹集模式及其效应，谈谈如何改革我国的社会保险制度？

11. 在市场经济条件下，政府采用财政补贴手段的原因是什么？

12. 谈谈你对我国财政补贴改革策略的认识。

【阅读与思考】

阅读：国家财政性教育经费占国内生产总值比例持续保持在4%以上

百年大计，教育为本。教育乃立国之本，兴邦之基。

2020年6月12日，教育部发布2019年全国教育经费统计快报。快报显示，2019年全国教育经费总投入为50175亿元，比上年增长8.74%。其中，国家财政性教育经费为40049亿元（主要包括一般公共预算安排的教育经费、政府性基金预算安排的教育经费、国有及国有控股企业办学中的企业拨款、校办产业和社会服务收入用于教育的经费等），比上年增长8.25%。国家财政性教育经费支出占国内生产总值比例为4.06%。

曾经，中国的教育经费占国民生产总值的比例持续偏低。20世纪90年代以前，中国的教育经费投入排在世界末尾。中国政府在1993年制定的《中国教育改革与发展纲要》提出，“到2000年前，中国国家财政性教育经费支出应该占国民生产总值的4%。”事实上，4%的比例只是20世纪80年代发展中国家的平均水平。据1999年的《世界科技发展报告》统计，教育支出占GDP的比重，世界平均水平为5.5%，发达国家在6%以上。美国更是高达7.7%，成为世界上教育经费支出最高的国家，从而为其教育强国和人才强国奠定了雄厚的物质基础。另外，韩国、加拿大等国家超过了6%，甚至达到7%。在发展中国家，教育支出占GDP的比重平均水平也有4%。据联合国教科文组织统计，教育支出占GDP比重的数值，2014年全球范围的中位数是4.6%，2015年全球范围的中位数是4.7%。从人均公共教育经费观察，2014年中国人均教育经费为640美元，是美国2010年人均教育经费3300美元的1/5，是2010年OECD成员和韩国人均教育经费2200美元的1/3左右，低于中等收入国家智利人均教育经费1000美元。很长时期中国财政性教育经费的配置也不尽合理，重高校、轻基础，重城市、轻农村。

近年来，在科教兴国战略的引领下，我国教育经费投入情况大为改观，自财政性教育经费支出占GDP比例2012年首次超过4%以来，已连续八年保持在4%以上。

2018年国务院办公厅印发《关于进一步调整优化结构提高教育经费使用效益的意见》（以下简称《意见》）指出，要持续保障财政投入，全面建立生均拨款制度，保证国家财政性教育经费支出占GDP比例一般不低于4%，确保一般公共预算教育支出逐年只增不减，确保按在校学生人数平均的一般公共预算教育支出逐年只增不减。

国务院总理李克强2019年3月5日在作政府工作报告时说：今年财政收支平衡压力加大，但基本民生投入确保只增不减。发展更加公平更有质量的教育，推进城乡义务教育一体化发展，加快改善乡村学校办学条件，抓紧解决城镇学校“大班额”问题，保障进城务工人员随迁子女教育，发展“互联网+教育”，促进优质资源共享。多渠道扩大学前教育供给，无论是公办还是民办幼儿园，只要符合安全标准、收费合理、家长放心，政府都要支持。推进高中阶段教育普及，办好民族教育、特殊教育、继续教育。持续抓好义务教育教师工资待遇落实。推进一流大学和一流学科建设。今年财力虽然很紧张，国家财政性教育经费占国内生产总值比例继续保持在4%以上，中央财政教育支出安排超过1万亿元。我们要切实把宝贵的资金用好，努力办好人民满意的教育，托起明天的希望。

从“没学上”到“有学上”再到“上好学”，改革开放40多年来，我国教育大步向前。人人都有学习途径、人人享有出彩机会，学有所教真正落到了实处。

（资料来源：根据财政部网站、教育部网站相关资料整理。）

思考：

（1）你认为财政性教育经费支出属于基本公共服务供给范畴吗？请说明理由。

(2) 教育能否产生正外部效应？如果能，这是否能够成为由公共财政来支持教育的论据？请对这一问题的两方面论证加以解释，你认为哪方面更有说服力？

(3) 发展更加公平更有质量的教育的着力点是什么？

(4) 义务教育既是一个国家教育事业的基础，也是财政性教育经费扶持的重点，请说明其理由和根据。

(5) 从我国财政性教育经费占国内生产总值比例连续七年保持在4%以上的事例中可以观察到财政支出怎样的变化？

【参考文献】

1. 杨志勇、张馨：《公共经济学》，清华大学出版社2013年版。

2. ［美］约瑟夫·E. 斯蒂格利茨：《公共部门经济学》，中国人民大学出版社2013年版。

3. 高培勇：《公共经济学》（第3版），中国人民大学出版社2012年版。

4. 丛树海：《财政支出学》，上海财经大学出版社2009年版。

5. 马国贤：《中国公共支出与预算政策》，上海财经大学出版社2001年版。

6. ［美］大卫·N. 海曼：《财政学：理论在政策中的当代应用》（中译本），张进昌译，北京大学出版社2006年版。

7. 王雍君：《中国公共支出实证分析》，经济科学出版社2000年版。

8. 曾康华：《财政支出学》，对外经济贸易大学出版社2011年版。

9. 蒋震：《新中国财政支出70年》，中国财政经济出版社2020年版。

第七章
公共收入总论

政府必须有公共收入才能保证其正常履行职能，并且为公众提供公共产品和公共服务，因此，公共收入是政府正常运转和满足公共支出需要的基础。第五、六章主要讨论公共资金和公共资源的去向及用途，即公共支出问题，它体现了政府政策的意图，代表着政府活动的方向和范围。随之而来的问题是，政府为何能够又是通过什么方式获得这些公共资金从而形成公共收入的？本章是对公共收入的总体分析。

第一节 公共收入概述

一、公共收入的概念

公共收入（public revenues），亦称财政收入或政府收入，是指政府为履行职能而筹集的一切资金的总和。公共收入是政府从事一切活动的物质前提，公共收入的状况如何，直接影响政府各项职能的发挥和政府各项政策目标的实现。同时，公共收入又是政府凭借其公共权力从社会获取的，并由财政部门掌握和支配的收入，体现的是一部分社会资源由私人部门转向了公共部门，因此它会对私人资本的获利水平和居民的收入水平产生重要影响，从总量上改变社会总需求和总供给的均衡状况，从结构上影响产业结构和经济结构的变动方向。

从根本上说，公共收入产生于社会公共利益的需要，是为了满足社会共同需要而由政府筹集的收入。在人类社会早期，就有一些社会公共需要关乎社会成员的共同利益，如兴修水利、抗御自然灾害等，由于这些社会公共需要单靠私人和个体的力量很难实现或者效率很低，于是就需要借助社会的整体力量来实现，具体就是凭借社会公共权力来配置和使用一部分社会资源来满足社会的公共需要。但是，在资本主义社会以前，公共权力是以王权的形式体现的，公共收入与王室收入合为一体，其“公共性”则以私人的形式体现。到了近代，自 1688 年英国实行君主立宪制以后，公共权力（表现为行政权力）与王权正式分离并以法律形式固定下来，与之相对应，公共收入也取得了一种独立的形式。18 世纪的法国大革命更彻底地把公共权力交还给了大众，在观念上，也在法律制度上确立了公共权力的社会基础和历史地位。到了资本主义社会，政府的职能范围不断拓展，并且逐步延伸到市场机制失灵的广大公共领域，使得公共收入规模不断扩大，收入形式也发生变化，如工商税收取代了土地税和官地收入、产生了公债收入等。

在现代社会，社会共同需要主要由公共产品的提供来满足，伴随着公共产品内涵与种类的不断扩大，公共支出基本上涵盖了日益多样化的公共产品和社会共同需要的各个方面。然而，公共产品的供给是有成本的，需要占有和使用一部分社会资源，为了筹集提供公共产品所需的资金，作为公共产品主要提供者的政府就需要相应地获得一部分国民收入或社会产品，这就是公共收入存在的主要依据和基本理由。另外，从经济活动的外部性来看，由政府出面来弥补市场机制的不足是纠正外部性的一个有效手段，由此需要取得一定数量的公共资金和公共资源也是公共收入产生的一个重要原因。而从市场失灵的角度来看，除了公共产品和外部性外，收入分配的不公平、经济的周期性波动、公共秩序紊乱及社会动荡、市场垄断的效率损失等都是市场失灵的表现，对这些市场失灵的矫正也都大大拓展了政府的职能范围。与政府职能的不断扩展相对应，要求日益增多的公共收入来满足其实现职能的需要即社会共同需要。由此可见，为了满足社会共同需要，提供公共产品、矫正经济活动的外部性和市场失灵，公共收入必须存在，并且它的规模随着经济社会的发展而相应地扩大，内容更加丰富，形式也日益多样化。

为了全面地掌握公共收入的这一范畴，需要从不同的角度理解公共收入的概念。首先，分别从动态和静态的角度来理解。从动态的角度看，公共收入是政府筹集公共（财政）资金的过程，是以国家为主体的分配活动的一个阶段或一个环节，通过组织收入、筹集资金，形成特定的分配关系；从静态的角度看，公共收入是国家通过一定的形式和渠道集中起来的以货币表现的一定量的社会产品价值。其次，以国家财政预算的编列方式和分类为标准，可以分别从广义和狭义的角度来理解公共收入。广义的公共收入是指各级政府所支配的全部资金，其范围与政府收入一致，包括全口径政府预算的所有收入，就我国的预算收入体系而言，由一般公共预算收入、政府性基金预算收入、国有资本经营预算收入和社会保险基金预算收入四项组成。狭义的公共收入是指一般公共预算收入，以税收为主体，也包含纳入一般公共预算的非税收入、债务收入和转移性收入等。最后，与公共支出相似，公共收入还可以用相对量指标和绝对量指标来衡量。

更进一步分析，公共收入是由各种不同的因素构成的，它们不仅决定公共收入的性质，而且决定公共收入的量。为了寻求组织和增加公共收入的最佳途径，完善对公共收入的筹集和加强对其管理，有必要对构成公共收入的因素做进一步的分析，根据公共收入构成因素的不同，对公共收入进行形式分类。所谓公共收入形式，实际上就是政府和公共部门利用什么名称、采用什么方式取得公共收入的问题。例如，以强制性的方式取得税收收入、以有偿性的方式取得债务收入等，这里说的税收收入和债务收入分别属于不同的公共收入形式。各种公共收入形式的有机组合，便构成了一个国家的公共收入体系。公共收入体系既是政府与其他社会主体之间理财关系的具体体现，又从收入的角度反映出一国政府社会经济活动的范围。因此，选择适当的公共收入形式，确定相应的公共收入体系，对于科学、合理地组织公共收入，协调好各种经济关系，具有重要意义。

二、公共收入的特征

（一）公共性

公共性是公共收入区别于私人收入的最主要特征。公共权力产生于社会共同需要，公共收入作为公共权力在经济方面的表现，同样源于社会的共同需要。在财政发展史上，“公共财政”是否定“君主财政”“家私财政”的产物。家私财政是“朕即国家”的专制王权在财政类型上的体现。此时专制君主既凭借王权获得特权收入，又凭借财产权获得私人收入，致使财政可以脱离社会公众和公共权力的根本约束和控制，着重服务于君主个人而不是为市场提供公共服务。而公共财政是在市场经济制度形成的过程中通过抛弃旧财政制度、创造新财政制度而逐步形成的，资产阶级经过议会和通过公共预算夺取公共收支的最后控制权，是公共财政形成的根本标志。自此，政府财政收支活动必须遵循公共性要求和公共利益来进行，这就从总体上剔除了财政收支中的私人财务内容而演变为公共收支（当然，在资本主义社会是“形式上”的），并进而成为由政府代表社会公众行使公共权力的经济基础。

（二）强制性

由于公共收入的获得主要以公共权力为依托，而公共权力的一个主要特点即强制性，相应地，公共收入也就具有了强制性的特征。如果说私人收入的获得与使用具有充分意义上的私人自由与自愿的性质，那么公共收入则具有公共的强制性。这一特点主要源于满足共同需要时的“搭便车”所引起的公共产品供给不足的问题以及实现政府职能的需要。正是由于政府扮演公共产品主要供给者的角色，决定了政府所获得与使用的公共收入必须能够保证政府职能的实现和满足社会公共需要。如果在公共收入的获取与使用中勉强采取所谓的自觉自愿原则，最后将会导致混乱的无政府状态。

（三）规范性

相对于公共收入而言，私人收入不具有规范性的特点，其获取与使用缺乏制度化的规定与保证，表现为一定程度的主观随意性，因而对其进行的评价也缺乏统一的标准，可变因素较多。相反，公共收入从诞生之日起就具有内在的制度含义和外在的制度约束，其获取与使用都是有章可循的。同时，与封建君主的“家私财政”相比，随着社会的发展，公共收入要依据一定的法律和规章制度，不能随意地收取或舍弃。公共收入的种类、规模、征收对象、征收手续、资金管理、使用方向等都有明确的制度规定，因此具有规范性。

（四）稳定性

公共收入的稳定性是它强制性与规范性的必然推论。正是由于公共收入的征收与使用具有强制性，而且又有制度化的规定与保证，因此公共收入具有客观的稳定性。虽然由于经济现象的复杂性与多变性、信息的不确定性以及人的有限理性，公共收入在结构方面会有变化，在数量上会有波动，但是从长期和总体上说其具有稳定的收入来源和一定的数量保证。

三、公共收入的分类

公共收入分类是公共收入管理的重要组成部分。首先，公共收入分类是分析公共收入的前提和条件。公共收入分析可从多个角度进行，如收入的形式、规模、结构等，而收入从形式和构成上看又非常复杂，为了保证分析的可靠性和正确性，必须对公共收入进行科学的分类。其次，公共收入分类也具有自身的实践价值。公共收入分类可以帮助我们寻求组织和增加公共收入的有效途径，加强对公共收入的组织和管理。

根据不同的标准及分析目的，可以将公共收入进行不同的分类，这些分类反映了公共收入的来源和性质。

（一）按价值构成分类

公共收入是货币形态的社会产品价值，从它的价值构成来看，不外是C、V、M三部分。进一步分析可以看出，在社会总产品中，相当于生产过程中物质消耗的C，只有回到生产过程，才能保证社会再生产以原有的规模进行，因此，这部分价值一般在生产单位内部经过财务分配后继续进入再生产过程，属于企业经营管理权限的范围，不宜由政府集中使用，因此也不适宜构成公共收入的来源。

社会总产品中用来补偿劳动消耗的V，是个人消费基金的最主要部分，它在初始分配阶段归劳动者个人所有，既保证劳动者脑力和体力的恢复，又保证劳动者多方面的发展，这一部分可以成为公共收入的来源。就现实的经济运行来看，来自V的公共收入主要有以下几个方面：第一，直接向个人征收的税收，如个人所得税、车船税等；第二，直接向个人收取的规费收入和使用费收入等；第三，居民个人购买的公债券；第四，政府通过高税率消费品（如烟、酒）的销售所获得的收入；第五，服务行业和文化娱乐业等企事业单位上缴的税收，其中一部分是通过对V的再分配转化来的。今后，随着人民生活和收入水平的不断提高，以及个人所得税制及财产税制的改革和完善，我国公共收入中来自V的比重将不断提高。西方经济发达国家普遍实行高工资政策和以个人所得税为主体税种的税收制度，政府收入中很大一部分来自V。

社会总产品价值构成中的M，是劳动者为社会创造的剩余产品价值，是提高人民生活和收入水平以及满足社会共同需要的财力保证，是公共收入的主要来源。这不仅是因为这部分价值在分配中与C和V相比具有较高的灵活性，而且这部分价值的分配使用影响着社会发展的方向和速度。从我国的实际情况看，公共收入主要来自M，而且在相当长的时期内，M都将是公共收入的主要来源。

研究公共收入价值构成的重要意义在于：从根本上说明影响公共收入的基本因素，从而采取有效措施增加公共收入。由于M是公共收入的主要来源，公共收入规模大小直接受到M多少的制约，因此要增加公共收入，就必须把重心放在努力增加M上。在国民经济中影响M增减变化的因素主要有三个：生产、成本和价格。其中，生产是从绝对量上影响M，生产发展的规模和速度以及实现的产品产量和产值决定公共收入规模和增长速度。在产品产量和价格不变的情况下，成本和M呈反比例变化，公共收入随M相应增减。因此，要持续增加公共收入，根本的途径就是增加生产和厉行节约，即降低成本，增加盈利，提高经济效益。这既是提升经济发展质量的问题，也是增加公共收入的主要方向。

（二）按收入来源分类

无论国家以何种形式参与国民收入分配，公共收入过程总是和该国的经济制度及经济运行密切相关。如果把公共收入视为一定量的货币收入，它总是来自国民收入的分配和再分配。经济作为公共收入的基础和最终来源，对公共收入本身具有决定作用。按公共收入的来源进行分类，有助于研究公共活动与经济发展之间的制衡关系，有利于合理调整公共收入的规模和结构，并建立经济决定分配、分配影响经济发展的和谐运行机制。

按公共收入来源的分类，包括两种不同的亚类：一是以所有制结构为标准，将公共收入分为国有经济收入、集体经济收入、私营与个体经济收入、合资与合营经济收入、外商独资经济收入和股份制经济收入等；二是以部门结构为标准，将公共收入分为工业部门和农业部门收入，轻工业部门和重工业部门收入，生产部门和流通部门收入，第一产业部门、第二产业部门和第三产业部门收入等。目前，我国已经停征农业税和绝大部分的农业特产税，直接来自第一产业部门的公共收入已微乎其微，公共收入主要来自第二和第三产业部门。随着城镇化进程的加快和科学技术的进步，第三产业产值在国民生产总值中占比会越来越高，公共收入来源于第三产业的比重也会随之提高，并终将成为最主要的公共收入来源。

（三）按收入形式分类

按收入形式，公共收入可分为税收收入和非税收入两大类。这种分类方式突出了税收收入在公共收入中所占据的主体地位。税收收入是政府凭借其公共权力无偿占有的一部分社会资源或收入，包括所得税、商品税、财产税、资源税等各项税收。在现代社会中，政府所凭借的这种公共权力通常是以国家法律的形式表现出来的，如《宪法》中的有关条款、《预算法》等，政府正是依据这些法律来课税的。从数量上看，税收收入通常也是一个国家主要的收入来源，它在公共总收入中具有绝对的主体地位。例如，发达国家的政府财政收入中税收约占90%，即使经济欠发达国家税收也占60%～80%。目前我国一般公共预算收入的80%以上来自税收。

非税收入是相对于税收收入而言的，是指国家（政府）在依照税法征税取得税收收入以外，各级行政机关、司法机关和代表政府行使管理职能的事业单位，以专项收入、公共债务收入、规费和使用费等形式向法人、社会团体和居民个人取得的收入，以及依据财产权利收取的国有资本经营收入、国有资源（资产）有偿使用收入等项收入。各种非税收入的资金筹集过程、属性及反映的分配关系、在政府理财活动中的作用以及对社会经济生活的影响等与税收有所不同，但在公共收入中也具有相当重要的独特地位。

按照公共收入形式进行分类，也称为财政收入的项目分类法，是一种实用性较强的收入分类方法，这种分类方法在各国预算的编制过程中，包括我国的预算编制和财政统计中已经普遍采用。

此外，公共收入还可以按征收管辖政府的不同级别分类，分为中央财政收入和地方财政收入；按编制复式预算的要求分类，分为经常性收入和资本性收入；按资金的预算管理方式分类，分为预算内收入和预算外收入；按取得收入的稳定性分类，分为经常性收入和临时性收入等。

第二节 公共收入规模

一、公共收入规模及其变化趋势

（一）公共收入规模及衡量指标

公共收入规模指公共收入的总体水平，是衡量一国政府财力及掌握经济资源的重要指标，它体现政府和公共部门在国民收入分配中所占的份额，及政府与企业、居民个人之间占有和支配经济资源的关系，也反映政府在社会经济生活中职能范围大小、广度和深度，以及政府在经济社会生活中的地位和作用。

衡量公共收入规模通常用绝对量指标和相对指标来表示。绝对量指标是公共收入总额或财政总收入（FR），能够反映一定时期一个国家公共收入的数量、构成、形式和来源。衡量公共收入规模的相对指标反映政府对一定时期内新创造的社会产品价值总量（或国内生产总值 GDP）的集中程度，又称为公共财政集中率（K）。这一指标可以表示为：

$$K = \frac{FR}{GDP} \times 100\%$$

一般而言，公共收入的相对指标在对一国公共收入与其他国家公共收入进行横向对比及对本国公共收入变化进行纵向比较时，都具有较强的参考和分析意义。

（二）公共收入规模的变化趋势分析

从世界各国的历史和现实考察，与公共支出规模的总体变化趋势相似，公共收入规模无论从绝对量指标，还是相对量指标来看，都表现出不断扩大和逐渐增长的基本趋势。

1. 发达国家公共收入规模增长分析

在早期的资本主义经济中，政府财政收入数量及占 GDP 的比重都比较小。由于早先资本主义国家大多奉行经济自由主张，国家的职能基本上限于所谓“维持社会秩序”和“保卫国家安全”，在经济、文化、社会等方面很少有所作为，因此公共支出及相应的收入规模都被控制在较低的水平上。随着资本主义基本矛盾的激化和政府干预经济的增强，加之为了缓和社会矛盾及防止社会动荡而不得不为公众提供基本的社会保障，导致公共支出日益膨胀，由此逼迫公共收入不断增长。尤其从第二次世界大战结束至20 世纪末这个时期，主要发达国家公共收入的绝对量和相对量均大幅度上升，公共收入占国民生产总值（GDP）的比重迅速提升，平均值约为30%，上升比例超过了10%（见表 7 -1）。有些国家如挪威，公共收入（含社会保险缴费）占 GDP 的比重甚至接近50%。

表 7 -1　　1980 ~2014 年部分发达国家公共收入占 GDP 比重的演变　　单位：%

国家	1980 年	1990 年	2000 年	2010 年	2011 年	2012 年	2013 年	2014 年
美国	19.07	18.16	20.51	16.50	16.73	16.85	18.97	19.07
加拿大	—	19.77	20.93	16.94	16.97	16.96	17.07	17.10
日本	11.30	13.79	—	10.82	10.88	10.74	11.53	—
韩国	16.36	15.55	21.20	21.01	21.57	27.86	27.42	26.28
法国	37.41	38.00	42.90	43.24	42.99	43.99	44.92	45.25
德国	24.59	24.50	29.85	27.85	28.23	28.42	28.38	28.55
意大利	29.72	—	36.05	37.40	37.21	38.75	38.98	38.81
挪威	36.63	40.91	47.99	47.72	49.46	49.20	47.13	46.80
瑞典	31.35	39.30	37.99	33.05	32.52	31.98	32.14	31.69
瑞士	16.83	—	22.37	16.53	17.04	16.82	17.56	17.42
英国	33.49	32.61	34.03	34.87	35.36	34.73	35.58	34.53
非加权平均值								
全部国家	25.67	26.95	31.38	27.81	28.09	28.76	29.06	30.55
欧洲国家	30.00	35.06	35.88	34.38	34.69	34.84	34.96	34.72
非欧洲国家	15.58	16.81	20.88	16.31	16.53	18.10	18.75	20.82

资料来源：“收入统计 1965—2008”，经济合作与发展组织网站；“世界发展指标 2015”，世界银行网站。

进入21世纪以来，主要西方国家公共收入的绝对额虽然继续增长，如美国联邦政府2013财年财政收入为2.77万亿美元，2014财年为3.02万亿美元，2021财年更达到6万亿美元的惊人数字，但公共收入在国民收入中的比重却变化不大，有些国家甚至还略有下降，如加拿大、日本、瑞典等国。发生这种变化的主要原因，一是从20世纪80年代之后，西方国家普遍出现滞胀现象，经济增速放缓甚至遭遇严重经济衰退，大大制约了公共收入持续快速增长；二是近三四十年来新经济自由主义在西方国家大行其道，主要发达国家都在重新审视政府干预与市场机制的关系，认为以往长期信奉并推行的国家强行干预经济运行的政策造成过多扭曲，政策失误在加剧经济衰退方面难辞其咎，因此主张更加重视市场作用，减少政府不必要的干预，在节减政府开支、控制政府支出过快增长的同时，对公共收入的增长也要加以控制，防止巨额财政赤字发生，以实现政府预算收支平衡，必要时可以采取减税等措施，因而延缓了公共收入的增长速度。

2. 发展中国家公共收入规模变化分析

从总体和趋势上看，发展中国家自第二次世界大战结束后，同样出现了公共收入增长的情况，特别是20世纪八九十年代之后，这种增长的态势尤为明显。根据国际货币基金组织《2007年政府财政统计年鉴》公布的2006年数据计算，全部51个国家的政府财政收入（包含社会保险缴费）占GDP比重平均为40.6%，21个工业化国家的平均水平为45.3%，30个发展中国家的平均水平为35.9%，发展中国家的平均水平比第二次世界大战后初期提高了1倍左右。

尽管发展中国家的公共收入无论从绝对数量还是从相对数量来说均呈现出不断增长的基本趋势，但是，囿于经济发展水平的制约和现代财税制度不尽完善，发展中国家的公共收入规模毕竟比经济发达国家低很多，进入21世纪以来增长速度还略有下降。另以一项选取了24个发达国家和18个发展中国家的统计为例，在发达国家中，不含社会保险缴费的公共收入规模，2005～2006年期间，若择取北欧几个高福利国家，丹麦为47.8%，冰岛为39%，瑞典为37.4%，挪威为35.4%；全部24个发达国家包含了社会保险缴费的公共收入规模平均为37%～38%。而在发展中国家中，同一时期按照前一个口径计算，东欧国家的匈牙利为24.6%，保加利亚为24.1%，波兰为21.5%，属于亚洲国家的马来西亚和泰国为18.5%，印度为14.3%，印度尼西亚为12.3%；按照后一个口径计算，平均为23%～25%，发展中国家仅为发达国家的2/3左右。

3. 我国公共收入规模变化趋势分析

我国公共收入绝对数额随着经济的不断发展而增长。1950年财政收入规模（不包括国内外债务部分）仅有62.17亿元，到1978年增长为1132.3亿元，2000年达到13395.2亿元，50年间增长了214倍，年均增长11.3%。

2003年度收入再上新台阶，突破两万亿元大关，当年实现21715.3亿元；2005年度达到31649.3亿元，比上年增长19.9%；2007年收入累计完成51321.8亿元，较上年增收12561.6亿元，增长32.4%。继2008年度突破6万亿元之后，2010年度突破8万亿元，达到83101.5亿元，比上年增加14583.2亿元，同比增长21.3%；2011年度一举突破10万亿元，达到103874.4亿元。2017年度我国一般公共预算收入达到172592.8亿元，在实行“营改增”改革措施并减税降费超过1万亿元的情况下，仍同比增长7.4%；2018年度一般公共预算收入达到183352亿元，比上年增长6.2%，与GDP增速基本保持同步。2019年度一般公共预算收入达到190390亿元，在大规模减税降费的背景下，仍比上年增长3.8%，可以看出，就绝对规模而言，我国公共收入的增长速度并不慢，20多年来大多数年份更是呈现高速增长态势。

表7-2列示了改革开放以来我国一般公共预算收入①的增长变化趋势。从中可以看出，就绝对规模而言，我国公共收入的增长速度并不慢，近年来更是呈现高速增长态势。

表7-2　1978~2019年我国一般公共预算收入增长变化趋势

年份	财政收入（亿元）	比上一年增长（%）	GDP（亿元）	财政收入占GDP比重（%）
1978	1132.3	—	3678.7	30.8
1979	1146.4	1.2	4100.5	28.0
1980	1159.9	1.2	4587.6	25.3
1985	2004.8	22.0	9098.9	22.0
1990	2937.1	10.2	18872.9	15.6
1995	6242.2	19.6	61339.9	10.2
1996	7408.0	18.7	71813.6	10.3
1997	8651.1	16.8	79715.0	10.9
1998	9876.0	14.2	85195.5	11.6
1999	11444.1	15.9	90564.4	12.6

① 2012年之前我国采用“一般预算收入”（general budget revenue）的概念和统计口径，亦称为“预算内财政收入”。2012年实行预算制度改革之后，将“一般预算收入”改称为“一般公共预算收入”，但不包含政府性基金预算收入、国有资本经营预算收入和社会保险基金预算收入在内。

续表

年份	财政收入（亿元）	比上一年增长（%）	GDP（亿元）	财政收入占GDP比重（%）
2000	13395.2	17.0	100280.1	13.4
2001	16386.0	22.3	110863.1	14.8
2002	18903.6	15.4	121717.4	15.5
2003	21715.3	14.9	137422.0	15.8
2004	26396.5	21.6	161840.2	16.3
2005	31649.3	19.9	187318.9	16.9
2006	38760.2	22.5	219438.5	17.7
2007	51321.8	32.4	270232.3	19.0
2008	61330.4	19.5	319515.5	19.2
2009	68518.3	11.7	349081.4	19.6
2010	83101.5	21.3	413030.3	20.1
2011	103874.4	25.0	489300.6	21.2
2012	117253.5	12.9	540367.4	21.7
2013	129209.6	10.2	595244.4	21.7
2014	140370.0	8.6	643974.0	21.8
2015	152269.2	5.8	689052.1	22.1
2016	159605.0	4.5	743585.5	21.5
2017	172592.8	7.4	827121.7	20.9
2018	183360.0	6.2	900309.0	20.4
2019	190390.1	3.8	986515.0	19.3

注：财政收入中不包括国内外债务收入；2012 年以来的数据系指全国一般公共预算收入。

资料来源：国家统计局网站；财政部网站：历年全国一般公共预算收入决算表。

数据表明，我国公共收入随着经济的不断增长而增长，从总体上说，尽管各个年份的增速有起伏波折，但一直保持着持续增长的态势，大多数年份保持了两位数以上的增长率。然而，从我国自身的纵向比较看，相对于 GDP 的增长而言，则呈现出明显不同的几个阶段：改革开放以前我国财政收入占GDP的比重很高，因为在计划经济体制下我国实行"统收统支"的集中财政体制，财政收支囊括了政府和企业的主要收支，甚至包含了居民户的一部分收支，财政收入占GDP的比重在1960年曾经高达39.3%，1978年仍占30.8%；改革开放至1995年表现为不断下降的趋势，1995年占GDP的比重仅为10.2%；从1996年开始回升并从1998年开始表现为持续较快回升的态势；在经历了2007年跳跃式增长（比上年增长32.4%）之后，至2017年逐渐稳定在20%左右的比重上。

从国际横向比较来看，我国一般公共预算收入规模明显偏低。根据世界银行的统计，2007年度我国小口径政府收入（即税收收入）占GDP比重仅为17.2%，相对于同期所有发达国家（见表7－1）都是较低的，也低于同期发展中国家的平均水平。但是，由于各国财政体制差异很大，税率各异，政府收入来源也存在多样性，经济统计方式也存在很大差别，所以仅仅观察简单数字并不能准确衡量各国政府收入占GDP的比重和收入规模的真实情况，因此，对于国际的政府财政收入差距我们应剔除统计口径差异因素后综合考虑。首先，我国使用的财政收入口径是指一般公共预算收入，多年来仅指预算内部分，是狭义财政收入的概念，而从广义的财政收入——全口径财政收入角度看，还应包括政府性基金预算收入等非税收入、国有资本经营预算收入和社会保险基金预算收入等，这些收入均属于政府的财政收入或公共收入，并且在我国公共收入中占有不小的比重。如果仅拿我国狭义财政收入的口径与国际上通用的广义财政收入的口径简单对比，会导致我国公共收入规模过小的错觉和误判。其次，国外社会保险税的税负（社会保险税占GDP的比重）较大，如2007年度美国为4.8%、日本为10.3%、英国为6.6%、法国为16.1%、德国为13.3%、瑞典为12.6%。[①] 如今我国的社会保险基金收入也已纳入预算，随着社会保障制度的不断完善和社会保障筹资机制的逐渐健全，我国的社会保险基金收入的持续增加将进一步提升公共收入规模。最后，国外大多数国家的财政收入中没有包含政府性基金预算收入和国有资本经营预算收入，我国现已将这两项收入纳入全口径预算收入范围，这也将扩大广义财政收入的规模。综合考虑上述因素，按照广义财政收入的口径调整后，我国2017年公共收入规模超过30万亿元，2018年超过33万亿元，2019年超过36万亿元，占GDP的比重保持在37%上下（见表7－3）。由此可见，我国大口径的公共收入规模已经超过一般发展中国家的水平，但从总体上看，仍低于同期世界平均38.8%的水平。

---

① 收入统计1965～2008，经济合作与发展组织网站；世界发展指标2009，世界银行网站。

表 7－3　　2012～2019 年中国全口径财政收入

年份	一般公共预算收入（亿元）（1）	一般公共预算收入中的税收收入（亿元）（2）	政府性基金预算收入（亿元）（3）	国有资本经营预算收入（亿元）（4）	社会保险基金预算收入*（亿元）（5）	全口径财政收入（亿元）（1）+（3）+（4）+（5）	全口径财政收入占 GDP 比重（%）
2012	117254	100614	37535	1196	30739	186724	34.6
2013	129210	110531	52269	1713	35253	218445	36.7
2014	140370	119175	54114	2008	39828	236320	36.7
2015	152269	124922	42338	2551	46012	243170	35.3
2016	159605	130361	46643	2609	53563	262460	35.3
2017	172593	144370	61480	2581	67154	303808	36.7
2018	183360	156403	75405	2900	72649	334314	37.1
2019	190390	158000	84518	3972	83152	362032	36.7

注：＊表示社会保险基金预算收入中包括财政补贴收入。

资料来源：根据《中国财政年鉴》《中国统计年鉴》历年数据或据此计算。

二、公共收入规模变化的理论分析

（一）影响公共收入规模的主要因素

一个国家公共收入规模和增速，并不仅仅由政府的意志所决定，而往往会受到经济、政治、社会以及历史文化传统等条件的制约，是由多种因素综合决定的，包括经济发展水平、生产技术水平、收入分配政策和分配制度、价格水平等，其中最主要的是经济发展水平和生产技术水平。

1. 经济发展水平

经济发展水平是影响公共收入的最基本因素。经济发展水平的主要指标，如 GDP、人均 GDP 等从总体上反映了一国社会产品的丰富程度和经济效率水平。经济发展水平高，社会产品丰富及其净值——国民生产总值就多，一般而言，则该国的公共收入总额较大，占国民生产总值的比重也较高。当然，一个国家的公共收入规模还受其他因素的影响，但经济发展水平对公共收入的影响表现为基础性和根本性的制约是确定无疑的，两者之间存在源与流、根与叶的关系，源远则流长，根深则叶茂。

从世界各国的现实情况来考察，发达国家的公共收入规模大多高于发展中国家；而在发展中国家中，中等收入国家又大多高于低收入国家，绝对额是如此，相对数亦是如此。同时，从各国历史发展的纵向比较来看，随着社会经济发展水平的提高，各国公共收入规模一般都随之扩大，公共收入比重普遍有所提高。由此证明了一个普适性的原理：生产决定分配，经济决定财政，经济不发达则财政不丰裕。

2. 生产技术水平

生产技术水平指生产中采用先进技术的程度，又可称为技术进步。生产技术水平内涵于经济发展水平之中，也是影响公共收入规模的重要因素。因为一定的生产发展水平总是与一定的生产技术水平相适应，较高的经济发展水平往往是以较高的生产技术水平为支柱的。所以，对生产技术水平制约公共收入规模的分析，事实上是对经济发展水平制约公共收入规模分析的进一步深化。

生产技术水平对公共收入规模的制约，一方面是由于技术进步导致生产速度加快和产品质量提高；另一方面技术进步带来物质消耗的降低和经济效率的提高。现代社会中生产技术水平加速提高，使社会积累更为丰富，带来了GDP的快速增长，为公共收入的增长奠定了基础，对公共收入具有直接和明显的影响。据测算，从世界范围来看，目前技术进步对公共收入增长的贡献是其他因素的3倍以上。我国的生产技术水平与发达国家相比还有一定的差距，科技进步对经济增长和公共收入的贡献率还不高，因此，大力促进技术进步和经济发展方式转变，不断提高经济效益，是实现公共收入持续高效增长的主要途径。

3. 收入分配政策和分配制度

制约公共收入规模的另一个重要因素是政府的分配政策和分配制度。生产决定分配，经济发展水平决定收入规模与增速，国民收入及公共收入规模的大小归根结底受经济发展水平的制约，这是马克思主义经济学的基本观点。经济发展水平是分配的客观条件，而在客观条件既定的前提下，还存在通过收入分配进行调节的可能性。所以在不同的国家（即使经济发展水平相同）和同一国家的不同时期，公共收入规模也会因分配政策和制度的不同而有所不同。

在国民收入（或用GDP表示）既定的前提下，分配政策对公共收入规模的制约主要表现在以下两个方面：（1）国民收入分配政策决定剩余产品价值占整个社会产品价值或国民收入的比重，进而决定公共部门参与分配对象的大小；（2）分配政策决定公共部门集中资金的比例，从而决定公共收入规模的大小。设国民收入为N，公共收入为F，则分配政策对公共收入规模的影响可用公式表示如下：

$$\frac{F}{N}=\frac{M}{N}\times\frac{F}{M}$$

上式中M/N这个指标，说明国民收入扣除居民收入部分之后，归社会支配的那部分剩余产品价值所占的比重，可称为剩余价值率。F/M 说明归社会支配的剩余产品价值由公共部门集中支配的价值，称为公共收入集中率。分配政策正是通过决定上述两个比例关系来影响公共收入规模。

一个国家分配制度的安排和设计，能够从总体上决定国民收入分配格局，进而也会影响公共收入规模。以我国为例，我们党历来重视正确处理好收入分配关系，兼顾国家、企业和个人三者利益，一旦分配关系出现失衡，通过及时调整和改进分配制度加以矫正。在 20 世纪 80 年代至 90 年代前半期，财政收入占 GDP 的比重一直呈下滑趋势，国家财政状况极其严峻，国家随后采取了调整分配制度，逐步提高公共收入占国民收入比重的措施，使公共收入规模逐年增长。当财政状况改善、财政实力增强之后，近年来党中央提出让人民群众分享改革发展的成果，逐步提高劳动报酬在初次分配中的比重、提高居民收入在国民收入中的比重，通过增加工资、政府减税、扩大财政转移支付，提高社会保障和福利水平等多项分配制度改革措施，提高了企业和居民的收入规模和水平，而公共收入规模（相对量指标衡量）连续多年保持基本稳定。

4. 价格水平

公共收入是一定量的货币收入，它是在一定的价格体系下形成的，又是按一定时点的现价计算的，所以，价格变动必然会影响公共收入的规模。

价格变动对公共收入的影响，首先表现在价格总水平升降的影响。价格总水平的变动会通过收入制度影响公共收入水平。在实行以累进所得税为主体税种的国家，纳税人所适用的税率会随着价格水平和名义收入的提高而上升，即出现所谓“档次爬升”效应，使税收收入有所增长，因此，这种税收体制下的公共收入对通货膨胀的影响有一定的抵御能力。而在大部分发展中国家，实行的是以流转税和间接税为主体的税收制度，多数流转税采用比例税率，当通货膨胀率高于公共收入增长时，将会导致公共收入的实际增长低于其名义增长，甚至实际是负增长，因而在这种税制结构下，通货膨胀对公共收入的影响较大。

另外，价格总水平的变动往往是和产品比价的变动同时发生的，而产品比价关系变动会以另一种形式影响公共收入：一是产品比价变动会引起货币收入在企业、部门和个人各经济主体之间的转移，形成 GDP 的再分配，使财源分布结构发生变化；二是由于公共收入在企业、部门和个人之间的分布呈非均衡状态，或者说，由于各经济主体上缴国家财政的税利比例是不同的，当产品比价变化导致财源分布结构改变时，相关企业、部门和个人上缴的税利就会有增有减，增减的综合结果就是对公共收入的最终影响。

（二）最优公共收入规模分析

公共收入规模体现的是一国在一定时期政府征集的收入占经济总量的比重，政府与企业、居民个人之间占有和支配社会资源的关系，同时也反映政府职能的广度和深度，以及政府在经济社会生活中的地位和作用。可是，多大的公共收入规模才是适宜的？有没有一个最优的规模标准？长期以来，国内外一直存在着争议，甚至出现大相径庭的观点和截然不同的结论。

其实，对于何为最优公共收入规模，现实中并不存在统一的、绝对的衡量标准，因为每一个国家的具体国情不同，各国在不同的历史阶段政府的职能和社会发展的需求不同，公共收入规模必然存在差别，不能简单类比。就此而言，与其说最优公共收入规模，不如说适宜的或合理的公共收入规模更为恰当。

判断公共收入规模的大与小、多和少，应当从以下几个方面展开分析：

1. 运用的计算口径和方法须一致

公共收入规模的计算口径有多种，计算方法各异，若采用的衡量标准不统一，必然会得出不同的结论。

现实中，公共收入规模有三种计算口径：小口径的收入规模，一般是指税收收入占 GDP 的比重，之所以把税收收入视为小口径，是因为税收在世界上几乎所有国家都是基本的和最主要的公共收入形式；中口径的收入规模，是指一般公共预算收入占 GDP 的比重，一般公共预算收入中除了数量最多、比重最大的税收收入以外，还包括政府债务收入及收费收入等；大口径的收入规模，是指所有政府征集的收入占 GDP 的比重，它既包括一般公共预算收入，还包括了政府性基金预算收入、国有资本经营预算收入、社会保险基金预算收入等，亦被称作全口径公共收入①。以我国为例，2018 年三种口径的收入占 GDP 的比重分别为 17.4%、20.4% 和 37.1%，大小之间相差一倍多。就公共收入规模的计算方法而言，也因国家和时期不同而各异。

2. 与经济发达程度相适应

研究和实践均表明，一国的公共收入规模和宏观税负水平与该国人均 GDP 大体成正相关关系，即随着经济发展，公共收入规模逐步扩大，宏观税负水平相应上升，达到一定水平后又会趋于基本稳定。自改革开放以来我国国民经济实现了持续快速增长，经济发展的质量不断提高，公共收入持续增长的基础更加稳固，因此具备继续上升的空间和条件。应当指出，虽然公共收入规模与经济发展水平和发达程度相对应是一般规律和总体趋势，但不能由此得出公共收

① 国内学界又将公共（财政）收入规模称为“宏观税负”，因此也相应区分了三种口径的宏观税负。

入规模越大越好的简单结论，也就是说，一个国家在一定发展阶段和经济发展水平上应当保持一种公共收入占GDP的适当合理比重。

3. 与政府职能大小相关联

每个国家在不同时期和阶段所面对的社会发展的需求不同，政府承担的职能也有不同且时有变动。一般来说，处于经济转轨时期的新兴国家和发展中国家，为了实现经济的快速增长，政府大量参与经济方面的建设，尤其是投入大量资金用于基础设施和基础产业等公共投资领域，政府的经济职能尤为突出，公共收入规模较大。而对于工业化国家和发达国家而言，当经济由起飞阶段进入成熟阶段之后，社会公众对政府所提供的公共性消费支出的需求日益扩大。相应地，政府用于教育、卫生和安全等方面的消费性支出，以及用于解决收入分配问题的转移性支出开始增加，政府职能主要转向为社会公众提供公共服务和福利，由此也致使公共收入规模不断扩大。目前世界上主要发达国家公共收入规模平均超过30%。

4. 与政府提供的公共服务相对应

综观世界现代化历程，随着经济不断发展和社会文明进步，社会公众期望享有的公共产品和服务的规模、质量与水平也越来越高。从当下世界主要发达国家的情况考察，其公共支出绝大部分用于居民的社会保障和社会福利。进入21世纪以来，我国在构建公共财政基本框架的理念指引下，公共支出结构不断优化，用在与人民群众生活直接相关的教育、医疗卫生、社会保障和就业、保障性住房、环境保护、文化等方面的民生支出迅速增长，增幅连续高于同期GDP的增幅，这就促使国民收入分配格局调整的倒逼机制形成，在努力扩大公共产品和服务供给、着力改善民生的同时，合理扩大公共收入规模，为政府履行公共服务职能提供财力资源保障。

由此看来，所谓最优公共收入规模其实是一个相对的、动态的概念，是一种在一定时期处于社会经济均衡状态下的适度规模，一种持之以恒、不断靠拢和接近“最优”的状态。

第三节 公共收入结构

公共收入结构分析，既包括收入形式的分析，也包括收入来源的分析。对分析公共收入结构及变化趋势进行理论和实际分析，有助于正确研判公共收入的演进趋势并确定增加公共收入的合理途径。

一、公共收入结构及其变化趋势

（一）公共收入结构分析

1. 公共收入形式结构

公共收入的形式结构，是按公共收入形式分析公共收入的结构及其变化趋势。在各种收入形式中，税收是最重要的公共收入来源，发达国家占90%以上，发展中国家占80%左右。其中，发达国家的所得税及社会保障收入比重较高，说明发达国家的收入水平和社会保障水平都比较高。发展中国家商品和服务税较高，表明发展中国家对商品流转和劳务提供的依赖性较大（见表7－4）。另外，公共收入形式和一国的政治经济体制密不可分。一般而言，国有化程度较高的国家，公共收入中国有资产收入和国有企业收入较多。

表7－4　　2014～2016年部分国家财政收入构成　　单位：%

国家	2014年			2015年			2016年		
	商品和服务税	所得税	社会保障收入	商品和服务税	所得税	社会保障收入	商品和服务税	所得税	社会保障收入
印度	30.76	35.93	0.16	21.68	43.59	0.26	27.30	46.58	0.19
韩国	21.81	24.92	25.79	21.25	26.20	26.31	21.92	27.21	25.97
斯里兰卡	45.41	16.69	1.26	49.58	17.98	1.04	49.65	15.29	1.07
泰国	40.97	33.94	5.40	42.42	31.91	5.61	42.66	30.66	5.46
加拿大	—	54.07	23.45	—	54.18	23.22	—	54.11	23.64
美国	2.95	53.10	34.36	2.94	54.05	34.38	2.86	53.74	35.32
法国	21.49	25.47	42.16	21.79	25.38	41.84	21.88	25.40	41.92
德国	23.66	16.55	54.53	23.17	16.91	55.02	22.12	17.44	55.62
意大利	23.72	31.89	33.78	23.71	31.85	33.88	23.53	31.17	33.37
荷兰	25.72	24.42	38.51	26.35	26.98	37.36	26.87	26.86	38.25
英国	33.83	32.92	20.85	33.49	32.99	21.19	33.26	33.68	21.34
波兰	35.53	12.13	40.72	35.10	12.19	41.01	36.29	12.31	41.43
新西兰	28.64	50.46	3.30	28.81	51.60	2.86	28.98	51.77	2.32
澳大利亚	23.80	63.61	—	21.91	65.00	—	21.82	64.21	—

注：印度的数据分别为2005年、2010年、2013年。

资料来源：《国际统计年鉴2018》，国家统计局网站。

我国公共收入形式结构的发展变化，是我国经济体制、财政税收制度变化的反映和结果。在计划经济体制下，我国公共收入主要是国有企业上缴利润和税收两种形式，现如今在市场经济体制下，是以税收为主的多元形式结构。

2. 公共收入部门结构

分析公共收入的部门结构，在于说明各生产流通部门在提供公共收入中的贡献及其贡献程度，便于根据各产业的发展趋势和特点，合理组织公共收入，开辟新的财源。部门结构既包括传统意义上的国民经济结构分类，如工业、农业、建筑业、交通运输业及服务业等，又包括现代意义上的产业结构分类，即第一产业、第二产业和第三产业。

第一产业是国民经济的基础，第一产业的发展会影响整个国民经济的发展。从这个意义上说，第一产业也是公共收入的基础。第一产业对公共收入的影响主要表现在以下两个方面：第一，直接来自第一产业的收入，主要是农牧业税。目前世界各国对这一产业普遍实行稳定负担和轻税政策，因此，农牧业税在全部公共收入中仅占有很小的比重。第二，间接来自第一产业的收入，主要表现在由于工农业产品交换中存在着价格剪刀差，使农业部门创造的一部分价值转移到以农副产品为原料的轻工部门及部分服务业来实现。虽然各国对农业实施保护政策，通过不断提高农副产品收购价来缩小工农业产品的剪刀差，但由于农业劳动生产率难以迅速提高，工农产品的剪刀差不可能立即消除，农业通过价格转移提供公共收入的情况依然会存在。

第二产业是国民经济的主导，对公共收入的状况起着决定性的作用。这是因为第二产业生产技术装备先进，劳动生产率高，创造的剩余产品价值多。在我国，第二产业的主体是国有经济，其创造的社会纯收入大部分上缴国家，因此，第二产业成为我国公共收入的主要来源。但公共收入能否随着第二产业的发展而相应增长，一是取决于生产经营企业的经济效益；二是取决于产业内部各行业的比例结构：轻重工业之间，基础工业与加工工业之间等比例关系。只有企业经济效益提高了，各行业之间比例关系合理协调，公共收入才能相应增长。所以，加快企业改革特别是国有大中型企业的改革，建立现代企业制度，提高经济效益，促进经济协调发展，将是公共收入增长的关键。

第三产业部门创造的价值构成国民生产价值的重要部分，同时也是构成公共收入的重要来源因素。随着社会生产力发展和科学技术的进步，第三产业产值占国民生产总值的比重发生明显变化并且越来越高，这是世界各国产业发展的一般趋势。与此趋势相对应，公共收入来源于第三产业的比重越来越高。在主要发达国家，第三产业创造的价值占 GDP 的比重已达 60% 以上，其提供的公共收入占全部公共收入的 50% 以上，第三产业对于国民经济和公共收入的贡献度越来越高。

3. 公共收入的所有制结构

公共收入的所有制结构是指来自不同经济成分的公共收入所占的比重。这种结构分析的意义，在于说明国民经济所有制构成对公共收入规模和结构的影响程度及其变化趋势，从而采取相应的增加公共收入的措施。我国实行社会主义市场经济体制，国民经济中的所有制结构与其他国家有较大差别，公共收入的所有制结构分析具有更为重要的意义。

我国经济以公有制为主体、国有经济居主导和支配地位，同时允许并鼓励个体、私营、外商投资与合资、股份制等多种经济成分发展，公共收入由不同所有制经营单位上缴的利润、税金和规费等共同组成。在传统计划经济体制下，国有经济居主导地位，公共收入自然以国有经济为主体，新中国成立初期国有经济单位提供的财政收入约占财政总收入的半数，并逐年增加，“四五”时期达到87.4%的最高点，到改革前夕的1978年仍高达87%。进入改革开放时期以来，国家在继续支持国有和公有制经济发展的同时，鼓励非国有经济及多种经济成分共同发展，公共收入中来源于非国有经济单位及居民个人的收入逐渐提高，来源于国有经济单位和企业的收入有所下降，但后者仍然保持了主导地位，仍是公共收入的主要创造者和提供者。由于改革开放以来经济结构发生重大变化，目前我国已不再按照所有制结构对公共收入进行分类。

（二）公共收入结构的变化趋势

公共收入结构变化，是经济发展、经济体制、财税制度等多因素变化的反映和结果。从总体趋势看，公共收入形式随着经济社会的演进和发展不断变化并且逐渐多样化，形成了税费债利租捐并存的格局，公共收入也由单元结构向着多元结构转变。

以我国为例，在计划经济体制下，公共收入主要来自国有经济的上缴，对国有（国营）企业主要采取上缴利润和税收两种形式。由于实行统收统支体制，国有企业的生产经营和分配活动也都处于国家的直接控制和管理下，企业多交税就少交利，交税交利对企业没有什么利益上的差别，而且由于将国家社会管理者和国有资产管理者的身份混为一谈，一度曾导致“非税论”的盛行，简化税制、以利代税的倾向十分严重，直到改革前夕的1978年，以上缴利润为主的企业收入项目仍占全部财政收入的50%以上。实行经济体制改革以来，国民经济的运行机制有了根本性的转变，由过去国家的指令性计划管理为主转变到依靠市场引导和指导性计划管理为主的轨道上来，由过去的行政性管理转变到主要运用经济手段配之以必要的行政手段和法律手段管理经济上来。经济运行机制的转变，不仅要求税收成为国家组织收入的主要手段，同时还要真正成为调节经济的杠杆。在经过了两次“利改税”和1994年的税制改革后，企业收入开始从财政收入项目中消失，税收逐步取代了利润上缴，占据了财政收入的主导地位。从2008年开始实施中央一级的国有资本经营预算，收取实施范围内企业所实现的国有资本收益，各省、自治区、直辖市和计划单列市人民政府决定各地区国有资本经营预算的试行时间、范围、步骤。国有资本经营预算的实行明确了国家以所有者身份依法取得国有资本收益，结束国有企业不向国家上缴红利的历史，规范和完善了国家和国有企业之间的收入分配制度，国有企业收入成为全口径公共预算收入的重要内容之一。

从我国目前政府预算体系观察，全口径公共预算收入构成包含了一般公共预算收入、政府性基金预算收入、国有资本经营预算收入和社会保险基金预算收入四个部分，其中，一般公共预算收入是主体部分。在推进制度改革过程中，我国在逐渐加大政府性基金预算、国有资本经营预算与一般公共预算的统筹力度，尽快形成将政府性基金预算中应统筹使用的资金列入一般公共预算的机制，并逐步加大国有资本经营预算资金调入一般公共预算的力度。这样做的目的是为了更好地优化公共收入结构，加强对收入的管理和提高公共资金使用效益，而不是重新回到公共收入的单一结构。

二、公共收入结构变化的理论分析

从人类社会发展史的角度考，公共收入结构呈现出由单元向多元变化的趋势；从理论角度分析，收入结构的变化，主要是由经济制度、经济形态和经济发展状况所决定的。

在自然经济形态下，小农经济和农耕制度是主要的生产方式，商品经济很不发达，尽管大多数国家都把税收作为筹集收入的基本手段，但大多实行的是以土地为征税对象的田赋、以人口为对象的丁税和以个人财产为对象的财产税为主的收入结构，其中以田赋为代表的农业税占有很大的份额。因此，前资本主义时期政府收入结构表现为较为单一的农业税赋及少量的工商税。

到了资本主义社会，商品经济有了很大发展，以商品生产、商品流通和工商业为课征对象的商品税、流转税等工商税收在政府收入中的比重逐渐上升，工商税收逐渐取代农业税赋成为主要的收入形式。随着商品经济进一步发展，工商企业利润的很大部分以企业和公司所得、红利、利息、股息等形式为企业和个人所占有，又为所得税成为资本主义社会重要的政府收入形式提供了经济前提。基于缓和阶级矛盾、缩小贫富差距、保护生态环境、维护社会稳定以及调节经济运行、防止经常性经济危机发生等多重考虑，现代资本主义国家除了继续保持以所得税、流转税为主体的收入结构外，收入形式日渐多样化，陆续建立了包括财产税、社会保险税（费）、国有或公有资产收益等在内的多元收入结构体系。

我国实行的是建立在生产资料公有制基础上的社会主义市场经济，国家兼有社会管理者和国有资产所有者的双重身份，作为国家化身的政府同时拥有行政管理权和代表人民行使的国有资产终极所有权。与此相对应，政府收入主要采取税收和国有资产收益的形式。在计划经济时期，后者的表现形式为企业利润上缴，目前则为国有经济单位按照有关规定上缴财政的国有资本经营收益。同样出于宏观管理、社会稳定和调节经济运行的需要，我国目前的公共收入中还包含政府性基金预算收入，主要是政府规费、土地出让金及基金性收入；社会保险基金收入，主要是养老保险基金和医疗保险基金收入等。由此可见，由于我国经济制度、经济体制的特点，形成了多种收入形式并存，更加多元化的公共收入结构。

还应指出的是，经济运行机制也对公共收入结构状况有重要的影响。在不同的经济运行机制下，不同收入形式发挥作用的经济条件存在差别，因而所要求的收入结构也就有所差异。不同的收入结构与不同的经济运行机制相适应，前者受后者的制约。与计划经济体制相伴而行的高度集中运行机制下，我国国民经济运行过程从宏观到微观的各个环节，均在国家的直接计划和行政指令控制之下，国家社会管理者和国有资产所有者的双重身份混为一谈，无论企业利润上缴还是税收，都被视作国家筹集收入的手段，两者没有本质的区别，进而试图逐步取消税收，只保留企业利润上缴。就此而言，收入结构必然极其简化且单一。我国实行经济体制改革以来，国民经济的运行机制有了根本性的转变，由过去国家的指令性计划管理为主转变到依靠市场引导和指导性计划管理为主的轨道上来，由过去的行政性管理转变到主要运用经济手段配之以必要的行政手段和法律手段管理经济上来，由对宏观和微观经济的直接调节转变到主要实施总量调控和间接调节上来。包括国有经济单位在内的各类企业开始成为具有独立经济利益的经济实体和市场主体，实现了所有权和经营管理权的分离，逐渐理顺了企业与国家之间的分配关系。经济运行机制的转变，不仅要求税收要成为体现国家社会管理者身份和行使管理职能、组织公共收入的主要手段，同时还要使其成为调节经济运行和国民经济重大比例关系、调节各方面利益关系的杠杆，保证经济社会健康协调发展。与税收是主要公共收入并行不悖的是，在新的经济运行机制逐步建立的过程中，我国逐渐形成了多渠道筹集、多形式征收、全方位协调的公共收入结构。因此，我国市场经济体制下的经济运行机制客观上要求实行以税收为主体，与其他各种非税收入并存的多元复合型公共收入结构。

【本章小结】

1. 公共收入，也称财政收入或政府收入，是指政府为履行职能，凭借其公共权力从社会获取的，并由财政部门掌握和支配的一切资金的总和。从动态角度看，公共收入是政府筹集公共（财政）资金，形成特定的分配关系的过程；从静态的角度看，公共收入是国家通过一定的形式和渠道集中起来的以货币表现的一定量的社会产品价值。从广义的角度看，它是指各级政府所支配的全部资金；而狭义的公共收入是指一般公共预算收入，以税收为主体。

2. 公共收入具有以下特征：公共性，体现在公共收入成为由政府代表社会公众行使公共权力的经济基础；强制性，表现为公共收入的获得主要以强制性的公共权力为依托；规范性，是指公共收入具有内在的制度含义和外在的制度约束，其获取与使用都有章可循；稳定性，是说从长期和总体上看它具有稳定的收入来源和一定的数量保证。

3. 公共收入主要有税收收入、非税收入、债务收入以及其他收入等多种形式，各种公共收入形式的有机组合，便构成了一个国家的公共收入体系。根据不同的标准及分析目的，可对公共收入进行不同的分类，例如按价值构成分类、按收入来源分类、按收入形式分类等。这些分类反映了公共收入的来源和性质。

4. 公共收入规模指公共收入的总体水平，是衡量一国政府财力及掌握经济资源的重要指标，也反映政府在社会经济生活中职能范围大小、广度和深度。我国公共收入绝对数额随着经济的不断发展而增长。从纵向比较看，改革开放以来公共收入占 GDP 比重表现为先下降、后上升的趋势，近年来保持在基本稳定的水平上。从国际横向比较来看，我国小口径的公共收入规模偏低，但考虑统计口径差异因素加以调整后，我国大口径的公共收入规模已经超过一般发展中国家的水平。

5. 公共收入规模和增长速度，要受经济、政治、社会等条件的制约，并由经济发展水平、生产技术水平、收入分配体制和价格水平等多种因素综合决定。就何为最优公共收入规模而言，现实中并不存在统一、绝对的衡量标准，其实是指适宜的或合理的规模。判断适宜的公共收入规模，应当注意的是：运用的计算口径和方法须一致，应与经济发达程度相适应，要与政府职能大小相关联，并且与政府提供的公共服务相对应。

6. 对公共收入结构，可以从公共收入的形式结构、部门结构、所有制结构等方面进行分析。对公共收入结构变化进行的理论和实际分析，将有助于正确研判公共收入的演进趋势并确定增加公共收入的合理途径。我国公共收入形式结构的变化是：从以国有经济上缴利润为主转变为税收为主，从以国有经济上交为主转变为多种经济成分共同缴纳，从以第二产业缴纳为主逐渐转向以第三产业缴纳为主。

【主要概念】

公共收入　广义公共收入　狭义公共收入　公共收入体系　公共预算收入　税收收入　非税收入　债务收入　公共收入价值构成　公共收入形式　公共收入规模　宏观税负　公共收入结构　形式结构　部门结构　所有制结构

【思考分析题】

1. 怎样从动态和静态角度理解公共收入的概念？
2. 试述公共收入的基本分类及其分类意义。
3. 为什么说经济发展水平和生产技术水平对公共收入规模起决定性作用？
4. 你是怎样看待最优公共收入规模的？
5. 试对公共收入结构变化做出理论解释。
6. 试从公共收入结构角度分析增加公共收入的合理途径。

【阅读与思考】

阅读：中国2019年财政总收入接近28万亿元

中新社北京2020年2月10日电：中国财政部2020年2月10日公布，2019年全国一般公共预算收入19.04万亿元，同比增长3.8%。其中，全国税收收入15.80万亿元，同比增长1%；非税收入3.24万亿元，同比增长20.2%。2019年，全国政府性基金预算收入8.45万亿元，同比增长12%；国有资本经营预算收入3972亿元，同比增长37%。在不包括社会保险基金预算的情况下，这三本“国家账本”总收入达到27.89万亿元。

财政部解释，一般公共预算收入增幅较低主要是实施更大规模减税降费政策。实施更大规模减税降费政策，相关税收收入同比下降或增幅明显回落。同时，各级财政积极挖掘潜力，通过国企集中上缴利润等方式，弥补收入缺口，努力促进预算收支平衡。

财政部有关负责人表示，2019年全国财政收入运行符合预期，在大力实施减税降费情况下，财政收入完成年初预算目标，这主要是经济运行总体平稳、稳中有进、发展质量和效益提升，为财政增收奠定了税源基础。2020年，中国经济发展的外部环境更加复杂，不确定性更大，风险挑战更多，但经济长期向好的态势不改变，就能保持经济运行在合理区间，这将为财政收入增长提供有力支撑。2020年，国家将继续落实落细各项减税降费政策，进一步巩固和拓展减税降费成效，按照“三个确保”要求，密切关注各行业税负变化，特别是针对新型冠状病毒肺炎疫情的影响，及时研究解决企业反映的突出问题，坚决把该减的税减到位、把该降的费降到位，持续发挥减税降费政策效应。更大规模的减税、更为明显的降费在激发市场活力、进一步降低企业负担的同时，也将相应影响财政增收，综合各方面因素，预计2020年财政收入增速还将有所放缓。

（资料来源：财政部网站。）

思考：

（1）读过上面的报道，你怎么看待中国公共收入规模和宏观税负的大小？

（2）公共收入规模扩大与经济增长一直同步吗？如果不是，原因是什么？

（3）中国为什么实行更有力度的减税降费措施，这反映了怎样的理念？

（4）从多本“国家账本”可解读出公共收入结构怎样的变化？如何使公共收入结构更加优化？

（5）你同意中国的“宏观税负”高的说法吗？减税降费是由此引发的吗？请说明理由。

【参考文献】

1. 高培勇：《公共经济学》（第3版），中国人民大学出版社2012年版。

2. 解学智、刘尚希：《公共收入》，中国财政经济出版社2000年版。

3. 杨志勇、张馨：《公共经济学》，清华大学出版社2013年版。

4. 黄恒学、高桂芳、郭喜：《公共经济学》（第2版），北京大学出版社2009年版。

5. ［美］约瑟夫·E. 斯蒂格利茨：《公共部门经济学》，中国人民大学出版社2013年版。

6. ［美］林德尔·G. 霍尔库姆：《公共经济学——政府在国家经济中的作用》，中国人民大学出版社2012年版。

7. ［美］大卫·N. 海曼：《财政学：理论在政策中的当代应用》（中译本），张进昌译，北京大学出版社2006年版。

8. 张斌、杨默如：《新中国财政收入70年》，中国财政经济出版社2020年版。

第八章
税收理论与税收制度

税收是现代国家公共收入的最主要形式和财力支撑，是政府运作的物质基础和经济保障，并且是调节经济运行的政策工具和杠杆，在国家治理和经济社会发展进程中起着特别重要的作用，具有其他公共收入形式所不可替代的特殊地位，因此是在公共经济领域被广为关注的焦点和重点。本章先对税收理论加以阐释，随后对税收制度及改进等进行分析。

第一节 税收概念与税收属性

一、税收的概念

税收，又叫赋税或者税，它是作为公共部门的国家或政府为了实现其职能的需要，凭借公共权力，运用法律手段，按照特定的标准，向社会成员进行强制、无偿的征收，以取得公共收入的一种分配活动。

（一）税收是以国家为主体的分配活动

税收随着国家的产生而产生，并将随着国家的消亡而消亡。因此，行使征税权的主体必然是作为公共部门的国家，也就是征税办法由国家制定，征税活动由国家组织进行，税收收入由国家支配管理。马克思明确指出，“国家存在的经济体现就是捐税”。[1] 政府是国家的具体形式和现实体现，因此征税权就具体由政府行使，除此之外，其他任何组织和机构均无征税权。国家征收税收，其实就是国家把一部分社会产品从社会成员手中转变为国家所有、归国

① 《马克思恩格斯全集》（第 4 卷），人民出版社 1958 年版，第 342 页。

家支配使用，它改变了社会产品中的初始分配状况，是以国家为主体的特殊分配活动。

（二）税收分配的目的是保证国家履行职能

税收作为一种社会产品分配活动，是国家为了保证实现其职能的需要而发生的。换言之，税收是国家机器存在并履行职能的经济基础。古代国家主要是履行军事职能和行政管理职能，现代国家则适应社会经济发展的客观需要，在继续履行原有职能的基础上强化了经济职能和社会职能。国家为了行使其职权，维持其正常活动，必须耗用一定的物质资料及社会产品，而国家本身不直接从事物质资料和产品的生产，所以它必须采用一定方式从社会产品中取得一部分收入，税收便是因此而发生的一种分配活动。因此马克思又指出，“赋税是官僚、军队、教士和宫廷的生活来源，一句话，它是行政权的整个机构的生活来源”① “赋税，这是喂养政府的母乳”②。

（三）国家征税凭借的是行政管理权

行使征税权的主体是国家。而国家一般具有双重身份，既是行政管理者，又是公共财产（及资源）的所有者。因而，国家就能同时行使行政管理权和财产所有权，国家可以同时凭借它们取得收入。一方面，在财产归属国家所有的前提下，国家可以凭借财产所有权取得财产收益。例如，国家作为国有土地和国有资源的所有权代表，有权要求使用国有土地和矿产资源的个人或经济组织支付土地和矿产资源的使用费；国家作为国有企业所有权代表，可以要求国有企业上缴利润。另一方面，国家拥有行政管理权，可以通过一定的法律程序，以法律手段为保障，按照事先确定的标准，强制征收税款。

（四）税收分配的对象是国民收入，主要是剩余产品价值

税收分配的对象，是一定时期内物质生产部门的劳动者生产出来的社会总产品及国民收入，主要的分配对象是剩余产品价值 M 部分，这不仅是因为它在分配中比 C 部分和 V 部分有较高的灵活程度，而且还因为它是社会总产品中具有最重要意义的部分，其分配和使用影响着社会发展的方向和速度。国家为维持国家机器的运转，从事各项公共活动，就必须从剩余产品价值中取得相当一部分收入。因此，税收分配的对象是国民收入，主要是其中的剩余产品价值。

---

① 《马克思恩格斯文集》（第 2 卷），人民出版社 2009 年版，第 570 页。

② 《马克思恩格斯文集》（第 2 卷），人民出版社 2009 年版，第 156 页。

（五）税收是公共收入的主要形式

在现代经济社会中，公共收入除了税收以外，还有债、费、利等多种形式。其中，债是指国家作为债务人，以债券形式向国内外居民和经济组织发行，有偿使用，到期必须还本付息的公共债务；费是指政府及各个部门在向社会提供各种劳务和服务的过程中，按受益原则收取的服务费；利是指国家从国有企业和国有资产经营收益中获得的利润。在众多的公共收入形式中，税收始终是最基本最主要最普遍，也是历史最悠久的形式。

二、税收属性

对于税收属性，可以从它的形式属性和公共属性两个方面分析。

（一）税收的形式属性

税收的形式属性，也就是指税收的外在表现属性，即具备了这些外在表现属性的收入都被归之为税收。这种形式属性也称作形式特征，是指税收在任何社会形态下所共有的、区别于其他收入形式的特征。一方面，各种社会形态中的税收虽然体现了不同性质的经济关系，但在形式上具有共性，税收的形式特征就是这种共性的体现；另一方面，税收的形式特征是税收的标志，是区分税收与其他收入形式的标尺。要把握税收的本质属性，必须先了解税收的形式属性，即它的形式特征。

1. 强制性

税收的强制性是指国家在取得收入时凭借的是政治权力或行政权力，而非产权或债权。这种政治权力高于包括私人财产权在内的其他任何权力，是所有社会领域中最具权威性、强制性的一种权力，它是统治阶级运用国家机器实现自己意志的一种制度保障。强制性意味着只有国家才拥有征税权，社会上的其他组织或团体不能行使征税权。正因为国家征税凭借的是政治权力，国家就可以以税收法律、法令、法规的形式规定纳税人必须履行的纳税义务，纳税人如果违反税法不按规定纳税，就意味着直接与国家权力相对抗，就要受到国家法律的制裁。有一种看法认为，税收的强制性体现在税收是依法征收的，不纳税就是违法，所以要受到法律制裁。税收的强制性，是人们感受到的最明显的形式特征，也是税收与公债收入、规费收入等公共收入最显著的区别点。

2. 无偿性

由于国家征税依据的是政治权力，所以通过税收取得的收入是不需要偿还的，它是一种无偿的征收，不需要像公债那样需要事后偿还给债券认购人。同时，税收的无偿性也意味着国家向纳税人征税不需要做任何直接的返还，即税收无须像收费那样，国家一方面从企业或个人手中取得收入；另一方面要向企业或个人直接提供一定的服务或给予某种特许权力。正如列宁所说："所谓赋税，就是国家不付任何报酬而向居民取得东西。"①

税收的无偿性是与强制性紧密相连的。国家征税凭借特有权力强制进行，因此，才可能按照无偿原则征收，其他主体凭借财产权利进行的分配都不可能是无偿的。不直接从事物质生产的国家要履行公共职能，也势必要求进行无偿分配。

3. 固定性

税收的固定性（也称规范性），是指国家在征税以前要经过立法，通过法律法令法规的形式预先规定征税的数额与课税对象之间的数量比例（即税率），并且不得临时或随意变更。另外，税收的固定性还包含连续征收的含义，即这种课征要定期进行，而非只征收一次了事。但税收的固定性具有相对意义，从长期来看税率不会一成不变。

税收的固定性和规范性使之与自愿贡纳、国有经济收益上缴及临时收入等收入形式形成鲜明对照。

税收的三个形式特征是相互联系、缺一不可的整体，它们共同构成税收的衡量标尺。税收的强制性和无偿性说明国家可以凭借政治权力取得收入，固定性则规定并约束了强制无偿征收的客观界限，以不破坏现存的生产关系、维护既有的生产方式为限。这是任何社会形态下的国家为保证自身生存所要求的。鉴别一种收入形式是不是税收，不是看它的名称，也不能用其他的标准，只能看它是否同时具备了三个形式特征，同时具备三个形式特征的收入就是税收。

（二）税收的公共属性

税收的公共属性，从理论上说源自政府是公共利益的代表和化身，政府要为公众提供公共产品和公共服务，要行使它的公共职能，这就需要有足够的公共收入，公共收入的主要来源就是税收。因此，如果抽掉政府和税收的阶级属性，从形式上和抽象的意义上看，税收是属于"公共"的，税收（公权）显然是与私有财产（私权）相对立的。但如果赋予税收阶级属性，税收又是代表着统治阶级的"公共利益"和"共同利益"。显然，不同社会形态下的税收的阶级属性是不同的。

① 《列宁全集》（第32卷），人民出版社1958年版，第275页。

在剥削社会里，税收是“取之于民，用之于己”的，这个“己”，是指少数剥削和统治阶级集团，征集税收是维持他们的统治，并非出于为劳动大众谋福利的本意。然而，税收毕竟又是对所有权（或私有权）的侵犯，是政府对社会产品和国民收入的强制性、无偿性征收。在我国社会主义社会，人民是国家的主人，政府代表了广大人民群众的根本利益和社会公共利益，税收充分体现了“取之于民，用之于民”的公共属性。

进一步地，税收又被视为提供公共产品和公共服务必须支付的成本，绝大多数的公共产品和公共服务要靠政府税收来维系。尽管征税会给社会和纳税人带来经济负担，有些人对税收颇有微词，甚或厌恶，但从税收的公共属性和社会需要考虑，征税是完全必要和必需的。

第二节 税制要素与税收分类

一、税制要素

税收分配无论简单或复杂，都是由一些基本要素组成的，如对什么人征税，征什么税，征多少税，在什么环节征税，什么时间缴税，有无减免税优惠，违规如何处罚等。把这些要素的具体规定按特定目的组合起来，便形成了各种具有特定功能的税种；税种与税种的组合，便形成了一国的税收和税制体系。税制要素是构成税收或税制体系的基础。

（一）纳税人

纳税人，又叫纳税主体，是指税法规定的负有纳税义务的单位和个人。纳税人可以是自然人，也可以是法人。所谓自然人，是指能够独立享受法律规定的民事权利、承担相应的民事义务的人。所谓法人，是指依照法律程序成立，有一定的组织机构和法律地位，承担法律义务，并能以自己的名义独立支配其财产和收入的社会组织。以我国增值税的纳税人为例，在中华人民共和国境内销售货物或者提供加工、修理修配劳务以及进口货物的单位和个人，为增值税的纳税人。

但纳税人和负税人不是同一个概念。负税人是最终负担税款的单位或个人，负税人并不一定是税法中规定的纳税人。例如，增值税的负税人一般是货物的最终消费者，而不是税法规定的销售或进口货物的单位或个人（纳税人)。当然，对有些税种而言，纳税人和负税人是一致的，税负难以转嫁的所得税既是如此。这里的关键在于税负能否转嫁，而税负转嫁与否则主要取决于课税商品的需求价格弹性。对于需求价格弹性小的商品（即价格上涨需求量下降很小的商品），纳税人就很容易做到先缴税再转嫁；而对于需求价格弹性大的商品，纳税人很可能要自己负担一部分税款。据此推论，对商品和劳务课税，纳税人和负税人会产生一定的背离，对所得及财产征税，纳税人和负税人往往一致。

（二）课税对象

课税对象又称征税对象，是征税的客体。每种税都有自己的课税对象，例如，所得税的课税对象是所得额，商品税的课税对象是商品，财产税的课税对象是财产。可以说，课税对象是一种税区别于另一种税的主要标志。上面提到的所得税、商品税、财产税等就是按照课税对象来划分的。

与课税对象密切相关的一个概念是税目。税目是对课税对象的具体划分，反映了征税的范围和广度。例如，个人所得税的课税对象是个人取得的所得额，而工资薪金、劳务报酬、租金、股息、利息等就是个人所得税的税目。划分税目，一方面是征税技术上的要求，只要明确了税目，其征税的范围就一目了然，便于征税；另一方面，设立不同的税目并制定不同的税率，又便于贯彻公平税负、合理负担的政策。

（三）税率

税率是税额与计税依据之间的比例。计税依据是征税时的具体课税标准，例如，商品税的计税依据为商品流转额，所得税的计税依据为收入总额减除税法规定的成本费用标准后的应税所得额。计税依据与税率的乘积等于应纳税额。所以，在计税依据一定的情况下，税率越高，应纳税额就越大。由于税率反映了征税的深度，决定着纳税人的税收负担，并对公共收入产生重要影响，所以是税收制度的中心环节。

税率一般可分为三大类：

1. 比例税率

顾名思义，比例税率是采用比例数形式的税率。在比例税率的情况下，不论计税依据数额大小，都按同一个比例征税。例如，目前高档化妆品的消费税税率是15%，生产企业销售高档化妆品无论是销售100万元还是1000万元，都要按15%的税率缴纳消费税。比例税率具有计算简便、便于征管的优点，一般适用于商品课税（流转课税）。

2. 累进税率

累进税率是按照计税依据的数额大小划分为若干等级，每个等级由低到高规定相应的税率。税率与计税依据的数额成正比，即计税依据的数额越大，其对应的税率就越高。累进税率一般适用于个人所得税的征收，因为这种税率形式最能体现个人所得税的纵向公平原则（即收入水平越高的人应当缴纳越多的税收）。

累进税率分为全额累进税率和超额累进税率两种。全额累进税率是指把计税依据划分为若干个等级，由低到高分别规定税率，计税依据的全部数额按照与之对应的一个税率纳税。超额累进税率是指把计税依据的数额划分为若干个等级，由低到高分别规定税率，计税依据中的不同等级部分分别按照与之对应的税率计算税额，一定量的计税依据可以同时适用几个等级的税率。

全额累进税率和超额累进税率各有不同的特点：第一，在名义税率相同的情况下，全额累进税率的累进程度高，税负重。第二，全额累进税率在计税依据的级距临界点附近税负会出现跳跃性，即税负的增加可能会大大超过计税依据数额的增加，这种税负跳跃往往不尽合理。而超额累进税率由于分段计税，计税依据的数额超过某个级距时，则只有超过的部分才适用较高的税率，从而能够缓解税负的跳跃性。第三，全额累进税率条件下税额计算较简便，而超额累进税率由于需要分段计税，税额计算起来比较复杂。由于超额累进税率的税负累进程度较低，所以在实践中得到了普遍采用。例如，我国的个人所得税对工资薪金所得和经营所得都实行超额累进税率。

为了解决超额累进税率条件下税额计算复杂的问题，人们在实践中采用"速算扣除数"的办法。所谓"速算扣除数"，是指在计税依据确定的情况下按全额累进税率计算的税额减去按超额累进税率计算的税额之间的差额。它用公式表示即为：速算扣除数 = 全额累进税额 - 超额累进税额。

3. 定额税率

定额税率是指按课税对象一定的实物单位直接规定一个固定税额。例如，我国消费税法规定，汽油的税率是每升 1.52 元，啤酒的税率是每吨 220 元；资源税法规定，北方海盐的税率为每吨 25 元；等等。定额税率是根据课税对象的实物单位确定的，它一般适用于从量计征的某些税种，计算应纳税额十分简便。但因它与价格无关，税额不能反映课税对象价值的变化情况，所以在调节纳税人收益，以及保证税收收入随物价变化和国民收入增长而相应增加方面有一定的局限性。

（四）纳税期限与纳税环节

纳税期限是指纳税人的纳税义务发生以后必须向税务机关交纳税款的时间

期限。它有两层含义：一是应纳税款的结算期限，即纳税人每次要就多长时间内发生的纳税义务向国家交纳税款。不同的税种往往有不同的税款结算期限，纳税人的具体纳税期限由主管税务机关根据纳税人应纳税额的大小分别核定；不能按照固定期限纳税的，可以按次纳税。在执行税款结算期限时，还要确定纳税义务发生的时间，这样才能将税款结算期间内发生的纳税义务（应纳税款）计算准确。每个税种在税法中都规定有明确的纳税义务发生时间。例如，我国《增值税暂行条例》规定，销售货物或者应税劳务，为收讫销售款或者取得索取销售款项凭据的当天；先开具发票的，为开具发票的当天。

纳税期限的另一个含义是应纳税款的上交（入库）期限，即纳税人要在多长的时间内将已结算的税款上交税务机关。不同的税种往往也有不同的税款入库期限。例如，我国《增值税暂行条例》规定，纳税人以1个月或者1个季度为1个纳税期的，自期满之日起15日内申报纳税；以1日、3日、5日、10日或者15日为1个纳税期的，自期满之日起5日内预缴税款，于次月15日内申报纳税并结清上月应纳税款。纳税人在规定的税款入库期限内不及时缴纳税款的，税务机关将征收滞纳金予以处罚。

纳税环节是指国家对课税对象征税的具体环节，反映了征税的频率。例如，消费税的纳税环节一般为产制环节（金银首饰、钻石及钻石饰品除外，它们的纳税环节为零售环节），即生产企业销售应税消费品就要缴纳消费税。我国的增值税为多环节增值税，纳税环节包括产制、批发、零售和进口，属于“多次课征制”。

确定纳税环节，关系到税制结构及税种布局，关系到税款能否及时入库，关系到企业经济核算和是否便利纳税人缴纳税款等。所以，选择纳税环节应当与收入的实现环节及收入在各个环节的分布情况相适应、与税种结构相适应。

（五）附加、加成和减免

附加、加成和减免都是调节纳税人税收负担的政策措施。其中，附加和加成属于加重纳税人税收负担的措施，减免则属于减轻纳税人负担的措施。国家在税法中规定附加、加成和减免措施，目的是把税收制度的严肃性与必要的灵活性结合起来，更好地贯彻执行税收制度。

1. 附加

附加是地方附加的简称，是地方政府在正税之外附加征收的一部分税款，作为地方政府的收入来源。

2. 加成

加成是加成征收的简称，是国家出于某种政策性考虑而对特定纳税人加税的一种措施。加一成等于加正税税额的10%，加两成等于加正税税额的20%，以此类推。

3. 减免

税收的减免措施主要包括：

(1) 减税、免税。减税就是减征部分税款；免税即免交全部税款。

(2) 起征点、免征额。起征点是指税法中规定的课税对象开始被征税的起点，课税对象的数额达不到起征点不对其征税，超过了起征点要对课税对象的全部数额征税。免征额是指税法规定的课税对象中可免予征税的数额，课税对象的数额超过了免征额，只对超过免征额的部分征税。例如，从 2018 年 10 月 1 日起，我国个人所得税综合所得的免征额（费用扣除标准）为每月 5000 元（全年 60000 元）。

(六) 处罚

为了保证税法的严肃性，法律要对纳税人的违法行为给予一定的经济处罚和刑事处罚，这也是税收强制性在税收制度上的具体体现。纳税人违反税法的行为包括偷税、欠税、骗税、抗税等。偷税是指纳税人有意识地采取一些非法手段不交或少交税款的行为。我国《税收征收管理法》规定："纳税人伪造、变造、隐匿、擅自销毁账簿、记账凭证，或者在账簿上多列支出或者不列、少列收入，或者经税务机关通知申报而拒不申报或者进行虚假的纳税申报，不缴或者少缴应纳税款的，是偷税。"欠税是指纳税人不按规定的纳税期限缴纳税款的行为。骗税又称出口骗税，是指纳税人利用假报出口的欺骗手段，骗取国家出口退税款的行为。抗税是指以暴力、威胁的方法拒不缴纳税款的行为。我国的《税收征收管理法》对于纳税人各种违反税法的行为都规定了一定的处罚措施，包括经济处罚（罚款、加收滞纳金）和刑事处罚（拘役和监禁）。

二、税收分类

税收按不同的标准可以分为不同的种类，对税收进行一定的分类有助于人们研究税收结构问题和评价各类税种的功能，并利于加强税收征管。依据不同的分类标准，可对税收做出以下几种分类。

(一) 按课税对象的性质分类

税收按课税对象的性质不同可以分为流转税（商品税）、所得税、财产税、资源税和行为税。

1. 流转税

流转税又称商品税，它是以流通中的商品作为课税对象的一个税类。由于这类税收的计税依据为流转额，故被称为流转税，包括增值税、消费税、关税等税种。

2. 所得税

所得税是指国家对纳税人的收益或净收入课征的税收。所得税在国外主要包括两个税种：一是企业所得税，即对法人课征的所得税；二是个人所得税，即对自然人课征的所得税。此外，也将社会保险税看作是所得税，因为社会保险税是根据雇员的工资薪金所得向雇主和雇员课征的税收，其课税对象也是所得额。但社会保险税与所得税有所区别，即社会保险税是一种目的税，其收入要专款专用于社会保险计划的开支；而所得税的收入没有具体的指定用途，可以被政府用于任何目的；社会保险税的课征对象仅是个人所得中的工资薪金项目，而且往往还有上限，而个人所得税课征对象是个人的分类收入之和。所得税在一些发达国家是税收制度的主体，但在发展中国家的税制中不占主体地位。

3. 财产税

财产税是对财产价值课征的税收。它分为一般财产税和特别财产税。一般财产税又称财富税，要对纳税人的全部财产价值课税，课税对象包括动产和不动产。特别财产税只对土地、房屋等不动产进行课税。财产税不仅可以对纳税人拥有的财产课税，而且可以对纳税人转移的财产课税，例如遗产税、赠与税。

4. 资源税

资源税是以自然资源为课税对象的税收。可分为普遍征收的绝对收益资源税和调节级差收入的级差收益资源税。开征级差收益资源税的原因在于，企业或个人开采自然资源，利润率高低在很大程度上取决于其开采的自然资源的品位状况和开采条件，资源状况好，开采成本低，就可能取得高于同行业水平的利润。但这种级差利润并不是企业或个人主观努力创造的，理论上并不应归企业或个人所有，国家征收资源税的目的就是要把这种级差收入从企业或个人的利润中剔除，使自然资源开采企业或个人能够在同一个起跑线上公平竞争。

5. 行为税

行为税是对某些特定行为征收的税收，用以调节或影响纳税人的某些社会经济行为，因此带有明显的政策目的性。国家征税主要是为了取得收入，同时，任何一种税收（除了人头税以外）客观上都会对纳税人的经济行为产生这样或那样的影响。但并不是所有的税收都可以叫作行为税，只有那些以影响和调节纳税人行为为最主要目的的税收才属于行为税。例如，开征环境保护税，就是一种以保护环境为目的的行为税。

（二）按课税标准分类

课税标准是国家征税的实际依据。按课税标准分类，可将税收分为从价税和从量税两大类。以课税对象的计税价格为课税标准的税收是从价税；以课税对象的实物单位数量（数量、重量、容量、面积等）为课税标准的税收是从量税。从税率的使用情况看，从价税多使用比例税率，而从量税多使用定额税率。例如，我国的增值税属于从价税；对水资源征收的资源税和对啤酒、黄酒、汽油、柴油课征的消费税则属于从量税。

（三）按税收与价格的关系分类

从价税中有价内税和价外税之分，这种划分主要是看计税价格中是否应包含税金。所谓价内税，是指计税价格中含有税金的一类税收，我国的消费税就是价内税。因为根据税法，对应税消费品课征消费税必须要将消费税税款包含在消费税的计税价格中。比如，在商品的进口环节课征消费税时，消费税的计税价格中除了要包括到岸价格和关税税额之外，还应包含消费税的税金（但不含增值税）。这样，就需要利用公式计算出包含消费税税金的组成计税价格，计算公式为：

$$组成计税价格=(关税完税价格+关税)/(1-消费税税率)$$

例如，某企业进口一批货物，到岸价格为800万元，其适用的关税税率为30%，消费税税率为20%，则这批货物的组成计税价格为：800×(1+30%)/(1-20%)=1300（万元）。

所谓价外税，是指计税价格中不含有税金的一类税收。我国的增值税就是价外税，即增值税的计税价格中不含有增值税的税金。假如企业采用销售额和增值税销项税额合并定价，使销售收入中含有了增值税税金，那么企业就应将增值税税金从销售收入中剔除，从而得出增值税的计税依据。用公式表示：

$$应税销售额=含税销售额/(1+增值税税率)$$

例如，某商场2019年6月的零售额（含增值税）为113万元，那么当月该商场的应税销售额和应纳增值税税额为：应税销售额=113/(1+13%)=100（万元），应纳税额=100×13%=13（万元）。

（四）按税收收入是否规定专门用途分类

税收按是否有专门的用途，可以分为一般税和特定目的税。一般税的收入没有指定的用途，可以为政府的一般预算支出筹资。例如增值税、消费税、企业所得税和个人所得税等就属于一般税。特定目的税又称特定用途税，是指税款有指定用途而不可挪作他用的一类税收。例如，一些国家征收的社会保险税就是特定目的税，它的收入要专款专用于养老金、失业救济金等社会保险方面的津贴支出，即使税款有结余也要储存在专门设立的社保基金中，不可为政府的其他预算支出筹资。我国的教育费附加收入就类似于特定目的税，因为这项收入是按增值税和消费税两大流转税税金为计征依据征收的，实际上具有税收性质；同时，它又要专门用于一般预算中的教育费支出，具有专款专用的性质。

（五）按税负能否转嫁分类

税负转嫁是指纳税人通过提高价格等手段把税款转移给他人负担的一种经济行为或经济现象。按照税负能否转嫁，可将税收分为直接税和间接税两类。税款不能或很难转嫁的税收属于直接税，这类税收的纳税人也是负税人，税款由负税人直接向税务机关缴纳。税款能够或很容易转嫁的税收称为间接税，这类税收的纳税人一般并不是负税人。间接税的负税人虽不直接向税务机关纳税，但却要负担税款，这实际上等于负税人间接地向税务机关缴纳了税收。一般认为，所得税和财产税属于直接税，因为税款不容易转嫁；而商品税（流转税）属于间接税，其税款很容易被纳税人通过提高价格的办法转嫁出去，尤其是对需求价格弹性较小的商品课征的间接税更容易转嫁。与税负转嫁相关的一个概念是税收归宿，它是指税款的最终负担者。一般认为，商品税的归宿即最终的负税人是商品的购买者或最终消费者。前面已经提到，我国税收收入的50%以上来自流转税，而流转税是对流通中的商品或劳务课征的，这样，尽管我国缴纳个人所得税的人数并不算多，但大多数公众通过购买商品（劳务）间接地缴纳了税款，他们对公共财政同样做出了贡献。

（六）按税种的隶属关系分类

税收是政府征收和使用的公共收入，而现代国家的政府一般都要分为中央政府和地方政府（个别国家例外），所以税收也有一个归属于哪级政府管理和使用的问题。凡是按照预算管理体制的规定划归中央政府、专门为中央政府预算筹资的税收称为中央税；而归属于地方政府、专门为地方政府预算筹资的税收称为地方税。另外，税收收入还可以在中央政府和地方政府之间按照一定比例共享，这类税收称为共享税。这种分类方法的特点在于明确中央与地方的税收管辖范围，对于体现各级政府的权限和更好地行使政府职能，加强税收管理有积极作用。

第三节 税收原则与税收效应

一、税收原则

税收原则是指导人们设计税收制度的理念、思想和准则，也是评价和鉴别税制优劣的准绳。税收原则高度抽象地概括税收政策和制度制定者的思想意志，并综合反映社会对税收政策制度的要求。税收原则一旦确定，就成为一定时期一国据以制定和执行税收法令制度的指南。最早明确提出税收原则的，是英国古典经济学家亚当·斯密。亚当·斯密在他 1776 年出版的《国富论》第五篇中，提出了“公平、确实、便利、经济”四大课税原则。以后不断有学者提出自己的税收原则，但归纳起来，无非体现在以下两个方面。

（一）公平原则

公平原则强调税收负担要做到公平合理。公平原则具体体现在两个方面：一是横向公平，具有相同纳税能力的人应该负担相同的税收。二是纵向公平，纳税能力不同的人应当缴纳不同的税收，纳税能力较强的纳税人应当缴纳更多的税收。因此，税收公平原则的着眼点落脚在对纳税能力的考察上，即主张政府以人们的纳税能力为依据行使征税，纳税能力强的人应当比纳税能力弱的人承担更多的纳税义务。这样，通过税收调整了收入和财富的分配结果，从而实现分配的公平目标。

但是问题首先在于，哪个客观指标最能反映人们的纳税能力，是财产、收入还是消费？在早期的农耕社会，人们普遍认为财产最能反映人们的支付能力，即财产越多的人纳税能力越强。但进入工业化社会以后，在商品和货币经济条件下，多数人的观点则认为收入（所得）是反映人们支付能力最好的指标。因为财产是存量，是人们过去收入的凝结，而收入是流量，最能反映人们当期的经济状况；另外，人们纳税是要向政府支付现金的，财产只有变现或有收益才能给人们带来现金流，而这又属于人们收入的一部分。至于消费支出，这个指标又受到了人们行为偏好的影响，即一个人即使收入水平很高，支付能力很强，但他如果储蓄动机很强，不愿意消费，其消费规模也不会很大，但这并不意味着这个人的支付能力不强。只有当政府需要大力鼓励人们储蓄时才会把消费支出作为课税的依据。

接下来的问题是，既然收入最能反映人们的支付和纳税能力，那么对收入怎样征税才最能体现出税收的纵向公平原则？当然，总的要求是，较高收入的纳税人所缴纳的税款占其收入的比重，应当比那些收入较低的纳税人更高，而只有采用累进税率才能够做到这一点，比例税率是承担不了这一重任的。所以，一般认为，使用超额累进税率的个人所得税最能体现纵向公平的原则。因为随着个人收入的增长，其适用的边际税率也会增加，从而使个人的平均税率和实际税率都会随着收入的增长而提高。

（二）效率原则

税收的效率原则，一方面，从资源配置的角度讲，税收要有利于资源的有效配置，使社会从可用资源的利用中获得最大利益；另一方面，从税务行政的角度说，税务行政要讲求效率，税收制度要简便易行，征纳双方的费用要节省。所以，税收的效率原则可以分为经济效率原则和行政效率原则两个方面。

1. 经济效率原则

税收的经济效率原则就是通过税收实现效率目标，包括提高资源配置效率和减少效率损失两方面。现代经济学认为，在市场经济体制下，以价格为核心的市场配置是最有效的、最基本的资源配置方法，在资源配置中起决定性作用，而政府配置是基于市场配置的局限和缺陷，通过对资源的重新配置来提高资源配置效率，处于再配置地位。因此，税收的经济效率原则就是要求政府征税时不能损害微观经济效率，对经济运行的干扰越小越好。也就是说，当以价格为核心的资源配置作为最基本的资源配置方式已经使资源处于最优配置状态时，政府税收对资源进行的重新配置会对市场主体的经济行为产生扭曲，干扰经济效率的有效发挥，使经济变得低效或无效，在这种情况下就应避免和减少税收对经济的干预，以避免或减少效率损失；反之，如果市场配置并没有使资源处于最优配置状态，那么，通过税收对经济资源重新配置，就能提高资源配置效率，在这种情况下税收有必要积极干预经济，从而提高经济效率和效益。

2. 行政效率原则

税收行政效率是从税务行政管理角度分析税收的成本效益，主要是分析税收的征收管理成本。而检验税收行政效率的标准，在于考察税收成本在税收收入中的比重，也就是看是否以最小的税收成本取得了最大的税收收入，或者，在征收既定税收收入的前提下耗费尽可能少的税收成本。税收成本包括征税成本和纳税成本。征税成本主要是税务机关为征税而花费的行政管理费用，而纳税成本是纳税人因纳税而发生的支出。国际上一般用税务机关的征税成本（管理费用）占税收收入的比重来衡量税收行政效率。影响征税成本的因素主要是机构设置、人员素质和技术手段等。提高税务行政效率就在于采取有效措施控制影响税收成本的主要因素，这些措施可归纳为：在保证税收收入和提高税收质量的前提下，简化税制，严密税法，减少税收漏洞，合理设置机构，提高人员素质，改进征管手段，加强征收管理，提高工作效率，从而达到降低税收成本、提高税收效益的目的。

二、税收效应

所谓税收效应，是指税收对纳税人（企业和个人）的经济行为产生影响的结果，也就是通常所说的税收调节作用，也可以表述为纳税人因政府课税而在其经济选择和经济行为方面做出的反应。税收不仅对纳税人的消费行为产生影响，还通过对市场价格机制的干扰影响纳税人的生产行为。税收效应可分为收入效应和替代效应两个方面。税收的收入效应是指由于政府对纳税人征税，减少纳税人可支配收入而产生的效应及经济行为反应；税收的替代效应是指由于征税，改变了一种经济活动的机会成本而产生的效应及纳税人的经济行为反应。以下从生产、消费、劳动、储蓄等多个方面着重就税收的收入效应和替代效应进行分析。

（一）税收对生产和消费决策的影响

在市场经济条件下，企业生产什么、生产多少的决策是根据利润最大化的目标而做出的，消费者的购买和消费决策是以满足福利最大化而做出的，但生产和消费均受制于预算的约束。因此，生产决策和消费决策，都与商品的市场价格有着密切的关系。商品价格若是发生变化，生产者和消费者的行为决策也会相应发生变化。由于政府对商品（劳务）课税（即流转税）会影响其市场价格，所以流转税对生产决策和消费决策也就产生一定影响。

1. 税收的价格效应

对商品课征的流转税会造成生产者价格与消费者价格相分离。在没有税收的情况下，市场上的生产者出售商品能实际得到的价格（生产者价格）与消费者购买商品所实际支付的价格（消费者价格）是一致的。政府对商品课征流转税以后，上述情况会发生一定的变化，这时，税收就像一个生产者价格与消费者价格之间的楔子。也就是说，当政府课征流转税以后，生产者价格加上流转税税额等于消费者价格。

那么，在政府课征流转税以后，市场上商品的生产者价格和消费者价格会发生哪些变化？我们以汽油的定额消费税为例来加以说明。假定在没有课税前汽油的市场均衡价格（生产者价格和消费者价格）为每升5元。现在政府决定对汽油课征定额消费税，税额为每升1.5元，由汽油的供应商缴纳。在这种情况下，如果汽油的供应商要维持原有的利润率，那么每升汽油的销售价格（消费者价格）就要定为6.5元。不过，政府对汽油课征消费税并没有改变消费者的预算线，所以汽油的销售价格提高后，汽油需求量将会下降，可能导致汽油的供大于求。为了减少库存和追求利润最大化，汽油供应商可能采取降低汽油销售价格的策略，形成一个新的均衡价格（消费者价格），例如每升6元，此时汽油的均衡交易量仍会比征税前每升价格5元时有所下降。由于供应商每卖出一升汽油就要缴纳1.5元的消费税，所以其生产者价格只能是每升4.5元。由此可见，政府对商品课征流转税后，商品的消费者价格会有所提高，生产者价格会有所下降。上述情况从税负转嫁的角度看，说明在商品的需求具有一定弹性的情况下，政府对该商品课征流转税，税负是由生产者和消费者共同负担的；生产者虽然可以通过抬高消费者价格的方式将一部分税款转嫁给消费者负担（表现为消费者价格的提高），但生产者自身也要负担一部分流转税（表现为生产者价格下降）。

2. 税收的生产替代效应

税收的生产替代效应，是指税收对企业的产品结构产生的影响，它表现为政府课税会改变企业各种产品之间的产量结构。税收的生产替代效应是由政府课征选择性的商品税引起的。因为政府对个别商品课税以后，课税商品的成本和价格会发生不利于企业的变化，这样会导致企业相应减少课税商品的产量甚至放弃课税商品的生产，同时把资源更多地转向非税商品的生产，即以非税或轻税商品替代课税或重税商品，形成税收的替代生产效应。当然，如果政府对所有的商品课征统一的税收，税收的这种效应就会消失。

3. 税收的消费替代效应

税收的消费替代效应，是指税收对消费者选择商品的影响，它表现为政府对个别商品课税后，引起市场上课税商品相对价格上涨，从而导致消费者在选购商品时减少课税商品的购买量，相应地增加非税商品的需求量。这种因课税导致的消费者增加非税商品需求来替代对课税商品需求的影响，被称为税收的消费替代效应。例如，假定市场上有两类商品：化妆品和服装。如果政府对化妆品课税而对服装不课税，这时化妆品对服装的相对价格就会提高，消费者以同样多的收入能够购买到的化妆品的量比过去就会减少。而在消费者最优商品组合中，化妆品购买量减少了，其服装的购买量则会有所增加。这种情况表明，税收改变了消费者购买商品的选择，导致消费者用一定量的服装替代了一定量的化妆品消费。

（二）税收对劳动力供求的影响

1. 税收对劳动力供给的影响

无论是工薪所得税还是社会保险税，都是对劳动者的工薪收入课征的，其结果必然是降低劳动者的实际工资率或净收入。面对政府对工薪课征的税收，劳动者在劳动力供给的决策上可能会做出一定的反应。

第一，税收对劳动力供给的收入效应。税收对劳动力供给的收入效应，是指对工薪课征的税收所产生的增加劳动者劳动时间从而增加劳动力供给的影响。政府对工资收入课税以后，劳动者的实际工资率下降，可支配收入也随之减少。假定闲暇和其他商品一样都是正常商品（即消费量与人们的实际收入成正比），那么，劳动者可支配收入减少将迫使其不得不减少闲暇和其他商品的消费，增加劳动力的供给。或者说，劳动者在税后工资收入减少的情况下，为了维持原有的收入水平和生活水平，他们会比过去更努力地工作，从而增加劳动力的供给。一般来说，此类收入效应的大小，是由纳税人缴纳的税款与其工资收入的比例即平均税率决定的。

第二，税收对劳动力供给的替代效应。税收对劳动力供给的替代效应，是指对工薪课征的税收所产生的增加劳动者闲暇时间而减少劳动力供给的影响。一个人的一天 24 小时可以分为劳动时间和闲暇时间两部分。这里的劳动是指劳动者在市场上为取得工资收入而进行的工作；而闲暇是指劳动者除劳动以外的其他活动。由于劳动时间和闲暇时间二者此消彼长，个人实际上是在用工资与闲暇进行交换。如果我们把闲暇看作一种商品，那么工资率就是闲暇的价格（劳动者闲暇的机会成本是其劳动时间内可以取得的工资收入）。政府对工资收入课税，会降低劳动者的实际工资率，这意味着闲暇变得比以前便宜了。这时人们会增加对闲暇的消费（即延长闲暇的时间），减少劳动时间，出现所谓的闲暇替代劳动的税收替代效应。一般来说，此类替代效应的大小，在课征所得税的情况下由其边际税率决定。

由此可见，政府对劳动者的工资收入课税，既可能产生增加劳动力供给的收入效应，也可能产生减少劳动力供给的替代效应，两种效应的作用是反向的。而税收对劳动力供给的净效应是什么，则取决于这两种效应孰大孰小。由于人们对劳动或闲暇的偏好不同，所以他们在劳动力供给方面对税收所做出的反应也不可能完全相同。因此，税收对劳动力供给的净效应实际上是因人而异的，如果想要准确获知税收对劳动力供给的净效应，必须进行实证分析。

2. 税收对劳动力需求的影响

税收对企业劳动力需求的影响，主要表现在政府对企业课征的社会保险税会提高企业的劳动力价格，从而导致企业减少对劳动力的需求。社会保险税一般是按职工工资的一定比例向雇主和职工分别征收的，企业雇用一个工人，除了要支付工资以外，还要为其缴纳社会保险税（费）。因此，企业的劳动力价格不仅取决于工人的工资率高低，还要受社会保险税的影响。在工资率一定的情况下，政府对企业征收社会保险税或提高社会保险税率，企业的劳动力价格就会随之提高，由此影响企业劳动力的需求。

第一，税收对劳动力需求的替代效应。替代效应指政府对企业课征社会保险税以后，企业的劳动力价格上升，劳动力成本提高，从而导致劳动力对资本（机器设备）的相对价格提高。由于资本和劳动力之间存在技术上的替代性，所以企业为了保持原有的投入水平，就可能多使用资本以替代一部分劳动力，其结果将减少企业劳动力的需求。

第二，税收对劳动力需求的规模效应。规模效应指政府对企业课征社会保险税以后，企业的劳动力价格提高，边际成本上升，导致均衡产量下降，从而导致企业对劳动力投入需求的减少。社会保险税对企业劳动力需求的影响可以从欧盟国家的经验得到验证。根据欧盟经济学家克里斯托弗·普兰纳斯对1970~2002年的数据分析发现，劳动力课税（包括对企业雇主课征的社会保险税）对欧盟国家的失业率有很大影响，劳动力课税减少3个百分点，可以导致失业率下降1个百分点。另根据戴维瑞和塔贝利尼的研究表明，欧盟国家的失业税收弹性为0.5，即劳动力课税增加1个百分点，失业率就会上升0.5个百分点。

（三）税收对储蓄行为的影响

储蓄和消费是家庭的基本经济活动。消费是家庭购买商品和劳务以获得当期满足的活动；储蓄则是把家庭的经济资源从现期转移到未来某个时期以便在未来得到满足的活动。从某种意义上说，储蓄就是未来的消费，是推迟了的消费。家庭储蓄行为受多种因素影响，税收是其中之一。这里主要以个人所得税为例分析税收对家庭储蓄行为的影响。

个人所得税对家庭储蓄行为的影响是通过对储蓄利息课税引起的，这种课税可以是单独对利息收入课征，也可以是把利息收入纳入个人所得税的征税范围。政府课征利息所得税，必然会降低储蓄的实际利息收入，这对家庭出于生命周期动机和谨慎动机而进行的储蓄都会产生一定的影响。不过，如同税收对劳动力供给的影响一样，个人所得税对家庭储蓄行为的影响方向在理论上也是不确定的，这种影响分为收入效应和替代效应。

1. 个人所得税的收入效应

这种收入效应表现在：政府对利息收入课征个人所得税，会减少个人未来的实际利息收入，而利息收入是个人第二阶段（退休期）生活的收入来源，为了实现既定的储蓄收入目标（以维持个人退休后的生活需要），个人将会减少第一阶段（工作期）的消费，以增加储蓄。所以个人所得税的收入效应表现为增加家庭储蓄。这种收入效应的大小，主要取决于平均税率水平。

2. 个人所得税的替代效应

如果把储蓄看作是第二阶段（退休期）的消费，那么对储蓄利息课税会减少储蓄的实际利息率，这相当于提高了第二阶段的消费价格。在这种情况下，个人为了保持一生中的效用和福利水平不变，将会放弃一些第二阶段的消费以增加第一阶段的消费，即纳税人以现期消费替代了未来消费。当前消费的增加，意味着储蓄的减少。这种增加现期消费而减少储蓄的效应就是个人所得税的替代效应。这种替代效应的大小，在课征所得税的情况下，由其边际税率决定。就此而言，累进程度较大或者边际税率较高的所得税会对储蓄造成更大的阻碍。

由于课征利息所得税的收入效应和替代效应的作用方向相反，所以其净效应就取决于其中哪种效应较大，而这又是因人因时因地而异的。

（四）税收对投资行为的影响

投资是企业或个人将货币转化为资本的过程，纳税人的投资行为主要由两个方面的因素决定，一个是投资收益，另一个是投资成本。在政府征税的情况下，最终决定纳税人投资行为的投资收益，是税后的投资收益，而不是税前的投资收益。折旧因素是决定纳税人投资成本的主要因素之一，而折旧的多少会受到税收制度的影响。因此，税收对投资行为的影响，除去因其对储蓄水平的间接影响外，还会通过对纳税人的投资收益率和折旧因素的影响得以实现。

1. 税收对投资收益率的影响

税收对投资收益率的影响主要表现在公司（企业）所得税的课征上。政府课税会压低投资收益率并使投资收益和投资成本对比发生变化，从而对纳税人的投资行为产生方向相反的两种效应：如果其影响是降低了投资对纳税人的吸引力，造成纳税人以其他行为如消费替代投资，致使投资减少，即发生了替代效应；如果其影响是减少了纳税人的可支配收益，促使纳税人为维持以往的收益水平而扩大投资，致使投资增加，即发生收入效应。

2. 税收对资本折旧率的影响

税收对纳税人投资成本的影响之一就在于实际折旧与税收折旧的不一致。所谓实际折旧是根据固定资产的实际损耗情况而计提的折旧；所谓税收折旧是指根据税收制度按照经济政策的需要而规定的可以计提的折旧。折旧可以作为一项投资成本，直接从应税所得中扣除，形成税收挡避，从而减轻纳税人的实际税负。因此，通过税收制度，规定纳税人可以从应税所得中扣除的折旧额度，是政府对投资施加影响的一个途径。如果税收制度规定的税收折旧率等于实际折旧率，对投资的影响就是中性的；如果税收折旧率高于实际折旧率，对投资的影响就是刺激性的，会促使纳税人增加投资；如果税收折旧率低于实际折旧率，对投资的影响就是抑制性的，会促使纳税人减少投资。

第四节 税收负担与税负转嫁

一、税收负担的概念与分类

（一）税收负担的概念

税收负担是指政府征税而给纳税人带来的经济利益损失，简称税负。由于税收属于强制无偿的征收，纳税人在缴纳税收的同时没有从政府那里取得直接回报，所以税收是对纳税人私有财产的一种合法剥夺，必然对纳税人形成一种经济负担。税收负担的实质，是从数量方面反映的国民收入分配中政府与纳税人之间的利益关系。

税收负担是税收政策的核心。任何一项税收政策都是通过税收负担的具体落实来贯彻实施的，因此，制定税收政策应该先考虑税收由谁负担，税负定在什么水平上比较合理。一般来说，税收负担水平的确定既要考虑公共需要和政府的收入需要，又要考虑纳税人的实际负担能力。税收负担的轻重是通过税收制度的某些构成要素，如税率、计税依据、减免税等综合体现出来的。所以，政府在制定税收制度、选择各项构成要素时就应该贯彻需要与可能相结合的原则。

（二）税收负担的分类

在理论和实践中，税收负担分类有多种方法。比较常见的有宏观税负和微观税负之分。所谓宏观税负，是指一定时期内（通常为一年）政府的税收收入占当期国内生产总值（GDP）的比重。从国民收入核算上看，增值税、消费税等间接税本身就构成 GDP 的一部分；而企业所得税和个人所得税又都是对 GDP 构成要素中的工薪、租金、利息、企业利润等课征的，所以宏观税负的高低可以从总体上反映出经济活动主体对政府税收的负担程度。而微观税负则是从纳税人的角度反映企业或者个人等微观经济主体税收负担水平的指标。例如，某企业的税负，就可以通过该企业全年缴纳的各项税收占企业销售收入（或总产值）的比重来衡量。当然，企业缴纳的税收并不一定要由企业负担，例如增值税、消费税等间接税（流转税）是由最终消费者负担的，但在企业税负的核算上，往往也要将这些间接税计算在内。

税收负担还可以按税种进行分类，例如增值税税负、企业所得税税负等，而且这种划分也有宏观和微观之分。例如，企业所得税的宏观税负，就是企业所得税收入占 GDP 的比重，它是用来衡量企业所得税负担轻重的指标；个人所得税的宏观税负，就是个人所得税收入占 GDP 的比重，是用来衡量个人所得税负担轻重的指标。

税收负担还有名义税负和实际税负之分。名义税负是按照一般税收法律法规计算出来的税负，而实际税负则是按照纳税人实际缴纳的税款所计算出来的税负。由于税收优惠、税收征管水平等税收因素的作用，以及受一些如通货膨胀、纳税人避税行为等非税制因素的影响，纳税人的名义税负与实际税负可能并不一致。

按税款是否转嫁分类，税收负担可分为直接税负与间接税负。直接税负是指纳税人交纳的税款不能转嫁给他人，全部由纳税人负担。间接税负是指纳税人将其交纳的税款部分或全部通过某些方式或途径转嫁给他人，即由负税人负担，事实上是负税人承担了转嫁的间接税负。

二、税收负担的影响因素

一个国家的税收负担要受多个因素的影响，各个因素对不同国家税收负担的影响程度也不相同，但归纳起来，税收负担主要受以下几种因素的影响：

（一）经济与生产力发展水平

经济与生产力发展水平是影响税收负担的最主要的因素。一定时期内税收分配的规模和增长速度首先取决于一国的经济与生产力发展水平。经济发展水平，通常以人均收入水平，即人均国民收入或人均国民生产总值来表示。人均国民收入越高，表明经济发展水平越高，税收的源泉也就越丰富，因此为税负水平的提高提供了充裕的物质基础。人均收入水平越高，表明税收的负担能力越强，这也符合税收的量能负担原则。实证表明，人均国民收入高的国家与低的国家相比，前者的税负水平高，人均国民收入与税负水平之间呈现正相关的关系。当前，发达国家的税收占 GDP 的比重平均在 35% 以上，而发展中国家平均在 25% 左右。一般来说，随着一国经济与生产力水平的提高，税负水平也会呈上升趋势。

（二）政府职能范围

税收是政府实现其职能的物质保证。政府的职能范围不同，对税收的需要量就不同。政府职能范围广，需要的税收量大，税负就较重；反之，政府职能范围窄，则需要的税收量小，税负就较轻。政府职能范围的大小既受经济体制因素的影响，也有政府政策取向、经济社会发展方面的原因。首先，就经济体制而言，实行传统计划经济体制的国家，政府充当全社会的总管理者和总经营者，政府的职能除包括一般性的社会管理职能外，还包括组织生产建设的职能，因而政府的职能范围相对较大。而实行市场经济体制的国家，政府的职能主要是一般的社会管理，而不直接从事生产建设，政府职能范围相对较小。因此，若从经济体制差异导致的政府职能范围大小不同来看，前者的税负水平相对较高。其次，政府的政策取向也会影响税负水平。政治制度相同的国家由于政策取向及经济状况不同，其政府的职能范围亦有所不同。例如，同为发达的资本主义国家，税收占 GDP 的比重高低能相差 20 个百分点，主要原因是与不同国家执行的差异较大的福利政策有关。社会福利水平高，资金需求量大，会相应导致税收负担较重。最后，政府职能范围大小还会受到经济社会发展水平的影响。随着经济社会的发展，政府职能在内涵上不断丰富，在外延上不断拓宽，必然要求有更多的税收来满足日益增加的为履行政府各项职能所需的公共支出，从而也就提高了总体税负水平。

（三）公共收入手段选择

税收是公共收入的重要来源，但公共收入并非只有税收，当公共收入一定而取得途径不同时，税收负担也发生相应变化。如果非税手段取得的收入较多，税负水平就会相对较低。某些国家由于特殊原因，公共收入在税收之外还有充裕的其他形式的来源，此时税收在公共收入中的地位较低，数额较少，税负水平也较低。如中东的一些石油输出国，其丰富的石油资源使得政府可以获得巨额的石油公营收入，因此，这些国家一般实行结构简单、负担较低的税收制度。

（四）税收制度本身的因素

首先，税种的设置影响税负水平。在不同的国家及一国不同的发展阶段，由于社会经济状况、政府宏观管理水平各异，因而税收的覆盖面宽窄不一，税种的设置各不相同，不同税收制度下税收的相对数量也不同，税负水平也因此有高有低。其次，税收优惠政策影响税负水平。出于鼓励投资、吸引外资、优化产业结构、缩小地区差距等方面的考虑，许多国家均实行若干税收优惠政策，如采取减免税、优惠税率、税收扣除、加速折旧等税式支出手段，从而减少了实际税收数量，降低了税负水平。

（五）其他因素

除上述因素外，还有一些原因也会对税负水平产生影响。一是政府的主观意图会影响税负水平。如有的国家或地区面积狭小，资源贫乏，当局为了吸引投资、繁荣经济，往往实行低税政策，使该国或地区成为“避税港”。二是税收征管水平会影响税负水平。征管水平不同，税收流失程度亦不同。当征管水平较低时，税收流失严重，政府实际取得的税收收入减少，税负水平较低；而当征管水平较高时，税收流失减少，税收收入的课征数量更接近于制度的规定，税负水平则较高。

三、宏观税负分析

（一）宏观税负的统计口径

近年来，学术界对我国宏观税负轻重的判断存在着争论，而争论很大程度上起源于税收统计口径。2019 年，我国一般公共预算中税收收入为 15.80 万亿元，占当年 GDP 最终核算结果 98.65 万亿元的 16.01%（小口径宏观税负）。如果与国外进行比较，则还应当把社会保险缴费考虑进来，因为很多国家都将社会保险税（费）统计在税收总额之中。2019 年，我国社会保险基金缴费收入为 8.32 万亿元，如果将这部分收入计入税收总额，当年我国的宏观税负为 24.44%（中口径宏观税负，也称国际口径宏观税负）。但在研究宏观税负时，一些学者认为，宏观税负不能只看税收和社会保险费，还应当把政府的其他收入也考虑进去。例如，2019 年，我国预算收入中政府性基金预算收入为 8.45 万亿元，国有资本经营预算收入 3972 亿元，把这些收入都予以考虑，2019 年，我国全部公共收入占 GDP 的比重已高达 36.70%（大口径宏观税负）。据此考量，我国的宏观税负水平似已接近发达国家的水平。

在分析宏观税负时，是否应当将公共预算中的政府性基金收入和国有资本经营预算收入考虑在内？如前所述，政府取得公共收入，除了税收形式以外，还有捐赠、收费、基金、利润收入等，其中税收是强制无偿征收的，所以对企业和个人会形成一种经济负担，但其他形式的收入有的是政府依据所提供的服务收取的，有的是依据财产权取得的（如国有资本经营预算收入），它们与税收有经济性质上的区别，因此在单独计算宏观税负（即小口径宏观税负）时不应当将它们包含进去。例如，目前我国政府性基金和收费是政府为提供特定公共产品和服务而获取的特殊公共收入形式，用于公共产品和服务的成本补偿，虽然属于公共资金范畴，但与无偿性的税收在性质上是有一定区别的。正是由于这个原因，国际上通常衡量或比较的是税负，而不是税负再加"费负"。2019 年我国政府性基金收入占到 GDP 的 8.57%，但其中 80% 以上是国有土地使用权出让金收入，此外还有铁路建设基金收入、民航发展基金收入、港口建设费收入、旅游发展基金收入、新增建设用地土地有偿使用费收入等，这些都是政府向企业和个人提供服务时收取的一种具有补偿性质的收费。从这个角度考虑问题，我们在准确衡量税收负担时就应当采用可比指标，即税收收入。但是大口径的宏观税负对于分析政府与企业关系、规范政府收入形式等，有着重要的指导意义。

（二）宏观税负的国际比较[①]

如前所述，2019 年我国国际口径（包括税收和社会保险缴费）的宏观税负水平为 24.44%，这个宏观税负水平与发达国家相比还是较低的。例如，2017 年，OECD 国家宏观税负的平均水平为 34.2%，其中法国高达 46.2%，丹麦、比利时和瑞典也分别高达 46.0%、44.6% 和 44.0%。当然，发达国家的宏观税负水平高低不一，差距也比较大。例如，2017 年美国的宏观税负水平仅为 27.1%，远低于 OECD 国家的平均水平。一个国家宏观税负水平高低，与它的公共开支水平有关，政府支出责任较小从而公共支出水平较低的国家，其宏观税负水平也就较低。例如，韩国 2017 年宏观税负为 26.9%。除了公共支出水平以外，宏观税负水平高低还取决于政府的其他收入项目，如政府的非税收入或债务收入规模都可能影响宏观税负的水平。例如，在发达国家中，美国的宏观税负水平是较低的，2017 年仅为 27.1%，但是美国政府支出的水平并不低，2017 年美国各级政府的开支约占 GDP 的比重为 37.0%。这样巨大的收支缺口靠什么弥补？一是非税收入，美国的地方政府特别是基层政府大量依赖非税收入，在州和地方政府的收入中，各项收费占的比重较大，比如 2014 年收费与公用事业收入的占比就达到 16.9%。[②] 二是债务收入，即政府预算安排赤字再通过发行债务进行弥补。"二战"以后，美国多届政府推行赤字财政政策。2008 年美国爆发金融危机，美国政府加大了赤字力度以刺激经济，由

---

① 本部分数据除标注外，均来源于经济合作与发展组织网站。

② 美国普查局网站。

于赤字政策和大量发债，美国各级政府的债务负担率（债务余额占 GDP 的比重）2015 年末已经达到 125.8%，远远超过宏观税率较高的丹麦（53.1%）、瑞典（61.8%）、荷兰（53.9%）等国。[①] 可见，依赖债务筹资是美国宏观税负低于其他发达国家的一个重要原因。

（三）宏观税负轻重的判定

如何判定税负的轻重？是否一国宏观税负水平越高，其税负也就越重？其实，一个国家税负的轻重是个很复杂的问题，很难轻易得到一个一致的结论。

首先，税负轻重是一个相对的概念，人们衡量一国税负的轻重首先要看宏观税率，即税收收入占该国 GDP 的比重高低；这个比率越高，税负往往就越重。

其次，一国税负的高低要看税负在社会成员之间的分配是否公平合理。因为尽管很多税的纳税人是企业，但最终的归宿是作为负税人的个人，而每个人的经济能力和负税能力又是不同的。如果税收负担很大一部分压在了占人口多数的中低收入者身上，那么绝大多数公众就会感觉税负重；反之，如果一国的税收主要由高收入者负担，而高收入者有负税能力，其占人口的比重也低，这时大多数公众就会感觉税负不重。

最后，考察一个国家的税负轻重，还要结合税收收入的使用方向和效益，换句话说，要看政府向公众提供的公共产品和服务获得的满意度。如果税收收入的使用效益很高，真正做到了“取之于民，用之于民”，即使宏观税率较高，但公众获得的公共服务水平和满意度也较高，那么他们也不会感觉税负过重；反之，如果税收的使用不尽如人意，包括纳税人和负税人的公众的获得感不强，那么即使宏观税率不高，公众也会普遍感到税负沉重。例如，印度的宏观税负 2012 年仅为 10.8%，[②] 在世界上属于很低的国家，但印度的公共服务也很差。仅以公共卫生为例，2012 年印度政府的公共卫生支出仅占财政总支出的 4.8%，占全社会医疗卫生总支出的比例为 33%，而 OECD 国家上述两个比例的平均水平分别为 14.4% 和 72%；印度每千人中只有 0.7 个医生和 1.1 个护士，而 OECD 国家平均水平分别为 3.2 个和 8.8 个；印度的婴儿死亡率为 43.8‰，而 OECD 国家仅为 4‰。[③] 印度的实例说明宏观税负并不是越低越好，也说明税负高低与税负轻重并不是同一个概念，税负的高低比较好判断，它只要比较数字就可以做到，但判断税负的轻重并非易事，它必须结合公共支出以

---

① 经济合作与发展组织网站。

② 世界银行网站。

③ “经济合作与发展组织卫生统计 2014”，经济合作与发展组织网站。

及公共服务水平来评价。

分析我国税负轻重，也必须结合公共支出结构以及公共服务水平的变化。党的十七大以后，“执政为民、以人为本”的执政理念深入人心，政府财政开始向“民生财政”的模式转变。特别是党的十八大以后，财政用于民生领域的支出所占比重逐年加大。2017 年，全国财政用于教育、医疗卫生、社会保障与就业、住房保障、城乡社区服务五项直接性民生支出在总支出中所占的比重达到了 47.4%，比 2007 年的 35.8% 提高了 11.6 个百分点。[①] 2007 年至 2017 年，我国狭义的宏观税率（不含社会保险缴费）从 16.9% 提高到 17.6%，只增加了 0.7 个百分点，但财政用于上述五大民生领域的支出占 GDP 的比重却从 6.6% 提高到了 11.7%，增加了 5.1 个百分点。[②] 从这一角度分析，近年来我国的税负状况是不断改善的。

四、税负转嫁与归宿

税负转嫁与归宿（the shifting and incidence of taxation）是研究税收负担转移过程与结果的理论。对这个问题的讨论最早出现于 17 世纪中叶的英国。但是，将它提高到理论高度，作为一个重要的税收理论问题进行系统研究，则始于 18 世纪法国的重农学派，而后逐步成为税收学的重要组成部分。通过对税负转嫁与归宿的探讨，可以更加深入地了解税收对社会经济生活的影响。

（一）税负转嫁与税收归宿的含义

所谓税负转嫁，是指纳税人将自己缴纳的税款转移给他人负担的一种经济过程，在这个过程结束后，纳税人便不再是负担税款的人（负税人）。税负转嫁可以是多次完成，但最终负担税款的人不能将税款再转嫁出去，成为税负转嫁过程的终点，那么这个终点就是税收归宿。所以，税收归宿就是指税收负担的最终归着点或税负转嫁的最终结果。可以看出，从政府征税到税收归宿是一个从起点到终点的税负运动过程：政府向纳税人征税，是税负运动的起点；纳税人把缴纳税款转由他人负担的过程，是税负转嫁；税负由负税人最终承担，不再转嫁，即到达了税负归宿。

一种税，凡是纳税人与负税人不一致的，即存在税负转嫁。一般来说，属于流转税的税种比较容易转嫁，它们的纳税人往往是企业（商家），但其在缴纳税款后，一般都要把税款加到价格上由商品或劳务的购买者负担，经过一系

①② 中国财政部网站。

列的税负转嫁过程，这些税款最终要由广大消费者负担。消费者虽然不是税法规定的纳税人，但却在购买商品和劳务时通过支付价格间接缴纳了税款，所以流转税也被称为间接税。一般认为，所得税或者财产税不容易发生转嫁，因为这两种税不是对交易额课税。比如工薪个人所得税，纳税人很难将其转嫁出去，只能自己负担，这种直接由纳税人自己负担的税种就被称为直接税。但目前我国也存在所得税转嫁现象：按照目前个人所得税法，个人出售二手房，如果不是“五年唯一”（即购房五年以后出售，而且是家庭唯一住房），应按20%的税率就其取得的财产转让所得缴纳个人所得税，这部分税款往往最终由买房人负担。因此，不能说所得税一律都不发生转嫁，还要具体情况具体分析。

研究税负转嫁和税收归宿问题十分重要，因为它有助于国家设计出比较理想或者最优的税制。税收制度的设计主要涉及两大问题：一是税收负担的高低；二是税收由谁负担。

（二）税负转嫁的类型

1. 前转

前转，也称之为顺转，是指纳税人在缴纳税款后将税款加到价格中由自己提供的商品或劳务的购买者负担的税负转嫁过程。前转是最典型、最常见的税负转嫁，多发生在商品和劳务课税上。通常人们所说的税负转嫁，一般都是指前转。

2. 后转

后转，又称之为逆转，是指纳税人将自己未来所要缴纳的税款通过压低购入商品或劳务价格的方式转嫁给供应商负担的一种税负转嫁过程，转嫁的运动过程同经济活动的顺序相反。后转往往发生在前转无法或者很难进行的情况下，也就是说，如果纳税人提高自己的销售价格会大大影响销售数量时，其就会考虑将税负转嫁给自己的供应商负担。

3. 混转

混转，又称散转，是税收的前转和后转同时发生的税负转嫁方式。在现实经济生活中，无论税收是向前转嫁还是向后转嫁，转嫁的程度（部分或全部）要取决于许多经济因素和经济条件。有时税负转嫁过程是单纯的前转或后转，但更多的情况是同一笔税款，一部分通过前转转嫁出去，另一部分则通过后转转嫁出去，即前转和后转混合与并行，这就是混转。

4. 消转

消转是指纳税人自己消化所缴纳的税款，即纳税人自己负担税款。当纳税人前转和后转都难以进行时，消转就成了唯一选择。不过，在现实中，消转往往要伴随着前转或者后转，也就是说，纯粹的前转或后转都是较少发生的，纳税人缴纳的税款往往是转嫁一部分，自己负担一部分。严格地说，在消转的情况下，纳税人并未把税负转移给他人，因而它是一种特殊的转嫁形式。

（三）税负转嫁的条件

税负转嫁是相对的，它取决于多种客观条件，需要根据商品和劳务性质、供求弹性、定价方式、税种形式、征税范围等多种因素来确定。

1. 税负转嫁的难度与商品（劳务）的需求价格弹性成正比

前面提到，对商品或劳务征收的流转税，纳税人总希望通过提高销售价格将税负转嫁给购买者负担，但在现实中，有些商品或劳务销售价格一旦提高，消费者的需求量就会下降。这里存在一个需求价格弹性的问题，即价格每提高或降低百分之一，消费者需求量减少或增加的百分比，它反映的是商品（劳务）的需求量对价格变化的敏感程度。有的商品如食品等生活必需品，是刚性需求，需求价格弹性为零，如果对这种商品征收流转税，那么生产销售企业会将全部税款加到商品价格上由消费者负担。因为需求价格弹性为零，消费者价格（生产者价格＋流转税）提高再多消费者的需求量也不会减少，这时企业就能够将全部税款转嫁出去而自己不负担分文。

另有一种极端情况，即商品（一般为非生活必需品）的需求价格弹性为无穷大，即消费者价格稍有提高，需求量就会下降到零。在这种情况下，对商品课征流转税，生产销售企业很难转嫁给消费者，只能全部自己负担。当然，上述两种都属于极端的情况，在现实中商品和劳务的需求价格弹性都介于零和无穷大之间，因此政府对商品和劳务征税，税负往往是前转或后转及消转都有发生。但其中有一点可以证明，就是商品（劳务）的需求价格弹性越大，对其课征的流转税越不容易向消费者转嫁。

另外，从征税范围的角度看，如果只对少部分商品征税而对其他商品不征税，消费者为了规避税负就可能放弃征税商品的消费转而寻求其他替代品，引发消费的替代效应。为了避免对消费者选择产生扭曲性干扰，政府应当对商品普遍征税。而从确定税率的角度看，税率的高低应当与商品的需求价格弹性成反比：即需求价格弹性越大的商品亦即税负越不容易转嫁的商品，对其课征的税率也应当越低；反之，需求价格弹性越小从而税负容易转嫁的商品，对其课征的税率也就应当越高。但像粮食、药品等生活必需品，其需求价格弹性较小，如果对它们征收较高的税收，又不符合社会公平的原则，这就需要政府在公平和效率之间进行权衡。

2. 税负转嫁的难度与商品（劳务）的供给价格弹性成反比

商品（劳务）的供给价格弹性是指商品（劳务）供给量对价格变化的敏感程度，即商品（劳务）的供给价格每提高或降低1%，其供给量增加或减少的百分比。供给价格弹性与生产销售企业转产的难易度有关，如果转产很容易，那么当商品价格降低时，企业就可以迅速减产并将生产要素投入到其他商品的生产中；但如果做不到这一点，那么即使产品的价格不断下降，企业为了维持固定资本投资的生产水平，仍必须保持原有的生产规模，供给量就不可能大幅度下降。那么，从税负转嫁难易的程度看，供给价格弹性越小，对商品课征的税款转嫁给消费者的难度就越大；反之，供给价格弹性越大，税负就越容易转嫁给消费者。例如，生产钢铁、汽车的资本密集型企业，前期已有巨额固定资本投入，很难转产其他产品，如果对其征税，企业就很难压缩产品的供应量；供应量难以压缩，产品价格很难提高，税负也就很难通过提高价格的方式转嫁给消费者，企业缴纳的税款就只能挤压自己的利润。

3. 税负转嫁与税种形式有关联

通常，人们以税收负担是否转嫁为标准，将税收分为直接税和间接税，直接税的税负一般不易转嫁，而间接税的税负容易转嫁。直接税和间接税的分类虽然简单，但却大致说明了税负转嫁与税种形式之间的联系。

商品税是对销售商品取得的商品销售收入，或购买商品支付的商品价格征税。商品税作为间接税，税负能够通过提高或降低商品价格转由他人负担，因此，商品税是能够转嫁的税种，但转嫁多少则取决于商品价格弹性、征税范围和定价方式等因素。

所得税作为直接税由于是对所得（收益）额征税，一般由纳税人负担不能转嫁。其中，个人所得税不能转嫁的结论比较明了，但企业所得税负担和转嫁问题较为复杂，税负最终有三种可能的负担主体：如果企业由于征税而提高商品销售价格，有可能将税负转嫁给消费者负担；如果企业由于征税而降低职工工资，有可能将税负转嫁给企业职工负担；如果企业不能将税负转嫁给消费者和企业职工，税负则由企业所有者负担。因此，企业所得税具有转嫁的可能性。

财产税虽被划为直接税类，但因它既对财产所得征税，也对财产交易征税，因而其税负转嫁既与所得税相似，也与商品税相仿。就后种情况而言，比如财产卖方在出售财产时有可能因征税而提高财产出售价格将税负转嫁给财产买方负担，再如对土地租金、房屋租金征税，土地或房产所有者有可能因征税而提高租金价格，将税负转嫁给土地或房屋使用者负担。在财产供给无弹性的情况下，也可能出现税负资本化，即在财产出售时买方通过压低财产出售价格让卖方承担了财产税。

4. 商品税的税负转嫁与定价方式相关

商品税是典型的可以转嫁的税种，但商品税能否转嫁关键在于商品价格变动，而商品价格变动又与定价方式密切相关。商品的定价方式主要有市场价格和计划价格两种。

市场定价是指商品价格由市场供求决定的一种定价方式，当商品需求大于供给时商品价格上升，当商品需求小于供给时商品价格下降。商品税作为商品价格的组成部分，税额的征收或变动直接影响商品价格变动。因此，在市场定价方式下，商品税可以通过商品价格变动而发生转嫁，但转嫁多少则取决于价格弹性、征税范围等因素。

计划定价是指商品价格由政府物价部门按计划制订，虽然计划价格也由成本、利润和税金三要素组成，制定计划价格也要反映商品价值和供求关系，但计划价格更多体现的是国家的价格政策，并且，价格确定以后较少或者不能变动，因此，在计划定价方式下，税收难以通过影响商品价格变动而发生税负转嫁。

第五节 税制结构与优化

一、税制结构的概念与分类

税制结构是指一国税收制度中税类、税种的构成及主体税种的设置。现代国家均实行复合税制，即为了取得既定的税收收入，采取多种税在经济活动多个环节征收的办法。政府同时开征多种税收，主要是为了避免征收单一或少数几个税种会给纳税人或负税人造成税负过于集中从而负担过重的局面，同时也有利于发挥税收的调节作用。由于各国的国情不同，税收的历史发展也不同，所以不同国家开征的税种数量也不尽相同。但开征的税种大致可以分为流转税（商品和劳务税）、所得税、财产税和行为税四大类。大多数国家的流转税实行的是增值税，尽管有的国家不称为增值税，而称货物和劳务税（如加拿大）或者消费税（如日本），但其都具有增值税的性质。美国是少数未开征增值税的国家之一，其地方政府（州和县市）征收的是零售税。也有个别国家（如阿根廷）联邦政府征收增值税，地方政府征收零售税。除了国际避税地以外，大多数国家都征收企业所得税和个人所得税。在财产税中，对居民个人的住房征收的房地产税也比较普遍，还有少数国家征收遗产税和财产转移税。

各国税制之间的差异主要体现在主体税种方面。有的国家以所得税（主要是个人所得税）为主体税种，有的国家以流转税（主要是增值税）为主体税种。整体而言，发达国家的税制多以所得税为主体，流转税（商品和劳务税）在税收收入中占的比重不大。例如，2017 年，美国各级政府的流转税占税收总收入（含社会保险税费）的比重仅为16.0%，法国为24.4%，德国为26.3%，意大利为28.4%，澳大利亚为27.1%，英国为31.5%。[①] 总之，除少数国家（如丹麦、芬兰、希腊、新西兰、葡萄牙、英国等）外，多数发达国家流转税在税收总收入中所占的比重都不超过30%。

由于现代国家政府开支的相当部分用于社会保障，而社会保障不同的模式所要求的筹资方式也不同：社会保险模式有自己独立的筹集渠道即社会保险费（税），它对职工的工资、薪金征收，由企业和职工分别缴纳，专款专用于社会保险津贴的发放；而社会救助或普遍津贴模式完全依靠政府的一般税收筹资，企业和职工个人不用缴费。不同的国家可能选择不同的社会保障模式，所以在其税制结构上就可能出现差异：有的国家依赖社会保险计划，其社会保险费占的比重就大，而有的国家社会保障采用社会救济或普遍津贴模式，这样它就可能没有社会保险费收入。例如，澳大利亚、丹麦和新西兰的社会保障采取的是社会救助或者普遍津贴的模式，所以这三个国家基本上没有社会保险费收入，主要是靠一般税收中的个人所得税来为社会保障计划筹资，因此这些国家个人所得税所占的比重相对就高。2017年，澳大利亚、丹麦和新西兰个人所得税收入占税收总收入（含社会保险缴费）的比重分别为40.7%、53.4%和37.7%。而发达国家中，奥地利、比利时、捷克、法国、德国、日本、荷兰、西班牙等国家社会保险制度相对发达，因而这些国家的社会保险费占税收总收入的比重都较高，一般均在30%以上，超过了个人所得税在税收中所占的比重。例如，2017年，奥地利社会保险费占比为34.8%，个人所得税占比为21.7%；同期这两个比例在法国分别为36.4%和18.5%，德国分别为37.9%和27.2%，日本分别为40.4%和18.6%，荷兰分别为35.7%和21.6%，意大利分别为30.4%和25.7%。[②]

可见，个人所得税和社会保险费（税）占比的差异主要是由于各国选择不同的社会保障模式所造成的，在分析税制结构问题时，我们可以将这两个税费统一看待，都视作是所得课税。在所得课税占主体（一般占60%以上）的国家，一类是奥地利、法国、德国、日本、荷兰等国家，其社会保险费的征收规模大于个人所得税；另一类国家情况相反，其个人所得税的占比高于社会保险费的占比，例如，2017年，芬兰个人所得税收入占税收总收入的29.2%，社会保险费占27.9%。相同情况的国家还有英国（27.3%、19.2%）和美国（38.7%、23.1%）。[③]

目前，流转税在税收收入中占主体地位的主要是发展中国家以及新兴工业

①②③ 税收数据库，经济合作与发展组织网站。

化国家。这些国家个人所得税和社会保险费制度都不发达，政府筹资主要依靠流转税。例如，2016年，流转税（商品和劳务税）占税收总收入（含社会保险缴费）的比重，柬埔寨为60.2%，印度尼西亚为47.4%，老挝为68.5%，泰国为54.4%，埃及为46.4%，巴西为39.1%，智利为55.1%。[①]

二、税制结构的变迁与发展

从税制结构发展的历史过程来分析，世界税制发展大致经历了三个阶段，即以简单的、古老的直接税为主体的税制模式、以间接税为主体的税制模式和以所得税为主体的税制模式。

（一）以古老的直接税为主的税制结构

人类社会发展早期的政府税收，不论是力役税还是实物税，大多属于以土地、房屋和人身等为对象的古老直接税。因为在当时，经济以自给自足的农业经济为主，工商业极不发达，国家尚不具备课征流转税和所得税的客观条件。为了取得财政收入，国家只得对当时大量存在而且极易捕捉的课税对象——土地和人身征税。正如马克思所指出："直接税，作为一种最简单的征税形式，同时也是一种最原始最古老的形式，是以土地私有制为基础的那个社会制度的时代产物。"[②] 在奴隶社会和封建社会，虽然也有对城市商业、手工业和进出口商品的征税，但税额很少，政府以征收直接税为主。此时的直接税大多按课税对象的外部标志定额征收，如按人口和劳力数征收的人丁税，按亩征收的土地税，按房屋的间数、窗户数、炉灶数征收财产税等，具有课征方法简单、收入弹性小、税收负担不合理以及明显的累退性等特点。这种以原始古老的直接税为主的税收制度是与当时自然经济占统治地位、农业生产占绝大多数、收入水平不高的状况相适应的。

（二）以近代的间接税为主的税制结构

到了资本主义社会，一方面，由于商品经济迅速发展；另一方面，资产阶级力图将税收负担加于封建贵族和广大劳动人民，保护新兴资产阶级的利益，资产阶级国家增设或扩大征收商品税、消费税、营业税、关税等商品课税，使间接税逐渐上升到主要地位，形成了以间接税为主的税收制度。

---

① 国际货币基金组织，《政府财政统计年鉴（2017）》。

② 《马克思恩格斯全集》（第8卷），人民出版社1961年版，第543页。

以间接税为主的税收制度与原始的直接税相比，在确定征收标准、选择征收方法和保证政府财政收入方面都有很大进步，但也逐步暴露出妨碍资本主义发展、税负不公、激化社会矛盾等问题。资本主义国家的政府为维护本阶级的利益，不能不考虑税收制度的变革。最初的改革办法是加强对大地主和教会的财产和收益课税，如提高土地税、地租税的税率，开征土地增值税，取消教会的免税特权等，但这些措施收效不大，既不能提供充分的税收收入，进而为减少间接税提供支持，也不能消除间接税的弊病。之后，税收制度又逐渐朝着以直接税为主的方向变化。

（三）以现代的直接税为主的税制结构

随着生产力的进一步发展，以间接税为主体的税制结构逐渐显露出与社会经济发展不相适应的弊端，较高的间接税税负导致了全社会税负沉重及逃税避税行为泛滥，过高关税限制了商品在国与国之间的流通和国际贸易发展，引发国际贸易摩擦和争端。在这种背景下，以所得税为代表的现代直接税在一些国家逐渐取代了间接税，成为税制结构的主体。目前，个人所得税、公司所得税、社会保险税等是大多数经济发达国家的主体税种，房地产税等直接税也成为一些国家地方税体系的主体税种。

三、税制结构的影响因素

税制结构的影响因素，实际上也是政府在选择税制结构时需要考虑的因素。下面根据一些国家税制结构的演化，分析影响税制结构的主要因素。

（一）政府的税收工具范围

众所周知，为政府筹集收入是税收的第一大功能。因此，一国开征哪些税，以什么税作为主要的收入来源，首先要考虑政府手中掌握着哪些有效的税收工具，即哪些税征收率高，征收成本低。这实际上是从管理角度考虑税制结构问题。因为一种税即使理论上再优，但如果现实中难以征收，也不能作为政府可选择的税种，更不能作为主体税种。例如，历史上原始的人丁税，再如英国早期的“门窗税”和“烟囱税”等古老的直接税，这些现在看来十分落后的税种，在当时却因课税对象易于发现而且征收管理比较便利而问世。到了资本主义社会初期，随着商品生产和流通规模的扩大，以商品流转额为课税对象的关税和国内商品税（消费税）才开始逐步取代原始的直接税，成为各国税制的主体。进入19世纪，无论是商品货币经济的发展还是税收征管水平的提高，都支撑了发达国家普遍开征个人所得税和公司所得税，并且在第二次世界大战后它们在一些国家成为税收制度的主体。

（二）政府的税收政策目标

在保证政府收入的前提下，税制结构还要服务于政府的税收政策目标，具体而言，就是要看政府在公平和效率目标之间如何进行选择。政府对公平和效率之间的侧重点不同，税制结构制定就会不同。西方国家税制结构的发展变化就充分说明了这一点。

如上所述，在资本主义发展的早期，各国的税制结构开始由以原始的直接税为主体向以关税和流转税等间接税为主体过渡，之后间接税逐渐成为大多数资本主义国家的主体税种。但是，各国政府很快就认识到，这种以间接税为主体的税制结构有损于市场经济的发展。正如马克思所指出的："后来，城市实行了间接税制度；可是，久而久之，由于现代分工，由于大工业制度，由于国内贸易直接依赖于对外贸易和世界市场，间接税制度就同社会需求发生了双重的冲突。在国境上，这种制度体现为保护关税政策，它破坏或阻碍同其他国家进行自由交流。在国内，这种制度就像国库干涉生产一样，搞乱各种商品的相对价值，损害自由竞争和交换。"①

为了取代间接税在税制中的主体地位，许多国家开始发展和完善所得税制度和财产税制度。尤其是资本主义工商业的发展，为政府提供了日益丰裕的所得税税源，也为所得税的征收管理奠定了必要的物质基础，从而为所得税在税收制度中地位的提高创造了条件。但是应当看到，西方国家在"二战"之前发展所得税，并不是出于社会公平的目标，而是因为间接税阻碍国际贸易和国内商品流通而不得不寻找所得税作为替代税源。

"二战"后，西方国家的税收政策目标开始从经济效率转向社会公平，许多西方国家出于社会公平目标和建设"福利国家"的资金需要而加强了所得税的课征力度，一方面扩大征收面；另一方面提高所得税税率。到20世纪70年代中期，主要西方国家仅个人所得税的收入就占到政府全部税收收入的30%～50%。

（三）政府支出规模

税制结构与政府支出规模是相互影响的：一方面，政府支出规模要受一定的税制结构所制约；另一方面，政府一定的支出规模又要求有适当的税制结构

---

①《马克思恩格斯全集》（第11卷），人民出版社1995年版，第579页。

与之相适应。如果政府支出的规模迅速扩大，则往往会导致税制结构发生变化。明显的例子就是随着人口老龄化和福利国家的建设，各西方国家政府支出特别是其中的社会支出（包括教育、医疗、社会保障等支出）规模也越来越大。例如，1960 年，政府支出中的社会支出部分占 GDP 的比重 OECD 国家的平均规模为 8.18%，到 2016 年该比重增加到了 21%，而挪威、德国、希腊、瑞典、奥地利、丹麦、意大利、比利时、芬兰、法国等国这个比重都超过了 25%。[①] 由于政府的社会保障和社会福利支出主要靠个人所得税和社会保险税（费）筹集资金，所以社会支出的增加直接导致这两个税种在税收总收入中的占比提高。1965 年，OECD 国家个人所得税和社会保险税（费）占全部税收收入的比重平均为 44%，到 2015 年，这个比重提高到 50.2%。[②]

（四）国民经济结构

国民经济结构，主要指国民经济部门的生产组织结构，它以产业结构为中心，反映各经济部门的比例关系。国民经济结构对税制结构的影响表现在多个方面。首先，产业结构对税制结构的制约作用。伴随着科学技术不断提高，生产社会化程度也更高，产业结构日趋复杂。由于各个产业特点不同，它们创造、实现社会产品价值和参与国民收入分配方式各不相同，要能有效组织收入和调节经济，就必须建立与产业结构相适应的税制结构，比如第三产业及现代服务业的发展促成税制结构的变迁和改进。其次，产品结构对税制结构的制约作用。例如，自工商产业成为社会主导产业之后，受工农业产品比价关系的影响，大多数国家直接来自农产品的税收很少，税收主要来自工业产品的生产、流通和消费环节。在工业产品的内部，国家又对价高利大的产品征收较多的税，包括在生产、销售、消费阶段征收的商品税、消费税等流转税和在利润实现阶段征收的所得税等。可见，产业和产品结构对于税种设置、税率高低和税基宽窄等税制结构要素起到重要的影响和制约作用。

（五）经济体制和运行机制

在不同的经济体制和运行机制下，税收发挥作用的经济条件是有差别的，因而所要求的税制结构也就有一定的差异。不同的税制结构与不同的经济运行机制相适应，且前者往往受到后者的制约。例如，我国在高度集中的经济运行机制下，国民经济运行过程从宏观到微观的各个环节，均在国家的直接计划控制之下，税收仅仅被视作组织政府收入的手段。从这一点出发，税制结构必然

---

① 经济合作与发展组织网站。

② “收入统计 1965—2016”，经济合作与发展组织网站。

极其简化。实行改革以来，我国经济体制和运行机制有了根本性的转变，由过去国家的指令性计划管理为主转变到依靠市场引导和指导性计划管理为主的轨道上来，由过去的行政性管理转变到主要运用经济手段配之以必要的行政手段和法律手段管理经济上来，由对宏观和微观经济的直接调节转变到主要实施总量调控和间接调节上来。经济体制和机制的重大转变，不仅要求税收成为筹集政府收入的手段，同时还要真正成为调节经济的杠杆，即通过税收调节利益分配关系，协调社会总供给与总需求、产业结构及对外经济往来等国民经济重大比例关系，保证经济协调持续发展。显然，旧的经济体制和运行机制下过于简化的税制结构不能保证税收作用的有效发挥，而必须代之以多渠道征收、多环节调节、全方位协调的税制结构。这样，在税制结构的构成上，一方面，针对性强、便于选择性调节的流转税成为我国的主体税种；另一方面，实现公平目标、具有收入调节功能和适应市场经济要求的所得税成为我国的另一类主体税种，形成了市场经济体制下“双主体”的税制结构。

四、税制结构优化

政府筹集税收收入，究竟是应以流转税为主体，还是以所得税为主体，这是一个长期争论的话题，它直接涉及税制结构优化及如何达成最优税制结构的问题。所谓最优税制结构，是指一种能兼顾效率与公平并且取得最佳平衡的税制结构，但又是一种不断追求、不断逼近的理想状态。提出最优税制结构的意义在于，为政府设计税制提供一个理想的参照系。由于流转税和所得税在效率和公平方面的效应不同，流转税侧重的是效率，而所得税更加侧重公平，所以最优税制结构问题实际上是在一定的社会经济条件下流转税和所得税的合理搭配问题。也就是说，最优税制结构在不同的国情条件下是因国而异的，没有统一的模式。因为，不同国家所处的经济发展阶段不同，其所追求的社会经济目标也不同，税收征管水平也存在差异，所以其税制结构也不可能有一样的最优模式。发达国家经济发展水平以及税收征管水平已经达到了很高的阶段，税制结构更需要满足社会公平目标，因而会偏好以所得税为主体的税制结构；而发展中国家的经济处于起飞阶段，税收征管也亟待完善，因此会更加重视经济效率问题，在税制选择上就会更加注重以流转税为主体的税制结构。这也是现实中发达国家的税制多以所得税为主，而发展中国家的税制多以流转税为主的基本原因。因此，各个国家应当根据各自的国情和社会经济目标，确定和选择不断优化本国税制、不断接近最优税制结构的策略与路径。

第六节 中国税收制度

一、中国现行税收体系

（一）中国税制概况

中国现行税收体系是在1994年税制改革的基础上建立的，经过2016年5月1日全面完成“营改增”① 以后，目前共开征有18个税种，其中增值税是第一大税种，约占全部税收收入②的40%。流转税中主要包括增值税、消费税、城市维护建设税、车辆购置税和关税，2018年，流转税约占税收收入的54%。③ 所得税类中主要包括三个税种，即企业所得税、个人所得税和土地增值税，2018年占税收收入的35%，其中个人所得税占税收收入的8.9%。财产税类中主要有房产税、城镇土地使用税和契税，2018年约占税收收入的8%。行为税和其他税种包括印花税、车船税、耕地占用税、资源税、船舶吨税、烟叶税和环境保护税，它们在税收收入中约占3%。可见，当前中国税制呈现的是一种以流转税为主体的税制结构，所得税的地位和作用逐渐增强，但财产税和行为税的作用有限。

（二）主要税种简介

1. 增值税

（1）增值税原理及特点。

增值税是就商品或劳务的增值额课征的税种。增值税是1954年首先在法国实行的，由于其所特有的优点，后被许多国家所采用，目前已逐步成为一种国际通行的税种。理论上说，增值税的计税依据是商品或劳务的增值额，但在实务操作中增值额较难计算，因此，增值税一般采用税款环环相扣的办法计税，即以根据销售额和适用税率计算出的税额扣除以前流转环节已缴纳的增值税为本环节的应纳税额。由于这一特点，增值税具有按商品或劳务销售额全额课征的其他流转税所无法比拟的优点：

---

① “营改增”是将原营业税征收改为增值税征收的简称。

② 本节税收收入中均不含社会保险缴费。

③ 2018年各项税收收入的数据来自财政部网站公布的“2018年财政收支情况”。

第一，有利于促进资源的优化配置。对于增值税而言，其税额的多少不因商品流转环节的多少而变化，因而，同样的商品，不论其经过多少个流转环节，其最终所含的增值税额都相同。这样，纳税人就不会因税收原因而刻意减少商品的流转环节，从而消除了一般流转税所固有的对资源配置的扭曲效应。

第二，有利于降低税收及财政收入的波动。随着社会经济状况的变化，企业会发生合并或分立，这会导致商品流转环节的变化，对于按商品销售额全额课征的流转税而言，其税收数额必然会相应变动，从而引发税收和财政收入的波动。而由于增值税不受商品流转环节的影响，所以可以避免这种现象的发生。

第三，有利于促进对外贸易的发展。为了增强出口产品的国际竞争力，各国一般均实行出口退税制度，但在实行按商品销售额全额课征的流转税制度下，同样的商品仅仅由于流转环节不同而所含税额不同，因而很难准确确定每类商品的退税率。而由于增值税实行了税款环环抵扣制度，所以同样的商品所含的税收数额是相同的，一般而言商品的税率即是商品的税负，因此可以较容易地确定出口退税率，从而准确、彻底地对出口产品实施退税。

第四，有利于形成税收的内在制约机制。由于增值税在扣税时往往都需要凭增值税专用发票等法定扣税凭证，所以，增值税使购买者客观上产生了要求出售者开具发票的需要，因而减少了在其他流转税制度下容易产生的出售者不开发票从而不记收入偷逃税款的现象。

增值税的特征及优点，是它近几十年来在世界范围内被广泛采用，并且成为我国实行“营改增”重要原因。

（2）我国的增值税制度。

增值税是对纳税人从事的各项经济活动课征的一种流转税，征税范围包括在中国境内销售或进口货物、提供劳务、销售服务、销售不动产和转让无形资产。其中，劳务指加工、修理修配；服务包括交通运输服务、邮政服务、电信服务、建筑服务、金融服务、现代服务和生活服务。凡是在中国发生增值税征税范围内经济活动的单位和个人，都是增值税的纳税义务人。单位包括企业、行政单位、事业单位、军事单位、社会团体及其他单位。个人指个体工商户和其他个人。增值税的纳税人分为一般纳税人和小规模纳税人。一般纳税人采取当期销项税额减当期进项税额的计税方法，并实行价外税即计税依据中不含增值税税额。增值税设置了三档税率，分别是13%、9%和6%，各档税率的适用范围见表8－1。小规模纳税人实行简易征收，即用不含税销售额直接乘以征收率计算应纳税额，其征收率为3%。

表8-1　　增值税一般纳税人税率

<table>
<tr><th>纳税人</th><th>应税行为</th><th colspan="2">具体范围</th><th>税率（%）</th></tr>
<tr><td rowspan="7">原增值税一般纳税人</td><td colspan="3">销售或者进口货物（另有列举的货物除外）；提供加工修理修配劳务</td><td>13</td></tr>
<tr><td colspan="3">粮食、食用植物油</td><td rowspan="5">9</td></tr>
<tr><td colspan="3">自来水、暖气、冷气、热水、煤气、石油液化气、天然气、沼气、居民用煤炭制品</td></tr>
<tr><td colspan="3">图书、报纸、杂志</td></tr>
<tr><td colspan="3">饲料、化肥、农药、农机、农膜</td></tr>
<tr><td colspan="3">初级农产品、音像制品、电子出版物、二甲醚、食用盐</td></tr>
<tr><td colspan="3">出口货物</td><td>0</td></tr>
<tr><td rowspan="15">“营改增”一般纳税人</td><td colspan="3">交通运输服务，包括陆路运输服务、水路运输服务、航空运输服务、管道运输服务</td><td>9</td></tr>
<tr><td colspan="3">邮政服务，包括邮政普遍服务、邮政特殊服务、其他邮政服务</td><td>9</td></tr>
<tr><td rowspan="2">电信服务</td><td colspan="2">基础电信服务</td><td>9</td></tr>
<tr><td colspan="2">增值电信服务</td><td>6</td></tr>
<tr><td colspan="3">建筑服务，包括工程服务、安装服务、修缮服务、装饰服务、其他建筑服务</td><td>9</td></tr>
<tr><td colspan="3">金融服务，包括贷款服务、直接收费金融服务、保险服务、金融商品转让、融资性售后回租</td><td>6</td></tr>
<tr><td rowspan="3">现代服务</td><td colspan="2">研发和技术服务、信息技术服务、文化创意服务、物流辅助服务、鉴证咨询服务、广播影视服务、商务辅助服务、其他现代服务</td><td>6</td></tr>
<tr><td rowspan="2">租赁服务</td><td>有形动产融资租赁服务、有形动产经营租赁服务</td><td>13</td></tr>
<tr><td>不动产融资租赁服务、不动产经营租赁服务</td><td>9</td></tr>
<tr><td>生活服务</td><td colspan="2">文化体育服务、教育医疗服务、旅游娱乐服务、餐饮住宿服务、居民日常服务、其他生活服务</td><td>6</td></tr>
<tr><td rowspan="3">销售无形资产</td><td colspan="2">技术、商标、著作权、商誉、其他权益性无形资产</td><td>6</td></tr>
<tr><td rowspan="2">自然资源使用权</td><td>海域使用权、探矿权、采矿权、取水权、其他自然资源使用权</td><td>6</td></tr>
<tr><td>土地使用权</td><td>9</td></tr>
<tr><td>销售不动产</td><td colspan="2">建筑物、构筑物</td><td>9</td></tr>
<tr><td colspan="3">出口服务（适用增值税免税政策的除外）</td><td>0</td></tr>
</table>

2. 消费税

消费税是对少数非生活必需品性质的消费品课征的一种流转税，它与增值税的显著不同之处是实行特殊调节，而不是一般调节，是非中性的税种。开征消费税有利于引导消费，优化资源配置；有利于缩小贫富差距，实现社会公平；有利于节约资源，保护环境，实现经济可持续发展。

目前我国消费税的征税范围包括15大类商品，这15大类商品可分为以下四种类型：一是过度消费对人体有害或不利于社会秩序、生态环境的消费品，例如烟、酒、鞭炮及焰火、涂料、电池等；二是奢侈品，如高档化妆品、贵重首饰及珠宝玉石、高档手表、游艇、高尔夫球及球具等；三是高能耗的高档消费品，如小汽车、摩托车等；四是不可再生和替代的稀缺资源消费品，如成品油、实木地板、木制一次性筷子等。凡在中国境内生产、委托加工和进口应税消费品的单位和个人均为消费税的纳税义务人。消费税主要是在产制环节缴纳，但金银首饰、钻石及钻石饰品的消费税在零售环节缴纳；卷烟除了在产制环节缴纳之外，还要在批发环节缴纳消费税。消费税的计税依据为销售额，并实行价内税，计税销售额中含有消费税税额但不含增值税税额。消费税有比例税率和定额税率两种税率形式，比例税率最低为1%，最高为56%。黄酒、啤酒以及汽油和柴油等适用于定额税率。另外，对白酒和卷烟实行从量定额和从价定率相结合的复合计税方法。例如，白酒生产企业出售白酒先要缴纳从量定额税，税率为每斤（500克）0.5元，然后再按出售价格缴纳从价税，税率为20%。

3. 城市维护建设税

城市维护建设税原是一种具有特定目的的附加税，它以纳税人实际缴纳的增值税、消费税税额为计税依据。目前，凡是缴纳增值税和消费税的单位和个人，都是城市维护建设税的纳税人。从2010年12月1日起，外商投资企业和外国企业也要缴纳该税。城市维护建设税的税率有3档，分别适用于位于不同地区的纳税人：纳税人所在地为市区的，其适用税率为7%；纳税人所在地为县、镇的，税率为5%；纳税人所在地不在市区、县和镇的，税率为1%。

4. 关税

关税是中国政府对进出本国国境的货物和物品征收的一种流转税。货物是指贸易性商品；物品包括入境旅客随身携带的行李物品、个人邮递物品、各种运输工具上的服务人员携带进口的自用物品、馈赠物品以及其他方式进入我国国境的个人物品。贸易性商品进口关税的纳税人是经营进口货物的收、发货人，包括外贸进出口公司、工贸或农贸结合的进出口公司以及其他经批准经营进出口商品的企业。物品进口关税的纳税人包括入境旅客随身携带的行李、物品的持有人、各种运输工具上服务人员入境时携带自用物品的持有人、馈赠物品以及其他方式入境的个人物品的所有人、进口个人邮件的收件人。关税的税率采用差别比例税率，税率分为进口税率和出口税率。进口货物按照必需品、需用品、非必需品、限制进口品等分成若干级别分别规定不同的税率。必需品进口税率低于需用品税率，需用品税率低于非必需品的税率，限制进口品的税率最高。另外，关税的差别税率还体现在进口货物的生产国别。对原产于与中国未订有关税互惠协定的国家或地区的进口货物要按照普通税率征税；对原产于与中国订有关税互惠协定的国家或地区的进口货物则按照优惠税率征税。改革开放以来特别是加入世界贸易组织以后，我国多次大幅度降低了进口关税的税率，到2018年11月，我国进口关税的算术平均税率已由2001年的15.3%降到7.5%。出口关税的税率也为比例税率，但没有普通税率和优惠税率之分。目前我国只对213项出口商品征收出口关税，其中有50项暂定税率为零。

关税的应纳税额 = 进（出）口应纳税货物数量 × 单位完税价格 × 适用税率

5. 企业所得税

企业所得税的课税对象为企业的生产经营所得和其他所得。生产经营所得是指企业从事的主营业务活动取得的所得。其他所得包括财产转让所得、利息所得、股息所得、租赁所得，等等。企业所得税的纳税人为中国居民企业和非居民企业。中国居民企业是指依法在中国境内成立，或者依照外国（地区）法律成立但实际管理机构设在中国境内的企业；非居民企业是指依照外国（地区）法律成立且实际管理机构不在中国境内，但在中国境内设立机构、场所，或者在中国境内未设立机构、场所，但有来源于中国境内所得的外国企业。企业所得税的计税依据为应纳税所得额。它等于企业的年度收入总额，减除不征税收入、免税收入、各项扣除以及允许弥补的以前年度亏损后的余额。企业所得税的税率为25%。但非居民企业在中国境内未设立机构、场所，或者虽设立机构、场所但取得的所得与其所设机构、场所没有实际联系的，其来源于中国境内的所得按照10%的税率缴纳企业所得税。符合条件的小型微利企业，减按20%的税率征收企业所得税。另外，年应纳税所得额在100万元以下的小微企业，其所得减按25%计入应纳税所得额，实际税率仅为5%；对年应纳税所得额超过100万元但不超过300万元的部分，减按50%计入应纳税所得额，实际税率为10%。国家对需要重点扶持的高新技术企业减按15%的税率征收企业所得税。企业所得税税率的具体情况见表8－2。

表 8-2　　企业所得税的税率

类别	税率
企业所得税法定税率	25%
非居民企业在中国境内未设立机构、场所，或者虽设立机构、场所但取得的所得与其所设机构、场所没有实际联系的	10%（其来源于中国境内的所得按照10%的税率缴纳企业所得税，或执行税收协定税率）
符合条件的小型微利企业	减按20%
年应纳税所得额在100万元以下的小微企业	5%（其所得减按25%计入应纳税所得额，实际税率为5%）
年应纳税所得额在100万元以上300万元（含）以下的部分	10%（其所得减按50%计入应纳税所得额，实际税率为10%）
高新技术企业	减按15%

6. 个人所得税

个人所得税的纳税人包括中国公民、个体工商户以及在中国取得所得的外籍公民、华侨和中国香港、台湾、澳门同胞。个人所得税的纳税人也可以分为居民纳税人和非居民纳税人。这两类纳税人负有的纳税义务不同。居民纳税人负有无限纳税义务，即纳税人要就来源于中国境内和境外的一切所得向中国政府缴纳所得税。非居民纳税人则只需就其来源于中国境内的所得向中国政府缴纳所得税。我国现行个人所得税的征税范围包括纳税人取得的9大类所得，具体包括以下项目：（1）工资、薪金所得；（2）劳务报酬所得；（3）稿酬所得；（4）特许权使用费所得；（5）经营所得；（6）利息、股息、红利所得；（7）财产租赁所得；（8）财产转让所得（我国境内上市公司的股票转让所得暂免征收个人所得税）；（9）偶然所得。从2019年1月1日起，我国实行综合与分类相结合的个人所得税制度，居民个人取得的综合所得即上述第（1）项至第（4）项所得，要按纳税年度合并计算个人所得税；非居民个人取得的上述第（1）项至第（4）项所得，按月或按次分项计算个人所得税；纳税人取得上述第（5）项至第（9）项所得，依法分别计算个人所得税。个人所得税的计税依据为个人的应纳税所得额，应纳税所得额等于纳税人应税项目的收入额减去税法规定的费用扣除标准后的余额。不同收入项目的费用扣除标准不尽相同。例如，居民个人的综合所得，每一纳税年度可以减除费用六万元以及专项扣除（按国家规定缴纳的“三险一金”）、专项附加扣除（包括子女教育、继续教育、大病医疗、住房贷款利息或者住房租金和赡养老人）和依法确定的其他扣除；非居民个人取得的工资、薪金所得，每月可以减除费用5000元，劳务报酬所得、稿酬所得、特许权使用费所得以每次收入额为应纳税所得额，不能扣除费用；经营所得，每一纳税年度可以从收入总额中减除成本、费用以及损失；财产租赁所得，每次收入不超过4000元的减除费用800元，4000元以上的减除20%的费用；财产转让所得，可以减除财产原值和合理费用；利息、股息、红利所得和偶然所得，以每次收入额为应纳税所得额，不能减除任何费用。另外，劳务报酬所得、稿酬所得、特许权使用费所得以收入减除20%的费用后的余额为收入额；稿酬所得的收入额减按70%计算。

个人所得税专项附加扣除的标准分别为：（1）子女教育（包括年满3岁后的学前教育至高等教育），按照每个子女每月1000元的标准定额扣除，父母可以选择由其中一方按扣除标准的100%扣除，也可以选择由双方分别按扣除标准的50%扣除；（2）继续教育，纳税人在学历（学位）教育期间按照每月400元定额扣除，或在取得相关证书的当年按照3600元定额扣除；（3）大病医疗，纳税人发生的与基本医保相关的医药费用支出扣除医保报销后个人负担累计超过15000元的部分，在80000元限额内据实扣除，可以选择由本人或者其配偶扣除；（4）住房贷款利息，纳税人或其配偶购买中国境内住房发生的首套住房贷款利息支出，在实际发生贷款利息的年度，经夫妻双方约定，可以选择由其中一方按照每月1000元的标准定额扣除；（5）住房租金，纳税人在主要工作城市没有自有住房而发生的住房租金支出，可以根据城市的规模按照每月1500元、1100元和800元的标准定额扣除，并由签订租赁住房合同的承租人扣除；（6）赡养老人，纳税人为独生子女的，按照每月2000元的标准定额扣除；纳税人为非独生子女的，由其与兄弟姐妹分摊每月2000元的扣除额度，每人分摊的额度不能超过每月1000元。

个人所得税的税率按所得项目不同而分别确定。例如，综合所得适用7级超额累进税率，最低为3%，最高为45%（见表8-3）；经营所得适用5%至35%的5级超额累进税率（见表8-4）；利息、股息、红利所得，财产租赁所得，财产转让所得，偶然所得，适用20%的比例税率。

表8-3　　个人所得税税率（综合所得适用）

级数	全年应纳税所得额	税率（%）
1	不超过36000元的	3
2	超过36000元至144000元的部分	10

续表

级数	全年应纳税所得额	税率（%）
3	超过144000元至300000元的部分	20
4	超过300000元至420000元的部分	25
5	超过420000元至660000元的部分	30
6	超过660000元至960000元的部分	35
7	超过960000元的部分	45

表8-4　个人所得税税率（经营所得适用）

级数	全年应纳税所得额	税率（%）
1	不超过30000元的	5
2	超过30000元至90000元的部分	10
3	超过90000元至300000元的部分	20
4	超过300000元至500000元的部分	30
5	超过500000元的部分	35

7. 土地增值税

土地增值税是国家为了抑制土地的炒买炒卖和调节房地产投机暴利而开征的一种税，它实际上是房地产企业的第二道所得税。土地增值税的纳税人为转让国有土地使用权、地上建筑物及其附着物并取得收入的单位和个人。其课税对象为纳税人转让房地产取得的增值额。这里的增值额是指纳税人转让房地产取得的各项收入（包括货币收入、实物收入和其他收入）减去国家规定的各项扣除项目后的余额。国家规定的允许扣除的项目有以下几项：（1）取得土地使用权所支付的金额，包括纳税人取得土地使用权所支付的地价款及交纳的有关费用；（2）房地产开发成本，包括土地的征用和拆迁补偿费、前期工程费、建筑安装工程费、基础设施费、公共配套设施费、开发间接费用等；（3）房地产开发费用，包括与房地产开发有关的销售费用、管理费用和财务费用；（4）旧房及建筑物的评估价格，即当转让的建筑物为已经使用的房屋时，由政府批准的房地产评估机构评定的房屋价格可以扣除；（5）与转让房地产有关的税金，包括转让房地产时缴纳的城市维护建设税、印花税、教育费附加等；（6）财政部确定的其他扣除项目，这里主要是指财政部规定，对从事房地产开发的纳税人，可以按其取得土地使用权所支付的金额和房地产开发成本这两项金额之和，加计20%的扣除。土地增值税实行四级超率累进税率，分别是30%、40%、50%和60%，累进的依据为增值额与允许的扣除项目金额之比。土地增值税的应纳税额按以下公式计算：

$$应纳税额 = \sum (每级距的土地增值额 \times 适用税率)$$

8. 房产税

房产税属于财产税，是对纳税人拥有的房屋财产课征的税收。房产税的纳税人为在中国境内拥有房屋产权的单位和个人。房屋产权属于国家所有的，房屋的经营管理单位为纳税人；房屋产权属于集体或个人所有的，纳税人为集体单位或个人。位于农村的房屋不属于房产税的课税对象。房产税的计税依据为房屋的计税价值或者是房产的租金收入。房产税的税率为比例税率：按房产计税价值征收的，税率为1.2%；按房产租金收入课征的，税率为12%。但从2001年起，个人按市场价格出租居民住房用于居住的，可减按4%的税率缴纳房产税。对个人自住的房产免税。

9. 城镇土地使用税

城镇土地使用税的征税范围包括在城市、县城、建制镇和工矿区内的国家所有和集体所有的土地。其纳税人为拥有城镇土地使用权的单位和个人，或者实际使用城镇土地的使用人和代管人。城镇土地使用税的税率采用差别定额税率，因大城市、中等城市、小城市和县城、建制镇、工矿区而异，税率幅度为0.6～30元/平方米，具体税率由各省、自治区、直辖市政府根据本地的实际情况在上述幅度内确定。另外，对个人自住的房屋用地免征城镇土地使用税。

10. 契税

契税是对土地使用权和房屋产权的转让征收的一种税，属于对转移财产的课税，也是一种财产税。契税的课税对象是在中国境内转移的土地、房屋的权属。具体包括：(1) 国有土地使用权的出让；(2) 土地使用权的转让；(3) 房屋买卖；(4) 房屋赠与；(5) 房屋交换。契税的纳税人为在中国境内转移土地、房屋权属过程中承受的单位和个人。契税实行3%～5%的幅度税率。各省、自治区、直辖市政府可根据本地的具体情况在该税率幅度内选择本地的适用税率。从2016年2月22日起，对个人购买家庭唯一住房（家庭成员范围包括购房人、配偶以及未成年子女，下同），面积为90平方米及以下的，减按1%的税率征收契税；面积为90平方米以上的，减按1.5%的税率征收契税。对个人购买家庭第二套改善性住房，面积为90平方米及以下的，减按1%的税率征收契税；面积为90平方米以上的，减按2%的税率征收契税。

11. 资源税

资源税的课征是为了调节开采自然资源企业取得的级差收入。资源税的课税对象主要是自然资源，但目前并非所有的自然资源都属于应税范围，应税的自然资源只包括矿产品、盐和水资源三大类，而森林资源暂不课税。具体而言，资源税的税目包括 8 大类，即原油、天然气、煤炭、其他非金属矿原矿、黑色金属矿原矿、有色金属矿原矿、盐和水（地表水、地下水）。过去，资源税长期采用定额税率征收，其计税依据为课税数量。自 2011 年 11 月起，原油、天然气改为从价征税，计税依据为销售收入，自 2014 年 12 月 1 日起税率调整为 6% ~10%。自 2014 年 12 月 1 日起，煤炭资源税也改为从价计征，税率为 2% ~10%，由各省级人民政府自行确定。自 2015 年 5 月 1 日起，稀土、钨、钼三种矿产品实行从价计征，稀土税率各省份不一，钨的税率为 6.5%，钼的税率为 11%。自 2016 年 7 月 1 日起，铁矿、金矿、铜矿、铝土矿、铅锌矿、镍矿、锡矿、石墨、硅藻土、高岭土、萤石、石灰石、硫铁矿、磷矿、氯化钾、硫酸钾、井矿盐、湖盐、提取地下卤水晒制的盐、煤层（成）气和海盐都改为从价计征资源税，中央政府为每一种矿产品制定幅度税率，然后由省级人民政府在规定的税率幅度内提出具体适用税率建议，报财政部、国家税务总局确定核准。同时，开始在河北省开展水资源税试点，并自 2017 年 12 月 1 日起将水资源税改革试点扩大到北京、天津、山西、内蒙古、山东、河南、四川、陕西、宁夏 9 个省（自治区、直辖市），并实行从量计征。下一步，还要将其他矿产品纳入从价计征的范围。另外，从促进资源节约集约利用和生态环境保护的角度考虑，国家还将创造条件，逐步对水、森林、草场、滩涂等自然资源开征资源税。

12. 环境保护税

《中华人民共和国环境保护税法》（以下简称《环境保护税法》）于 2016 年 12 月 25 日由第十二届全国人民代表大会常务委员会第二十五次会议通过，于 2018 年 1 月 1 日起实施。环境保护税是向那些在我国境内及所管辖的海域直接向环境排放应税污染物的企业事业单位和其他生产经营者课征的一种税，目的是促进纳税人减少污染物的排放，推进生态文明建设。应税污染物包括大气污染物、水污染物、固体废物和噪声，具体范围由《环境保护税法》所附的《环境保护税税目税额表》和《应税污染物和当量值表》确定。环境保护税的税率实行定额税率，例如，大气污染物每污染当量 1.2 元至 12 元；水污染物每污染当量 1.4 元至 14 元；固体废物中的煤矸石每吨 5 元；工业噪声超标 1 ~3 分贝每月 350 元，超标 4 ~6 分贝每月 700 元；等等。应税大气污染物和水污染物具体适用税额的确定和调整，由省、自治区、直辖市人民政府统筹考虑本地区环境承载能力、污染物排放现状和经济社会生态发展目标要求，在《环境保护税法》规定的税额幅度内提出，报同级人民代表大会常务委员会决定，并报全国人民代表大会常务委员会和国务院备案。纳税人排放应税大气污染物或者水污染物的浓度值低于国家和地方规定的污染物排放标准30%的，减按75%征收环境保护税；纳税人排放应税大气污染物或者水污染物的浓度值低于国家和地方规定的污染物排放标准50%的，减按50%征收环境保护税。

二、中国税制改革

（一）税制改革的基本原则

中国现行税制自1994年确立以来，对保障国家的财政收入起了十分重要的作用，同时也基本适应税收征管水平的要求。但现行税制毕竟是20多年前确立的，这期间国家的社会经济发生了巨大变化。1994年的税制改革是适应当时提出的社会主义市场经济要求而进行的，1993年11月党的十四届三中全会通过的《中共中央关于建立社会主义市场经济若干问题的决定》中提出实行“效率优先、兼顾公平的收入分配制度”，这在当时国家刚开始进行社会主义市场经济建设，其主要任务是提高经济效率的历史时期是完全必要的。在20多年后的今天，中国的经济效率有了很大的提高，GDP规模已居世界第二，与此同时，国民收入的分配状况却不尽如人意，基尼系数不断攀升，尽管近些年来有所下降，但2017年仍高达0.467,[①] 超过国际公认的0.45的警戒线。从党的十八大开始，党和国家非常重视社会公平。特别是党的十九大报告提出中国特色社会主义进入了新时代，人民美好生活需要日益增长，不仅对物质文化生活提出了更高要求，而且在民主、法治、公平、正义、安全、环境等方面的要求也日益增长；因此，必须坚持以人民为中心的发展思想，不断促进人的全面发展、全体人民共同富裕，履行好政府再分配调节职能，加快推进基本公共服务均等化，缩小收入分配差距。另外，党的十九大报告还要求“深化税收制度改革，健全地方税体系”。改革的原则仍然是党的十八大报告提出的“形成有利于结构优化、社会公平的税收制度”。这个改革的原则具有很强的针对性，它实际上也指出了当前我国税制存在的主要问题是过于倚重流转税，造成

① 国家统计局网站。

税制结构不合理。目前增值税约占我国税收收入的40%，虽然税款均由企业缴纳，但其中有很大一部分要转嫁给消费者负担。根据国家统计局的统计调查，2011年，中国最低收入的10%的家庭用于生活消费的支出占家庭可支配收入的93%，而最高收入的10%的家庭其生活消费支出仅占可支配收入的59%。这表明，在以流转税为主的税制结构下，低收入家庭负担的税收占其收入的比重要远远大于高收入家庭。这种税负的累退性与社会公平的目标相去甚远，因为税收纵向公平的原则要求负税能力较强的人应当缴纳更多的税收。因此，党的十八大报告提出下一步税制改革的重要任务是优化税制结构，以实现税制的社会公平。党的十八届三中全会通过的《中共中央关于全面深化改革若干重大问题的决定》对如何优化税制结构提出了具体要求，即“逐步提高直接税比重”。这里所指的直接税最主要的是个人所得税，因为在全部税收中，个人所得税是最公平的税种。一是它的税负公平，“多得多征、少得少征、不得不征”；二是它采取累进税率征收，有利于调节社会成员的收入分配。但这样一种公平合理的税种，2018年在我国一般公共预算的税收收入中仅占8.9%；如果按国际口径（税收中包括社会保险费），其在我国税收收入中的占比就更低，仅为6%左右。而这个比重在OECD国家平均达到24%，在一些发展中国家也达到15%。当然，房地产税也是直接税的重要内容，它的发展和完善对于优化我国的税制结构也十分重要。

（二）税制改革的主要内容

《中共中央关于全面深化改革若干重大问题的决定》为我国税制改革提出了具体的战略部署，即“推进增值税改革，适当简化税率。调整消费税征收范围、环节、税率，把高耗能、高污染产品及部分高档消费品纳入征收范围。逐步建立综合与分类相结合的个人所得税制。加快房地产税立法并适时推进改革，加快资源税改革，推动环境保护费改税”。

《深化财税体制改革总体方案》[①] 提出了我国税制优化的目标和方向，指出：“深化税收制度改革，优化税制结构、完善税收功能、稳定宏观税负、推进依法治税，建立有利于科学发展、社会公平、市场统一的税收制度体系，充分发挥税收筹集财政收入、调节分配、促进结构优化的职能作用。”具体优化方向可概况为：降低流转税的比重，提高个人所得税、财产税和资源税的比重，优化双主体税制结构的质量，更好发挥财税体制作为国家治理体系和治理

---

① 中共中央政治局2014年6月30日会议审议通过。

能力现代化的重要支柱的作用和在治国安邦中的基础性、制度性、保障性作用，体现和实现政府的政策目标。

1. 完善增值税制度

2016年5月1日全面实行“营改增”，营业税正式退出历史舞台。但增值税改革远没有结束。下一步，增值税还面临立法的问题，在立法过程中，增值税制度还需要进一步完善。目前虽然不再有增值税和营业税的混合销售和兼营的问题，但由于增值税税率档次仍有13%、9%和6%三档，增值税自身仍然存在混合销售和兼营的问题，比如销售货物和销售服务二者的混合，以及适用9%和6%税率服务的兼营，使得增值税的征收管理较为复杂，也给纳税人逃避税提供了空间。因此，下一步增值税的改革仍要适当简化税率档次，由三档向两档的方向发展。另外，“营改增”试点方案对增值税抵扣链条的考虑不足，例如纳税人支付的银行贷款利息和相关费用进项税不能抵扣，不动产也未纳入增值税的抵扣范围等，这些在进一步改进增值税时都需加以完善。

2. 改革消费税制度

我国现行消费税制度还存在着征收范围较窄、课税环节单一且靠前、税基偏小、税率结构欠合理、对消费行为调控作用总体偏弱等问题。下一步消费税改革应本着发挥其“合理引导消费方向、节约资源、改善环境的作用”的原则，改革的重点是调整征税范围、环节和税率，把一些有利于调节收入分配的高档消费品和高耗能、高污染的产品列入消费税的征税范围。

3. 完善个人所得税制度

我国个人所得税一直实行的分类所得税制度最大好处是便于源泉征收，由支付所得的单位和个人代扣代缴，纳税人一般不需要进行申报纳税（两头取得工资、境外取得所得、没有扣缴义务人以及年收入超过12万元等情况的除外）。但这种制度在面对收入来源不同的纳税人时，由于各类所得都有其不同的费用扣除标准（免征额），所以它无法做到税收的横向公平。实行“综合和分类相结合”的个人所得税，有望解决这一问题。当然，从世界各国的做法来看，把纳税人的所有收入综合缴纳所得税的情况也不多见，一般资本所得（股息、利息、财产转让所得等）往往单独征税。从2019年1月1日起实行的综合与分类相结合的个人所得税制度改革，先将工薪所得、劳务报酬所得、稿酬所得和特许权使用费所得四项劳动性所得纳入了综合征税范围，其他所得仍实行分类征收。今后个人所得税征收模式应当由“小综合”向“大综合”的方向发展，逐步将经营所得、财产租赁所得等纳入综合征收的范围。另外，修正后的《个人所得税法》将个人所得税综合所得的费用扣除标准由每月 3500 元提高到每月 5000 元（60000 元/年），同时还增加了专项附加扣除，即子女教育支出、继续教育支出、大病医疗支出、住房贷款利息和住房租金支出以及赡养老人等支出，这比过去费用扣除标准“一刀切”的做法有了很大的改进。今后应当不断完善费用扣除办法，基本费用扣除标准（如现在的每年 60000 元）应当随物价的上涨进行动态调整。

另外，目前我国的个人所得税对个人的财产性收入都有许多免税规定，例如银行存款利息所得、上市公司的股票转让所得、持有一年以上上市公司股票取得的股息红利所得等。随着我国居民收入来源中财产性收入的比重不断提高（1990 年城镇居民的收入来源中财产性收入仅占 1.01%，2016 年已达到 9.73%），[①] 国家从社会公平的角度考虑也应当对个人的一部分财产性收入征收个人所得税。

4. 加快房地产税立法和改革

目前我国并没有设立和开征房地产税这个税种，但开征房产税和城镇土地使用税。国外一般都征收房地产税，而我国由于城镇土地属于国家所有，因此没有将私人房产与国有土地合并征税，而是单独征收了城镇土地使用税，它实际上是一种土地租金或使用费。现行房产税是按照房产原值一次减除 10% ~ 30% 后的余值作为计税依据，税率为 1.2%；房产出租的，则依照房产租金收入按 12% 的税率计征房产税。城镇土地使用税则以纳税人实际占用的土地面积为计税依据，税率为定额税率，例如大城市为每平方米 1.5 ~ 30 元；中等城市为每平方米 1.2 ~ 24 元；等等。可见，无论是房产税还是城镇土地使用税目前都不是按照房地产的评估价值征收的。另外，目前房产税和城镇土地使用税主要是对企事业单位征收，对个人不从事营业用途的住房免征房产税和城镇土地使用税。党的十八届三中全会提出“加快房地产税立法并适时推进改革”，改革的主要目的是要把房地产税作为地方政府的主体税种，健全地方税体系，规范地方政府行为和房地产市场，调节贫富差距。改革的主要内容为：一是将企事业单位的房产税和土地使用税合二为一，开征房地产税，按照评估价值征收；二是时机成熟时将个人符合条件的非营业性住房纳入房地产税的征收范围，在房地产的保有环节，以房地产的评估价值作为课税依据征税；三是该改革要在全国人大立法的框架内进行。

① 《中国统计年鉴 2017》。

【本章小结】

1. 税收，又叫赋税或者税，它是作为公共部门的国家或政府为了实现其职能的需要，凭借公共权力，运用法律手段，按照特定的标准，向社会成员进行强制、无偿的征收，以取得公共收入的一种分配活动。它具有强制性、无偿性、固定性三个基本特征。税收的公共属性缘于政府筹集的公共收入的主要来源就是税收，税收又被视为提供公共产品和公共服务必须支付的成本。

2. 税收分配无论简单或复杂，都是由一些基本要素组成的。归纳起来，这些基本要素主要包括：纳税人、课税对象、税率、纳税期限、减税免税、处罚等。把这些要素的具体规定按特定目的组合起来，便形成了各种具有特定功能的税种；税种与税种的组合，便形成了一国的税收和税制体系。

3. 依据不同的分类标准，可对税种做出多种分类：以课税对象的性质为标准，可分为流转税、所得税、财产税、资源税和行为税；以课税标准分类，可分为从量税和从价税；按税收与价格的关系分类，分为价内税和价外税；按是否有专门用途，分为一般税和特定目的税；以税负能否转嫁为标准，分为直接税和间接税；按税种的隶属关系分类，分为中央税、地方税和中央与地方共享税。

4. 设计税收制度和开证税收要遵循税收原则。税收原则是指导人们设计税收制度的理念、思想和准则，也是评价和鉴别税制优劣的准绳，它高度抽象地概括税收政策和制度制定者的思想意志，并综合反映了社会对税收政策制度的要求。税收原则主要有公平原则和效率原则。公平原则强调税收负担要做到公平合理，具体体现为横向公平和纵向公平；效率原则包括经济效率原则和行政效率原则。

5. 税收效应，是指税收对纳税人（企业和个人）的经济行为产生影响的结果，也就是通常所说的税收调节作用，也可以表述为纳税人因政府课税而在其经济选择和经济行为方面做出的反应。税收效应可分为收入效应和替代效应两个方面。税收的效应体现在税收对生产、消费、劳动、储蓄和投资行为起到影响和调节作用。

6. 税收负担，简称税负，是指由于政府征税而给纳税人带来的经济利益损失，是税收政策的核心。税收负担水平受经济与生产力发展水平、政府职能范围、公共收入手段选择、税收制度本身的因素等等因素的影响。通常所说的税收负担是指宏观税负，判断宏观税负水平高低和税负轻重需用综合和全面的观点才能得出客观正确的结论。

7. 税负转嫁，是指纳税人将自己缴纳的税款转移给他人负担的一种经济过程，税负转嫁过程的终点就是税收归宿。税负转嫁是相对的，它取决于商品和劳务性质、供求弹性、定价方式、税种形式、征税范围等多种因素。

8. 税制结构是指一国税收制度中税类、税种的构成及主体税种的设置。现代国家均实行复合税制，采取多种税在经济活动多个环节征收的办法。税制结构的选择和确立，受到政府的税收工具范围、税收政策目标、支出规模、国民经济结构、经济体制和运行机制等多种因素的影响。

9. 我国现行税收体系主要包括流转税、所得税、财产税、资源税和财产税等18个税种，形成了多税并存、收入和调节职能并举的复合税制，其中增值税是第一大税种。我国当前面临建立新时代中国特色社会主义新型税收制度的重大命题，税制优化的目标是：建立有利于科学发展、社会公平、市场统一的税收制度体系；优化的任务是：优化税制结构、完善税收功能、稳定宏观税负、推进依法治税、实现税制的社会公平；优化的方向为：降低流转税的比重，提高个人所得税、财产税和资源税的比重，优化双主体税制结构的质量，更好发挥财税体制作为国家治理体系和治理能力现代化的重要支柱的作用和在治国安邦中的基础性、制度性、保障性作用，体现和实现政府的政策目标。据此，需调整和改进现行税制，完善有关税种。

【主要概念】

税收　税收特征　强制性　无偿性　固定性　税制要素　纳税人　课税对象　税率　流转税　所得税　财产税　资源税　直接税　间接税　税制结构　单一税制　复合税制　税收原则　公平原则　横向公平　纵向公平　效率原则　经济效率原则　行政效率原则　税收效应　收入效应　替代效应　税收负担　宏观税负　税负转嫁　税收归宿　供求弹性　税制结构　税制优化

【思考分析题】

1. 税收与其他公共收入形式有什么区别？
2. 简述税制结构的发展模式。
3. 影响税制结构的因素主要有哪些？
4. 比较单一税制和复合税制。
5. 试述现代税制原则的主要内容。
6. 如何理解税收的收入效应和替代效应？
7. 税收负担有哪些主要类型？分析影响税收负担的主要因素。
8. 如何看待我国的宏观税负？

9. 税负转嫁的形式主要有哪些？分析影响税负转嫁的基本因素。

10. 了解增值税的抵扣原理、征收范围、税率（征收率）及应纳税额的计算方法。

11. 根据建立新时代中国特色社会主义新型税收制度的要求，我国税制优化的目标、任务和方向是什么？

【阅读与思考】

阅读（一）：税收是“必要的恶”？

约翰·洛克在其重要著述《政府论》中，把政府看作“必要的恶”（necessary evil），明确提出“有限政府”的概念，强调以基本人权（生命权、财产权和自由权）来为政府行为设置“底线”，以法治和人民的“革命”权来抗击政府强权。

美国思想家托马斯·潘恩对社会与政府做了区分，认为“社会在各种情况下都是受人欢迎的，可是政府呢，即使在其最好的情况下，也不过是一件免不了的祸害；在其最坏的情况下，就成了不可容忍的祸害”，主张以宪法至上的共和制度来降低政府“祸害”的程度。

革命导师马克思和恩格斯则把国家称为社会的“累赘”和“肿瘤”，“国家再好也不过是在争取阶级统治的斗争中获胜的无产阶级所继承下来的一个祸害”，胜利了的无产阶级“不得不立即尽量除去这个祸害的最坏方面，直到在新的自由的社会条件下成长起来的一代有能力把这全部国家废物抛掉”。[①] 马克思和恩格斯根据巴黎公社的经验而得出的结论是，无产阶级必须“炸毁旧的国家政权并以新的真正民主的国家政权来代替”。[②]

（资料来源：由笔者编写。）

思考：

（1）你认可税收是“必要的恶”的说法吗？

（2）革命导师马克思和恩格斯是在什么历史背景下把国家称为社会的“累赘”的？他们彻底否定了国家的存在吗？

（3）读过上面的报道，再思考国家和政府与税收的关系。

（4）思考如何辨别和把握适宜的税收的“度”？

---

① 《马克思恩格斯选集》（第2卷），人民出版社1972年版，第334～335页。

② 《马克思恩格斯选集》（第2卷），人民出版社1972年版，第336页。

阅读（二）："拉弗曲线"证明了什么？

凯恩斯主义在20世纪30年代的经济大危机后得以流行，许多西方国家对其推崇备至。但是，20世纪70年代，长期实行凯恩斯主义的后遗症逐渐体现出来，经济停滞与通货膨胀（滞涨）同时出现。对此，许多经济学家都有自己的见解，供给学派代表人物、南加利福尼亚商学院教授阿瑟·拉弗（Arthur Laffer）在1974年提出了"拉弗曲线"理论。

拉弗主张通过减税来使美国从滞涨的泥潭中脱身，为了说服当时福特总统的助理切尼，他在华盛顿一家餐馆的餐巾纸上画了一条抛物线形状的曲线来说明自己观点，这就是拉弗曲线的雏形，因此，这条著名的抛物线形状的曲线又被称为"餐桌曲线"（参见下图）。

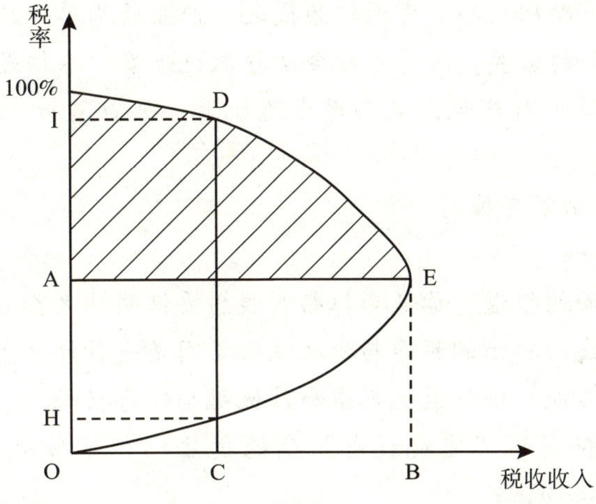

拉弗曲线受到同来赴宴的另一位供给学派学者《华尔街时报》副主编裘德·万尼斯基（Jude Wannisiki）的赞赏，通过万尼斯基在报纸上的宣传，拉弗曲线同减税主张一起，得到了社会的认同，并最终被里根政府作为重要的政策主张之一。基于拉弗曲线原理的美国20世纪80年代大幅度减税政策取得了一定的成功。拉弗曲线描述的是税收收入与税率的关系，当税率从零逐渐提高时，税收收入会不断增长，当税率提高到A点，即税率等于OA时，税收收入最高，达到OB。若税率继续提高，由于税负过重，纳税人会认为工作不合算，可能会减少工作时间增加闲暇时间，从而导致税基减少，税收收入反而降低；当税率达到100%时，此时意味着纳税人取得的所有收入都被作为税收课征，则没有任何一个纳税人去工作，此时税收收入会减少到零。通过高税率OI取

得的 OC 数量的税收收入同样可以通过低税率 OH 获得，而低税率 OH 的效率损失明显比高税率 OI 低得多。所以，图中的阴影部分被称为“税收禁区”。

拉弗曲线试图证明，税收收入并不一定与税率成正比，过高的宏观税负可能会影响纳税人的工作偏好，在对经济增长造成影响的同时，也会导致税收收入的减少。只有在较为适当的税率下，才能既取得必要的税收收入，又不对经济增长造成过多的负面效应。但是，较为适当的税率具体为多少，拉弗曲线是无法回答的，这取决于不同国家的不同社会经济状况。具体来说：第一，人均收入较高的国家其宏观税负相对较高。因为人均收入高的国家居民一般需要更多公共品供给，这为国家提高税收增加这些公共品供给提供了可能。第二，政府职能范围较为宽泛的国家宏观税负相对较高。第三，政府具有较多其他收入来源的国家宏观税负较低。第四，政府的某些政策意图也会影响宏观税负水平。例如一些国土面积较小、资源较为匮乏、产业结构单一的国家或地区，基于吸引投资和贸易的需要，政府可能会实施低税政策，不征或以极低的税率征收所得税、流转税和财产税，从而形成避税港，如百慕大、开曼群岛、巴哈马、中国香港等。

（资料来源：由笔者编写。）

思考：

（1）读过上面的报道，你认为拉弗曲线想要证明什么？

（2）拉弗曲线所揭示的税率与税收收入之间是一种什么关系？

（3）拉弗曲线能够证明最优税率和最优税制的存在吗？

（4）你同意我国的“宏观税负”高的说法吗？拉弗曲线能够解释我国“宏观税负”实际状况吗？

（5）我国近年来实行了较大幅度的减税降费政策，是由拉弗曲线理论引发的吗？如果不是，请说明这反映了怎样的理念？

（6）思考我国优化税制的方向和策略。

【参考文献】

1. 王传伦、高培勇：《当代财政经济理论》，商务印刷馆 1995 年版。

2. 胡怡建：《税收学》（第 3 版），上海财经大学出版社 2011 年版。

3. 黄桦：《税收学》（第 4 版），中国人民大学出版社 2017 年版。

4. ［美］伯纳德·萨拉尼耶：《税收学》（第 2 版），中国人民大学出版社 2018 年版。

5. 杨斌：《税收学》（第 2 版），科学出版社 2011 年版。

6. 李华、樊丽明：《优化中国税制结构的方向和路径研究》，中国财政经济出版社 2015 年版。

7. 中华人民共和国财政部税政司：《中国税收制度》，中国财政经济出版社 2012 年版。

8. 谷成：《中国税制》，清华大学出版社 2010 年版。

9. 郭晓红：《国家税收》（第 2 版），厦门大学出版社 2010 年版。

第九章 政府非税收入

现代国家的公共收入体系由多种形式的收入所构成，其中税收是公共收入的最主要和最典型的形式，是公共收入的主体。税收以外的其他收入，如政府性收费收入、政府性基金收入、政府性债务收入、国有资本经营收益及利润、国有资源（资产）有偿使用收入、社会保障基金收入、土地出让收入、罚没收入、专项收入等，是公共收入的辅助和补充形式，又被统称为“非税收入”，由此与税收共同形成“税费债利租”的公共收入格局及“全口径财政收入”的概念。由于公共债务收入（公债）的特殊性，将专辟一章论述。

本章先概述政府性收费的有关内容作为讲解政府非税收入的铺垫，随后对政府性基金、国有资本经营收入和社会保险基金收入等几种主要的非税收入的概况和改革设想进行阐释。

第一节 政府性收费

一、政府性收费的概念

（一）政府性收费的含义

政府性收费是一种行政性收费，是政府为提供特定社会产品和服务，参与国民收入分配和再分配的一种形式，包括行政性收费和事业性收费两部分。行政性收费是指国家机关、具有行政管理职能的企业主管部门和政府委托的其他机构，在履行或代行政府职能过程中，为了特定目的，依照法律、法规并经有关部门批准，向单位和个人收取的费用，一般具有强制性和排他性特征。事业性收费是指事业单位向社会提供特定服务，依照国家法律、法规并经有关部门批准，向服务对象收取的补偿性费用，一般具有补偿性和排他性特征。政府性收费遵循非营利性原则，是政府非税收入的重要形式，目前，我国政府性收费种类主要包括：管理性收费、资源性收费、证件性收费等。从广义上讲，凡是以政府部门为主体的收费，都可以被称为政府性收费，政府性收费是公共收入的重要来源之一，同时又是一种特殊的价格形式，其实质是国家意志和权威的经济体现。

（二）政府性收费的特征

政府性收费作为非税收入的重要形式，是政府在履行其职能的过程中收取的费用，且一般都有专项用途，它与公共收入的主要形式——税收相比，其特点是：

1. 征收主体是履行政府某种管理职能的部门或单位

政府性收费的征收主体有国家及其政府有关部门，也有事业单位，还有代行政府职能的社会团体，而税收由税务机关负责征收。

2. 使用方向的特定性

政府性收费是为了满足准公共需要即特定的公共产品和公共服务而收取的，资金的使用方向相对固定。税收通常是政府为满足纯公共需要，筹集一般公共产品和服务所需资金而征收的，使用方向不固定。

3. 征收上的有偿性、自愿性和不固定性

政府性收费的征收虽然具有一定的强制性，同时在很大程度上又体现了自愿和有偿，具体表现在为缴费人提供特定的公共产品和公共服务，同时每项政府性收费一般都明确征收期限，且征收标准与提供的准公共产品和公共服务直接相关，适时调整。

4. 资金管理方式的特殊性

政府性收费由于是政府为提供特定公共产品和公共服务而收取的，一般实行专款专用；而税收收入全部纳入财政预算，用于政府一般性开支，实行集中管理。

二、政府性收费存在的理由

在我国，政府性收费存在的理由和必要性在于：

第一，需要税收之外的其他收入补偿公共产品的提供成本。一般而言，满足公共需要的产品和服务，应由政府提供并以税收收入形式获得成本的补偿。由政府提供的纯公共产品的补偿形式主要是税收，而准公共产品的补偿主要是依靠政府性收费等向特定服务或受益对象收取的有关费用。所以，纯公共产品主要由政府采用“税收—公共支出”机制来分摊其生产和提供的成本费用，是一种最为有效的社会分配机制；对于准公共产品则应由政府根据成本费用的分摊机制，按照“谁受益谁付费”的原则让准公共产品的使用者和受益者以使用费的方式进行补偿和调节，这不仅赋予了他们根据自己偏好选择准公共产品种类和规模的权利，提高准公共产品的使用效率和公共服务的质量，而且还可以解决公共产品面临的“拥挤”和“搭便车”问题，使公共产品的消费调整到合理状态，同时还可以缓解政府财政资金的紧张状况。

第二，需要通过政府性收费矫正某些“负外部性”。在现代社会，微观主体的行为会对环境产生正的或负的外部性。由于“外部性”损益的大小及范围难以确定，因此受“外部性”影响者不可能因获益而向生产“正外部性”者付费，也不可能因受害而向产生“负外部性”者索赔，这必然造成环境的恶化。对此，由政府出面按照治理“外部性”所需要的成本来核定收费，使生产“负外部性”者负担真实的活动成本，从而能够从利益机制上约束其产生“负外部性”，维持社会公序良俗。如排污费、交通违纪和事故处理费、各种罚没款等，这类惩罚性收费的标准就可按照治理成本，即社会边际成本与私人边际成本之差来核定。

第三，需要以适量的政府性收费等非税收入作为公共收入的必要补充。我国地域辽阔且各地区的经济基础、自然条件、人文地理状况都存在很大差异，由此也造成了我国税源因各地区、行业、领域不同而不均衡的局面，如果将所有凭借国家职能取得的收入都设置成各种固定的税种，必将会造成税制结构的繁杂和混乱，而且会带来高成本、低效率的结果，因此，对一些社会公益性项目和特定项目的支出收取费用会提高效率。

而且，政府性收费的存在，也适应了政府事权不断扩大的情况。随着经济发展和人民收入水平的不断提高，公众对公共产品和公共服务的需求不断增加，政府履行公共职能的事权范围也在逐步扩大，这必将导致公共支出的不断增长，并且经常超出一般公共预算收入的增长。因此，政府有必要开辟一些收入渠道，增加一些除税收之外的收入形式，以避免因财力缺乏而造成公共产品提供不足、政府职能缺位等情况发生。特别是一些经济不发达的地方政府，政府性收费不仅在提供地方性公共产品和维持地方政府机构运转等方面发挥了很大的作用，而且可以改善当地的公共基础设施，促进文化卫生和福利事业的发展。

三、政府性收费管理

政府性收费反映了政府与非政府主体的一种特殊经济联系，它是政府为提供特定公共产品和公共服务而收取的、主要用于公共产品和公共服务成本补偿的特殊公共收入形式，属于社会公共资金范畴。

我国政府性收费自20世纪90年代之后至21世纪初呈现出显著增长态势。主要原因在于随着经济社会发展和民生改善，公众对公共产品和公共服务的需求不断增加，政府履行公共职能和提供公共产品的事权范围也在逐步扩大，导致公共支出快速增加，相应的就需要增加公共收入。然而，由于国民收入分配格局的重大调整，公共收入在GDP中的占比偏低，作为公共收入主要形式的税收，因其固定性的特征已经不能保证税收收入随公共支出的增长而相应增长，其法定性的规定也限制了税种的任意设置和开征。因此，政府尤其是地方政府通过征集一些非税收入如政府性收费和基金等，以避免因资金缺乏而造成公共产品提供不足、政府职能缺位等情况发生。特别是经济不发达的一些地方政府，政府性收费不仅在提供地方性公共产品和维持地方政府运转等方面发挥了作用，而且也促进了当地文化教育卫生和福利事业的发展。但与此同时，因管理制度不健全及管理约束不严，也衍生了“税收缺位、收费越位”的扭曲性税费关系。

伴随着现代公共预算制度与公共收支体系的创立和改革逐步深化，我国政府性收费制度改革也在努力探索和不断深化，通过实行税费制度综合改革[①]，借以整顿分配秩序，理顺分配关系，扭转国家财政困难局面，增强国家尤其是中央的宏观经济调控能力。在新形势下，对政府性收费实行综合预算管理，既是理顺分配关系、健全政府公共管理和社会治理职能的客观要求，又是依法理财、完善公共预算制度与公共收支体系的重要途径和严肃财经纪律、推进廉政建设的必要措施。

政府性收费制度改革，是为规范公共收入机制所采取的一项重大改革举措，是涉及经济、政策和制度的系统工程，必须统筹协调，稳步推进。其基本改革思路是在对现有的政府性收费进行清理整顿的基础上，用税收取代一些具有税收特征的收费，通过进一步深化财税改革和完善公共预算管理制度，初步

① 我国实行的税费制度综合改革，被简称为“费改税”。但严格来说，“费改税”不是税费制度综合改革的全部，也不是一种准确的语境表达。

建立起以税收为主，少量的、必要的政府收费为辅的科学规范的公共收入体系。具体改革措施有以下几点。

第一，准确界定政府性收费。关键是正确清晰地认识政府性收费与经营服务性收费的区别。两者混淆会产生两大问题：一是若将属于市场行为的收费纳入政府性收费管理，会扩大政府管理范围，造成政府包揽事务过多，影响政府效能的发挥；二是若将政府性收费作为经营服务性收费管理，会造成公共资金流失和政府职能弱化，甚至导致收费部门利用行政权力和垄断地位，强征强收，出现政府权力商品化及“寻租”，滋生腐败。因此必须明确：除法律、法规及国务院明确规定的外，政府性收费不能转为经营服务性收费管理。同时要把真正的经营服务性收费从政府收费管理范围中分离出去，实行市场化运作，自收自支，并依法纳税。

第二，明确政府性收费的管理主体。政府性收费的征管主体只能是管理政府资金的公共财政部门，因此，在管理过程中要坚持财政部门的主体地位，变征管主体“多元”为“一元”，在财政部门内部设立专门的管理机构，负责政府性收费的全面管理工作，统一征收，统一管理，统一政策。

第三，规范政府性收费的范围和标准。借鉴市场经济国家确定政府性收费范围的经验，结合我国的实际，政府性收费范围一般限定在：提供特定服务和社会管理的行政管理机关；提供准公共性和准公益性服务的文化事业、基础设施、高等教育、职业教育、广播电视、医疗保健等事业单位。坚决杜绝一切随意性越权收费和不合理搭车收费，收费标准的审批也必须依法进行。

第四，强化对政府性收费的预算管理。坚持政府收入规范化和预算“完整性”，是市场经济国家历来推行的原则。据此，必须把全部政府性收费和所有财政性资金纳入公共预算，实行全口径预算管理，并做好政府性收费管理与公共预算管理和部门预算管理相互衔接。强化预算执行刚性约束，执行“收支两条线”管理办法，专款专用，制止“坐收坐支”。公共预算管理要从单纯的预算内收支平衡转移到对整个社会财力的管理和分配上来，全面反映公共收支总量、结构和管理活动。

第五，建立政府性收费的法律体系和监督检查机制。健全法律体系，在制度上规范和约束政府性收费的项目审批、标准制定、征收管理、资金使用、稽查审核等工作。强化对政府性收费的监督检查，形成法律监督、社会监督、职能部门监督三位一体的监督体系，形成全方位、多层次、多形式的监督网络。

第六，将部分政府性收费改为税收。对于带有税收性质的政府性收费，应创造条件，将其尽快规范为税收。多年来，许多以收费形式存在的实质上的税收存在项目重复、收取依据软化、多头管理、收支一条线、缺乏监督、使用效益差等缺陷，应当通过“费改税”还其税收面目，纳入公共预算的规范化管理。比如近年来在环境保护、水资源等资源产品的开发与使用方面推行的“费改税”改革措施。

第二节 政府性基金

一、政府性基金的概念与分类

（一）政府性基金的含义

政府性基金是指各级人民政府及其所属部门根据法律、行政法规和国家有关文件规定，为支持公共事业发展和特定基础设施建设，向公民、法人和其他组织无偿征收的具有专项用途的财政资金。目前我国政府性基金主要是政府通过出让土地、发行彩票等方式取得的专项收入，是仅次于税收的第二大公共收入来源，是国家公共收入体系的重要组成部分，对各级政府筹集资金、加快经济建设和社会事业发展起到了重要和积极的作用。

根据财政部公布的数据和2019年中央决算报告：2019年，全国政府性基金收入达84517.7亿元，比上年增长11.97%。分中央和地方看，中央政府性基金收入为4039.8亿元；地方政府性基金本级收入为80477.9亿元，比上年增长12.64%，如表9－1所示。

表9－1　2013～2019年中国政府性基金收入　单位：亿元

内容	2013年	2014年	2015年	2016年	2017年	2018年	2019年
中央政府性基金收入	4238.4	4108.1	4067.6	4178.1	3824.8	4034.8	4039.8
地方政府性基金本级收入	48030.3	50005.6	38270.5	42465.2	57654.9	71444.3	80477.9
合计	52268.7	54113.7	42338.1	46643.3	61479.7	75479.1	84517.7

资料来源：根据财政部网站发布历年财政决算数据、2019年中央决算报告整理。

（二）政府性基金的特征

从属性上说，政府性基金其实是政府参与国民收入分配和再分配的一种形式，它一般不直接与被征收主体发生管理或服务关系，与税收性质基本相同，是一种典型的“准税收”。因此，可将政府性基金界定为政府凭借权力强制性无偿征收的、具有特定目的的收入。政府性基金既具有一般公共财政资金的共性，又具有专款专用的特点，资金的财政性、政府的主体性和用途的特定性构成了它的三大鲜明特征。

（三）政府性基金的分类

按征收对象是否特定划分，我国政府性基金可分为两大类：一类基本面向所有社会成员征收，如民航发展基金、国家电影事业发展专项资金等；另一类面向特定行业或阶层征收，如铁路建设基金。

按收入归属划分，我国政府性基金可分为三类：一是中央政府独有的政府性基金收入，如铁路建设基金收入、民航发展基金收入、烟草企业上缴专项收入等；二是地方政府独有的政府性基金收入，如国有土地使用权出让金收入、城市基础设施配套费收入等；三是中央和地方政府分享的政府性基金收入，如新增建设用地土地有偿使用费收入、彩票公益金收入等。

按支出用途划分，我国政府性基金分为用于公路、铁路、民航、港口等建设的基金；用于水利建设的基金；用于城市维护建设的基金；用于教育、文化、体育等事业发展的基金；用于移民和社会保障的基金；用于生态环境建设的基金；用于其他方面的基金。

二、我国政府性基金的发展沿革

1990 年以前，国家对政府性基金的管理权限没有明确的规定。1990 年之后，中央和国务院发布文件，规定把设立各种政府性基金的审批权集中在财政部，由财政部会同有关部门审批，并报国务院批准。

1995 年，国家对各种基金进行清理整顿，陆续公布取消了一批不合法、不合理的基金项目。

1996 年国务院发布的《关于加强预算外资金管理的决定》规定，从当年起，将养路费、车辆购置附加费和民航机场管理建设费等 13 项数额较大的政府性基金纳入财政预算。

1997 年，中央和国务院再次重申“政府性基金由财政部统一审批，重要的报国务院审批”的规定，之后的多个年份对各种政府性基金进行了清理整顿，陆续取消多达千项“不适应社会主义市场经济发展要求、国务院其他有关部门越权设立，以及省、自治区、直辖市及其所属部门和省级以下人民政府及其所属部门越权设立”的政府性基金项目。

2009 年，财政部制定印发《关于进一步完善政府性基金预算编制的工作方案》，明确了完善基金预算编制的主要目标和任务，正式建立政府性基金预算，将政府性基金纳入制度化规范化的预算管理。

2010 年 9 月财政部发布《政府性基金管理暂行办法》，进一步规范基金审批、征收、使用和监管等行为，以切实加强政府性基金管理和保护公民、法人和其他组织的合法权益。

2015 年 3 月财政部发布《关于进一步加强行政事业性收费和政府性基金管理的通知》，强调依法从严设立收费基金项目，按照国务院统一部署清理规范收费基金，提高收费基金政策的透明度，并加快推进收费基金立法，尽快建立规范有序、公开透明的收费基金管理制度。

随着公共财政制度改革的深入，国家不断改进完善政府性基金预算制度，持续加强政府性基金管理，并加大政府性基金预算调入一般公共预算的力度，目前全国性政府基金种类数量保持在 30 项上下，项目数量控制在一百项以内，标志着政府性基金进入了一个相对稳定的完善阶段。

三、我国政府性基金的改革方向

政府性基金是我国公共收入来源的重要组成部分，加强对政府性基金的管理，对于维护国家利益和保护公共资金安全、构建全面统一的公共预算体系、促进完善国家治理具有重要的意义和作用。

从改革方向和发展趋势来看，未来我国政府性基金的征收应限于那些设立的目的是为了解决社会发展过程中所出现的特定问题的项目。因此，当特定问题已经解决或者该问题扩展至具有普遍性而有必要通过税收来规制时，相应的政府性基金项目就应终止。据此，政府应制定并公布确实应当征收的基金项目目录清单，对于不属于政府性基金性质的项目进行全面清理，对开征的政府性基金进行规范化管理。

本着推进全口径公共（政府）预算管理，全面反映公共（政府）收支总量、结构和管理活动的改革精神，我国政府日益严格控制政府性基金项目的设立，强化政府性基金预算与一般公共预算的统筹衔接，加快把政府性基金纳入一般公共预算的改革步伐，包括政府性收费在内的政府性基金收入得到控制和减少，政府性基金和全部公共收入的征收管理和使用将更加法治化和规范化。

第三节 国有资本经营收入

一、国有资本经营收入的含义与属性

国有资本经营收入是指国有资本经营、转让、清算等形成的公共收入，它反映的是经营和使用国有财产取得的收入，是政府非税收入的又一个重要组成部分。它包括国有企业、国有独资公司依法上缴的税后净利润，国有控股、参股企业分配的国有股利以及企业国有产权转让收入和企业清算净收益中国家所得的部分。

国有资本经营收入之所以能够成为公共收入的一部分，根本依据在于国家（政府）是国有资本（国有资产）[①] 的终极所有者，按照“谁投资、谁所有、谁受益”的原则，国家拥有依法取得和通过公共支出形成的国有资本及国有资产的完整的所有权。收入权是所有权的一项重要权能，收入的获取是资产所有权借以实现的经济形式。因此，国家可以凭借其对国有资本和国有资产的所有权获得应有的经营利润、租金、股息、利息、红利及其他运营收益等项收入，以及国有产权的转让、清算和拍卖收入等。

二、我国国有资本经营收入的形式

国有资本经营收入的具体形式主要取决于国有资产的运作和经营方式，随着国有资产运作和经营方式的多样化，国有资本经营收入的形式也相应多样化。

在我国预算科目中，“国有资本经营收入”款下按照收入形式设置主要有三项：(1)“国有资本投资收益”，它是国有资本经营收入的主要形式，反映使用国有资产的企业上缴的利润、股息、红利及国有资产出租收入等，一般是常年性收入；(2)“国有企业计划亏损补贴”，反映按规定由预算收入退库安

---

① 广义的国有资产是指属于国家所有的一切财产。狭义的国有资产一般是指经营性国有资产，可以定义为法律上确定为国家所有的，并能为国家提供未来经济利益的各种经济资源的总和。与国有资产相关的经济范畴还有国有资本、国有法人资本和国家所有者权益等。国有资本是指国家（政府）以其掌握的国有资产对企业的出资，或者说是政府实际投入企业的，用于享有权利和承担义务的国有资产，它体现在企业资产负债表中的负债与所有者权益方。

排的国有企业计划亏损补贴；（3）“产权转让收入”，反映国有资产和股权转让或出售收入，即政府的一种资产转变为另一种资产，一般为一次性收入。

表 9－2 显示的是 2013～2019 年国有资本经营收入的执行情况。

表 9－2　2013～2019 年国有资本经营收入　单位：亿元

项目	2013 年	2014 年	2015 年	2016 年	2017 年	2018 年	2019 年
全国国有资本经营收入	1713.4	2007.6	2551.0	2609.0	2580.9	2905.8	3971.8
其中：利润收入	1288.1	1700.2	2033.9	1252.7	1823.8	2138.5	2614.8
中央国有资本经营收入	1058.4	1410.9	1613.1	1430.2	1244.3	1326.4	1636.0
上年结转收入	72.0	231.3	144.0	394.5	161.7	113.6	6.7

资料来源：根据财政部网站发布历年财政决算数据、2019 年中央决算报告整理。

三、国有资本经营收入管理

在理论上和实践中，国有资本经营收入体现的是国家凭借国有资产和国有资本所有者的身份获得的权益，它构成公共收入体系中的重要部分。因此，将国有资本经营收入管理纳入公共预算管理体系，建立国有资本经营预算制度，是建设和完善公共收入体系的题中应有之义。

国家获得国有资本经营收入并且实行国有资本经营预算管理的客观根据主要在于：国家代表全体社会成员对全民所有制的国有资产和国有资本行使终极所有权；国家承担和履行经济管理（包括国有资产管理）的职能。因此，国家具有的政权行使者与国有资产所有者的“双重身份”和国家承担的社会管理职能与经济管理职能的“双重职能”，反映在公共预算体系上，就有了“一般公共预算”与“国有资本经营预算”的区别和衔接问题。

国有资本经营收入管理体现的是国家基于公共财产所有者的身份所从事的对公共收入的管理活动。通过这种管理所要达到的目标是：维护国有资产所有者权益，促进国有资本结构调整和优化，引导、促进市场机制的成熟和完善，充实公共收入和国有经济。在我国，国有资本在关系国家安全和国民经济命脉的重点领域和重要行业占据统治和主导地位，作用非凡，且数量巨大、收入丰厚，强化对国有资本经营收入管理尤其重要。按照“完善各类国有资产管理体制，改革国有资本授权经营体制，加快国有经济布局优化、结构调整、战略性重组，促进国有资产保值增值，推动国有资本做强做优做大，有效防止国有资产流失”的改革要求和总体部署，我国国有资本经营预算制度逐步趋于完善，国有资本经营收入管理不断改善。

总体来看，我国多年以来国有资本经营收入上缴公共财政的比例还不高，在完善国有资产管理体制和国有资本经营预算制度的改革过程中，国有资本收益上缴公共财政比例正在逐年提高，2020 年提高至30%，更多地用于保障和改善民生。

第四节 社会保险基金收入

一、社会保险基金收入的含义

社会保障是一项由政府主导和举办的需要缴费的社会福利计划，有独立的收入来源。在现代国家，社会保障实行国家、企业（用人单位）和个人责任共担的原则，采取社会保险基金征缴方式筹集资金，[①] 主要来自参保单位和参保个人的缴纳，资金由政府的社会保障机构统一征缴和统一管理，并专款用于全体社会成员的社会保障项目。

社会保险基金筹资的原则是“以支定收，收支平衡”，即一定时期内社会保险基金的筹集总额，应以同期预计支付的社会保险费用总额为依据来确定，并使两者始终保持大体上的平衡关系。

二、我国社会保险基金收入的类型

目前我国社会保险基金分为五种类型，即所谓“五项保险”——养老保险、医疗保险、失业保险、工伤保险和生育保险。作为最大保险项目的养老保险和医疗保险，采取“社会统筹与个人账户相结合”的筹资模式。

社会保险基金收入是一种强制性的专款专用的公共收入形式，我国五项保险基金收入项目中又都包括了保险费收入、财政补贴收入和基金的其他收入（主要是基金的利息收入）等。

---

① 目前世界上社会保险基金主要采取两种征缴方式：社会保险税和社会保险缴费，即缴税制和缴费制。我国目前采取缴费制。

三、我国社会保险基金收入概况与改革设想

根据国家统计局公布的数据：2019 年，我国五项社会保险基金总收入为 8.32 万亿元，同比增长 5.25%，总支出为 7.47 万亿元，同比增长 10.9%，当年收入大于支出 8411.35 亿元，当年末滚存结余达到 9.65 万亿元，如表 9－3 所示。

表 9－3　**2013～2019 年中国五项社会保险基金总收支情况**

年份	总收入		总支出		当年末累计结余	
	总额（亿元）	比上年增长（%）	总额（亿元）	比上年增长（%）	总额（亿元）	比上年增长（%）
2013	35253	14.7	27916	19.7	45588	19.6
2014	39828	13.0	33003	18.2	52462	15.1
2015	46012	15.5	38988	18.1	59533	13.5
2016	53563	16.4	46888	20.3	66350	11.5
2017	67154	25.4	57145	21.9	77312	16.5
2018	79003	17.6	67381	17.9	89378	15.6
2019	83152	5.3	74741	10.9	96545	8.0

资料来源：根据财政部网站发布历年财政决算数据、2019 年中央决算报告整理。

我国社会保险基金收入制度改革的基本设想和措施，是逐步精简归并“五项保险”，把生育保险和基本医疗保险合并实施，实行“四项保险”制；适当降低社会保险缴费率，尤其是养老保险缴费率，进一步减轻企业和个人缴费负担；丰富社会保险基金收入来源渠道，拓宽社会保险基金投资渠道，推进基金市场化、多元化、专业化投资运营；提高国有资本收益上缴公共财政的比例以充实社会保险基金，更好地保障和改善民生；划转部分国有资本充实社会保险基金，弥补企业职工基本养老保险基金缺口①；积极探索做实社保基金个人账

① 2021 年 1 月 12 日财政部发布消息称，2020 年中央层面划转部分国有资本充实社保基金的工作已经全面完成，为促进建立更加公平、更可持续的养老保险制度提供了有力保障，充分体现了国有企业全民所有，发展成果全民共享。消息称，截至 2020 年末，符合条件的 93 家中央企业和中央金融机构划转国有资本充实社保基金总额达到 1.68 万亿元。除了中央层面的企业划转之外，目前各地方的国有企业也在加快推进国有资本充实社保基金的工作，多个省份已经陆续发布了划转部分国有资本充实社保基金的实施方案。——引自 2021 年 1 月 12 日《中央广电总台央视新闻》。

户的途径和方式，实现社会保障事业的可持续发展。

【本章小结】

1. 政府性收费是一种行政性收费，是政府为提供特定社会产品和服务，参与国民收入分配和再分配的一种非税收入形式，其征收遵循非营利原则。同时，政府性收费又是一种特殊的价格形式。

2. 政府性收费作为政府在履行职能过程中收取的费用，一般具有专项用途，它与公共收入的主要形式——税收相比的特点是：征收主体是履行政府某种管理职能的部门或单位，使用方向具有特定性，征收上具有有偿性、自愿性和不固定性，资金管理方式有特殊性。

3. 政府性收费有其存在的理由和必要性：需要税收之外的收入补偿公共产品的提供成本，需要通过政府性收费消除某些“负外部性”，需要以适量的政府性收费作为公共收入的必要补充等，同时也适应了政府事权扩大和改善公共产品与公共服务供给状况的客观需要。

4. 伴随着现代公共预算制度与公共收支体系的创立和改革逐步深化，我国政府性收费制度改革也在不断深化，改革的基本思路是在对现有的政府性收费进行清理整顿的基础上，用税收取代一些具有税收特征的收费，通过进一步深化财税改革和完善公共预算管理制度，初步建立起以税收为主，少量的、必要的政府收费为辅的科学规范的公共收入体系。

5. 政府性基金是政府及其所属部门根据法律、行政法规和相关规定征收的具有专项用途的财政资金，是一种典型的“准税收”，资金的财政性、政府的主体性和用途的特定性构成了它的鲜明特征。从改革方向和发展趋势看，未来我国政府性基金的征收应限于那些设立的目的是解决社会发展过程中所出现的特定问题的项目，并要强化政府性基金预算与一般公共预算的统筹衔接。

6. 国有资本经营收入是指国有资本经营、转让、清算等形成的公共收入，在理论上和实践中，它体现的是国家凭借国有资产和国有资本所有者的身份获得的权益，既是政府非税收入的一个组成部分，又是公共收入体系中的重要部分。按照完善国有资产管理体制和国有资本经营预算制度的改革要求和总体部署，我国近年来在逐步提高国有资本收益上缴公共财政的比例。

7. 社会保险基金收入是一种强制性的专款专用的公共收入形式。我国社会保险基金收入来自参保单位和参保个人的缴纳，资金由政府的社会保障机构统一征缴和统一管理，专款用于全体社会成员的社会保障。目前我国社会保险分为“五项保险”，其中作为最大保险项目的养老保险和医疗保险，采取“社会统筹与个人账户相结合”的筹资模式。我国社会保险基金收入制度改革的基本措施是：精简归并“五项保险”；适当降低社会保险缴费率；丰富基金收入来源渠道并拓宽基金投资渠道；逐步提高国有资本收益上缴公共财政的比例以充实社会保险基金；划转部分国有资本充实社会保险基金；积极探索做实社会保险基金个人账户的途径和方式，以实现社会保障事业的可持续发展。

【主要概念】

政府性收费　非税收入　行政性收费　事业性收费　政府性基金　“准税收”　“外部性”　政府性基金预算　国有资本经营收入　社会保险　社会保险基金　社会统筹　个人账户　“费改税”

【思考分析题】

1. 请说明政府收费不同于税收的性质和特殊作用。
2. 怎样理解政府性收费存在的理由和必要性?
3. 作为专项收入的政府性基金为什么要加以适当控制?
4. 将国有资本经营收入纳入公共收入体系的理论依据是什么?
5. 国有资本经营收入是否应当实行“社会分红”，怎样实现“社会分红”?
6. 请思考我国社会保险基金收入制度改革的基本构想。

【阅读与思考】

阅读：减税降费有利增信心稳预期

国务院总理李克强2019年10月16日主持召开国务院常务会议，听取当年减税降费政策实施汇报，要求确保为企业减负担、为发展增动能。

会议指出，按照党中央、国务院部署，2019年以来各地、各有关部门狠抓减税降费政策落实，前8个月全国减税降费1.5万多亿元，促进了企业减负、居民增收和就业增加，有效激发了市场活力，对对冲经济下行压力、做好“六稳”、保持经济运行在合理区间发挥了重要支撑作用。据测算，全年减税降费总额将超过2万亿元。下一步，一要落实落细减税降费政策，及时研究解决企业反映的突出问题，确保制造业等主要行业税负明显降低、建筑业和交通运输业等行业税负有所降低、其他行业税负只减不增。进一步治理违规涉企收费。二要指导各地加强财政预算管理，政府要坚持过“紧日子”，严控一般性支出。落实省级政府主体责任，支持基层财政困难地区保工资、保运转、保基本民生。落实增值税留抵退税分担机制，减轻部分地区财政压力。三要研究进一步推改革、促发展、增就业措施，聚焦鼓励创业创新，研究对制造业重点行业加大研发费用加计扣除比例，增强发展内生动力和后劲。

近年来，国家一再强调“积极财政政策要更加积极”，加大力度推进包括减税降费在内的各项政策措施，一系列政策密集实施，确保企业税负总体不增，并抓紧研究适当降低社保费率。这些措施及时回应了社会关切，显示出国家坚定推进减税降费的决心，有利于减税降费红利切实兑现，增强发展信心、稳定市场预期，进一步减轻企业负担、激发市场活力。

当前，我国经济运行稳中向好，质量效益继续改善，同时面临不少风险和挑战，企业降成本任务仍然较重，对减税降费一直有着颇高关注和期待；个税改革红利能否切实惠及百姓、社保征收机构改革是否会加重企业负担、创投基金税负是否会增加等问题，最近社会上十分关切。国务院及时回应相关事宜，明确了相关政策，无疑将促进减税降费政策红利的进一步发挥，给企业、个人吃下“定心丸”。

由于税费政策的专业性、复杂性，需要不断细化、完善相关规则，增强改革实效，切实惠及百姓。下一步，需要通过简化流程、优化服务，有效实施已推出的一系列减税降费措施，包括深化增值税改革、个税改革、支持小微企业和创业创新政策等，使减税红利进一步落地。

值得注意的是，要促进企业有效降成本，除了减税降费外，还需要统筹推进社保、金融、商事等领域改革，协同财政、货币、监管等方面政策，多管齐下助力企业发展。企业本身也必须加强经营管理，强身健体、提质增效，适应市场竞争，不断提高盈利能力和水平。

李克强总理此前就曾指出，在市场经济条件下，“税”是调节经济最重要的杠杆之一。调节税负与企业和人民群众的生活息息相关，同时对整个经济社会发展都有巨大影响。“在当前国内外经济形势错综复杂的形势下，我们要因时而动、不失时机推出更大‘减税降费’举措，向社会发出积极信号。这是减轻企业负担、提高我国经济竞争力的重要举措，也是深化‘放管服’改革、转变政府职能的题中应有之义。”“今后我们只能更进一步严控政府‘三公’经费，为群众、企业多减税、多让利。我多次说过，要让人民过上好日子，政府就要过紧日子。”

（资料来源：中国政府网，https：//www. gov. cn/，2019 年 10 月 16 日。）

思考：

（1）读过上面的报道，你对税费关系有怎样的认识？

（2）我国为什么要实行更有力度的减税降费政策？其根据和必要性是什么？

（3）思考减税降费与供给侧结构性改革及积极财政政策的理论关联和实践联系。

（4）实行减税降费是否与“逐步提高国有资本收益上缴公共财政的比例”相抵触？如果不是，请说明理由。

（5）减税降费之后政府如何才能做到“节用裕民”？

【参考文献】

1. 高培勇：《公共经济学》（第3版），中国人民大学出版社2012年版。

2. 解学智、刘尚希：《公共收入》，中国财政经济出版社2000年版。

3. 杨志勇、张馨：《公共经济学》，清华大学出版社2013年版。

4. 樊丽明、李齐云、陈东：《财政学》（第3版），高等教育出版社2012年版。

5. 《公共财政概论》编写组：《公共财政概论》，高等教育出版社2019年版。

6. 黄恒学、高桂芳、郭喜：《公共经济学》（第2版），北京大学出版社2009年版。

7. 巫建国：《公共财政学》（第2版），经济科学出版社2013年版。

8. 贾康等：《财政学通论》，东方出版中心2019年版。

9. 张斌、杨默如：《新中国财政收入70年》，中国财政经济出版社2020年版。

第十章
公 共 债 务

公共债务简称为公债。当公共收入不足以满足公共支出需要出现缺口时，就意味着公共预（决）算赤字出现，公债是弥补赤字的重要手段。在现代国家，公债还是调节经济的公共政策工具，有其独特的效应，通常发挥着对国民经济增长的拉动作用和对经济运行的反周期调节作用。公债发行会产生公债负担，其中既包括国民经济的负担，也包括不同利益主体的负担。从整体看，我国公债的主要指标依然健康，包括地方政府债务在内的公共债务风险还在可控范围内，但也需加强从发行到流通乃至偿还全过程的管理和制度建设。本章主要介绍公债的概念、用途、分类与规模，解释公债的功能与效应，分析公债负担的含义和类型，剖析我国公债负担的现状，探索公债管理和制度建设的方法与策略。

第一节 公债概述

一、公债的含义与特征

公共债务是国家或政府以其信用为基础，在向国内外筹集资金的过程中所形成的债权债务关系，是国家或政府以债务人的身份，采取信用方式，通过借款或发行债券等方式取得资金所形成的债务，也是一种特殊公共收入形式。

公债是一个特殊的财政范畴和信用范畴。它首先是一种非经常性的公共收入，显然有别于税收等经常性收入，但是政府发行债券或借款之后毕竟财政的可支配资金增加了；其次是政府发行公债必须遵循信用原则——有借有还，偿还性意味着它是一种预期的公共支出，其担保物是政府信誉而不是资产和财产，因此也被称作“金边债券”。

与其他公共收入形式相比，公债有以下特征：

1. 信用性

公债是以政府信用为基础的公共收入形式，离开了政府信用公债也就不存在。这是公债与私债的根本区别。但无论是私债，还是公债，都必须遵循有借有还的信用原则。

2. 自愿性

是否认购、认购多少公债，完全由认购人自主决定。这使得公债不同于强制性的税收和罚没收入等公共收入形式。

3. 有偿性

政府通过发行公债取得的公共收入，其使用是有偿的，政府必须按照公债发行时规定的期限和利率，偿还公债的本金和利息。有偿性也是公债区别于税收等无偿性公共收入的主要标志。

4. 灵活性

公债发行与否、什么时间发行、发行多少、以什么方式发行，通常由政府根据某个预算年度或某一时期的经济和社会发展对公共资金的需求情况而定。既没有时间上的连续性，也没有发行数额上的固定性，发行的规模、范围和偿还期限等都可以灵活调剂，这与固定性的税收明显不同。

二、公债的产生与发展

作为一个财政范畴，公债的产生晚于税收。公债最早出现于公元前 4 世纪左右的古希腊和古罗马。当时的公债只是一种偶然现象，规模较小，且常以高利贷形式出现，主要作用是为政府筹资并满足政府支出需要。

首先，随着政府活动增多和职能扩大，政府支出日益扩大，尤其是突发性和临时性的支出需求越来越多，仅靠税收已不能满足政府支出的需要，这时政府不得不寻求其他收入来源渠道，这是公债产生的需求条件。其次，社会闲置资金是公债产生的经济基础，它为公债的产生提供了必备的资金供给。最后，社会闲置资金只有通过信用制度才能顺利转移到发行公债的政府手中，信用制度的发展是连接公债资金的供给方与需求方的纽带，是公债产生的媒介条件。

随着现代社会经济的发展和政府职能的增强，公债制度也发生了深刻的变化。公债不仅承载着弥补财政赤字的重要功能，而且成为国家与政府调控经济运行的重要杠杆，公债的规模与日俱增。

新中国的公债制度历经三个阶段：第一阶段是 1950 年，为保证仍在进行的解放战争全面胜利和恢复国民经济，发行了总价值约为 302 亿元的“人民胜利折实公债”。第二阶段是1954~1958年，为进行社会主义经济建设，分五次发行了总额为3546亿元的“国家经济建设公债”。第三阶段是1978年实行改革开放以后，从理论上纠正了“既无内债又无外债是社会主义的优越性”的错误观念，按照社会主义市场经济的要求积极完善公债制度，公债的调节功能和积极作用得以加强，如今已成为影响公共政策发挥和经济社会发展的重要因素和手段。

三、公债的用途

现代经济中，公债的用途主要体现在以下方面：

（一）弥补财政赤字

发行公债弥补财政赤字是公债最原始和最基本的用途。从历史上看，公债本身就是同财政赤字相联系的经济范畴，是作为弥补公共收支差额的手段而产生的。公债其他方面的用途大多是随着公债的发展而派生出来的。

以公债弥补财政赤字，实质是将不属于政府支配的资金在一定时期内让渡给政府使用，是社会资金使用权的单方面转移。与其他弥补赤字的方式，如增税和向银行透支等弥补财政赤字的方式相比，这种方式可能产生的副作用较小，一般不会影响经济发展。首先，发行公债只是部分社会资金使用权的暂时转移，社会资金总量并没有因此增加，因而一般不会引起货币的非经济发行和通货膨胀。其次，公债的认购通常遵循自愿原则，如果发行规模得当，吸收的基本上是社会闲置资金，一般不会对经济发展产生不利影响。

当然，也不能把公债视为医治财政赤字的灵丹妙药。第一，如果财政赤字过大，用于弥补赤字的公债发行规模过大，就会形成债台高筑，最终会导致财政收支的恶性循环；第二，社会的闲置资金是有限的，公债发行过度往往会侵蚀经济主体的必要资金，从而降低社会的投资水平和消费水平，即产生所谓的“挤出效应”。

（二）筹集建设资金

通过发行公债，筹集国家重点建设项目资金是许多国家的常规做法。我国从1987年开始发行的重点建设债券和重点企业建设债券（其中包括电力债券、钢铁债券、石油化工债券和有色金属债券）就是这一用途的体现。1998~2002年我国为实行积极的财政政策，发行了6600亿元的特种国债，也主要是为国家重点建设项目筹集建设资金。而另有一些国家则从法律上对公债弥补财政赤字和筹集建设资金这两种不同用途做出明确规定。如日本在法律上将公债明确分为建设公债和赤字公债两种。

（三）执行经济政策

利用公债，政府可以灵活地执行不同时期的调节经济政策，以稳定经济。在现代经济条件下，公债发行成为政府调控宏观经济的主动作为，经常被作为政府执行“反衰退”或反周期操作的政策工具。例如当经济衰退到来时，面对私人需求不足的形势，政府要刺激经济复苏，要么增加政府开支，要么缩减政府税收，或者两者兼而有之。增支减税的结果，必然伴随着政府财政赤字的产生。一般来说，弥补赤字主要靠增加税收、增发通货和发行公债三种方法。增税会直接压低私人需求，显然与反衰退政策的初衷相违背；增发通货在现代金融制度下其实质是把财政赤字货币化，极易引发通货膨胀；发行公债则既同反衰退政策的目标相一致，又能有效弥补财政赤字。正因为如此，当今西方各国政府的反衰退政策，主要以公债为后盾。2008 年 9 月，为克服“次贷危机”引起的金融危机，美国政府经国会批准发行 7000 亿美元公债购买“不流动”按揭证券，并将公债法定上限从 10.6 万亿美元提升至 11.3 万亿美元，从而成为经济萧条以来美国最大的救市方案。

公债是对 GDP 的再分配，反映了社会资源的重新配置，是公共经济政策调节的重要手段。公债筹集的资金用于生产建设，将扩大社会的积累规模，改变既定的积累与消费的比例关系；用于消费，则扩大社会的消费规模，使积累和消费的比例向消费一方偏移；用于弥补财政赤字，就是政府平衡社会总供给和社会总需求关系的过程；吞吐短期公债，则是中央银行进行公开市场业务操作、执行货币政策的重要手段。

（四）调剂季节性资金余缺

利用公债，政府可以灵活调剂公共收支过程中发生的季节性资金余缺。政府的公共收入（主要是税收）在一年中往往不是以均衡的速率流入国库的，而公共支出则基本上是以较为均衡的速率进行。这意味着即使从全年来看公共预算是平衡的，在个别月份也有可能发生赤字。例如，以所得税为主体收入的国家，如美国，每年的 4～6 月份通常为公共收入的“旺季”，其余月份则是“淡季”。尽管如此，其公共支出一般是在一年中均匀分布的。由此势必会造成整个预算年度中的某些月份收不抵支，某些月份却收大于支。即使以增值税为主要收入的国家，如法国，这种季节性收支不平衡的情况也经常发生。为弥补这种纯属季节性的赤字，保证政府职能的正常履行，许多国家都把发行期限在一年之内（短至几个月，最长不超过52周）的短期国债，作为一种季节性的资金调剂手段，以求解决暂时的收支失衡。一般地，政府在公共收入“淡季”发行短期公债，取得资金，而在公共收入“旺季”，便以盈余资金偿还债务，从而使收入淡季不淡，旺季不旺，与以较为均衡的速率进行的公共支出相适应。

四、公债的效应

公债除了上述经济方面的用途以外，还有其他多重效应：

（一）挤出效应

所谓“挤出效应”，是指为弥补政府预算赤字的公债发行可能会减少民间部门的资金供给，同时形成金融市场利率上升的压力，进而导致民间投资和消费的萎缩。通常而言，公债发行对民间资本的形成存在“挤出效应”，其强弱会或多或少地影响公债政策的有效性。

公债的“挤出效应”通过两个渠道产生作用，一是通过资金供给方；二是通过资金需求方。公债挤出效应的强弱在很大程度上取决于一国资金和资本市场的供求状况、社会投资与储蓄结构，另外在经济周期的不同阶段挤出性的程度也有差异。从我国的情况看，由于始终保持了适度的公债规模，它的挤出效应并不强烈，从而能够保证社会总供求基本平衡和经济均衡发展。

（二）扩张效应

公债的扩张效应主要表现为对总需求的扩张。

第一，由公债收入安排的支出会直接扩张消费需求和投资需求。一是公债收入的“窖藏”（hoarding）成本很高，所以公债收入几乎全都被迅速支出了。二是从公债对消费需求的作用看，由公债收入安排的公共转移性支出和社会消费支出，直接或间接地形成了社会消费，扩大了总需求。三是利用公债收入进行的公共项目建设，对投资需求有扩张效应，体现在会带动民间资本的配套投资和拉动消费引致的投资。据此，一些西方经济学家认为，公债促使更大数量资本的形成和消费的增加，促进了物质财富的增加，因此具有生产性。

第二，公债与货币供给具有连同效应。总需求扩张往往需要有货币扩张的配合。无论从理论还是从实践来看，公债的发行、流通和偿还都与货币供给具有连同效应，从而构成了公债对总需求扩张效应的另一方面。实践表明，公债和货币存量之间存在着紧密的正相关关系，其根源在于私人部门（包括商业银行、企业部门和家庭）或多或少要动用一部分原本处于休眠状态的沉淀资金用于购买公债，例如商业银行的超额准备金等。而公债发行收入或迟或早要支出，无论是购买性支出还是转移性支出都会经过商业银行等金融信用体系产生货币乘数效应，扩大了资金流量，提高了资产组合的总体流动性，因而起到了扩大货币供应量的作用。而当要求宏观经济紧缩和总需求收缩时，公债手段应反向运用，比如控制或减少公债发行规模，或者提前承兑未到期公债，此时公债的需求管理作用依然显著且重要。

（三）管理效应

公债管理作为一种调控手段，对经济的稳定或增长产生某些效应。

第一，流动性效应。这是指在公债管理上通过调整公债的流动性程度，来影响整个社会的资金流动性状况，从而对经济施加扩张性或紧缩性影响。主要有两种策略：一是变动公债期限的构成；二是调整公债应债资金的来源。

第二，利息率效应。这是指在公债管理上通过调整公债的发行利率或实际利率水平，来影响金融市场利率升降，从而对经济施加扩张性或紧缩性影响。一是可选择调整公债发行利率的政策，这主要是通过相机决定公债的发行利率水平来操作的；二是可选择旨在调整公债实际利率水平的策略，其操作方法是相机投放或回购公债券，即通常所说的买卖公债。

五、公债的分类

（一）按债务偿还期限（或存续期限）划分，分为短期公债、中期公债和长期公债

短期公债是指债务期限在一年以内的公债。短期公债灵活性较大，政府可根据需要随时发行短期债券，弥补可用资金不足。短期公债还是现代国家执行货币政策、调节货币供应量的一个政策工具。

中期公债是债务期限在 1 年以上、10 年以下的公债。与短期公债相比，中期公债从发行到偿还时间较长，政府可在较长时间内使用这笔资金。许多国家将中期公债筹集到的资金用于弥补财政赤字或进行中长期投资。一般情况下，中期公债在公债结构中占有重要地位。

长期公债是债务期限在 10 年以上的公债。国家发行长期公债，可以在更长时间内使用公债资金，但由于发行期限较长，债务人利益会受到币值和物价波动的影响，这或许会影响长期公债的发行。

（二）按发行地域划分，分为国内公债和国外公债

国内公债（也称内债）是指国家在本国境内发行的公债。一般来说，内债以本国居民和企事业单位认购为主，内债的发行及还本付息也以本国货币进行，但也不排除外国居民在本国境内购买公债的可能性，同时，国家也可以用外币发行国内国债。因此，只要本国政府在境内发行的公债，不管其发行对象是否为本国居民，也不管其发行的货币单位是否以本国货币计量，都为国内公债。内债的发行和偿还不会影响国际收支，也不影响国内资源总量，但会影响一定时期内国内资源的重新配置。

国外公债（也称外债）是指国家在国外的借款及在国外发行的公债。外债的债权人多为外国政府、国际金融组织和外国公民，也不否定本国侨民在居住国购买本国在国外发行的公债券的可能性。外债的发行及还本付息须以外币支付。外债的发行可以弥补国内资金短缺，加快国内经济的发展。

（三）按发债主体划分，分为中央公债与地方公债

中央公债即国债，是以中央政府作为债务主体的公债；地方公债是由地方政府发行的公债。两种债务收入和还本付息分别列入中央预算和地方预算。

国债和地方公债对国民经济的影响不同。国债的发行、对债务收入的使用和还本付息的安排，考虑的是国民经济全局，地方公债决策则立足于本地。地方公债的发行范围可以超出本地，但它对国民经济的影响仍是局部性的。

（四）按流动性划分，分为自由流通公债和非自由流通公债

自由流通公债是指可在金融市场上买卖或转让的公债，也称为上市公债。自由流通公债一般不记名，并有期限、利率和票面价值的规定。自由流通公债既受金融市场影响，又反过来影响金融市场态势。其市场价格取决于金融市场供求状况，并随着市场利率和币值变化而变动。

非自由流通公债是指按规定不允许在市场上公开买卖、转让的公债，也称为非上市公债。一般来说，非自由流通公债的偿还期较长，利率较高，但变现能力较差。

在一国的公债结构中，既有自由流通公债，也有非自由流通公债。在发达的市场经济国家，公债多数为自由流通公债。我国在 1988 年之前发行的公债基本上是非自由流通公债，1988 年以后，随着公债流通市场的建立和发展，公债的流动性逐渐增强。

（五）按票面利率划分，分为固定利率公债和浮动利率公债

固定利率公债的票面利率在发行时确定，在公债的整个存续期内保持不变。

浮动利率公债的票面利率随市场利率的变化而浮动，付息利率为付息期起息日当日相同期限市场利率（基准利率）加固定利差确定。由于票面利率可以浮动，因此浮动利率公债能在较大程度上帮助发行人和投资者规避未来由于利率变动带来的风险。国际上浮动利率债券产生于20世纪70年代前半期，80年代末90年代初，在公债利率水平不断降低的情况下，浮动利率公债得到了较大发展。2000年5月22日我国财政部首次在交易所成功发行浮动利率公债。

（六）按付息方式划分，分为零息公债和附息公债

零息公债在存续期内不支付利息，到期一次还本付息。我国在1996年以前发行的公债均属此类。

附息公债的利息一般按年支付，到期还本并支付最后一期利息。我国于1996年6月首次发行了10年期附息公债。2001年6月财政部招标发行的15年期公债是我国公债券史上的第一只每年付息两次的附息债券。

第二节 公债规模与公债负担

一、公债规模

公债规模是指国家或政府负债的总水平。通常可用年度公债发行额、公债累计发行额、公债余额等绝对指标，以及公债依存度、公债负担率、偿债率等相对指标来表示。

（一）制约公债发行量的主要因素

现实生活中，公债的发行量要受很多因素制约，这些因素主要有：（1）认购者的承受能力。认购者的承受能力是指居民和各经济实体的承受能力。（2）政府的偿债能力。政府的偿债能力是指政府作为债务主体对其所借债务还本付息的能力。政府的偿债能力通常由财政收入增长速度和国民收入增长速度两个因素决定。（3）其他因素。认购者的承受能力和政府的偿债能力是制

约公债发行量的主要因素，此外，公债的筹资成本、公债的使用效益、公债期限长短、社会总供给的结构、金融深化程度、政府管理水平和市场健全程度等因素也是确定公债规模时应该予以考虑的。

（二）衡量公债规模的指标及其控制

公债规模通常是采用一系列指标来衡量和控制的。这些指标主要包括：

1. 反映公债规模与国内生产总值关系的指标

（1）当年公债发行额与国内生产总值关系的比率。这一指标一方面反映了当年公债发行总量与经济总规模的数量关系；另一方面则反映了当年国家通过发行公债对国内生产总值的占有情况。这一指标的适度经验数据为5%～8%。计算公式为：

$$当年公债发行额与国内生产总值的比率=\frac{当年公债发行总额}{当年国内生产总值}\times 100\%$$

（2）公债负担率。这一指标反映了当年公债的余额与国内生产总值的数量关系，它是衡量经济总规模对公债的承受能力的重要指标，也是用于反映公债规模的主要指标之一。计算公式为：

$$公债负担率=\frac{当年公债余额}{当年国内生产总值}\times 100\%$$

（3）偿债率。即当年公债还本付息额与当年国内生产总值的比率。计算公式为：

$$偿债率=\frac{当年公债还本付息额}{当年国内生产总值}\times 100\%$$

2. 反映公债规模与财政收支关系的指标

（1）公债依存度。这一指标反映了当年财政支出对公债的依赖程度，它是控制公债规模的重要指标。公债依存度的国际通用控制标准，一般在15%～20%为宜。计算公式为：

$$公债依存度=\frac{当年公债发行额}{当年财政支出额}\times 100\%$$

（2）财政债务负担率。这一指标反映了历年发行的公债到当年为止尚未偿还的余额与财政支出的数量比例。一般认为这一比率应小于70%。计算公式为：

$$财政债务负担率=\frac{当年公债余额}{当年财政支出额}\times 100\%$$

（3）财政偿债率。它既反映了当年财政所承担的还债负担，也反映了财政收入中政府可直接支配的数额，即通过公债偿还转移给债权人的财力数额；在借新债以偿还旧债时，它还制约着当年公债的发行规模。计算公式为：

$$财政偿债率=\frac{当年公债还本付息额}{当年财政收入额}\times100\%$$

3. 反映外债规模的主要指标

（1）外债负担率。按照国际上公认的标准，外债负担率在100%～120%被认为是安全的。如果期限、利率条件比较优惠，这一比率可适当提高，反之则应低一些。计算公式为：

$$外债负担率=\frac{当年外债余额}{当年贸易和非贸易收汇额}\times100\%$$

（2）外债偿债率。国际上认为，外债偿债率应控制在20%，最高不能超过25%这一警戒线。计算公式为：

$$外债偿债率=\frac{当年外债还本付息额}{当年商品和劳务出口收汇额}\times100\%$$

二、公债负担

（一）公债负担的概念

公债负担是指国家发行公债给各相关方面造成的利益损失和政府因负担所承受的经济压力。公债负担既包括国民经济的负担，也包括不同利益主体的负担。

1. 国民经济的公债负担

国民经济的公债负担是指政府负债给国民经济发展带来的损失。这种负担是否形成，关键是公债的使用方向和使用效益。如果公债用于经济发展并发挥良好效果，它并不减少社会积累的总规模，并且形成了良好的宏观经济环境，对国民经济发展产生推动作用，发行公债不会给经济发展带来损失，也不形成对国民经济的负担。反之，如果发行公债仅仅是为了满足政府的纯消费性开支，它减少了社会积累的总规模，影响经济发展，则会构成公债的经济负担。

2. 政府的公债负担

政府的公债负担是指政府作为债务人因负债所承受的经济压力。政府的公债负担往往体现在政府对公债还本付息的能力上。如果公债增长推动了经济增长，并且产生出足够的偿还能力或者具备借新债还旧债的经济条件，那么公债的增长并不会形成政府的公债负担。反之，如果公债的偿还是通过增加税负或压缩正常的支出来实现的，则可能干扰正常的财政活动，形成政府财政的拖累，构成政府作为债务人的公债负担。

3. 认购者的公债负担

认购者的公债负担是指认购者作为债权人因认购公债所承担的利益损失。

认购公债作为公民投资的一种方式具有风险低、收益高等特点，通常能给投资者带来收益而不是带来损失。因此，投资公债往往并不构成认购者的负担。但在被强制购买影响资金使用或福利以及公债利率低于通货膨胀率两种情况下，这种负担却是客观存在的。

4. 纳税人的公债负担

纳税人的公债负担是指因偿还公债而增加税负给纳税人造成的利益损失。公债在发行期可以增加财政财力，但在偿还期则会增加财政的支出。而国家还债资金的重要来源是税收收入。如果公债的增加推动了经济发展，使税源得以扩大，则偿债增加的税收本应是公债效益的一部分，是公债再投资所产生的偿债能力，只不过以税收形式征集而已。在这种情况下，公债偿还并不构成纳税人的负担。反之，如果公债的使用并未增加社会的或宏观的经济利益，也没有引起税源的相应扩大，而是靠减少微观利益主体的利益来增加税收，以满足偿债的需要，则实质上便构成了纳税人的公债负担。马克思所说的公债是一种延期的税收，就是指公债与税收的这种关系。

（二）公债负担的类型

1. 货币负担和实物负担

公债的货币负担，是指以货币为单位计量的公债负担，这种负担可以用货币数额来测定其大小。公债的实物负担，是指以实物为单位计量的公债负担，它通常按照实物数量的损失来测定。

2. 直接负担和间接负担

公债的直接负担，是指由于公债的发行而引起有关经济主体经济利益的直接损失。例如，依靠增加税收偿还公债，则纳税人交纳的税款为其直接负担。在外债方面，债务国政府向外国债权人偿还公债的本息，使本国的财富减少，形成债务国直接负担。如果举债主体单方面取消债务，公债持有人的利益就会受到损失，此亦为直接负担。公债的间接负担，是指由于公债直接负担而引起的对未来经济发展和社会福利的进一步影响。例如，政府征税还债，纳税人被课征税款后，减少了其生产投资额，从而使得未来的社会产出减少。

3. 形式负担和实质负担

公债的形式负担，是指政府因清偿债务而引起的实际支出额，它并不考虑发债阶段所取得的资源和债务收入使用效益，而只计算其未来付息和还本支出。因此，还本付息成为政府举债的形式负担。公债的实质负担，是指由于公债的发生而引起的真实资源的损失，它是从债务形成到结束的整个过程来分析社会真实资源的增减变化情况。真实资源增加则无负担，真实资源减少则构成负担。

（三）公债的代际负担

公债的代际负担是讨论公债负担在不同时代人们之间的归宿问题，即公债负担究竟落在哪一代人身上？是由当代人承受，还是留给了下代人。这里的当代是指公债发行的年代，下代则是指公债偿还的年代。在这个问题上，存在着两种观点。

1. 当代负担论

当代负担论认为，在公债发行时，承购公债的一代人因为购买公债而向政府付出资金，这是将其所掌握的真实资源转移给政府使用，形成了负担。在公债偿还时，政府偿债资金来自纳税人，而纳税人和公债持有人都是举债政府管辖下的同一代人，可以视为一个整体。此时，他们一边向政府纳税，一边得到政府偿还的公债本息，等于是自己还自己的钱。换言之，相对于举债时的当代人来说，偿债时的下一代人并没有集体交出资源，所以没有什么负担。由此得到的结论是：公债负担落在公债发行时的承购者身上。

2. 下代负担论

公债下代负担论认为，政府发行公债时，公债承购者虽然用其一部分收入购买公债，但这只是他对自己收入的一种处理方式，是一种投资，而且是在各种投资上选择的结果，并无经济负担。也就是说，投资者在投资代价上做了资产投向的边际选择，比较的结果认为购买公债最有利，所以决定把资源转移给政府使用，故不应看成有负担。相反，政府偿还公债时，由于偿债资金来源于下代人的税收，纳税就会减少下代人的可支配收入，故下代人在未享受公债收益时实际承担了用于偿债的税收负担。于是得出结论：公债负担落在公债偿还时的纳税人身上。新兴公债哲学认为即使存在公债代际负担也是应该的，甚至对下代人是有益的，因为公债促使更大数量的资本形成和消费增加，并且为下一代人增加了可继承的遗产。

必须看到，虽然政府的投资行为不像私人投资行为那样受到资金和效用的制约，但讨论公债代际负担问题的启示在于：政府应当谨慎地举债，并尽量提高公债的使用效率。

（四）我国公债负担现状

1. 公债负担率考察

从表 10－1 可以看出，我国国民经济的公债负担率自 1990 年以来逐步提升，2007 年发行 1.5 万亿元特别国债，这一比率上升到 19.27%，此后其他年份的公债负担率基本稳定在 14%～17%，国民经济的公债负担率维持在合理限度内。

表 10－1　　1990～2019 年我国国民经济的公债负担率

年份	国内生产总值（亿元）	国债余额（亿元）	国债负担率（%）
1990	18872.9	890.34	4.72
1995	61339.9	3300.30	5.38
2000	100280.1	13020.00	12.98
2001	110863.1	15618.00	14.09
2002	121717.4	19336.10	15.89
2003	137422.0	22603.60	16.45
2004	161840.2	25777.60	15.93
2005	187318.9	32614.21	17.41
2006	219438.5	35015.28	15.96
2007	270232.3	52074.65	19.27
2008	319515.5	53271.54	16.67
2009	349081.4	60237.68	17.26
2010	413030.3	67548.11	16.35
2011	489300.6	72044.51	14.72
2012	540367.4	77565.70	14.35
2013	595244.4	86746.91	14.57
2014	643974.0	95655.45	14.85
2015	689052.1	106599.59	15.47
2016	743585.5	120066.75	16.15
2017	827121.7	134770.15	16.29
2018	900309.0	149607.41	16.62
2019	986515.0	168038.04	17.03

资料来源：国家统计局网站；财政部网站；历年全国财政决算表。

我国公债负担率的指标远远低于发达国家的水平。但要想正确认识我国的公债负担率，在与国外的这一指标进行对比时，必须注意把握以下几个重要因素。

首先，虽然我国目前的公债负担率比国外发达国家低不少，如 2007 年末主要发达国家公债负担率，例如，英国 43.0%、美国 60.8%、德国 63.2%、法国 64.0%、加拿大 68.4%、意大利 104.0%、日本 195.5%。[①] 但必须指出的是，西方工业化国家经济实力雄厚，国家财力集中程度高，财政收入占 CDP 的比重一般为 30% ~40%，有的甚至超过 50%。也就是说，西方发达国家高债务的承受能力强。而我国作为一个发展中国家，不仅经济发达程度与发达国家比较还有一定的差距，而且国家财力集中程度也低于发达国家，因此，从总体上讲，我国债务的承受能力要相对弱一些，公债负担率不能简单地和国外对比。

其次，以美国为代表的西方发达国家，其公债的积累规模之所以能达到这样高的水平，是经过上百年时间积累下来的结果。而我国举债的历史不长，从 1981 年算起也只有 40 年，但若按目前的势头发展下去，我国公债的积累规模将十分可观，甚至可能赶上有着较长举债历史的西方发达国家。

最后，如果考虑地方政府债务，则我国的公债负担率目前已经达到 37% 的较高水平。自 2015 年修改后的《中华人民共和国预算法》实施以来，地方政府债务逐步纳入财政预决算统计范围，从已有的数据来看，截至 2019 年末，我国地方政府债务余额[②]为 21.31 万亿元，超过了当年国债余额。包含地方政府债务在内的公债负担率水平虽然较表 10－1 显示的国债负担率高出不少，但仍低于欧盟 60% 的警戒线，也低于主要市场经济国家和新兴市场国家水平，总体还在风险可控范围内。

2. 债务依存度考察

从具体的数字统计来看（见表 10－2），1995 ~2006 年，我国的债务依存度基本维持在 20% ~27%，虽然超过了国际公认的控制线（15% ~20%），但并未超出太多。而从中央财政债务依存度来看，情况就不容乐观了。由于我国政府债务基本上是中央政府债务，我国中央债务依存度一直都比较高，2007 年因为 1.5 万亿元特别国债的发行，使债务依存度上升到 47.17%，中央债务依存度更是高达 205.24%。2008 年世界金融危机引起实体经济增长下滑，我国政府推出 4 万亿元中央投资刺激计划，2009 年、2010 年的中央债务依存度保持 106.72%、111.63% 高位运行，随着经济企稳回升，刺激计划退出，债务依存度逐渐下降。2015 年以来，为弥补减税降费带来的财政减收，增加必要财政支出，国家适当扩大举债规模，由此债务依存度又有所提高。

---

① 国际货币基金组织（IMF）：《世界经济展望》，2008 年 4 月。

② 2019 年末地方政府债务余额包括一般债务余额 11.87 万亿元和专项债务余额 9.44 万亿元。

表 10－2　　1990～2019 年我国债务依存度与中央债务依存度

年份	当年公债发行额（亿元）	当年全国财政总支出（亿元）	当年中央本级财政支出（亿元）	债务依存度（%）	中央债务依存度（%）
1990	375.45	3083.59	1004.47	12.18	37.38
1995	1549.76	6823.72	1995.39	22.71	77.67
2000	4180.10	15886.50	5519.85	26.31	75.73
2001	4604.00	18902.58	5768.02	24.36	79.82
2002	5679.00	22053.15	6771.70	25.75	83.86
2003	6153.53	24649.95	7420.10	24.96	82.93
2004	6879.34	28486.89	7894.08	24.15	87.15
2005	7022.88	33930.28	8775.97	20.70	80.02
2006	8883.00	40422.73	9991.40	21.98	88.91
2007	23483.28	49781.35	11442.06	47.17	205.24
2008	8615.00	62592.66	13344.17	13.76	64.56
2009	16280.66	76299.93	15255.79	21.34	106.72
2010	17849.94	89874.16	15989.73	19.86	111.63
2011	15609.80	109247.79	16514.11	14.29	94.52
2012	14527.33	125952.97	18764.63	11.53	77.42
2013	16949.32	140212.10	20471.76	12.09	82.79
2014	17876.57	151785.56	22570.07	11.78	79.20
2015	21285.06	175877.77	25542.15	12.10	83.33
2016	30869.32	187755.21	27403.85	16.44	112.65
2017	39812.37	203085.00	29857.15	19.60	133.34
2018	36775.58	220904.10	32707.81	16.65	112.44
2019	41834.71	238858.37	35115.15	17.51	119.14

注：公债发行额只包括内债发行额，不含外债发行额。

全国财政总支出＝中央本级财政支出＋地方本级财政支出。本表的财政支出数字 2000 年以前不包括国内外债务还本付息支出和利用国外借款收入安排的基本建设支出。2000 年起，全国财政支出和中央财政支出中包括国内外债务付息支出。

资料来源：国家统计局网站以及 2009～2019 年全国财政决算数据。

3. 公债偿债率考察

20 世纪 90 年代，公债偿债率与中央财政偿债率上升较快，进入 21 世纪后，这两个指标稳步下降。2008 年，公债偿债率和中央财政偿债率跃升至

20.88%和39.18%，达到近年来的最高值。此后开始逐年下降，2013年最低至7.80%和16.74%。自2014年以来，这两个指标开始上升，近年来中央财政偿债率上升较为明显。见表10-3。

表10-3　　1990~2019年我国公债偿债率和中央财政偿债率

年份	当年全国财政总收入（亿元）	当年中央财政收入（亿元）	当年公债还本付息支出（亿元）	公债偿债率（%）	中央财政偿债率（%）
1990	2937.10	992.42	190.07	6.47	19.15
1995	6242.20	3256.62	882.96	14.15	27.11
2000	13395.23	6989.17	1579.82	11.79	22.60
2001	16386.04	8582.74	2007.73	12.25	23.39
2002	18903.64	10388.64	2563.13	13.56	24.67
2003	21715.25	11865.27	2952.24	13.60	24.88
2004	26396.47	14503.10	3671.59	13.91	25.32
2005	31649.29	16548.53	3923.37	12.40	23.71
2006	38760.20	20456.62	5483.40	14.15	26.81
2007	51321.78	27749.16	6037.50	11.76	21.76
2008	61330.35	32680.56	6896.00	11.24	21.10
2009	68518.30	35915.71	10762.67	15.71	29.97
2010	83101.51	42488.47	12084.65	14.54	28.44
2011	103874.43	51327.32	12926.14	12.44	25.18
2012	117253.52	56175.23	11106.25	9.47	19.77
2013	129209.64	60198.48	10081.97	7.80	16.75
2014	140370.03	64493.45	11507.00	8.20	17.84
2015	152269.23	69267.19	13037.88	8.56	18.82
2016	159604.97	72365.62	20576.10	12.89	28.43
2017	172592.77	81123.36	28953.87	16.78	35.69
2018	183359.84	85456.46	26176.04	14.28	30.63
2019	190390.08	89309.47	28577.82	15.01	32.00

注：表中财政收入数字不包括国内债务收入。

2000~2008年的数字仅表示本金支出，其中2000~2005年的数字来自国家统计局网站，2006~2008年的数据根据2006~2008年《中国国债市场年报》中“国债到期情况表”计算而得。2009~2019年的数据根据全国财政决算数据计算而得，计算公式为：当年公债还本付息支出=内债还本额+国内债务付息支出。

资料来源：国家统计局网站、《中国国债市场年报》以及2009~2019年全国财政决算数据。

通过上述分析可以看出，我国公债规模的主要指标依然健康，公债总水平较低，但增长幅度较快。同时还应看到，在进行政府债务指标的国际比较时，不能只进行数量的比较，更重要的是结合我国国情，分析这些数量指标所代表的经济含义。据此判断，当下我国公债规模处于国民经济应债能力宽松而中央财政债务沉重的矛盾之中，既有宽松的一面，也有严峻的一面。破解这一矛盾的策略，在于在以下二者之间寻求平衡：既要充分发挥公债对国民经济增长的拉动作用，以及对经济运行的反周期调节作用，又要防止公债规模过大对财政收支造成难以承受的压力，避免因政府债务问题而诱发信用风险和财政风险。

第三节 公债管理

一、公债发行管理

（一）公债发行方式

公债发行是公债售出或被个人和企业认购的过程，它是公债运行的起点和基础环节，其核心是确定公债售出方式即发行方式。一般来说，主要有以下三种。

1. 公募法

公募法指政府或受政府委托的部门向社会公众募集公债的发行方法，又可分为直接公募法和间接公募法两种。

直接公募法，即直接面向全国公众募集公债、发行成本全部由政府承担的方法。直接公募法的优点是政府能直接控制公债发行权和发行过程，但缺点是发行对象过于分散，销售时间长，发行成本较高。

间接公募法，是由政府委托银行或其他金融机构发行公债，通过金融系统向社会公开募集公债的方法。在发行规模确定后，募集额未达到发行额的差额，将由受托的金融机构承购。间接公募法将公债发行权及发行事务交由金融机构代理，公债推销较方便，收入较及时，筹资成本相对较低，且由金融机构发行政府公债，能较好地适应社会资金结构，较灵活地调节市场货币流量和流向。间接公募法下，政府对公债发行及发行管理的影响力不如直接公募法，但该方法可以很好地发挥金融部门在债券推销上的比较优势，发行成本较低。

2. 包销法

包销法，又称承受法，是指政府将发行的债券统一售予金融机构，再由金融机构自行发售的方法。包销法与间接公募法形式相似，但也有较大的区别。实行间接公募法，金融机构只是代理公债的发行权和发行事务，最终应向政府负责，并受政府的指导和监督；实行包销法则是公债发行权的转让，在通常情况下，政府不再干预，金融机构可自主执行发行权并决定发行事务。包销法有中央银行、商业银行和金融集团承受三种具体方法。从20世纪90年代开始，我国部分公债的发行采用金融集团承受包销的方式。

3. 公卖法

公卖法，又称出售法，是指政府在证券市场以公开出售的方式发行公债。以公卖法发行公债，公债价格随行就市，随市场资金供求情况波动。它的优点是能在金融市场上筹集大量资金，也可以为国家调节货币流通量、金融市场供求状况及利率水平提供操作工具，缺点是公债发行受资金市场影响较大。

各国在实践中通常根据本国的经济社会条件以及各种公债发行方法的优缺点，选择一种或几种方法来发行公债。一般来说，银行信用制度比较发达、证券市场比较健全的发达国家大多采取公卖法和公募法；而信用体系不健全、证券市场不够发达的发展中国家，通常采用的是包销法和其他不常用的方法。

（二）公债发行条件：价格与利率

公债发行条件涉及公债的票面额、期限、利息率、发行价格、偿还方式、能否转让等，其中相对重要，牵扯面较广的主要还是公债的发行价格和利息率的确定。

1. 公债发行价格

公债发行价格就是公债的出售价格或购买价格，它可以等于票面值也可以低于票面值发行，还可以高于票面值发行。按照公债发行价格与其票面值的关系，可以分为平价发行、折价发行和溢价发行三种发行价格。

（1）平价发行。平价发行就是公债按其票面值出售。认购者按公债票面值支付购金，政府按票面值取得收入，到期亦按票面值还本。通常适于公债利息率与市场利息率相当、政府信誉良好的环境。

（2）折价发行。折价发行（亦称减价发行）就是公债以低于票面值的价格出售。认购者以低于票面值的价格支付购金，政府按这一折价取得收入，到期仍按票面值还本。通常适于公债利息率低于市场利息率、财政拮据、发行任务重的环境。

（3）溢价发行。溢价发行（亦称增价发行）就是公债以超过票面值的价格出售。认购者以高于票面值的价格支付购金，政府按这一溢价取得收入，到期则按票面值还本。通常适于公债利息率高于市场利息率的环境。

2. 公债利息率

公债利息率是政府因举债所应支付的利息额与借入本金额之间的比率。公债利息率的高低，主要参照以下三种因素确定。

（1）金融市场利率水平。公债利率应参照金融市场的利率而定。金融市场利率高，公债利率就要相应提高；金融市场利率低，公债利率则可相应降低。若是公债利率与金融市场利率相差甚远，或者公债利率低于金融市场利率致使公债找不到认购者，或者公债利率高于金融市场利率致使政府蒙受高息支付的损失。

（2）政府信用状况。公债利率也应按照政府信用的状况而决定。政府信用良好，公债利率可相应较低；政府信用不佳，公债利息只能较高。否则，不是加重财政负担，就是会阻碍公债的发行。

（3）社会资金供给量。公债利率还应根据社会资金供给量的大小而决定。社会资金供给量充足，公债利率可相应下调；社会资金供给匮乏，公债利率便需相应上调。否则可能或者使财政承受额外的债息支出，或者使公债的发行不畅。

此外，有时政府为了实现特定的经济政策，打破常规，选择较高或较低的公债利率，以诱导社会资金流向，刺激或抑制生产与消费，也是十分必要的。在现代社会中，利用公债利率升降调节证券市场运行和资金运转是政府实现宏观经济管理的重要手段之一。

（三）我国改革开放以来公债发行方式的演变

我国从 1981 年开始发行国库券以来，公债发行方式有过多种，但是从总体上来说，其演变可以分为三个阶段。

第一阶段是 1981～1990 年，主要是行政性摊派方式发行。这一时期，公债发行基本上是在行政动员基础上的计划分配和派购。财政部将每年的公债发行任务按一定标准分配到各地，各地财政部门再将本地区的公债发行额层层分配到企事业单位，甚至分配到农村，然后各单位再具体对每位职工落实认购指标，从职工工资中扣款。

第二阶段是 1991～1994 年，主要是承购包销方式发行。1991 年 4 月，财政部和当时的承购包销团主干事中国工商银行信托投资公司举行了公债承购包销签字仪式，承销当时的国库券 25 亿元，占计划发行量的 25%。随之地方财政部门和人民银行系统也组织承购包销，结果以承购包销方式发行的国库券占总发行量的 65%。在以后的几年里，承购包销方式进一步扩大和发展。

第三阶段是 1995 年至今，主要采取招标发行的方式。1995 年 8 月，财政部对 1995 年 1 年期记账式国债首先进行招标式发行，这是我国公债发行方式的重大突破。1996年1月，财政部在发行1996年记账式（一期）国债时，第一次采用了价格招标的形式。1996年6月，财政部在发行1996年记账式（五期）国债时，首次采用了收益率招标形式。采用招标方式发行公债使我国的公债发行条件能够比较准确地反映金融市场上的资金供求状况，而且也缩短了公债发行期，减少了发行成本，提高了发行效率。

（四）我国公债发行管理方式的转变

自1981年恢复发行公债以来，我国一直采取年度发行额度管理的方式。按照这种管理模式，每年的公债发行规模根据当年公债还本付息数额以及当年财政赤字数额而定，即公债发行额度等于当年公债还本付息数额加上当年财政赤字数额。发行额度一经全国人民代表大会批准，就成为刚性指标，不得突破也不得减少。这种管理模式相对简单，基本可以保证弥补当年的财政赤字。但也存在一定缺陷：公债政策目标比较单一，仅仅是为弥补财政赤字；在额度内财政部门倾向于多发长期公债，少发短期公债，使得债券存量每年滚动增加数量较大，不利于合理安排和优化公债的期限结构；年度发行规模管理制度也扭曲了金融市场，降低了货币政策的效率。

从2006年起，我国改进公债管理办法，参照国际通行做法，采取公债余额管理方式管理公债的发行。所谓公债余额管理是指每年全国人民代表大会批准一个公债余额上限，这个指标等于上一年的公债余额加上本年度财政预算的赤字。公债发行只要不突破这个余额，发行规模和期限品种可由政府视财政收入状况和市场情况灵活掌握。这既规范了发债行为，又增加了主动性和灵活性，符合公债管理的客观需要，并有利于有效防范财政风险。同时，在余额管理的制度之下，一年期以内的公债，由于它当年发行当年兑付，不会增加下一年度公债市场的余额负担，因此也就为健全公债品种、完善基准利率体系创造基本的制度条件，为金融市场化改革尤其是利率的市场化改革打下坚实的基础，这也是我国2007年后公债发行额上升较大的主要原因。

1985～2019年，我国公债的发行情况如表10－4和表10－5所示。

表10－4　　1985～2005年国家财政债务发行情况　　单位：亿元

年份	合计	国内债务	国外借款	国内其他债务
1985	89.85	60.61	29.24	—
1986	138.25	62.51	75.74	—
1987	223.55	63.07	106.48	54.00
1988	270.78	92.17	138.61	40.00

续表

年份	合计	国内债务	国外借款	国内其他债务
1989	407.97	56.07	144.06	207.84
1990	375.45	93.46	178.21	103.78
1991	461.40	199.30	180.13	81.97
1992	669.68	395.64	208.91	65.13
1993	739.22	314.78	357.90	66.54
1994	1175.25	1028.57	146.68	—
1995	1549.76	1510.86	38.90	—
1996	1967.28	1847.77	119.51	—
1997	2476.82	2412.03	64.79	—
1998	3310.93	3228.77	82.16	—
1999	3715.03	3702.13	—	12.90
2000	4180.10	4153.59	23.10	3.41
2001	4604.00	4483.53	120.47	—
2002	5679.00	5660.00	—	19.00
2003	6153.53	6029.24	120.68	3.61
2004	6879.34	6726.28	145.07	7.99
2005	6922.87	6922.87	—	—

注：从1999年开始，国内其他债务项目为债务收入大于支出部分增列的偿债基金。

资料来源：《中国统计年鉴2006》，国家统计局网站。

表10－5　　2005～2019年中央财政债务余额情况　　单位：亿元

年份	合计	国内债务	国外债务
2005	32614.11	31848.59	765.52
2006	35015.26	34380.24	635.02
2007	52074.65	51467.39	607.26
2008	53271.54	52799.32	472.22
2009	60237.68	59736.95	500.73
2010	67548.11	66987.97	560.14
2011	72044.51	71410.80	633.71
2012	77565.70	76747.91	817.79

续表

年份	合计	国内债务	国外债务
2013	86746.91	85836.05	910.86
2014	95655.45	94676.31	979.14
2015	106599.59	105467.48	1132.11
2016	120066.75	118811.24	1255.51
2017	134770.15	133447.43	1322.72
2018	149607.41	148208.62	1398.79
2019	168038.04	166032.13	2005.91

注：从2006年起实行债务余额管理。

资料来源：国家统计局网站。

二、公债流通管理

（一）公债发行和公债流通的关系

公债发行和公债流通相辅相成，是相互依存的整体。公债发行是公债流通的基础，没有公债发行，公债流通就失去了客观存在的必要性，而公债流通确保了外部投资者愿意向政府提供新的资金来源，为公债顺利发行和平衡公共收支创造了良好条件。

公债发行市场又称一级市场，是政府初次出售新债券的市场，它的作用是将政府为筹集资金向社会发行的债券分散发行到投资者的手中。公债流通市场又称二级市场，是以发行的政府债券为买卖、转让对象的市场。债券一经认购，即确立了一定期限的债权债务关系。通过流通市场，投资者可以转让债权，把债券变现。发行市场是整个债券市场的源头，是债券流通市场的前提和基础，而发达的流通市场则是发行市场的重要支撑，为发行市场的扩大提供必要条件。

（二）公债流通市场的结构与管理

公债流通市场可分为场内交易市场和场外交易市场。

在证券交易所内买卖债券所形成的市场是场内交易市场，这种市场组织形式是债券流通市场较为规范的形式。证券交易所是专门进行证券买卖的场所，但它作为证券和债券交易的组织者，本身不参加证券和债券的买卖和价格的决定，只是为买卖和交易的双方创造条件，提供服务，并进行监管。

场外交易市场又称“店头市场”或柜台交易市场，是指证券经纪商和证券自营商不通过证券交易所，而是在证券商之间或证券商与客户之间直接进行的证券分散买卖市场。柜台交易市场为场外交易市场的主体。许多证券经营机构都设有专门的证券柜台，通过柜台进行证券的买卖。在柜台交易中，证券经营机构既是交易的组织者，又是交易的参与者。此外，场外交易市场还包括银行间交易市场，以及一些机构投资者通过电话、计算机网络等通讯电信手段形成的市场等。

目前，我国债券流通市场由三部分组成，即沪深证券交易所市场、银行间交易市场和证券经营机构柜台交易市场。场外交易的方式主要有两种：一种是自营买卖公债，即投资者根据证券商挂牌上市公布的买卖价格，直接与证券商自由洽谈买卖公债，如达成协议即可成交。另一种是委托买卖公债，即投资者委托证券商代其买卖公债，证券商仅作为中介不参与买卖业务，交易价格由委托买卖双方分别挂牌，双方价格达成一致后形成。

（三）公债流通市场的交易方式及管理

公债流通市场的交易方式有现货交易、期货交易、回购交易和期权交易。

1. 现货交易

现货交易是指交易双方在成交后即时进行清算交割其债券和价款的方式。现货交易在公债流通市场初期对公债市场的发展起了重要作用，但随着经济的发展和改革的深入，单纯用此方式已行不通，因为现货交易方式限制了个人信用的发挥，同时也不利于投资者稳定收益，减少投资风险。

2. 期货交易

期货交易是指公债买卖双方成交后按契约中规定的价格、数量进行远期交割的一种公债券交易方式。我国于1993年开放国债期货市场，首先在上海证券交易所试点。由于期货交易的杠杆性以及过度的投机，一度造成市场混乱，1995年5月，我国政府宣布暂停国债期货交易。然而公债的期货交易不仅作为金融期货交易的一种特殊交易形式，是金融市场的重要组成部分，而且是我国加入WTO，融入经济全球化的需要。经过多年准备，2013年9月，5年期国债期货正式在中国金融期货交易所上市交易。

3. 回购交易

公债的回购交易是指公债交易商或投资者在卖出某种公债的同时，约定于未来某一时间以事先确定的价格再买回同一牌名、同等数量公债的一种交易方式，其实质是公债券的卖出者借入资金。与此相反，如果公债的交易商或投资者买进公债，并约定于未来某一时间按事先确定的价格再将等量的同一牌名的公债卖给最初出售者，则这种交易被称为公债的逆回购交易，其实质是公债券买入者向交易对象贷出资金。

公债回购市场是公债流通市场的重要组成部分。公债回购和逆回购具有以下作用：（1）作为一种融资与融券相结合的交易方式，将证券市场与货币市场相连接，扩大了经纪商承销公债的能力，增大了公债一级市场的容量，从而有助于公债顺利发行以及公债运行机制的市场化改革。（2）是中央银行在公债市场开展公开市场业务操作的基本方式，是实现货币政策的重要工具。（3）公债回购率是公债期货价格确定的依据。（4）公债回购业务不仅给短期资金富余者提供了投资机会，而且也直接增加了市场对公债的需求，从而直接增加了公债的流通性。目前，我国国债的回购业务发展速度快，交易量大，逐渐成为重要的交易工具。

4. 期权交易

公债的期权交易是指公债交易双方为限制损失或保障利益而签订的，同意在约定时间内按协定价格买进或卖出契约中指定的债券，也可以放弃买进或卖出这种债券的交易方式。目前我国尚未开展公债的期权交易方式。

三、公债的偿还管理

（一）公债的偿还方法

公债的偿还方法主要有以下四种。

1. 买销法

买销法也称收买偿还法、市场偿还法，是政府按照市场价格在证券市场上买进政府所发行的公债，公债的偿还通过市场交易完成。买销法是一种间接偿还方式。这种方法对政府来说，偿还成本低，操作简单，且可以体现政府的经济政策。买销法通常与公债发行上的公卖法相对应。

2. 比例偿还法

比例偿还法是指政府按照公债的数额，分期按比例偿还。由于这种偿还方法是政府不通过市场，而直接向公债持有者偿还公债的本息，所以又称直接偿还法。偿还比例的确定包括平均比例偿还、逐年递增比例偿还、逐年递减比例偿还等具体的做法。比例偿还法的优点是有利于政府安排偿债基金，使公债的偿还有稳定的资金来源。20 世纪 50 年代我国发行公债大多采用逐年递增比例偿还法。

3. 抽签偿还法

抽签偿还法是指政府通过定期抽签确定应清偿的公债的方法。一般是以公债的号码为抽签依据，一旦公开抽签确定应清偿公债的号码之后，所有相同号码的公债都同时予以偿还。抽签偿还法也是一种直接偿还法。1981～1984 年我国发行的国库券，就采用抽签比例偿还法。

4. 一次偿还法

一次偿还法是指国家定期发行公债，在公债到期后，一次还清本息。自 1985 年以来我国发行的国库券就是规定发行期限到后一次还本付息完毕。

（二）公债偿还的资金来源

政府公债偿还的资金来源主要依靠预算盈余、建立偿债基金、预算列支以及政府发行新债偿还旧债等。

预算盈余，是指政府以预算盈余资金作为偿债资金来源的做法。理论上说，用预算盈余资金偿还公债是预算周期平衡政策的具体运用。但这种方法实施的前提是政府预算必须有盈余。从目前世界各国的财政收支状况看，这个前提条件并不具备，因而这种方法一般不具有实践价值。

建立偿债基金，以备偿债之用，也是筹集公债偿还资金的一种方法。偿债基金，是在政府预算中专门设立并规定来源和用于公债还本付息的专门准备基金。其来源包括预算定额拨款、公债发行收入的定额缴纳、部分超计划发行公债、公债还本付息结余、部分预算结余以及偿债基金经营收益等。建立偿债基金制度，为偿还债务提供了一个稳定的资金来源，能保证公债的及时偿还，提高公债信誉，减轻债务成本，顺利度过偿债高峰。从长远看，还可以平衡各年度的还债负担。设置偿债基金可以把政府的正常预算收支和债务收入、使用和偿还分离开来，有利于掌握各类不同来源的资金结构、投向和使用效果。

预算列支，指公债偿债期到时，政府将当年到期的公债本息直接列入本年预算支出中，以预算资金抵偿公债，从而使预算资金成为政府偿债的资金来源之一。这种方式在正常情况下可以保证债权安全，增强公债信誉，但在公债运用低效或无效时，只能靠提高税收负担的办法来筹资偿债，这就可能给社会生产带来不利影响。

政府发行新债偿还旧债，是当前世界各国政府筹集偿债资金的常用方法。这种方法就是从每年新发行的公债收入中，提取一部分来偿还公债的本金。从本质上说，这并不是一种偿还方式，其副作用较大，必须严格控制。但在实践中，长期实行赤字财政政策的国家，往往不得不依靠借新还旧的办法，来偿付到期的债务本金。

从实践角度看，出于信用体系和金融市场的发展程度等方面的原因，发达国家偿还公债一般以买销法为主，而发展中国家较多地采用直接偿还法。过去，一些发达国家曾建立偿债基金制度，但由于奉行赤字财政政策，赤字连年不断，不仅原有偿债基金被挪用，还不得不发行大量新债，现在除少数国家仍坚持偿债基金制度外，大多已转向预算拨款和调换公债的办法。少数发展中国家，尽管有各种各样建立偿债基金的计划，但苦于资金匮乏和财政制度的不完善，真正付诸实施的并不多见，大多数国家现在实行的是预算列支偿还制度和新债换旧债的办法。

我国目前大多数公债实行一次偿还法，其资金多靠举借新债。随着证券市场的完善和公卖法的采用，其他方法也会得到更多的运用。

【本章小结】

1. 公债是国家或政府以其信用为基础，在向国内外筹集资金的过程中所形成的债权债务关系，是国家或政府通过借款或发行债券等方式取得资金所形成的债务。公债是一种特殊的公共收入形式和特殊的信用范畴。公债具有信用性、自愿性、有偿性和灵活性等特征。

2. 公债的主要用途是弥补财政赤字，筹集建设资金，执行政府的经济政策和调剂季节性资金余缺。公债还有挤出效应、扩张效应和管理效应等多重效应。

3. 按照偿还期限、发行地域、发债主体、发行方式、发行对象以及发行用途的不同，公债可以有多种分类。

4. 公债规模是指国家或政府负债的总水平，它受多种因素的制约。公债规模通常可用年度公债发行额、公债累计发行额、公债余额等绝对指标，以及公债依存度、公债负担率、偿债率等相对指标来衡量。公债的负担是指国家发行公债给各相关方面造成的利益损失和政府因负担所承受的经济压力，既包括国民经济的负担，也包括不同利益主体的负担。

5. 对于我国公债规模和公债负担，本章从多个角度进行了分析。我国公债规模的主要指标比较健康，公债负担率的指标也低于发达国家的水平。但在观察公债规模和把控公债负担率时，既要充分发挥公债对国民经济增长的拉动作用，以及对经济运行的反周期调节作用，又要防止公债规模过大对财政收支造成难以承受的压力，避免因政府债务问题而诱发信用风险和财政风险。

6. 公债管理的内容主要包括公债发行管理、流通管理和偿还管理等。公债发行管理主要是对公债发行方式和发行条件的认定。我国目前公债发行采取多种方式。在公债发行条件中，相对重要的是发行价格和利率。改革开放以来，我国公债发行管理方式参照国际通行做法有了重大的转变，目前采取公债余额管理方式管理公债的发行。

7. 公债的发行与流通相辅相成，发行市场是流通市场的前提和基础，而发达的流通市场则是发行市场的重要支撑。公债流通管理主要是对公债流通市场及交易方式的规范。公债流通市场可分为场内交易市场和场外交易市场。目前我国的场内交易市场由沪深证券交易市场、银行间交易市场和证券经营机构柜台交易市场组成，在场外交易市场上开展自营买卖公债和委托买卖公债的业务。公债流通市场的交易方式有现货交易、期货交易、回购交易和期权交易等。

8. 公债的偿还管理主要涉及公债的偿还方法及偿债资金来源。公债的偿还方法主要有买销法、比例偿还法、抽签偿还法和一次偿还法等。公债偿还的资金来源主要依靠预算盈余、偿债基金、预算列支以及发行新债偿还旧债等。

【主要概念】

公共债务　公债规模　公债发行额　公债余额　公债依存度　公债负担率　偿债率　公债负担　债务风险　公债发行方式　公债发行价格　公债利率　公债余额管理　公债流通　场内交易市场　场外交易市场　现货交易　期货交易　回购交易　公债偿还　偿债资金

【思考分析题】

1. 怎样理解公债是一种特殊的公共收入形式和信用范畴？
2. 公债大规模出现的背景及影响因素是什么？
3. 试结合有关衡量指标，分析当前我国的公债负担率和公债风险。
4. 谁实际上负担了公债？
5. 公债怎样发挥对经济运行的反周期调节作用？
6. 试分析我国市场化改革和公债市场发展的关系。
7. 你认为哪些公债偿还的资金来源是稳妥的和能够保持可持续的？

【阅读与思考】

阅读（一）：新中国成立伊始发行人民胜利折实公债

《关于发行人民胜利折实公债的决定》

（一九四九年十二月二日中央人民政府委员会第四次会议通过，一九四九年十二月三日发布）

一、为支援人民解放战争，迅速统一全国，以利安定民生，走上恢复和发展经济的轨道，决定于一九五零年度发行人民胜利折实公债。

二、本公债之募集及还本付息，均以实物为计算标准，其单位定名为“分”。每分以上海、天津、汉口、西安、广州、重庆六大城市之大米（天津为小米）六斤、面粉一斤半、白细布四尺、煤炭十六斤之平均批发价的总和计算之。此项平均市价，统一由中国人民银行每十日公布一次。

三、本公债总额为二万万分，于一九五零年内分期发行。第一期在一九五零年一月至三月间定期发行。继续发行时间，由政务院决定之。

四、本公债分五年偿还，第一年抽还总额百分之十，以后每年递增百分之五。每期自发行截止时起，每满一年抽签还本一次。

五、本公债定为年息五厘，亦照实物计算。每期于发行截止时起，每满一年付息一次。

六、责成政务院根据本决定制定人民胜利折实公债条例，公布实行。

（资料来源：《人民日报》1949 年 12 月 4 日。）

思考：

（1）新中国建立初期发行人民胜利折实公债的背景和目的是什么？

（2）解释人民胜利折实公债采用实物公债形式的初衷及利弊。

（3）人民胜利折实公债的发行制度和偿还方式有哪些特色？

（4）读过上面的报道，再思考公债与公共收支的关系，并解答：如果把公债视为一种公共收入，那么是否意味着政府永远不会出现收不抵支的问题。

阅读（二）：财政部成功发行 40 亿欧元主权债券

巴黎时间 2019 年 11 月 5 日，中华人民共和国财政部在法国巴黎成功簿记发行了 40 亿欧元主权债券。其中，7 年期 20 亿欧元，发行利率为 0.197%；12 年期 10 亿欧元，发行利率为 0.618%；20 年期 10 亿欧元，发行利率为 1.078%。国际投资者踊跃认购，总申购金额超过 200 亿欧元，是发行金额的 5 倍，其中 57% 的资金来自欧洲，43% 的资金来自欧洲以外，投资者类型丰富，地域分布广泛，发行结果好于预期。这笔债券随后将在泛欧证券交易所和伦敦证券交易所上市。

这是中国政府 15 年以来第一次发行欧元主权债券，是迄今为止中国政府单次发行最大规模的外币主权债券，也是第一笔在法国定价发行并上市的中国主权债券，向国际市场特别是欧洲投资者传递了中国全方位高水平开放的信息，对进一步推动中国更深入地融入国际金融市场具有重要而深远的意义。此次欧元主权债券的成功发行，标志着中国政府在连续两年发行美元主权债券的基础上，重启欧元融资通道，有利于丰富和完善中国境外主权债券收益率曲线，为中资发行体欧元融资提供具有市场参考意义的基准。在中法建交 55 周年之际，在巴黎定价发行中国主权债券，反映出中国对欧洲金融市场的重视，将为中法双方进一步密切经济金融合作，打造更加坚实、稳固、富有活力的全面战略伙伴关系提供助力，有助于进一步深化中法乃至中欧的经贸合作。

（资料来源：新浪财经网：中国财政部发行 40 亿欧元主权债券，2019 年 11 月 6 日。https://baijiahao.baidu.com/s?id=1649416928896621906&wfr=spider&for=pc。）

思考：

(1) 在内债制度日趋健全的情况下，发行外债的理由和必要性何在？

(2) 思考我国发行外币主权债券的意义和目的。

(3) 通过上面的案例，对比内债和外债的异同和功能。

(4) 从发行外币主权债券的案例中可以观察到我国公债制度发生了怎样的变化？

(5) 通过阅读，你对完善我国的公债发行制度及优化公债结构有何感想和建议？

【参考文献】

1.《中共中央关于坚持和完善中国特色社会主义制度 推进国家治理体系和治理能力现代化若干重大问题的决定》，2019 年 10 月 31 日中国共产党第十九届中央委员会第四次全体会议通过，新华社，2019 年 11 月 5 日。

2. 李士梅、李安：《公债经济学》，清华大学出版社 2019 年版。

3. 张雷宝：《公债经济学：理论·政策·实践》（修订版），浙江大学出版社 2018 年版。

4. 李俊生：《国债管理》，中国财政经济出版社 1994 年版。

5. 高坚：《中国债券》，经济科学出版社 1999 年版。

6. 袁东：《公共债务与经济增长》，中国发展出版社 2000 年版。

7. 刘辉、马通：《国债管理》，南开大学出版社 2005 年版。

8. 安国俊：《国债管理研究》，经济科学出版社 2007 年版。

第十一章
公 共 预 算

公共预算是经法定程序编制和审核批准的公共财政年度收支计划，公共预算制度是现代公共财政制度的重要组成部分。由于公共预算规定了政府从事公共活动的范围和方向，现代国家治理又对新时代公共预算制度改进提出了新要求，因此公共预算制度就成为实现国家治理体系和治理能力现代化的最为重要的制度支撑和保障。本章先通过公共预算制度概述，说明公共预算的概念、分类、原则和过程，然后从国家治理角度解析预算民主和预算法治的要求及实现，最后介绍我国公共预算管理方式的改进与成效，提出下一步公共预算制度及管理方式改革的方向和重点。

第一节 公共预算制度概述

一、公共预算的概念

“预算”（budget）一词来源于古老的诺曼底语，原意是皮包、袋子。英国早期的财政大臣在向国会作年度财政收支报告时，随身携带的装有财政收支计划的皮包就被称为“预算”，后来则演变为该皮包所装之文件，即政府提交立法机构审批的财政收支计划。

公共预算（public budget），也称政府预算、国家预算、财政预算，是各级政府依据法律和制度规定编制，并经法定程序审核批准的政府年度收支计划，是政府组织和规范公共财政分配活动的重要工具，在现代社会，它还是政府调节经济的重要杠杆。“国家的预算是一个重大的问题，里面反映着整个国家的政策，因为它规定政府活动的范围和方向。”①

首先，公共预算是以年度财政收支的形式存在的，是对年度财政收支的规模和结构进行的预计和测算，具体形式是按一定标准，将公共预算年度的财政收支分门别类地列入各种计划表格，通过这些表格可以反映一定时期政府财政的收支情况。

其次，公共预算是政府组织和规范财政分配活动的重要工具。法治财政要求财政运行必须有法可依，公共预算本身是一个经过立法机关审查批准的法律文件，预算中各种有关财政收支的总额、结构以及财政赤字、公共债务的规定，须由立法机构审批后才能公布并实施，这是财政运行的重要依据。除法律另有规定外，预算就是规范政府财政运行的标尺，不得随意突破，也不得任意减少。

最后，公共预算还是调节经济的重要工具。公共预算的调节作用主要表现为财政收支的规模及其差额。本书第二章已经分析过，公共财政在发挥经济稳定与发展职能时，可以采取相机抉择的政策，逆经济风向调节。就公共预算来说，当社会有效需求不足时，政府可以扩大支出规模、保持一定赤字规模以扩大社会总需求；当社会需求过旺时，政府可以缩小支出规模、保持预算盈余以抑制社会总需求。此外，市场经济下，经济运行客观上存在周期性波动，因此，政府可以考虑制订中长期的公共预算进行反经济周期调节，从而在更长的时间范围内调节经济，实现长期的经济稳定增长。

公共预算是公共财政体系的重要组成部分。从财政收支的内容上看，公共预算是财政的核心，它规定了财政的收支总额及结构状况。但从起源看，两者不具有一致性。财政随国家的产生而产生，而公共预算是社会发展到了资本主义的产物。当财政收支等所有公共财务要求制订统一的年度计划，并且要求经过立法程序审查批准时才有了公共预算。

二、公共预算的形成

（一）公共预算的起源

现代意义上的第一个政府预算产生于封建社会向资本主义社会过渡、自然经济向市场经济过渡的英国。在 13 ~ 19 世纪，英国社会与封建君主进行了无

① 《毛泽东文集》（第 6 卷），人民出版社 1999 年版，第 24 页。

数次的斗争，其中包括1215年的《大宪章》事件①、17世纪40年代的革命、1688年的“光荣革命”②以及19世纪上半期的宪章运动等，英国政府收支的全部决定权逐步转到了英国议会手中。议会为了确保有效决定和控制政府收支，进而达到控制政府权力的目的，要求政府在每个财政年度开始之前预先编制年度收支计划，报送议会审议批准，然后才能执行。这一预先提交并经议会审批的政府年度收支计划就是政府预算。议会对预算的审批和控制，也就成为财政民主得以确立的过程。经过几百年的演变，虽然最初作为预算控制对象的君王在大多数国家已经不复存在，但受权力分立观念的影响，预算制度仍然作为现代民主的实现机制一直延续下来。

（二）公共预算形成的原因

第一，资本主义生产方式是公共预算产生的根本原因。从西方国家看，预算的产生，是新兴资产阶级追求政治权力和地位的必然要求。资本主义生产方式出现、资产阶级掌握经济权利后，必然要求相应的政治权力和地位，通过经议会审批的预算来控制全部财政收支就是一种必然结果。现代公共预算的形成过程，其实也是议会对君主权力的逐步剥夺和控制的过程。

第二，加强财政管理和监督是公共预算发展的决定性因素。随着社会生产力的不断发展，财政分配规模日益扩大，财政收支项目增加，收支关系日益复杂，财政收支的发展变化客观上要求加强财政监督与管理，编制统一的财政收支计划。因此，公共预算是适应财政管理的需要而发展的。同时公共预算也加速了预算及统计科学化的进程，为预算和统计的科学管理奠定了基础。

第三，财政分配的货币化是公共预算形成的必备条件。随着商品经济的高度发展，货币关系渗透到整个再生产领域，财政分配有可能充分采取货币形式。只有在财政分配货币化的条件下，才能将全部财政收支完整统一纳入平衡表中，事先进行比较详细的计算，事后便于议会和公众对预（决）算的审查监督。

---

① 1215年英国《大宪章》，剥夺了国王的部分税收权。《大宪章》中规定“除非得到普遍的赞同，否则在王国中既不应征收兵役税，也不应征收协助税”。这是第一次将“非赞同毋纳税”原则以法律形式确立下来，并逐步成为英国宪法的基本原则之一。

② 1688年“光荣革命”使得英国议会控制了政权，基本完成了政府预算制度的构建。自此，议会逐步扩大了控制财政的范围，囊括了对国王个人支出的监管，确立了王室年俸与国家支出的分离，形成了拨款制度。此后，拨款授权作为英国财政体系构成内容的永久性和系统性的制度被确定下来，这不仅意味着议会可以通过收入授权，也可以通过规定支出用途直接限制君主的行为。

三、公共预算的原则

公共预算原则是指政府选择预算形式和体系应遵循的指导思想，是确定政府财政收支计划的方针。自政府预算产生之后，就开始了对预算原则的探索，随着现代公共预算制度不断改进，逐渐形成了一些被视为“经典”的预算原则，也体现了现代公共预算的基本特征。

（一）完整性

完整性原则要求全部公共预算收支项目都必须纳入预算，受预算机制约束，不允许存在公共预算外的其他公共收支。完整性原则包括两方面含义：一是公共预算应当完整地反映政府全部的收支，涵盖全部政府资金；二是公共预算内容要完整，所有公共收支信息、全部资产负债信息、绩效信息、风险信息等都必须纳入预算文件。只有确保公共预算的完整性，才能做到预算的信息充分，切实利于立法机关和社会公众实施预算监督。

（二）可靠性

可靠性原则要求公共预算必须依据可靠的资料、信息进行预测和编制，运用科学的方法正确地估计各项预算收支数字，不得假定或编造。预算信息真实可靠，是实施预算科学管理和有效监督的前提要件。要保证数据的真实可靠，就必须按照统一的标准和方法预测、记录和公布有关的预算信息，使预算数据能够真实反映预算收支趋势、潜在的宏观经济发展情况；同时，还要有独立的审计机构对公共预算信息进行审核，使预算数据更加清晰、可比。

（三）公开性

公开性原则要求公共预算及其执行情况必须采取一定的形式公之于众，让公众了解预算收支状况，并置于公众的监督之下。公共预算涉及的是公共的资金，目的是满足社会公共需求，政府有义务向社会公众公开有关公共资金筹集和使用的所有信息（涉密信息除外）。预算公开透明是保证公共资金安全有效使用的重要前提。我国于 2015 年 1 月 1 日起施行的新《预算法》就对公共预算公开的时间做出了明确规定，使得预算公开法定，并于当年全面实现了公共预算公开。

（四）法治性

法治性原则要求公共预算的成立和执行结果都要经过立法机关审查批准。

公共预算与一般财政经济计划不同，它必须经过规定的合法程序，预算一经立法部门审批通过，就成为反映集中性公共资金来源、规模、去向和用途的法律性文件，政府部门必须严格执行。预算执行过程中因情况变化而导致的预算变动，需要调整、修正或补充预算，也必须提请立法部门审批。未经立法部门批准，政府及任何部门均不能擅自改变公共资金的用途、具体责任者以及资金使用方式，也不能将资金在不同的部门、不同的项目、不同的预算科目之间调进调出，任何预算支出都应在预算中事先决定，一旦违反，将受到法律制裁或者追责。法治性原则体现了立法机关代表社会公众对政府及行政机关使用公共资金权利的监督和制约，旨在维护公共资金分配的合理性、规范性和严肃性。

（五）年度性

年度性原则是指必须按照法定的预算年度编制公共预算，反映全年公共收支活动，不允许将不属于本年度收支的内容列入其中。这一原则的重点是预算的非连续性，即不得有长期拨款和永久性拨款，这把立法机构和政府财政部门对预算收支及相应的活动安排进行定期的审查和监督纳入了预算管理框架之中。预算年度是预算收支起讫的有效期限，通常为一年。目前世界各国普遍采用的预算年度有两种：一是历年制预算年度，即从每年 1 月 1 日起至同年 12 月 31 日止，我国即实行历年制预算年度；二是跨年制预算年度，即从每年某月某日开始至次年某月某日止，中间历经 12 个月，但却跨越了两个年度，如美国联邦政府预算年度是从每年的 10 月 1 日开始，到次年的 9 月 30 日止。

四、公共预算的分类

公共预算作为财政收支计划，在技术操作上要解决的主要是两个问题：一是计划表格的安排；二是计划指标（数字）的确定。前者通称为公共预算的形式，后者则是公共预算的内容。

（一）单式预算和复式预算

按照预算编制形式的不同，公共预算可分为单式预算和复式预算。

单式预算是传统的预算形式，其做法是在预算年度内，将全部的预算收入与支出汇集编入单一的预算表格内，而不去区分各项预算收支的经济性质。其优点是能够综合反映年度内预算收支总体情况，简洁明了，整体性强，便于立法机关审议批准和社会公众了解。缺点是没有把全部收支按经济性质分列和汇集平衡，不便于经济分析和有选择地进行宏观经济调控。

复式预算是将预算年度内全部预算收支按经济性质汇集编入两个或两个以上的预算表格，从而形成两个或两个以上的预算。它的优点是根据不同性质分别编制，便于区分不同收支的经济性质和用途，便于政府权衡支出性质，区分轻重缓急，做到资金安排使用的有序性和合理性。缺点在于，复式预算下各个预算单独平衡，以各自来源对应各自支出，打破了预算的完整性原则和传统的收支平衡观念，不便于预算审查和监督。

复式预算的典型做法是把预算分成经常预算和资本预算两个部分。其中经常预算是针对政府经常性收支而编制的预算，以税收等经常性收入为来源，以行政事业支出等经常性支出为对象；资本预算也称投资预算、建设预算，主要针对政府资本性收支而编制，以公债为主要收入来源，以经济建设支出及宏观调控等资本性支出为支出对象。

（二）增量预算和零基预算

根据预算编制方法的不同，公共预算可分为增量预算和零基预算。

增量预算是指收支计划指标是以以前预算年度的收支为基数，依据新的预算年度经济发展情况加以调整之后确定的预算。零基预算不考虑以前年度的收支状况，所有收支计划从零开始，重新审核，以提高资金使用效率。

增量预算以过去的历史数据为基础进行编制，注重预算的历史延续，且简单易行，但前提是以往预算收支都是合理的，否则的话就会通过累积效应放大了不合理性。零基预算强调，以往预算年度的预算基数均不能理所当然地成为下一个预算年度进行预算决策的基础，预算编制应从零开始，不受以前各期预算执行情况的干扰，使未来年度的预算一开始就建立在一个科学合理的基础之上，控制预算规模，避免不必要的浪费，提高资金使用效率。但零基预算编制时间较长，需要技术水平较高，而且会受到政治上、法律上等多重因素的制约和既得利益集团的反对，实施起来有一定难度。

（三）年度预算和中长期预算

按照预算时间长短，公共预算可分为年度预算和中长期预算。

年度预算是指预算时间为一年的预算。中长期预算，也称中长期财政计划，是指预算时间一年以上的预算收支计划，一般把一年以上10年以下的称中期预算（中期计划），10年以上的称长期预算（长期计划）。

一般来说，年度预算比较符合近期的现实需要，但难以实现跨年度统筹，容易助长短期行为。中长期预算，特别是中期预算，可以强化对年度预算的约束性，增强预算的前瞻性和全局性，并且方便政府进行反周期调节，促进协调和可持续发展。

（四）总预算、部门预算和单位预算

按照预算收支管理范围分类，公共预算可分为总预算、部门预算和单位预算。

总预算是各级政府的财政收支综合计划，由各级政府的本级预算和下级政府预算共同组成。部门预算是由政府各个部门编制，反映政府各部门所有收入和支出情况的预算，部门预算的总和构成政府本级预算。单位预算是部门预算的基本组成部分，是各政府部门直属机关及其所属行政事业单位的年度收支预算。

（五）中央政府预算和地方政府预算

按照公共预算的级次分类，公共预算可分为中央政府预算（中央预算或联邦预算）和地方政府预算（地方预算）。

目前，世界上多数国家都采用多级政府架构，中央政府预算是指经法定程序审查批准的，反映中央政府活动的公共收支计划。除中央政府外，其他级次政府均可称为地方政府，其相应的预算就是地方政府预算，它是反映各级地方政府活动的公共收支计划的总称，也是组织和管理公共预算的基本环节。

（六）项目预算和绩效预算

按照投入项目能否直接反映其经济效果分类，公共预算可分为项目预算和绩效预算。

项目预算是指只反映项目的用途和支出金额，而不考虑其支出经济效果如何的预算。绩效预算是指根据成本—效益比较的原则，决定预算支出项目是否必要及支出金额大小的预算形式。具体说就是有关部门先制定需要从事的事业计划和工程计划，再依据政府职责和施政计划选定执行实施方案，最后确定所需的支出费用来编制的预算。绩效预算的特点，一是按职责、用途来评判预算支出是否符合效率原则，二是重视对预算支出效益的预测和考察。

五、我国公共预算组成体系

《中华人民共和国预算法》第三条规定："国家实行一级政府一级预算"。我国公共预算体系即按照这一原则建立。与政权结构相适应，结合行政区域划分，我国设立中央、省（自治区、直辖市）、市（自治州）、县（区）、乡

(镇)五级预算。除中央预算外，其余四级预算均可称为地方预算。因此，从纵向政权结构看，我国公共预算体系由中央预算和地方预算组成。地方预算由各省、自治区、直辖市总预算组成，地方各级总预算由本级预算和汇总的下一级总预算组成。地方各级预算由本级各部门的预算组成，各部门预算由本部门所属各单位的预算组成。

从预算所涵盖的内容看，根据《中华人民共和国预算法》，我国的预算包括一般公共预算、政府性基金预算、国有资本经营预算、社会保险基金预算。

(一) 一般公共预算

一般公共预算是对以税收为主体的财政收入，安排用于保障和改善民生、推动经济社会发展、维护国家安全、维持国家机构正常运转等方面的收支预算。

一般公共预算收入包括各项税收收入、行政事业性收费收入、国有资源(资产)有偿使用收入、转移性收入和其他收入。一般公共预算支出按照其功能分类，包括一般公共服务支出，外交、公共安全、国防支出，农业、环境保护支出，教育、科技、文化、卫生、体育支出，社会保障及就业支出和其他支出；一般公共预算支出按照其经济性质分类，包括工资福利支出、商品和服务支出、资本性支出和其他支出。

(二) 政府性基金预算

政府性基金预算是对依照法律、行政法规的规定，在一定期限内向特定对象征收、收取或者以其他方式筹集的资金，专项用于特定公共事业发展的收支预算。

政府性基金预算的管理原则是：基金全额纳入预算管理，实行收支两条线，收入全额上缴国库，先收后支，专款专用；在预算上单独编列，自求平衡；当年基金预算收入不足的，可使用以前年度结余资金安排支出，当年基金预算收入超出预算支出的，结余资金结转下年继续使用。

政府性基金预算的收入来源主要包括向特定对象征收的基金、收费，出让土地以及发行彩票等，其支出主要用于特定的公共事业，具体支出科目与一般公共预算相同。

(三) 国有资本经营预算

国有资本经营预算是指国家以所有者身份依法取得的国有资本收益，并对所得收益进行分配而产生的各项收支预算。建立和实施国有资本经营预算制度，是规范国家与国有企业分配关系的重要举措，是合理划分政府作为社会管理者和资本所有者不同身份、不同职能的必然要求，对于合理配置国有资本、统筹用好国有资本收益、深化国有企业改革、提高企业核心竞争力、增强政府宏观调控能力具有重要意义。

国有资本经营预算的收入主要包括从国家出资企业取得的利润、国有产权（股权）转让收入、清算收入以及其他收入等。国有资本经营预算的支出按照当年的预算收入规模安排，不列赤字，主要包括国有经济和产业结构调整、企业灾后恢复生产重建、企业重大技术创新、节能减排、境外矿产资源权益投资以及改革重组补助支出等。

2007 年 9 月，《国务院关于试行国有资本经营预算的意见》颁布实施，标志着我国开始正式建立国有资本经营预算制度。

（四）社会保险基金预算

社会保险基金预算是对社会保险缴款、一般公共预算安排和其他方式筹集的资金，专项用于社会保险的收支预算。建立和实施社会保险基金预算的作用是：有利于统一安排各项社会保险基金收支活动，统筹规划，以实现基金收支平衡；有效防止挤占、挪用基金等现象的发生，维护社会保险基金的安全；便于合理安排社会保险基金的投资，更好地实现社会保险基金的保值增值；有利于节省管理成本，防止社会保险基金的流失。

社会保险基金预算按险种分别编制，包括基本养老保险基金、失业保险基金、基本医疗保险基金、工伤保险基金、生育保险基金等内容。社会保险基金预算的收入主要包括社会保险费收入、利息收入、财政补贴、其他收入等，社会保险基金预算的支出主要包括社会保险待遇支出、转移支出、补助下级支出等。

2010 年，《国务院关于试行社会保险基金预算的意见》颁布实施，社会保险基金预算开始在全国范围内试编。2012 年社会保险基金预算编报范围实现了全面覆盖。2013 年全国社会保险基金预算正式报送全国人民代表大会，社会保险基金预算迈入制度化、规范化、科学化管理的新阶段。

六、公共预算过程

一个完整的公共预算过程包括预算编制、预算审批、预算执行和决算四个阶段。

（一）预算编制

预算编制是整个预算工作程序的开始，也是一个预算过程运作的基础。预算编制除了要遵守前述所列原则之外，往往还要考虑当时的经济状况、政府的政策目标以及以前年度预算的执行状况等因素。预算在未经立法机构审批之前称为预算草案。预算草案编制的核心内容，就是确定各项收支项目的具体数额，即确定预算指标数。

（二）预算审批

预算草案编制完成之后必须提交立法机关审议。立法机关审批预算是现代公共预算的本质特征。公共资金来源于公众，政府作为公众代理人，受托使用公共资金，为公众提供公共产品，满足社会公共需要。

立法机关审批预算必须具备以下条件：（1）立法成员的代表性。立法成员必须经由民众选举产生，能够表达选民意愿，代表选民行使对公共资金的决策和监督职能。（2）立法成员审批预算的权力必须通过法律予以明确规定。（3）立法机关审批预算要有充足的时间保障。（4）立法机关审批预算要有相应的专业知识基础和能力保障。

在我国，中央政府预算由全国人民代表大会审查和批准，地方各级政府预算由本级人民代表大会审查和批准。

（三）预算执行

预算执行是整个预算工作程序的重要环节，具体表现为预算收支的筹措和使用的过程。预算草案在立法机构审批后即成为正式法案，进入执行阶段，由政府组织实施。

预算执行的原则有两个。一是严格按立法审批的预算执行。该原则要求先有预算、后有收支，严格执行预算，严禁超预算或者无预算安排收支。收入部门组织收入必须依法进行，及时足额上缴国库；支出部门在具体支出时间、支出内容和支出金额上应该按照经过审查和批准的预算来实施，不随意超前或滞后支出、不挤占挪用资金，不出现大额超支或者结余等情况，也不存在项目无预算而支出。二是根据立法意图及时调整预算。预算在执行过程中，由于经济、社会环境的变化，预算需要进行相应调整，包括预算支出总额的变化，项目的改变，经费在不同部门、不同项目、不同科目之间的调入调出等。预算执行过程中的上述变化，都必须经立法机关审批后方能进行。

我国的公共预算执行阶段从当年1月1日到12月31日。各级预算由本级政府组织执行，具体工作由本级财政部门负责。预算执行包括收入征缴、指标审核、支出资金拨付和预算调整等几个环节。预算收入征收部门，必须依法组织预算收入，按照预算管理体制规定及时将预算收入缴入中央国库和地方国库。有预算收入上缴任务的部门和单位，必须依照法规的规定，将应上缴的预算资金及时、足额地上缴国库。各级政府财政部门必须依照法律和规定及时、足额地拨付预算支出资金，并加强管理和监督。对于必须进行的预算调整，各级政府应当编制预算调整方案，列明调整原因、项目、数额、措施及有关说明，报经各人民代表大会常务委员会审查批准。

（四）决算

决算是整个预算工作过程的总结，政府要对年度预算执行结果进行总结，决算报告也需经过法定程序批准。决算与预算相对应，有一级预算，就应当有一级决算。编制决算有助于评估预算的执行情况，总结预算执行的经验，为政府部门未来决策提供重要的参考依据。

决算也需先编制决算草案。在我国，决算草案由各级政府、各部门、各单位在每一预算年度终了后按规定时间编制。决算草案由各级人民代表大会常务委员会审批，决算批准后，财政部门要向本级各部门批复决算，地方各级政府还应将经批准的决算报上一级政府备案。

第二节 公共预算与国家治理

一、公共预算与民主

（一）国家治理与民主

国家治理是政府、社会与市场多元力量对相关事务进行共治的状态，其核心是将公众融入国家政治过程，让公众知政、参政、议政。民主简单来说就是主权在民，或人民当家做主。国家治理要求一国成员能够公正、公平地参与国家社会政治生活，因此，民主是国家治理的天然要义，同时民主既是一种政治制度，也是一种政治过程。民主的实现形式主要包括选举民主和协商民主。

“选举民主与协商民主相结合，是中国社会主义民主的一大特点。”[①] 中国共产党自成立之日起，就肩负着实现中华民族伟大复兴的历史使命，不管是抗战时期的“三三制”[②]，还是新中国成立前的中国人民政治协商会议，都体现着民主的原则和要求。新中国成立后，我国在社会主义民主建设中，继续不断探索多种形式，切实践行选举民主和协商民主。“人民通过选举、投票行使权利与人民内部各方面在选举、投票之前进行充分协商，尽可能就共同性问题取得一致意见，是我国社会主义民主的两种重要形式。”[③] “协商民主是我国社会主义民主政治的特有形式和独特优势，是党的群众路线在政治领域的重要体现。”[④] 党的十八届三中全会通过的《中共中央关于全面深化改革若干重大问题的决定》进一步指出，“在党的领导下，以经济社会发展重大问题和涉及群众切身利益的实际问题为内容，在全社会开展广泛协商，坚持协商于决策之前和决策实施之中”，鲜明地阐述了中国特色社会主义协商民主的性质。党的十九届四中全会通过的《中共中央关于坚持和完善中国特色社会主义制度、推进国家治理体系和治理能力现代化若干重大问题的决定》明确指出“把尊重民意、汇集民智、凝聚民力、改善民生贯穿党治国理政全部工作之中”，“通过完善制度保证人民在国家治理中的主体地位”。

（二）预算民主与实现

预算民主是公共预算改革的重要目标，预算唯有体现民主，方能建立起具有约束和控制力的现代预算，才能实现公共资金筹集和使用上的公平与效率。所以，预算问题绝不仅仅是个无关紧要的数字汇总问题，而是关系到民主制度是否名副其实的大问题。预算民主应体现在预算的编制、审批、执行和决算整个预算过程中，具体包括：（1）预算编制民主，即在编制预算的过程中，应征求公众意见，保证公众对预算的参与权；（2）预算审批民主，即公众通过其代表对政府提交的预算进行审查、批准，以保证预算安排切实满足社会公共需要；（3）预算监督民主，即整个预算过程都应该公开透明，接受公众监督。

---

① 2007 年 11 月，国务院新闻办公室发布的《中国的政党制度》白皮书。

② 1940 年 3 月，中国共产党在总结抗战以来根据地政权建设经验的基础上，为更好地贯彻执行抗日民族统一战线的战略策略，争取和团结各界人士共同抗战，在党内正式提出了“三三制”政权建设的原则，即“在民主政权组成人员的分配上，共产党员、非党员的左派进步分子、中间分子各占三分之一”。共产党员代表无产阶级和贫农，左派进步分子代表农民和小资产阶级，中间分子代表民族资产阶级和开明绅士。

③ 中共中央文献研究室：《十六大以来重要文献选编》，中央文献出版社 2006 年版，第 171 页。

④ 中共中央文献研究室：《习近平关于全面深化改革论述摘编》，中央文献出版社 2014 年版，第 75 页。

选举民主保证了社会各阶层均可以有表达其利益的代表，并由代表具体参与预算的编制、审批以及决算过程，因此，选举民主为实现预算民主提供了基础和保障。而协商民主则给公众直接参与预算过程提供了可能，保证了社会各阶层的利益诉求得以畅通有效的表达。通过广泛的沟通和协商，调和不同社会群体之间的利益差异，增强公众的参与度、政府的透明度和公信力，也为预算民主创造了实现的条件。

新中国成立以来，选举制度渐趋成熟完善。1953 年 3 月，《中华人民共和国全国人民代表大会和地方各级人民代表大会选举法》（简称《选举法》）颁布实施，奠定了我国选举制度的基本原则和主要内容。改革开放以来，伴随社会主义市场经济的发展以及民主法治建设的不断推进，《选举法》于 1979 年重新修订，到 2018 年又历经七次重要修改，逐步形成一套适合我国国情、具有鲜明中国特色的选举制度，保障了公民的选举权和被选举权，人大代表在预算的编制、审查、执行监督等方面发挥了积极作用，促进了预算民主的实现。我国的人民政协制度，履行了政治协商、民主监督和参政议政职能，政协委员在预算编制过程中的协商沟通和预算执行中的民主监督方面，发挥了重要作用。此外，21 世纪初以来，我国一些地方政府进行参与式预算的探索，促使公共预算编制更加公开、透明、公平，强化预算监督，提高财政资金使用效率，促进公共利益最大化，助推了基层社会治理。

二、公共预算与法治

（一）国家治理与法治

法治是人类政治文明的重要成果，包含形式法治和实质法治，是两者的统一体。形式意义的法治，强调“依法治国”“依法办事”的治国方式、制度及其运行机制；实质意义的法治，强调“法律至上”“法律主治”“制约权力”“保障权利”的价值、原则和精神。形式意义的法治也应当体现法治的价值、原则和精神，实质意义的法治也必须通过法律的形式化制度和运行机制予以实现，两者均不可或缺。

国家治理与法治有着内在的联系和外在的契合。法治是国家治理的基本方式，法治为国家治理提供了良法的基本价值，注入了善治的创新机制，对国家治理现代化具有重要的意义和决定性作用。法治又是国家治理现代化的重要标志，是实现自由平等、公平正义的可靠保障。没有法治就没有国家治理，没有社会稳定，没有发展保障。

我国社会主义法治建设进程不断向前推进。党的十五大报告将“建设社会主义法治国家”改为“建设社会主义法治国家”，党的十八大提出“加快建设社会主义法治国家”，党的十八届四中全会审议通过了《中共中央关于全面推进依法治国若干重大问题的决定》，党的十九大提出要“坚持全面依法治国”，党的十九届四中全会通过的《中共中央关于坚持和完善中国特色社会主义制度、推进国家治理体系和治理能力现代化若干重大问题的决定》对“坚持和完善中国特色社会主义法治体系，提高党依法治国、依法执政能力”做出部署，指出要“全面推进依法治国，坚持依法治国、依法执政、依法行政共同推进，坚持法治国家、法治政府、法治社会一体建设，加快形成完备的法律规范体系、高效的法治实施体系、严密的法治监督体系、有力的法治保障体系”。正是在依法治国这一基本方略指导下，中国特色社会主义法治保证了人民当家做主，促进了国家治理体系和治理能力现代化水平的不断进步。

（二）预算法治与实现

预算法治亦是形式法治与实质法治的统一，公共预算过程要有合法的方式和机制，即政府必须“依法理财”，同时预算必须坚持“法律至上”，约束政府的财政权力，保护社会公众的合法权利。预算法治是公共预算的灵魂和内在要求，是现代预算的基本标志，也是政府行为的基本准则和要求。具体来说，预算法治的要求包括：（1）所有财政活动都必须置于法律框架之下进行，不存在游离于法律控制之外的财政活动；（2）公共预算必须经由立法机构审批，预算一经立法机关通过，即成为法律，必须严格执行；（3）预算执行全过程必须接受立法机关监督；（4）违反预算将受到法律惩罚。

预算法治的实现，是一个涵盖立法、执法、司法、守法的系统工程。首先，预算法治要求科学立法，所有财政活动都必须受到由立法机构通过的法律的约束、控制和监督。立法机构必须制定预算法或相关财政法，对财政权力在立法机构和行政部门之间的配置，公共收支活动的范围和内容，预算编制、审批、执行和审计的整个过程及结果，财政监督以及财政追责和惩处等做出明确而详细的法律规定，使所有与财政有关的活动都有法可依和依法进行。其次，预算法治要求严格执法，财政活动严格遵照预算执行，预算收入应收尽收，预算支出应支尽支，即使在预算执行中因为客观经济社会条件发生变化需要调整，也必须先经立法机关审批后才能执行。再次，预算法治要求公正司法，不管是政府机关，还是社会公众，违反预算法将受到法律惩罚。最后，预算法治还要求全民守法，尤其要求政府部门在预算执行过程中必须严守法律，把政府权力关进制度的笼子，切实保护社会公众的合法权利和利益。

改革开放以来，我国不断加快预算法治建设步伐。1994 年通过的《中华人民共和国预算法》（简称《预算法》）是新中国第一部关于政府预算的法律，对确立预算体系、加强预算监督起到了重要的规范作用。2014 年 8 月 31 日，《预算法》修正案获得十二届全国人大常委会第十次会议通过，自 2015 年 1 月 1 日起施行。此次修正的《预算法》完善了立法宗旨，明确“规范政府收支行为，强化预算约束，加强对预算的管理和监督，建立健全全面规范、公开透明的预算制度”，并在明确人大对预算的审查和批准权、加强预算的透明度和法治化、实现全口径预算和预算公开等方面都有较大修改，对于推动预算法治、构建法治国家和法治政府、推动国家治理现代化，有着极为重要的意义。

2018 年 12 月 29 日，第十三届全国人民代表大会常务委员会第七次会议对《预算法》做出第二次修正，修正后的第八十八条特别强调“各级政府财政部门负责监督本级各部门及其所属各单位预算管理有关工作”；2020 年 10 月 1 日起施行修订后的《中华人民共和国预算法实施条例》，将新《预算法》实施后出台的国务院关于深化预算管理制度改革等有关规定法治化，并进一步细化了预算收支范围、转移支付、地方政府债务等事项的有关规定，彰显了我国预算法治持续性和实质性的推进。

第三节 中国公共预算管理改革

一、中国公共预算管理改革的内容及成效

（一）部门预算改革

新中国成立以来，我国政府向人民代表大会提交的预算是收入按类别、支出按功能的汇总预算。功能预算不分组织单位和开支对象，按照政府的概括目标或职能对支出加以分类，便于了解政府的职能运作，但也存在预算编制粗糙、预算碎片化、资金分配权分散、机动财力过大，预算约束软化等缺陷，执行中追加追减预算的情况也时常发生。

部门预算是由政府各部门编制，经财政部门审核后报立法机关审议通过，反映部门所有收入和支出的预算，由本部门机关经费预算和本部门所属各单位预算组成。部门预算保证了预算的完整性，有助于消除预算分配权分散化、部门收支行为不规范、预算约束软化等弊端，有助于提高预算管理水平和法制化程度。

从2000年开始，中央政府的六个直属部委进行部门预算改革试点，此后逐步推广到所有的政府部门。我国部门预算改革的内容主要包括：（1）编制范围涵盖部门或单位所有的收入和支出，不仅包括财政预算内资金收支，也包括经营收支以及其他收支；既包括一般预算收支，也包括政府性基金收支。（2）编制程序由基层单位开始，自下而上逐级审核汇总。（3）延长编制时间。（4）编制内容包括部门收入预算和部门支出预算。部门各类收入按照不同来源分别编制预算，汇总后形成部门收入预算；部门支出预算包括基本支出预算和项目支出预算两部分。

近年来，我国部门预算改革不断深化，内容不断细化，与现代财政制度相适应的预算编制、管理体系已经初步确立。预算编制责任主体更为明确，编制工作逐渐规范化、制度化和科学化，预算内容完整涵盖所有政府收支活动，预算的计划性和严肃性明显增强。

（二）政府收支分类改革

建立科学的预算收支分类体系是对各项财政收支实施有效控制和管理监督的基础。我国原政府预算收支科目的分类方法是计划经济时期参照苏联财政管理模式确定的，随着社会主义市场经济体制和现代公共管理体系的逐步确立，原收支分类体系已经不能适应现代公共管理与国家治理的需要，也弱化了公共预算管理基础。主要表现在：收支分类沿用计划经济体制要求的基本分类框架，难以适应市场化进程的需要；涵盖范围偏窄，不能准确反映政府收支全貌；科目粗，给审查和批复预算造成困难；收支分类体系混乱，分类口径不够规范，科目内容重复交叉多。这些不适应性和弊端弱化了预算的管理和监督职能，并与国民经济核算体系和国际通行做法不相适应。

为完整、准确地反映政府收支活动，并为进一步深化预算管理改革和健全公共财政体系创造有利条件，在广泛试点并征求意见的基础上，我国从2007年起开始全面实施政府收支分类改革。历经多年改革，建立了一套包括收入分类、支出功能分类和支出经济分类在内的完整规范的政府收支分类体系。这对全面、准确、清晰地反映政府的收支活动，强化财政监督，建立与国际接轨的、高效实用的财政统计分析体系具有重要的意义。

（三）国库集中收付制度改革

预算执行的规范和有效，需要国库管理制度的密切配合。我国传统的财政性资金缴库和拨付方式，是通过征收机关和预算单位设立多重账户分散进行的，财政资金逐级层层经收、上解和下拨。这种资金收付制度，重复和分散设置账户、财政资金经常滞留在预算单位且脱离监督、财政收支不规范、预算信息管理落后、资金被截留和挪用时有发生，不能适应社会主义市场经济体制下公共财政的发展要求。

国库集中收付制度是建立、规范国库集中收付活动的各种法令、办法、制度的总称，其运作是以国库单一账户体系为基础，所有公共性质的财政资金都纳入国库单一账户体系管理，逐步推进各级政府预算统一管理，资金缴拨以国库集中收付为主要形式的国库管理制度。

自 2001 年开始，我国在一些地区进行国库集中收付制度的改革试点。其主要内容包括：建立国库单一账户体系，所有财政性资金通过国库单一账户体系存储、支付和清算；规范收入收缴程序，将财政收入的收缴分为直接缴库和集中汇缴；规范支出拨付程序，按照不同的支付主体，对不同类型的支出，分别实行财政直接支付和财政授权支付。截止到 2011 年底，所有中直部门和机关预算单位均实行了国库集中收付制度改革，全国所有的省本级和部分地市、县进行了该项改革试点并逐步推广。

国库集中收付制度的实施取得了显著的成效：有效地解决了财政资金运行中的信息不对称、风险控制等问题，增强了财政资金运行的安全性、规范性、有效性；规范了预算执行程序，方便了预算单位及时用款；促进了预算编制细化，提高了支出透明度；建立了财政资金支付全过程监督机制，有助于从源头上预防腐败；有利于合理调度资金，增强政府对经济的宏观调控能力。

（四）政府采购改革

政府采购是提高预算资金使用效率的重要方式。传统的预算管理重拨款轻使用，预算支出多采用分散方式进行，采购资金由各使用单位自行支配，政府采购缺乏法律、规章制度的规范、约束和监督，容易出现盲目随意采购、重复采购、本地化采购、高价采购、工程和货物验收不严格等现象，助长寻租现象，导致政府采购资金浪费、使用效益低下，阻碍预算目标的实现。

政府采购是指各级政府及其所属机构为了开展日常政务活动或为公众提供服务的需要，在预算管理和监督下，以法定的方式、方法、程序，对货物、工程或服务的购买行为，以及包括采购政策、采购程序、采购过程及采购管理等内容的公共采购管理制度。政府采购实质上是要把政府支付和使用资金的行为，主要通过公开招标采购方式促使其规范化，实现政策目标，具有集中性、公开性、竞争性和规范性的特点。因此，政府采购有一套规范性、程序化的法律制度和规则。

1999 年 4 月，财政部制定发布了《政府采购管理暂行办法》，这是我国有关政府采购的第一部规章，明确了我国政府采购试点的框架体系。2003 年，

《中华人民共和国政府采购法》颁布实施，标志着我国政府采购由试点阶段转向全面推行阶段。政府采购制度建立以来，政府采购的法治化和规范化水平显著提升，政府采购规模持续扩大，财政支出行为更加规范，经济效益显著提高，政策功能不断拓展，宏观调控能力明显增强，在促进国家经济社会发展目标实现方面取得了明显成效。

（五）全口径预算改革

如前所述，预算的完整性要求所有公共收支都纳入预算，接受立法机关和社会监督。但实际上，20 世纪 90 年代中期以来，我国存在着相当规模的预算外资金，甚至还有一些不规范的制度外资金，肢解了预算的完整性，导致预算的碎片化，不仅影响了人大对预算收支的监督，还降低了预算透明度，损害了政府公信力。

统一预算管理就成为改革的必然。1998 年，我国提出了构建公共财政体制框架目标，要求规范预算收支，将所有政府收支都纳入预算管理，接受全体社会成员的监督。2003 年 10 月，党的十六届三中全会通过的《中共中央关于完善社会主义市场经济体制若干问题的决定》，首次提出“实行全口径预算”，积极构建公共财政框架并致力于将所有政府收支纳入预算管理。2005 年，国务院在《关于深化经济体制改革的意见》中指出，改革和完善非税收收入收缴管理制度，逐步实行全口径预算管理。2010 年 6 月，财政部印发《关于将按预算外资金管理的收入纳入预算管理的通知》，决定从 2011 年起，全面取消预算外资金，把中央和地方的所有预算外收支纳入预算管理，标志着“预算外资金”概念成为历史，是我国推进全口径预算改革的一个重大突破。实行全口径预算之后，“通过对预算收入规模和结构的分析，可以得到与国民经济发展规模、产业结构及产业的经济效益水平等相关的信息；通过对预算支出的方向及比例的分析，可以直观地了解国家各项经济及社会事业发展的财力支持情况。”① 2014 年《预算法》为我国全口径预算改革提供了法律保障，删除了有关预算外资金的内容，并明确规定政府的全部收入和支出都应当纳入预算。预算包括一般公共预算、政府性基金预算、国有资本经营预算、社会保险基金预算，同时规范了四本预算功能定位、编制原则及相互关系。

（六）预算监督体系改革

随着我国社会经济的发展和预算改革的深入，我国预算监督方面也取得了

---

① 贾康等：《财政学通论》，东方出版中心 2019 年版，第 375 页。

积极的效果，构建起了立体化的预算监督体系。

一是人大监督。1998 年 12 月，第九届全国人大常委会第六次会议决定设立预算工作委员会（简称预工委）。预工委是全国人大常委会的常设工作机构，主要职能是协助全国人大财经委员会承担全国人民代表大会及其常务委员会审查预决算、预算调整方案，监督预算执行，承担有关法律草案的起草和审议，其他有关预算的具体事项等工作。预工委的成立，缓解了全国人大财税立法和预算审查监督缺乏经常性工作机构、专业力量不足的问题。1999 年 12 月，第九届全国人大常委会第十三次会议通过了《关于加强中央预算审查监督的决定》，进一步明确了人大对预算审查监督的权力。部门预算改革的推进和逐步完善，也为加强人大预算监督创造了条件。2006 年，为加强立法机关对政府工作和预算事务的监督，第十届全国人大常委会第二十三次会议通过了《中华人民共和国各级人民代表大会常务委员会监督法》，特别加强了各级人民代表大会对预算的审查和监督责任，强化了人大对预算的监督和控制。

二是审计监督。1999 年 6 月，审计署向全国人大常委会作《1998 年中央预算执行情况和其他财政收支的审计报告》，首次向社会公布了审计结果。自此，预算执行审计年度化、制度化、公开化，在预算监督中发挥着重要作用。

三是社会监督。预算必须公开透明，接受社会广泛监督，这也是建设阳光政府、责任政府的内在要求。近年来，我国在推进预决算公开方面做了大量工作，初步形成了以《预算法》《政府信息公开条例》为统领，涵盖政府预算、部门预算和转移支付预算多层次、多方位、具有中国特色的预算公开法治模式，为社会监督提供了充分的条件和基础。

二、我国公共预算管理存在的问题及改革

（一）存在的问题

当前，我国公共预算管理中存在的突出问题是，预算管理制度的完整性、科学性、有效性和透明度不够，预算管理偏重收支平衡状态，支出预算约束偏软，不利于依法治税和人大监督。具体来说，表现在以下五个方面。

1. 预算体系不够完善

将全部政府收支纳入预算管理是现代预算制度的要求，也是我国“全口径预算”改革的目标。但实践中预算体系不够完善，仍然有一部分政府资金未纳入预算管理。例如个别地方政府出于发展需要，采取多种方式融资，已经形成较大规模的地方政府债务。部分债务未纳入预算管理，脱离中央和同级人大监

督，存在一定的风险隐患。

2. 预算透明度不够

自2008年《政府信息公开条例》颁布实施以来，经过政府、立法机构和社会各界的不懈努力，我国的预算透明度不断提高，但仍然不够。根据2015年财政部预决算公开情况专项检查，省、市两级政府预决算公开率均达到100%，县级政府预算公开率达到100%、决算公开率达到99%，但部门预决算公开程度仍有待加强。

3. 预算控制方式不适当

多年以来，我国预算审查包括收入、支出和收支平衡三方面的内容，审核预算的重点是平衡状态和赤字规模，预算管理偏重并局限于收支平衡状态。同时要求预算收入征收部门完成收入上缴任务，这在客观上带来预算执行“顺周期”问题，既不利于依法征税，也会降低政府“逆周期”调控政策效果。

4. 预算约束力不够

预算执行不够严格、预算约束软化的现象时有发生，突出表现在预算执行中变更偏多，税费收缴执法不到位，政府采购、资产管理和账务处理不规范等方面，甚至在个别经费（如“三公”经费、会议费等）管理使用中还存在违反财经纪律的问题。

5. 预算资金使用绩效有待提高

近年来，我国不断加强预算资金使用的绩效管理，绩效管理的意识不断增强，绩效评价的范围也在不断扩展，但同时也要看到，个别地区个别项目的预算资金使用绩效还不高，资金闲置或损失浪费的问题也比较突出。

（二）改革方向和重点

我国预算改革的总体方向是，建立标准科学、规范透明、约束有力的预算制度，全面实施绩效管理。

1. 积极推进预决算公开

党的十八届三中全会明确提出，“要改进预算管理制度，实施全面规范、公开透明的预算制度”。实行预算公开，保障公民的知情权，是实行国家民主政治的必备条件。针对目前我国预算公开的现实，首先应从制度建设入手，改革和完善目前各种财政公开制度，推动《政府信息公开法》立法。同时，要扩大部门预决算公开范围，中央和地方所有使用财政资金的部门均应公开本部门预决算。此外，还要细化政府预决算公开内容，政府预决算支出细化公开到功能分类的项级科目，并按经济分类公开政府预决算和部门预决算，逐步将部门预决算公开到基本支出和项目支出。

2. 改进预算控制和编制方式

根据“审核预算的重点由平衡状态、赤字规模向支出预算和政策拓展”的预算改革要求，新《预算法》规定，今后各级人大预算审查的重点是：预算安排是否贯彻国民经济和社会发展的方针政策，收支政策是否可行；重点支出和重大投资项目的预算安排是否适当；对下级政府的转移性支出预算是否规范、适当等内容。为了确保收入预算从约束性转向预期性，规定各级预算收入的编制，应当与经济和社会发展水平相适应，与财政政策相衔接，各级政府均不得向预算收入征收部门和单位下达收入指标。通过预算控制方式的改进，使支出预算更加硬化和刚性，而收入预算则从约束性转向预期性，收入管理更强调依法征收、应收尽收。

预算编制改进上，实行中期预算规划管理，建立跨年度预算平衡机制，在科学预判未来三年预算收支情况的基础上，合理确定预算收支政策和重大项目资金安排，逐年滚动管理，实现规划期内跨年度平衡的预算收支框架，既为严肃预算约束、科学理财、依法理财提供制度保障，又对年度预算的约束留出适度空间。

3. 强化预算约束

首先，强化预算约束，关键在于不能随意调整预算收支。《预算法》要求预算执行中，各级政府一般不制定新的增加或者减少收支的政策和措施，必须做出并需要进行预算调整的，应当在预算调整方案中做出安排。其次，加强结转结余资金管理。建立科学合理的预算执行进度考核机制，实施预算执行进度的通报制度和监督检查制度，有效控制新增结转结余资金。最后，严肃财经纪律。财经纪律是财经工作中必须遵守的行为准则，也是预算管理制度改革取得成效的重要保障。强化责任追究，对检查中发现的违规违纪行为，要按照法律法规的规定严肃处理。

4. 提高预算管理绩效

在预算管理制度改革方面，全面实施预算绩效管理是重要环节和核心工作，也是国家治理方式的深刻变革和治理能力现代化的重要标志。2018 年 9 月，中共中央、国务院发布《关于全面实施预算绩效管理的意见》，提出建立全方位、全过程、全覆盖的预算绩效管理体系，将政府预算、部门和单位预算、政策和项目预算全部纳入绩效管理。在提高预算管理绩效上，一方面，要规范国库资金管理，提高国库资金收支运行效率；另一方面，健全预算绩效管理机制，绩效管理范围要覆盖各级预算单位和所有财政资金，将绩效评价重点由项目支出拓展到部门整体支出和政策、制度、管理等方面，加强绩效评价结果应用，将评价结果作为调整预算支出结构、完善财政政策和科学安排预算的重要依据。

5. 加强地方政府债务管理

对地方政府债务实行规模控制和分类管理。限额管理要求地方政府举债不得突破批准的限额。地方政府债务分为一般债务、专项债务两类。一般债务通过发行一般债券融资，纳入一般公共预算管理；专项债务通过发行专项债券融资，纳入政府性基金预算管理。

【本章小结】

1. 公共预算，也称政府预算、国家预算，是各级政府依据法律和制度规定编制，并经法定程序审核批准的政府年度收支计划，是政府组织和规范公共财政分配活动的重要工具。从财政收支的内容上看，公共预算是财政的核心，它规定了财政的收支总额及结构状况，在现代社会，它还是政府调节经济的重要杠杆。

2. 预算制度被视为现代民主的一种实现机制。就公共预算的形成考察，资本主义生产方式是公共预算产生的根本原因，加强财政管理和监督是公共预算发展的决定性因素，财政分配的货币化是公共预算形成的必备条件。公共预算的原则包括完整性、可靠性、公开性、法治性和年度性。

3. 按照不同的分类方法，公共预算可分为单式预算和复式预算，增量预算和零基预算，年度预算和中长期预算，总预算、部门预算和单位预算，中央政府预算和地方政府预算，项目预算和绩效预算等多种形式。

4. 与政权结构相适应，我国公共预算体系由中央、省（自治区、直辖市）、市（自治州）、县（区）、乡（镇）五级组成；从预算涵盖的内容看，包括一般公共预算、政府性基金预算、国有资本经营预算、社会保险基金预算。完整的公共预算过程包括预算编制、预算审批、预算执行和决算四个阶段。

5. 公共预算与国家治理紧密相关。国家治理的核心是将公众融入国家政治过程，因此要求实行预算民主。预算民主体现在预算的编制、审批、执行和决算的整个过程中。法治是国家治理的基本方式和重要标志，因此要求公共预算过程也要有合法的方式和机制，即政府必须“依法理财”。预算法治是公共预算的灵魂和内在要求，是现代预算的基本标志，也是政府行为的基本准则。预算法治要求：所有财政活动都必须置于法律框架之下进行；公共预算一经立法机关通过即成为法律，必须严格执行；预算执行全过程必须接受立法机关监督；违反预算将受到法律惩罚。

6. 公共预算改革是财政制度改革的重点内容。近年来我国在公共预算管理方面实行了部门预算改革、政府收支分类改革、国库集中收付制度改革、政府采购改革、全口径预算改革和预算监督体系改革等多项改革措施，取得了显著成效，但与建立现代财政制度的要求相比，还存在着预算管理制度的完整性、科学性、有效性和透明度不够，预算管理偏重收支平衡状态，支出预算约束偏软，不利于依法治税和人大监督等突出问题。我国今后预算改革的总体方向是，建立标准科学、规范透明、约束有力的预算制度，全面实施绩效管理。

【主要概念】

公共预算　国家预算　预算原则　完整性　公开性　法治性　年度性　单式预算　复式预算　增量预算　零基预算　总预算　部门预算　绩效预算　一般公共预算　政府性基金预算　国有资本经营预算　社会保险基金预算　预算编制　预算审批　预算执行　决算　国家治理　预算民主　预算法治　政府收支分类　国库集中收付　政府采购　全口径预算　预算透明　预算规范

【思考分析题】

1. 公共预算的含义及其构成。
2. 公共预算是怎样产生的？
3. 公共预算的原则包括哪些？
4. 什么是增量预算与零基预算？
5. 简述我国公共预算体系的四大构成部分。
6. 完整的公共预算过程包括哪几个阶段？
7. 结合国家治理理论，谈谈你对预算民主的理解。
8. 结合我国国情，如何实现预算法治？
9. 结合现实，分析我国公共预算管理中存在的问题及下一步改革方向。

【阅读与思考】

阅读：我国新《预算法》的重大突破

（一）完善政府预算体系，健全透明预算制度

新《预算法》删除了有关预算外资金的内容，并明确规定：政府的全部收入和支出都应当纳入预算。预算包括一般公共预算、政府性基金预算、国有资本经营预算、社会保险基金预算。同时对四本预算功能定位、编制原则及相互关系做出规范。

为推进预算公开透明，新《预算法》增加规定，除涉及国家秘密的事项外，预算、预算调整、决算、预算执行情况的报告及报表，应当在批准后20日内由政府财政部门向社会公开。

（二）改进预算控制方式，建立跨年度预算平衡机制

根据党的十八届三中全会的要求，新《预算法》增加规定，各级人大预算审查的重点是：预算安排是否符合国民经济和社会发展的方针政策，收支政

策是否可行；重点支出和重大投资项目的预算安排是否适当；对下级政府的转移性支出预算是否规范、适当等内容。

同时，为适应经济形势发展变化和财政宏观调控的需要，新《预算法》强调，各级政府应当建立跨年度预算平衡机制。

（三）规范地方政府债务管理，严控债务风险

为规范地方政府债务管理，按照疏堵结合、“开前门、堵后门、筑围墙”的改革思路，新《预算法》增加了允许地方政府举借债务的规定，同时从主体、用途、规模、方式、风险五个方面做出限制性规定。

（四）完善转移支付制度，推进基本公共服务均等化

为进一步规范和完善转移支付制度，新《预算法》增加规定：财政转移支付应当规范、公平、公开，以均衡地区间基本财力、由下级政府统筹安排使用的一般性转移支付为主体。建立健全专项转移支付定期评估和退出机制。

（五）坚持厉行节约，硬化预算支出约束

新《预算法》确定了统筹兼顾、勤俭节约、量力而行、讲求绩效和收支平衡的原则。在预算执行中，各级政府一般不制定新的增加财政收入或者支出的政策和措施，也不制定减少财政收入的政策和措施；必须做出并需要进行预算调整的，应当在预算调整方案中做出安排。同时，新《预算法》增加规定，国家实行国库集中收缴和集中支付制度，对政府全部收入和支出实行国库集中收付管理。

（资料来源：《楼继伟解读新预算法：取得5方面重大突破》，载《人民日报》2014年9月1日，第6版。）

思考：

（1）根据新《预算法》的规定，思考公共预算制度完整规范、公开透明的理论和法制依据。

（2）思考改进预算控制方式的原因和目的，改进预算控制方式是否与收支平衡原则相矛盾？

（3）在预算编制上，为什么要从年度预算平衡转向建立跨年度预算平衡机制？

（4）由硬化预算约束的法律规定深入思考：“预算法治是公共预算的灵魂和内在要求，是现代预算的基本标志。”

【参考文献】

1. 习近平：《决胜全面建成小康社会，夺取新时代中国特色社会主义伟大胜利——在中国共产党第十九次全国代表大会上的报告》，人民出版社2017年版。

2. 《中华人民共和国预算法》（2014 年修正），第十二届全国人民代表大会常务委员会第十次会议审议通过，2014 年 8 月 31 日。

3. 楼继伟：《中国公共预算：政府、管理与案例》，中国财政经济出版社 2002 年版。

4. 王金秀、陈志勇：《国家预算管理》（第三版），中国人民大学出版 2013 年版。

5. 贾康等：《财政学通论》，东方出版中心 2019 年版。

6. 王雍君、张拥军：《政府施政与预算改革》，经济科学出版社 2006 年版。

7. 卢洪友：《公共预算学》，武汉大学出版社 2005 年版。

8. 马骏：《中国公共预算改革：理性化与民主化》，中央编译出版社 2005 年版。

9. ［美］尼斯：《公共预算》（中译本），经济科学出版社 2004 年版。

第十二章 政府间公共经济关系——财政体制

政府是公共部门的集中体现，而世界上大多数国家的政府是分级次的，因此，政府间的经济关系就是典型的公共经济关系，这种公共经济关系的制度性安排即为财政体制。本章是对财政体制的阐述，先是介绍财政体制的概念及类型，随后着重从理论上讲解财政体制设计原理，阐述政府之间体现最根本性公共经济关系的财政分配关系的逻辑，介绍财政体制的框架构成和基本内容，最后对中国财政体制的改革进程、改革方向及完善路径加以概述。

第一节 财政体制的概念与分类

一、财政体制的概念

财政体制，也称为财政管理体制、预算管理体制，是处理一国政府间公共经济关系与财政分配关系的一项基本制度，其核心问题是各级政府预算收支范围及管理职权的划分和相互间的制衡关系。预算收支范围涉及的是政府财力在中央与地方，以及地方各级政府之间如何分配的问题，而预算管理职权则是各级政府在支配政府财力上的权限和责任问题。财政体制的根本任务，就是通过正确界定各级政府预算的收支范围，规定预算管理权限及相互间的制衡关系，使政府财力在各级政府及各区域间合理分配，保障相应级次或区域的政府行使职能的资金需要，从而提高公共品的供给效率和实现公共服务的消费公平。从本质上讲，财政体制是划分各级政府的职责事权和财力财权、加强中央宏观调控、协调地区发展的一项重要制度安排。

在财政体制中，事权、财政事权、财权和财力等概念是重要的术语。事权，通常是指一级政府应该承担的提供基本公共服务的任务和职责。各级政府事权的明确划分和科学调整，是财政体制安排的逻辑起点。与事权相关联，财政事权是指一级政府应担负的运用财政资金提供基本公共服务的任务和职责。财权和财力，是履行事权和承担相应支出责任的重要手段。这里的财权，往往是指各级政府为履行提供公共服务职责而拥有的财政资金筹集权和支配权，包括征税权、收费权、国有资产收益权和发债权等，其中以征税权为财权的基础。相应地，财力就是一级政府一定时期内为履行职责而拥有和支配的财政资金，是政府间财政资源分配的结果。

财政体制主要包括如下内容：

1. 政府预算管理主体和级次的规定

政府预算管理级次的规定与一国的政权结构和行政区划存在密切联系。由于各国的政权结构和行政区划的特点不同，政权级次以及预算级次的划分也不尽相同。

2. 政府预算管理权限的划分

预算管理权限指政府预算方针政策、预算管理法律法规的制定权、解释权和修订权；政府预算决算的编制审批权；预算执行、调整和监督权等。以上两项内容在预算法中已有论述。

3. 政府预算收支范围的划分

预算收支范围的划分实际上是确定中央和地方以及地方各级政府各自的事权和财权。收支范围划分是否合理，关系到财政体制的运行是否有效率、各级政府的职能能否充分实现、各层次的公共需要能否有效满足，因而是财政体制设计的核心问题。

4. 预算调节制度和方法

预算收支范围的划分并不能完全解决各级次及各地方政府财政收支均衡的所有问题，这不仅由于支出划分与收入划分所遵循的标准不完全一致可能造成不同级次预算主体之间的收支不对称，而且因为地区间经济发展的非均衡性可能使经济相对落后地区的预算收支出现缺口，因此，在既定的预算收支范围划分的基础上进行收支水平的调节是必要的。

二、财政体制存在的根据

（一）基本理由：多级政府架构的政体结构

目前世界上的大多数国家都是多级政府架构的政体结构和分级财政的体制结构，政府作为公共财政分配的主体，它并不是仅由中央财政而是由其内部多层次组成部分进行分配的。这就要界定它们各自在财政活动中的地位与职责权限，从而有必要以制度形式确立起从中央财政到地方财政的合法地位。因此，财政体制存在的客观必然性源自政体组织形式的选择，不是单一政体，而是多级政体结构。

1. 多级政体存在的客观原因

世界上多数国家选择多级政体结构有其客观原因。现代国家规模和人口数量之庞大，现代社会经济生活之复杂，仅靠单一的中央政权和政府进行活动，是不可能兼顾方方面面的问题和要求的，是无法处理好各种问题和有效履行自己所有职责的。所以，必须在“大权独揽”维护国家统一的前提下实行“小权分散”，赋予地方政权和政府以适当的权限，使之能够因地、因时制宜地开展活动，承担履行部分国家职责的责任。

从同一级政府来看，由于国家必须履行的具体责任是多种多样、五花八门的，因而各级政府内部都必须建立起多个职能部门以承担起一定的专门职责。各级政府也正是在其内部各个职能部门分工协作共同运作之下，才得以顺利完成其职责的。这样，多数国家的政权内部，无论从纵向来看，还是从横向来看，都存在着多级政权的架构，并且它们都相应地履行和承担着一定的国家（政府）职责，这就必须将国家权力进行适当分解，并相应地确定它们各自的职责与权限。政权及职责的行使需要有一定的财力作为保障，因此，多级政权结构必然要求建立与之相适应的多级财政体制和体系。由此看来，多级财政体制的存在并不与一个国家的社会经济制度的性质有关，而是与一个国家的政体结构有关。

2. 财政体制是政府管理体制的重要组成部分

首先，政府预算是为实现政府职能服务的，因而财政体制与政府管理体制具有内在的联系，在财政体制中划分级次，是与政府体制中的分级管理一致的。其次，财政体制与经济管理体制也有密切的联系，二者是局部与全局的关系，经济管理体制包含财政体制，财政体制则是经济管理体制中的重要组成部分。经济社会各项事业的发展离不开政府财力的支持，而财政体制安排及改革也必须与经济管理体制的要求相适应。例如在我国计划经济管理体制下，政府在资源配置和收入分配上拥有绝对的权力，市场机制的作用十分有限，为保证主要是国家指令性计划的贯彻实施，资源配置和收入分配权力主要集中于中央政府，地方政府的权力受到很大限制，地方对中央的依附性较强，财政体制是高度集中统一型的体制。在市场经济体制下，市场机制对资源配置和收入分配起决定性作用，政府职能定位于弥补市场缺陷，并为市场经济的有效运转确定合理的规范，此时的政府预算具有明显的公共性，财政体制须遵循公共资金公平分配和有效配置的原则，合理划分各级政府间收支范围和管理责权。尽管各国因政治和文化传统的差异在集权和分权关系处理上存在较大差别，但均体现出较强的层次性，并实行规范化和法制化。

但人们不禁还是要问：为什么大多数国家都由拥有相对自主决策权的多级政府和多级财政构成，而不是仅由中央一级政府做出决策，而后由中央派出机构负责执行？一个直观的答案是，社会中的知识是以分散的方式存在于社会中各个角落和不同人的大脑之中的，如果中央政府无所不知，那么多级政府和多级财政的制度设计就变得无关紧要，或者说，只要一级中央政府就够了。人们随后或许又要问，那为什么大多数国家的政府和财政层级只有有限的几级，而不是无限增多？基本答案是，多一级政府虽然在知识和信息的利用上有优势，但却增加了行政成本和政府间纵向协调的成本，在分级治理的好处与分级治理的成本之间，各国都必须做出抉择。可见，对应既定的政治经济体系，存在一个最优的政府和财政层级安排，使得分散的知识和信息得以揭示并善加利用。

（二）理论依据：公共产品的多层次性

公共财政是为了满足国家（政府）履行其职能的财力需要而产生和存在的。在实行市场经济体制的国家里，政府充分有效地行使职能，成为维护市场经济运行秩序和有效发挥市场功能的必不可少的基础性条件。政府职能的贯彻和行使，是借助于提供各类公共产品和公共服务实现的，而现实经济生活对公共产品和服务的种类、数量和适用范围的要求是有区别的，不同层次、不同性质的公共产品由不同级次的政府来提供，可以更好地满足公众需求并提高效益，这就成为地方财政存在，同时也是财政体制存在的基本理由。地方财政的存在又有利于合理地界定各级政府的职责范围，使各级政府的职能更好地得到发挥，更好地提供公共产品和公共服务，更好地促进社会经济及各项事业发展。

公共产品从层次性划分，可以分为全国性公共产品和地方性公共产品。

所谓“全国性公共产品”，是指那些受益范围是跨区域的，可供全国居民同等消费并且共同享用的产品，如国防、太空探险、最高法院等。从纯理论的意义上讲，全国性公共产品的基本特征是：无论国土面积大小，其受益范围都被限定在整个国家疆域之内的全体公众；无论公共产品的内容如何，其受益在整个国家疆域内散布得相当均匀（至少全国性公共产品提供者的愿望是如此）；提供者不可能是某一级地方政府，而只能是中央政府。这说明，外溢性问题与全国性公共产品的关系不大。

所谓“地方性公共产品”（也称为“区域性公共产品”），是指在地方的层次上被消费者共同地且平等地消费的产品，如公共消防、治安警察、路灯等。地方性公共产品一般而言只能满足某一特定区域（而非全国）范围内居民的公共消费需求。其基本特征是：受益范围基本上被限定在本区域之内并与行政区划面积大致相当，其受益者主要是本辖区内的居民；公共产品的受益在本区域内散布得相当均匀（至少作为公共产品提供者的地方政府的愿望是如此）；提供者是各级地方政府，而不应该是中央政府，这样，地方性公共产品的提供就表现出层次性。作为地方性公共产品，其外溢性要多于全国性公共产品，因为全国性公共产品的外溢性在一国范围内实际上是被内部化了，而区域性公共产品的外溢性则因一国各个行政辖区之间的经济文化联系、人口流动等因素的影响而在所难免且难以内部化。由此，往往需要上级地方政府直至中央政府来加以协调，如建立费用分摊机制即有些公共产品由某一级地方政府负责提供，但所需经费则由多级政府按一定标准分担。

除了严格意义上的全国性公共产品和地方性公共产品以外，还存在一些介于二者之间的公共产品。这些公共产品的效用具有较强的外溢性，即它们的受益范围不仅仅局限于某一个区域，而往往是跨区域的，多个行政区域的居民能够同时受益，如风沙治理、影响整个流域的水利工程、跨省的公路等。这属于区域间的效益外溢。

在现实社会中，无论是中央政府提供的产品，还是地方政府提供的产品中，大量的是仅具有公共产品部分特征的产品，即所谓的“准公共产品”“混合产品”。分析可知，有些产品所提供的利益的一部分由其所有者享有，是可分的，从而具有私人产品的特征，但其利益的另一部分可由所有者以外的其他人享有，是不可分的，所以又具有公共产品的特征，这类产品被称为准公共产品。例如教育，受到良好教育的公民使全社会都受益，这种利益是不可分的，但受到教育的公民也直接受益，这部分利益又是可分的。有些卫生事业等也具有这种特征。这种现象被称为受益人之间的效益外溢。区域之间的效益外溢和受益人之间的效益外溢又是可以重叠交叉的。

通过以上分析可以看出，公共产品层次和受益范围的划分问题是相当复杂的，其理论和实践中还有许多问题亟待深入研究、探讨和解答。从这个意义上讲，对公共产品层次和受益范围所进行的各种划分，往往都是相对的，而不是绝对的。因此，公共产品要由哪一级政府来提供也不是绝对的。

地方性公共产品的受益范围限于一定的区域，从理论上说，中央政府也可以提供地方性公共产品，但最终结果却不能尽如人意。一是因为地方政府对地区居民对地方性公共产品的偏好的了解程度优于中央政府；二是因为偏好不同，不同地区居民对地方性公共产品的需求量也各不相同，若由中央政府出面提供地方性公共产品，那么，它只能选择一个尽可能综合反映各个地方利益的“量”，但对不同的地区而言它未必是适宜的量；三是因为与由中央政府提供地方性公共产品相伴的高度集权型财政体制会带来较大的效率损失。

不同层次的公共产品由不同级次的政府来提供才能实现高效化，从根本上说是因为不同层次的公共产品具有程度不同的外溢性，或者说具有某种性质的差异。国防这种公共产品之所以要由中央政府在全国范围内提供，原因在于它在地区之间的外溢性极强，如果让地方政府提供，都会在全国各个地区的居民中产生外溢作用，各地居民有效选择的结果，最终会导致中央政府承担起提供国防这一纯公共产品的责任。与国防相比，教育的外溢性作用要小，火灾消防、公园、路灯等的外溢性作用又依次减小。这样，就要求地方政府为本辖区提供这些公共产品。分级财政体制下的地方政府提供某些地方性公共产品的优点就在于，它能够把外溢性作用控制在尽可能小的范围之内，从而有利于地方性公共产品的有效供给。理论顺延下来，公共产品层次性就是以公共产品受益范围大小作为划分地方政府之间公共产品供给责任或者说是地方政府之间财政支出范围的理论依据，以及划分财政级次的理论依据。

因此，从提供公共产品这一基本的财政职能来看，客观上存在分级政府和分级财政的必要性。根据公共产品的受益范围来确定不同的提供者，就会有利于该产品的生产和提供，从而也有利于该地区内公共产品效用的不断提高。各级政府为了实现其职能，必须拥有自己的财政收入来源和财政分配手段，构成相应的一级财政。从此种意义上说，多层次政体和分级政府存在的经济上的客观必要性，实质上也是多级财政存在的客观经济原因。

从以上的理论分析可知，实行分级的财政管理体制，有助于提高公共产品的配置效率。公共产品的属性决定了它是具有共同消费性质的产品，但这并不意味着当一项公共产品被提供出来之后，所有的社会成员都可以对其进行消费并从中获得相应的利益。事实上，社会成员从某一具体的公共产品或公共服务提供中受益与否以及受益的程度，要受到地理和空间等因素所产生的不可忽视的影响。市场经济条件下，绝大多数的公共产品和公共服务都有特定的受益区域，而没有绝对无限的受益范围。当我们指出公共产品的受益范围时，实际上同时也表明公共产品具有一定的层次性。分析公共产品的层次性，就是要找出公共产品与各级政府职责和行为目标的内在联系，为说明多级财政体制存在提供理论依据。

三、财政体制的分类

受经济社会发展程度及传统文化等因素的影响，各个国家的财政体制均存在一定的差别。即使在同一国家内部的不同历史发展阶段，其财政体制安排也会有所不同。通常情况下，按照事权和支出责任、财权和财力集中与分散程度的不同，大体上可以将财政体制划分为集权型和分权型两种。不同类型的财政体制在事权和支出责任划分、收入划分和政府间转移支付制度安排诸方面均存在着明显的差异。

集权型财政体制，是指政府间财政关系中的各种权限高度集中在中央。集权型财政体制的突出特点是，财政的管理权和财权财力主要由中央集中统一。相比之下，各级地方的权限和机动财力很小甚至并无严格意义上的财权财力，地方组织的财政收入大多统一上缴中央，地方支出统一由中央层层下拨，地方的收入和支出之间基本上没有关联性，地方财政往往是中央财政及其职能的延伸，地方财政对中央财政的依赖性很强，且政府间财政关系的随意性很强。

相对于集权型财政体制而言，分权型财政体制是指政府间财政关系中的责权大致分散在中央和各级政府当中。分权型财政体制往往存在于现代市场经济条件下，其主要特点是，在维持中央政府调控能力的同时，各级地方政府拥有相对自主的财政收支权限与调剂权限，且通常以法律的形式规定中央与地方政府之间的财政收支划分和收支往来关系，政府间财政关系的稳定性较强。

实际上，所谓集权型和分权型财政体制的划分并非绝对，而是相对的。在各国的财政实践中，有的分权型财政体制下，其中央的集中程度可能会高一些，而有的集权型财政体制下，其地方财政也可能具有一定程度的自主权限，包括或大或小的调剂权限和机动财力。此外，单一制和联邦制的政体形式，也会对财政体制的集权和分权程度产生影响。其中，联邦制条件下的各级政府均具有一定程度的自主权限，因而其财政体制也往往呈现出分权型的特征；在单一制条件下，往往强调国家权力的集中，也强调居民对公共产品的同等享用权，各级地方财政对中央常常有着较多的依存关系。当然，实施单一制和联邦制，并非划分财政体制类型的主要依据或标准。

第二节 财政分权与财政体制设计原理

政府财政职能范围与经济体制、经济发展阶段等因素相关。一般认为，市场经济体制下的财政职能主要包括三个方面：资源配置职能、收入分配职能和宏观经济稳定职能。新经济形态下还扩展出维护市场统一职能。资源配置职能是中央政府和地方政府的共同职能，而收入分配和宏观经济稳定是中央政府的职能。现实中，地方政府也履行着某种程度的收入分配职能，并且在宏观调控中扮演着重要角色。本节首先分析不同类型政府或财政职能在纵向政府层级间划分的基本原理，以及政府间划分支出责任的原则与范围。然后分析公共财政收入（主要是税收）在纵向政府层级间划分的依据和方式。最后，由于支出责任划分与收入划分不能确保支出和收入的完全对应，需要政府间财政转移支付制度相配合。

一、政府职能划分的基本原理[①]

（一）资源配置职能的政府间划分

1. 居民和地区的异质性偏好

我们可将居民的需求区分为对私人产品（如面包）和公共产品（如图书馆）的需求。政府一般不干预面包的生产和消费，生产者的利润最大化动机与消费者的效用最大化动机相结合，自发运行的市场机制基本保障了资源在生产和消费领域的最佳配置。然而，如果图书馆等公共产品仅仅依靠市场机制来提供，由于“搭便车”行为的存在，公共产品的供给往往是不足的，政府的介入便具有经济上的合理性。若是把对居民偏好的考察重心放在公共产品需求上就可以发现，有的居民可能喜欢一个藏书丰富的大图书馆，为此宁愿放弃更多的私人产品（如面包）消费，而有的居民则认为一个小的图书馆就足够了，更多的面包是他们的偏爱，即不同居民对同一种公共产品具有不同的偏好。一个集权的政府倾向于在全国提供相同水平的公共产品或服务，而无法顾及人们偏好不同的事实。即使集权型政府能够无成本地提取居民偏好信息，并通过某种政治程序选择政府提供的公共产品或服务数量，如图 12 - 1 所示，对于居民 A 而言，最优的公共产品提供数量应为 G_A，对于居民 B 而言，最优的公共产品提供数量应为 G_B[②]，而政府通过某种政治程序选择的统一的公共产品提供数量为 G_0，这一提供数量对于 A 和 B 而言都是低效率的。因此，由集权型政府统一提供相同数量的公共产品将产生效率损失。自然地，我们会设想，如果存在两个地方政府，分别为居民 A 和 B 提供各自最优的公共产品 G_A 和 G_B，整个社会的效率将得以提高。这种情况下，产生了另外一个好处，即在一个大国，获取与处理有关个人偏好信息的成本是巨大的，比起中央政府，地方政府更接近居民，因而对居民偏好的认知成本更低。因此，地方性公共产品的分散化提供具有效率优势。

---

① 这一部分综合参考并发展了林江和温海滢：《财政学》，东北财经大学出版社 2010 年版，第 260 ~ 261 页；高培勇：《公共经济学》（第 3 版），中国人民大学出版社 2012 年版，第 268 ~ 282 页；［美］哈维 · S. 罗森（Harvey S. Rosen）：《财政学》（第 6 版），赵志耘译，中国人民大学出版社 2003 年版，第 439 ~ 473 页的相关论述。

② 这里可以将 A 和 B 理解为两组居民，组内的居民偏好结构相同。

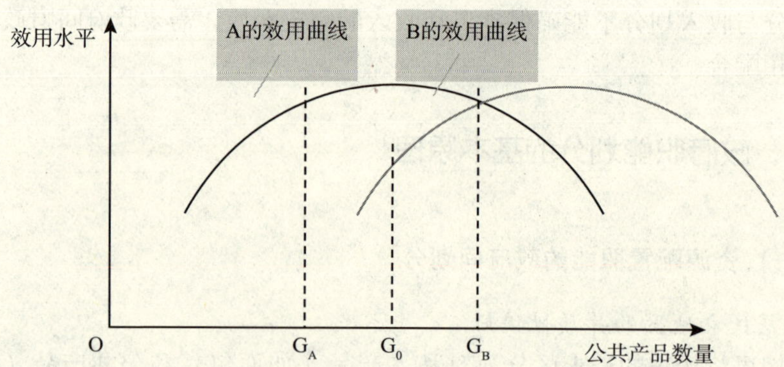

图 12 – 1　统一提供公共产品的成本

但紧接着的问题是，偏好相同的居民通过什么机制聚集到一起，形成对公共品具有不同偏好的两个地区 A 和 B 呢？美国学者查尔斯·蒂布特 1956 年指出，人们可以“用脚投票”。对社区的选择可以表露出他们对地方提供的公共产品的偏好，这与人们选择产品反映了对私人物品的偏好一样。就像私人企业间的竞争导致私人物品的有效供给一样，地方社区间的竞争会导致地方性公共产品的有效供给，以最低的成本（税收）提供最优数量的公共产品或服务。这就是广为人知的“蒂布特假说”。①

需求异质性与政府资源配置权的纵向分工之间的关系可以概括为：居民或地区对公共产品需求偏好的异质性越大，公共产品的提供越应该由分权化的多级政府来实现。硬币的一面是居民（也可能是其他稀缺性要素）通过流动揭示其公共产品偏好，硬币的另一面是地方政府间竞争确保居民获得最有效的税收—公共支出组合；反之，居民或地区对公共产品需求偏好的异质性越小，中央集中提供公共产品的效率损失就越小，资源配置的政府职能就可以适当向上集中。

2. 规模经济的考虑

如果说偏好的异质性主要是从需求面考虑，那么规模经济因素则主要从公共产品或公共服务的供给方面考虑。某些公共产品或服务可能会出现这样的情况，即使用的人越多，人均成本就越低，也就是说公共产品提供过程中存在规模经济。规模经济因素使得高一级政府提供公共产品更具经济上的合理性。以城市供水服务为例，市一级政府来提供自来水服务显然要比区一级政府更为节约成本。当然，不同的活动受制于不同的规模经济。提供图书馆服务的最佳规

① 关于“蒂布特假说”局限性的详细论述，可参阅约瑟夫·E. 斯蒂格利茨：《公共部门经济学》（第三版），中国人民大学出版社 2005 年版，第 625～629 页。

模可能不同于消防系统的，而这两者又肯定不同于国防的最佳规模。因此，其他条件不变，公共产品或公共服务提供中的规模经济越显著，相关资源配置权越倾向于向上集中。

3. 外部性的考虑

在多级政府框架中，地区与地区之间可能存在外部性问题。例如，环境污染治理通过空间溢出效应产生正外部性，但在辖区竞争下地方政府可能会对本地企业放松环保标准和执法力度，如果某水系流域的各个地区只关心本地企业的发展和居民的福利，处于水系上游的地区则往往忽略其污染物排放对下游地区造成的负面影响，下游地区居民的福利因上游地区的污染排放而降低。如果下游受损地区能够有效地要求上游地区给予足够的补偿，上游地区不负责任的污染冲动就会受到抑制，然而这种地区之间的讨价还价往往交易成本巨大，地区间自发的横向协调并不多见。相反，如果将水污染治理职能更多地赋予高一级政府，由高一级政府负责协调各地的污染治理，原则上只要这种纵向协调的成本低于横向协调的成本，向上集中该职能就是有益的。地区之间还可能存在正的外部性，贫困地区的义务教育投入增强了当地年轻人参与市场竞争的能力，而这些年轻人很可能会流动到其他地区，尤其是工作机会较多并较为富裕的地区，富裕地区从贫困地区的义务教育投入中受益，这种有些悖论式的地区间外部性为高一级政府分担义务教育职能提供了一个恰当的理由。

4. 受益范围的考虑

公共产品或公共工程往往具有地域特征，如果其受益者主要是本地居民，则本地政府应该是主要的提供者。如果受益者是全国居民，则中央政府应该是主要的提供者。像垃圾处理、消防之类的公共服务，受益者为特定地域的居民，理应由地方政府提供。像国防安全一类的公共服务，受益者为全国范围内的居民，理当由中央政府提供。

5. 试验与创新

相对于资源配置权主要集中在中央的体制，分散决策的体制能够鼓励地方政府在提供公共服务的过程中进行试验和创新，一套有效提供公共服务的流程或技术一旦在某些地方试验成功，就可迅速推向全国。分权体制促进创新并具有效率的潜在前提是，对于许多政策问题来说，没有人能够肯定“正确”的答案是什么，或者甚至不能肯定是否存在一个在所有情况下均为最佳的解决办法。寻找答案的一个方法就是让每个社区各自选择自己的方法，然后比较这些结果。当然，分权化体制本身也是有成本的，也就是说分散的试验本身是有成本的。从这一视角可以看出，对于成本—收益结构确定性较强的公共项目，中央政府可以承担更多的职能。相反，对于成本—收益结构具有高度不确定性的公共项目，分散化的地方政府分别承担其职能更为可取。并且，随着人们对公共部门运行规律的了解和相关知识的增长，同一公共服务项目应当归属为中央政府职能还是地方政府职能，也会发生相应变化。

（二）收入再分配职能的政府间划分

尽管经济学家对政府应该在多大程度上进行收入再分配存在激烈的争论，但大多数经济学家赞同收入再分配是政府和财政的一项重要职能。归纳影响收入再分配职能在政府间纵向配置的因素主要有：

1. 人口完全流动与收入再分配

人口完全流动指的是无论是穷人还是富人，从一个地区迁徙到另外一个地区的成本为零，或者是微乎其微。这里的收入再分配指的是政府利用税收—公共支出工具，按照一定的社会正义原则，将一定数量的财富或收入从富人转移给穷人。我们首先在人口完全流动假定下讨论政府内的收入再分配职能分工。如果两个地区 A 和 B 初始具有相同的收入再分配方案，现在 A 地区由于某种原因（例如争取更多低收入的选民）提高了收入再分配的规模，即从富人手里转移更多的收入给穷人，假定这一过程是通过向富人增加税收，给穷人增加补贴来实现的。由于人口是完全流动的，对于 A 地区的富人而言，对税收负担增加敏感者将迁出该地区，从而政府实行更大规模收入再分配的能力受到制约；对于 B 地区的穷人而言，更有诱惑力的收入再分配方案将吸引他们迁入 A 地区，这额外增加了 A 地区收入再分配的需求。如果地方政府的预算约束是紧的，A 地区在提高再分配福利标准之后面临着富人流出、税收减少与穷人增加、福利需求增加的矛盾，从而迫使 A 地区的地方政府削减福利标准，回到初始均衡状态。由此推论，各个地方政府理性的选择是不推行公平计划，其收入分配职能就无法实现。以上分析意味着，在人口完全流动的情形下，任何一个地方政府单独提高再分配的福利标准都是不可行的，这为将收入再分配职能赋予中央政府提供了一个恰当的理由。

2. 人口不完全流动与收入再分配

迁徙是有成本的，例如搬迁的货币成本以及背井离乡的心理成本，因此人口在地区之间不完全流动。极端地，若人口完全不可流动，例如严厉的户籍管制，地方政府改变本地福利计划的行为不会引起人口（包括富人和穷人）的流动，也不会影响其他地区的再分配福利计划选择。与人口完全流动假设不同，此时地方政府根据自身情况选择再分配计划是可能的。在我国，人口流动由于多年受户籍制度限制，地方政府参与收入再分配的作用就相当大，地方政府履行收入再分配职能就具有经济上的合理性。可以预期，随着我国经济社会体制改革的深入和城镇化进程的推进，人口流动性会不断增强，诸如医疗、社会保障等方面的福利职能将逐渐向上级政府转移。

3. 识别成本

政府履行收入再分配职能的前提条件之一是政府要有能力以较低的成本区分富人和穷人及甄别贫富差距。很多福利再分配项目都是有时间限制的，不是永久的，有资格接受福利补助的居民也是不断变化的，资格认定成本不容忽视。地方政府相对于中央政府更了解本地居民的收入和财富情况，因此具有较低的识别成本。尤其在个人和家庭收入信息透明度低的情况下，地方政府更具优势。

4. 地区间收入再分配

由于资源禀赋不同，地区间经济发展水平和人均财政收支往往有很大的差距。各地方政府之间的关系是平等的，贫困地区不能强迫富裕地区向其转移财力，一般情况下，富裕地区自愿给予贫困地区单方面援助的激励也相当弱。因此，平衡地区间收入差距和财力差距的职能往往赋予中央政府。

5. 作为“保险”的收入再分配

无论针对个人的收入再分配还是针对地区的收入再分配，都可视为一种事前的“保险”。对于个人而言，没有人能够准确地知道自己或自己的后代将来会处于收入分配的哪个位置，万一自己或自己的后代不幸落入了需要政府照顾的低收入群体，政府提供的收入再分配计划就成了“救命的稻草”，因此收入再分配制度可以视为对个人的一种强制性“保险”，并且人口的覆盖面越宽，保险越容易有效运行，这为将收入再分配职能赋予中央政府提供了另外一个理由。

对不同的地区而言，假定地区间资源禀赋是相同的，并且每个地区面临着概率相同的外生冲击。例如这种冲击是气象灾害，哪个地区何时会受到冲击是不确定的，但如果遭遇气象灾害则该地区必将经济受损。如果每个地区都是厌恶风险的，那么它们就有动机相互提供保险，即当任何一个地区受到灾害冲击的时候，其他没有受到冲击的地区就给予它一定的经济补偿。自然地，就需要一个地区间“保险公司”来专业化地提供这种保险服务，担当这个“保险公司”角色的就是中央政府。

（三）宏观经济稳定职能的政府间划分

1. 受益范围的考虑

如果政府以消除或降低经济的周期性波动为目标，宏观经济稳定在很大程度上可被视为一种全国性公共产品，因其受益范围为一国境内的所有居民，该职能应当归属中央政府。

2. 稳定性政策外溢性的考虑

如果宏观经济稳定政策由各个地区分散执行，由于稳定性政策具有外溢性，可能导致政策失效或政策力度不足。当经济衰退时，需要出台扩张性的经济刺激政策，如果扩张性政策由地方政府分散给出，那么 A 地区的支出扩张会导致对 B 地区产品或要素的需求，从而 A 地区地方政府的扩张性政策对 B 地区经济增长产生了正的外部性，A 地区内部的经济增长可能并无明显好转，这种政策溢出降低了 A 地区地方政府的支出扩张激励。同样的结论应用于 B 地区，则从全国来看，应对经济衰退的刺激性政策力度不足。相反，当经济过热时，虽然紧缩有利于整个宏观经济稳定，但每个地区的地方政府都不愿首先紧缩开支，这导致全国性的紧缩政策力度不足。总之，从政策外溢性的角度考虑，宏观经济稳定职能应由中央政府来承担。

3. 稳定性政策工具的考虑

稳定性政策工具包括货币政策工具和财政政策工具。货币供给量、利率等货币政策工具一般都由中央银行来控制，地方政府难以发挥作用。税收、赤字融资等财政政策工具一般由中央政府掌握，即使在地方政府拥有一定的税权，并能够发行地方债券的条件下，也只能发挥有限的作用。从政策工具的角度考虑，中央政府拥有稳定宏观经济的绝对优势。

4. 宏观稳定的地方政府角色

中央政府在宏观经济稳定中扮演主导角色，但并不是说地方政府的角色就不重要。地方政府在宏观稳定性政策中发挥多大作用很大程度上取决于地方政府实际可支配财力，当地方政府实际可支配财力很大时，其在宏观调控中作用就不可忽视。但在分级分权财政体制中，地方政府具有自身利益，这突出表现为宏观调控中地方政府作用的不对称性，即当宏观经济疲软，需要扩张性经济政策刺激时，地方政府往往积极响应，此时在宏观调控中它和中央的利益是一致的，而当宏观经济过热，需要执行紧缩性政策时，地方政府往往不情愿首先紧缩开支，而寄希望于其他地区能够更多地紧缩经济，此时中央政府的作用就要强化。

（四）维护市场统一职能的政府间划分

市场的统一性是现代市场体系的核心与灵魂。市场的统一性，表现为市场规则的一致性、市场的自由流动性、同一市场价格的均衡性、不同市场价格之间的关联性等。与市场统一相对立的市场分割主要是由行业壁垒和地方保护形成的区域性行政垄断。在区域性行政垄断中，地方政府往往为了本地区部门或企业的经济利益或非经济利益，采取禁止、限制或妨碍市场竞争的以邻为壑的扭曲行为，例如通过设置市场壁垒和地区封锁、制定歧视性规定等，阻挡外地的商品，特别是一些高附加值高税率的商品进入，或者限制本地的资源要素流出，以保护本地缺乏竞争力的落后企业与市场。因此，维护全国市场统一的职能应由中央政府承担。

二、政府间支出划分

（一）政府间事权与支出划分的原则

在分级财政体制下，应综合考虑多方面的因素，科学、合理地确定政府间事权和支出责任划分的原则及指导思想。

1. 集中与分散相结合

从中央与地方政府支出责任划分的角度来看，有中央集中事权和地方分散事权之分，并分别体现出支出责任集中于中央政府或分散给各地方政府的特征。支出责任的划分，应适当兼顾并处理好集中与分散之间的关系。一般情况下，国家最基本的、重大的政策法规应由中央来决定，事在四方，要在中央，涉及全局性的大问题只能由中央政府来决策，与此相关的支出应由中央财政负责。与此同时，在一个国家内部，尤其是在幅员较为辽阔、各地区之间经济社会发展程度相差较大的情况下，中央政府也很难管得过宽、过细，而需要赋予各级地方以适度的事权和支出责任，实行分级管理，由地方政府提供适合本地区具体情况的公共产品和服务，充分调动地方的积极性和主动性。

2. 依据受益范围原则划分支出

应将各种事权与支出项目受益的对象和范围大小作为归哪级政府承担的重要依据。凡具有以国家为整体服务对象，全体公民都能从中受益的公共性质项目，如国防、外交等，由中央负责；凡具有以地方为服务对象，其受益范围仅限于某一区域的公共性质项目，如地方的基础设施，则由地方政府负责。据此原则，中央政府主要承担宏观经济调控和收入分配职能，同时保证全国性公共产品的提供；地方政府则主要承担资源配置职能，负责地方性公共产品的提供。

3. 兼顾公平与效率

此处的公平，是指各级政府的事权划分要公平合理，同级政府之间所拥有的事权程度应该大体相等，差距不宜过大；效率是指投入产出的比例关系，等量的人力财力物力的投入能取得最大的产出则为高效率，反之，则为低效率。效率原则主要是考虑某项事务交由哪级政府办理成本最低，效率最高。也就是说，由哪一级政府行使事权能达到投入最少、成本最低、效率最大，则事权就归属哪一级政府。凡是地方政府能够有效提供并加以管理的公共服务，交由地方政府承办；地方政府无力承担或不宜承担的公共服务，则由中央政府承担；对于中央和地方共有的职能，在地方政府管辖范围之内的事务由地方负责，超出地方政府管辖范围的事务，则应由中央政府出面负责或进行协调。

4. 相对稳定与适当调整相结合

稳定是指中央政府与地方政府的事权与支出的划分和调整，不仅要逐步纳入法律管理的轨道，而且要保持一定的连续性。应该通过严格的法律程序规范中央与地方政府的事权，并用法律手段解决各级财政之间的利益冲突，事权与支出的划分力求科学化、规范化和法律化，并保持相对稳定。适当调整是指对中央与地方政府事权与支出划分的不合理部分适时进行修正、更改。相对稳定的事权界定，有利于各级政府因地制宜，统筹安排财政收支。如果各级政府事权与支出界定变动过于频繁，必然会使事权与支出划分在各级政府间不规则地收缩与扩张，进而影响各级政府财力财权的划分，损害中央财政的宏观调控和地方的长远规划。因此，政府间事权与支出的界定要保持一定的稳定性，并根据经济社会的发展变化，有针对性地进行调整和改进。

5. 坚持事权和支出划分的法治化

事权界定和划分是支出责任和范围划分的前提，同时也是分级财政体制协调的基础环节，需要用法律的形式将事权划分和支出划分加以规范，从而对各级政府有效地行使职责创造法治条件。与此同时，各级政府事权和支出范围的调整，也需要通过法律的程序加以规范。

（二）政府间支出责任划分的一般归纳

有了政府间事权和支出责任划分的原则之后，支出责任的划分就相对容易了。为论述方便，仍假定仅有中央和地方两级政府。一般地，中央政府的支出责任可概括为：宏观调控政策的实施；收入再分配政策的实施；受益范围涉及全国的公共产品的提供；外部效应涉及全国的公共产品或准公共产品的提供；全国性自然垄断行业的公共生产；对地方财政的调控和监督，包括弥补地方财政收支缺口、保证各地享有最基本或最低的公共服务标准、缩小地区间财政差距、矫正地区间外溢、引导或矫正地方财政行为，使之符合中央和社会的政策意图。地方政府的支出责任可概括为：受益范围限于某区域的公共产品的提供；地方自然垄断行业的公共生产；人口流动性较差条件下的部分收入再分配项目，或者针对符合特定条件（如规定居住期）的群体提供的再分配项目；配合中央宏观调控的政策实施等。

政府间支出责任划分简单归纳为：

（1）全国居民共同享用的公共产品和服务应完全由中央政府提供；

（2）仅由本地居民享用的地方性公共产品和服务应由地方政府提供；

（3）具有跨域外部性的公共产品和服务，中央政府应在一定程度上参与提供；

（4）地区间和居民间收入分配差距的调节应主要由中央政府负责；

（5）中央、地方共同负担的支出责任划分随要素流动性、替代性要素的相对稀缺性以及公共产品和服务提供的技术特征而相应变化和调整。

（三）政府间支出范围的划分

按照政府间事权与支出划分的理论依据和原则，中央政府与地方政府之间事权和财政支出范围，大体可分为四大类：

一是应完全归中央政府承办的事务，指那些全体国民共同受益而且必须在全国范围统筹安排的事务，主要包括国防，外交事务，国家安全事务，中央行政管理，经济社会发展规划与宏观经济政策的制定、实施，基本法律法规的颁布，对外经济援助及大型中外合作项目的统筹，重大基础科学研究和高新技术开发等。

二是应完全归地方政府承办的事务，指那些仅限于某一辖区内的社会成员共同受益，而且由地方承办效率更高的事务。它主要包括辖区内重要基础设施建设和城镇公用事业发展，辖区内的社会治安、消防及行政管理，辖区内经济社会发展规划的制定、实施，地方性法律法规的颁布，卫生防疫与计划生育等。

三是由中央承办地方协助的事务，指那些由中央政府出面承办效率更高，但是受益既不面向全体国民，也不局限于某一行政辖区，而是跨越几个辖区的事务。比如跨省区的基础设施建设（铁路干线、核电站等），大江、大河、大湖的整治，跨流域环境污染的治理等，这些事务必须由中央出面组织、协调，但是根据受益与付费对称的原则，相关地方政府要积极配合，尤其是提供必要的财力保证。

四是地方承办中央资助的事务，指那些由地方政府承办效率更高，但是可以归全国国民共享的事务。如重要历史文化遗产与珍贵文物的发掘、整理、保护，若全部归地方政府承办，支出压力太大；若由地方承办中央出资，就会调动地方的积极性。再如某一段国道干线需要维修时，应由当地政府具体承办，但中央要拨付专款。

从各个国家的实践来看，由于具体国情不同，事权与支出责任的划分也各有不同。其中，国防、外交、国际贸易、中央银行、全国性立法和司法等均为中央政府的职责，而交通、教育、卫生、环保、警察、消防、公园等（至少一部分）均为地方政府的职责，但中央政府对于上述事务的介入程度却有着很大的区别。此外，集权和分权程度还与国家的规模大小有着十分密切的关系。在新加坡、安道尔等较小的国家，其中央政府既要理所当然地行使外交、国防等职责，同时也难免会像大国的地方政府那样提供一些地方性公共产品。这些问题从很大程度上表明，在各个国家之间，对于某些事权划分会存在一定程度的差异；在大国和小国之间，也会存在着集权和分权上的重要区别。然而，这些问题的存在并不能从根本上动摇各个国家各级政府职责划分的基本原则，也不会在总体上影响政府间事权和支出划分的国际惯例。

三、政府间收入划分

在现代，政府财政收入多以税收的形式筹集，同时也包括政府性基金收入、国有资本经营收入、规费收入以及债务收入等形式。① 政府间财政收入划分与支出划分之间具有内在关联性，政府间收入的有效划分，对于合理配置政府财力、满足各级政府履行职责的需要，具有重要的作用。

（一）政府间收入划分的基本问题

不同级次的政府要实现其职能，就应有相应的财政收入，即“事权和支出责任与财力和财权相适应”，也是人们常说的“一级政府一级财政”的根本原因之所在。为此，必须在不同级次的政府间划分财力和财权，具体体现并落脚在划分财政收入上。从理论上说，政府收入应该满足政府支出的需要，但在实际中，一般都是从收入本身的特性以及政府的其他目标着手划分财政收入。通常这样划分的地方政府的收入是不足以满足地方政府的支出需要的。与此对照，中央政府获得的收入一般都大于它的本级支出。这样，地方政府支出的不足部分很大程度上要依靠中央政府的转移支付或补助得以解决。当然，如果地方收入与支出差距过大，也会产生对中央政府转移支付或补助的依赖，影响地方获得收入的积极性。由于现代政府主要的收入形式是税收，因此，许多国家都强调既要建立具有统一性和权威性的中央税系，又要建立适应地方特色的地方税系，以发挥地方征税的积极性和更好地履行地方政府的职责。

然而，要在中央政府和地方政府之间进行合理的分税，并非易事。这是因为，如果由地方政府对可以在地区间流动的商品和生产要素课税，所带来的税收效率和负担问题，要比中央政府课税复杂得多。例如，个人会因为负担重税而迁出，地方政府就不宜征收具有较强再分配性质的税收。与中央税收相比，地方税可能带来更多的资源配置扭曲。这是因为，作为一个整体的国家而言，资本供给几乎没有弹性，若是由地方政府征税，地方税的引导及干扰可能使资本被配置到边际产出较低的地方，地方征税对作为稀缺资源的资本配置带来负面影响。相比之下，中央政府对资本课税只会带来较少的效率损失。同样对地

---

① 由于现在税收是各国财政收入的主要形式，因此这里着重分析税收的划分问题。

方销售税而言，也可能带来相似的问题，各个地方的税收差异可能使人们花大量时间和精力去甄别税负的差别，进而决定和采取被认为是利益最大化的商品购买和劳务消费行为，但从全社会的角度看，却未必是效益和效率最大化的情况。

不过，应当建立地方税系的主张也并非没有道理。虽然征税的规模经济效应表明，如果由中央统一征税，可以节约征税成本，因此从理论上说，可以由中央统一征税，再通过转移支付的形式拨付给地方。但是，这样做会加剧中央和地方政府之间财政的不配套，地方财政可能因支出与收入无关而处于软预算约束的状态，或将地方公共产品和服务提供的不足归咎于中央提供的收入不够之上。同时，地方支出的某些灵活变化在统一的制度下无法得到充分的体现，也会影响到地方公众对公共需求的满足，从而形成地方的“收入缺口”。另外，过分依赖转移支付办法去解决地方收入不足问题，还可能导致中央政府通过转移支付过多干预地方事务，影响地方政府因地制宜配置资源的有效性。

（二）政府间税收划分

1. 政府间税收划分的依据

税收的划分，需要考虑以下几个影响因素：

一是将各税种的功能与各级政府的职责相结合。复合税制下不同税种在聚财和调节方面的功能各不相同，因此在划分税种时，应该考虑到各个税种、税类的不同功能和作用，力求使这种划分有利于中央和各级地方政府有效地行使其职责。按照这一原则，应该把有助于中央政府实行宏观调控（其中包括调节级差收入、稳定经济等）的税收划归中央政府，而对于较明显的受益性税收、区域性税收和对宏观经济运行不产生直接影响的税收，则应该根据实际情况将其划归地方政府所有。

二是注重多级财政关系间的相互协调。尽管中央税与地方税之间是相对独立、自成体系的，但绝对不意味着要把两者截然分开。为了使中央和地方税制能够在各自有效运行的前提下为中央和各级地方政府提供充裕的财力，并产生良好的经济影响，必须协调好两级税收体系之间的相互关系，尽量减少和避免中央政府和地方政府在制定税收政策过程中的相互矛盾。

三是体现税收划分的便利性。税收划分涉及由谁征收的问题，所以考虑税收的划分，不能不顾及征收难易的问题，或者说，是否便于课征应该成为划分中央税与地方税的标准之一。古老的房产税、土地税长期以来之所以毫无例外地成为各个国家的地方税收，在很大程度上是因为作为征税对象的房产和土地分布在各个辖区之内，便于地方政府（尤其是市、镇政府）掌握税源、核实房价地价，纳税人不易逃漏税款，课征效率较高。况且，房地产与其主人的居住地通常是在一起的，由于地方税具有一定的受益性特征，因而，可由地方政府对房地产征税，以筹措财力，提供充足的地方性公共产品，这也是房地产税被划归地方政府的另一个重要原因。按照便利的原则，税基广泛且富有流动性者宜划归中央，税基狭窄且具有固定性者则应划归地方。

四是使税收划分有利于经济的运行与发展。从总体上讲，税收的划分应该有利于提高经济运行的效率，有利于经济的健康发展。一般情况下，中央和地方政府均适合于对商品流转额进行课税。但若将经济效率因素考虑在内，就应把对商品流转额课税的职责主要赋予中央政府而不是地方政府。这是因为，若由地方政府出面课征，那么，由于追求本地利益，就很容易出现商品课税上的各自为政，加剧地区间经济割据和关卡林立的状况，从而增加成本，影响产销，降低经济效率。由此可知，若由中央政府出面课征或以中央政府为主、地方政府为辅进行课征，则可在一定程度上避免上述问题的出现，达到货畅其运、物畅其流。同理，关税由中央政府课征，会有利于整个国家对外经济政策的协调性和一致性，有利于开放经济中国际贸易的扩大和发展。

2. 政府间税收划分的方式

作为中央与地方财政关系协调方式重要组成部分的税收划分方式有多种，包括划分税额、划分税种、划分税率、划分税基、划分税制等。

划分税额是最简单的税收划分方式，它一般是先税后分，即先统一征税，然后再将税收收入的数额按照一定比例在各级政府之间加以划分。

划分税种，是在税收立法权、税目增减权和税率调整权乃至税种的开征和停征权等税收权限主要集中于中央的条件下，针对各级政府行使职责的需要，考虑主体税和辅助税中各个税种的特征及收入量等因素，把不同税种的收入分割给各个级别的政府财政，即按照税种划分收入范围。与划分税额的方式不同，该方式是确定某些税种收入的隶属关系，也就是将某些税种的收入固定地划归中央或地方，同时对某些税种的收入也可以实行共享，但地方政府并不享有等同于中央的税收立法权。因此，根据税收收入的归属结果，形成三种形态的税收：中央税、地方税和中央与地方共享税。

划分税率是指不同级别的政府对同一税基课以不同的税率，它实际上是一种同源课税、分率计征的方式。此类方式所采取的具体做法包括：一是上级政府对某一税基按照既定比率征税的同时或者之后，再由下级政府采用自己的税率对相同的税基征税。二是采用所谓税收寄征的方式，即上级政府在对某一税基按照自己的税率征收本级税款的同时，代替下级政府并按照下级政府的税率对同一税基课税，尔后将这笔税款拨给下级政府。

划分税基，指的是两个或两个以上级别的政府在一个共同的税基上征税。

税基分享的方式主要有三种：对某一税基分别设置中央税和地方税，由两套税制共同征收，这又与分税种相似；对某一税基只设置中央税，地方政府通过在中央税税率上附加一定的比例或附加费的形式分享，即所谓的税收附征或寄征；对某一税基只设一种税，由一级政府进行征管，征得的税收在中央和地方政府之间分享，事实上是分税额。

在划分税制的方式下，往往是分别设立了中央税和地方税两个相互独立的税收制度和税收管理体系，中央与地方均享有相应的税收立法权、税种的开征和停征权、税目的增减权和调整权，并且有权管理和运用本级财政收入。当然，尽管两级税收体系相对独立，但它们之间又是相互衔接和相互补充的，不可能截然地分割开来。

3. 政府间税收划分的通则①

（1）税基流动性强的税种划分给中央政府。

由中央政府征收税基流动性强的税种，可在全国范围内形成统一的税收标准，避免了由各地税率差异造成的税基扭曲性流动，提高资源配置效率。反之，如果由地方政府征收税基流动性强的税种，为了吸引更多的产业资本和居民进入本地区，扩大当地税基，各个地方政府会纷纷以降低税率、提供税收优惠等手段进行竞争。这种税收竞争导致所有地区的税率降低，地方政府因而不能有效地获得足够的收入以提供地方公共产品和公共服务。这是因为，A 地区降低税率，却给 B 地区造成了负外部性（税基减少），而 A 地区忽略此负外部性，根据外部性理论原理，存在负外部性的时候，A 地区选择了低于社会最优的税率，如果各地竞相效仿，就会形成税收恶性竞争的局面，最终是一场零和博弈的游戏，但却降低了总体公共服务的水平。因此，把税基流动性强的税种划分给中央政府是有理论根据的，结论也是基本确定的。

（2）具有再分配性质、以支付能力为基础的税种划分给中央政府。

在各种具有再分配性质的税收中，个人所得税最为突出。它是累进的，以支付能力为基础，应由中央政府在全国集中征收，实行统一的税率表，从而使其成为调节收入分配、缩小贫富差距的有力手段。如果此类税种划分给地方政府，有差别的地方累进税率会同时引起低收入家庭和高收入家庭在地区间的流动，形成居住地选择上的扭曲，使得税收调节分配、缩小差距的作用难以奏效。当然，要素流动性并非得出以上结论的必要条件。但即使人口不具有流动

---

① 这一部分综合参考并发展了林江和温海滢：《财政学》，东北财经大学出版社 2010 年版，第 260～261 页；高培勇：《公共经济学》（第 3 版），中国人民大学出版社 2012 年版，第 268～282 页；［美］哈维·S. 罗森（Harvey S. Rosen）：《财政学》（第 6 版），赵志耘译，中国人民大学出版社 2003 年版，第 439～473 页的相关论述。

性，只要每个地区内居民的收入分配结构不是完全相同的，由中央统一征收个人所得税仍具有合理性，因为这样可以更好地促进地区间的收入分配公平化。为便于理解其中的道理，举例为证，假定全国有两个地区，2N 个家庭，按家庭收入从大到小排序为，前 N 个富裕家庭恰好在 A 地区，而后 N 个贫困家庭恰好在 B 地区。如果两个地区分散征收个人所得税，结果是富有者之间的再分配和贫穷者之间的再分配，而不是调节地区之间富者和贫者的分配，从整个社会来看，这种结果并不合意。相反，全国统一征收个人所得税会得到一个更为合意的收入分配结果。

（3）税基在全国范围内分布不平衡的税种划分给中央政府。

对于税基在全国范围内分布不均匀的税种来说，如果由地方政府征收，则会引起各地税收的巨大差异，加大地区间净财政收益的差距，并带来中央政府协调地区间财政关系的繁杂后续工作，就不如在分税初始就由中央政府来负责征收。当然，如果一个税种的税基分布不均正好与另外一个或几个税种的税基分布不均相对冲，就要根据多个税种的税基分布情况综合判断，或者寻求其他的划分标准。

（4）收入易发生周期性波动的税种划分给中央政府。

公共收入的稳定性是各级政府确定公共预算的前提，中央政府相对于地方政府拥有更多的政策工具来维持公共收入的稳定性，所以收入易随经济周期发生波动的税种划分给中央政府更为合理。再者，宏观经济稳定主要是中央政府的职能，收入波动性强的税种正好为中央政府的宏观调控提供了政策工具，例如，经济过热时大多数人的收入水平上升，累进的所得税平均税率上升到更高的档次，起到增税、抑制需求、给经济降温的作用，而在经济萧条时平均税率下降到较低的档次，起到减税、扩大需求、刺激经济回升的作用。

（5）税负容易跨域转嫁的税种划分给中央政府。

在市场经济下，征自某一地区生产者的税收，可以通过提高售价转嫁到其他地区的消费者身上，或者通过压低原料采购价格转嫁到其他地区的供应者身上，由此产生该地区公共支出成本由其他地区居民分担的不合理现象，因此税负容易转嫁的税种不适合地方政府征收，应该由中央政府征收。按此规则，间接税税负容易转嫁，所以，针对流动性产品或要素的间接税划归中央政府更合理。

（6）与税收相替代的其他收入来源。

如果地方政府拥有更多与税收相替代的其他收入来源，如使用费和规费收入、土地出让收入、国有资产收入、地方债务收入等，在税收权限划分上，地方政府就能够接受更高程度的税权集中度。

确定某一税种的归属权的时候，如果按照不同的标准得出一致的判断，结论就比较明确。如果根据不同标准得出的结论有冲突，就要根据实际情况权衡不同标准之间的相对重要性，再最后决定某一税种的归属。

4. 政府间税种划分

根据前面的税收划分通则，可以发现，大部分重要的税种都划分给了中央政府，地方政府的征税范围则对应为非流动性的、非再分配的、税基分布均衡的、非周期性的和不可跨域转嫁的税种。进一步，从税收管理的角度看，由中央政府在全国范围内对一些税种进行统一的征收管理，具有显著的规模经济效应，可以大大降低税收的征管成本，并且可以解决地方政府对于一些跨地区的税基无力征管的问题。因此，与地方政府相比，中央政府是一个重要税种的有效管理者，而地方政府则是一个对规费和均匀分布的税种的管理者。另外，一种税是划为中央收入还是地方收入，抑或中央与地方共享收入，需要根据各国具体情况进行衡量。很多适宜中央征管的税种常常成为共享税，这也是为了解决地方日常财力的一种办法，缓解了地方政府对财政转移支付制度的极大依赖。

5. 政府间税收权限划分

从税收法治的视角来看，划分中央和地方税收体系，重要的一点在于如何认识和确定中央与地方的税收权限（即税权），尤其是地方的税收权限。完整意义上的税收权限涵盖了税收立法权、税法解释权、征收管理权和税收调整权等方面的内容。

从集中与分散的角度来看，目前大致有分散、适度集中（相对分散）、集中三种税收权限的划分类型。分散型的税收权限划分方式，主要存在于政治和经济管理权限均比较分散的国度，其特点是赋予各级立法机构和执行机构很大的税收权限，尤其是地方在税权上的自主性相当大。从功能上看，这种税收权限划分方式有助于保证各级财政，尤其是地方财政自主地组织和支配财力，但它也对各级税权之间的协调性和衔接性提出了相当高的要求。如果各级政府之间的税权关系未能很好地加以协调，便很可能产生各级政府间税收划分和税收政策上的矛盾，并会因此而导致负面效应的出现。所谓税权适度集中、相对分散，是指各种税收权限当中的某一部分归中央，其他部分归于各级地方，立法权集中、执行权分散，或者大部分立法权掌握在中央，地方则负责征收管理。所谓税收权限集中，主要指基本权限相对集中于中央。在许多情况下，税权集中型与税权适度集中、相对分散型是很难严格区分的，只是集中、分散的程度有所不同而已。

（三）政府间非税收入划分

1. 国有资本经营收入的划分

国有资本经营收入，是指国家依法以所有者身份取得的国有资本投资收益。国有资本经营收入主要包括：（1）应交利润，即国有独资企业按照规定应当上交国家的利润；（2）国有股股利、股息，即国有控股、参股企业国有股权获得的股利、股息收入；（3）国有产权转让收入，即转让国有产权、股权（股份）获得的收入；（4）企业清算收入，即国有独资企业清算收入（扣除清算费用），国有控股、参股企业国有股权（股份）分享的公司清算收入（扣除清算费用）；（5）其他国有资本收益。

由于国有资本经营收入是经营性国有资产带来的收益，因此，按隶属关系级次的不同，可划分为中央国有资本经营收入和地方国有资本经营收入。其中，中央企业国有资本经营收入应当按规定直接上交中央财政，纳入中央本级国有资本经营预算管理。中央企业国有资本经营收入由财政部负责收取，国务院国有资产监督管理委员会负责组织所监管企业上交国有资本收益。中央国有资本经营收入最典型的是目前归属国务院国有资产监督管理委员会管理的中央企业上缴的国有资本经营收入。地方国有资本经营收入，则按有关规定划归地方财政，并相应纳入地方国有资本经营预算加以管理。

2. 国有资源收入的划分

按照《中华人民共和国宪法》的规定："矿藏、水流、森林、山岭、草原、荒地、滩涂等自然资源，都属于国家所有。"同时，《中华人民共和国矿产资源法》中明确指出："矿产资源属于国家所有，由国务院行使国家对矿产资源的所有权。"矿产资源的国有属性与分布地的分散性，决定了国家和地方都可以从国有资源的开采和利用中获得收益。

与国有资源有关的财政收入，按其归属划分为中央固定收入、地方固定收入和中央与地方共享收入。按照我国现行国有资源财政收入相关制度，中央固定收入有石油特别收益金和归中央所有的行政性收费（基金）；地方固定收入有归地方所有的全国性收费（基金）和地方性收费（基金）；中央与地方共享收入有资源税、矿产资源补偿费、探矿权采矿权使用费、探矿权采矿权价款以及其他根据矿山资源登记管理层级不同确定归属的行政性收费（基金）等。

3. 政府性基金收入的划分

前已述及，政府性基金是指各级人民政府及其所属部门根据法律、国家行政法规规定并经国务院或财政部批准，为支持某项事业发展，向公民、法人和其他组织征收的具有专项用途的资金，以及参照政府性基金管理或纳入基金预算、具有特定用途的财政资金。政府性基金主要包括各种基金（如三峡工程建设基金）、资金（如农业土地开发资金）、附加（如地方教育附加）和专项收费（如车辆通行费）等。

按照预算级次的不同，政府性基金可划分为中央基金预算收入、地方基金预算收入和中央与地方共享基金收入。政府性基金在中央政府和地方政府之间的归属问题，可以通过基金项目划分和基金收入分成来体现。我国基金收入的归属结构具有两个特点：一是地方政府成为基金收入主体。基金收入归地方政府使用的比重达到80%以上，已成为地方政府的重要收入来源，凸显了政府性基金对地方经济社会发展的重要作用。二是地方政府对基金收入的财政依赖程度高于中央政府。同中央政府相比，地方政府在地方税体系不够健全的情况下更倾向于选择政府性基金作为主要财政收入手段，以满足本级财政需求。

四、政府间财政转移支付①

如果政府间支出责任划分与收入划分总能做到完全匹配，讨论到此就结束了。事实上，收支不匹配是常态，这就需要通过政府间财政转移支付来弥补各级政府支出责任（事权）与自有收入（财力）的不匹配。因此，财政转移支付实质上是一种政府间公共经济（利益）关系的协调与均衡机制。

（一）财政转移支付的内涵

财政转移支付简称为“转移支付”，有广义和狭义之分。广义的财政转移支付是指各级政府之间以及政府向企业和居民，不以取得商品和劳务为目的，无偿让渡财力和资金所发生的财政支出；狭义的财政转移支付是指上级政府把一部分财力和资金无偿让渡给下级政府而发生的财政支出，反映的是政府间的财政转移关系，因此称之为政府间财政转移支付。相应地，政府间财政转移支付制度就是调节中央和地方之间以及地方各级之间财力余缺的规则和方法，是一项协调政府间经济利益关系的制度设计和重点安排。现代意义上的转移支付是以上级政府对下级政府的预算补助为基本形式的，因而，也将它称为补助金制度。

（二）财政转移支付的依据

1. 解决纵向财政失衡问题

在分级财政体制设计中，各级政府支出责任（事权）与自有收入（财力）相匹配只是一个基准，大多数情形下两者并不匹配，而且往往中央政府或上级政府拥有更多的财力和财权，而地方政府或下级政府承担更多的支出责任，因

① 这一部分主要参考樊丽明、李齐云、陈东：《政府经济学》，经济科学出版社2008年版，第296～298页；钟晓敏：《财政学》，高等教育出版社2010年版，第305～311页；约瑟夫·E. 斯蒂格利茨：《公共部门经济学》（第三版），中国人民大学出版社2005年版，第631～634页的相关论述。

此纵向财政失衡普遍存在。也就是说，在各级政府之间既定的支出和收入确定之后，当某一级政府财政面临着赤字，而其他级次政府出现盈余时，就意味着纵向财政失衡存在。为弥补这种纵向财政失衡，主要解决办法就是协调各级政府之间的资金往来关系，运用财政转移支付政策和手段。从历史和经验来看，任何一个国家，客观上都需要维护中央政府的主导地位和权威，限制地方政府势力的过度扩张，通过中央政府集中相对较多的财力份额，以使地方政府的财力在一定程度上有赖于中央政府的支持，是保持中央政府对地方政府行为的必要控制力和保证政令畅通、政局安定、经济协调稳定发展的一种有效手段。

2. 应对横向财政失衡问题

从经济社会发展的视角来看，一个国家内各个地区之间各种要素禀赋条件的差异性是绝对的，而条件的同一性是相对的，当国土面积较大时更是如此。各个地区之间经济发展程度差异，必然导致横向财政失衡问题，主要表现在：（1）富裕地区财政收入充裕，出现财政盈余；而贫困地区则财源狭窄，财政状况拮据。（2）富裕地区能够为其居民提供较高水准的公共产品和服务；而贫困地区却难以提供最基本的公共产品和服务。

显而易见，横向财政失衡状况的存在和加剧是不利于各地区均衡发展和社会共同进步的，不利于如公共卫生、基础教育等基本公共服务均等化目标的实现。首先，地区间的这些差异会导致人口大规模的流动，即贫困地区的人口向经济发达、社会福利条件好的地区流动，这会在一定程度上导致人口流入地区的人均福利水平下降。虽然，理论上，在人口完全自由流动的情况下，公共服务均等化可以通过居民在地区间的自由迁徙来实现，但现实中人口流动是有成本的，而当存在严格的户籍限制时，这种机制的有效性就会大打折扣。其次，地区间的差别还会导致市场的分割和封锁，各地区为了本地的利益，避免本地资源外流，便会设置各种障碍，形成地区间的市场封锁和经济割据，不利于全国统一市场的形成和发展。同时，地区封锁还会导致地区产业结构的趋同化，不利于产业结构的优化和稀缺资源的合理有效配置。

更深刻的矛盾在于，在经济落后和税源有限的条件下，增税和发行公债等加重企业和居民负担的方式，并不是地方政府筹资的理想和可行渠道。而与落后地区相比较，发达地区财政资金的边际效应是递减的。通过转移支付方式，可以扶持落后地区的发展，增加财政资金的边际效用。通常，在发达和落后地区之间，是无法自动形成这种财政资金转移的，因为各地方财政的收支活动都会以本地利益为出发点和归宿点。中央政府代表着国家的整体利益，有责任运用协调与均衡性政策，采取转移支付的手段及方式，协调各个地区之间的发展。

3. 解决公共产品提供中的外部性问题

地方政府提供区域性公共产品的受益范围几乎不可能恰好被限定在地方政府的辖区之内。地方性公共产品的受益（或成本）范围很可能会超出地方政府辖区的界限，使其他地区在受益或受害的同时并不承担任何成本。此时会出现两种结果：（1）当存在着正外部性即效益外溢时，从本地利益出发，地方政府有可能高估提供公共产品的成本，而低估其整体效益，并有可能以无法完全负担成本为理由，减少此类外部效应比较理想的公共产品的提供，公共产品提供量就会低于社会最优的水平。（2）与上一种结果相反，当公共产品附带着外部不经济即成本外溢时，地方政府则容易高估该公共产品的正效应，低估或者忽视了真实的成本，从而使这种附带的外部不经济继续存在乃至有所增加。这种扭曲性政策及行为，不仅影响着区域性公共产品的正确提供和本地区及相关地区居民的公共利益，而且不利于地区间经济关系的协调。在这种情况下，实行财政转移支付制度，由上级政府给予下级政府一定的财政补助，降低地方政府提供具有正外部性的公共产品的成本，增强地方的供给激励，就可以促使公共产品的提供达到社会最优的水平。

4. 弥补收入划分方式的不足

财政转移支付制度的存在，也是弥补收入划分方式不足的重要手段之一。在财政体制中，如果单纯依靠税收等收入的划分便可以达到政府间事权与财力的最佳协调，无疑这是一种较为理想的模式。然而，这种期望距离现实相当遥远。这是因为，第一，划分本身只是在中央与地方之间确定各种收入的归属，这仅仅构成了财政体制中各级政府间财政关系的一部分，而不是全部，尚有支出划分、收支关系协调等一系列复杂问题有待于在财政体制框架中加以处理；第二，无论从理论还是技术上讲，单纯的收入划分方式都难以使财政收入在各级政府之间的划分达到恰当和合理的状态，难以实现效率与公平的完美结合。所以多数国家在各级政府间划分收入的同时，也大多实行财政转移支付制度，以作为收入划分方式的辅助方式。

（三）财政转移支付的类型

1. 按照转移支付资金运行的方向性分类

按照这种分类，转移支付主要有三种：一是自上而下的纵向转移，即中央政府对地方政府、上级政府对下级政府的转移支付；二是地区间横向转移，一般表现为发达地区向贫困地区的横向援助，即由发达地区将部分富余财力平行转移给贫困地区，实行地区间互助；三是纵向转移与横向转移相结合。目前世界上主要国家大多实行以纵向转移支付为主的模式，因为它无论是在动员的资金规模，还是在行政运行效率和推动基本公共服务均等化等方面，均优于横向转移支付。横向转移支付可以在特定项目或特定任务中发挥积极作用，是纵向转移支付的有益补充。目前在一些国家如德国，地区间的横向转移支付占有重要地位，也发挥了很好的均衡效应。

2. 按照转移支付与资金用途之间的关系分类

按照这种分类，转移支付分为一般性转移支付和专项转移支付。

（1）一般性转移支付，也被称作无条件转移支付、无条件拨款。它是指中央政府对有财力缺口的地方政府（在我国，主要是中西部地区），按照规范的办法（如因素法等）给予的补助。一般性转移支付的目的，主要是缩小地区间财力差距，实现地区间基本公共服务的均等化。此类转移支付不要求下级政府拿出一定数额或比例的配套资金，不规定资金的具体用途，由接受拨款的政府自主安排使用，用于弥补其一般预算缺口。显而易见，一般性转移支付无异于对地方政府的"赠款"，使地方财政增加了一笔净收入。它同时赋予地方以较大自由度，使地方政府可以依照本地情况灵活地安排资金投向，上级政府一般不加过多的限制或干预。

确定一般性转移支付的主要因素有三个：一是地方的收入能力；二是地方的支出需求；三是上级财政的承受能力。在具体测算地方收入能力和支出需求时，还需要了解影响收入能力和支出需求的各种具体因素。在许多国家，中央政府对地方政府的一般性转移支付的数额要由中央政府按照一定的、比较复杂的公式确定。公式主要考虑的因素包括人口、人口密度和年龄结构，地区规模和地理位置，经济发展情况，人均收入平均和人均财政支出额，现有社会基础设施状况，人均所得税和税收课征效率，以及其他变动因素。转移支付标准的建立是根据理论上应该有的收入和支出，而不是根据实际的税收和支出，用有关因素进行调整后，测算出各个地区合理的收入和支出额，最后按计算出的各地区应有的支出与实际财力的差额，提出各地方政府应得的补助金额。这些过程有严格的立法和详细的条文加以约束，以杜绝人为因素的干扰。

值得注意的是，一般性转移支付的政策意图主要是达到各地区财政平衡的目标，具有抽肥补瘦的特点，如果一般性转移支付数额过大，财力过于平调，则会挫伤富裕地区的积极性，同时也有可能使落后地区产生依赖性，从而在公平和效率两个方面产生消极影响。因此，需要科学合理有效地对这种转移支付形式加以运用。我国中央财政对革命老区、民族地区、边疆地区和贫困地区的转移支付就属于一般性转移支付。

（2）专项转移支付，也被称作有条件转移支付、专项补助。从内涵和功能上讲，专项转移支付是上级政府为实现特定政策目标，以及对委托下级政府代理的一些事务进行补偿而设立的专项补助金，资金的接受者需按规定用途使用相关款项，"专款专用"是它最基本的特征。在有的情况下，上级政府在实行专项转移支付时，还可能要求接受补助的地区拿出一定比例的资金进行配套。专项转移支付手段通常具有很强的针对性，可以直接、有效地体现上级政府的政策意图，从制度上、支出责任上保证事先确定的各种支出项目的落实。

按照政府间事权和支出范围划分的标准，专项转移支付方式大致分为四种类型：一是属于中央政策导向范围的专项转移支付。中央政府在履行宏观调控职能的同时，着眼于进一步改善民生、促进均衡发展诸方面的考虑，还需要由地方政府代为行使部分调控和维护社会稳定方面的职责，于是需要安排相应的专项转移支付资金作为补偿。二是与中央委托地方事务相伴随的专项转移支付。考虑到由地方政府具体组织实施某些事权更有助于实现既定的政策目标，中央政府可以将原属于自身的部分事权交由地方政府行使。随着事权的下移，中央会相应地安排专项转移支付资金，对相关地方政府给予补偿，从而使地方政府的事权与财力相匹配。三是中央和地方政府共同事权范围内的专项转移支付。这种方式主要适用于中央与地方政府需要共同负担的事务，虽然这种事务及相伴而生的公共产品位于地方政府辖区范围之内，但其在受益上却具有很强的外部性，由中央财政安排专款补助，对这种外部性进行矫正，有助于调节各地方之间的经济利益关系。四是针对地方政府责权范围内事权的专项转移支付，通常主要用于支持地方提供特定的公共产品和服务，实现区域间的协调发展。

专项转移支付资金作为一种指定了用途的拨款，不得被挪作他用。专项转移支付的主要功能在于，协助地方政府改善基础设施、生态环境等方面的条件。根据不同时期经济社会发展薄弱环节或宏观调控重点的变化，对专项转移支付的项目范围及补助比例通常也需要进行相应的调整。地方政府需要承诺按照既定的用途使用资金，并且接受上级财政的检查和监督。

一般性转移支付和专项转移支付的功能及特点，可用表 12 - 1 加以展示和比较。

表 12 - 1　　一般性转移支付和专项转移支付形式的功能及特点比较

功能及特点	一般性转移支付	专项转移支付
体现中央政府意图	中	强
行政干预成分	弱	中
影响地方政府的决策	弱	中
地方政府运用资金的自由度	强	弱
促进特定效果的提高	弱	强

可以看出，不同的转移支付形式有不同的功能及影响。一般性转移支付给地方较大的选择权和自由度，地方政府更容易根据自身偏好追求本地福利最大化；而专项转移支付会约束地方的行为，限制地方的选择，但更容易贯彻中央的政策意图，尤其是在由于某种原因导致地方偏好不合理的情况下，专项转移支付能够起到矫正作用。

（四）财政转移支付的标准

中央（上级）政府对地方（下级）政府财政补助数额的确定是转移支付制度中的核心问题，很多国家实行均等化的分配原则，按照本国特定的均等化目标和程度，使用一些客观的量化标准和标准化的计算公式来确定中央政府对各级地方政府的转移支付数额，尽量排除人为因素，从而提高转移支付的科学化规范化程度。一般性转移支付（一般均衡补助）数额的确定是以各地方政府的标准财政收支的差额为根据的。所谓“标准财政收入”是指在全国平均收入努力程度下，按照各项地方税收所对应的经济税基估算出的收入能力，它反映的是各地方政府应有而非实有的收入规模；所谓“标准财政支出”是指在全国同等的支出效率前提下，地方政府达到均衡范围内公共支出项目均等化所需的支出，它要求考虑地方政府提供公共产品和服务所存在的客观成本差异。中央政府根据各地方标准财政收入和标准财政支出之间的差距来确定转移支付的数额。显然，在这种模式下，只有那些收不抵支、出现赤字的地方政府才能获得均衡拨款，而且，财政经济能力越弱、标准财政支出与标准财政收入的缺口越大或赤字越多，得到的均衡拨款也就越多。澳大利亚一般性财政补助的分配方式被认为是“收支均衡型”转移支付制度比较完善的典范，日本地方交付税的分配也被看作是这种模式的运用。

标准财政收入计算公式为：

$$\text{标准财政收入} = \text{地方税基} \times \text{标准税率}$$

标准财政支出一般要等于地方政府提供所承担的教育、社会治安、公共卫生、交通等各项公共服务的标准财政支出之和。单项标准财政支出的计算公式为：

$$\begin{array}{c}\text{某项公共服务的}\\\text{标准财政支出}\end{array} = \begin{array}{c}\text{该项公共服务}\\\text{的单位成本}\end{array} \times \begin{array}{c}\text{调整}\\\text{系数}\end{array} \times \begin{array}{c}\text{该项公共服务}\\\text{的单位数量}\end{array}$$

或：

$$\begin{array}{c}\text{某项公共服务的}\\\text{标准财政支出}\end{array} = \left(\begin{array}{c}\text{单位}\\\text{成本}\end{array} + \begin{array}{c}\text{地区费}\\\text{用调整}\end{array}\right) \times \begin{array}{c}\text{单位}\\\text{数量}\end{array}$$

公式中，调整系数或地区费用调整，是指各地区的地理环境（如人口密度、边境、高寒等）等因素造成公共服务人口成本和其他成本的差异进行的调整，旨在合理计算支出标准。单位数量是指某项公共服务中基本单位的个数，如义务教育中的学生人数或教师人数，公立医院的病床数，公路维修项目中的公路面积等。

标准财政收入和标准财政支出计算出来之后，即可按照以下公式计算均衡拨款额：

均衡拨款额 =（标准财政支出额 − 标准财政收入额）× 调整系数

第三节 中国财政体制改革

自新中国成立以来，伴随着各个历史阶段政治和经济形势的变化，财政体制经历了多次变化和改进，其总体趋向是由集中逐步走向分散。系统梳理和总结财政体制演进的脉络和经验，对于进一步理顺政府间财政关系，具有重要的作用。改革开放后，尤其是 1994 年分税制改革以来，我国财政体制运行显现出良好的经济与政策效应，不仅建立起财政收入的稳定增长机制，增强了中央政府的宏观调控能力，而且也推动了产业结构的调整和资源配置的优化，增强了地方政府加强收支管理的主动性和自主性。随着我国经济社会形势的变化，既有财政体制也显现出一些有待解决的问题，需要进一步改革与完善。新时代我国社会主要矛盾已经转化为人民日益增长的美好生活需要和不平衡不充分的发展之间的矛盾，从财政体制改革方面讲，需要体现新时代社会主要矛盾的变化，提高广大人民群众对更高品质公共产品和服务的获得感，解决区域财富占有与收入分配差距方面的问题和公共产品供给不充分的问题。

一、中国财政体制的改革进程

在新中国成立初期的国民经济恢复时期，我国实行的是高度集权的统收统支财政体制；从第一个五年计划开始，逐步过渡到不同程度的统一领导、分级管理体制；改革开放后为调动地方政府的积极性，实行了多种形式的分级包干财政体制；从 1994 年起，在立足国情的基础上，借鉴成熟市场经济国家的经验，相继实施了分税制财政体制改革、所得税收入分享改革和出口退税负担机制改革等措施，符合市场经济一般要求的财政体制框架初步形成。

（一）1994年以来的分税制财政体制改革

1. 分税制财政体制改革的动因

为理顺中央与地方的财政关系，更好地发挥财政的职能，增强中央的宏观调控能力，促进社会主义市场经济体制的建立，国务院决定从1994年1月1日起改革分级包干体制，实行分税制财政体制。分税制改革的基本动因缘于实行多年的财政包干体制虽然对地方政府产生了较强的财政激励，但也产生了若干弊端，其主要表现：一是财政包干使边际利益大部分留在了地方，造成财力过度分散，削弱了中央财政的主导地位和宏观调控能力；二是造成地区间的贫富差距不断扩大；三是政府之间就包干合同经常讨价还价，包干方法多样，制度不规范，交易成本巨大；四是财政包干强化了地方政府与所属企业的利益关系，鼓励企业向政府部门寻租，背弃了“政企分开”“两权分离”的原则；五是重复建设严重，地区产业结构雷同，地方保护主义盛行，不利于优化资源配置，阻碍了要素与产品全国统一大市场的形成。因此，财政包干体制的改革势在必行。

2. 分税制财政体制改革的指导思想

第一，正确处理中央与地方的分配关系。既要考虑地方利益，调动地方发展经济、增收节支的积极性，又要考虑适当增加中央财力，提高中央财政收入的比重，增强中央财政的宏观调控能力。

第二，合理调节地区之间财力分配。这有利于经济发达地区继续保持较快的发展势头，通过中央财政对地方的税收返还和转移支付制度，扶持经济不发达地区的发展和老工业基地的改造。

第三，坚持统一政策和分级管理相结合的原则。划分税种不仅要考虑中央与地方的收入分配，还必须考虑税收对经济发展和社会分配的调节作用。中央税、共享税以及一些重要的地方税的立法权归中央，以保证政令统一，维护全国统一市场和平等竞争。税收实行分级征管，中央税和共享税由中央税务机构负责征收，共享税中的地方部分由中央税务机构直接划入地方金库，地方税由地方税务机构负责征收。

第四，坚持整体设计与逐步推进相结合的原则。在明确改革目标的基础上，改革办法力求规范化，抓住重点，分步实施，逐步改善。先把重要税种划分好，实行“存量不动，增量调整”办法，逐步提高中央财政收入的比重，并妥善调整地方利益格局。

3. 分税制财政体制的主要内容及改进

我国1994年实施的分税制的原则和主要内容是：按照中央与地方政府的

事权划分，合理确定各级财政的支出范围；根据事权与财权相结合的原则，将税种划分为中央税、地方税和中央地方共享税，建立中央税收和地方税收体系，分设中央和地方两套税务机构分别征管；科学核定地方收支数额，逐步实行比较规范的中央财政对地方的税收返还和转移支付制度；建立健全分级预算制度，硬化各级预算约束。经过20多年来的持续改革，分税制财政体制不断改进和完善。

（1）中央与地方的事权和支出划分。

分税制财政体制首先根据中央与地方事权划分情况，对中央与地方的支出责任作了初步界定。中央财政主要承担国家安全、外交和中央国家机关运转所需经费，调整国民经济结构、协调地区发展、实施宏观调控所必需的支出以及由中央直接管理的事业发展支出；地方财政主要承担本地区政权机关运转所需支出以及本地区经济、事业发展所需支出。中央与地方支出责任的具体划分如表12－2所示。

表12－2　　分税制财政体制改革下的中央与地方支出责任划分

项目	内容
中央财政支出	国防费，武警经费，外交和援外经费，中央级行政管理费，中央统管的基本建设投资，中央直属企业的技术改造和新产品试制费，地质勘探费，由中央财政安排的支农支出，国内外债务的还本付息支出，中央本级负担的公检法支出和文化、教育、卫生、科技等各项事业费支出
地方财政支出	地方行政管理费，公检法经费，民兵事业费，地方统筹安排的基本建设投资，地方企业的技术改造和新产品试制费，地方安排的农业支出，城市维护和建设经费，地方文化、教育、卫生、科技等各项事业费，价格补贴，其他支出

注：表中为1994年分税制改革时的支出责任划分。2007年政府收支分类科目调整后，具体的支出科目发生了一定的变化。

（2）中央与地方的收入划分。

1994年分税制改革根据事权与财力相结合的原则，按税种划分中央与地方收入。将维护国家权益、实施宏观调控所需的税种划分为中央税；将同经济发展直接相关的主要税种划分为中央与地方共享税；将适合地方征管的税种划分为地方税，充实地方税税种，增加地方税收入。此后，中央根据分税制运行状况以及经济形势发展的需要，对收入划分进行了多次的调整与完善。现行的政府间收入划分情况如表12－3所示。

表 12－3　　现行中央与地方的收入划分情况

项目	内容
中央固定收入	关税，海关代征的消费税和增值税，消费税，船舶吨位税，车辆购置税，未纳入共享范围的中央企业所得税，证券交易（印花）税，中央企业上交的利润等
中央与地方共享收入	增值税（中央分享 50%，地方分享 50%）； 纳入共享范围的企业所得税和个人所得税（中央分享 60%，地方分享 40%）； 资源税按不同的资源品种划分，海洋石油资源税作为中央收入，其他资源税作为地方收入
地方固定收入	城镇土地使用税，城市维护建设税，房产税，车船税，印花税（不含证券交易印花税），耕地占用税，契税，烟叶税，土地增值税，环境保护税，地方企业上缴利润，国有土地有偿使用收入等

（3）财政转移支付制度的建立与发展。

1994 年分税制改革以后，我国先是建立了以财力性转移支付和专项转移支付为主的转移支付制度。其中，财力性转移支付是中央财政为弥补欠发达地区的财力缺口、缩小地区间财力差距、实现基本公共服务均等化安排给地方财政的补助资金，以及中央出台减收增支政策对财力薄弱地区的补助。专项转移支付是中央财政为实现特定的宏观政策及事业发展目标，以及对委托地方政府代理的一些事务或中央和地方共同承担事务进行补偿而设立的补助资金，需按照规定使用。

2009 年起，为进一步规范财政转移支付制度，将中央对地方的转移支付，分为一般性转移支付和专项转移支付两类。其中，一般性转移支付包括原财力性转移支付，主要是将补助数额相对稳定、原列入专项转移支付的教育、社会保障和就业、公共安全、一般公共服务等支出，改为一般性转移支付；原一般性转移支付改为均衡性转移支付。一般性转移支付是指中央政府对有财力缺口的地方政府（主要是中西部地区），按照规范的办法给予的补助，地方政府可以按照相关规定统筹安排和使用。一般性转移支付资金按照客观、公正的原则，根据客观因素，设计统一公式进行分配，财政越困难的地区补助程度越高，具有明显的均等化效果。专项转移支付是指中央政府对承担委托事务、共同事务的地方政府给予的具有指定用途的资金补助，以及对应由下级政府承担的事务给予的具有指定用途的奖励或补助。近年来，为配合实现中央宏观政策目标，新增了较多的专项转移支付项目。例如，基础设施建设、农业、教育卫生、社会保障以及环境保护等方面均设立了专项转移支付项目。

（二）分税制财政体制改革的综合评价

1. 分税制财政体制改革的主要成效

分税制改革是一次改革力度大、涉及范围广、影响深远的财政体制创新。这次改革基本上建立起了适应社会主义市场经济发展要求的财政体制框架，并且在运行过程中已显示出较为良好的政策与经济效应。

（1）规范了各级政府间的财政关系。

1994年分税制改革通过以事权划分为基础界定中央与地方的支出范围，按税种的归属划分中央与地方的收入范围，分设国税和地税系统，建立财政转移支付制度等措施，初步构建起社会主义市场经济条件下的分级财政体制。分税制财政体制按照兼顾各方利益关系、事权与财权相结合的原则，以法律法规形式对中央与地方政府的事权、财权加以明确界定和划分，并以较为规范的政府间财政转移支付制度实现各级政府事权与财力的基本匹配，使各级财政都能够在法律规范的体制框架内行使各自的职责。显然，作为市场经济条件下政府间财政关系的承载体，分税制财政体制所顾及的利益范围较之前的财政包干体制更为完整，中央与地方的共同利益以及自身利益均得到承认与体现，财政体制更加明晰和规范。

（2）调动了各方面积极性，国家财政实力显著增强。

分税制财政体制改革较好地规范了中央与地方的分配关系，作为一个激励相容的机制，调动了各级政府促进经济发展、加强税收征管、依法组织收入的积极性，建立起财政收入稳定增长机制。分税制改革后，我国财政收入保持了较快增长势头，财政实力不断壮大，1993～2019年，全国一般公共预算收入由4349亿元增加到190390亿元，增长了42.8倍；全国一般公共预算收入占GDP的比重则由12.2%提高到19.3%。

（3）中央调控能力增强，促进了地区协调发展。

实施分税制财政体制后，中央财政收入稳定增长的机制逐步形成，为提高中央本级收入占全国公共财政收入的比重提供了必要条件，彻底扭转了中央财政积弱的局面。通过实施1994年分税制改革和2002年所得税收入分享改革，中央财政集中了主体税种的大部分收入。中央财政收入占全国财政收入的比重逐步上升，1993～2019年，中央财政收入占全国财政收入的比重由22%提高到46.9%（见表12－4）。中央财政收入规模的壮大，增强了中央政府的政治控制力和宏观调控能力，促进了国民经济的持续稳定快速发展和国家的长治久安。从政治意义上讲，这有利于从体制与制度上保证国家的政令统一，维护国家的稳定与安全。随着财政实力的增强，为均衡地区间财力差异提供了财力保障，国家财政加强了对低收入群体的社会保障，增加科技与教育经费，加强了基本建设力度，也为应对国际金融危机和实施积极财政政策创造了有利的条件。

表 12－4　全国一般公共预算收入及中央财政收入占比情况（1993～2019 年中若干年份）

年份	全国一般公共预算收入（亿元）	全国一般公共预算收入占 GDP 比重（%）	中央一般公共预算收入（亿元）	中央一般公共预算收入占全国财政收入比重（%）
1993	4349.0	12.2	957.5	22.0
1994	5218.1	10.7	2906.5	55.7
1995	6242.2	10.2	3256.6	52.2
2000	13395.2	13.4	6989.2	52.2
2005	31649.3	16.9	16548.5	52.3
2010	83101.5	20.1	42488.5	51.1
2011	103874.4	21.2	51327.3	49.4
2012	117253.5	21.7	56175.2	47.9
2013	129209.6	21.7	60198.5	46.6
2014	140370.0	21.8	64493.5	45.9
2015	152269.2	22.1	69267.2	45.5
2016	159605.0	21.5	72365.6	45.3
2017	172592.8	20.9	81123.4	47.0
2018	183360.0	20.4	85456.5	46.6
2019	190390.1	19.3	89309.5	46.9

资料来源：国家统计局网站；财政部网站：历年全国一般公共预算收入决算表。

（4）增强了地方加强收支管理的主动性和自主性。

分税制财政体制改革，初步理顺了政府间的责权关系，在政府间基本建立了各司其职、各负其责、各得其利的约束机制和费用分担、利益共享机制。税种、税源按财政体制划定的标准分属中央政府或地方政府，各级财政预算的财力来源、规模约束明显增强，自收自支、自求平衡的责任明显加重。现行分税制财政体制强化了对地方财政的预算约束，提高了地方坚持财政平衡、注重收支管理的主动性和自主性。此外，也推动了经济结构调整，一定程度上抑制了盲目投资，地方政府的经济行为和投资行为发生了积极变化，产业结构和发展方式都有所调整和转变。

2. *分税制财政体制存在的主要问题*

由于采取渐进的改革方式，分税制财政体制只是首先建立了一个框架，因受原有体制的约束，在许多方面仍存在着与市场经济发展要求不相符合的问题。如各级政府的事权范围和各级预算主体的支出职责尚缺乏科学、合理的界定；财力和收入划分不够科学、合理，税收立法权和税收政策制定权等财权仍较为集中，省以下财政体制不规范不健全等。

（1）政府间的事权和支出责任划分有待完善。

受客观条件的制约，政府间事权和支出责任划分仍不够清晰、不够规范，制约市场统一、司法公正和基本公共服务均等化。一是一些应该中央负责的事务交给了地方处理，例如，跨流域大江大河的治理、跨地区污染防治、跨地区经济纠纷司法管辖、海域和海洋的使用管理等。二是一些属于地方管理的事项，中央承担了较多的支出责任。例如，从区域性重大基础设施建设到农村厕所改造等地方项目，中央有关部门有相当的资金补助。三是中央与地方的职责重叠，共同管理的事项较多。例如，中央与地方财政对社会保障、公共卫生、义务教育等相当多事项和支出责任实行共同承担的办法。四是中央负责的事项管理不到位。例如，经济总量平衡、经济结构优化和全国市场的统一等宏观经济管理职责由中央承担，相应的调控手段的决策权也必须集中在中央，但地方承担了很多责任。在政府责权关系没有清晰划分的情况下，财政支出责任无法落实，中央应该管理的事务，放到地方去做，与外部性和激励相容原则不一致，地方没有积极性，中央又不得不通过设立大量专项转移支付项目对地方给予补助；一些应由地方管理的事情，中央却介入过多，受信息复杂性等因素影响未必能够做好，反而会让地方从这些领域退出，这在一定程度上限制了地方政府在地方事务上更好地发挥作用。如图 12－2 所示，分税制改革以来，中央一般公共预算支出从占近 30% 下降到占 15%，而地方一般公共预算支出则从占 70% 提高到占 85%。地方支出责任的沉重由此可见一斑。近年来，国家相继出台了多项政府间事权与支出责任划分改革的指导性意见，对于解决上述权责划分中存在的问题起到了积极的作用。

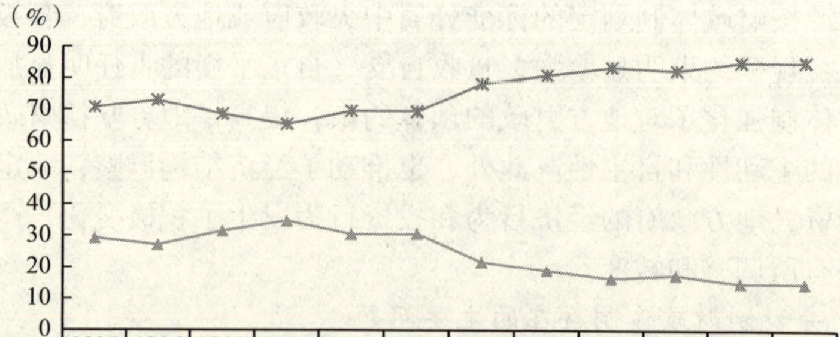

	1995	1996	1999	2000	2001	2002	2008	2010	2011	2012	2014	2018	(年份)
中央一般预算支出	29.24	27.1	31.5	34.7	30.5	30.7	21.72	18.99	16.48	17.5	14.9	14.8	
地方一般预算支出	70.76	72.9	68.5	65.3	69.5	69.3	78.28	81.01	83.52	82.5	85.1	85.2	

图 12-2　中央和地方一般公共预算支出占比变化

（2）政府间收入划分不够规范。

目前，政府间的税收划分不尽合理，有些税收的划分与税种的内在属性不相吻合，对一些重要税种多采取分享的方式进行划分。随着城镇化进程的推进，地方政府需要有充足的资金来源用于向当地居民提供教育、医疗、社会保障等基本公共服务。但目前我国地方税体系仍不够健全，全面实行“营改增”之后地方失去了主体税种，地方政府对土地财政依赖严重，地方政府间存在不良的财政税收竞争现象。多年以来在地方税收征管权限的划分上还存在征管范围交叉、对共享税的征管存在矛盾、征税权与其他执法权相脱节等问题，造成税基不一致，影响公平竞争。税收立法权和税收管理权等税收权限集中于中央政府，没有赋予地方政府在约定范围内开征新税、改变税率或税基等税收自主权。政府性基金等非税收入基本上没有纳入政府间财政关系调整的范围。现实表明，我国中央和地方收入划分进入实质上的“大共享税”时代，不健全的地方税体系下的地方税收入远远不能满足地方支出的需要，即使加上共享税收入，地方直接筹集的收入也不够地方支出需要。从图 12-3 可以看出，分税制改革以来，地方政府大多数年份收入占比低于 50%，2011 年后超过了 50%，但相比于财政支出负担，收支缺口高达 30 多个百分点。

（3）财政转移支付的规范性和绩效有待提高。

受政府间事权和支出责任划分不够明晰等因素的影响，我国政府间财政转移支付设计的基础不够扎实。转移支付制度的设立与政府间事权划分相关性较弱，政策目标不够明确，转移支付体系较为零乱，一般性转移支付与专项转移支付项目设立存在交叉重叠，一般性转移支付专项化、专项转移支付一般化的特征明显。一般性转移支付与专项转移支付结构不尽合理，一般性转移支付比重较小；专项转移支付受行政权力干预的程度较大，加上税收返还、与行为挂钩的奖励等其他财力下移的方式，项目繁杂，资金分散，不够规范透明，不利于发挥转移支付资金的规模效益，且因要求地方资金配套，易加重地方政府负担。

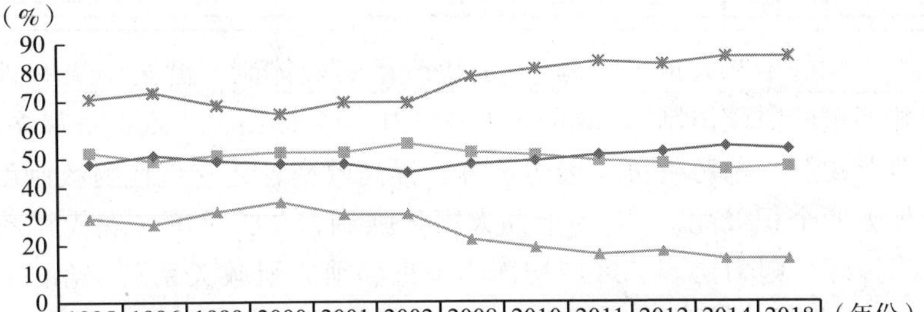

	1995	1996	1999	2000	2001	2002	2008	2010	2011	2012	2014	2018
中央一般预算支出	29.24	27.1	31.5	34.7	30.5	30.7	21.72	18.99	16.48	17.5	14.9	14.8
地方一般预算支出	70.76	72.9	68.5	65.3	69.5	69.3	78.28	81.01	83.52	82.5	85.1	85.2
中央一般预算收入	52	49	51	52	52	55	52	51	49	48	46	47
地方一般预算收入	48	51	49	48	48	45	48	49	51	52	54	53

图 12－3　中央和地方一般公共预算收入与支出占比变化（叠加）

现行财政转移支付的大部分项目开始采用“因素分配法”，但是计算办法仍存在因素选取不尽合理、参数设置不够科学的缺陷，而且未采用因素法进行计算转移支付项目仍然很多，有悖于科学规范和中性原则。此外，转移支付资金透明度不高，就横向而言，公开的信息仅覆盖主要的转移支付项目，但对于从广义上讲也属于转移支付的税收返还、其他有关转移支付仍未集中公开；就纵向而言，公开的信息也未覆盖转移支付的全过程，转移支付项目的设立、申请、批准、绩效评价、监督等过程都未涉及，转移支付项目运行的大部分过程仍然处于不透明状态，使社会公众无从知晓、无从监督。

（4）省以下财政体制亟待进一步优化。

从地方财政体制情况看，省以下的财力纵向和横向分布格局不合理，相当一部分地区对下转移支付的力度不足。从纵向财力分布看，省、市、县人均财力差距悬殊；从横向财力分布看，部分省份县级财力水平差距较大。近年来，虽然县乡财政保工资、保运转问题基本得到解决，但总体支出水平仍然偏低，保障能力较弱，制约基层政府有效行使职能。有的地方在财政体制上仍实行形式多样、复杂易变、讨价还价的分成制和包干制，按税种划分收入、总额分成、收支包干和统收统支等体制形式都不同程度存在，与分税制原则相互矛盾。在按税种划分收入的地区，有的省与市县共享税种设置过多，大多采用比例分成、共享税等方法，有的甚至仍然按照企业隶属关系或行业划分收入，不利于企业间的改组、改制、联合和兼并，影响产业结构合理调整和区域经济协调发展。此外，某些地方政府间过度的财政和税收竞争导致经济运行机制扭曲，有悖于税收公平原则，并且造成了税收收入的流失。

二、中国财政体制的改革完善

党的十八大报告强调，“加快改革财税体制，健全中央和地方财力与事权相匹配的财政体制”。党的十八届三中全会提出，“必须完善立法、明确事权、改革税制、稳定税负、透明预算、提高效率，建立现代财政制度，发挥中央和地方两个积极性”。党的十九大报告强调，“加快建立现代财政制度，建立权责清晰、财力协调、区域均衡的中央和地方财政关系”。党的十九届四中全会提出，“优化政府间事权和财权划分，建立权责清晰、财力协调、区域均衡的中央和地方财政关系，形成稳定的各级政府事权、支出责任和财力相适应的制度”，深化我国财政体制改革的方向进一步明确。

（一）深化财政体制改革的目标

在明确财政体制改革方向的基础上需从以下方面深刻理解和全面把握财政体制改革目标。

第一，坚持财政体制改革的市场化取向。党的十八大报告指出，经济体制改革的核心问题是处理好政府和市场的关系，必须更加尊重市场规律，更好地发挥政府作用。党的十九大报告提出，加快完善社会主义市场经济体制。要针对目前中央与地方事权和支出责任划分、收入划分、转移支付制度中还存在的一些不利于生产要素自由流动、不利于统一大市场形成、不利于市场经济主体公平竞争的体制机制障碍，加快推进财政体制改革。

第二，继续大力推进基本公共服务均等化。近年来，中央财政对地方的转移支付向中西部等财力较为薄弱的地区倾斜，地区间财力差距呈现逐年缩小的态势，但是与基本公共服务均等化的要求相比，均等化依然任重道远。基本公共服务均等化不仅体现公平正义，有利于促进和谐社会建设，而且有助于遏制盲目发展，促进发展方式转变与生态文明建设。因此，今后一个时期，推进基本公共服务均等化仍然是财政体制改革的重要目标。

第三，财政体制改革应有利于公平正义和国家发展强大、长治久安。事权和支出责任、财力财权和财政资金在中央与地方之间，以及不同地方之间的划分，对促进区域协调发展、建设和谐民族关系、树立中央权威都具有重要意义。要从有利于实现公平正义，有利于推动经济发展方式转变，有利于推进国家发展强大、长治久安的高度出发，处理好政府之间的经济利益关系，改革和完善财政体制。

（二）深化财政体制改革的基本思路

1. 完善以“分税制”为基础的分级财政体制

作为与市场经济发展相适应的公共财政的体制安排，1994 年以来的分税制财政体制改革适应了我国改革开放的需要，在规范政府间财政分配关系，营造企业公平竞争平台、提高中央政府的宏观调控能力和改进地方政府行为模式等方面发挥了重要作用。因此，今后的财政体制改革仍应坚持分税制财政体制的基本方向不变，在保持分税制财政体制框架基本稳定的前提下，围绕推进基本公共服务均等化和主体功能区建设，健全中央和地方事权与财力相匹配的体制，推进省以下财政体制改革。对地方政府间的财政竞争加以必要的规范和协调，降低财政竞争行为预期的不确定性，促进地区协调和城乡统筹发展。

2. 以清晰划分事权和支出责任为切入点推进财政体制改革

必须明确，财政事权是一级政府应承担的运用财政资金提供基本公共服务的任务和职责，支出责任则是政府履行财政事权的支出义务和保障。健全事权与财力相匹配的财政体制，行动的逻辑起点就是在充分考虑公共事项的受益范围的基础上，合理划分中央和地方的事权和支出责任。

近年来，按照公共财政建设的方向和政府职能转变要求，财税体制改革得到不断深化。党的十九大进一步明确了财政体制改革的基本内容。合理划分各级政府的事权和支出责任，是构建权责清晰、财力协调、区域均衡的中央和地方财政关系的基础。权责清晰，就是要形成中央领导、合理授权、依法规范、运转高效的财政事权和支出责任划分模式。因此，应以清晰划分事权和支出责任为切入点全面推进财政体制改革。一方面，按照市场经济总体的要求，结合新《预算法》的实施，明确使地方政府逐步从一般性竞争领域撤出，在政府应当更好发挥作用的领域合理清晰地划分中央和地方的事权。另一方面，地方各级政府事权与支出责任安排重心适当上移。要适当减少县乡级政府的事权和支出责任，将公共服务的支出重心适当向省和中央上移，让省级政府在提供公共服务中发挥更大的作用。

一是适度加强中央事权，将国防、外交、国家安全等关系全国政令统一、维护统一市场、促进区域协调、确保国家各领域安全的重大事务集中到中央，减少委托事务，以加强国家的统一管理，提高全国的公共服务能力和水平。

二是明确中央与地方共同事权。将具有地域管理信息优势但对其他区域影响较大的公共产品和服务，如社会保障、跨区域重大项目建设维护等作为中央与地方共同事权，由中央和地方共同承担。

三是明确区域性公共服务为地方事权。将地域信息性强、外部性弱并主要与当地居民有关的事务交给地方，调动和发挥地方政府的积极性，更好地满足区域公共服务的需要。

四是调整好支出责任。在明晰事权的基础上，进一步明确中央和地方承担相应事权，以及按照规定分担共同事权的支出责任。中央政府应强化在跨区域外部性治理、收入分配、社会保障等方面的支出责任，必要时也可以通过安排转移支付将部分事权和支出责任委托地方承担。根据事权和支出责任的明晰划分，在法规明确规定前提下，中央对财力困难的地区进行一般性转移支付，省级政府也要相应承担起均衡区域内财力差距的责任，建立健全省以下转移支付制度。

3. 理顺政府间的收入划分，形成合理协调的财力分配格局

结合事权和支出责任划分、税制改革和税收政策调整，在保持中央和地方财力格局总体稳定的前提下，根据税种属性特点，遵循公平、便利和效率等原则，科学确定税种归属，适当增加地方税种，培育地方主体税种，理顺中央和地方收入划分，形成科学合理的收入划分体系。

在税种划分上，将收入周期性波动较大、具有较强再分配作用、税基分布不均衡及流动性较大的税种划为中央税，或中央分成比例多一些；将其余具有明显受益性、区域性特征，对宏观经济运行不产生直接重大影响的税种划为地方税，或地方分成比例多一些，以充分调动两个积极性，为根本理顺财政体制提供财力方面的制度保障。

具体而言，在目前“大共享税”的现实环境中，理顺政府间收入划分还需考虑以下方面：[①]

（1）适当扩大地方税收管理权限，赋予地方税种选择权。

健全地方税体系，其目的不仅仅在于筹集收入，更重要的是赋予地方一定的税收管理权限，把地方政府的事权与财力有机结合起来，增强地方治理能力和因地制宜的能力。由此，一方面，配合地方税自身税制完善，应扩大地方专享税的税收管理权。如适当下放房地产税的税率、税基等税制要素的地方选择权，资源税因地而异的税目、税率选择权等，以适应地方经济社会以及自然状况差别较大的状况。另一方面，鉴于我国区域经济社会发展的空间差异性，在统一税制下，赋予地方税种选择权和适度的制度选择空间，形成具有区域特色的地方税体系。

（2）健全共享税及收入分享机制的设计。

调整增值税的分享机制。在中央与地方先按现行“五五分成”的基础上，

① 参阅李齐云：《深化税收制度改革与完善地方税体系研究》，中国财政经济出版社2019年版；汪彤：《共享税模式下的地方税体系：制度困境与路径重构》，载于《税务研究》2019年第1期，第38页等关于地方税体系的研究。

对于地方分享的部分基于消费地原则和财政均等化原则，依据各地消费水平、常住人口，财政自给率三个因素，分别赋予不同的权重来确定增值税分享比例，同时，搭建沟通协调机制缓解矛盾冲突。

改革企业所得税分享方式。依照受益原则，可对企业所得税实行税率分享制，由中央和地方政府对同一税基分别设定税率征税，即“同一税源、分率课征”。在税率分享制下，地方政府能平等参与主要税源的分享，既有助于加强地方税体系，又顾及地区差异情况，具有更高的适用性。

（3）统筹税收与非税收入改革，进一步健全地方税体系。

健全地方税体系，还应置于多元的地方政府收入框架中进行系统性设计，通过税收收入与非税收入的联动改革，分类定性，逐步减少专项收入和政府性基金等非税收入规模，相应扩大地方政府可以统筹的地方税规模。取消不合法、不合理的收费和基金项目；对具有税收性质和功能的收费实施“费改税”，纳入地方税体系；对必要的少量收费予以保留，但要实行严格的制度管理。由此，形成系统完整和有机配合的地方税体系和非税收入体系。

4. 改进和规范财政转移支付制度

第一，确立转移支付的分类标准。明确一般性转移支付与专项转移支付的界限，把两者的功能定位区别开来，使其在各自的目标与功能下发挥作用。一般性转移支付应当以实现基本公共服务均等化为目标，而专项转移支付则应当为特定的政策目标服务，避免转移支付项目的交叉与重叠。同时，逐步建立健全专项转移支付定期评估和退出机制。

第二，进一步优化转移支付资金的结构。按照“规范、公平、公开”的原则，提高以均衡地区间基本财力、由下级政府统筹安排使用的一般性转移支付比例，适当降低专项转移支付比例，给予下级政府更大的资金支配权。

第三，扩大因素分配法的适用范围。更多地选取客观因素，利用公式计算转移支付的数额，最大限度地降低人为性、主观性和随意性的干扰，以真实反映地方政府的支出需求。只有当转移支付的设立和数额均能正确反映地方政府的支出需求时，才会有效弥补地方政府财力与事权和支出责任的差距，符合中性和公平原则，避免对资源配置产生扭曲。

第四，强化财政转移支付监督和绩效管理。一是要建立转移支付资金分配使用的监管机制，实行全过程监管，确保资金分配和使用的规范、公平和公开。二是健全转移支付绩效评价机制，设立明确的绩效目标和完备的绩效评价指标体系，并将绩效评价结果同预算安排有机结合，提高转移支付资金使用效率。

第五，提高转移支付的透明度。在横向上，扩大各类转移支付项目的信息公开和透明度，便于公众查询和监督；在纵向上，信息公开应覆盖转移支付的全过程，包括项目设立、申请、批准、分配方法、分配结果、绩效评价监督等程序及环节。

第六，逐步完善省以下财政转移支付制度。一方面，中央应加强完善省以下分税制财政体制和转移支付制度的指导，督促省以下地方政府建立和完善相关制度；另一方面，省以下地方政府应按照中央的要求，建章立制，整合存量资金，调整优化转移支付结构，突出支出重点，加大对省以下地方政府的转移支付力度，增加基层政府财力，增强转移支付对中央重大决策部署的保障。

5. 充分发挥省级财政的调节能力

作为地方最高行政机关和最高权力的执行机构，省级政府拥有对省域内行政事务、经济运行以及公共产品和服务提供的管理和调节职责，要把较多的资源投入到促进省域经济社会协调发展和基本公共服务均等化方面。我国幅员辽阔，人口众多，各地的资源禀赋、技术水平和经济实力差异较大，经济运行和发展的区域性、多样性和不平衡性特征明显，这就决定了省级政府在其管辖的行政区域内根据自身的特殊情况行使经济和财政调控职能的特殊重要性。让省级财政保持必要的调节能力，才能安排好省对市县的转移支付补助，调节市县间财力差异，实现基本公共服务均等化。

6. 坚持渐进性改革的原则

我国财政体制改革与整个经济体制改革一样，在世界上没有先例可循，需要根据我国实际情况，在逐步取得改革共识和经验的基础上不断探索、完善。任何一项改革都是一个渐进的过程，而且改革总是会涉及各方面的利益关系调整。为了涵养改革的支持力量和保证改革的顺利进行，我国改革的主体脉络采取“增量式改革”的渐进性策略，保持基本经济制度的连续性和稳定性，以避免新旧体制更替过程中可能发生的政治和经济的失序失范和失控问题，保证经济社会的持续协调发展。增量式改革的优势在于：在保持既得利益格局基本稳定的同时，通过增量改革来减缓各方面的矛盾，保持改革的动力，以持久的增量调整逐步冲淡存量利益，逐渐实现体制转换和制度优化。

在这样的背景下，我国财政体制的改革作为整个经济体制改革的重要环节，需要和其他方面的改革相配合、相协调，采取渐进性的改革路径。财政体制改革直接涉及各方面复杂的利益关系，关系到整体改革的成败，必须谨慎从事、稳妥推进。就目前情况来看，制约财政体制进一步完善的因素既有财税领域之内的，也有其他领域的。例如，我国政府间事权与支出责任合理界定、公共收入体系尤其是现代税制建设等还未到位，制约着以此为基础的财政体制整体优化。此外，行政体制改革、国家治理能力和治理体系建设等滞后于经济体制改革，涉及政府与市场的关系调整、政府职能转换、各级政府事权清晰框定及其法律层次设定等均有待改进和完善，因此，财政体制改革和完善要与总体改革相互适应、相向而行。

【本章小结】

1. 财政体制是处理一国政府间公共经济关系与财政分配关系的一项基本制度，其核心问题是各级政府预算收支范围及管理职权的划分和相互间的制衡关系。从本质上讲，它是划分各级政府的职责事权和财力财权、加强中央宏观调控、协调地区发展的一项重要的制度安排。事权、财权和财力等概念是财政体制的重要术语。财政体制的主要内容包括政府预算管理主体和级次的规定、政府预算管理权限的划分、政府预算收支范围的划分、预算调节制度和方法等。

2. 财政体制存在的基本理由在于多级政府架构的政体结构，其理论依据在于公共产品的多层次性。因此，实行分级的财政管理体制，有助于提高公共产品的配置效率。

3. 按照事权和支出责任、财权和财力集中与分散程度的不同，可以将财政体制划分为集权型和分权型两种。分权型财政体制往往存在于现代市场经济条件下，政府间财政关系的稳定性较强，也是我国财政体制改革的基本方向。

4. 从财政体制的设计原理分析，首先是政府职能或财政职能在纵向政府层级间的划分，考虑到居民和地区的异质性偏好，资源配置的职能主要由地方政府承担，而收入再分配职能、宏观经济稳定职能和维护市场统一等项职能，应主要由中央政府承担。其次是政府间事权与支出责任划分：全国居民共同享用的公共产品和服务应完全由中央政府提供；仅由本地居民享用的地方性公共产品和服务由地方政府提供；具有跨域外部性的公共产品和服务，中央政府应在一定程度上参与提供；地区间和居民间收入分配差距的调节应主要由中央政府负责；中央、地方共同负担的支出责任划分随要素流动性、替代性要素的相对稀缺性以及公共产品和服务提供的技术特征而发生变化。随后是公共收入（主要是税收）在政府层级间的划分，税收划分的通则是：税基流动性强的、具有再分配性质和以支付能力为基础的、税基在全国范围内分布不平衡的、收入易发生周期性波动的、税负容易跨域转嫁的税种划分给中央政府；地方政府的征税范围则对应为非流动性的、非再分配的、税基分布均衡的、非周期性的和不可跨域转嫁的税种。最后是通过政府间财政转移支付制度加以协调和均衡，转移支付包括一般性转移支付和专项转移支付。

5. 我国通过分税制财政体制改革，基本上建立起了适应社会主义市场经济发展要求的财政体制框架，在运行过程中显示出较为良好的政策与经济效应。但由于采取渐进的改革方式，现行分税制财政体制改革还存在着一些问题，因此要在明确改革方向的基础上持续推进财政体制改革，改革的基本思路是：完善以“分税制”为基础的分级财政体制；以清晰划分事权和支出责任为切入点推进改革；理顺政府间的收入划分，形成合理协调的财力分配格局；改进和规范财政转移支付制度；探索省以下分税制财政体制健全和完善的途径，充分发挥省级财政的调节能力；坚持渐进性改革的原则；等等。

【主要概念】

财政体制　政府职责　事权　财权财力　预算管理权限　预算收支范围　集权型财政体制　分权型财政体制　蒂布特假说　资源配置职能　收入再分配职能　宏观经济稳定职能　维护市场统一职能　事权与支出责任　分税制　财政转移支付制度　一般性转移支付　专项转移支付　因素分配法　标准财政支出　标准财政收入　均衡拨款

【思考分析题】

1. 什么是财政体制？它包括哪些主要内容？
2. 如何理解公共产品层次与财政体制的关系？
3. 谈谈你对分级财政体制下中央与地方政府职能分工的看法。
4. 如何科学、合理地划分政府间的事权与支出责任？
5. 为什么要实行政府间的转移支付？它主要采取哪些方式？
6. 简述我国分税制改革的内容、成效及存在的问题。
7. 谈谈我国财政体制改革的主要目标和基本思路。

【阅读与思考】

阅读：规范基本公共服务领域中央与地方共同财政事权的支出责任分担方式

根据地区经济社会发展总体格局、各项基本公共服务的不同属性以及财力实际状况，基本公共服务领域中央与地方共同财政事权的支出责任主要实行中央与地方按比例分担，并保持基本稳定。具体明确和规范如下：

一是中等职业教育国家助学金、中等职业教育免学费补助、普通高中教育国家助学金、普通高中教育免学杂费补助、城乡居民基本医疗保险补助、基本公共卫生服务、计划生育扶助保障7个事项，实行中央分档分担办法：第一档包括内蒙古、广西、重庆、四川、贵州、云南、西藏、陕西、甘肃、青海、宁夏、新疆12个省（区、市），中央分担80%；第二档包括河北、山西、吉林、黑龙江、安徽、江西、河南、湖北、湖南、海南10个省，中央分担60%；第三档包括辽宁、福建、山东3个省，中央分担50%；第四档包括天津、江苏、浙江、广东4个省（市）和大连、宁波、厦门、青岛、深圳5个计划单列市，中央分担30%；第五档包括北京、上海2个直辖市，中央分担10%。按照保持现有中央与地方财力格局总体稳定的原则，上述分担比例调整涉及的中央与地方支出基数划转，按预算管理有关规定办理。

二是义务教育公用经费保障等6个按比例分担、按项目分担或按标准定额补助的事项，暂按现行政策执行，具体如下：义务教育公用经费保障，中央与地方按比例分担支出责任，第一档为8∶2，第二档为6∶4，其他为5∶5。家庭经济困难学生生活补助，中央与地方按比例分担支出责任，各地区均为5∶5，对人口较少民族寄宿生增加安排生活补助所需经费，由中央财政承担。城乡居民基本养老保险补助，中央确定的基础养老金标准部分，中央与地方按比例分担支出责任，中央对第一档和第二档承担全部支出责任，其他为5∶5。免费提供教科书，免费提供国家规定课程教科书和免费为小学一年级新生提供正版学生字典所需经费，由中央财政承担；免费提供地方课程教科书所需经费，由地方财政承担。贫困地区学生营养膳食补助，国家试点所需经费，由中央财政承担；地方试点所需经费，由地方财政统筹安排，中央财政给予生均定额奖补。受灾人员救助，对遭受重特大自然灾害的省份，中央财政按规定的补助标准给予适当补助，灾害救助所需其余资金由地方财政承担。

三是基本公共就业服务、医疗救助、困难群众救助、残疾人服务、城乡保障性安居工程5个事项，中央分担比例主要依据地方财力状况、保障对象数量等因素确定。

对上述共同财政事权支出责任地方承担部分，由地方通过自有财力和中央转移支付统筹安排。中央加大均衡性转移支付力度，促进地区间财力均衡。党中央、国务院明确规定比照享受相关区域政策的地区继续按相关规定执行。中央与新疆生产建设兵团财政事权和支出责任划分，参照中央与地方划分原则执行；财政支持政策原则上参照新疆维吾尔自治区执行，并适当考虑兵团的特殊因素。

（资料来源：《国务院办公厅关于印发基本公共服务领域中央与地方共同财政事权和支出责任划分改革方案的通知》。）

思考：

（1）通过阅读材料深化认识：为什么基本公共服务具有不同的属性？

（2）通过阅读材料深入理解：中央与地方共同财政事权和支出责任分担的理论依据。

（3）从阅读材料中领会政府间财政事权和支出责任划分在财政体制设计中的地位和作用。

（4）在财政体制中，事权和支出责任、财力和财权、财政转移支付是怎样的制约和协调关系？

（5）思考不同类型财政转移支付的特点和作用。

【参考文献】

1. 习近平：《决胜全面建成小康社会，夺取新时代中国特色社会主义伟大胜利——在中国共产党第十九次全国代表大会上的报告》，人民出版社 2017 年版。

2. 中国共产党第十八届中央委员会第三次全体会议：《中共中央关于全面深化改革若干重大问题的决定》，人民出版社 2013 年版。

3. 楼继伟：《中国政府间财政关系再思考》，中国财政经济出版社 2013 年版。

4. 孙开：《政府间财政关系研究》，东北财经大学出版社 1995 年版。

5. 李齐云：《建立健全与事权相匹配的财税体制研究》，中国财政经济出版社 2013 年版。

6. 刘小明：《财政转移支付制度研究》，中国财政经济出版社 2001 年版。

7. ［美］罗伊·鲍尔：《中国的财政政策——税制与中央及地方的财政关系》，许善达等译，中国税务出版社 2000 年版。

8. 高培勇：《公共经济学》（第 3 版），中国人民大学出版社 2012 年版。

第十三章
公共预算平衡与预算赤字

公共收支运行存在平衡、结余和赤字三种结果，也被称作财政（公共预算）平衡、财政结余和财政赤字。公共预算平衡是各国政府一直追求的目标，是一种理想的状态，但在现实中却难以实现。现实情况是，在大多数国家的大多数预算年度里，经常表现为公共支出大于公共收入，即财政赤字状况，并且伴有不断扩大的趋势。奇特的是，财政赤字竟然衍生出不同的类型及不同的弥补方式；更令人困惑的是，各国政府虽然一直致力于消除财政赤字实现公共预算平衡，但却又把赤字预算当作调节经济运行的政策工具加以运用。本章对公共预算平衡及平衡口径、财政赤字成因和弥补方式、预算平衡与社会总供求平衡的关系、财政赤字对社会经济的影响等进行理论分析和现实考察，以加深对公共经济总体运行的认识。

第一节 公共预算平衡

一、如何理解公共预算平衡

公共预算平衡，亦称预算平衡或财政平衡，是指一定时期内政府预算收入与支出基本持平。政府预算收支的对比关系，不外乎三种结果：一是收大于支有结余；二是支大于收有逆差，即赤字；三是收支相等实现平衡。前两种情况统称为预算不平衡。在研究预算平衡和赤字之前，必须正确理解预算平衡的内涵，进而树立科学的预算平衡观。

就公共预算的经济内容分析，公共收支正好相等的情况在理论上是可以成立的，但从实际情况来看几乎是不可能的。当今世界各国年年实现预算平衡的国家可以说是寥若晨星，而预算不平衡（主要是赤字）则成为常态。因此，预算平衡不过是公共收支对比的一种理想状态，是预算的编制和执行追求的目标。因此，在我国公共预算实践中，在制定和实施公共政策过程中，对预算平衡的概念略做修正，提出在安排预算收支时力争做到收支相抵，留有余地；实际执行的结果，尽量实现“收支平衡，略有结余”。

全面正确地理解预算平衡应注意以下几点：

第一，预算平衡是相对的或大体的平衡，而并非严格意义上的收支正好相等。现实中，略有结余和略有赤字都可视为基本平衡，两者都是预算平衡的基本表现形式，因而预算平衡追求的目标就不应是绝对的，而是相对的。这里需要指出的是，我国一向强调“略有结余”的原则，但略有结余也不是要求年年有结余；如果年复一年地出现结余，就意味着库存财政资金过多，没有得到有效的运用，这其实是一种浪费和低效率。

第二，应树立动态平衡的观点，不拘泥于静态平衡或一个预算年度内的收支平衡。静态平衡是某一时点上出现的瞬时现象，或者是在预算平衡表上的形式表现；动态平衡观则要求考虑年度之间的联系和衔接，研究经济周期对财政的影响以及财政对经济周期的调节作用，以求得一个时期的内在平衡。近年来在我国预算制度改革中提出建立跨年度预算平衡机制，就体现了动态平衡的思想。

第三，预算平衡在国民经济运行中是一种局部平衡，它必须服从或服务于宏观经济总体平衡。如果把财政部门看作国民经济的一个部门，那么，公共预算收支同家庭部门、企业部门以及对外部门的货币收支共同构成了整个国民经济当中社会总供给和社会总需求的内容。尽管某些财政年度预算收支未能实现平衡即存在赤字，但若是由此推进了社会总供给和社会总需求达到平衡，即国民经济在总体上实现了平衡，这反而要比预算自身的平衡重要得多。因此，对国民经济全局而言，预算平衡本身不是目的，而是一种手段，必须从国民经济的总体平衡来考虑预算应否平衡，只有如此，才能运用好预算及赤字等政策工具有效地调节经济运行。

第四，要树立整体平衡的观点。所谓整体平衡是指中央政府和各级地方政府的预算收支平衡。以往关注的平衡或不平衡，通常指的都是中央政府的预算执行结果，而对于地方政府预算，虽有必须做到收支平衡、不得出现赤字的规定，但是在中央预算与地方预算已经分立的情况下，地方预算平衡却难以落实和查实，以致产生隐性地方债务及财政风险。从这层意义上说，预算平衡应是包括了地方预算在内的整体平衡，因此，关注和重视地方预算平衡，就是十分必要了。

第五，应注意区分真实平衡与虚假平衡。从实践来看，我国“假平衡真赤字”问题由来已久。在传统体制下，虚假平衡主要是由于统购包销制度，使一些质量不合格、品种不对路的商品由生产单位转移到商业部门，生产部门获得销售收入之后上缴税收和利润。这种税利是一种没有物资保证的虚假收入，用虚假收入抵补真实的支出，就形成了虚假的收支平衡。当前虚假平衡主要表现为两种类型：一是由隐性债务和或有债务形成的“财政性挂账”；二是用收入空转（即先缴后返）等方式形成的财政收入虚增。例如，应补未补的企业亏损及粮食亏损补贴、欠发公教人员工资、欠补社会保障资金缺口等，这些由隐性债务和或有债务构成的隐性赤字，抵减了真实的赤字。又如，一些地方受经济发展滞后、税源不足等诸多因素的影响不能完成预算收入任务，于是利用收入空转、寅吃卯粮或异地入库等方式使收入达到一定数量，造成收入的虚假增长。虚假平衡有很大的隐蔽性，会使人们产生一种错觉，即在实际已存在赤字的情况下，还可能误认为预算状况良好，从而导致决策上的失误。从这一点看，虚假平衡比公开的赤字有更大的危害性。

另需说明的是，由于我国政府会计的记账基础是收付实现制，而西方主要国家的会计核算方式基本都采用权责发生制，近年来我国提出预算制度改革的一项内容，是逐步建立权责发生制的政府综合财务报告制度，这对我国的预算平衡将产生较大的影响。

二、预算平衡与社会总供求平衡

（一）社会总供求及其平衡

社会总供求是社会总供给和社会总需求的简称，它是现代西方经济学最重要的一对概念。一般来说，社会总供给是在充分发挥生产能力和充分就业条件下一国在一定时期内所能达到的国民生产总值；社会总需求是指一国一定时期内有支付能力的总需求，两者之间的差额即所谓的“GNP 缺口”被用来反映社会总供求之间的平衡状况。

要保持国民经济持续良性发展，社会总供求的平衡或大体上平衡是基本条件之一。根据上面给出的社会总供给与总需求的定义，平衡公式可写为下面的恒等式：

$$C+S+T+M\equiv C+I+G+X$$

恒等式左端代表总供给的收入流量，由消费 C、储蓄 S、税收 T 和进口额 M 组成；恒等式右端代表总需求的支出流量，由消费 C、投资 I、政府支出 G 和出口额 X 构成。这个公式可以理解为：当宏观经济总体平衡时，作为总供给的收入流量恒等于作为总需求的支出流量。

社会总供求平衡，包括两个层次的内容：一是总量平衡；二是结构平衡。

1. 社会总供求总量平衡

社会总供求总量平衡在平衡中居于主导地位，它是结构平衡的基础，最终又落实到结构平衡上。总体来讲，在总量失衡的情况下，实现结构平衡是不大可能的；反过来讲，结构是否平衡，对总量平衡也有一定影响，在结构严重失衡的情况下，必然造成对总量平衡的冲击。

上面给出的社会总供求的平衡公式，是一种理论上的抽象与概括。在实际经济运行中，由于众多不确定因素的影响，社会总供求的总量失衡是经常出现的，主要表现为两种情况：一是需求不足，供给过剩，即总需求小于总供给；二是需求过旺，供给不足，即总需求大于总供给。在西方主要发达国家，总量失衡主要表现为有效需求不足，而在我国计划经济时期，总量失衡主要表现为总供给不足，近些年来开始转变为有效需求不足。

国家（政府）对经济进行宏观调控所要实现的社会总供求的平衡，就是要在经济运行的平衡与失衡的过程中，寻求一种动态的平衡。衡量社会总供求是否平衡的经济参数主要是物价上涨率、失业率以及国际收支状况，据此采取相应的财政政策和货币政策。

2. 社会总供求结构平衡

从结构平衡来考察社会总供给与总需求，问题要复杂得多。但通过抽象，可以把总需求划分为消费需求和投资需求，把总供给划分为消费品供给和投资品供给。在我国传统计划体制下，结构失衡的主要表现是消费需求不足与投资需求膨胀并存，在投资需求膨胀的同时，基础工业和基础设施的投资相对不足。改革开放的前期出现了消费需求膨胀与投资需求膨胀并存的新情况，结构失衡仍是值得注重和调控的问题，例如，非生产性投资需求增长快于生产性投资的增长，在生产性投资中，一般加工工业投资增长过快，而能源、交通、原材料等基础产业投资不足。在我国近年面临需求不足需要鼓励消费需求和投资需求的新形势下，特别要注重供给侧结构性调整和优化，防止低水平重复建设，应继续加大对基础设施和基础产业的投资力度，缓解“瓶颈”制约，增加有效供给，满足多元化多样化的社会需求，实现社会总供求结构优化。促使社会总供求的结构平衡，应采取相应的措施：加快建立社会主义市场经济体制，培育和完善市场机制，给不同企业创造平等竞争的机会；通过产业政策，引导产业及行业协调发展；加强需求管理，在引导需求方向和协调需求结构的同时实行供给侧结构性改革，增加有效供给。

（二）预算平衡与社会总供求平衡的协调

社会供求的均衡公式为：$C+S+T+M \equiv C+I+G+X$

可以看出，预算收支的变动会影响社会总供求的对比状况。这说明，当社会总供求出现不平衡或失调时，政府有可能通过改变预算收支以调节社会总供求状况。

当社会总需求大于社会总供给（或表现为供给短缺）时，即当 $C+S+T+M<C+I+G+X$ 时，政府通过预算收支调节有三种途径：（1）直接削减政府预算支出，以抑制总需求膨胀；（2）增加税收，收缩企业和居民的需求，同时扩大供给；（3）上述两种办法双管齐下，即在缩小总需求的同时增加总供给，从而使总供求达到平衡。

如果出现社会总供给大于社会总需求（或表现为有效需求不足）的情况，则政府预算收支调节采取与上述相反的措施：（1）扩大预算支出；（2）削减税收；（3）两种办法双管齐下。

为分析预算收支对社会总供求的影响状况，还可以引入西方经济学的几个概念来加深理解，如税收乘数、支出乘数等。

税收乘数反映的是政府增加或减少税收引起的国民收入（GDP）变动程度。由于税收增加拉拽国民收入减少，税收减少刺激国民收入增加，所以税收乘数是负数，表明税收与国民收入呈反方向运动，其绝对值表示税收增减引起的国民生产总值增减的倍数。

税收乘数公式为：$Kt=\frac{-b}{1-b}$

其中：Kt 为税收乘数，b 为边际消费倾向。

设：a 为初始消费，Y 为国民收入（或 GDP），Y_D 为居民可支配收入，ΔY 为国民收入（或 GDP）变量，ΔT 为税收变量。

其推导过程为：

因为引进政府税收后，居民可支配收入 $Y_D=Y-T$，消费函数变为 $C=a+bY_D=a+b(Y-T)$。

$$\because Y=C+I+G+X=a+b(Y-T)+I+G+X$$

$$Y=\frac{1}{1-b}(a-bT+I+G+X)$$

$$\because \Delta Y=\frac{-b}{1-b}\Delta T$$

$$\therefore \frac{\Delta Y}{\Delta T}=\frac{-b}{1-b}$$，即税收乘数 Kt。

政府向居民个人征税引起消费水平下降，从而导致国民收入降低。政府向企业征税，会引起投资水平下降，下降的幅度取决于企业的边际投资倾向和边际储蓄倾向（即保留收益用于未来投资的倾向）。如果企业的边际投资倾向

（即企业增加的可支配利润用于即期投资的倾向）大于居民的边际消费倾向，则政府向企业征税引起的国民收入下降幅度更大；反之，政府减税，则会引起国民收入更大幅度的增长。

再看支出乘数。支出乘数反映的是政府预算支出的增减变化引起的国民收入（或GDP）增减变化的程度。预算支出可分为消耗性支出和转移性支出。与之相对应，支出乘数也可分为消耗性支出乘数和转移性支出乘数。

消耗性支出乘数$\frac{\Delta Y}{\Delta G}$是这样推导出来的：

$$\because Y = C + I + G + X$$

$$Y = a + bY + I + G + X$$

$$Y = \frac{1}{1-b}(a + I + G + X)$$

$$\because \Delta Y = \frac{1}{1-b}\Delta G \qquad \text{（G 为消耗性支出）}$$

$$\therefore \frac{\Delta Y}{\Delta G} = \frac{1}{1-b}$$

转移性支出乘数$\frac{\Delta Y}{\Delta R}$是这样推导的：

$$\because Y = C + I + G + X$$

在引进了转移性支出 R 之后，居民可支配收入变为：$Y_D = Y - T + R$

消费函数变为：$C = a + bY_D = a + b(Y - T + R)$

均衡国民收入 $Y = C + I + G + X$

$$= a + b(Y - T + R) + I + G + X$$

$$= \frac{1}{1-b}(a - bT + bR + I + G + X)$$

$$\because \Delta Y = \frac{b}{1-b}\Delta R \text{（R 为转移性支出）}$$

$$\therefore \frac{\Delta Y}{\Delta R} = \frac{b}{1-b}$$

接着来看消耗性支出乘数与税收乘数的关系。假设增加消耗性支出与增加税收平衡，即$\Delta G = \Delta T$，这样，$\Delta Y = \frac{1}{1-b}\Delta G + \frac{-b}{1-b}\Delta T = 1$，这就表明消耗性支出乘数比税收乘数大出一个整倍数，也就可以说明消耗性支出数量即使与税收增量一样，也会增加国民生产总值（或国民收入），国民生产总值的增加量即为消耗性支出的数量。

再接下来看转移性支出乘数与税收乘数的关系。假设增加转移性支出与增加税收平衡，即 $\Delta R=\Delta T$，这样，$\Delta Y=\frac{b}{1-b}\Delta R+\frac{-b}{1-b}\Delta T=0$，这就表明转移性支出乘数与税收乘数数值相等，但作用方向（符号）相反，转移性支出即为负税收，也就说明当转移性支出数量与税收增量相同时，既不能扩张、也不会收缩国民生产总值。

政府在通过预算支出对社会总需求进行调节时必须考虑到消耗性支出与转移性支出对社会总需求的不同影响，这是由二者的乘数不同所决定的。在通过预算收入（主要是税收）进行调节时，必须考虑到税收乘数的作用，在运用双管齐下的方法进行调节时，必须对税收乘数与支出乘数进行对比，以确定预算收支对社会总供求的影响程度。这样，才能真正协调好预算平衡与社会总供求平衡的关系，更好地实现社会总供给与总需求的均衡和国民经济的良性发展。

第二节 预算（财政）赤字

一、预算（财政）赤字的计算方法

预算赤字或结余（按照习惯，以下称为财政赤字或结余）的口径不同，也即预算收支平衡的计算方法不同，得出的预算收支形态就有差别。根据是否将债务收支作为正常的预算收支，可以有两种计算财政赤字的口径：

（1）硬赤字（结余）=（正常收入 + 债务收入）-（正常支出 + 债务支出）；

（2）软赤字（结余）= 正常收入 - 正常支出（含债务利息支出）。

第一种计算方法将债务收支视为正常的预算收支。在把年度债务收支记入正常预算收支范围仍然收不抵支而形成的差额，称作财政硬赤字。公式中的正常收入是指政府通过征税等活动所取得的收入，即税收收入、国有企业上缴利润收入，以及各种非税收入，如规费收入、公产收入等。正常支出是行使政府职能所必不可少的支出，如国防支出、行政管理支出、教科文卫支出、政府投资支出等。债务收入包括政府发行债券或借款获得的收入，债务支出指政府债务的还本付息支出。

第二种计算方法则不把年度债务收支计入正常预算收支范围，它为世界上大多数国家或组织所采用，如美国、国际货币基金组织等。按照此方法计算，收支相抵形成的差额，称作财政软赤字，但这种计算方法是把债务利息的支付列入支出的。

我国 1953 ~ 1993 年都基本上采用第一种方法。这样，从账面上看，财政收支很容易实现平衡。但这样做存在以下几个问题：（1）它掩盖了财政赤字的真实情况，因为按这种口径计算，只有财政向央行透支时才有赤字，否则，即使财政发生了较大赤字，只要它不向央行透支，从账面上看，收支都是平衡的，有时甚至还有结余。（2）由于这种口径大大缩小了赤字的数额，会使人们对财政困难认识不足，从而导致预算支出的扩张。（3）由于财政赤字数额不能得到真实的反映，也就难于分析预算支出对经济运行所产生的影响。

1994～1999年，为了适应市场经济体制改革的需要，我国预算收支核算制度作了一些修正。重要内容之一就是预算收支不再包括公债收支，这段时间财政赤字（或结余）口径为：

财政赤字（或结余）= 经常收入 - 经常支出

按这种口径计算，如果出现财政赤字，就表明在经常收入之外增加了一笔支出，它可能会增加社会总需求。对于这个差额，政府只能在税收之外设法加以弥补（如发行公债），这就基本能够反映赤字的真实状况及预算收支对国民经济的影响。因此，较为客观准确的财政赤字的含义应是经常性支出超过经常性收入的差额。但是需要指出的是，这一口径与当今市场经济国家通行的软赤字口径相比，仍有一定差别。虽然1994～1999年债务收入不再列作经常收入，但债务利息支出也未列入经常预算支出，这样，一方面，预算支出中不反映公债的利息支出，人为地压低了赤字规模；另一方面，公债的还本支出和利息支出不恰当地捆在一起，借新债还旧债的本金和利息（而不仅仅是本金），致使债务规模越滚越大。2000年之后，公债利息支出被列入正常的预算支出，至此，我国的财政赤字（或结余）口径与国际通行的做法接轨。将公债利息支出列入预算支出中，有助于更加真实地反映赤字规模，便于政府公共政策和调控政策的正确运作，同时有利于预算执行和监督。

值得一提的是，从2006年起，中央预算稳定调节基金建立，这是一项中央财政通过超收收入和支出预算结余安排的具有储备性质的基金，它视预算平衡情况，在安排下年度年初预算时调入并安排使用，或用于弥补短收年份预算执行的收支缺口，基金的安排使用受全国人大及其常委会的监督。为落实全国人大关于改进收入预算编制方法，进一步规范超收收入分配和使用的要求，从2008年起，中央财政年度执行中如有超收，除按法律、法规和财政体制规定增加有关支出，以及用于削减财政赤字、解决历史债务、特殊的一次性支出等必要支出外，原则上不再追加支出，均列入中央预算稳定调节基金，转到下年度经过预算安排使用。设立预算稳定调节基金，为助力预算平衡增添了砝码。

二、财政赤字与赤字财政

纵观世界各国，预算收支平衡与赤字比较起来，赤字更为常态。研究财政赤字时有预算赤字、决算赤字、赤字财政和赤字政策几个概念的区别。

预算赤字是指在编制预算时，就存在收不抵支的情况。预算列有赤字，不代表预算执行的结果也一定有赤字，因为在预算执行过程中可以通过采取增收节支的措施，实现收支的平衡。决算赤字是指预算执行结果支大于收。决算有赤字，可能是因为预算编制时就有赤字，也可能是预算执行过程中出现新的减收增支的因素而导致赤字，表现为一种客观现实结果。预算赤字或决算赤字，从指导思想上说，并不是有意识地安排赤字也并非在每一个预算年度都出现，只是由于经济生活中的一些矛盾一时难以解决而导致的个别年度或少数年度的赤字。赤字财政、赤字政策则不同，赤字财政是政府在预算编制时有意识地编列赤字以贯彻既定的政策意图，并达到一定的政策目的的行动纲领和行为理念，是一种主动的主观意愿，赤字政策则是执行这一理念的策略和措施。实行赤字政策，通常是通过连续多年编列预算赤字以扩大支出规模来体现的，它已不再是个别年度或少数年度存在赤字，而是连年都有数额不小的赤字，其结果是刺激了社会总需求的增长。赤字政策的基本思想最早由英国经济学家凯恩斯提出，大半个世纪以来在西方市场经济国家曾被广泛地运用，作为经济危机时期刺激经济增长的必备手段和调节经济的主要工具。

西方经济学中，通常按照产生赤字的原因和经济背景，又把财政赤字划分为两类：结构性赤字和周期性赤字。结构性赤字是指发生在已给定的充分就业之上的赤字，也称充分就业赤字，它假定经济已经在充分就业水平上运行，现实经济中不存在未被动员的资源，赤字会直接引致总需求的扩张，并通过对总需求的影响调节总供求关系，会改变或者扭曲既有的经济结构。周期性赤字是指一国财政赤字中因经济周期性波动而自动地产生和增减的部分。例如，随着经济增长放缓，税收下降及福利支出上升，财政赤字会增加。对财政赤字进行适当的周期性调整之后，就可以减轻或剔除经济周期性波动对预算的影响。

三、财政赤字的国际比较与我国的状况

（一）财政赤字的国际比较

在西方经济发达国家，财政赤字司空见惯，可以说是一种世界性经济现

象。从18世纪后期直至1914年“一战”爆发之前，以亚当·斯密为代表的经济学家极力主张“廉价政府”并保持财政收支的平衡，但财政赤字已是屡见不鲜。1929~1933年经济大萧条发生之前，财政赤字多是战争、大规模疫情、自然灾害等临时冲击因素所致。一旦这些临时因素消失，财政就会恢复平衡。当然，国家大小不同，所受的冲击不同，财政平衡恢复所耗费的时间会有所差异。“一战”之后特别是20世纪30~80年代，多个国家公开奉行凯恩斯提倡的赤字财政政策，因而连年的巨额赤字成为西方国家经济的一个重要特征。从20世纪80年代以来的情况看，西方国家的周期性财政平衡或中长期财政平衡也很难做到，年度财政结余更是罕见。20世纪末期，美国在克林顿总统任期内出现过短暂的财政结余，但很快又转为财政赤字。

由于世界上大多数国家都存在程度不同的财政赤字，而财政赤字或财政结余在一定程度上又服从或服务于经济总体平衡的需要，因而对财政赤字是好是坏的评价不能绝对化。事实说明，许多国家存在一定程度的赤字并没有发生什么财政危机，它是经济周期波动的反映，同时又是熨平经济周期波动的手段，但过大的赤字无疑是经济状况和财政状况不佳的表现，甚至可能导致债务危机和金融危机。至于将财政赤字控制在什么样的水平才不致伤害社会经济的发展，也难以寻求一个绝对的标准。目前理论界一般是将欧盟国家《马斯特里赫特条约》规定的“入围限制标准”，赤字率①不超过3%作为适度赤字水平的参考值。但是，这个标准并不是根据科学的经济理论计算出来的，只是依据欧盟成员国建立欧元体系时，为协调各国间的财政纪律以约束不同利益取向做出的协议规定，超过这个标准并不意味着一定会出现财政风险，而且超过3%标准的情况时有发生。

2009年，世界性金融危机导致世界各国“负债累累”，欧元区的财政赤字比2008年增长了近3倍，欧盟各国的平均财政赤字率由2008年的2.3%上升到2009年的6.8%。根据欧洲统计局公布的资料，2009年，希腊赤字率超过12%，西班牙达到11.2%，爱尔兰为10.75%，葡萄牙为9.4%，意大利为5.3%。欧盟27个成员国中有20国出现赤字超标问题，欧盟为此频频发出预警信号。与赤字高涨相伴随的，是政府债务的高涨。一方面，经济衰退逼使政府更多发债；另一方面，增长乏力又让偿还债务陷入难以为继的恶性循环。

为了应对窘境，近年来，欧盟各国都推出了多副“猛药”削减政府赤字，取得了一定成效。2016年，欧盟成员国财政赤字率平均为1.7%，较2015年（2.4%）有所降低；平均公共负债率水平（债务余额占GDP的比例）为

① 赤字率=财政赤字/国内生产总值（GDP）。

83.5%，较2015年水平（84.9%）有所降低。根据欧盟统计局的数据，2016年还有4个欧盟国家的预算赤字达到或超过GDP的3%，其中西班牙赤字率最高，为4.5%，其次是法国，为3.4%，再次为英国和罗马尼亚，均为3%。2016年共有10个欧盟国家实现预算盈余，较高的儿个国家为卢森堡（1.6%）、马耳他（1%）、瑞典（0.9%）、德国（0.8%）、希腊（0.7%）。

与欧盟情况相似，受金融危机影响，美国2009财政年度[①]的赤字额也达到惊人的1.42万亿美元，相当于GDP的10%，创第二次世界大战结束以来最高纪录，这比美国建国头200年所有国债加在一起还多，超过印度，接近加拿大的经济总量，相当于全国每人负债4700多美元。当然，美国巨额赤字的出现有其客观必然性：一方面，金融危机引发经济衰退，导致联邦税收减少4000多亿美元；另一方面，为拯救金融系统、刺激经济，美国政府投入了7880亿美元。此后，为了在保增长保就业的同时平息人们对高赤字的担忧，奥巴马政府采取了一系列“开源节流”举措，使得联邦赤字连续7年下降，2016年降至5856亿美元，相当于GDP的3.2%。然而好景不长，由于开支增速超过收入增速，美国联邦赤字2017财年比上个财年增加了802亿美元，达到6658亿美元，相当于GDP的3.5%，创2013财年以来新高。另据美国财政部联邦财政预算结果显示，2019财年美国财政赤字比上个财年飙升了26%，达到9844亿美元，创7年来历史新高。特朗普政府认为，美国经济增长低迷是导致财政收入增长缓慢的重要原因，为了刺激经济回升，美国国会于2017年年底通过了高达1.5万亿美元的特朗普减税方案，但据经济增长假设，这可能会在若干年里进一步恶化赤字局面。而特朗普政府却认为，减税带来的经济增长将抵消减税的代价，有助于尽快实现预算收支平衡。拜登入主白宫执政伊始，即推出扩大失业救济金发放和应对新冠肺炎疫情的高达数万亿美元的纾困案，2021财年[②]前8个月，美国联邦政府收入为2.61万亿美元，联邦政府支出为4.67万亿美元，联邦政府财政赤字升至2.06万亿美元，比上一财年同期增长近10%。预计2021财年全年美国联邦政府财政赤字将达3.67万亿美元（相当于全国人均赤字额超过1.2万美元），比2020财年增长约17%。2021年6月初，拜登总统向国会提交了总额约6万亿美元的2022财年预算支出方案，将大幅增加基础设施、教育、卫生、科研等领域投入，这份预算案引发共和党议员和预算观察人士的严厉批评。美国独立研究机构联邦预算问责委员会主席马娅·麦吉尼亚斯指出，美国政府债务规模正迅速接近新纪录。一旦新冠肺炎疫情危

---

① 起止时间为2008年10月1日至2009年9月30日。

② 起止时间为2020年10月1日至2021年9月30日。

机结束，政策制定者必须努力控制不断增长的债务。①

（二）我国财政赤字的状况

新中国成立以来，在财政工作中一直坚持“收支平衡，略有结余”的方针，但在不少年份也出现赤字。按当时统计口径计算，1950~1978年的29年中10年有赤字，而在1979~2018年的40年中除1985年和2007年外，按现行口径计算，38个年份都有赤字（见表13-1）。

表13-1　我国改革开放以来财政赤字的情况

年份	赤字额（亿元）	赤字率（%）	年份	赤字额（亿元）	赤字率（%）
1979	135.4	3.3	2006	1662.5	0.8
1980	68.9	1.5	2007	-1540.4	-0.6
1985	-0.57	-0.0	2008	1262.3	0.4
1990	146.5	0.8	2009	7781.6	2.2
1995	581.5	1.0	2010	6772.7	1.6
1996	529.6	0.7	2011	5373.4	1.1
1997	582.5	0.7	2012	8699.5	1.6
1998	922.2	1.1	2013	11002.5	1.9
1999	1743.6	1.9	2014	11415.5	1.8
2000	2491.3	2.5	2015	16200.0	2.4
2001	2516.6	2.3	2016	21800.0	2.9
2002	3149.6	2.6	2017	23800.0	2.9
2003	2934.7	2.2	2018	23800.0	2.6
2004	2090.4	1.3	2019	27600.0	2.8
2005	2281.0	1.2			

注：2014年以前（含2014年）的赤字额为实际赤字，即“一般公共预算支出”减去“一般公共预算收入”后的差额。2015年以来的赤字额为调节后的财政赤字，计算公式为：财政赤字=实际赤字-（中央调节基金净调入额+地方调节基金净调入额+从政府性基金预算和国有资本经营预算等其他三本账调入资金净额）。

资料来源：各年度《中国统计年鉴》，财政部网站。

① 引自新浪财经网站，2021年6月11日，https://k.sina.com.cn/article_213815211_0cbe8fab020018817.html。

改革开放以来我国财政赤字的产生原因主要是：（1）由于企业改革滞后和企业进入市场后一时无法适应市场需求的变化，效益不高，国有企业亏损面扩大，制约财政收入增长；（2）分配制度不健全和分配关系未理顺，致使分配秩序紊乱，预算之外的各种基金和收费不断增长，不仅加重了企业和社会负担，而且侵蚀了税基，冲击正常的财政收入增长；（3）税制结构与经济结构、分配结构的变化还不适应，比如国有经济之外的其他经济成分增长很快，但国家的税收与其经济总量并不相称；居民个人的货币收入和财产收入提高很快，但所得税在预算收入中的比重较低，财产税几乎是空白；（4）预算支出压力逐年增大，支出规模不断扩大，增加了预算平衡的难度；（5）基于改善民生和社会稳定、支持企业和价格改革的考虑，预算每年都要安排大量资金用于价格和调价补贴，这给预算平衡带来较大的压力；（6）积极财政政策的制定和实施，一方面实行减税降费；另一方面增加支出尤其是大量民生支出，使得近年来财政赤字数额增加。由此可见，在改革时期，出现一些财政赤字很难避免。

需要指出的是，1998 年我国中央政府为应对亚洲金融危机的影响，实施扩张社会需求的积极财政政策后，赤字率曾经一度攀高，2000 年达到 2.5%，2002 年达到 2.6%。2005 年以后，随着稳健财政政策的实施，加上经济快速增长，赤字率相应降低，2007 年甚至实现了财政结余。2009 年后为应对全球性金融危机导致财政赤字扩大，近年来为促进经济稳定发展和做好“六稳”工作、落实“六保”任务，在财政支出增加和减税降费背景下财政赤字规模有所扩大，赤字率有所提高。

总体而言，改革开放以来，我国财政赤字总额不断攀升，自 2016 年以来已超过 2 万亿元，但赤字率始终低于 3% 的欧盟警戒线标准。应当看到，不同国家的国情不同，欧盟的警戒线标准不可能成为世界各国的绝对标准，而仅仅是一个参考指标，各国确定赤字率警戒线应当根据本国经济发展、物价水平、债务余额、财政政策取向等情况综合考虑。从我国的情况来看，改革开放以来，一直保持较高的经济增长速度，而且我国的储蓄率①自 20 世纪 90 年代中期以来一直高达 40%，并且有较大的存差，这说明国民经济没有超分配，依然存在一定的财政赤字空间。当然，如果财政赤字长期居高不下就会引发潜在的债务规模失控等风险，因此，谨慎对待财政赤字并通过增收节支努力降低赤字水平，才是保持财政和经济稳定发展的根本之策。

---

① 储蓄率 = 新增储蓄额/新增国民生产总值。

四、财政赤字的弥补方式与途径

（一）动用历年财政结余

预算编制时如果列赤字，就要考虑如何弥补的问题。如果以前年份有财政结余，并且财政结余是真实的，动用结余弥补财政赤字一般来说没有什么问题。问题在于，从世界范围看，当今各国多选择赤字财政政策，财政赤字已司空见惯且累计数额很大，动用结余几无可能。从我国实际情况观察，在银行代理财政金库的国库管理制度下，财政结余通常构成银行的一项信贷资金来源早已投放出去，动用财政结余弥补赤字就势必迫使银行收回资金、收缩信贷规模，但若是信贷规模不能相应压缩，就意味着一笔钱两家用的“一女二嫁”情况发生，从而扰乱财政与信贷的平衡，并且导致信用膨胀。可见，财政结余能否动用涉及财政与信贷的协调和平衡，必须慎重从事。

（二）发行货币或向银行透支和借款

从理论上说，政府可以通过发行货币来弥补赤字，获得铸币税收入。① 为弥补赤字而增发货币是一种非经济性货币发行，缺乏物质保证，很容易带来通货膨胀，这与各国中央银行币值稳定目标相悖。正常运行的经济体不会选择此类饮鸩止渴的做法。在计划经济时期，我国奉行年度预算平衡原则，但也有若干年份出现财政赤字。赤字的弥补方式是向银行透支或借款。这类做法一直延续到改革开放后的1993年。向银行透支或借款，如果银行信贷资金已经满打满算，信贷规模不可能压缩，就会逼迫银行凭空增发货币，引起信用膨胀和通货膨胀的严重后果。1994年以后，我国《预算法》规定财政赤字不再向银行透支或借款，而是通过发行公债来弥补。

（三）开征新税或提高税率

增加税收是弥补赤字的一个选择项，且看似一劳永逸，但不见得十全十美。理由如下：一是税收主要是满足经常性支出需要的。如果收不抵支只是暂

---

① “铸币税”不是一种真正的税种，而是对货币发行收入的理论界定。在金属货币时代，货币若用等值金属制成，则无货币发行收入；如果所用金属的价值小于货币所代表的价值，那么差额部分就构成铸币税收入。当货币形式发展到信用货币时代，货币发行从技术上脱离了实体经济的束缚，成为一种能为发行者带来发行收入的特权。西方政府曾以“铸币税”的形式对私人银行发行的现钞课税，作为允许他们拥有货币发行特权的交换。

时现象，那么增加税收的方法就不适宜；二是在现代国家，开征新税或提高税率一般要经过耗时较长的政治程序，远水难解近渴；三是开征新税、采取增税行动往往只能弥补预算赤字或即将发生的赤字，而对于决算赤字或已有赤字是不可能反过头来再开征新税弥补的；四是长期连续赤字，即使增税，潜力也会很快地被挖掘殆尽，难以持续增税来弥补赤字；五是在经济下行或衰退时期，往往实行扩张性（积极性）的财政政策，采用的主要政策工具是减税，而不是增税。

（四）举借内外债务

这是当今世界各国的普遍做法，也是被认为最可靠的办法。举借外债要受多种因素的影响与制约，其难度较大，因此，最常用的是举借内债。举借债务弥补赤字除了会给以后年度的财政带来还本付息压力外，其利弊在于：从居民个人看，如果是以减少即期消费来购买公债，则是把消费基金转化为积累基金，有利于加快建设速度；如果是以减少即期储蓄或从银行提取存款来购买公债，就会对银行信贷收支产生一定影响。从经济单位来看，如果是以压缩消费开支和生产规模来购买公债，只是资金用途和货币购买力的转移，对经济无大的影响；如果经济单位购买公债而生产与消费支出并未压缩，就必然增加银行贷款压力，并且扩张经济。从商业银行来看，如果商业银行以存款余额购买公债，而政府的公债收入又存入商业银行，则不会影响商业银行的信贷收支；如果政府将其存入中央银行，则势必压缩商业银行的信贷规模；如果商业银行将公债到中央银行贴现，商业银行的信贷规模也不会受影响；中央银行购买公债或办理商业银行的公债贴现而不相应控制信贷规模，则会直接扩大货币投放，容易引发通货膨胀。

五、财政赤字认识的演进

（一）西方国家学者对财政赤字的认识

关于财政赤字对经济发展的影响是有利还是有害的争论由来已久，传统的凯恩斯经济学理论认为有效需求不足是导致失业和经济危机产生的根源。为解决有效需求不足，凯恩斯开出的药方是推行赤字财政政策，这也成为国家干预主义的开始。

凯恩斯主义认为，政府推行赤字财政政策，财政支出增加，因此财政赤字可以增加总需求，从而增加产量和就业，最终刺激经济复苏。只要能够促进经济增长并使个人收入增加，财政赤字就是必要的，也是经济增长在某些时候所不得不付出的代价。

凯恩斯主义的这种观点主宰了当时整个经济学界，直到20世纪70年代主要资本主义国家出现的“滞胀”[①]使得凯恩斯主义赤字财政理论逐渐退出主流经济理论的位置，取而代之的是包括新古典宏观经济学学派，货币主义学派，理性预期学派和公共选择学派等各新兴学派。这些学派大多奉行经济自由主义，强调自我调节和自我修正的市场机制的有效性，反对干预主义，自然对赤字政策也持否定态度。以布兰查德为代表的新古典宏观经济学认为，赤字财政政策不仅无效，而且有害，因为财政赤字通过税收跨期转嫁给后代人，增加了个人在生命周期内的总消费，较高的消费意味着储蓄的减少，这将导致利率的上升，而利率的提高将抑制投资的增加，因而持久性赤字将影响私人资本的形成，产生所谓的“挤出效应”。此外，利率上升还影响到一些利率敏感型消费活动，如依赖信贷融资的耐用消费品和购房等消费活动。

而以布坎南为首的公共选择学派主张约束政府的支出规模，保持财政平衡，反对财政赤字以及相应的公债政策。布坎南认为，用于公共开支的财政赤字将排挤私人投资活动，而且财政赤字产生后，政府必然要求平衡预算，而不管是增税的形式还是发债的形式都会进一步影响经济系统。前者影响居民的消费意愿，后者有可能扩大货币发行和投放，赤字和公债政策孕育了通货膨胀种子，进而可能引发通货膨胀，影响经济的长期稳定增长。

以弗里德曼为首的货币学派对赤字财政理论和政策持坚决反对的态度，而以巴罗为代表的理性预期学派认为凯恩斯的赤字财政政策无论从长期还是短期看都是无效的。理性预期学派重申“李嘉图等价定理”所表达的财政赤字中性的观点：政府无论用税收筹资还是债务筹资，其效果都是等同的或等价的。从表面上看，税收融资和债务融资有所不同，但政府的任何债券发行都是要偿还的，这意味着将来会征收更多的税收来偿还到期债务，而这将被理性的消费者所意识到，那么他们会把相当于未来额外税收的那部分财富积蓄起来，因而征税与发行债券对个人的行为的影响是无差异的，因此为财政赤字产生而从事的债务筹资就是中性的，没有什么实际效果。

（二）我国学者对财政赤字的认识

在我国传统计划经济体制下，人们对于财政赤字似有谈虎色变之势，将财

---

① “滞胀”是停滞性通货膨胀（stagflation）的简称，在经济学，特别是宏观经济学中，特指经济停滞（stagnation）和通货膨胀（inflation）同时存在的经济现象。“stagflation”是“stagnation”和“inflation”的混成词。

政赤字视为洪水猛兽，认为有百害无一利，预算编制时鲜有赤字发生。但1979年以后出现连续的赤字且数额逐年增加，使人们对财政赤字的认识有所转变，“赤字无害论”应运而生。那么，到底应如何看待财政赤字？经过多年的理论探索和实践操作，逐渐达成的共识是：评价财政赤字对经济的影响涉及对赤字本身的理解，解决赤字手段的运用，以及赤字和其他经济现象的联系等一系列问题，不能笼统地说它有害或者无害。

财政赤字对国民经济的影响如何？首先，要取决于对平衡口径的认识和弥补赤字方法的选择与运用。一般来说，如果财政赤字是正常的财政收入与财政支出的差额，而且这个差额可以通过发行债务加以弥补，那么，这种赤字对国民经济发展就不会有太大的消极影响。如果是把债务收入列入财政收入后仍然存在较大赤字，而没有财政结余可动用，或者财政结余已构成银行信贷资金的来源并以贷款形式发放出去，不宜或不能动用，这实质上就构成了一种过头分配，意味着财政分配所形成的购买力已超过了物资可供量。此时，解决赤字的其他办法如前所述，一是直接向银行透支，即“财政赤字货币化”手段，但这会导致社会产品和国民收入的一系列无序再分配，甚至引起通货膨胀，且已为我国预算法所禁止，在国际上也通常是非常时期的非常政策举措；二是增加税收，但是持续增税来弥补赤字有很多副作用并且受到很多因素限制；三是持续增发债务，这似乎是唯一可行的办法，但要注意防止它对信贷收支产生不良影响和债务风险发生。

其次，要取决于财政赤字出现的经济制度背景。在高度集中统一的计划经济体制下，可运用的财力物力已经集中于国家财政，社会需求本来就十分旺盛并存在供给短缺的情况下，如果再发生财政赤字，那么肯定会带来国民收入超分配等一系列经济问题和引发社会问题。而在市场经济条件下，社会财力物力相对分散于各社会成员和经济组织，并且存在一定程度的闲置，这时完全可以通过财政赤字动员社会经济力量，刺激经济的发展。

再次，要取决于财政赤字的数量和社会经济对赤字的承受力。事物总是一分为二的，对财政赤字的认识也不能例外。适度的财政赤字、公债发行和货币发行，只要不会引发严重的通货膨胀，对于充分利用社会财力物力，减少库存积压，增加社会有效需求和就业，推动投资增长和生产发展是有利的。但如果发生巨额赤字，即使可以靠大量发行公债来弥补，也会对国民经济造成消极影响：一是发行公债挤占银行信贷资金，若贷款不能因之而收回或者压缩，其结果是银行增大资金投放，引发通货膨胀；二是给以后年度的财政分配造成沉重的政府债务还本付息负担，债台高筑、债务累积会诱发严重的债务风险，并造成经济发展的后续力量减弱。

最后，还必须对财政赤字产生的原因、历史背景、客观经济形势、政府的调控目标和政策等因素进行具体分析，并联系出现赤字后政府所采取的财政措施和其他配套措施的分析，才能对财政赤字的经济影响取得一个全面的、符合实际的认识，并运用好这个财政工具。

综上所述，对财政赤字的认识应当采取辩证的观点和科学的态度，一概否定或无条件地滥用是不科学的。新中国70多年的财政实践表明，“一五”时期存在财政赤字，改革开放后连年出现赤字，但这两个时期恰恰是我国经济发展和民生改善较好较快的时期。如果认为财政赤字绝对有害，就无法解释客观现实。当然，不加分析的“赤字无害论”也是错误的，财政赤字造成国民收入的超分配，引发国民经济中一系列不良连锁反应，给经济建设和人民生活造成危害，这在理论上和实践中也有证明及教训。问题的关键在于实事求是地认识和分析财政赤字，赤字在什么情况下有害，多大数量的赤字才可能造成危害，用什么方式解决赤字危害，以便于在我国财政工作中趋利避害，充分发挥财政的职能，实现我国经济社会优质和可持续发展。

【本章小结】

1. 公共预算平衡，亦称预算平衡或财政平衡，是指一定时期内政府预算收入与支出基本持平。预算平衡是公共收支对比的一种理想状态，是预算编制和执行追求的目标，但在实践中很难达到。对预算平衡应作全面、辩证的理解，这包括应树立相对平衡、动态平衡、整体平衡的观点，此外还应防范虚假平衡。

2. 在现代社会，社会总供求平衡是保持国民经济持续良性发展的基本条件之一。社会总供求平衡包括总量平衡与结构平衡两个层次，且这两个层次相互影响。当论及预算平衡与社会总供求平衡的关系时，一般是通过改变预算收支以调节社会总供求状况，进而达到实现社会总供求平衡的目的。当社会总需求大于社会总供给时，政府通过预算收支调节有三种途径：（1）直接削减政府预算支出，以抑制总需求膨胀；（2）增加税收，收缩企业和居民的需求，同时扩大供给；（3）两种办法双管齐下，从而使总供求达到平衡。如果出现社会总供给大于社会总需求的情况，政府预算收支调节采取：（1）扩大预算支出；（2）削减税收；（3）两种办法双管齐下。

3. 政府在通过预算收入对社会总供求调节时应考虑到税收乘数的作用；在通过预算支出对社会总供求调节时要考虑到消耗性支出与转移性支出对社会总需求的不同影响，这是由其支出乘数不同所决定的。在运用双管齐下的方法进行调节时，必须对税收乘数与支出乘数进行对比，以确定全部预算收支对总供求的影响程度。

4. 与预算收支平衡相对应的是预算收支不平衡（多数情况下是财政赤

字）。根据是否将债务收支作为正常的预算收支，可以得出两种不同口径的财政赤字：硬赤字和软赤字。此外，财政赤字还有预算赤字、决算赤字、赤字财政和赤字政策几个概念的区别。西方发达国家的赤字则有结构性赤字和周期性赤字之分。我国改革开放以来财政赤字呈现扩大态势，主要是企业改革滞后、税制结构不适应变化了的经济结构、预算支出规模扩大、预算平衡难度加大和实施积极财政政策等原因所致。弥补财政赤字的方式有：动用历年财政结余，向银行透支或借款，增加税收，举借内外债务。

5. 关于财政赤字对经济发展的影响是有利还是有害的争论由来已久。凯恩斯经济学一反古典经济学反对赤字的态度，首开赤字财政政策的先河，主张通过扩大政府支出增加总需求，从而增加产量和就业，最终刺激经济复苏和增长。而新古典宏观经济学学派，货币主义学派，理性预期学派和公共选择学派等各新兴学派对赤字政策持否定态度。除了赞成和反对赤字的两种极端观点外，还有“李嘉图等价定理”所表达的财政赤字中性的观点：政府无论用税收筹资还是债务筹资，其效果都是等同的或等价的。

6. 如何正确看待财政赤字，这取决于对赤字本身的理解、赤字出现的经济制度背景、解决赤字的手段以及赤字和其他经济现象的联系等，还要对它产生的原因、政府的调控目标和采取的政策措施等因素进行分析，这样才能获得全面的和符合实际的认识，并运用好这个财政工具。

【主要概念】

预算平衡　财政平衡　相对平衡　动态平衡　整体平衡　虚假财政平衡　社会总供给　社会总需求　社会总供求平衡　税收乘数　消耗性支出乘数　转移性支出乘数　财政赤字　硬赤字　软赤字　预算赤字　决算赤字　赤字财政　赤字政策　结构性赤字　周期性赤字　赤字率　财政结余　向银行透支　李嘉图等价定理

【思考分析题】

1. 如何理解公共预算（财政）收支平衡？
2. 为何当今世界上绝大多数国家财政赤字是常态？
3. 如何看待财政赤字对社会经济的影响？
4. 税收乘数和支出乘数对社会总供求调节的影响程度有何不同？
5. 财政赤字与赤字财政有何不同？
6. 比较分析弥补财政赤字的方式。
7. 说明财政赤字与公共债务的关系。
8. 简述预算平衡与社会总供求平衡的关系。

【阅读与思考】

阅读：美国联邦政府赤字创6年来新高

随着美国中期选举的临近，上任近两年的特朗普也收到了自己任内的首份完整财年"成绩单"。2018年10月15日，美国财政部发布的2018财年①赤字统计数据显示，2018财年美国联邦政府年度财政赤字达到7790亿美元，创下2012年以来的新高。比上个财年同期赤字6658亿美元增加了1132亿美元。据美国国会预算办公室（CBO）预估，到2020年，联邦预算赤字将超过1万亿美元。经济学家普遍认为，2017年底通过的大规模减税法案和特朗普政府大幅增加联邦政府支出是导致美国赤字增加的主要原因。

美国财政部发布的财政报告显示，2018财年美国联邦政府财政收入比上一财年增加0.4%至约3.329万亿美元，财政支出增长3.2%至约4.108万亿美元，财政赤字增长17%至约7790亿美元。财政赤字占美国国内生产总值（GDP）的比重从2017财年的3.5%升至3.9%。

虽然美国财政部部长姆努钦和白宫行政管理和预算局局长马尔瓦尼当天在联合声明中表示，特朗普政府的经济政策有效提振了美国经济，让美国人的收入稳步增加，就业市场状态持续改善。但从美国财政部公布的细节来看，2017年年底由共和党控制的国会通过的企业及个人减税政策，以及2018年2月初通过的增加政府支出尤其是福利和军事方面支出的决定，仍是2018财年预算赤字飙涨的最主要原因。

特朗普政府一直声称，减税和增支政策带来的"损失"，将被更快的经济增长弥补，但如今看来，似乎事与愿违。共和党2018年实施的减税政策将公司所得税税率从35%降至21%，此外还下调了个人所得税税率。数据显示，从2017年10月到2018年7月，美国预算总收入增长了1%，达到2.77万亿美元；但与此同时，公司税收收入下降29%，为1660亿美元，预算支出又增长了4.4%，达到3.45万亿美元，几项相加后，美国政府仍是入不敷出，预算赤字进一步扩大。

美国财政部借款咨询委员会（Treasury Borrowing Advisory Committee）预计，由于近期实施的减税措施，2019财年和2020财年，政府债务规模将超过1万亿美元。而美国国会预算办公室不仅作出同样的预测，更认为美国预算赤字到2028年都将一直增长。根据他们的预估，2028年美国预算赤字将超过2009年危机年数字——1.42万亿美元，并将创下新的纪录，达到1.53万亿美

① 起止时间为2017年10月1日至2018年9月30日。

元。高盛首席经济学家哈祖思则作出了更为悲观的预测。他认为，到2028年，美国赤字将膨胀至2.05万亿美元，占GDP比重将升至7%。美国联邦预算委员高级政策主管戈德魏指出，“美国经济已永久性进入一个每年万亿美元赤字的时代”。更有分析师调侃称，恐怕只有天空才是美国债务的尽头。

美国政府支出失控显然是又一个令人担忧的问题，但更需要警惕的是，随着美联储加息步伐的加速，被视为“无风险利率”的美国10年期国债收益率也在不断上升。这意味着，未来不仅美国债务飙涨，债务利息也会水涨船高。国家债务利息支出的增多，也成为美国赤字不断扩大的原因之一。

被称为“新债王”的双线资本（Double Line Capital）创始人杰夫·刚德拉克（Jeff Gundlach）在日前一个投资会议上指出，以当前预算赤字增速，叠加美联储缩表速度计算，美国需要发行2万亿至3万亿美元新美债。随着越来越多经济学家相信美国经济增长将在2018年三季度后迅速下滑，美国政府的债务威胁更将在2019年和2020年形成不可忽视的风险因素。

（资料来源：项梦曦：《美国联邦政府赤字创6年来新高》，载《金融时报》2018年10月17日。）

思考：

（1）美国联邦政府财政赤字屡创新高的根本原因是什么？

（2）通过阅读材料思考：赤字财政政策总是有效的吗？在什么情况下才会有效？

（3）美国联邦政府财政赤字不断扩大的事实能否验证税收乘数和支出乘数的作用？

（4）试比较中国和美国的财政赤字异同及体现的政策意图。

（5）如何把握适度的财政赤字规模。

（6）思考财政赤字与公共债务的关系。

【参考文献】

1. 习近平：《决胜全面建成小康社会，夺取新时代中国特色社会主义伟大胜利——在中国共产党第十九次全国代表大会上的报告》，人民出版社2017年版。

2. 中国共产党第十八届中央委员会第三次全体会议：《中共中央关于全面深化改革若干重大问题的决定》，人民出版社2013年版。

3. 习近平：《习近平谈治国理政》第一卷、第二卷，外文出版社2018、2017年版。

4. 王传伦、高培勇：《当代西方财政经济理论》，商务印书馆1995年版。

5. 郭庆旺、赵志耘：《财政理论与政策》，经济科学出版社1999年版。

6. 张馨等:《当代财政与财政学流派》，东北财经大学出版社 2000 年版。

7. ［美］詹姆斯·M. 布坎南:《公共财政》（中译本），赵锡军等译，中国财政经济出版社 1991 年版。

8. 叶姗:《财政赤字的法律控制》，北京大学出版社 2013 年版。

9. 刘尚希:《财政蓝皮书：中国财政政策报告（2019）》，社会科学文献出版社 2019 年版。

第十四章
公共经济政策

公共经济政策是公共部门通过使用特定手段和特殊方式，为实现其所确定的既定目标和增进公众福利的方针、准则、策略和措施的总称。公共经济政策由多种政策措施和操作手段组合而成，形成了既有分工和区别，又有协调和配合的公共经济政策体系。如今，公共经济政策在促进经济社会协调稳定发展，实现公共利益目标和社会和谐等方面，起到至关重要的作用。本章对公共经济政策的内涵及其演进、公共经济政策工具及应用、公共经济政策影响经济运行的机理与方式、公共经济政策的协调应用等进行理论阐释和实际考察，以从宏观上更好地把握和深化对公共经济运行的总体认知。

第一节 公共经济政策概述

一、公共经济政策的内在规定及形成基础

（一）公共经济政策的内在规定

在现代市场经济体制下，国民经济运行的数量关系及信号传递过程表现为三个层次：第一个层次是制约国民经济总体运行的宏观经济变量，包括国民收入与分配量、货币供应与需求量、财政收入与支出量等；第二个层次是市场运行变量，包括价格、利率、工资等市场信号；第三个层次是企业微观经营变量，包括企业收支量、投资与消费量等。这三个层次的经济变量的关系是：宏观经济变量的变动会传导到市场运行变量的变化过程中，使市场运行变量随之发生变化，而市场运行变量的变化则又会对企业微观经营活动产生影响，使企业微观经营变量发生变化；反过来，企业微观经营变量的变化也会反馈到市场

运行变量的变化过程中，并通过市场运行变量的变动而传递到宏观经济变量的变化过程中。在这里，宏观经济变量是制约国民经济活动的最高层次经济变量，市场运行变量是中介经济变量，企业微观经营变量是最基础的变量。

概括地说，公共经济政策是政策的制定和实施主体（即政府、公共部门）为实现既定目标所采取的方针和措施。公共经济政策的直接调节对象，是内在的连接市场运行变量但又高于市场运行变量的宏观经济变量，因而公共经济政策是利用宏观经济变量而把调节要求贯彻到市场机制的运行之中的，这就是说，公共经济政策的作用过程，就是首先调整宏观经济变量，再通过宏观经济变量同市场机制运行的函数关系对市场机制产生调节作用，从而保证预期目标的实现。这表明，以市场机制的作用为基础，并通过宏观经济变量与市场运行变量之间的内在关系而贯彻调节要求，是公共经济政策的最基本特征，也是政府决策能否成为公共经济政策的最基本标志。因此，可以说，公共经济政策是政策化、市场化的主动性自觉性调节机制。

（二）公共经济政策的形成基础

公共经济政策产生和发展的首要基础，是市场调节的局限性。第一，从市场调节的构成要素来看，市场信号会因其自身的时滞、掺假、扭曲、传递失灵等原因而对市场调节发生错误导向，市场机制会因功能缺陷及利益局限性等原因而使市场调节难以发挥有效作用，市场主体会因地位局限性、利益狭隘性、认识能力有限性等原因而造成市场调节的紊乱，这就要求公共经济政策从全局利益和对经济运行的整体把握上，弥补市场调节的这些局限性。第二，从市场调节的作用过程来看，市场调节是通过长期的自发波动而实现市场平衡的，不可避免地出现经济动荡、资源误配及社会劳动的浪费，因而需要通过公共经济政策从总体上加以矫正，并缩短政策调节目标的实现过程。第三，从市场调节的内容来看，它不仅在维持经济稳定和持续增长方面具有局限性，而且更难以实现社会协调发展目标，这也需要公共经济政策从经济发展与社会发展的内在统一上弥补市场调节的不足，实现经济与社会的协调持续发展。

公共经济政策产生和发展的第二个基础，是经济增长与社会进步相结合的必然性。实践表明，经济增长同社会进步相结合，不仅涉及市场运行的基本原则，而且关系到现实经济的发展。在现代条件下，没有社会协调和进步，经济的持续健康发展是不可能的，至少是不可能稳定和持久的。而社会协调和进步又不可能单靠市场调节来实现。市场原则所带来的经济增长虽然能够为缓解社会问题创造一些有利条件，但是由于种种市场失灵的原因并不会自然而然地解决社会发展中存在的问题，这就要求通过公共经济政策来解决。

公共经济政策产生和发展的第三个基础，是公共经济政策所具有的高效作用。现代经济是一种以市场经济为基本运行形式、以利益主体多元化为基本特征、以收益最大化为资源配置引导的经济，因而经济发展总是困扰于冲击所带来的折磨。冲击常来自通货膨胀和价格上涨、总供求失衡、资源配置扭曲、收入分配差距扩大等由利益刚性所引起的冲击，所以经济自身对于冲击所带来的干扰的恢复不可能是顺利的。特别是在新的冲击的干扰下，经济运行自身的均衡向来是任意的或随机的，面对某种冲击甚至是顺势助推而不是逆势阻抗的，这就需要通过公共经济政策的作用来减弱和抵制有碍经济健康发展的各种冲击与干扰。

上述对公共经济政策形成基础的分析，同时也揭示了公共经济政策的必要性和功能。公共经济政策是适应经济运行和社会发展中的各种迫切需要而产生和发展起来的，这既表明了它存在的必要性，同时作为政策化调节机制，由公共经济政策协调不能由市场机制单独胜任调节功能的经济过程，这对于保证国民经济的持续稳定增长和社会进步有着极其重要的作用。

二、公共经济政策的构成要素

政策目标、政策主体和政策工具是构成公共经济政策的三个基本因素。

（一）公共经济政策目标

政策目标是政策的出发点和归宿，制约着政策从制定到实施的全过程。政策目标涉及“是什么”和“应该是什么”这样两个问题。对各种不同政策目标的论述回答了“是什么”的问题，在不同政策目标中确定某一种或某几种目标时就要取决于“应该是什么”。解决“应该是什么”则取决于政策制定者的价值判断。公共经济政策的决断离不开价值评判，这是公共经济政策作为一门实用科学所具有的基本特征。

一般来说，公共经济政策要实现的具体目标是多重的，包括资源有效配置、充分就业、经济增长与稳定、公平分配、社会资本扩大、国际经济关系协调等，归纳起来，可以集中在效率、稳定和公平三大目标上。

1. 效率

在经济学中，一般把帕累托原则作为经济效率的标准，如果实现了帕累托最优就达到了最高的效率。传统经济学认为，市场机制是实现帕累托最优的最佳途径，然而这种对市场机制的分析仅仅是理论上的。在现实中，由于种种原因，市场机制并不能引导经济真正达到帕累托最优，这种情况被称为“市场失灵”，所以，就需要有公共政策来纠正市场失灵现象，以实现效益最优和效率最大的政策目标。

2. 稳定

在市场经济中，如果让市场机制自发地调节经济就不能稳定发展，而会深陷于繁荣与萧条、膨胀与紧缩的周期性交替和反复中。这种经济活动的周期性波动，会引起许多严重的问题。在繁荣时期，经济活动高涨，产量增加，同时伴有物价上升和通货膨胀；在萧条时期，经济活动收缩，产量减少，同时伴有通货紧缩和严重的失业。通货膨胀和失业都会引起资源配置失调，效率降低，并且严重影响社会的安定。因此，公共经济政策的重要目标之一就是维持经济稳定与发展。这一目标就国内而言，包括充分就业与物价稳定，就国际而言，包括国际收支平衡。

3. 公平

分配中的不平等现象既是市场经济的必然产物，也是市场失灵的主要表现。分配中的不公平以及由它导致的贫富悬殊和对立如果不施以公共政策的干预而任其扩大，又会危害社会稳定，破坏市场经济健康发展的社会根基。因此，在收入分配领域实现公平化，成为公共经济政策的一项重要的目标。一般认为，公平有多重标准，例如，贡献标准，即按每个人以其能力和努力程度所做贡献的大小进行分配；需求标准，即根据生存水平的必要性进行分配，并通过社会保障的形式来实现；机会均等标准，它要解决的是分配决定过程以及分配准则公平与否的问题，并不是指分配结果公平。

从根本上说，效率、稳定与公平三大目标之间，以及各个政策目标的具体内容之间不是各自独立，而是相互依存的，其最终目标是为了实现社会福利最大化。

（二）公共经济政策主体

政策主体分为政策的制定（决策）者和执行者。政策主体的理念、偏好及行为是否正确规范，对政策功能的发挥和政策效应的大小具有直接的影响作用。

通常来说，公共经济政策的制定和决策主体是公共部门，其中最重要的、制定的政策作用最大的决策主体是政府。其他主体，如一些行政部门、事业单位、社会组织和团体等，虽然可以通过不同的方式对政策的决定产生影响，但最终做出公共经济政策决策的还是政府，正是从这个意义上说，政府是公共经济政策的决策主体。

“二战”以来，各国政府作为政策决策主体在经济中的作用日益重要，然而正是因为它特别重要，一旦发生政策决策失误，则对经济社会的健康运行和稳定发展产生重大的甚至是灾难性的不良影响。有研究表明，政策决策的失误大多源于政府本身的利己动机，这使人们认识到重新研究政策决策主体行为动机和实际行动的重要性。

政策决策主体的行为和行动体现在了政策的实际决策过程中。正确认识和分析经济形势，及时了解经济运行中存在的问题是政策决策的出发点和依据。在了解经济形势的基础上，由政府及有关部门制定出相关政策，包括要达到的政策目标，以及为达到这些目标所采用的政策工具等。一般而言，涉及长期整体性的政策要由多个政府部门协同制定并提出，因为这些政策往往涉及有关国计民生的重大问题，而涉及短期的政策建议则由某些主管部门制定并提出，这些政策一般是用来解决某些局部性的实际问题的。政策制定之后经过有关的批准程序就是政策的执行和实施过程。

公共经济政策的执行主体主要是政府有关部门、公共事业单位和各级地方政府，也包括承担了一些公共事务的社会组织、社会团体及市场主体等。与公共经济政策的制定和决策主体须集中统一所不同的是，公共政策的执行主体表现为某种程度的分散性和执行政策时的灵活性，在政策实施过程中经决策主体授权和允许具有一定的自主权、裁决权和处置权。正因如此，在公共经济政策的实施中，必须处理好集中统一与分散灵活的关系，凡是涉及全局性根本性的重大政策的贯彻执行必须做到政令畅通、令行禁止，不得“上有政策、下有对策”和任意变通，而对于一些局部性和特殊性的具体情况，则在政策执行中赋予执行主体一定的自由裁量权，准予因时因地制宜加以处置。

（三）公共经济政策工具

公共经济政策的实施，需要有政策工具与之配合，所谓公共经济政策工具就是为达到公共经济政策目标的具体政策措施和手段。由于公共经济本身的复杂性及政策目标的多元化，决定了公共经济政策是一个包含多种政策工具的有机体系。由于政府主要是通过公共预算、公共支出和公共收入的安排来实现具体的公共经济政策目标，因此可将政策工具划分为三大类。

1. 公共预算政策工具

公共预算是国家通过预算形式加以运用的政策工具。公共预算相对于其他政策工具而言，具有总体制约和综合性的特点，涵盖了收入、支出、盈余、赤字、平衡等手段。运用公共预算实现公共政策目标是通过下述方面进行的：通过预算的编制、审定，确定收支规模和收支差额，这将对社会总供求产生强烈的影响，一般表现为收入减少需求，支出增加需求，盈余紧缩需求，赤字膨胀需求；调整和变动收支结构，直接影响着国民经济与社会发展的关系，积累与消费的关系，产业之间和地区之间的比例关系，对经济社会及各项事业的协调发展具有明显的调节作用；预算本身的设计与编制方式，如复式预算较之单式预算更能明确反映各自的资金来源和支出，精准贯彻公共政策目标，更具有政策工具的特征，有利于公共政策的执行。

2. 公共支出类政策工具

（1）购买支出。购买支出是一种实质性支出，有商品和劳务的实际交易，其直接形成社会需要和购买力，变动政府购买支出对整个社会总需求具有调节作用。当社会总需求不足和经济不景气时，政府可以增加购买支出来扩大社会整体需求，以拉动经济复苏；反之，当社会总需求过高和经济过热时，政府可以减少购买支出来收缩社会整体需求，以给过热的经济降温。虽然政府购买支出更多地作为一种经常性支出而存在，但变动该项支出的水平与方向的确是一项有力的调节经济的政策工具。

（2）转移支出。转移支出是政府将一部分公共收入转移给企业、居民等主体所形成的一种公共支出。转移支出具有公共性、社会性的特征，对于维护社会公平和正义具有重要意义。转移支出虽然并不产生商品和劳务的实际交换，不直接形成社会需要和购买力，而是政府在不同社会成员之间进行的收入转移和再分配，就此而言似乎并不会对整个社会总需求产生影响。然而深入分析可知，转移支出的构成及用途，其实既体现和落实着政府支持的重点，又通过领受者的资金使用，对社会总需求产生影响，并且是调节再分配的重要政策工具和管理手段，促进社会公平的实现。

（3）投资支出。投资支出是用于资本项目的支出，它在支出过程中有一部分形成流动资产，支出过程结束则最终形成各种类型的固定资产。公共投资支出其实也属于购买支出，但它与同属于购买支出的行政管理支出、教科文卫支出等社会消费支出的区别在于，它购买的主要是投资品，而不是消费品。公共投资支出的项目主要是那些具有自然垄断特征、外部效应大、产业关联度高、具有示范和引领作用的公共设施、基础性产业、高科技主导产业和新兴产业，投资去向主要是关系国家安全和国民经济命脉、关系国计民生的重点领域、重要行业和企业。公共投资既有规模调节效应，也有结构调整效应。规模调节效应又表现为需求效应和供给效应两个方面：投资在成为固定资产和流动资产的过程中，需要不断地用货币资金购买物资和支付工资，引起对生产资料和消费资料的大量需求，从而导致社会总需求增加；投资项目建成投产后，可形成新的生产能力，引起社会总供给增加。从结构调整效应看，公共投资支出的投资能力和投资方向对经济结构的调整和生产力的地区布局起到关键性的作用，它作为一种诱发性投资，引导经济中各投资主体的投资规模、投资结构和投资方向，可以将国民经济基础设施和基础产业的“瓶颈”制约所压抑的民间部门的生产潜力释放出来，从而优化投资结构和国民经济结构，并使国民收入的创造达到一个较高的水平，表现为公共投资的“乘数效应”。因此，保持公共投资支出的适度规模和适当比例，对于引导和协调全社会的资金投放、提高资金的总体效益，对于经济结构调整和经济持续增长具有重要意义。

3. 公共收入类政策工具

（1）税收。税收促进公共政策目标实现的方式是灵活运用各税制要素：适当设置税种，形成合理的税收体系，从而确定税收调节的总范围，明确税收调节的若干层次，产生各税种相互配合的政策效应；规定税目，明确税收调节的具体范围，也便于规定高低不同的税率；确定税率，明确税收调节的数量界限，此乃税收作为政策手段发挥导向作用的核心要素，以此影响社会总需求和总收入状况，并发挥协调产业结构和经济结构的作用；规定必要的税收优惠或惩罚、减免或加成，实现税收对经济的特殊灵活调节。

（2）公债。公债作为组织公共收入的手段，其“金边债务”的特点使其在调节经济、实现公共政策目标方面起着重要的作用：确定适度的公债规模，可以调节已经形成的国民收入分配结构和使用方向；确定公债运用方式，进行需求总量调节，可以协调社会总供求关系，保持经济稳定；选择公债发行对象，可以调节不同对象的购买力，从而调节需求结构；选择公债发行方式和确定公债利率，可以调节市场货币流通量和引导市场基准利率，对经济产生扩张或收缩作用，保证既定政策目标的实现；合理确定公债宽限期和偿还期，使公债既能在预定时间内起到调节作用，又不使政府陷入还债困境；合理组织债券流通，既促进公债的顺利发行，又可适时地调节市场货币流通量，从而有利于保持物价总水平稳定，实现公共政策目标。此外，在现代信用经济条件下，公债的市场操作还是沟通财政政策与货币政策两大主要公共经济政策的主要载体，通过公债的市场操作，可以协调两大政策的不同功能。

三、公共经济政策的类型

（一）根据调节经济总量的不同功能，公共经济政策可分为扩张性政策、紧缩性政策和中性政策

这几类政策的作用，主要是通过公共财政政策的实施得以发挥出来的。

1. 扩张性政策

扩张性政策是指通过财政分配增加和刺激了社会总需求，又称为“松”的财政政策，是一种反经济衰退的政策。当社会总需求不足时，通过扩张性政策使总需求与总供给的差额缩小以至平衡；如果总供求原来是基本平衡的，扩张性政策就会使总需求超过总供给。扩张性财政政策的载体主要有减少税收和

增加支出。在减税与增支并举的情况下，一般会导致财政赤字，从这个意义上说，扩张性财政政策等同于赤字财政政策。

2. 紧缩性政策

紧缩性政策是指通过财政分配减少和抑制了社会总需求，又称为“紧”的财政政策，是一种抑制经济过热的政策。当社会总需求过旺时，通过紧缩性政策消除通货膨胀缺口，达到供求平衡；如果总供求原来是基本平衡的，紧缩性政策减少有效需求，会使总供给超过总需求。紧缩性财政政策的手段主要是增加税收和减少支出。在增税与减支并举的情况下，有可能出现财政盈余，从这个意义上说，紧缩性财政政策等同于盈余财政政策。

3. 中性政策

中性政策是指财政的分配活动对社会总需求的影响保持中性，既不产生扩张效应，也不产生紧缩效应，是一种维持社会总供求平衡的政策，又可称为均衡性或平衡性财政政策。一般情况下，中性财政政策要求财政收支保持平衡。

在我国财政实践中，将财政政策分为适度从紧的财政政策、积极的财政政策和稳健的财政政策，从本质上说它们分别属于紧缩性财政政策、扩张性财政政策和中性财政政策，但它们又带有明显的中国特色和时代特征。

（二）根据调节经济周期的作用划分，公共经济政策可分为自动稳定政策和相机抉择政策

1. 自动稳定政策

自动稳定政策是指这种政策本身具有内在的调节功能，能够根据经济波动情况，无须借助外力就能自动地发挥稳定作用，直接产生调节效果。公共经济自动稳定政策主要通过财政的两种机制发挥作用和产生效果：一是税收的自动稳定性，如公司所得税和累进的个人所得税。当经济活动出现不景气，国民产出就要减少，这时税收收入就会自动下降，从而产生一种内在的扩张推力，“自动”地抑制国民产出的继续下滑，避免经济衰退。二是公共支出的自动稳定性，如转移支付、失业救济金和最低生活保障等福利性支出。当国民经济衰退时，就会有一批居民具备申请失业救济金和低保补助的资格，公共支出就会增加，这样会使社会总需求不至于下降过多过猛；反之，当经济繁荣来临时，失业者可重新获得工作机会，救济和补助支出就会减少，从而产生一种内在的紧缩拉力，“自动”地抑制社会总需求使其不至于过旺，防止经济过热。

2. 相机抉择政策

相机抉择政策意味着这种政策本身不具备内在的调节功能，需要借助外力才能发挥调节作用，获得调节的效果。一般来说，这种政策是政府根据当时的

经济形势，采用不同的财政措施有意识地去干预经济运行，以消除通货膨胀缺口或通货紧缩缺口。比如当社会总需求大于社会总供给即需求过旺时，通过增加公共收入或减少公共支出，或二者并举，压缩社会总需求，以实现社会总供求平衡；反之，当社会总需求小于社会总供给即需求不足时，通过减少公共收入或增加公共支出，或二者并举，扩张社会总需求，实现社会总供求平衡。

（三）根据调节经济所要达到的具体目的，公共经济政策包括多项政策，构成了多元的政策体系

除了将在本章第二、四节要重点分析的财政政策和货币政策以外，重要的公共经济政策还包括：

1. 产业政策

产业政策是国家制定的，引导国家产业发展方向、引导推动产业结构升级、协调整体产业结构、使国民经济健康可持续发展的政策。产业政策的功能主要是有效配置资源，弥补市场缺陷；优化产业结构，保护幼小民族产业成长；熨平经济波动；鼓励支持新兴产业和高新技术产业发展，发挥产业优势，提升创新能力等。

我们社会主义国家产业政策的内容是产业结构平衡和产业结构升级，核心目标是引导推动产业结构升级产生和形成新的经济增长点，使经济可持续发展和不断提高人民福利水平。我国产业政策主要通过制定国民经济计划、产业结构调整计划、产业扶持计划、财政投融资、货币手段、项目审批等来实现。通过实施产业政策对产业结构进行调整而调节供给结构，从而协调需求结构与供给结构的矛盾，实现供给和需求总量和结构的平衡。产业结构调整包括：根据本国的资源、资金、技术力量等情况和经济发展的要求，选择和确定一定时期的主导产业部门，以此带动国民经济各产业部门的发展；根据市场需求的发展趋势来协调产业结构，使产业政策在市场机制充分作用的基础上发挥指导和引导作用。

2. 就业政策

就业政策是以政府为主体，在特定经济社会条件下实行的以促进劳动就业、加强就业管理为主要形式，旨在解决劳动者就业问题，从而满足社会经济发展以及劳动者个人需要制定和推行的方案及采取的措施。就业政策的直接目标，一是解决失业人员的再就业问题，二是解决新生劳动力的初次就业问题，因此是解决就业的根本性政策手段。

就业是民生之本和发展之基，同时也是社会稳定与和谐的基本条件，它作为国家公共政策的重要组成部分，除了直接解决劳动者的就业和再就业问题之外，对社会经济、政治也发挥着强大的调控作用，因此得到世界各国政府和公众的高度关注和重视。就业政策的调控作用主要体现在：政策的实施使劳动者得以就业和获得工薪报酬，从最基本的方面保障了劳动者的生活稳定和社会稳定；在创造就业机会、保障劳动力充分就业的同时，通过提供劳动力需求信息和产业发展信息，促进人力资源合理流动，高效率配置劳动力资源；通过培训或再教育等手段，开发劳动力潜能，提高劳动力的综合素质与技能，实现更高的人生价值和创造更高的社会价值；劳动者充分就业既能增加社会供给量，又能扩大社会消费需求，因此，就业政策的有效实施将对社会总供求的平衡起到调控作用。

我国党和政府始终坚持人民利益至上的理念，高度重视就业问题，坚持就业优先政策，近年来把“稳就业”“保就业”置于做好“六稳”工作和落实“六保”任务之首，支持大众创业万众创新带动就业，失业率得到有效控制，城镇新增就业不断扩大，在各种巨大冲击下保持住了就业大局稳定和社会安定。

3. 国民收入分配政策

国民收入分配是指一个国家物质生产部门的劳动者在一定时期内（通常为一年）新创造的价值的总和在社会成员或社会集团之间分配的过程，包括初次分配、再分配和最终分配。

国民收入分配政策是政府根据客观经济规律及国民经济具体情况的要求，为了达到均衡社会供求关系、优化资源配置等经济目标而制定的，用于约束和规范国民收入分配活动的基本准则和措施。合理的国民收入分配制度和政策是社会公平的重要体现，是促进社会和谐的重要保障。实行国民收入分配政策的目的在于调整和完善收入分配格局，实现收入分配公平和社会和谐发展。其政策内容主要有：国民收入总量分配政策，即根据货币形态的国民收入分配量同实际的国民收入总量之间的关系状况而制定的分配政策；国民收入分配结构政策，即根据个人劳动、资产及社会福利而制定的劳动收入、资产收入及福利收入的比例关系的分配政策；国民收入分配制度的政策内涵，即根据社会经济制度的要求所制定的、体现政策倾向和价值取向的分配政策。

从国家整体来看，如果收入分配政策不当及国民收入分配格局不合理时，会扩大收入差距和城乡差距，加剧社会矛盾，并造成内需严重不足，进而影响国民经济良性循环。对于我国来说，改进收入分配政策和完善相关制度，是一项紧迫和现实的重大任务。多年来我国出台多项改善收入分配状况的政策，包括减税降费、脱贫攻坚、扩大消费、建立进城务工人员的平等就业制度、落实最低工资制度、完善公共服务体系和提高社会保障水平等，既增进了社会公平，也促进了社会稳定和经济发展。

4. 投资政策

投资政策是指国家对投资主要是固定资产投资进行宏观调节和宏观管理的政策，主要包括投资规模政策、投资结构政策、投资技术政策、投资管理政策等。投资规模政策旨在保持经济规模；投资结构政策的基点是合理确定投资比例及使用方向；投资技术政策着眼于生产设备现代化，加快企业技术进步，促进产业优化升级；投资管理政策则旨在保证前三种政策的顺利执行。由于投资是有效需求的重要组成部分，因此，通过国家的投资政策可以影响和调节社会总需求状况。在经济萧条和衰退时期，针对有效需求不足的状况，采取扩张性投资政策可以增加全社会的投资需求和消费需求，消费的增加又可以扩大对投资的需求。相反，在经济过热和通货膨胀时期，采取紧缩性的投资政策可以遏制投资和消费，保持经济稳定运行。

在我国，本着建立计划指导与市场调节相结合的投资体制和运行机制的原则，对属于投资规模、投资结构、投资布局、技术结构以及重大建设项目等关系全局的重大投资事项，实行指令性计划管理，主要发挥计划的作用，以保证国民经济按比例发展和资源合理配置；一般性技术改造和小型建设，主要由市场调节，但同时实行指导性计划引导，可以由政府相关经济管理部门和银行根据国家有关的产业政策、地区均衡发展政策，运用经济的、法律的和行政的手段进行调控。

5. 消费政策

消费政策是国家权衡某一时期国民经济综合状况和矛盾特点，根据本国的经济发展原则，以实现城乡居民收入、消费水平稳步提高目标而作出的决策选择和采取的具体措施，是一个包含着宏观消费政策、微观消费政策和与消费相关的政策的体系。消费政策是公共经济政策的重要部分，对社会总需求，尤其是居民消费具有很强的鼓励或抑制的引导作用。

在我国经济发展的不同阶段，国家曾采取过抑制或鼓励消费的政策。在供不应求的短缺经济年代，采取的是适度控制和抑制消费的政策，而当进入内需不足、需求疲软、供大于求的经济过剩时期，则采取了鼓励和刺激消费的政策。进入新时代特别是近年来，为落实“坚持扩大内需这个战略基点，加快培育完整内需体系，把实施扩大内需战略同深化供给侧结构性改革有机结合起来，以创新驱动、高质量供给引领和创造新需求”① 的部署，国家持续出台一系列促进居民消费扩大和升级的消费政策，包括逐年提高居民收入、培育新消费热点、加快升级消费结构、净化消费环境、倡导绿色消费、完善社会保障制

① 《中共中央关于制定国民经济和社会发展第十四个五年规划和二〇三五年远景目标的建议》，2020 年 10 月 29 日。

度以降低居民支出预期等，促进了消费需求持续增长，明显起到了消费对经济增长的基础作用和拉动作用。

6. 国际贸易政策

国际贸易政策是从世界范围考察的贸易政策。广义的国际贸易政策是指在国际贸易发展过程中所形成的，为各国认同并共同遵守的国际贸易政策，是以国际经济贸易条约、公约、协定等形式体现的。国际贸易政策从一个国家出发就是对外贸易政策，被称为狭义的国际贸易政策，它是一国政府根据本国的政治经济利益和发展目标而制定的在一定时期内的对外贸易活动的准则，集中体现为一国在一定时期内对进出口贸易所实行的法律、规章、条例及措施等，同时又涵盖和影响国家公共经济的诸多方面。对外贸易政策的具体措施主要包括关税措施、非关税措施、出口管理措施等。

对外开放是我国的基本国策之一，在平等互利的基础上积极参与国际经济体系和国际大循环是中国的既定方针和一贯做法，奉行自由贸易政策，反对任何形式的贸易保护主义。中国实行开放型的对外贸易政策，目的在于促进自由贸易，保持国际收支基本平衡；提高本国产品在国际市场上的竞争力和出口效益；更多地吸引和更好地利用国外资金，以及吸收和借鉴先进科学技术和管理经验等。进入新时期，围绕构建新发展格局，聚焦“一带一路”经贸合作，推动共建“一带一路”高质量发展，我国对外贸易政策在提升贸易质量，创新投资合作，打造进口博览会、国际服务贸易交易会等平台载体，加强机制建设等方面积极推出新战略新举措，为对外贸易持续稳定发展提供了有力的政策支持和坚实的制度保障。

第二节 公共经济政策与宏观经济调控（上）

公共经济政策的施政重点是对宏观经济的调控，使用的主要政策工具是财政政策和货币政策，国民收入分配政策、就业政策、投资政策、消费政策、产业政策等政策工具辅之，以实现社会总供求基本平衡和宏观经济稳定的调控目标。

一、财政政策与宏观经济调控

（一）财政政策的含义

财政政策是国家以一定的财政经济理论为依据，为实现预定的目标而规定的综合运用各种财政手段的基本规则与措施。这一定义表明：（1）财政政策是国家为实现特定的目标而制定的。公共财政是国家对一部分社会产品的分配活动，这种分配活动的基本方针必然由国家规定。国家制定财政政策有其特定的目标，如政治、经济、社会、文化等方面的目标，这些目标是与国家在该时期的整体战略目标相联系的。（2）财政政策包括多种财政政策手段的综合运用。国家为实现特定目标，就要运用许多种财政政策手段，并使之彼此密切配合，形成合力。因此，财政政策是政策目标和政策手段的有机统一。（3）财政政策是为实现特定目标而规定的运用财政政策手段的基本规则。财政政策的任务主要是规定出明确的财政作用的方向和若干的工作界限，一方面将国家在一定时期内的总目标、总策略具体化；另一方面又对财政工作部门制定工作规划、组织具体活动起到统领、指导和约束作用。（4）财政政策以一定的财政经济理论为决策依据。财政政策目标的确立，财政政策手段的选择，以及行动规则和措施的确定，无不以国家对财政经济运行规律的认识和对特定经济背景的分析为前提，国家对某一财政经济理论的赞同和青睐必然导致特定的政策选择，引申出相应的政策主张。

财政政策目标和财政政策手段是构成财政政策的基本要素。由于一定时期的财政政策目标是多重的，财政政策手段是多种多样的，因此，财政政策的内容也有多项。

根据财政政策调节经济周期所要实现的稳定目标，可选择的财政政策类型有自动稳定的财政政策和相机抉择的财政政策。自动稳定的财政政策能够根据经济波动情况自动发生稳定作用，具有内在的、自动的稳定功能；相机抉择的财政政策需要借助外力才能对经济产生调节作用，是政府根据不同的经济形势、利用一些财政手段有意识干预经济运行的行为。

按照财政政策作用的不同方面，即把财政政策本身的内容与对经济运行状态的影响结合起来进行分析，可将其分为总量调节政策、结构调节政策。总量调节政策是通过调整财政收支及其总量对比关系实现社会总供求平衡的政策；结构调节政策是通过调整财政收支结构及其他措施影响社会供求结构的政策。

按照财政政策手段，财政政策可分为税收政策、公债政策、投资政策、补贴政策、公共支出政策、预算政策等。其中，各项政策又可以进一步分类，如税收政策按其内容不同可分为总体税负政策、税负结构政策、税收行政政策；预算政策按照预算收支的不同对比状态可分为扩张性政策、紧缩性政策和中性政策，或赤字预算政策、盈余预算政策和平衡预算政策等。

此外，财政政策还可以按照作用的范围分为一般政策和个别（特殊）政策；按适用的时间分为长期政策、中期政策和短期政策等。

（二）财政政策演进的历史轨迹

国家有意识地采取财政措施以达到特定的目标，已有相当长的历史。如中国古代的“藏富于民、轻徭薄赋、取之有度、用之有节”的思想，以及“均输、平准”措施和“量入为出”“量出制入”原则等。这些财政政策思想迄今仍闪烁着光辉。但由于在自然经济条件下，财政对经济生活的影响范围有限，所以财政政策目标单一、手段简单，其作用的范围和深度都有其局限性。

资本主义国家的财政政策理论与实践也经历了一个发展变化的过程。在自由资本主义阶段，国家奉行自由放任的经济政策，一般不干预经济活动。与之相适应，这一阶段的财政政策是尽量减少税收和支出、平衡预算、少发行或不发行公债。资本主义进入垄断阶段后，尤其是20世纪30年代波及整个西方世界的经济危机打破了经济可以自行调节保持平衡的神话。在这种背景下，西方国家逐步放弃自由放任的经济政策，开始利用国家的力量干预经济过程，财政政策自然成为国家干预经济的重要工具。凯恩斯学派的经济理论和财政政策占据了统治地位。

凯恩斯学派的财政政策是建立在有效需求理论基础之上的。该理论认为，经济衰退、就业不足的根本原因在于有效需求不足，而有效需求不足又是由边际消费倾向递减、预期利润率下降、货币的灵活偏好三大心理因素造成的。要刺激经济回升，保持经济繁荣，就要增加有效需求，而在私人部门投资和消费需求不足的情况下，政府应担当起这一重任。据此，凯恩斯提出了减少税收以刺激私人投资和消费，增加政府支出以增加政府需求，大量举债以弥补财政赤字为主要内容的赤字财政政策，即扩张性财政政策。凯恩斯学派的经济理论自20世纪30年代开始，尤其是“二战”以后，为许多资本主义国家政府所接受，其财政政策主张也被广泛采纳。进入20世纪70年代以后，凯恩斯学派的政策主张的严重后遗症促使西方各国政府纷纷调整其财政经济政策，供给学派、货币学派、新古典综合派和理性预期学派等一起对西方国家的财政经济政策产生了重大影响，比如以汉森为代表的新古典综合派提出了补偿性财政理论与政策，认为有意识地采取从当时经济状况的反方向调节经济景气变动幅度的财政政策，即可达到经济稳定增长的目的，并且不会造成过重的财政负担，因为政府可以用经济繁荣时期的财政盈余弥补经济萧条时期的财政赤字。

（三）财政政策调控目标

财政政策调控目标是指国家通过运用财政政策工具所要实现的经济社会协调运行的目的，它构成财政政策的核心内容，是财政政策的主导方面。财政政策调控目标的确定因不同国家不同时期而异。资本主义国家的财政政策调控目标经历了一个由财政目标到经济目标，由单一内容到多元内容的变化过程。自由资本主义时期的财政政策是尽可能减少干预的“廉价政府”政策，当时的政策目标是一元的，即财政自身平衡。垄断资本主义国家的财政政策是广泛干预、积极调节的政策，政策目标趋于复杂。20 世纪 40 年代中期，美英等主要资本主义国家政府把凯恩斯主义奉为制定财政政策的指导思想，以法律的形式宣称，谋求充分就业是政府的责任，这一时期财政政策目标是实现充分就业。20 世纪 50 年代末至 60 年代，主要资本主义国家出于对外扩张的需要，把经济增长视为主要的政策目标，认为只要经济增长了，就业问题就自然而然地得到解决。这种以经济高速增长为目标的财政政策却成为 70 年代经济“滞胀”的重要成因。此后，各主要资本主义国家纷纷对自己所信奉的经济理论和制定的经济政策进行反思，并以多元政策目标取代单一政策目标，这种变化既反映出资本主义社会中经济活动和各种矛盾的复杂性，又说明了单一政策目标的局限性。

我国的财政政策目标不是由财政本身的状况而定，而是由经济和社会发展的要求来决定，因此，我国财政政策目标是多元的。多元目标之间既有内在联系，又有层次之别，可分为最终目标和中间目标，最终目标即总目标，中间目标则为分目标，既服从于最终目标，又为实现最终目标创造条件。

1. 财政政策最终目标

确立我国财政政策的最终目标，首先必须明确社会主义经济的本质要求，即社会主义经济活动的根本目的。这个根本目的是各项经济活动的出发点和归宿，各种经济政策的目标都必须统一到这一根本点上，它自然也制约着财政政策的根本方向。社会主义经济活动的最终目的是在坚持以人民为中心的发展思想和不断运用先进科学技术提高社会生产力水平的基础上，最大限度地满足人民日益增长的美好生活需要，实现人的全面发展和全体人民共同富裕。而美好生活需要的满足程度，不仅取决于个人消费需求的实现，而且取决于社会公共需要的实现。这种公共需要的满足，综合表现为社会生活质量的全面提高，比如公共安全、环境质量、基础科学研究、普及教育等水平的提高。财政政策把满足人民日益增长的美好生活需要作为最终目标，既是社会主义经济本质属性的体现，也是因为公共财政能为高质量高水平美好生活需要的实现提供必备的物质条件。

2. 财政政策中间目标

（1）物价相对稳定。实现这一目标，是财政政策稳定功能的基本要求。物价相对稳定，就是把物价总水平的波动约束在经济稳定发展可容纳的空间，具体可以释义为避免过度的通货膨胀或通货紧缩。当需求过旺引发通货膨胀或需求不足引致通货紧缩时，需要采取调整财政收支的政策措施来调节社会总需求；而如果是由结构性摩擦造成的通货膨胀或通货紧缩，则必须从调整经济结构和消费结构着手采取相应的财政政策。总之，在财政政策目标的选择上必须充分考虑物价相对稳定，以消除经济发展中剧烈的波动隐患。

（2）收入合理分配。“吃大锅饭”的平均主义分配，抑制了劳动者的积极性，不利于经济的发展；收入分配不合理，贫富悬殊，又不利于社会经济的稳定。在社会主义市场经济下，同资源配置机制一样，应使市场分配起基础性作用，同时实施必要的政府调控。收入分配既要有利于充分调动社会成员的劳动积极性和创造精神，同时又要防止贫富悬殊和两极分化，实现共同富裕。因此，在财政政策的导向上存在着公平与效率的协调问题。税收负担的合理分配，建立完善的社会保障体系，是实现收入合理分配目标的关键点。

（3）经济适度增长。适度的标志是经济的协调、健康、可持续发展。长期以来我国财政政策都把经济增长作为主要目标，但过分、单一地强调增长也可能带来盲目追求高速度，忽视高质量发展的偏向。作为政府综合性经济调节手段的财政政策，其在制定和实行过程中，必须坚持统筹经济社会全面、协调和可持续发展的宗旨。在我国当前就是要统筹推进经济建设、政治建设、文化建设、社会建设和生态文明建设“五位一体”总体布局，统筹城乡发展、区域发展、经济社会发展、人与自然和谐发展、国内发展和对外开放。由此，财政政策在政策取向上注意处理好积累与消费、投资与储蓄、质量与结构、发展与稳定、局部与全局、当前与长远的关系，在经济增长的基础上保持收入适度增长，优化支出结构，促进经济增长方式转变，实现经济的高质量发展。

（四）我国财政政策的演变和改进

就我国情况而言，财政政策作为国家宏观经济调控的重要杠杆，在传统的计划经济和社会主义市场经济两种不同的经济体制下，它的内容和作用过程是不相同的。在传统经济体制下，财政政策对宏观经济的调节，采取大一统的形式，内容单一，基本上只是国民收入的统配计划。随着市场经济体制的建立，财政政策已不可能再用大一统的形式统揽国民收入的分配过程及整个国民经济活动，主要是通过各种政策手段来调节经济的运行。也就是说，市场经济的发展，不仅丰富了财政政策的内容，而且在一定程度上增加了财政政策运用的难度。

从新中国成立到1992年，我国的经济形态基本上属于计划经济。以1992年邓小平同志“南方谈话”为契机，我国确立了社会主义市场经济体制目标模式，市场经济体制改革全面展开，公共经济政策的制定和实施上升到了一个新层次，新税收制度和财政体制改革于1994年正式推行。但在这个时期经济高速增长、投资和消费需求持续旺盛、防止通货膨胀任务艰巨和国家财政困难加剧的情况下，为了保持社会总需求和总供给的基本平衡，财政政策仍然坚持从紧的原则。

值得一提的是，自1997年爆发亚洲金融危机后，面对变化了的国内外经济形势，我国于1998年推出了积极财政政策，标志着财政政策发生了根本性转变。积极财政政策的主要内容包括：增发国债，加强基础设施建设，重点投向农林水利建设、交通通信建设、城市基础设施建设、城乡电网改造、国家直属储备粮库建设等；为防范金融风险，国家财政向国有独资商业银行发行特别国债，充实银行资本金，提高资本充足率；通过调整税收政策以支持出口、吸引外资以及减轻企业负担；增加社会保障、救灾和科教等重点领域的支出等。综合起来，积极财政政策有两个突出特点：一是以政府投资为主拉动总需求；二是建设国债资金重点投向基础设施。积极财政政策的实施，对刺激需求、拉动经济增长功不可没。

我国在实行了七年的带有扩张性的积极财政政策之后，根据国民经济和社会发展的新形势，从2005年至2007年转向了以“控制赤字、调整结构、推进改革、增收节支”为主要内容的稳健财政政策，这可视作由扩张性财政政策向中性财政政策过渡的一种财政政策。

2008年国际金融危机爆发，为应对危机挑战，我国实施新一轮的积极财政政策，通过扩大内需和扩大投资、产业升级、提高人民生活水平等方面入手，采取了增发国债、结构性减税、扶持中小企业和服务业发展、扩大就业等财税政策，保持了社会稳定，促进了经济平稳较快增长。

2012年以党的十八大召开为标志，中国特色社会主义进入新时代，对财政的新定位是国家治理的基础和重要支柱，这就意味着财政政策的运作，除了服务于常规的宏观经济稳定目标之外，还必须在实现国家治理体系和治理能力现代化上发力。2012年至今，财政政策经历了三个阶段：第一阶段是延续之前的积极财政政策，但有相应的改进；第二阶段是党的十八届三中全会之后，积极财政政策有了新表现，特别是地方财政赤字和地方债发行正式登上舞台，财政风险的防范有了新内容；第三阶段是党的十九大之后，积极财政政策的力度越来越大，减税降费力度前所未有，财政政策与财税改革关联度越来越高，积极财政政策在实施中同时也是在推进财税改革，推动国家治理体系和治理能力现代化，推动我国经济在实现高质量发展上不断取得新进展。①

2021年是全面建设社会主义现代化国家新征程和“十四五”规划的开启

① 杨志勇：《新中国财政政策70年》，中国财政经济出版社2020年版，第205～232页。

之年，国家确定宏观政策调控的基本方针，是要坚持系统观念，科学精准实施宏观政策，保持宏观政策连续性、稳定性、可持续性，促进经济运行在合理区间。在区间调控基础上加强定向调控、相机调控、精准调控。在推进供给侧结构性改革的背景下，整体政策体系坚持把握好“宏观政策要稳、产业政策要准、微观政策要活、改革政策要实、社会政策要托底”的总要求。宏观政策要继续为市场主体纾困，保持必要支持力度，不急转弯，根据形势变化适时调整完善，进一步巩固经济基本盘。在财政政策上，继续实行积极财政政策，继续执行制度性减税政策，实施新的结构性减税举措，切实落实提质增效、更可持续的要求。① 财政政策改进和财政体制改革要贯穿“创新、协调、绿色、开放、共享”五大新发展理念，促进新发展格局的形成，在围绕加快培育完整内需体系、加快科技自立自强、推动产业链供应链优化升级、加快农业农村现代化和实现乡村振兴、改善人民生活品质、守住安全发展底线等方面做出更大贡献。

二、货币政策与宏观经济调控

（一）货币政策的含义

货币政策也称作金融政策，是指一国政府及中央银行为实现其特定的经济目标而采用的各种控制和调节货币供应量和信用量的方针、政策和措施的总称，是包括了多项具体政策的政策体系。货币政策的实质是国家运用金融工具调节货币供应量和市场利率，通过市场利率的变化来影响社会资本投资和总需求，进而影响宏观经济运行的基本方针及其相应的措施。货币政策调节的直接对象是货币供应量，即全社会总的购买力，具体表现形式为流通中的现金，个人、企事业单位在银行的存款等。

货币政策目标和货币政策手段构成货币政策的基本要素。货币政策目标的多重性和政策手段的多样性，决定了政策的多项内容。

从总量调节出发并且根据对总产出的影响，货币政策可分为两大类：扩张性货币政策和紧缩性货币政策。扩张性货币政策主要通过增加货币供应量和提高货币供应增长速度来刺激总需求，因此，当总需求与经济的生产能力相比很低，经济处于萧条时，使用扩张性货币政策是合适的选择，此时中央银行采取降低基准利率和存款准备金率等措施，由此扩大信贷规模和增加货币供给，刺激投资和净出口，扩大总需求。反之，当经济过热和通货膨胀率太高时，中央

① 李克强：第十三届全国人民代表大会第四次会议上的《政府工作报告》，新华网，2021 年 3 月 13 日。

银行采取提高基准利率和存款准备金率等措施，减少货币供给，以抑制投资需求和消费需求，减缓经济增长速度，并维持物价水平基本稳定，此为紧缩性货币政策。

根据货币政策制定和执行主体的宽泛情况区分，可分为狭义货币政策和广义货币政策。狭义货币政策是指中央银行为实现其特定的经济目标而采用的各种控制和调节货币供应量或信用量的方针和措施，包括信贷政策、利率政策和外汇政策。广义货币政策是指政府、中央银行和其他有关部门制定的所有有关货币方面的规定和采取的影响金融变量的一切措施。两者的区别主要在于，前者是中央银行在稳定的体制中利用贴现率、准备金率、公开市场业务达到改变利率和货币供给量的目标；而后者则包括了所有政策的制定者及执行者，采取的政策措施往往是影响金融体制的外生变量，改变金融运行规则是典型的做法，比如硬性限制信贷规模和信贷方向、开放或封闭金融市场等直接的管制，必要时也有道义劝告、窗口指导等软性的间接信用指导。

按照货币政策对经济运行状态产生的影响，也可以把货币政策区分为总量调节政策和结构调节政策。总量调节政策是通过调整信贷规模及货币总量实现社会总供求平衡的政策；结构调节政策是通过调整信贷结构、利率结构及资金流向等项措施影响社会供求结构的政策。

按照货币政策手段，货币政策可分为法定存款准备金率政策、再贴现政策、公开市场业务操作政策、补充性货币政策等。

（二）货币政策演进的历史轨迹

在西方国家，以 20 世纪 30 年代凯恩斯主义经济学产生为标志，才诞生了现代意义的货币政策。凯恩斯认为，国家的货币政策目标必须服从于有效需求管理的总目标——实现充分就业，所以，货币政策的实施应以达到充分就业为限，总体来看，货币政策的作用小于财政政策。“二战”以后，世界经济出现新格局，布雷顿森林体系形成，国际货币基金组织、世界银行、关贸总协定等世界性组织的成立，促进了经济的繁荣和发展，也促进了货币政策的理论研究和实践应用。20 世纪 50、60 年代产生的货币学派、新剑桥学派和新古典综合派，纷纷提出自己的货币理论和政策主张，特别是在货币政策最终目标方面，提出了多重目标论，包括稳定币值、经济增长、充分就业和国际收支平衡。货币政策在实施时，执行当局要视经济形势的需要突出重点、权衡主次，做到相机抉择。由此作出的政策选择是，在出现经济萧条或失业时，应实行扩张性的货币政策；在出现通货膨胀时，应采取紧缩性的货币政策。从实践结果看，货币政策在西方国家的经济发展过程中，虽然对解决失业和通货膨胀起到一定作用，但也有很大局限性，20 世纪 70 年代以后西方国家经济运行出现的“滞胀”状况，某种程度上昭示了西方国家货币政策难以奏效。

（三）货币政策调控目标

从上面的叙述可知，资本主义国家的货币政策调控目标经历了由单一目标到多元目标的变化过程。我国在从传统计划经济转向市场经济的进程中，货币政策目标也发生了从单一向多元的转变。

1. 货币政策最终目标

货币政策最终目标是中央银行通过调节货币和信用所要达到的宏观经济目标。货币政策作为国家经济政策的组成部分，如同财政政策一样，其最终目标与政府的宏观经济目标是一致的，即稳定物价、充分就业、经济增长和国际收支平衡。但是，各国中央银行最基本的职能无一例外都是调节货币供应量，维护币值的稳定，从这点出发，如果中央银行的货币政策与其他宏观经济政策完全一致，那么就会失去货币政策独立存在的必要。在货币政策与其他宏观经济政策的关系方面，大多数国家的中央银行都保持相对的独立性，在保证币值稳定的前提下，尽量与其他宏观经济目标保持一致。

正因如此，同一国家的货币政策在不同时期也有可能确立不同的最终目标。比如英国，在“二战”之后把充分就业作为货币政策的终极目标，相应采取较松的货币供应政策，刺激经济增长，从而带动就业的增加。直至20世纪70年代末，撒切尔夫人的保守党政府执政以后，执行货币主义学派的政策主张，把反通货膨胀确定为货币政策的终极目标。美国货币政策的终极目标在不同时期也有所侧重，1929～1933年世界性经济危机以后，美国罗斯福政府执行凯恩斯主义的政策主张，实行宽松的财政和货币政策，刺激有效需求，增加就业机会，以带动经济增长。但在80年代以后，为抑制通货膨胀，多届美国政府采取紧缩性货币政策，通过提高利率控制货币供应量的增长。而在2008年世界性金融危机爆发之后，为刺激经济复苏，美国包括许多西方国家转而采取宽松的货币政策，即所谓量化宽松（EQ）的货币政策。

我国1993年出台的《国务院关于金融体制改革的决定》中，把货币政策的最终目标规定为：“保持货币的稳定，并以此促进经济增长”。在1995年3月第八届全国人民代表大会第三次会议上通过的、后于2003年12月经第十届全国人民代表大会常务委员会第六次会议通过修订后的《中华人民共和国中国人民银行法》中，以法律的形式确定了“货币政策目标是保持货币币值的稳定，并以此促进经济增长”，为我国央行按这一目标制定和实施货币政策提供了法律依据。

2. 货币政策中介目标

中央银行为了实现货币政策最终目标而设置的可供观察和调整的指标，称为货币政策的中介目标。设置中介目标的原因在于，要实现最终目标，可能需要经历相当长的时间，这样，如果不能根据经济形势变化及时跟踪最终目标和校正货币政策工具，就不能达到理想的政策调节效果。为此，就需要中央银行设置一些可与最终目标高度相关的，并且能在短期内显现的、对政策变量进行调整的指标，作为操作货币政策工具时用于观测和控制的标的。而货币量、利率等指标既与最终目标关系密切，中央银行又能直接控制，通过观测和控制这些指标，就可以不偏离和更好实现最终目标。

一般来说，货币政策中介目标有：

（1）利率。它能作为货币政策中介目标是因为：可控性强，中央银行可直接控制再贴现率调节市场利率的走向，把它作为政策变量来影响总需求和经济发展；可测性强，央行在任何时候都能观察到市场利率的水平及结构；相关性强，市场利率作为经济的一个内在因素，总是随社会经济的发展状况的变动而变动。

（2）货币供应量。货币供应量作为中介目标的理由在于：一是就可测性而言，该指标随时反映在中央银行的负债和商业银行及其他金融机构的资产负债内，可进行量的测算和分析。二是就可控性而言，组成货币供应量一部分的通货直接由央行发行并进入流通，其可控性最强，而另一组成部分的各种存款货币则是商业银行和其他金融机构的负债，央行通过控制基础货币也能间接地进行控制。三是就相关性而言，一定时期的货币供应量代表了当时社会的有效需求量和整个社会的购买力，直接影响着货币政策目标的实现。因此，货币供应量与货币政策最终目标之间存在着紧密的联系。

（3）基础货币。基础货币又称作强力货币或高能货币，由各商业银行的存款准备金和流通在银行体系以外的现金所构成。基础货币能成为货币政策中介目标的理由是：第一，它作为货币供应量伸缩的基础，对中央银行来说，它比货币供应量更容易控制。第二，它的变化也可以在一定程度上反映货币政策终极目标的变化，例如，当实行扩张性货币政策时，就要放松银根，增加基础货币供应，通过乘数作用成倍地扩张整个货币供应量，从而达到刺激需求和经济增长的目标；反之，当实行紧缩性货币政策时，则抽紧银根，收缩基础货币供应，通过乘数作用成倍地缩减整个货币供应量，从而达到抑制需求和经济增长速度、稳定物价的目标。因此，中央银行通过对基础货币的控制就可以左右货币供应量，进而实现货币政策的终极目标。

（四）我国货币政策的演变和改进

我国在计划经济时期，国民经济运行均要服从于国家统一计划的安排，作为中央银行的中国人民银行，除了掌管货币发行权之外，还兼有一般银行业务，集中央银行和商业银行双重身份于一身，事实上难以完全胜任货币政策制定者和执行者的职责。

从改革开放初期到20世纪90年代初期，中国经济在高速增长的同时，也出现有效供给不足，国家启用较为宽松的货币政策，配合财政政策着眼于影响总供给，这一时期的货币政策有两个突出特点：一是由于政策协调的外部环境尚不完善，还需运用行政性手段来完成政策实施；二是政策实施以直接调控为主，很少采用金融中间变量来间接影响经济主体，也没有更多的多元化货币政策搭配，政策协调的效果不佳。

中国人民银行逐步取消一般银行业务而成为国家中央银行，从而真正担负起制定和贯彻货币政策的职责，是从转向市场经济模式开始的。1994年实行外汇体制改革，使得货币政策开始考虑开放经济条件下的新问题。1995年通过《中国人民银行法》，使货币政策制定进一步得以独立，政策调控手段多样化配合、调控技巧改善、驾驭宏观经济能力显著提高。

从1997年开始，我国经济发展逐渐从资源约束过渡到需求约束，有效需求不足成为经济调控的新问题，加之亚洲金融危机的影响，货币政策由适度从紧转向“稳健”，通过多次降低存贷款利率和存款准备金率，不断增加货币供应量，并在1998年初取消国有商业银行的贷款规模限制，为建设项目和企业提供流动性和信用支持，以带动有效需求的提高。这一时期我国首次面临现代意义上的经济周期低谷，有效需求不足与结构性供给不足的矛盾交织，既为货币政策协调提供了创新的背景，也增加了政策操作的难度。

21世纪伊始，我国经济形势再次发生变化，出现了通货膨胀压力加大、信贷和投资增长过快等问题。基于对较大通胀压力的担忧，稳健货币政策的内涵开始发生变化，最终确定“稳中适度从紧”的政策思路，央行多次上调存款准备金率，提高贷款利率，旨在适当回收流动性和控制货币供应量。然而，2008年突如其来的世界性金融危机，逼迫我国宏观调控策略迅速转型，2009年和2010年，实行了宽松和适度宽松的货币政策。

进入中国特色社会主义新时代以来，面对经济形势的变化，我国政府沉着应对、精准施策，在保持政策连续性和稳定性的同时，对货币政策进行预调微调，以增加政策的针对性和有效性。10年间，我国实行稳健的货币政策，政策重点主要是：根据经济金融运行总体情况，综合利用利率、汇率、公开市场业务、存款准备金率等多种政策工具，按照总量适度、审慎灵活的要求，调整好货币信贷供给，保持社会融资规模的合理增长；着力优化信贷结构，更好地服务实体经济发展；加大金融改革力度，深化金融机构改革，推动金融市场规范发展；加强系统性风险检测、评估和处置，维护金融稳定，切实防范经济金融风险；加强金融法制建设，扎实推动金融服务现代化，全面提升金融服务和管理水平等。采取的主要改革措施是：提高中央银行政策决策独立性，增强央行宏观调控能力；综合利用存贷款基准利率、法定存款准备金率、货币发行量、公开市场业务等政策工具，加强流动性管理，保持流动性水平适度；深化市场体制改革，促进形成合理、稳健的货币需求，增强货币政策的针对性和有效性；稳步推进金融企业改革，深化国有商业银行股份制改革，在放松对商业银行信贷规划的约束和控制的同时，强化内部控制和风险防范机制，确保新体制新机制有效运行等。

特别值得一提的是，2020 年面对突如其来的新冠肺炎疫情、世界经济深度衰退等多重严重冲击，我国根据统筹推进疫情防控和经济社会发展的需要创新宏观政策实施方式，在货币政策总体稳健的前提下，确定了“稳健的货币政策要灵活精准、合理适度”的方针，提出要“把服务实体经济放到更加突出的位置”，“货币供应量和社会融资规模增速与名义经济增速基本匹配，保持流动性合理充裕，保持宏观杠杆率基本稳定”，相应采取支持银行定向增加贷款并降低利率水平、对中小微企业贷款延期还本付息、增加大型商业银行普惠小微企业贷款、加大再贷款再贴现支持普惠金融力度、金融系统向实体经济大额让利等“适度宽松”的措施，稳住了经济基本盘，促进了经济持续健康发展，也积累了宏观调控新经验。①

三、产业政策与宏观经济调控

（一）产业政策的内容

在国民经济宏观经济政策中，产业政策是最重要的宏观调控杠杆之一，它对国民经济供求总量及结构都有重要的调节作用。产业政策是一个复杂、多层次且统一完整的政策体系，主要内容包括：

1. 产业结构政策

产业结构是指社会生产各产业间的关联方式和量的比例关系，反映了一国的资源分配结构或产品供应结构。与此相应，产业结构政策便是政府根据产业结构发展变化趋势而采取的调节产业结构内部比例关系，促进产业结构优化升级，实现产业结构合理化、高级化的一系列政策措施。

所谓产业结构合理化和高级化，是指产业间资源配置、供给结构等所产生的有利于整体经济效益提高的结构性变化。比如，三次产业结构的优化、

① 李克强：第十三届全国人民代表大会第四次会议上的《政府工作报告》，新华网，2021 年 3 月 13 日。

基础产业重型化和加工工业高度加工化等。在合理化和高级化过程中，产业结构转换能力至关重要，能对产业结构优化升级及整体经济发展水平产生直接的影响。

2. 产业组织政策

产业组织是指同一产业内部各企业间在进行经济活动时所形成的相互联系及组合形式。由于产业组织形式对资源利用效率及产出效益有直接的影响，因而利用经济政策改善产业组织，并借此达到资源有效利用，收益公平分配等经济政策目标，便成为执行产业组织政策的基本目的。因此，所谓产业组织政策，也便是政府为实现这一目的而对某一产业或企业采取的鼓励或限制性的政策措施。同时，因一般认为良好产业组织的形成需以市场结构合理、竞争适度为条件，因而，产业组织政策也被称为禁止垄断政策或促进竞争政策。

产业组织政策的主要内容包括两方面：（1）充分利用规模经济。规模经济是指产品产量处在适度规模时因单位产品费用水平相对下降而获得的经济利益。规模经济利益的取得，须借助于运用经济政策的力量，对经济规模的形成适时引导才能实现。（2）促进有效竞争。有效竞争是指企业间通过提高质量、降低价格、提供优质服务等正当竞争手段而进行的有利于增进社会福利的竞争，是相对于无效竞争而言的。产业组织政策的实施，就是要限制无效竞争，促进有效竞争，从组织上保证资源的充分利用。

3. 产业关联政策

产业关联政策并不像产业结构政策、产业组织政策那样是反映产业政策某一特性，并有自身实质内容的政策概念，而是指与产业结构政策、产业组织政策相配套使用的其他辅助性政策的总和，主要包括产业联系政策、产业布局政策、产业技术政策、环境政策等，是完整的产业政策必不可少的组成部分。

4. 产业政策手段

产业政策手段是指为实现产业政策目标而对经济活动主体采取的各种鼓励与限制性的措施，是产业政策得以实施的保障。政策手段主要有：（1）经济立法，如各种有关鼓励、限制产业发展的法令、法规等；（2）行政指令，如对某些商品价格的确定，某些企业的关、停、并、转等；（3）窗口指导，如政府设计的产业政策构想、通报政策的意向、“道义劝告”等；（4）经济政策，如财政政策中的税收减免、财政补贴，金融政策中的低息贷款、信贷配给、外汇管制等。

（二）产业政策的特点

（1）赶超性强。实施产业政策的目的，是通过符合经济发展规律的产业政策的实施，使国民经济结构迅速改善，从而使某些产业得到跳跃式发展，为实现幼稚产业茁壮成长和发展壮大战略性新兴产业，实现经济的跨越式发展提供可能。

（2）间接性引导。就产业政策本身而言，它提供一个产业发展的方向，其对产业结构、产业组织的影响和引导是通过财政、金融、价格等政策的配套实施，通过经济杠杆作用而间接达到的。

（3）连续性和长期性。产业政策是国家经济发展战略的具体化，具有经济发展战略的多重性质，因此，是经济发展过程中较长时期连续实行的经济政策。

（4）时滞较长和风险性较大。产业政策的作用对象主要是产业结构、产业组织，而产业结构、产业组织一旦形成就具有极强的刚性，要改变既有状况，只有对既有产业结构重新调整，对产业组织重新改组才能办到，这需要耗费大量人力、物力和时间才能完成，因而受到人、财、物等各方面因素的制约。因此，就产业政策来说，政策实施时滞、政策效果作用时滞都相当长。另外，由于产业结构调整刚性的制约，产业政策一旦失误，其危害作用也将长时间滞留，清除危害也会异常困难。因而，科学精准制定产业政策对于政府决策和执政能力是极大的考验。

（5）以结构性调整为主。产业政策主要是通过资源存量的调整和增量投向的改变而实现对经济发展及供求关系等的调节，存量的调整会引起资源配置供给结构的变化，而增量投资在各产业间比例的不同同样会有相同的作用，因而，产业政策调节手段以结构性的居多。

（6）侧重对供给侧的调节。新兴产业的形成、产业结构的转换，或通过增量投资来完成，或通过存量调整而实现，虽然在建设或生产期间因社会需求增量的改变会对需求总量或结构产生极大影响，但从长期来看，对国民经济产生更大作用的还是新兴产业形成或产业结构转换后对社会供给产生的影响。因而，相对于财政、货币等主要影响社会需求的政策来说，产业政策更侧重对供给侧的调节。

（三）产业政策的调节作用

1. 改善产业结构，促进经济发展

各国的经济发展实践都表明，经济发展数量增长和结构转换之间有着比较稳定的内在联系。人均收入达到某种水平应有什么样的产业结构，或者产业结构转换到一定高度应有什么样的人均收入水平，都有一定的量的比例关系。而这一经济发展规律的存在，就为后进国家通过产业政策的实施，适时促进产业结构转换及高级化进程、促进经济发展、跳跃式赶超先进国家提供了可能。

2. 合理配置资源，促进经济效益提高

优化产业结构的目的，是要实现产业结构高级化和产业组织合理化，而产业结构的每一次进步，产业组织的每一次改善，都意味着资源配置合理化程度的提高，而资源配置合理和资源利用效率的提高，正是提高社会总体经济效益的有效途径。

3. 调整社会总供求，稳定经济发展

在经济发展中，只有供求总量及结构相互适应，才能避免经济大起大落，实现经济稳定及长远协调发展。而这就需要利用产业政策来加速生产要素的合理流动，优化资源配置，促进供给结构改善和有效供给总量增加，更好地满足社会需求。

（四）我国产业政策的改进

新中国成立之初，经历了三年国民经济恢复时期，把恢复和发展生产作为中心任务，迅速实现了国家政权对国民经济的全面控制。“一五”计划时期，在产业政策上，推行优先发展重工业的经济起飞方式和经济赶超战略，到第一个五年计划完成时，初步建立起了相对独立和较为完整的工业体系和国民经济体系。此后进入大规模经济建设时期，持续实行优先发展重工业和基础工业的产业政策，到改革开放之前，我国经济结构发生了质的跃迁，从传统的农业国进入各种产业较为完备的工业国发展阶段，但在这一时期，也出现了产业结构不够合理和国民经济基本比例关系失调的问题。

自实行改革开放到20世纪90年代初，是从计划经济体制逐步向市场经济转变的探索时期，在产业政策上开始由重点发展重工业和基础工业向国民经济各部门协调发展转变，改变长期以来通过工农业价格“剪刀差”支持工业发展，调整“重生产、轻流通、轻服务”的政策，大力发展农业和第三产业，第二产业调整内部结构，重视轻工业和新兴产业发展。

我国自确立经济体制改革的市场经济模式之后，市场机制逐步取代计划机制成为在经济资源配置中起决定性作用的机制，有力促进了经济发展的现代化进程，工业体系加快结构调整和优化升级，国民经济走上良性循环的新发展道路。产业政策配合国家总体经济建设目标和国际环境的变化，以改善经济结构、促进经济持续健康发展为宗旨进行调整和优化，采取的主要政策措施是：加大对新兴产业和技术产业的扶持力度，加大对衰退产业和落后产能的淘汰力度；扶持重大技术装备国产化和高技术产业化项目，严格控制一般性加工工业项目，制止低水平重复建设；稳步推进国有企业改革，推动企业联合重组，调整国有经济布局等。

进入新时代，我国产业政策总目标是按照产业结构优化升级的要求，着重缓解和消除发展的瓶颈制约，增强自主创新能力、产业竞争力和产业间的协调性。政策重点是：着力突破制约产业转型升级的重要关键技术，精心培育一批战略性产业，支持重点企业技术改造；加快发展生产性服务业和生活性服务业，加强基础产业和基础设施建设；全面加强节能、节水、节材和资源综合利用工作，突出抓好节能减排、生态环境保护重点工程建设；坚持以信息化带动工业化，以工业化促进信息化，走一条科技含量高、经济效益好、资源消耗低、环境污染少、人力资源优势充分发挥的新型工业化路子；加快科技进步和信息技术应用，提高资金投入产出率，提高能源、原材料利用率，改造传统产业，降低生产成本，减少资源占用和消耗；推行清洁生产、文明生产方式，发展绿色产业、环保产业，加强环境和生态保护，逐步实现经济持续发展、社会全面进步、资源永续利用、环境不断改善、生态良性循环的目标。

四、就业政策与宏观经济调控

（一）就业政策的内容

就业政策主要包括两方面的内容：

1. *新生劳动力的初次就业*

新生劳动力指初次面临就业的各类有关人员，包括由于某种原因未能继续升学而直接进入求职大军的青年劳动力、达到劳动年龄的学校毕业生、初次求职的进城务工人员等。

新生劳动力就业是社会经济发展的必要保障因素。在劳动力供给达到一定的均衡状态时，社会上必须要有一定的新生劳动力储备，以便能够满足随着未来新产业新业态而出现的劳动力新需求，否则将不能从劳动力供给上支持新产业新业态的发展，从而影响整个社会经济的发展。但在现实中，新生劳动力也会由于多种方面的原因面临就业困难，这主要是：宏观经济形势滑坡，有效需求不足，就业机会较少，使劳动力供给大于需求；人口过度膨胀，经济发展不能提供与过剩劳动力等量的就业机会，造成劳动力供给过剩；新生劳动力素质低下，不能适应用人单位的录用标准，使新生劳动力难以获得就业岗位。

2. *失业人员再就业*

所谓失业是指劳动者由于某种原因失去了原有的职业。对于劳动者个人来说，失业的严重性在于失去工薪收入，严重影响生活依赖的物质来源，导致生活贫困。对于社会来说，严重的失业现象直接成为社会的不安定因素。对于国家来说，失业率过高反映的是劳动力供给与需求严重失衡，表明社会经济发展出现了严重问题。因此，解决失业人员的再就业问题，既是就业政策的一项内容，也是就业政策的目标之一。

（二）就业政策演进的历史轨迹

失业是伴随着资本主义产生才出现的社会现象。资本主义国家失业产生的根本原因，是资本主义生产方式的基本矛盾，即生产的社会化与生产资料的资本主义私人占有之间的矛盾冲突所致。严重的失业会引起剧烈的社会动荡，为了解释并缓解失业问题和就业波动的困境，于是就有了就业理论的探讨和就业政策的制定。

在资本主义制度萌芽与兴起时期，重商主义者产生国家干预经济的就业理论，但在这个时期所探讨的问题根本不存在根除现存失业，而只是如何创造新的就业机会。盛行于19世纪末至20世纪初的新古典经济学派认为，只要解决了劳动力市场竞争不充分的问题，形成了一个均衡的市场，就没有资源被闲置或被浪费，就会实现“充分就业”。随着资本主义经济危机的频发，西方国家的经济学家开始基于供给和需求关系对失业问题进行讨论，凯恩斯在20世纪30年代大危机后，建立了一套完整的国家干预理论，主张国家采取扩张性经济政策刺激有效需求扩大，带动就业增加和经济复苏，即便出现高通货膨胀也在所不惜。形成于20世纪60年代的人力资本理论提出，劳动力市场政策必须由“消极”转向“积极”，即从以保障失业者的生活目标转向充分开发利用劳动力资源为目标，用人力资本，即人力政策解决失业与职位空缺的矛盾。20世纪70年代以后，随着“滞胀”问题的出现，新自由主义思潮开始崛起，就业理论不仅存在于市场和政府两种力量的碰撞之间，更是随着后凯恩斯主义经济学派对劳工市场技术结构和部门结构进行分析，其研究视角逐渐地从宏观转向微观，从重视总量分析转向重视结构分析，呈现出就业理论的“重心”下移的趋势。

从就业政策演进的基本脉络来看，近百年来西方国家主要是基于宏观需求管理的思路来制定就业政策，以刺激总需求的政策手段运用，拉动经济增长和维持一定的就业水平。然而，过于关注产出宏观需求管理而忽视以人为本的就业需求特殊性，过度倚重市场机制引导就业的自发作用而淡化政府就业政策的指导和调节作用，不能有效解决失业问题和实现充分就业。

（三）就业政策目标和实施手段

就业政策的最终目标是消除失业，实现充分就业，实现社会稳定和经济发展。消除失业并不是达到零失业状态，而是消除非自愿失业，充分就业也并非完全就业，而是保持在社会可容忍的失业率之下的就业。因此，政府在某个时期确定的失业率，就成为衡量就业政策目标实现与否的一个基本标准。

促进经济社会的快速协调发展，是实现充分就业的根本手段，这是因为经济社会持续健康发展，带来新产业新业态不断涌现，促进经济结构优化升级和社会结构更加完善，这就为扩大就业提供了更多机会和扩展的空间。

就业政策具体实施手段是多元组合，主要包括：加强对重点群体就业的扶持，鼓励创业促进就业，加强职业技能培训，健全人力资源市场和完善公共就业服务体系，发挥失业保险对促进就业的作用，推进就业登记和失业监测制度建设，完善就业法规法制建设等。

（四）我国就业政策的演变和改进

我国党和政府始终坚持人民利益至上的理念，高度重视就业问题。新中国成立初期，就业政策立足于巩固新生政权和进行社会主义改造，以稳定就业为目标，从分散管理逐步迈上集中调配的轨道。1956 年，在“三大改造”[①] 基本完成以后，我国确立了使全体劳动者实现“全面就业”的目标，制定了“统包统配”的就业政策，呈现出鲜明的计划性特点。在计划经济时期，由于城乡二元结构及户籍限制，使大量农村劳动力滞留在农村，城镇居民通过统包就业政策的安排，尚能在低工资待遇下实现就业，没有发生大量的显性失业，失业矛盾并不突出。

实行改革开放之后，党和政府根据经济结构、产业结构和就业方式的变化，改革传统就业体制，陆续制定了“劳动合同制”“再就业工程”等保障就业政策，就业政策体现出统筹性、多元化、市场化的特征。20 世纪 80 年代之初，制定了“在国家统筹规划和指导下，实行劳动部门介绍就业、自愿组织起来就业和自谋职业相结合”的就业方针。2007 年 8 月，我国颁布实施了《就业促进法》，正式将积极的就业政策以法律形式确定下来。2009 年末又强调提出：要把扩大就业作为保障和改善民生的头等大事，把促进就业放在经济社会发展的优先位置。2012 年 1 月，我国发布了《促进就业规划（2011 ~ 2015 年）》，规定了促进就业的指导思想、基本原则、主要任务和保障措施。

党的十八大以来，我国实施就业优先战略，坚持以回应民生期盼、化解民生难题、谋求民生福祉为导向，以保障和改善民生为根本，以维护社会稳定为前提，以实现更高质量和更充分就业为目标，强调要“努力让劳动者实现体面劳动、全面发展”，确定了“劳动者自主就业、市场调节就业、政府促进就业

---

① 1953 ~ 1956 年，我国对农业、手工业和资本主义工商业进行了社会主义改造，农业和手工业采取建立生产合作社的方式，对资本主义工商业的改造实行公私合营的形式。

和鼓励创业”的就业方针，使我国就业政策朝着实现更高质量和更充分就业的新目标迈进。按照这一目标要求，党和政府明确将就业作为扶贫脱贫的重要手段、供给侧结构性改革的重要保障、新业态发展的重要动力，从而使就业政策获得了新定位。

近年来，我国坚持积极就业的政策，加强实施就业优先战略，把“稳就业”“保就业”置于做好“六稳”工作和落实“六保”任务之首，坚持经济发展就业导向，支持和规范发展新就业形态，将就业创业工作纳入政策范围体系，支持大众创业万众创新带动就业，做好高校毕业生、退役军人、农民工等重点群体就业工作，努力扩大就业容量，提升就业质量。推出一系列完善残疾人、零就业家庭成员等困难人员就业帮扶政策，完善公共就业服务体系，促进失业人员再就业，就业结构显著优化。“十三五”时期我国城镇新增就业超过6000万人，建成世界上规模最大的社会保障体系，在各种巨大冲击下保持住了就业大局稳定和社会安定。

第三节 公共经济政策与宏观经济调控（下）

一、国民收入分配政策与宏观经济调控

（一）国民收入分配政策分类

国民收入分配政策，是政府根据客观经济规律及国民经济具体情况的要求，为了达到均衡社会供求关系、优化资源配置等经济目标而制定的，用于约束和规范国民收入分配活动的基本准则。

在不同类别的国民收入分配政策的作用下，国民收入分配所形成的社会供求对比状态是不相同的，因而就要求正确把握国民收入分配政策的类别及其特有的功能，以便在不同情况下正确选择和使用不同类型的国民收入分配政策。按照不同的分类方法，国民收入分配政策有以下类型：

1. *总量政策*

按总量政策分类，分为扩张性国民收入分配政策、收缩性国民收入分配政策、均衡性国民收入分配政策。

扩张性国民收入分配政策，是指政府为了扩张一定时期的社会需求，采用各种方式使当年国民收入分配额超过当年国民收入产出额的分配政策。这种政

策主要是在社会总需求小于社会总供给的情况下，通过刺激社会总需求，起到均衡社会总供求的目的。其主要实现方式有：一是动用历年结余和储备资金。历年结余和储备资金是以前年度创造的国民收入，当动用行为发生时，就意味着当年的国民收入分配额超过了当年的国民收入产生额，实现了国民收入超分配，并通过对处于储存状态的货币支用，增加了即期流通中的支付手段，扩张了有效需求。二是举借外债。举借外债意味着同期外国资金的流入，由于外债并非当年国内净产值，而是对未来生产成果的提前使用，因而也是实现国民收入超分配的一种途径。以上两种方式尽管属于当年国民收入超分配范畴，但其增加的货币需求一般都有相应的商品供给保证，因而对需求扩张的作用有限。三是财政性货币发行。当为了弥补财政赤字及其他非经济性因素，而不是适应商品流通的正常需要而增发货币时，就会产生较强的国民收入超分配效应。因为增发货币增加了价值形态的国民收入和流通中的支付手段，既扩张了社会有效需求，又有可能造成当年分配的国民收入价值量超过当年产出的国民收入实物量即社会有效供给，造成国民收入超分配。由于这个方式较之其他方式对需求更具有膨胀能力，因而它也是实现扩张性国民收入分配政策最常用的手段。四是信用膨胀。中央银行通过降低存款准备金率和贷款利率、增加贷款额度等手段，可以增加流通中的派生存款、扩大信用规模，扩张社会需求，实现国民收入的超分配。

收缩性国民收入分配政策，是指政府为了收缩一定时期的社会需求，采取各种方式使当年国民收入分配额小于当年国民收入产出额的分配政策。这种政策的功能主要是抑制和收缩社会有效需求，因而在社会总需求大于总供给，市场商品紧缺，购买力过剩时实施这种政策，可以使部分购买力退出流通，抑制社会需求扩张，促进社会供求总量均衡和经济稳定发展。其实现方式主要有：一是金融紧缩，包括实行严格的贷款限额制度、提高存贷款利率等，以鼓励储蓄，抑制即期消费和投资需求，减少流通中的支付手段。二是财政紧缩，包括提高总体税负，压减财政支出，实现财政盈余，以压缩企业、个人及政府的投资及消费需求，形成供给相对宽余或需求相对萎缩的对比状态。

均衡性（也称平衡性）国民收入分配政策，是指国家为了维持社会总供求的均衡状态，采取各种方式使当年国民收入分配额与当年国民收入产出额大致相等的分配政策，可视为一种中性政策。这种政策对社会供求关系的既定格局起维持和平衡的作用，一般是在社会供求总量基本均等的格局下采用。

2. 结构政策

按结构政策分类，分为高积累低消费政策，低积累高消费政策，积累消费同步增长政策。

高积累低消费政策一般是在消费需求过分膨胀的情况下，通过提高国民收入分配结构中积累基金的比重，降低消费需求，带动经济发展速度所采取的分配政策。其政策内容包括三个层次：其一，在国民收入分配的总体结构中提高积累率，降低消费率；其二，在积累基金中，提高生产性积累率、降低非生产性积累率，以满足扩大生产能力所必需的物质条件；其三，在生产性积累基金中，提高生产资料生产的积累率，降低消费资料生产的积累率。实现方式主要有：第一，提高税负水平，增加财政收入，并且鼓励企业提高自有资金用于积累的比例，以减少国民收入向个人转化份额；第二，调整财政支出结构，增加用于生产资料产业的政府投资份额；第三，提高储蓄存款利率，鼓励个人储蓄，并对企业贷款分行业实行差别利率，将投资吸引到生产资料部门；第四，采取发行专项债券的办法，实现消费基金向积累基金及积累基金内部的转化；第五，采取紧缩工资、奖金、减少个人转移性支付的办法，将国民收入的可支配部分用于积累。

低积累高消费政策一般是在投资需求过分膨胀的情况下，通过提高国民收入分配结构中消费基金的比重，降低积累基金的比重，进而增加消费需求，减少投资需求，增强总体消费能力，以均衡供求结构所采取的分配政策。其政策内容也包括三个层次：其一，在国民收入分配总体结构中提高消费率，降低积累率；其二，在积累资金中，提高非生产性积累率，降低生产性积累率，为满足增加的消费能力提供必要物质基础设施；其三，在生产性积累资金中，加大对消费品生产的投资比重，为消费的扩大创造物质前提。实现方式主要有：增加工资，增强个人消费能力；在财政支出中增加社会消费性支出，减少投资性支出；降低储蓄存款利率，减少债券发行量，增加即期消费性支付手段，鼓励即期消费；增加个人转移性支付及补助等。

积累消费同步增长政策，是指在即期需求总量一定的情况下，国民收入分配结构中积累与消费比例与上期保持同步增长，以维持需求结构中消费需求与投资需求原有比例的分配政策。这种政策对原有国民收入分配结构和由此形成的需求结构起维持作用而不是起调整重组作用，因而是在积累与消费比例大致协调、供求结构基本均衡的条件下采取的政策。

（二）国民收入分配政策调节

1. 总量政策调节

从总量角度分析，国民收入分配政策的调节主要有以下几种情况：

当社会总供给大于总需求、资源闲置浪费、购买力相对不足时，为了拉动有效需求，均衡供求总量关系，应当实行扩张性国民收入分配政策，以充分调动闲置资源，加速资金周转速度，实现经济充分发展。

当社会总供给小于总需求，市场商品严重短缺，购买力过剩时，为了抑制有效需求，实现社会供求关系的相对均衡，应实行收缩性国民收入分配政策，以缓解市场供求矛盾，实现生产按比例协调发展。

当社会总供给与总需求大致均等时，应当实行均衡性国民收入分配政策，以使这种均衡状态得以继续，促进经济社会均衡稳定持续发展。

2. 结构政策调节

从结构选择角度分析，国民收入分配政策的调节有以下几种情况：

当即时消费需求过旺，积累相对不足的情况下，应当实行高积累低消费政策，并且一方面要根据供给与需求结构失衡的具体情况，有针对性地调整积累资金的内部结构，将投资用于国民经济的短线部门和短线产品，以优化供给结构；另一方面，则要通过对即期消费需求的适当控制，使消费结构适应于供给结构、缓冲消费过度给积累结构带来的偏导效应。

当即期消费需求萎缩，积累率过高，生产资料产业盲目发展的情况下，应当实行低积累高消费政策，以刺激滞后的消费需求，抑制盲目的投资冲动；同时，在积累内部提高消费品产业所占比重，消除供给制约，使积累与消费之间的比例及由此形成的供给结构与需求结构相适应。

当积累与消费比例大致协调，供给结构与需求结构趋于均衡的条件下，应当实行积累消费同步增长政策，使既成的均衡格局得以继续维持。

3. 分配过程中的政策调节

国民收入分配全部过程可分为初次分配、再分配和最终分配三个阶段，因此，在国民收入分配过程中的政策调节和运用也可以分为三种情况：

（1）国民收入经过初次分配形成了国家、企业或集体、物质生产部门的劳动者个人的原始收入。初次分配直接关系到国家、生产单位和劳动者个人三方面的经济利益，并在很大程度上决定了积累与消费、供给与需求的比例。在国民收入初次分配过程中选择和运用政策调节时，首先要正确规定必要产品和剩余产品之间的比例，影响这一比例的因素主要有：国民收入的生产额、构成和增长速度，劳动生产率提高幅度和物质生产部门劳动者平均收入增长速度之间的对比关系等；其次要正确规定国家和生产单位间对剩余产品的分割比例；再次就是要正确制定适当的工资政策、价格政策、财政政策来保证上述两个比例关系的实现。

（2）国民收入再分配是在初次分配结果的基础上，各收入主体之间通过各种渠道实现现金或实物转移的一种再次分配过程，也是政府对生产要素收入进行再次调节的过程。再分配的形式主要有收入税、财产税、社会缴款、社会福利、转移收支等。在再分配过程中选择和运用政策调节的主要方式和手段有：①财政分配政策。通过财政预算，一方面以利润和税金的形式集中一部分国民收入；另一方面又把集中起来的国民收入通过财政补贴、支付非生产部门劳动者工资等形式分配到各部门各地区，以满足教科文卫事业发展、行政管理和国防、扩大社会生产等需要。②信贷政策。以偿还为条件，通过筹集社会闲散资金贷放给使用单位来实现对再分配的调节。③价格政策。国家通过指令性价格、指导性价格和市场调节价等多种价格形式，建立合理的价格体系，实现国民收入的再分配。此外，各种劳务付费、居民之间的馈赠、社会福利事业，也可影响国民收入再分配。经过国民收入的再分配，最后形成生产单位、非生产单位和居民的最终收入。

（3）国民收入最终分配是经过初次分配和再分配以后，最终分配到积累和消费两个方面。运用分配政策调节以实现国民收入最终分配结果的关键，是把握和协调好积累基金和消费基金的比例关系，使积累基金和消费基金的需求总额同国民收入供给总额相平衡，使积累和消费的价值形态与实物形态相适应，并安排好积累基金内部和消费基金内部的结构，以保证生产的不断扩大和群众生活水平的逐步提高。积累基金和消费基金的比例是国民经济中一个根本的分配比例，它体现全体社会成员的长远利益和目前利益、整体利益和个人利益、全局利益和局部利益的关系，同时，它与国民经济的其他重要比例，如生产资料生产和消费资料生产、工业与农业、必要产品与剩余产品等，都有着密切的联系。因此，协调好国民收入最终分配、处理好积累与消费的关系，才能做到既保证人民群众生活水平的不断提高，又保证生产建设的需要。

（三）我国国民收入分配政策改进

自新中国成立到改革开放之前，我国长期实行的国民收入分配政策基本上贯穿了一条重积累轻消费、重生产轻生活的方针，这是基于在尽短的时间内尽快建成独立和完整的工业体系和国民经济体系的发展战略的考虑，这样的政策方针和发展战略为我国奠定了坚实的经济基础，创造了快速发展的物质条件，但也带来了比例关系失调，经济结构失衡，人们生活水平较低，分配上的平均主义，劳动积极性得不到充分发挥等问题。

自改革开放以来，我国国民收入分配制度演变和政策改进，是循着市场经济体制改革的道路不断推进的。通过持续性改革，逐步打破了计划经济体制下僵化的收入分配制度，建立起了与社会主义市场经济体制相适应的按劳分配为主体、多种分配方式并存的分配制度，有效调整各种经济主体之间的利益关系，促进了经济社会平稳较快发展。

党的十一届三中全会提出要克服收入分配体制上的平均主义。随后在全国农村推行的家庭联产承包责任制，从根本制度上打破了平均主义分配体制。党的十二届三中全会之后，开始对企业和国家机关、事业单位的收入分配体制进行改革。20 世纪 90 年代我国确立社会主义市场经济体制模式以后，我国收入分配体制改革进入了一个全新的阶段，推动了国民收入分配制度不断完善。党的十四届三中全会作出的《中共中央关于建立社会主义市场经济体制若干问题的决定》明确提出：“建立合理的个人收入分配和社会保障制度”，“个人收入分配要坚持以按劳分配为主体、多种分配方式并存的制度，体现效率优先、兼顾公平的原则。劳动者的个人劳动报酬要引入竞争机制，打破平均主义，实行多劳多得，合理拉开差距。坚持鼓励一部分地区一部分人通过诚实劳动和合法经营先富起来的政策，提倡先富带动和帮助后富，逐步实现共同富裕。”党的十五大首次提出要把按劳分配和按生产要素分配结合起来，对生产要素参与到收入分配过程中这个理论命题进行了肯定，是对以按劳分配为主、多种分配方式并存的收入分配制度的具体阐释和发展。党的十六大进一步明确提出，在收入分配领域，要坚持“深化分配制度改革，健全社会保障体系”，“确立劳动、资本、技术和管理等生产要素按贡献参与分配的原则，完善按劳分配为主体、多种分配方式并存的分配制度”。确定多种生产要素按贡献参与分配的原则，是我国收入分配体制改革的重大突破。党的十七大报告提出，“初次分配和再分配都要处理好效率和公平的关系，再分配更加注重公平”，是对“按劳分配为主体、多种分配方式并存的分配制度”的坚持和深化。

然而，国民收入分配制度改革和政策改进，是一项艰巨的系统工程，长期形成的国民收入分配格局不合理的局面，要通过持之以恒的改革才能改变。自党的十八大以来，针对国民收入分配中存在的居民收入所占比重下降，劳动报酬在初次分配中的比重偏低，居民之间、地区之间收入差距扩大，收入分配秩序不规范等问题，提出并推进系统化的改革方案和措施，我国国民收入分配制度改革的重点由建立并完善收入分配制度，转向优化收入分配制度的新阶段。

国民收入分配制度是整个经济社会制度的重要组成部分，是经济社会发展中一项带有根本性、基础性的制度安排，是社会主义市场经济体制的重要基石。合理的分配制度是社会公平的重要体现，是推动科学发展、促进社会和谐的重要保障。近年来，我国从推动多方面改革入手，从促进起点公平、机会公平和结果公平多个环节入手，进行系统的部署和安排，调整国民收入分配，完善国民收入分配制度。主要是：财税政策上实行大规模的减税降费；多渠道增加居民收入，提高劳动报酬在初次分配中的比重，稳定和扩大消费；打好精准脱贫攻坚战；大力推进新型城镇化和乡村振兴，发挥城镇化在缩小收入差距中的重要支撑作用；健全职工工资正常增长机制和支付保障制度，落实最低工资制度；健全社会保障体系，完善社会保障制度；完善公共服务体系，促进教育、就业等公共服务均等化等。

二、投资政策与宏观经济调控

投资政策是指政府依据一定时期内宏观经济均衡发展的要求而制定的、旨在对全社会投资运动过程进行调节控制的行为准则和相关举措。作为公共经济政策体系中一个十分重要的组成部分，投资政策特定的调控客体，就是全社会投资的规模、结构及其运动形式，它集中体现着政府对该政策作用期内社会投资总体格局的期望状态，反映着政府对全社会投资运动过程进行调节干预的实现目标和趋近策略。

（一）投资政策调节目标

确定投资政策调节目标的基本依据，是基于对投资正负效应的认识和对宏观经济形势的判断。投资是一个国家经济增长的基本推动力，它促进经济增长的正面效应主要通过三个途径发挥出来：通过资金投入带动经济增长；通过投资带动经济结构的调整推进经济增长；通过投资促使知识存量的增加和技术进步促进经济增长。从资金投入的角度看，投资对经济增长的影响表现为两个方面：投资需求对经济增长的拉动作用；投资供给对经济增长的推动作用。

然而，不恰当的投资行为会对经济社会发展产生诸多负面效应：投资的盲目冲动、短期趋利目标、跟风现象严重；投资结构失衡，低水平重复投资、重复建设现象严重，产业结构趋同，部分行业产能过剩；过度投资、盲目投资打破总供求平衡，供给侧结构扭曲，并导致资源枯竭、环境污染，不利于和谐发展；投资判断失误致使投资决策没有逆周期调节，要么在经济过热时“火上浇油”，要么在经济遇冷时“雪上加霜”。

据此，为了引导和规范全社会的投资行为，需要政府制定恰当的投资政策并明确调节目标。比较重要且常见的投资政策调节目标主要是：第一，调节社会投资的数量规模，将其控制在合理而必要的水平上，以使其总量既能够与一国现实的供给条件相适应，又能够满足国民经济与社会发展的客观要求。第二，调节社会投资在不同经济和地理空间上的分配比例关系即投资结构，以实现产业结构优化，促进供求结构平衡，特别是保证供给测的有效性，使有限的资源能够得到最恰当的配置。第三，促进形成高效率的投资运行机制，改善投资形成、分配、运用和回流的市场环境与计划介入方式，消除投资波动的深层因素，引导微观投资主体行为实现理性化，从而不断提高投资的经济与社会效益。

（二）投资政策体系的构成

投资活动本身的重要性、复杂性，及其对国民经济全局所具有的突出影响，决定了其政策体系的复杂性和多元性。从投资政策的调节目标或作用点上考察，主要有投资规模政策、投资结构政策、投资效益政策、投资技术政策、投资管理政策等。

1. 投资规模政策

投资规模是以货币形式表示的投资工作量，或投资需求的货币表现。投资规模政策因而可以定义为政府对以货币形式表示的投资数量水平的调控准则。由于投资规模的衡量标准和层次不同，这一政策又可以从不同的角度分类。

从总量看，投资规模主要分为两种：年度投资规模与在建投资规模。前者是年度内实际发生的投资需求总量，后者则是年度内铺开的所有在建项目全部完成所要发生的投资需求总量，显然，后者大于前者。由于投资项目多数均需数年才能完成，投资过程又不能间断，故在建投资规模既已形成，就会决定相当一个时期内各年投资规模的大小；反过来，年度规模的大小，也会对在建规模产生影响，年度规模扩大通常意味着当年新开工项目增多，在建总规模自然会进一步扩大，反之亦然。由于年度投资规模的影响主要是短期的，而在建投资规模的影响主要是较为长期的，两者之间存在着密切的相关性，因而要实现对投资规模的长期、有效调节，就必须注重年度投资规模政策与在建投资规模政策的协调。

社会投资总量，又是由不同渠道的投资来源汇集而成的，投资可以来自公共预算，也可以来自银行贷款，还可以来自地方、部门、企业自筹和境外，从而会形成多元化的投资规模，它们在形成、分配和运用上各有特点，对经济社会所产生的具体影响亦不尽相同，因而在政策调节上，就要求确定不同的目标和使用不同的手段，由此又形成公共预算投资规模政策、银行信贷投资规模政策、自筹投资规模政策、利用外资规模政策等。

2. 投资结构政策

所谓投资结构，是社会投资在不同经济与地理上进行分配后形成的数量比例关系。投资结构政策，则是指对投资结构进行调节，以实现投资比例合理化、提高资源配置效率的宏观政策。

投资结构与投资规模是平行而非主从关系。投资结构既受制于一定的投资总量，又反过来制约着投资规模的形成和变化。合理的投资规模本身是建立在恰当的投资结构基础上的，没有恰当的投资结构，也就不会有适当的投资规模。在现实中，投资规模的膨胀或萎缩总是与投资结构的变化存在内在的联系，因而，投资结构政策与规模政策具有同等的重要性。

在投资结构中，尤为重要的是投资部门结构政策和投资区域结构政策。

投资部门结构反映着投资在不同产业部门内进行分配的数量比例关系。它与需求结构、供给结构共同构成一个密切衔接的供求链条，是实现总供求结构均衡的桥梁，并且直接决定着产业结构与供求结构的状况，因此，对投资部门结构的调节是投资结构政策中的重要内容。

投资区域结构反映的则是投资在不同地理空间上的分配比例关系。它直接决定和改变着生产力布局，进而对解决一国经济社会发展中的优势利用、发展水平均衡、分工协作效率，乃至民族团结、国防安全等一系列问题产生直接或间接的重大影响，而对投资区域结构进行调节的政策就是一项投资结构政策。

3. 投资效益政策

投资效益，是指投资活动所占用、消耗的劳动量与其所产生的有用效果的对比关系。投资效益政策则是以消除投资运动过程中所存在的消极因素，促进提高投资效益为调节目标的宏观政策。

投资与其他经济活动一样，也必须讲求效益，投资效益的高低取决于多种因素。规模与结构的合理化从某种意义上说也是提高投资效益的重要途径，但还有一些因素，如投资体制及模式、投资要素的质量及供给保障、投资决策水平的高低，以及投资领域外部的环境条件等，都会影响投资效益。这些因素不同程度地需要依赖国家和公共部门的力量才能予以改变，以适应增进投资效益的客观要求，这便是投资效益政策制定和实施的主要依据。投资效益政策调节的着力点，一是从推进投资体制的改造和完善入手，消除阻碍投资效益提高的体制性因素，二是以矫正投资形成、分配、运用过程中的操作失误入手，消除阻碍投资效益提高的技术性和人为原因。

4. 投资技术政策

投资技术政策，是指国家或政府为实现经济社会发展目标，引导社会投资的技术发展方向，调节投资技术构成，以促进科学技术开发、推广和应用的投资规划和措施。概言之，投资技术政策，就是鼓励向先进技术投资所采取的政策。

投资在不同先进程度的技术手段之间的分配比例，构成投资的技术结构，反映的是投资结构的技术形态。投资技术结构对科技进步、高科技新兴产业兴起及发展、经济可持续发展等予以重大的影响，因此，投资技术政策更注重投资技术结构的优化和高级化。

我国的投资技术政策，重在处理好三个方面的关系：一是科研技术投资与生产技术投资的关系；二是引进国外先进技术的投资与自主创新技术投资的关系；三是基建投资与技术改造投资的关系。

5. 投资管理政策

投资管理政策是指政府依法对投资活动采用各种手段进行规范和调控，使其符合国家发展目标和规划要求的政策，它往往与投资管理制度和管理体制密切相关。

投资管理制度主要由两项制度组成：一是计划管理制度，它确定了在计划期内的投资规模、投资项目、投资结构、投资布局、投资来源等。通过投资计划的管理，政府对投资活动就能有效地调控，因此它是投资管理的基本依据；二是资金管理制度，是对投资资金的来源和使用进行管理的制度。通过对投资资金的管理，能够合理控制投资规模和投资速度，优化投资结构，提高投资效益。资金管理的主要经济手段有财政政策和金融政策，主要行政手段是自上而下地发布指令和规定，直接对投资资金进行规范和调控。

投资管理体制指政府投资主体权限划分及管理方式的制度体系。我国政府投资主体分为中央与地方两级。中央政府投资包括由中央预算资金安排的投资，以及国家授权投资机构代表国家进行的投资，地方政府也以地方预算资金通过授权投资机构从事各项建设的投资。国家与地方的授权投资机构包括专业投资公司和企业集团等。

（三）投资政策实施手段

1. 经济性投资政策手段

经济性投资政策手段，又称间接性投资政策手段，是指运用一系列经济杠杆来实现投资政策调控目标的手段，也是投资政策最常用的手段。这类手段的规定性是：它必须是可以通过自身变化而改变经济利益的经济范畴；它必须是可以在经济运行中加以调节的变量，并与投资领域中各种收入要素存在着密切联系；它必须是政策主体自觉加以运用的手段。具体而言，重要的政策手段有：

（1）价格。价格作为投资政策手段，既可以调节投资规模，也可以调节投资结构，还可以促进投资效益提高。投入物如建材、设备、土地的价格上升，将会导致投资项目的工程造价升高，其结果将压低投资的预期收益率，从而会起到对投资需求的抑制作用；反之，则会刺激投资欲望，从而扩大投资规模。产品价格的变动，则会对调节投资结构起到显著的作用，如果某些部门产品价格上升，则该部门投资的收益率相应上升，从而导致投资向这些部门流入；反之，情况则相反。价格变动通过投入成本增减或产出盈利增减而对投资效益发生的影响，也是显而易见的。在价格形成在很大程度上由政府控制的国家，价格杠杆被政府用作调节投资政策手段的作用尤其明显。

（2）利率。利率作为投资政策手段，主要是通过对平均利润进行分割而发挥调节投资规模与结构的作用的。具体表现在两个方面：其一，通过利率总水平的变动调节投资规模。在投资资金主要来源于信贷渠道的情况下，贷款利率总水平高，社会投资的成本就会普遍增加，预期收益则会普遍下降，投资规模缩小；反之则情况相反。因此，调整贷款利率总水平，即可起到刺激或收缩投资需求的作用。从存款利率总水平的变化来看，当存款利率较高时，会对人们产生较强的储蓄吸引力，银行储蓄存款增加，自然就增强了投资信贷提供能力；反之，当存款利率较低时，银行储蓄存款减少，人们的收入更多地流入消费市场，银行的投资信贷能力则被削弱。故调整存款利率总水平，也可以刺激或抑制投资需求。其二，通过利率的差别化，调节社会投资结构。很显然，能够获得低利率投资资金的部门或投资形式，其投资收益增加，投资水平就会提高，反之情况则相反。所以，运用好利率杠杆，就可以起到引导社会资金合理流向，优化投资结构的作用，利率也就成了最常用的投资政策手段。

（3）税收。税收对投资的调节作用十分显著，这主要是通过增加或减少与投资形成有关的税种，提高或降低与投资相关的税种的税率，即通过改变投资性税负总水平来实现的。实行投资重税政策，可以抑制投资需求，反之，实行投资轻税政策，则可以扩张投资需求。税收对投资结构的调节，则是通过不同投资活动承担税负的差别来实现的，这与利率杠杆在投资中运用的原理基本相同。

此外，公债、财政补贴、折旧率、存款准备金、汇率等，也都是对投资进行政策调节时可以使用的经济性手段。

2. 行政性投资政策手段

行政性投资政策手段，是指按照行政系统，通过颁布行政命令来实现投资政策调节目标的手段。这类手段的运用通常体现为政府各行政机构颁布或下达的与投资有关，且不同程度地具有法律效力的经济法规、财经纪律、奖惩制度、指令性计划等。在我国改革前的传统计划体制下，政府对投资活动的调节控制，基本上是运用这类手段。随着社会主义市场经济的发展，这类手段的调节范围逐渐缩小并在投资政策中退居辅助地位。但在以下两种情况下，行政性投资手段仍被使用且必要：其一，非企业性、非营利性投资活动，如对科学、文化、教育、卫生、社会福利、国防及其他各种公共基础设施的投资。这些投资没有盈利性目标，因而不宜通过经济手段来调节，使用行政性手段加以调节，更符合社会、经济发展的要求，也更能体现总体效益要求。其二，在市场机制难以发挥其自发调节作用，市场信号还不能正确引导投资，甚至会对投资产生错误导向的情况下，就需要在一定范围内保留对投资进行直接调控的某些行政性手段。

（四）投资政策的演进

西方国家在自由资本主义时期，投资和其他经济活动一样，主要是资本家私人决定的事情，国家对私人投资一般不加干预。在资本主义进入垄断时期以后，特别是1929年爆发了空前规模的世界经济危机，资本主义经济陷入长期萧条状态，失业问题极为严重，西方国家纷纷放弃自由放任政策，实行国家对宏观经济包括对投资的干预和调节，由此而形成了相应的投资政策。西方投资政策主要是为了扩大有效需求，但由于存在着周期性的经济波动，在实施中通常针对不同情况，间或采用扩张性或紧缩性政策，并与财政、货币等政策密切结合。在经济危机和萧条时期，针对有效需求不足的状况，采取扩张性的投资政策，如在财政政策方面降低税率和扩大开支、增发公债等，在货币政策方面放松银根、扩大银行贷款、降低利率等，在对外贸易政策方面扩大资本输出直接刺激投资、扩大商品输出实现贸易顺差带动国内投资等，以刺激投资的增长，摆脱经济衰退，走向经济复苏和繁荣。相反，在经济过热、通货膨胀时期，则采取紧缩性的投资政策。与此相适应，在财政方面提高税率，减缩财政开支，以遏制消费和投资；在货币政策方面控制货币供应量，提高利率，遏制投资；在外贸政策方面控制商品输出和资本输出，增加商品进口和资本输入。

对于战后许多取得民族独立的发展中国家而言，它们对包括投资在内的整个社会经济的运行一般采取的是私人经济与国家控制经济相结合的“混合经济”模式，对投资的安排，有所谓“平衡增长”与“不平衡增长”的战略。“平衡增长”着眼于依靠投资本身来解决市场问题，即同时建立各种相互依存的工业，使某一部门的产出成为其他部门的投入，从而推动各个部门的扩大，实现经济的全面增长。“不平衡增长”的主张则认为，由于发展中国家资金有限，不可能实现平衡增长，所以要把投资集中于某些“主导部门”，以带动其他部门的发展。

（五）我国投资政策改进

新中国成立以来，我国的投资政策体现在各个时期党的纲领、决议和政府的国民经济和社会发展的各个长期规划和五年计划之中，概括起来主要是：

投资所需的资金主要依靠自力更生，依靠内部积累，同时尽可能争取外资。在“一五”时期国家集中主要力量进行了规模巨大的、以重工业为中心的基本建设投资，为工业化奠定了初步基础，之后主要靠自力更生建成了独立的、比较完整的工业体系。

经济建设与人民生活、积累与消费相互兼顾，相互平衡。按照“一要吃饭，二要建设”方针处理生活与生产的关系；按照“先生产，后基建”“先挖潜、革新、改造，后新建、扩建”的方针安排固定资产投资，坚持财政、信贷、物资、外贸的各自平衡和综合平衡，使投资规模与国家的财力物力相适应。

国民经济以农业为基础，工业为主导，以农业、轻工业、重工业为序，结合其他方面需要，按比例、妥善地安排投资，优化投资结构，以促进产业结构和经济结构的优化，促使国民经济持续、稳定、协调地发展。

合理安排投资布局，避免盲目建设和地区之间不必要的重复建设，既坚持全国一盘棋，使各个局部服从整体战略安排，又照顾各地特殊情况，发挥地区优势。

统筹兼顾国家重点建设和现有企业的技术改造，分清轻重缓急，妥善安排。提升和优化投资技术结构，既要保证必要的先进技术乃至尖端技术的采用，又要考虑资金短缺和技术力量相对薄弱的实际情况，把准投资方向，保证投资重点，提高投资效益。

建立计划引导与市场调节相结合的投资体制和运行机制。属于投资规模、投资结构、投资布局、技术结构以及重大建设项目等关系全局的重大投资事项，主要发挥国家计划指导和引导的作用，以保证国民经济按比例发展和资源合理配置；除此之外的技术改造项目和建设项目，主要由市场调节。计划、财政、金融三位一体，密切配合。重点建设及投资实行指令性计划管理，由财政供应资金；一般建设及投资实行指导性计划，由财政、银行根据国家计划和有关的产业政策、地区均衡发展政策，运用经济的、法律的和行政的手段进行调控。

特别值得提到的是，2008 年为应对世界性经济危机的影响，我国制定了采取积极的财政政策以扩大国内需求的总体经济方针，确立了一系列促进经济平稳较快增长的具体措施，包括出台 4 万亿元政府投资计划，加快保障性安居工程建设，加快铁路、公路和机场等重大基础设施的建设，加大金融业对投资和经济增长的支持力度等，深刻影响了经济结构布局和总体发展格局。

进入新时代，我国在继续实施积极的财政政策和松紧适度的货币政策的背景下和在财政收支压力增加的局面下，积极探索公共经济政策和宏观调控的改进，推进政府主导下的项目投资市场化改革，注重协调好公共财政投资与社会资本投资的关系，健全市场化投资机制与政府投资活动之间的协作关系。在竞争性领域，逐步缩减财政直接投资的范围和规模，引导社会资本进得来、能发展、有作为，充分调动民间投资积极性，发挥市场机制的资源配置决定性作用，与此同时，政府投资持续保持一定的活跃度，更加注重扩大有效投资，确立有效投资稳定增长是推进供给侧结构性改革补短板、巩固经济稳中向好势头、促进就业的重要举措，也是引导社会预期、激发社会资本活力、稳定市场运行的“压舱石”的定位。基于此，公共投资在畅通国内大循环，促进国内国际双循环，发挥拓展投资空间的枢纽作用等方面持续发力。具体到公共投资上：继续支持促进区域协调发展的重大工程建设，实施一批交通、能源、水利等重大工程项目，建设信息网络等新型基础设施，发展现代物流体系；对接发展和民生需要，更多向惠及面广的民生项目倾斜，新开工改造城镇老旧小区，提升基层公共服务水平；增加基础研究和关键领域核心技术攻关项目投资等。

三、消费政策与宏观经济调控

（一）消费政策体系的构成

消费政策，是政府对消费需求的数量、结构和方式进行宏观调节，以保障总供求均衡增长，促进居民收入和消费水平不断提高的生产目的实现的行为准则及采取的措施。消费政策体系包括消费总量政策和消费结构政策。

1. 消费总量政策

消费总量政策，即对消费基金规模进行调节的政策。在实现总供求的短期均衡方面，这一政策的作用十分突出。对消费总量的调节主要有三种情况：一是对消费需求总量进行收缩，其实施背景通常是消费需求增长速度过快，从而使总需求相对总供给严重膨胀，或是总需求中的投资需求不足进而又影响了供给。由此而形成的是抑制型消费总量政策。二是对消费需求总量进行刺激，其实施背景通常是消费需求增长速度过慢甚至负增长，总需求或有效需求不足，从而使总供给能力出现过剩。由此而形成的是刺激型消费总量政策。三是使消费需求总量稳定增长而不致发生大幅度的波动，其实施背景是总供求之间，投资需求与消费需求之间保持着大致的平衡。由此而形成的是稳定型消费总量政策。

2. 消费结构政策

消费结构政策，即对消费需求的结构进行调节的政策。实施这一政策的主要目的，是使消费需求结构与供给结构保持契合，并引导消费行为方式实现优化。

消费结构政策与消费总量政策之间存在着密切的关系。一方面，既定的消费需求总量必定会制约消费结构的选择；另一方面，消费结构的不同，某些消费方式的普遍化，又会因消费成本的不同而使消费需求总量发生变化。因此，消费结构政策与消费总量政策设计需要协调。就消费结构政策来说，其制定和实施还必须考虑消费基金形成的客观规模制约，及对消费总量的协调要求。

（二）消费政策调节手段

对消费需求及消费行为进行调节的政策手段大致可归纳为四类，即财政性手段、金融性手段、计划性手段和行政性手段。由于消费需求是以消费基金为形成基础的，因而这些手段主要是通过调节消费基金来影响消费需求的。

1. 财政调节手段

政府可以通过调整公共财政收支指标调节消费基金和消费需求。比如，要控制物质生产领域的消费基金，可以通过将财政收入指标（如征税、收缴利润）与其挂钩的方式进行；而对非物质生产领域和政府行政部门、文化教育等部门消费基金的控制，则可以通过将这些部门财政支出指标中的人头经费支出指标单列出来的方式进行。

运用税收手段调节消费基金和消费需求，是普遍采用且行之有效的措施，这主要依靠与消费有关的税种、税率的变化来进行。比如，在打算抑制消费需求时，可以采取提高各种所得税的税率、或降低其起征点的措施，还可以考虑设置高档商品消费税；反之，则可以降低或减免所得税的负担，甚至取消某些以购买力为作用对象的税种。

政府发行公债也可以调节消费基金和消费需求。公债发行量扩大，可以使已形成的消费基金有更多的部分转化为积累资金，有支付能力的消费需求将会缩减；反之，减少公债发行，在其他条件不变的情况下，消费基金作为现实购买力的实现将较为充分，消费需求也会随之扩大。

2. 金融调节手段

通过调整银行储蓄存款利率，影响消费的时间偏好，即可灵活地调节消费基金和消费需求。当消费基金膨胀、消费需求过旺时，提高银行储蓄存款利率，会促使消费基金高比例地进入储蓄，推迟购买力的实现过程；反之，在消费需求不足需要予以推动时，则可以降低银行储蓄存款利率，促使潜在购买力的即期实现。

通过调整银行信贷规模，调节消费基金和消费需求。银行信贷规模的涨缩，与消费基金和消费需求的规模存在着同向变化的关系。在银行信贷规模中，一部分本身就是消费性质的，其大小直接影响着消费基金的规模；而投资性信贷规模的大小，也会间接影响着消费基金的规模，因为投资中的相当一部分最终会转变为消费。因此，收缩信贷规模会减少消费基金，起到抑制消费需求的作用；反之，扩大信贷规模则会起到刺激消费需求的作用。

利用资金市场可以调节消费基金和消费需求。资金市场，尤其是长期资金市场的基本功能之一，便是积聚和形成资本，使一部分消费基金转化为积累资金。因此，利用资金市场进行某些货币性操作，就可以有效地集中闲散的消费基金，促使一部分消费基金向投资转化，从而抑制消费需求；而收缩这一市场的宽度，限制其可使用的信用工具及运行方式，则会对资本形成构成障碍，客观上会促使更多的消费基金实现为消费需求。

通过多种形式的储蓄、保险等金融业务，调节消费基金和消费需求。如开办住宅储蓄、发展养老保险、医疗保险、财产保险等，均可以使消费基金中的相当一部分转变为储备或积累，从而使消费需求得到控制。

3. 计划性和行政性调节手段

对消费需求的调节，除了主要运用各种经济性手段以外，还可以在特定情况下和一定程度上运用计划性和行政性手段，如对消费基金的增长速度与规模指标进行宏观计划安排，根据国民收入增长速度和劳动生产率提高水平，规定个人消费基金的增长速度，以及行政性地确定国家、企业（单位）和职工三者的分配比例等等。

（三）消费政策演进

在资本主义社会早期，主要西方国家奉行不干预主义，根据“萨伊定律”揭示的原理，在一个完全自由的市场经济中，市场的自发调节作用使供给自动创造需求，社会的总需求始终等于总供给，产品的生产总会产生出既定的消费，不可能出现遍及国民经济所有部门的普遍性生产过剩，社会总供求总能保持平衡。因此，政府无须制定专门的政策来调节或干预消费，即使出台政策，政策重点也应放在生产和供给上，因为“激励生产是贤明的政策”。这种理论和政策主张曾经主宰了整个古典学派的思想和当时的主流经济思想，直到20世纪二三十年代爆发世界性经济危机、凯恩斯主义盛行之后，其影响力才逐渐减退。

凯恩斯认为，资本主义不能自动实现社会总供求的平衡，资本主义出现生产过剩经济危机的主要原因是社会有效需求不足，而造成社会有效需求不足的一个重要原因在于全社会边际消费倾向下降，边际消费倾向小于1并且递减导致消费严重不足。因此，要摆脱经济危机和实现充分就业，除了扩大投资需求以外，还要促进消费需求扩大，提高社会边际消费倾向。为此，政府必须制定刺激消费的政策，包括运用财政政策，通过增加财政支出或减少税收增加消费需求，消费政策与财政政策须相向而行。至此，西方国家市场经济开始由供给导向型向需求导向型转变。然而，西方发达国家接受凯恩斯的刺激消费政策，虽然带来了刺激有效需求、促进经济增长的效应，但是也应当注意到，这种刺激消费政策是以存在着大量闲置资源为条件的，但在资源尤其是不可再生资源稀缺的情况下，不加节制使用，必然造成资源的不可持续。再者，一味地刺激消费，把支撑过度消费的产品加工和生产地点转移到欠发达国家，并把以资源高投入、高消耗、高废弃物排放为特征的增长模式转移到不发达国家，由此导致资源短缺和生态环境恶化的负外部性在全球范围蔓延，给合理消费和绿色消费带来隐患。

近二三十年来，发达国家消费政策重点指向了消费结构、消费水平和消费趋势等方面。为防止经济衰退和危机、缓和社会矛盾、应对能源短缺和环境保护问题等，发达国家在制定消费政策时特别关注的是：制定政策和采取措施提高低收入阶层的收入，缩小不同收入水平居民的消费差距；整顿市场经济秩序，限制行业垄断，净化消费环境，消除政策性消费障碍，保护消费者权益；倡导新的消费方式，发展、改进与“生活质量”有关的部门，如旅游业、公共服务业、信息通信业等；加强对节约能源和节省原材料的消费品和消费方式的政策扶持，以缓和能源资源的紧张程度；扩大消费知识和技术，加强消费者调查和市场信息的传播，防止消费品滞销，避免消费品过剩的危机等。

（四）我国消费政策改进

新中国成立之初，为了迅速恢复生产，为建立完备的工业体系奠定物质基础，我国实行了在保证人民群众基本生活水平的情况下“重积累、重生产”、适当控制消费的政策。在此后的较长时期里，我国一直坚持优先发展工业和重工业，优先保证积累和生产扩大的发展道路，事实上实行的是“重积累、轻消费”的政策，传统体制下长期执行的低工资政策即为例证。

自改革开放以来，随着我国经济建设的迅速发展和经济体制改革的不断深入，我国经济发生了巨大变化，由供给能力长期不足的短缺经济，逐渐转变为需求不足、供给结构性过剩的过剩经济，消费政策也由以往的限制控制消费，逐渐转向鼓励激励消费，以合理消费激发市场活力，以消费结构升级带动产业升级、生产扩大和就业增加。党的十八大明确提出：要努力实现居民收入增长和经济发展同步，劳动报酬增长和劳动生产率同步，提高居民收入在国民收入中的比重，提高劳动报酬在初次分配中的比重。“两个增长同步”要解决的是消费与生产良性循环问题，“提高两个比重”所涉及的既是分配领域的基本原则，又是不断扩大居民消费需求的根本途径。

近年来，随着国内国际经济形势的深刻变化，我国坚持实施扩大内需战略，不断改进完善消费政策，密集推出多项政策措施支持新型消费加快发展，主要是：促进新型消费发展的体制机制和政策体系更加完善，培育形成一批新型消费示范城市和领先企业，鼓励企业依托新型消费拓展国际市场；大力培育壮大各类消费新业态，加速普及“互联网 + 服务”等消费新模式，推动线上线下融合消费双向提速，发展健康、文化、旅游、体育等服务消费；加快新型消费基础设施和服务保障能力建设，包括加强信息网络基础设施建设，完善商贸流通基础设施网络，推动智能化技术集成创新应用，规划建设新型消费网络节点等；持续优化新型消费发展环境，加强相关法规制度建设，健全消费服务标准体系，加快培育服务消费升级，强化消费者权益保护；促进更加充分更高质量的就业，提高低收入群体收入，扩大边际消费倾向最高的中等收入群体规模，提高内需规模和水平；加大新型消费政策支持力度，如强化财政支持、优化金融服务、完善劳动保障和社会保险等政策，制定鼓励绿色消费的政策措施。此外，坚持扩大内需战略同深化供给侧结构性改革有机结合的方针，形成需求牵引供给、高质量供给引领和创造新需求的更高水平动态平衡，更好地满足人民群众品质化优质化的消费需求。

未来我国的消费政策要以提高消费效益为出发点，以人为本为核心，坚持鼓励消费和可持续消费并重、总量调控与结构调整并重的原则，建立文明、健康、可持续的消费理念和消费方式，加速消费升级提质，实现从量变到质变的飞跃。

四、国际贸易政策与宏观经济调控

（一）国际贸易政策的含义与类型

1. 国际贸易政策的含义

国际贸易政策是一国政府在一定时期内为实现一定的政策目标对本国进出口贸易制定并实施的政策，它从总体上规定了该国对外贸易活动的指导方针和原则，同时又体现着世界贸易体制的规范和要求，是从国际视野和世界范围制定的贸易政策。广义国际贸易政策以多国达成或签订的国际经济贸易条约、公约、协定等形式体现，狭义国际贸易政策是一个国家在一定时期内的对外贸易活动的准则，表现为管理进出口贸易所实行的法律、规章、条例及措施，是一国总经济政策和对外政策的重要组成部分。

从国际贸易政策的组合来看，它包括国际贸易总政策、进出口商品政策和国别或地区贸易政策等。国际贸易总政策是一国根据经济发展的需要，结合本国在世界经济贸易中所处的地位、本国经济发展战略和本国产品在国际市场的竞争能力，以及本国的资源、市场和产业结构等情况所制定的在一个较长时期内发展对外贸易的基本方针和原则。进出口商品政策是指根据国际贸易总政策和国内产业结构、国内外市场状况等分别对进出口商品的生产、销售、采购等制定的政策，其基本原则是对不同的进出口商品实行不同的待遇，主要体现在关税税率、计税价格和课税手续等方面的差异。国别或地区贸易政策是指根据各国或地区与本国不同的政治、经济和外交关系而采取的区别对待的贸易政策。

一个国家的国际贸易政策，反映了国家利益和意志，政策制定一般由国家立法机构进行。在西方国家是由其议会直接通过贸易法案，或由议会授权总统或政府制订、颁布有关的法令或规章，如进出口商品关税的升或降、进出口商品的限额、是否实行许可证制、商品检验规章以及与外国签订贸易协定等。

在国际贸易政策的执行和贯彻方面，国家一般设立一系列专门机构，按照政策的规定对进出口商品进行管理。如在政府中设立外贸部或商业部作为对外贸易的行政管理机构；在对外开放的口岸地点设立海关作为进出口商品的通道，对商品进行监督查验、征收关税、查禁走私；设立进出口银行，从金融上支持商品的进出口，发放出口信贷、办理国际支付结算；设立商品检验局和卫生检疫机构，从进出口商品的质量、卫生和技术标准等方面进行把关等。

2. 国际贸易政策的类型

从国际贸易的历史考察，国际贸易自产生以来，对应着不同的国际贸易理论流派，若以国家对对外贸易的干预与否为标准，大致归纳为三种类型的国际贸易政策：自由贸易政策、保护贸易政策和管理贸易政策。

自由贸易政策，是指国家对商品进出口不施加任何干预。对进口商品不加限制，不设障碍；对出口商品也不给予特权和优惠，放任自由，使商品在国内和国外市场上自由竞争。

保护贸易政策，是指政府广泛利用各种限制进口的措施保护本国市场免受外国商品的竞争，并对本国出口商品给予优惠和补贴以鼓励商品出口，即奖出限入。

管理贸易政策，又称协调贸易政策，是指国家对内制定一系列的贸易政策、法规，加强对外贸易的管理，实现一国对外贸易的有序健康发展，对外通过谈判签订双边、区域及多边贸易条约或协定，协调与其他贸易伙伴在经济贸易方面的权利与义务。管理贸易政策是介于自由贸易政策和保护贸易政策之间的一种对外贸易政策，是一种协调和管理兼顾的国际贸易体制，体现了对外贸易政策发展的方向。

一国选择实行何种对外贸易政策，主要取决于该国的经济发展水平和在国际经济中所处的地位，以及其经济实力和产品的竞争能力。经济发达、产品竞争能力强的大国往往提倡自由贸易政策或带有自由化倾向的政策，而那些经济发展起步较晚、经济发展水平和实力较差、产品缺乏竞争力的大国，一般采取保护贸易政策。从世界经济发展的不同时期来看，当世界经济景气和普遍繁荣时，国际贸易自由程度较高，当世界经济不景气或衰退时，各国为保护国内经济而增加贸易障碍，贸易自由度降低，保护贸易政策盛行。而在世界经济深度融合、全球经济一体化、国际经济联系和贸易往来日益紧密的大格局下，实行贸易保护主义损人不利己，没有赢家，通过协商协作来协调和制定国与国之间的贸易政策，是国际贸易发展的正确选择和大趋势。

（二）国际贸易政策实施措施

国际贸易政策要通过实施具体的措施来实现，这些具体实施措施主要包括关税措施、非关税措施、出口管理措施等。

1. 关税措施

关税是进出口商品经过一国关境时，由海关对进出口商品所征收的一种税。关境是一国征收关税的领域。关税的纳税人虽然是进出口企业，但是企业可用提高商品价格的方法，将关税负担转嫁到消费者身上，所以说消费者是关税的最终承担者。

2. 非关税措施

非关税措施是指关税以外的一切限制进口的措施。

3. 出口管理措施

出口管理的鼓励措施有：（1）出口信贷。是一个国家为了鼓励出口，增强商品的竞争能力，通过本国银行对本国出口商（卖方）或国外进口商或进口方银行（买方）提供的优惠利率的贷款。（2）出口信贷国家担保制。是国家为了扩大出口，对于本国出口厂商或商业银行提供的信贷，由国家设立的担保机构出面担保，当国外债务人拒绝付款时，该机构就按照承保的数额给予补偿。（3）出口补贴。是一国政府为了降低出口商品的价格，加强其在国外市场的竞争力，在出口某种商品时给予出口厂商的现金补贴或财政上的优惠待遇。（4）出口退税。是在商品出口时，国家将其在国内生产流转过程中被征收的税款全部退还给出口商，使商品能够零税率出口的措施。出口退税可以降低出口商品的成本和价格，是国际贸易中常用的鼓励出口的措施，不属于不公平贸易行为。（5）商品倾销。是指出口厂商以低于国内市场价格甚至低于成本的价格，在国外市场上大量抛售商品的行为。（6）外汇倾销。是利用本国货币对外贬值的机会扩大出口。本国货币贬值，则用外币表示的本国出口商品的价格就会降低，本国出口商品竞争力提高，有利于扩大出口。同时，用本币表示的进口商品的价格增加，进口商品竞争力下降，有利于限制进口。但实行外汇倾销的条件是：货币贬值程度大于国内物价上涨程度；他国不同时实行同等程度的货币贬值或采取其他报复措施。（7）鼓励出口的其他措施。包括政府利用国家财政经费举办出口商品展销会，以促进商品出口；颁布各种出口奖励政策；建立各类为出口厂商服务的信息情报网络；创办经济特区或自贸区，鼓励出口加工贸易和转口贸易等。

国家对有些商品实行出口管制，主要包括：战略物资及其有关的先进技术资料；国内生产所需的原材料、半成品及国内市场供应不足的某些必需品；实行“自动”出口控制的商品；实行许可证出口管理的商品；为了实行经济制裁而对某国或某地区限制甚至禁止出口的商品；重要的文物、艺术品、黄金、白银等。

（三）国际贸易政策的历史演变

从历史上看，国际贸易政策的演变过程就是各国根据本国经济发展的实际获取最大限度利益的过程，这个过程经历了重商主义、自由放任、幼稚工业保护政策、超保护贸易政策、新贸易保护主义、贸易自由化政策等阶段。

最早的国际贸易政策当属重商主义。重商主义认为，要想增加一国的财富总量，就必须开展对外贸易，多出口、少进口，实现贸易收支顺差。其贸易政策的目标是使贵金属和财富在本国积累起来，从而增加本国的财富总量。

到了18世纪至19世纪资本主义自由竞争时期，自由贸易政策理论逐渐取代了重商主义，开始把关注的重心从重商主义推崇的商品交换领域转向生产领域，认为一个国家只有生产力提高了，才能为获得更多的财富奠定基础，而生产上的劳动分工，正是提高生产效率的根本途径。因此，各国必须根据各自的比较优势形成国际间的劳动分工，使每个国家都能高效率地生产财富，并通过贸易获得消费需要的他国产品。由此，自由贸易论者提出了比较优势理论和以此为基础的自由贸易政策措施——政府不干预对外贸易。

然而，在自由贸易政策成为主流的过程中，一些相对落后的工业国为了避免与他国竞争的不利局面，提出了保护幼稚工业的理论和政策主张，主要代表人物是德国的弗里德里希·李斯特（Friedrich List，1789－1846）。在李斯特看来，对那些处在从农业社会向工商业社会转化的国家，对特定的产业应当实行保护贸易政策，具体措施就是通过关税（或非关税）的壁垒抵消外国廉价商品的竞争，使本国同类产业的发展有一个可靠的国内市场依托，并通过市场销售规模的扩大，使本国企业有利可图，最终实现本国生产力和竞争力的提高。因此，短期的贸易利益不能作为选择自由贸易政策的依据。但是，当一个国家一旦解决了生产力落后的问题并且实现了工业化，自由贸易政策就是合适的贸易政策。

进入20世纪以后，梅纳德·凯恩斯及其理论主张的信奉者基于维持资本主义国家经济稳定增长目的提出了他们的超保护贸易政策。凯恩斯认为，在有效需求不足和未达到充分就业的情况下，政府干预对外贸易，鼓励出口、限制进口，保持贸易收支顺差，是刺激有效需求水平提高、实现本国充分就业的有效途径。在他看来，保持贸易收支顺差有两个方面的作用：一是可以直接增加对本国商品的需求，从而弥补国内有效需求的不足；二是可以增加该国的货币数量和货币供给量，进而导致利率下降，刺激个人消费信贷基础上的需求增加和投资需求增加。可以说，凯恩斯主义主张的贸易保护政策是萧条经济下启用的贸易政策。

如果说凯恩斯主义及其以前的贸易政策只是部分否定了自由贸易政策，那么在以后新贸易理论基础上的战略性贸易政策则是比较全面地否定自由放任的贸易政策。产生于20世纪80年代的战略性贸易政策理论指出，市场的不完全竞争决定了政府在对外贸易政策上要根据市场结构的不同采取不同的贸易政策，政府借助不同的政策行为改变或支持本国企业的战略行为，并影响外国不完全竞争企业的战略行为，使对外贸易朝着有利于本国获得最大限度利润的方向转变。比如，一国政府对外国垄断厂商商品的进口征收的关税足以抵消掉其大部分或全部的垄断利润，逼迫外国垄断厂商的商品退出进口国市场；再比如，政府对本国企业采取某些政策支持或补贴，以增强出口商品的竞争力，占据更多的国外市场份额，获取更大的本国利益。由此可见，战略性贸易政策是从市场结构的不完全竞争出发，否定自由贸易政策的现实意义，因此也对一国政府的对外贸易政策取向具有重大意义。

然而，经济学一般原理已经证明，建立在自由竞争基础上的经济，能够实现资源的有效配置，所以，自由贸易会给各国带来利益，促进世界经济发展。因此，当自由贸易政策没有从根本上被保护贸易政策完全取代时，它就一直是伴随着国际贸易发展的政策。20世纪50年代到70年代，发达市场经济国家在美国主导下，在创建于1947年关贸总协定框架推动下，促进了贸易自由化。在20世纪和21世纪交替之时，随着新国际经济秩序变化和WTO框架形成，选择“共同贸易自由化路径”成为国际贸易中的主流思潮，主张通过建立多边贸易体制、推行贸易自由化并在WTO框架内保持区别对待灵活性的方式，改善国际贸易环境，形成国际贸易新秩序，从而提高整个世界福利水平。从此以后，贸易自由化趋势日益深化，保护主义浪潮日渐式微。

对于发展中国家而言，战后实行的对外贸易政策可以归纳为两大类型：进口替代发展战略和出口导向发展战略。进口替代发展战略，又被称作内向型经济发展战略，是指通过建立和发展本国的制造业，实现对进口制成品的替代，以达到加快工业化进程和减少对国外经济依附的目的。进口替代分为两个阶段：第一个阶段以建立和发展一般消费品工业为主，需要的资金少、对专业技术水平要求不高，且国内销售市场大，因此往往容易获得成功；第二个阶段以建立和发展炼钢轧钢、石油提炼、先进机械设备制造等工业为主，生产规模大，需要资金多、对专业技术水平和专门人才的要求高，因此实施起来难度较大，不容易获得成功。进口替代发展战略的实施措施主要是：加强进口限制和提高进口关税，对进口替代产业实行减免税政策，高估本国货币对外国货币的汇率，以及实行复式汇率，以抑制外国商品进入等。进口替代发展战略的实施，不仅使战后初期困扰许多发展中国家的高通货膨胀率和高失业率得以缓解和抑制，而且促进了商品经济的发展，增强了经济实力。但是，进口替代发展战略毕竟是一种内向型的经济战略，它主要依靠内需来带动经济发展，而一旦消费需求达到饱和，经济要想得到进一步发展就会受到很大制约，并且它要求采取的高度的贸易保护政策，也限制了本国劳动生产率和国际竞争力的提高。

出口导向发展战略，又被称作外向型经济发展战略，其主要特点是以大量的商品出口为导向，将经济活动的重心从以本国或本地区市场为主转向以国际市场为主，进而带动本国或本地区经济发展。出口替代大致经历了三个阶段：发挥低价劳动力优势，出口总值中轻工业产品产值占比较大；调整产业结构，发挥资本技术优势，出口总值中重化工业产品产值占比超过轻工业产品产值；建立高科技产业，在高科技工业产品的世界出口贸易中占有更大份额。出口导向发展战略的实施措施主要有：加强对出口商品的规划、督促和引导，放宽进口限制、降低保护关税，对出口企业实行税收减免或退还政策，在金融政策上给予特殊待遇，以及采取货币贬值或汇率上调政策以增强出口产品的国际竞争力等。出口导向发展战略的实施，使一些新兴工业化国家和地区加快融入了世界经济的循环体系中，加快了它们的经济起飞进程，大大提高了它们的国际经济地位，但同时也带来了它们对西方发达国家进口的严重依赖，以及持续的贸易顺差导致与发达进口国的贸易摩擦、遇到的贸易限制和报复等缺陷。

国际贸易政策演变的历史表明，各国的贸易政策总是服从于该国经济社会发展的总体利益，是在特定经济环境下不断权衡和寻优的结果。我国作为最大的发展中国家和外贸依存度很高的世界第二大经济体，更应该吸收借鉴历史经验，以国家整体和全局利益为重权衡利弊得失，制定正确的国际贸易政策。

（四）我国国际贸易政策改进

新中国成立以来的国际贸易政策，是根据不同发展阶段的特殊国情而不断调整改进的。

新中国成立初期，我国立即改造自鸦片战争之后在不平等条约下形成的旧中国畸形的对外贸易，但由于西方资本主义国家对我国实行经济封锁和禁运政策，使得自力更生和自给自足成为我国经济发展的基本方略，对外贸易成为调剂物质余缺的手段和国内经济的补充，国家实行了贸易管制和封闭式保护贸易政策，经济发展战略上选择的是与保护贸易相对应的内向型进口替代政策，以减少对国外市场的依赖，促进民族工业发展。

自“一五”时期直至1978年实行改革开放政策，我国实行的是计划经济体制，对外贸易一直执行国家高度垄断的封闭式保护贸易政策，不参与世界的经济贸易组织，外贸经济体制高度集中，以行政管理为主。这是一种主要面向国内市场、以发展国内工业、增强自力更生能力为目标的封闭式战略，国家为推动这种战略的实现，在外贸政策上实行高关税政策、严格的进口数量限制和外汇管制等措施限制进口，以实施保护。

实行改革开放政策以后，我国对外贸易改革首先从下放对外贸易经营权开始，实行出口承包经营责任制度和出口退税政策，组建出口市场体系，放宽外汇管制，实行外汇留成和复汇率制度，鼓励外商投资，鼓励利用两种资源、两个市场引进先进技术等。我国进入社会主义市场经济阶段之后，对外开放度进一步扩大，开始实行有管制的开放型贸易保护政策，即适时适度保护的贸易政策，并分阶段逐步朝着贸易自由化政策转变。21世纪初我国加入WTO之后，进入了逐渐与WTO规则相适应的、规范公平与保护并存的贸易阶段，并在平等互利的基础上积极参与国际经济体系，积极参与或加入地区性的国际贸易组织，筹建自由贸易区和做出多项自由贸易安排，积极推进经济与贸易合作。进口政策方面大幅下调进口关税，减少并规范非关税措施，取消大量配额许可证和进口控制措施；鼓励出口政策方面执行出口退税，采取有鼓励的浮动汇率制度，成立中国进出口银行扶持企业对外出口等。2007年7月新修订的《对外贸易法》颁布实施，为充分运用世贸组织规则促进我国对外贸易健康发展提供了法律根据和法律保障。

近二三十年来，国际贸易进入了新一轮高速增长期，服务贸易和技术贸易发展方兴未艾，国际贸易结构走向高级化，全球范围的区域经济合作势头高涨，贸易对经济增长的拉动作用愈加明显。但与此相伴，贸易自由化和贸易保护主义的争斗也愈演愈烈，在经济发展不平衡和产业竞争力变化的情况下，不时出现的新贸易保护主义干扰贸易自由化，各种贸易壁垒花样迭出，多边贸易体制面临新的挑战。

我国进入新时代以来，顺应国际经济贸易全球一体化和国际贸易自由发展的大趋势，坚持全方位对外开放的方针，坚决奉行自由贸易政策，在平等互利的基础上积极参与国际经济体系和国际大循环，本着既坚定维护本国的贸易优势和经济利益，又积极参与国际贸易关系协调的原则，以更加积极的行动融入国际经济大循环中，以更加开放的姿态和政策改进推动国际贸易开展，我国的国际贸易发展走上了质量提升、效益提高的快车道，于2013年成为了世界第一货物贸易大国，同时大力推动服务贸易和技术贸易发展，新兴服务贸易进出口增速迅猛。我国持续大幅度下调关税总税率，并加强非关税壁垒与关税壁垒措施的协调和配合，不断改进和完善对外贸易政策。在“一带一路”和“走出去”战略指引下，“一带一路”经贸合作不断扩大并向纵深发展，提升了我国在全球产业链供应链中的地位和在世界国际贸易中的份额，也推动了国内产业发展模式、技术水平、商业模式的改革创新和升级，实现了国内与国外共建“一带一路”高质量发展。“一带一路”倡议实施中“政策沟通、设施联通、贸易畅通、资金融通、民心相通”的建议，顺应了合作共赢的时代要求，得到了国际社会的热烈反响和积极响应，为国际贸易事业发展和世界经济融合发展提供了中国方案，贡献了中国智慧。

2020 年虽然遭遇突如其来的新冠肺炎疫情和世界经济深度衰退等多重严重冲击，国际形势中不稳定不确定因素增多，但是我国的国际贸易发展步伐坚定稳健：实施更大范围、更宽领域、更深层次对外开放，大力推进贸易强国建设，积极促进国内国际双循环；共建“一带一路”稳步推进，成果丰硕；海南自由贸易港建设等重大举措陆续推出；成功举办第三届中国国际进口博览会、中国国际服务贸易交易会；扩大国际经济合作，推动区域全面经济伙伴关系协定签署，完成中欧投资协定谈判；维护产业链供应链稳定，对外贸易和利用外资保持增长；发展跨境电商等新业态新模式，着力构建面向全球的高标准自由贸易区网络等。中国的国际贸易发展，为克服新冠肺炎疫情对国际贸易的不利影响、促进世界经济复苏发挥了重要作用。

第四节 公共经济政策中的财政政策与货币政策协调配合

在我国宏观政策体系和公共经济政策中，财政政策和货币政策是最重要的两大政策。两大政策工具操作使用，是国家调控经济运行的通常做法，两大政策协调配合、搭配运用，是保持经济社会持续稳定健康发展的客观要求和必要保障。针对日益复杂多变的经济环境精准施策，做好财政政策与货币政策协调配合，才能充分发挥好公共经济政策协同效力，实现好全面建设社会主义现代化国家的目标。

一、财政政策与货币政策协调配合的必要性

所谓财政政策与货币政策协调配合，是指在宏观经济调控中，两者政策目标的协调和政策工具的配合运用。两大政策运用的直接作用点，都指向了对社会总需求和总供给的调节。在我国，财政与银行信贷是国家从宏观上集中分配资金的两条不同的渠道，两者虽然都能对社会总需求和总供给进行调节，但在

消费需求与投资需求形成中又有各自的优势和局限性，因此，两者不能相互替代，必须协调配合。两者的差别主要表现在以下方面。

（一）作用领域与作用机制差异

财政政策对社会总需求的影响，主要是在分配领域，财政是政府集中一部分国民收入满足社会公共需要的分配活动，从公共收入和公共支出两个方面影响社会需求的形成。而货币政策对社会需求的影响主要发生在流通领域，银行的信贷资金是以有偿方式集中和使用的，在资金盈余部门和资金短缺部门进行余缺的调剂，信贷规模的伸缩影响消费需求和投资需求的形成。正是这种作用机制和作用领域的不同，使得财政政策与货币政策在对社会总需求的调节上各有其局限性。例如，财政政策在进行收入和支出规模的调整时，要受税费缴纳人承受能力和公共支出刚性的限制，如果增收减支的紧缩政策力度过大，会挫伤人们从事经济活动的积极性，甚至破坏正常的经济运行。因此，在运用财政政策调节社会总需求时，要求货币政策从流通领域加以配合，避免两大政策“双紧”可能带来经济停滞的后果。就货币政策而言，其政策松紧要受到已经形成的信贷规模的制约，紧缩力度过大会引起资金短缺，导致整个流通过程梗阻及总需求萎缩，而过于宽松又会引起信贷规模过度扩张及总需求过热、货币贬值和通货膨胀，这些都会导致经济秩序紊乱，也就要求财政政策从分配领域与之配合。

（二）政策调节侧重点差异

一般来说，货币政策侧重于对总量的调节，而财政政策则侧重于对结构的调节。各种货币政策工具的运用，基本上是以对货币量或货币流通的规模调节为中介目标的，诸如利率调节、存款准备金调节乃至计划手段的调节等，最终都将导致货币规模的变动，进而实现对社会总需求的调节。而且，银行还可以直接通过信贷规模的扩张或收缩来扩大或紧缩需求，从这个意义上说，银行信用是膨胀或紧缩的总闸门。各种财政政策工具的运用，首先是通过对结构的调节来发挥其作用的。如支出结构的调整直接引起社会需求结构的变化，等等。虽然财政赤字可以扩张需求，财政盈余可以紧缩需求，但是由于财政本身没有创造货币的能力，所以，财政对社会总需求的膨胀或紧缩效应必须通过信用机制的传递才能发生。比如，财政发生赤字或盈余时，如果银行相应压缩或扩大信贷规模，能直接抵消财政的扩张或收缩效应，只有银行同时扩大或收缩信贷规模，财政的扩张或紧缩效应才能真正发生。

（三）传导过程差异

中央银行的货币政策措施一般是通过商业银行传导到企业和居民，影响企业和居民的经济行为，进而达到宏观调控目标的。由此可见，货币政策的传导过程具有多层次性的特点。而财政政策措施一般是直接作用于企业和居民，比如，通过对企业征税或税收优惠、拨款和资金支持或政策性补贴等，直接影响企业的生产、投资等经济行为；再如，通过调整税率或累进的个人所得税率的自动稳定功能，以及对个人转移支付，财政政策会直接影响到个人的经济行为及消费需求。可见，财政政策的作用传导具有直接性的特点。

（四）政策调整时滞差异

由于政策运行本身是在不断变化的，为了实现既定的宏观经济管理目标，政策制定及操纵当局必须适时调整政策。然而，从政策制定及操纵者对经济形势的确认到政策调整、再到调整后的政策作用于市场经济行为主体进而实现政策目标，需要耗费一定的时间，经济学称这种时间耗费为政策调整时滞。财政政策和货币政策之间存在政策调整时滞差异。

首先看货币政策。一般情况下，中央银行或者政府及其财政部门对经济形势变化情况的确认时间是相近的，尽管有时的看法有所不同。但是，从其对形势的确认到政策的调整，作为货币政策决策机构的中央银行一般不需要花太多的时间，它可以随时调整货币政策。因此，货币政策的调整时滞比较短。

财政政策则不同。一般地，财政政策的制定与调整必须依法按财政年度进行，因此，它不像货币政策那样可以随时调整，政策调整的时间比较长。此外，由于财政政策的调整要经过必要的法律程序，即经过人民代表大会（西方国家为议会）的审查批准，这样也会延长财政政策的调整时滞。

除以上内容以外，在财政政策和货币政策之间还存在着其他一些差异，如货币政策的透明度不如财政政策的透明度高，等等。财政政策和货币政策之间的差异表明，两种政策的作用是不可互相替代的，这就要求两种政策必须协调配合运用和协同发力，如果两种政策各行其是，就必然会产生碰撞与摩擦，彼此抵消力量，从而造成政策作用上扭曲，减弱宏观经济调控的效力，难以有效实现预期的调控目的。

二、财政政策与货币政策的组合形式

财政政策与货币政策的配合运用主要是膨胀性、紧缩性两种类型政策的不同组合，下面从松紧搭配出发来分析这两种政策的不同组合形式及效应。

（一）紧的财政政策和紧的货币政策

紧的财政政策和紧的货币政策简称“双紧”政策。紧的财政政策一般是指旨在抑制社会需求的政策，主要通过增加税收、削减财政支出规模等手段来限制消费与投资、抑制社会总需求。紧的货币政策是指以紧缩需求、抑制通货膨胀为目的的货币政策，主要通过提高法定准备金率、提高利率以及紧缩信贷规模等手段减少货币供给，进而达到紧缩的目的。这种政策组合通常可以有效地压缩需求膨胀和通货膨胀，但同时也会对经济增长产生抑制性作用。

（二）紧的财政政策和松的货币政策

松的货币政策是以扩大社会需求以刺激经济增长为目标的货币政策，主要通过放松银根、扩大信贷规模等手段增加货币供给，进而扩张社会需求，产生刺激经济的效果。由于紧的财政政策具有抑制需求的作用，所以它和松的货币政策相配合，一般可以起到既控制需求、又保持适度经济增长的作用。但两者也有个松紧搭配适度的问题，过松的货币政策可能会在总量上抵消紧的财政政策对需求过热的抑制作用，并导致通货膨胀；而过紧的财政政策则可能会进一步放慢经济增长速度，甚至产生经济停滞。

（三）松的财政政策和紧的货币政策

松的财政政策具有刺激需求、增大对经济结构调整力度的作用，而紧的货币政策则可以防止过高的通货膨胀。因此，这种政策组合既可以使经济保持适度增长，同时实现对经济的结构性调整，又可以避免通货膨胀。但若松紧搭配不当，可能会产生其他不良后果。例如，过松的财政政策可能造成赤字累积，并且同时造成社会总需求过于旺盛，进而在总量上抵消紧的货币政策的抑制需求作用。而货币政策过紧，也会对经济增长产生不良的阻碍作用。

（四）松的财政政策和松的货币政策

松的财政政策和松的货币政策简称“双松”政策。松的财政政策主要通过减少税收和增加财政开支来扩大社会总需求，同时，由于财政支出和税收一般都带有明显的方向性，对经济结构和资源配置结构产生重要影响；松的货币政策在总量上会扩大货币供给，进而扩大社会需求总量，因而在方向上同财政政策是一致的。在社会总需求不足、生产能力和生产资源未得到充分利用的情况下，采取这种政策组合可以起到扩大需求、提高闲置资源利用、增加就业、刺激经济增长的作用。但这种政策组合有可能带来严重通货膨胀的风险。

通过对以上四种政策组合的分析可以看出，所谓“松”“紧”搭配，主要是利用财政政策和货币政策各自的特殊功能，达到在总量上平衡需求与供给、在结构上调整市场资源配置的目的。比如，在社会总需求大于总供给的情况下，既可以用紧的政策措施来抑制需求的增长，也可以用松的政策措施来促进供给的增加；反之，在社会总供给大于总需求的情况下，则既可以用松的政策措施来刺激需求增加，也可以用紧的政策措施来抑制过度供给。从结构调整来看，在社会总需求与社会总供给基本平衡的情况下，如果存在结构失衡，有些部门的产品供不应求，另一些部门的产品供过于求，单纯地采取紧的或松的政策调节，都不能使部门之间保持平衡。因此，当运用财政政策和货币政策来实现宏观经济的调控目标时，不能只看需求，还要兼顾供给；不能只看总量，还要注重结构。

此外，对财政政策和货币政策组合的选择，往往还要考虑政治上和体制上的因素。

【本章小结】

1. 公共经济政策是公共部门通过使用特定手段和特殊方式，为实现其所确定的既定目标和增进公众福利的方针、准则、策略和措施的总称，简言之，即公共政策制定和实施主体（即政府、公共部门）为实现既定目标所采取的方针和措施。公共经济政策产生和发展的基础，是市场调节的局限性、经济增长与社会进步相结合的必然性、公共经济政策所具有的高效作用。

2. 公共经济政策由政策目标、政策主体和政策工具三个基本因素所构成。政策目标是政策的出发点和归宿，制约着政策从制定到实施的全过程，可以集中归纳为效率、稳定和公平三大目标；政策主体分为政策的制定（决策）者和执行者，公共经济政策的制定和决策主体是公共部门，其中制定的政策作用最大的决策主体是政府，公共经济政策的执行主体主要是政府有关部门、公共事业单位和各级地方政府，也包括承担了一些公共事务的社会组织、社会团体及市场主体等；公共经济政策工具是为达到公共经济政策目标的具体政策措施和手段，由于公共经济本身的复杂性及政策目标的多元化，决定了公共经济政策是一个包含多种政策工具的有机体系，其中主要的政策工具有公共预算政策工具、公共支出类政策工具和公共收入类政策工具等。

3. 公共经济政策可分成多种类型。根据调节经济总量的不同功能，分为扩张性政策、紧缩性政策和中性政策；根据调节经济周期的作用划分，分为自动稳定政策和相机抉择政策；根据调节经济所要达到的具体目的，则是包含了多项政策的多元政策体系。

4. 公共经济政策的施政重点是对宏观经济的调控，使用的主要政策工具是财政政策和货币政策。财政政策是国家为实现预定的目标而规定的综合运用各种财政手段的基本规则与措施。财政政策目标和财政政策手段构成财政政策的基本要素。由于一定时期的财政政策目标是多重的，财政政策手段也是多样的，财政政策的内容也就有多项。根据政策调节经济周期所要实现的稳定目标，可选择的财政政策类型有自动稳定的财政政策和相机抉择的财政政策；把财政政策本身的内容与对经济运行状态的影响结合起来分析，可将财政政策分为总量调节政策、结构调节政策；从政策手段分析，财政政策可分为税收政策、公债政策、投资政策、补贴政策、公共支出政策、预算政策等。

5. 货币政策是一国政府及中央银行为实现其特定的经济目标而采用的各种控制和调节货币供应量和信用量的方针、政策和措施的总称。货币政策目标的多重性和政策手段的多样性，决定了货币政策包含多项内容：从总量调节出发、并根据对总产出的影响，分为扩张性货币政策和紧缩性货币政策；根据政策制定和执行主体的宽泛情况区分，分为狭义货币政策和广义货币政策；按照政策对经济运行状态产生的影响，分为总量调节政策和结构调节政策等。货币政策最终目标是中央银行通过调节货币和信用所要达到的宏观经济目标，它与政府的宏观经济目标是一致的；货币政策中介目标有利率、货币供应量、基础货币等。

6. 公共经济政策中还包含了产业政策、就业政策、国民收入分配政策、投资政策、消费政策、国际贸易政策等，多种政策共同构成了宏观经济调控的政策体系，从不同方面和层面对国民经济运行施以影响和调节，发挥着重要的政策效应。

7. 在我国宏观政策体系和公共经济政策中，财政政策和货币政策是最重要的两大政策。两大政策协调配合、搭配运用，是保持经济社会持续稳定健康发展的客观要求和必要保障。财政政策与货币政策协调配合的必要性缘于两种政策的作用领域与作用机制差异、政策调节侧重点差异、传导过程差异和政策调整时滞差异。财政政策与货币政策的配合运用主要是膨胀性、紧缩性两种类型政策的不同组合，形成了松紧搭配的四种组合形式：紧的财政政策和紧的货币政策、紧的财政政策和松的货币政策、松的财政政策和紧的货币政策、松的财政政策和松的货币政策。两种政策的不同组合形式会产生不同的调节效应。两种政策必须协调配合运用和协同发力，才能提高宏观经济调控的效力，实现国家预期的调控目的。

【主要概念】

公共经济政策　政策目标　政策主体　政策工具　宏观经济调控　扩张性政策　紧缩性政策　自动稳定政策　相机抉择政策　社会总需求　社会总供给　总供求平衡　财政政策　货币政策　产业政策　就业政策　国民收入分配政策　投资政策　消费政策　国际贸易政策　税收政策　公债政策　公共支出政策　预算政策　货币供应量　基础货币　法定准备金　再贴现率　公开市场业务　量化宽松　政策作用机制　政策传导过程　政策搭配　政策组合　政策效应

【思考分析题】

1. 公共经济政策的形成基础及构成要素是什么？

2. 公共经济政策基本构成要素之间是怎样的关系？

3. 分析公共经济政策目标的内容及政策目标之间的协调。

4. 公共经济政策中的扩张性政策、紧缩性政策是怎样界定的？它们分别适用于哪种经济形势？

5. 自动稳定财政政策和相机抉择财政政策的主要政策工具有哪些？它们是怎样发挥政策作用的？

6. 分析财政政策在国民经济总量调节和结构调节方面的作用。

7. 分析货币政策在宏观经济调控方面的作用。

8. 宏观经济调控政策体系中还包括哪些政策？它们是如何对国民经济运行施以影响的？产生怎样的政策效应？

9. 分析财政政策与货币政策协调配合的必要性。

10. 简述财政政策与货币政策的不同组合形式及作用机理。

11. 思考我国公共经济政策实践对宏观经济调控产生的效应以及对公共政策改进的启示。

【阅读与思考】

阅读：国务院总理李克强《政府工作报告》谈政府工作和财政货币政策

2020年，我们贯彻党中央决策部署，统筹推进疫情防控和经济社会发展，主要做了以下工作：一是围绕市场主体的急需制定和实施宏观政策，稳住了经济基本盘；二是优先稳就业保民生，人民生活得到切实保障；三是坚决打好三大攻坚战，主要目标任务如期完成；四是坚定不移推进改革开放，发展活力和内生动力进一步增强；五是大力促进科技创新，产业转型升级步伐加快；六是推进新型城镇化和乡村振兴，城乡区域发展格局不断优化；七是加强依法行政和社会建设，社会保持和谐稳定。

在肯定成绩的同时，我们也清醒看到面临的困难和挑战。新冠肺炎疫情仍在全球蔓延，国际形势中不稳定不确定因素增多，世界经济形势复杂严峻。国内疫情防控仍有薄弱环节，经济恢复基础尚不牢固，居民消费仍受制约，投资增长后劲不足，中小微企业和个体工商户困难较多，稳就业压力较大。关键领域创新能力不强。一些地方财政收支矛盾突出，防范化解金融等领域风险任务依然艰巨。生态环保任重道远。民生领域还有不少短板。

2021 年是我国现代化建设进程中具有特殊重要性的一年。做好政府工作，要在以习近平同志为核心的党中央坚强领导下，以习近平新时代中国特色社会主义思想为指导，全面贯彻党的十九大和十九届二中、三中、四中、五中全会精神，坚持稳中求进工作总基调，立足新发展阶段，贯彻新发展理念，构建新发展格局，以推动高质量发展为主题，以深化供给侧结构性改革为主线，以改革创新为根本动力，以满足人民日益增长的美好生活需要为根本目的，坚持系统观念，巩固拓展疫情防控和经济社会发展成果，更好统筹发展和安全，扎实做好“六稳”工作、全面落实“六保”任务，科学精准实施宏观政策，努力保持经济运行在合理区间，坚持扩大内需战略，强化科技战略支撑，扩大高水平对外开放，保持社会和谐稳定，确保“十四五”开好局起好步，以优异成绩庆祝中国共产党成立100 周年。

……

今年要重点做好以下几方面工作。

保持宏观政策连续性、稳定性、可持续性，促进经济运行在合理区间。在区间调控基础上加强定向调控、相机调控、精准调控。宏观政策要继续为市场主体纾困，保持必要支持力度，不急转弯，根据形势变化适时调整完善，进一步巩固经济基本盘。

积极的财政政策要提质增效、更可持续。考虑到疫情得到有效控制和经济逐步恢复，今年赤字率拟按 3.2% 左右安排、比去年有所下调，不再发行抗疫特别国债。因财政收入恢复性增长，财政支出总规模比去年增加，重点仍是加大对保就业保民生保市场主体的支持力度。中央本级支出继续安排负增长，进一步大幅压减非急需非刚性支出，对地方一般性转移支付增长 7.8%、增幅明显高于去年，其中均衡性转移支付、县级基本财力保障机制奖补资金等增幅均超过 10%。建立常态化财政资金直达机制并扩大范围，将 2.8 万亿元中央财政资金纳入直达机制、规模明显大于去年，为市县基层惠企利民提供更加及时有力的财力支持。各级政府都要节用为民、坚持过紧日子，确保基本民生支出只增不减，助力市场主体青山常在、生机盎然。

优化和落实减税政策。市场主体恢复元气、增强活力，需要再帮一把。继续执行制度性减税政策，延长小规模纳税人增值税优惠等部分阶段性政策执行期限，实施新的结构性减税举措，对冲部分政策调整带来的影响。将小规模纳税人增值税起征点从月销售额10万元提高到15万元。对小微企业和个体工商户年应纳税所得额不到100万元的部分，在现行优惠政策基础上，再减半征收所得税。各地要把减税政策及时落实到位，确保市场主体应享尽享。

稳健的货币政策要灵活精准、合理适度。把服务实体经济放到更加突出的位置，处理好恢复经济与防范风险的关系。货币供应量和社会融资规模增速与名义经济增速基本匹配，保持流动性合理充裕，保持宏观杠杆率基本稳定。保持人民币汇率在合理均衡水平上的基本稳定。进一步解决中小微企业融资难题。延续普惠小微企业贷款延期还本付息政策，加大再贷款再贴现支持普惠金融力度。延长小微企业融资担保降费奖补政策，完善贷款风险分担补偿机制。加快信用信息共享步伐。完善金融机构考核、评价和尽职免责制度。引导银行扩大信用贷款、持续增加首贷户，推广随借随还贷款，使资金更多流向科技创新、绿色发展，更多流向小微企业、个体工商户、新型农业经营主体，对受疫情持续影响行业企业给予定向支持。大型商业银行普惠小微企业贷款增长30%以上。创新供应链金融服务模式。适当降低小微企业支付手续费。优化存款利率监管，推动实际贷款利率进一步降低，继续引导金融系统向实体经济让利。今年务必做到小微企业融资更便利、综合融资成本稳中有降。

……

（资料来源：李克强：《政府工作报告——2021年3月5日在第十三届全国人民代表大会第四次会议上》，新华社网站，2021年3月13日。）

思考：

（1）我国近年来实施的宏观政策重点是什么？

（2）新形势下应如何正确把握和科学精准实施宏观政策？

（3）我国为什么要继续保持宏观政策连续性、稳定性、可持续性？主要根据是什么？

（4）我国为什么继续实行积极财政政策？积极财政政策体现了怎样的政策意图？

（5）应当如何把握好积极财政政策的力度，提升它的政策效应？

（6）思考稳健的货币政策要灵活精准、合理适度的深刻含义，分析稳健货币政策与保持宏观杠杆率基本稳定之间的联系。

【参考文献】

1. 习近平：《决胜全面建成小康社会，夺取新时代中国特色社会主义伟大胜利——在中国共产党第十九次全国代表大会上的报告》，人民出版社2017年版。

2. 习近平：《习近平谈治国理政》第一卷、第二卷，外文出版社2018、

2017 年版。

3. 李克强：《政府工作报告——2021 年 3 月 5 日在第十三届全国人民代表大会第四次会议上》，新华社网站，2021 年 3 月 13 日。

4. 王传伦、高培勇：《当代西方财政经济理论》，商务印书馆 1995 年版。

5. 刘尚希：《财政蓝皮书：中国财政政策报告（2019）》，社会科学文献出版社 2019 年版。

6. 叶德磊：《宏观经济学》，高等教育出版社 2019 年版。

7. 陈共：《财政学》（第十版），中国人民大学出版社 2020 年版。

8. ［美］大卫 · N. 海曼：《财政学：理论在政策中的当代应用》（中译本），张进昌译，北京大学出版社 2006 年版。

9. ［美］林德尔 · G. 霍尔库姆：《公共经济学——政府在国家经济中的作用》（中译本），顾建光译，中国人民大学出版社 2012 年版。

10. 黄恒学、高桂芳、郭喜：《公共经济学》（第 2 版），北京大学出版社 2009 年版。

11. 李延均、杨光焰：《公共财政学》，立信会计出版社 2012 年版。